中国近代
思想家文库

◎

刘辉编

恽代英卷

中国人民大学出版社
·北京·

总　序

　　对于近代的理解，虽不见得所有人都是一致的，但总的说来，对于近代这个词所涵的基本意义，人们还是有共识的。一个国家、一个民族走入近代，就意味着以工业化为主导的经济取代了以地主经济、领主经济或自然经济为主导的中世纪的经济形态，也还意味着，它不再是孤立的或是封闭与半封闭的，而是以某种形式加入到世界总的发展进程。尤其重要的是，它以某种形式的民主制度取代君主专制或其他不同形式的专制制度。中国是个幅员广大、人口众多、历史悠久的多民族国家，由于长期历史发展是自成一体的，与外界的交往比较有限，其生产方式的代谢迟缓了一些。如果说，世界的近代是从 17 世纪开始的，那么中国的近代则是从 19 世纪中期才开始的。现在国内学界比较一致的认识，是把 1840 年到 1949 年视为中国的近代。

　　中国的近代起始的标志是 1840 年的鸦片战争。原来相对封闭的国门被拥有近代种种优势的英帝国以军舰、大炮再加上种种卑鄙的欺诈打开了。从此，中国不情愿地加入到世界秩序中，沦为半殖民地。原来独立的大一统的中央集权的君主专制国家，如今独立已经极大地被限制，大一统也逐渐残缺不全，中央集权因列强的侵夺也不完全名实相符了。后来因太平天国运动，地方军政势力崛起，形成内轻外重的形势，也使中央集权被弱化。经历第二次鸦片战争、中法战争、甲午战争、八国联军入侵的战争以及辛亥革命后的多次内外战争，直至日本全面侵略中国的战争，致使中国的经济、政治、教育、文化，都无法顺利走上近代发展的轨道。古今之间，新旧之间，中外之间，混杂、矛盾、冲突。总之，鸦片战争后的中国，既未能成为近代国家，更不能维持原有的统治秩序。而外患内忧咄咄逼人，人们都有某种程度"国将不国"的忧虑。

　　"天下兴亡，匹夫有责"，读书明理的士大夫，或今所谓知识分子，尤为敏感，在空前的危机与挑战面前，皆思有所献替。于是发生种种救亡图存的思想与主张。有的从所能见及的西方国家发展的经验中借鉴某些东西，形成自己的改革方案；有的从历史回忆中拾取某些智慧，形成某种民族复兴的设想；有的则力图把西方的和中国所固有的一些东西加以调和或结合，形成某种救亡图强的主张。这些方案、设想、主张，从世界上"最先进的"，到"最落后的"，几乎样样都有。就提出这些方案、设想、主张者的初衷而言，绝大多数都含着几分救国的意愿。其先进与落后，是否可行，能否成功，尽可充分讨论，但可不必过为诛心之论。显而易见，既然救国的问题最为紧迫，人们所心营目注者自然是种种与救国的方案直接相关的思想学说，而作为产生这些学说的更基础性的理论，及其他各种知识、思想，则关注者少。

围绕着救国、强国的大议题，知识精英们参考世界上种种思想学说，加以研究、选择，认为其中比较适用的思想学说，拿来向国人宣传，并赢得一部分人的认可。于是互相推引，互相激励，更加发挥，演而成潮。在近代中国，曾经得到比较广泛的传播的思想学说，或者够得上思潮的，主要有以下几种：

（一）进化论。近代西方思想较早被引介到中国，而又发生绝大影响的，要属进化论。中国人逐渐相信，进化是宇宙之铁则，不进化就必遭淘汰。以此思想警醒国人，颇曾有助于振作民族精神。但随后不久，社会达尔文主义伴随而来，不免发生一些负面的影响。人们对进化的了解，也存在某些片面性，有时把进化理解为一条简单的直线。辩证法思想帮助人们形成内容更丰富和更加符合实际的发展观念，减少或避免片面性的进化观念的某些负面影响。

（二）民族主义。中国古代的民族主义思想，其核心是"非我族类，其心必异"，所以最重"华夷之辨"。鸦片战争前后一段时期，中国人的民族思想，大体仍是如此。后来渐渐认识到"今之夷狄，非古之夷狄"，"西人治国有法度，不得以古旧之夷狄视之"。但当时中国正遭受西方列强的侵略和掠夺，追求民族独立是民族主义之第一义。20世纪初，中国知识精英开始有了"中华民族"的概念。于是，渐渐形成以建立近代民族国家为核心的近代民族主义。结束清朝君主专制，创立中华民国，是这一思想的初步实现。第一次世界大战爆发，中国加入"协约国"，第一次以主动的姿态参与世界事务，接着俄国十月革命爆发，这两件事对近代中国的发展历程造成绝大影响。同时也将中国人的民族主义提升到一个新的层次，即与国际主义（或世界主义）发生紧密联系。也可以说，中国人更加自觉地用世界的眼光来观察中国的问题。新生的中国共产党和改组后的国民党都是如此。民族主义成为中国的知识精英用来应对近代中国所面临的种种危机和种种挑战的一个重要的思想武器。

（三）社会主义。社会主义作为一种模糊的理想是早在古代就有的，而且不论东方和西方都曾有过。但作为近代思潮，它是于19世纪在批判近代资本主义的基础上产生的。起初仍带有空想的性质，直到马克思和恩格斯才创立起科学社会主义。20世纪初期，社会主义开始传入中国。当时的传播者不太了解科学社会主义与以往的社会主义学说的本质区别。有一部分人，明显地受到无政府主义的强烈影响，更远离科学社会主义。直到五四新文化运动兴起之后，中国人始较严格地引介、宣传科学社会主义。但有一段时间，无政府主义仍是一股很大的思想潮流。中国共产党的成立，从思想上说，是战胜无政府主义的结果。中国共产党把在中国实现社会主义乃至共产主义作为自己的奋斗目标。此后，社会主义者，多次同各种非科学社会主义思想的信仰者进行论争并不断克服种种非科学社会主义思想的影响。

（四）自由主义。自由主义也是从清末就被介绍到中国来，只是信从者一直寥寥。直到五四新文化运动兴起，具有欧美教育背景的知识精英的数量渐渐多起来，自由主义始渐渐形成一股思想潮流。自由主义强调个性解放、意志自由和自己承担责任，在政治上反对一切专制主义。在中国的社会条件下，自由主义缺乏社会基础。在政治激烈动荡的时候，自由主义者很难凝聚成一股有组织的力量；在稍稍平和的时候，他们往往更多沉浸在自己的专业中。所以，在中国近代史上，自由主义不曾有，也不可能有大的作为。

（五）激进主义与保守主义。处于转型期的社会，旧的东西尚未完全退出舞台，新的东西也还未能巩固地树立起来，新旧冲突往往要持续很长的时间，有时甚至达到很激烈的程度。凡助推新东西成长的，人们便视为进步的；凡帮助旧东西排斥新东西的，人们便视为保守的。其实，与保守主义对应的，应是进步主义；与顽固主义相对的则应是激进主义。不过在通常话语环境中人们不太严格加以区分。中国历史悠久，特别是君主专制制度持续两千余年，旧东西积累异常丰富，社会转型极其不易。而世界的发展却进步甚速。中国的一部分精英分子往往特别急切地想改造中国社会，总想找出最厉害的手段，选一条最捷近的路，以最快的速度实现全盘改造。这类思想、主张及其采取的行动，皆属激进主义。在中共党史上，它表现为"左"倾或极左的机会主义。从极端的激进主义到极端的顽固主义，中间有着各种程度的进步与保守的流派。社会的稳定，或社会和平改革的成功，都依赖有一个实力雄厚的中间力量。但因种种原因，中国社会的中间力量一直未能成长到足够的程度。进步主义与保守主义，以及激进主义与顽固主义，不断进行斗争，而实际所获进步不大。

（六）革命与和平改革。中国近代史上，革命运动与和平改革运动交替进行，有时又是平行发展。两者的宗旨都是为改变原有的君主专制制度而代之以某种形式的近代民主制度。有很长一个时期，有两种错误的观念，一是把革命理解为仅仅是指以暴力取得政权的行动，二是与此相关联，把暴力革命与和平改革对立起来，认为革命是推动历史进步的，而改革是维护旧有统治秩序的。这两种论调既无理论根据，也不合历史实际。凡是有助于改变君主专制制度的探索，无论暴力的或和平的改革都是应予肯定的。

中国近代揭幕之时，西方列强正在疯狂地侵略与掠夺殖民地和半殖民地，中国是它们互相争夺的最后一块、也是最大的资源地。而这时的中国，沿袭了两千年的君主专制制度已到了奄奄一息的末日，统治当局腐朽无能，对外不足以御侮，对内不足以言治，其统治的合法性和统治的能力均招致怀疑。革命运动与改革的呼声，以及自发的民变接连不断。国家、民族的命运真的到了千钧一发之际，危机极端紧迫。先觉分子救国之心切，每遇稍具新意义的思想学说便急不可待地学习引介。于是西方思想学说纷纷涌进中国，各阶层、各领域，凡能读书读报者，受其影响，各依其家庭、职业、教育之不同背景而选择自以为不错的一种，接受之，信仰之，传播之。于是西方几百年里相继风行的思想学说，在短时期内纷纷涌进中国。在清末最后的十几年里是这样，五四时期在较高的水准上重复出现这种情况。

这种情况直接造成两个重要的历史现象：一个是中国社会的实际代谢过程（亦即社会转型过程）相对迟缓，而思想的代谢过程却来得格外神速。另一个是在西方原是差不多三百年的历史中渐次出现的各种思想学说，集中在几年或十几年的时间里狂泻而来，人们不及深入研究、审慎抉择，便匆忙引介、传播，引介者、传播者、听闻者，都难免有些消化不良。其实，这种情况在清末，在五四时期，都已有人觉察。我们现在指出这些问题并非苛求前人，而是要引为教训。

同时我们也看到，中国近代思想无比的多样性与复杂性呈现出绚丽多彩的姿态，各种思想持续不断地展开论争，这又构成中国近代思想史的一个突出特点。有些论争为我们留下了非常丰富的思想资料，如兴洋务与反洋务之争，变法与反变法之争，革命与改良之争，共和与立宪之争，东西文化之争，文言与白话之争，新旧伦理之争，科学与人生观之争，中国社会性质的论争，社会史的论争，人权与约法之争，全盘西化与本位文化之争，民主与独裁之争，等等。这些争论都不同程度地关联着一直影响甚至困扰着中国人的几个核心问题，即所谓中西问题、古今问题与心物关系问题。

中国近代思想的光谱虽比较齐全，但各种思想的存在状态及其影响力是很不平衡的。有些思想信从者多，言论著作亦多，且略成系统；有些可能只有很少的人做过介绍或略加研究；有的还可能因种种原因，只存在私人载记中，当时未及面世。然这些思想，其中有很多并不因时间久远而失去其价值。因为就总的情况说，我们还没有完成社会的近代转型，所以先贤们对某些问题的思考，在今天对我们仍有参考借鉴的价值。我们编辑这套《中国近代思想家文库》，希望尽可能全面地、系统地整理出近代中国思想家的思想成果，一则借以保存这份珍贵遗产，再则为研究思想史提供方便，三则为有心于中国思想文化建设者提供参考借鉴的便利。

考虑到中国近代思想的上述诸特点，我们编辑本《文库》时，对于思想家不取太严格的界定，凡在某一学科、某一领域，有其独立思考、提出特别见解和主张者，都尽量收入。虽然其中有些主张与表述有时代和个人的局限，但为反映近代思想发展的轨迹，以供今人参考，我们亦保留其原貌。所以本《文库》实为"中国近代思想集成"。

本《文库》入选的思想家，主要是活跃在 1840 年至 1949 年之间的思想人物。但中共领袖人物，因有较为丰富的研究著述，本《文库》则未收入。

编辑如此规模的《文库》，对象范围的确定，材料的搜集，版本的比勘，体例的斟酌，在在皆非易事。限于我们的水平，容有瑕隙，敬请方家指正。

《中国近代思想家文库》编纂委员会

目　录

导　言

恽代英是中国近现代史和中国共产党历史上一位杰出的代表人物。他品德高尚，才华出众，被誉为"中国青年热爱的领袖"。在中共早期历史上，他不仅是卓越的政治活动家，也是著名的理论家、宣传家和教育家，他将自己的一生毫无保留地奉献给了中国革命事业，并在理论和实践两方面为中国革命做出了重要贡献。在其短暂的一生中，恽代英留下了大量思想论著，堪称中国近代宝贵的思想财富。

一

恽代英，字子毅，又名遽轩，笔名众多。1895 年 8 月 12 日（农历六月二十二日）出生于湖北省武昌老育婴堂街一个书香世家，祖籍江苏省武进县（现常州市）。清末时，他的祖父以候补知县分发湖北，为湖广总督张之洞幕僚，举家西迁。父亲恽宗培，曾在湖北老河口、德安等府州县任职。母亲陈葆云，出生于湖南长沙的仕宦之家。

恽代英从小入家塾学习，1905 年考入武昌龙正初等小学堂。两年后考入武昌北路高等小学堂学习，该校为张之洞在湖北创办的一所新式学堂。读书期间，由于聪颖好学，且文采出众，常"为师长赞美"，有"奇男儿"之称。1908 年末，恽代英以甲等第一名的成绩毕业，本有机会被派赴美留学，因其母念其年幼不舍而未能成行。1909 年，父亲恽宗培谋得老河口盐税局长一职，母亲随后亦带代英等兄弟四人迁居此地。因当地无中学可入读，他在母亲辅导下，阅读《纲鉴易知录》、《战国策》、《古文观止》、《饮冰室文集》等著作，并开始学习英文。1913年，恽代英以优异成绩考进私立武昌中华大学预科，后转入该校文科中国哲学门学习。在校期间，他于 1917 年 10 月创办互助社，该社以"群策群力，自助助人"为宗旨，成为五四时期武汉地区诞生的第一个进步团体。次年，他以优异成绩毕业于中华大学，并留校任附中部主任。

五四运动爆发后，恽代英和互助社的成员热烈响应。他书写《四年五月七日之事》、《呜呼青岛》等传单散发，并组织学生上街游行和集会，掀起了武汉三镇学生罢课、工人罢工、商人罢市的浪潮，成为武汉地区五四运动的实际领导人。

1919 年 10 月，恽代英加入了少年中国学会，此后，受学会委托负责编辑《少年中国学会丛书》。随着五四运动后马克思主义在中国的广泛传播，恽代英热烈追求新思想，并于 1920 年 2 月和林育南等人在武汉创办了利群书社。书社有志于传播新文化，专门经销《共产党宣言》、《共产主义 ABC》等书籍以及《新青年》、《共产党》等刊物，成为武汉地区宣传新思想的重要阵地。

在中华大学学习和工作时期，恽代英不仅组织社团、创办书社，还在《东方杂志》、《光华学报》、《青年进步》、《妇女杂志》、《新青年》、《端风》、《少年中国》等著名刊物发表大量文章，宣传新思想，推动了武汉地区的新文化运动，他本人也逐渐成为五四时期中国思想界的一颗新星。

在当时各种新思潮、新主义流行的情况下，恽代英经过认真研究、实验、比较，最终抛弃了一度受到影响的无政府主义和新村主义等思潮，选择了马克思主义。1921 年 7 月，他和林育南等人在湖北黄冈成立具有共产主义小组性质的组织——"共存社"，并于当年底加入中国共产党。

由于一直以来在青年中的影响力，恽代英加入中共后，继续从事青年工作。1923 年，他被选为中国社会主义青年团第二届候补中央执行委员，不久增补为团中央执行委员。1925 年，他被选为中国社会主义青年团第三届中央执行委员，还和萧楚女、邓中夏等创办团中央机关刊物《中国青年》，并担任主编。《中国青年》在恽代英的主持下，宣传、讨论、报道的内容涵盖政治、经济、文化、社会各领域。该刊不仅内容丰富，且形式活泼，最高时发行量达 3 万多份，代表了当时中共所领导的思想文化事业的水平与成就，很快成为早期青年运动的一面旗帜，也是当时中共的主要理论阵地之一。

除了负责主编《中国青年》外，恽代英还以"代英"、"英"、"但一"、"F. M."等为名，陆续在该刊发表了 200 多篇论文与书信，这些论文热心分析中国国情与现状，积极探讨中国革命的动力、对象和前途问题，吸引不少青年投身革命洪流，同时也为中共探索新民主主义理论做出了重要贡献。

大革命时期，恽代英担任国民党上海执行部宣传部秘书，这期间，他致力于改组国民党的工作，积极帮助国民党发展组织，同时与打着全民革命旗帜的国家主义派和国民党右派展开了公开的论争。恽代英还参与领导了五卅运动，并著有《五卅运动》一书，对这次运动作了全面总结。

1926 年 1 月，恽代英出席国民党二大并当选为中央执行委员后，奉命到黄埔军校担任政治主任教官兼中共党团书记。为加强中共对军校的领导，恽代英支持周逸群等在军校组建青年军人联合会，同蒋介石扶持的孙文主义学会作斗争，致使蒋介石极端仇视，诬称恽代英与邓演达、高语罕、张治中为"黄埔四凶"。1927 年，随着北伐的胜利进军，恽代英来到武昌，任中央军事政治学校武汉分校政治总教官，并主持军校日常工作，同时，在党内反对陈独秀右倾机会主义错误，支持工农运动，并在中共五大上当选为中央委员。

"四一二"政变后，恽代英与宋庆龄、邓演达等国民党左派一道严厉谴责蒋介石镇压破坏各地工农运动的罪行，主张坚决讨蒋。当夏斗寅在宜昌叛变、联蒋反共、率部进攻武汉时，恽代英亲率由武汉中央军校学生和中央农民运动讲习所学员改编的中央独立师，配合叶挺部队参加讨伐夏斗寅的战斗，并在鄂南重镇咸宁大败叛军，暂时稳定了武汉局势。

大革命失败后，恽代英先是撤离武汉抵达九江，与周恩来一道，参与领导了"八一"南昌起义，是中共前敌委员会的委员之一；后随起义军南征，部队在广东潮汕遭挫后，从甲子港乘船去香港。12 月，与张太雷、叶挺、叶剑英等领导了广州起义，任新成立的广州苏维埃政府秘书长。中共六大后，于 1928 年底赴上海，从事艰苦的地下斗争，秘密主编中共机关刊物《红旗》，一度担任中共中央组织部秘书，协助周恩来工作。1929 年 6 月，在中共六届二中全会上，他被增补为中央委员。

1930 年，因在实际工作中抵制已开始冒头的李立三"左"倾错误，恽代英受到李立三的指责，旋即被扣上机会主义的帽子，调离中央工作，先调任沪中区行动委员会书记，不久又调任沪东区行委书记。同年5 月，在上海杨树浦老怡和纱厂（现上海第五毛纺织厂）门口等候工人代表前来联系工作时，不幸被捕。不久以"煽动集会"的罪名，被判五年徒刑。在狱中，恽代英坚持与敌人作不屈不挠的斗争，给狱友讲述"八一"南昌起义的经过及意义，为工人编写读物。

周恩来从莫斯科回国后，提出不惜一切代价营救恽代英出狱。但由于顾顺章被捕后叛变，将恽代英被关押在南京监狱的消息报告国民党，营救工作遂告失败。蒋介石曾令国民党军法司司长王震南到狱中劝降，遭到严厉拒绝。在狱中，恽代英留下了气壮山河的七绝一首：

> 浪迹江湖忆旧游，故人生死各千秋，
>
> 已擯忧患寻常事，留得豪情作楚囚。

1931 年 4 月 29 日，恽代英在南京慷慨就义，时年 36 岁。

二

恽代英从 19 岁开始发文，留下了 300 多万字的遗著。这些著作内容极为丰富，涵盖了哲学、政治、文化、教育、经济、军事等社会科学各个领域，具有较高的思想价值，在早期中共党人中也是相当突出的。概括而言，恽代英一生思想最有特色的部分，主要表现在早期对哲学问题和教育问题的探讨，对真正民主政治的追寻，以及后来以"阶级斗争"为旨趣对改造中国之革命道路的政治探索等多个方面。下面，我们根据学界已有的研究，对其思想线索和特色略作介绍。

首先，谈谈恽代英早期关于哲学问题的探讨。

恽代英 1913 年进入中华大学预科学习，1915 年转入中国哲学门，1918 年毕业，几年的专业学习，为其打下了坚实的哲学功底，激发出浓厚的哲学兴趣，他早期的论文中不少都是探讨哲学问题的。其哲学思考不仅相当有系统，而且在物质实在论和认识论等方面，还达到较高的水平。1917 年他曾拟定一份打算写作的哲学论文提纲，包括（一）世界观：物质实在论、心灵实在论、假定一元论（以太）；（二）人生观：生死自由论、慈善自由论、苦乐之真义；（三）认识论：智识与经验、怀疑论；等等。[①] 后来，由于种种原因，他只重点阐发了关于"物质实在论"和有关认识论方面的思想，但已能显示出其思想的光华。

恽代英坚持哲学的唯物主义性质，认为世界是物质的，物质必为实

[①] 参见《恽代英日记》，130 页，北京，中共中央党校出版社，1981。

在。他在1917年3月发表的《物质实在论——哲学问题之研究》一文中，集中阐发了这一思想。该文首先列举和批判了绝对实在说、假定实在说、批评派实在说、物质非实在说等欧洲近代哲学史上对于这一理论的四种不同观点，认为上述"四说"都没能正确解释物质"实在"问题。在对其作了批判后，他明确提出了"物质必为实在"的观点，并从人直觉的形成"必待感官受外物之激刺而后发生"，某一事物作用于不同的人和不同时间的人会引起同一的、共同的感觉和认识，以及从"真境"与"幻境"的区别性等多个角度给予证明。比如关于真境与幻境的区别，他就指出："真幻之分明，真境之必有对象了然矣。且真境明显，幻境暗昧，真境可分拆，可集合，有原因，有结果，而幻境一切反是。凡此各种区别，皆足知真境之有客观实在物质之关系，非如幻境完全为主观一方面之活动也"[①]。

在中共党人的杰出代表中，恽代英是在马克思主义传入中国之前较早论述"物质必为实在"思想的人，其研究也较李大钊、瞿秋白的相关论述更为深入。需要指出的是，在提出"物质必为实在"这一唯物主义思想之后，恽代英继续探索世界的本源时，一度受到当时世界范围内流行的"以太"说的影响（由于不知爱因斯坦"相对论"提出后，"以太"假说在西方正逐步被否定这一西方学界的重大进展），曾得出"以太为万物之根本"的阶段性认知结论。[②] 好在不久之后，他对这一认知缺陷又有一定的觉悟，并作出某种修正。[③]

恽代英的认识论思想，也体现出唯物主义的色彩。但相对于物质观，其对认识论的探讨和论述要显得更为丰富和深刻。恽代英将自己的认识论分为"智识与经验"和"怀疑论"两部分，他曾于1915年与1917年分别发表《怀疑论》和《经验与智识》两文，并自认为后者乃其"认识论中最有价值之文字"。[④]

"智识来源于经验"，这是恽代英认识论中的一个重要思想。他明确反对所谓"天启之智识"，认为"凡可名为智识者，或由吾人简单之经验而认识之，或由吾人复杂之经验而推知之。前者如声色臭味之辨别，后者如各种学术之原理。总之凡可称为智识者，非直接从经验中得来，

---

① 《恽代英文集》，上卷，40页，北京，人民出版社，1984。
② 参见《恽代英日记》，267页，北京，中共中央党校出版社，1981。
③ 参见上书，274页。
④ 参见上书，130页。

即间接从经验中得来。舍吾人一切经验之外，欲求一种可称为智识者，盖渺不可得也"①。

虽然主张知识来源于经验，但恽代英并不是一个片面的经验论者。他认为经验往往反映的仅是片面的和表面的东西，要完全地反映事物的本质，就必须对经验加以反复研究。堆积经验于知识无益。他以牛顿见苹果坠而发现万有引力定律，瓦特见壶水沸而发现蒸汽力原理为例，说明经验必待研究而后成其为知识。②比如"吾人见白色之日光，即以日光为白色，此即不正确之单纯经验也。经物理学家研究，然后知日光非白色，而为七色所合成"③。由此，恽代英把"学问"与一般知识加以分别，认为"学问者，反复经验所得较正确的智识之传授也"，从而既坚持了唯物论，又体现出认识的辩证性。

在认知方法和工具上，恽代英极为看重"怀疑"的价值和意义。他指出，由于人们在认识上存在"习俗"、"信仰"、"感情"、"耳目"等的障蔽，常常难以见及真理。要促进人们思想解放、打破思想僵化状况，必须对一切事理都要持一个怀疑的态度。"我的意见，是以为对于一切事理，都要存一个怀疑的态度；然而对于怀疑的事理，应该研求；研求出来的结果，我们仍然要用个怀疑的态度看待他"④。他甚至强调说："世界各方面的进化，都起源于怀疑"⑤。

虽然主张对一切事理都要持一个怀疑的态度，但恽代英又坚信世界是可知的，反对由怀疑论而走向不可知主义。为此，1920年4月，他再作《怀疑论》一文，阐明了自己的思想和怀疑论鼻祖古希腊辟罗（皮浪）思想之间的异同，表示"我于辟罗对于一切事理都持一个怀疑的态度，是很赞同的；却对于他那所说真事理不能研求出来，而且不必研求出来的话，根本上很反对"⑥。

为了进一步阐释可知论，恽代英还批判了近代康德的"人智范围说"，认为康德把人智只限于物界的现象、否认人的认识能达到"自在之物"本身，是违背历史事实的武断之说。针对康德以人的感觉能力的有限性来证明人的知识能力有限性的观点，他指出，"康德以为人的智

---

① 《恽代英文集》，上卷，48～49页，北京，人民出版社，1984。
② 参见上书，49页。
③ 同上书，50页。
④ 同上书，156页。
⑤ 同上书，158页。
⑥ 同上书，150页。

识，必定限于感官摄取的映象，这便是他立论的根据；然而人智并不限于感官，科学的进步，已经为我们证明了许多超感官的事理"①。恽代英明确表示，人智是一天天进化的，人智范围一定有随着时代发展以扩张的可能性。"人类只要肯前进，我虽不敢担保他有一天得着他所求的真事理，照已往的推测未来，应该是很有希望。那以为真事理一定是不能研求得到的话，总是错了。"② 恽代英认识论的可贵之处，实在于从怀疑出发，又从中揭示出人类认识不断发展的可能性。

总之，恽代英是五四时期在认识论方面做过比较系统探索的少数思想家之一，他的认识论充分体现了反对封建蒙昧主义、勇于进取和追求真理的时代精神。

除了物质实在论和认识论思想，恽代英在人生观、历史观、道德观等其他方面也有深入的思考和独到的认识。恽代英一生都追求高尚的人生，始终秉持积极进取、乐观向上、不断提升人格的精神态度。这一点，凡是认真阅读过他那至诚至真日记的人们，都会有强烈的感受。比如，他极为重视理想和信念对于人生的重要意义，便给人留下深刻的印象。他强调"信仰之引人向上"③，人生必须有信念、立大志，不立志则无理想无希望，"有希望之人，如黑地有灯，则自增其勇往之气"，否则"举足略有崎岖即生畏缩之心，如人遇小挫折，即生消极之想是也"④。由此激励青年人应该有崇高理想并为之不懈奋斗。无论今人对理想主义如何评价，这一点无疑都典型地体现了"五四"那个特殊时代的时代精神。⑤

对于恽代英早期的哲学思想，有学者曾给予很高评价，认为"代表着当时中国思想文化在这些问题上达到的最高水平"，"在中国现代哲学史上理所当然地占有一席重要的位置"⑥。这种评价是否恰如其分，当然还可以讨论，但可以肯定的是，恽代英深厚的哲学修养，无疑为他后来研究中国改造问题、思考中国的革命和发展道路打下了良好的理论

---

① 《恽代英文集》，上卷，155 页，北京，人民出版社，1984。
② 同上书，156 页。
③ 同上书，44 页。
④ 《恽代英日记》，342 页，北京，中共中央党校出版社，1981。
⑤ 参见〔日〕小野信尔：《从恽代英看五四时期的理想主义》，载《东洋史研究》，1979，38（2）。
⑥ 袁伟时：《恽代英前期哲学思想试探》，见《恽代英学术讨论会论文集》，37 页，武汉，华中师范大学出版社，1985。

基础。

其次，恽代英还是近代中国一个有特色的教育思想家。他关于教育的思想自成体系，多有可观或值得反思之处。在成为职业革命家之前，恽代英曾专门从事教育工作，担任过多所中学、中等和高等师范学校的教师与管理者，其教育思想也曾经历过从单纯的学校教育到注重社会教育的转变。尤其是他主张"养成健全的公民的教育"之有关思想，颇有认知价值和现实意义。①

受时代的影响，恽代英是抱着"教育救国"的理想开始其实践活动的。但当他接触到马克思主义唯物史观后，开始重新认识教育与社会改造的关系。他肯定"教育确实是改造社会的有力的工具"，承认教育的社会功能，但也意识到单靠教育不能改造社会，主张把教育放到社会上去，认为"教育家必须把改造教育与改造社会打成一片"，强调"我们要改造教育，必须同时改造社会。要改造社会，必须同时改造教育。不然，总不能有个理想圆满的成效"②。因此，国家恰当的教育方针必须根据社会的实际需要来确定。

基于这种认识，恽代英以为当时一般的所谓"教育家"其实办不好教育，他们太过于重视单纯知识的传授，甚至将其看作教育的全部内容，而在恽代英看来，半殖民地半封建的中国社会，最急需的乃是能引导国民觉悟的革命者、能掌握政治经济局面的救国人才，因此教育的目标、内容和方法都应当朝这方面加以改造。正是从这样的国情认识出发，他认为在当时的中国，"情意的教育应当重于知识的教育"；"才能的教育应当重于理论的教育"；"社会科学的教育应当重于自然科学技术科学的教育"③。他还由此坚决反对教会教育，发表一系列文章抨击教会教育，认为它是帝国主义文化侵略的重要方式，是"外国人软化中国的工具"和消磨中国人"民族精神"的手段。④ 在当时反对教会教育的运动中发挥了实际的领导作用。

恽代英教育思想的核心，无疑是提出"养成健全的公民的教育"的主张，以及以此为中心阐发的一系列关于教育改造的思想。在恽代英看

① 参见中央教科所编：《恽代英教育文选》，武汉，湖北教育出版社，1991。
② 《恽代英文集》，上卷，293页，北京，人民出版社，1984。
③ 恽代英：《革命运动中的教育问题》，载《新建设》，1924，1（3）。
④ 参见恽代英：《打倒教会教育》，载《中国青年》，1925（60）；《反对帝国主义的文化侵略》，载《广东青年》，1926（4）；等等。

来，养成健全的公民教育乃是民主时代的基本要求，而现代公民所必须
具备的独立思想与行动、自尊、自信和练习团体生活等五大素质，正该
是教育实施的中心任务。健全的公民理当把"尊敬民众"、"了解民众"
和"服务民众"当成自己"应尽的义务"，并且需要培养"对国事的参
与意识"。① 具体到儿童教育、中学教育和高等师范教育各个环节，恽
代英都曾提出过有价值的思考。② 恽代英改造儿童教育的思想主要体现
在他提倡家庭教育和儿童公育两点上。他曾写过《家庭教育论》、《儿童
读书年龄之研究》、《儿童公育在教育上的价值》等文章，深刻论述了家
庭教育在教育上的地位以及教育的内容等问题。在家庭教育中，除了
德、智、体三个方面的内容外，他特别凸显了游戏的意义。认为游戏之
于儿童，"实为教育唯一之法者也"。无游戏，即无教育，父母应与儿童
共同游戏。1917 年 9 月，他还将丹顿（Denton）所著《儿童游戏时间
之教育》一文，翻译后加上按语发表在著名的《妇女杂志》上。

　　提倡实施儿童公育，尝试由社会来承担哺育儿童的任务，将幼儿教
育的重要性提高到改造社会的高度，这是恽代英关于儿童教育的又一有
影响的见解。他认为，"只有儿童公育，能集合许多夫妇所生育的儿童
在一处，从很小时让他习于相处之道"。在生活中逐渐懂得个人和社会
的关系，从而成长为一个社会的人，为将来成为"健全的公民"打下基
础。他对儿童公育的设想是：设置公育机构，聘任既具备教育能力又热
心于教育事业的教育工作者，来对从襁褓中开始的儿童进行教育。同时
还需要从生物学、社会学、生理学、心理学的理论中，找到一些正确的
教育方案。

　　儿童公育在中国当时的历史条件下难以实现，事实上当时围绕这一
问题也存在不少争论，恽代英的这一主张无疑有些超前。但在他那里，
"儿童公育，只是全局改造的一部分，或者可以说是全局改造的第一
步"，没有儿童公育就不可能有妇女的自立、解放，而没有妇女的解放
就没有全社会的解放。显然，他是从寻找改造国家途径的高度来思考该
问题的，这也是这一主张至今仍有值得反思的地方之所在。

　　恽代英把教育目标的基点定在中等教育上。他认为一个人受教育到
中学毕业，也就完成了普通教育，即成为在社会上负有责任和义务的一

---

① 参见《恽代英文集》，上卷，575～581 页，北京，人民出版社，1984。
② 参见李良明等：《恽代英思想研究》，418～477 页，北京，人民出版社，2011。

员，应当是一位"健全的公民"了。他强调，中学教育，是养成一般中等国民应有的品格、知识、能力的教育。由此出发，他对当时中学教育的目的、体制、课程与教材、教育方法等均提出严厉批评，认为存在根本性错误。比如在他看来，由于受科举制度、教会教育和西方古典教育影响，当时的中学教育以培养学者为"惟一职志"，因而片面注重广博高深，中学遂成为大专学校的预备科，一切为了升学和升级，不仅课程重、课时多，且所学偏于理论，不切实用，就很成问题。①

恽代英强调，理想的中学教育应该是使毕业生"升学就业两均便利"②。中学教科书的编写，也应该以此为宗旨。他批评当时教科书的编辑存在着"是为教授的非为自学的"、"是用演绎法的非用归纳法的"、"是彼此独立的不是相互联络的"、"是合学理的非合实效的"等四大问题，并相应地提出了编辑教科书的四个根本要求：

第一，应本着自学辅导主义的原则，以取代传统的注入式教育法，尽量使教科书文字浅显，叙述详明，并附有费考虑的问题和可供参考的书名章节页数，使学生得一课本，便一目了然，便于学生自学。教师"只站在辅导地位，其余一切事让学生自己去做"。第二，应遵循从感性到理性的认识规律，用归纳法编辑教科书，尽量少说些抽象的理论，运用归纳法，让学生自己去抽出那应该抽出的概念知识。第三，应注意各学科之间的相互联系和应用，"要求各科教材真能彼此联络"。第四，须注重实效，要以学生为中心，使学生能看得懂。③

恽代英改革中学教育的思想，不仅切中了当时中学教育的某些突出弊端，同时也触及了不少中学教育的理论问题。其改革主张可谓有益的探讨，对今人反思中学教育仍有一定启发意义。

三

除了具有丰富的哲学思想和教育思想之外，恽代英还是一个政治理论家。他有关民主的思想和以阶级分析、阶级斗争为旨趣对中国革命道路理论的探索，构成其思想中最重要的组成部分。

恽代英早年曾深受五四时期各种新思潮的影响，在学习、探讨哲学

---

① 参见恽代英：《编辑中学教科书的先决问题》，载《中华教育界》，1920，10（3）。
② 《恽代英日记》，524 页，北京，中共中央党校出版社，1981。
③ 参见恽代英：《编辑中学教科书的先决问题》，载《中华教育界》，1920，10（3）。

和教育问题的同时，对无政府主义发生了浓厚的兴趣。同时，他还一度非常倾心于新村主义和工读互助主义。五四运动后，恽代英更加关注社会政治问题，并组织互助社、开办利群书社和利群毛巾厂，希望通过这些机构，以达到教化和感化社会，最终改造中国的目的。后来，他逐渐接受了新式民主的思想和阶级斗争学说，并于1921年底转化成一个马克思主义者。

同许多早期共产党人一样，在恽代英转化成马克思主义者的过程中，对于新式民主的追求和阶级斗争理论的认同，曾经发挥过不容忽视的重要作用。恽代英不满于资产阶级民主的狭隘性，追求一种保障工农利益的"大众民主"。在他看来，"各资本主义国家所谓民权，每为资产阶级所专有，借以为压迫平民之工具"，实则"民权为一切民众所共有非少数人所得私有"。他强调，在政治上人民应有参政权和自由权。参政权中"于间接民权（选举）以外，尚须有直接民权（罢免创制复决）"。一切选举，"均须取普通选举制，废除任何人为的限制"；自由权则包括"集会、结社、言论、出版、居住、信仰等方面"的自由权利。在经济上，人民则当享有生存权、工作权和罢工权等。①

恽代英尤其强调"平等"的重要性，这一点也是早期共产党人民主思想的共同点所在。不过在这一问题上，他却表达了不同于当时流行的重"结果平等"和"分配平等"的平等观，而是坚持"出发点平等"的看法，没有落入哈耶克所谓的"通往奴役之路"的陷阱。他写道："普通主张民权平等，每希望一切人的生活与所受社会之待遇须平等（平头的平等），但在此社会系不可能的；勉强做到，亦多流弊。"真正有意义的平等，乃是出发点平等。这种平等"只主张人民在受教育与工作等机会上平等（立足点平等）。换言之，即主张一切人在政治经济上其出发平等，至其造诣则不强其平等。因现在世界上最不平者，即在出发点不平等，故或贤智而地位低微，造就上用力多而成功尚不如庸愚，或径以贫寒之故无造就自己的机会"等等。所以他认为，合作中的国共两党都应该为这种立足点或出发点平等的"平等之理想奋斗"。②

毫无疑问，这种对"真正民主"的追求，正是中共得以创建和早期活动的重要思想动力之一。因此1922年7月，中共二大宣言明确表示，

① 参见《恽代英文集》，下卷，869～871页，北京，人民出版社，1984。
② 参见上书，869～870页。

其政治目标就是要建立"真正的民主共和国"。两个月后，恽代英发表《民治运动》一文，也公开宣称："我——亦还有许多我的朋友——都相信实在中国不是没有救治的办法。要救治，只有求真正民治政治的实现。"由此可见一斑。

不过，在恽代英看来，"要民治政治的实现，须盼望很快的唤起全国各界，一致的为民治政治发生个有效力的运动"不可。最要紧的，乃是"唤起人民用人民的力量，建设，拥护，而监督一种为人民谋利益的政府"①。也就是说，真正民主政治的理想目标之实现是不能坐等的，必须通过民众自身积极的努力、切实的运动，甚至需要诉诸自觉的阶级斗争，才可能得到。

在《民治运动》一文中，恽代英认为要唤起这样的"民治运动"，必须有七件事要做：一是要用各种宣传手段，"打破中国人的所谓'安分'之说"，公开要求自己的各种权利和利益。二是要用各种方法，去传播民众联合奋斗的福音。三是在联合中要"能受一种有纪律的训练……不应当只知尊重自己的意见与便利，以造成人自为战的现象"。四是要大家在联合作战中，"能注意监督领袖"。此时恽代英格外突出群众监督领袖的问题，不知基于何种具体原因，但如果联系到中共日后事业的挫折，他这种关注和强调就显得格外引人注目了。恽代英强调，在战争的方略中，服从领袖的指导，固然是必要的，但同时，我们也"要监督领袖，谨防领袖利用我们，谋他自身的利益，而引我们做不利益的事，我们不要信靠领袖的人格。很少的人，不是因为有外方的督率，而能够自己约束的。外方不注意督率，反转陷领袖于作恶的阱坑。所以我们在民治的政治中间，要人民都能督率政府。在为民治作战的联合中间，要每个战卒都能督率领袖"。五是利用各种机会，使这种联合"练习作战"。六是要"引导这种作战的联合，向政治上战斗"，"引他注目政治，引他求政治上的总解决"，以求"人民获得政权"。七是"要靠这种政治上的战斗，实现真正的民治政治"。最后他呼吁，"我们要赶快组织作战的军队，为民治政治，向一切黑暗的势力宣战"。这种武装的战斗姿态，与温情脉脉的所谓"议会（民主）斗争"形式已经判然有别。

为建立真正的民主政治，恽代英还主张在我们这个缺乏民主传统的国度，应该大力提倡民主教育，他称之为"民治的教育"，以"救济从

---

① 《恽代英文集》，上卷，335、339 页，北京，人民出版社，1984。

前人贻下的祸根，开辟将来的幸福"。1924 年 8 月，在《民治的教育》
一文中，他强调民国时代，共和政治下的国家主人翁是大多数民众，即
主权在民，人人平等，"无尊卑贵贱之可分"，因此，大家必须明白"自
己的地位"，"应该自主自治，自己应该为民众服务"。在他看来，"民治
的教育"包括两方面的内容：一是"自主自治的教育"，要使受教育者
独立思想和行动、自尊、自信、练习团体生活；二是要"养成为民众服
务的人"，使受教育者尊敬民众、了解民众、愿为民众利益努力。① 由
此可见，恽代英的大众民主思想与所谓资产阶级旧民主思想，实在是既
有区别，也有一致之处。两者在他那里，即便是在中共成立多年之后，
仍可以得到某种程度的统一。

对于恽代英那一代中共早期思想领袖来说，如何认知和回答阶级斗
争，特别是无产阶级专政和民主的关系，无疑是一个难题。在这方面，
他们的思想分歧值得引起今人关注。李大钊坚信无产阶级专政时代的工
人政治仍不是"纯正的平民政治"即真正彻底的民主主义，只不过是民
主发展的一个"层级"。谭平山则一度明确反对无产阶级专政，认为无
论哪个阶级都不应行使专政这样的"霸权"，否则就陷于"多数专制"，
仍违背自由平等的"民治主义精神"。② 而恽代英的认识则显示出一定
的含糊性。他一方面表示"民治政治"并不是谋取"阶级剥夺制度"，
而是追求全民利益："我们是要谋全体人民利益的政治，不是要谋任何
优等阶级利益的政治，我们是要谋建设平等互治社会的政治，不是要谋
建设阶级剥夺制度的政治"③。另一方面，他在回应无产阶级专政妨害
"民治主义"的诘难时，又只是间接表示无产阶级专政乃资产阶级反
"真正民治"的必然结果，凡是"真心为全民利益说话的人"，都不必害
怕它，似乎无产阶级专政的体制最能代表"全民利益"，从而有利于真
正的民治或民主。显然，对于恽代英或其他早期共产党人的思想家来
说，过于重视"国体民主"而相对忽略"政体民主"，乃是一个不得不
承认的缺陷。

在 1924 年之后恽代英的政治思想中，对于阶级分析和阶级斗争的
关注，逐渐成为一个明显的重心。他以此为工具和武器，自觉地研究和
阐发对于中国革命问题的认识，同时与国家主义派和国民党右派展开激

---

① 参见《恽代英文集》，上卷，575～581 页，北京，人民出版社，1984。
② 参见刘辉：《民主追寻与中国共产党的创建》，载《中华读书报》，2011-12-14。
③ 《恽代英文集》，上卷，343 页，北京，人民出版社，1984。

烈的思想斗争。

恽代英是近代中国较早系统传播马克思主义阶级分析方法与阶级斗争学说的先驱者。1920 年他受陈独秀委托翻译了《阶级争斗》一书，并于 1921 年 1 月由新青年社作为新青年丛书第八种在上海出版①，这是国内关于阶级斗争理论的第一本专门译著。该书不仅对恽代英本人的思想转变起了很大作用，也促使包括陈独秀、毛泽东等在内的许多人逐渐开始用阶级分析方法和阶级斗争理论，来研究中国社会的基本问题。

《阶级争斗》一书是考茨基对 1891 年 10 月德国社会民主党在爱尔福特代表大会上通过的爱尔福特纲领的理论部分（导言）所作的解说。该书依据马克思主义基本观点，揭示了资本主义社会内在的固有矛盾以及资本主义经济发展的规律性，同时还论述了社会主义革命的必然性。书中虽然回避了无产阶级专政问题，但在考茨基看来，阶级斗争是不可避免的，无产阶级为达到其经济和政治目标的斗争，实际上就是阶级斗争。虽然，在关于社会革命的手段上，也即阶级斗争的形式上，他认为并不一定非要用暴力手段或流血手段不可，可以采用各种各样的形式，如议会斗争等方式。不过，考茨基的议会斗争论调在中国早期马克思主义传播中的影响似乎并不大。《阶级争斗》在中国马克思主义者中的主要影响，实际在于阶级斗争的不可避免性这一点上。该书的翻译出版与此前陈望道翻译的《共产党宣言》、李季翻译的《社会主义史》一道，为即将成立的中国共产党送来了及时雨，对知识分子的思想转变起了重要作用，使阶级斗争理论和阶级分析法为中国先进知识分子所广泛接受。

1922 年，中共二大宣言就率先用阶级的视角初步分析了中国革命的对象、性质和动力等问题，认为资产阶级、小资产阶级、农民和工人阶级，是中国革命的动力，但显然更看重资产阶级。此后，陈独秀、邓中夏、瞿秋白、恽代英等都最早开始使用阶级分析法，为探讨中国革命基本理论做出了各自的贡献。

1924 年到 1926 年是中共党人的阶级分析迅速走向相对成熟的关键时期。这一时期，恽代英分别发表《何谓国民革命?》、《中国革命的基

①　1920 年，陈独秀来武汉讲学期间，"曾请恽代英长谈一次"，陈独秀不久即离武昌赴沪，邮寄来考茨基早期著作 Class Struggle 的英文译本给代英，代英中、英文俱佳，译完以《阶级争斗》作书名，交由尚志学会出版发行。参见人民出版社编辑部编：《回忆恽代英》，171 页，北京，人民出版社，1982。

本势力》、《国民革命与农民》、《国民革命与阶级斗争》、《世界革命与中国革命》等文章和演说，采用阶级分析法，系统分析和论述了中国社会各阶级的经济地位及对革命的态度等问题，走在了有关探索的前沿。

如 1924 年 3 月，在《何谓国民革命?》一文中，恽代英就将中国社会各阶级大致分为兵与游民，交通与市政工人，农人与小工人，官、商人和革命军等几个部分。认为"交通与市政工人，比较团结而地位重要，他们将成为革命的主要军队"；"农人与小工人，比较不易团结，但他们感受恶劣的政治经济的痛苦最深切，他们与革命军的联合，是革命的大力量"；兵和游民阶级由于"唯利是图，而眼光又短浅"，是比较容易动摇的阶级；官和商人，"对于革命最为反动"。这无疑是较早对中国社会各阶级革命性进行分析的整体尝试，尽管还比较粗略、模糊，特别是认为"商人是外国资本家的支店经理人"，将他们笼统看作革命的阻力，显然是不准确的。

同年 4 月，恽代英又发表《中国革命的基本势力》一文，探讨"中国的革命应当靠甚么作基本势力"的问题。文中对"兵匪游民"的革命性和动摇性的详细分析，以及革命政党如何对待兵匪游民的相关论述，相当深入，大大丰富了早期中共党人阶级分析的内容。同时，也为中共四大制定有关政策提供了理论依据。

1925 年 1 月，中共四大召开，四大对中国社会各阶级的分析更为深入，不仅提出了无产阶级领导权问题，同时将资产阶级明确区分为不同类别，从中找寻出革命的对象和可以联络的力量，这是中共在阶级分析上的一大进步。在这之后，恽代英有关资产阶级的分析，也得到了进一步的发展。1926 年，他发表《国民革命与阶级斗争》一文以及《世界革命与中国革命》的讲演，以总结的姿态，较为系统地探讨了中国社会的各阶级及其革命性问题，标志着他有关阶级分析的革命理论基本完成。

在《国民革命与阶级斗争》一文中，恽代英明确指出，"阶级的存在是一件事实"，"有人说阶级争斗是人们提倡起来的，以为是马克思发明出来的，实则阶级斗争是几千年来的事实，马克思不过将他说明罢了"[1]。文中同时对中国社会作了进一步详细的阶级区分。在《世界革命与中国革命》的讲演中，恽代英对国内各阶级的革命性问题作了更趋准

---

[1]　《恽代英文集》，下卷，834 页，北京，人民出版社，1984。

确的分析。指出军阀官僚与绅商阶级通常是反革命的；工业资本家与国货商人既反对外国资本又反对工农运动，具有妥协的反动性；俸给生活者、小商人和学生散漫无组织，对革命是中立态度，且易受买办阶级的影响；农民苦力与手工人占全国人口十分之八，极易加入革命，但散漫不集中；产业工人虽只占全国人口的二百分之一，但是生活困苦，且势力集中，易于组织，是革命的主要力量。最后，他总结道："我们的势力根基在工农身上，产业工人尤为重要，但小商人、学生、俸给生活者之一部分，亦当使觉悟其自己的经济地位，加以革命的下层组织，使成为革命的军队。此外各势力亦当设法尽量利用，以扩大我们的力量。"①

关于中国的资产阶级，恽代英将其明确分为"大商买办阶级"和"工业资本家"（民族资产阶级）两部分，明确指出前者同帝国主义和封建军阀一样乃是革命的对象，后者则具有两重性，是可以联合的力量，但不能担当起革命的领导责任。实际上，恽代英对中国民族资产阶级两重性的分析②，比毛泽东在《中国社会各阶级的分析》一文中的相关论述也要早8个月。这一真知灼见，对于新民主主义革命理论最终形成的意义不容忽视。

对于农民和农民问题在中国革命中特别重要的地位，恽代英也曾较早给予明确的揭示。1926年，他在《国民革命与农民》一文中强调，农工群众占全国人口的绝大多数，其中农民又占到将近80%。"所以我们简直可以说，国民革命便是农民革命，农民得到了解放才算国民革命成功。"③ 这与毛泽东同年9月在《国民革命与农民运动》一文中所强调的"农民问题乃国民革命的中心问题，农民不起来参加并拥护国民革命，国民革命不会成功"的论断很相似，由此也可见其彼此之间所发生的思想共鸣。

不仅如此，在如何认知和对待帝国主义的问题上，恽代英也是一个有见识的思想家。他关于"帝国主义文化侵略"的思想，涉及文化侵略的实质与内涵，其侵略的政治、经济动因及其对中国的影响，以及中国反对帝国主义文化侵略运动应注意的问题等多个方面④，其理论的系统性和深刻性，在那个时代的中国都是非常突出的。

① 《恽代英文集》，下卷，902～903页，北京，人民出版社，1984。

② 参见上书，657页。

③ 同上书，917页。

④ 参见上书，823～829页。

　　恽代英与蔡和森一道，还是"帝国主义为纸老虎理论"在中国的最早阐发人。早在 1922 年 9 月，他在《东方杂志》发表《民治运动》一文时就曾指出："纸老虎是不好戳穿的，一经戳穿了，还盼望用愚民政策，使他再信这是个真老虎，这简直是可笑的梦想。"1924 年 11 月，他在《中国青年》上发表《怎样进行革命运动》一文，更从战略高度论证了"帝国主义是一戳便穿的纸老虎"①。正如有的学者所指出的，"最早对帝国主义和反动派的本质作了二重性的分析，并把它和革命力量对照起来认识，并在这个意义上使用'纸老虎'说法的，是恽代英、蔡和森等人"②。后来毛泽东所谓"帝国主义和一切反动派都是纸老虎"的著名论断，很可能直接受到过恽代英等人的影响。当然，恽代英等人，无疑又受到列宁关于帝国主义有关论述的启发。

　　总之，与同时代的中共党人相比，恽代英是少数最早采用阶级分析法深入分析中国社会的性质，中国革命的对象和方法，中国社会各阶级的经济地位、政治立场和在革命中的作用与态度的中共理论家之一。尽管其有关分析尚存在诸多不足之处，但思想贡献却是显而易见的。

　　在恽代英等共产党人积极以阶级与阶级斗争学说分析中国社会、研究中国革命基本问题的同时，阶级斗争理论也受到其他思潮的非难与排拒。特别是随着国民革命的深入和工农运动的开展，反对阶级斗争的声浪愈益高涨，其中影响最大的是国家主义派和以戴季陶为首的国民党右派。为此，恽代英发表了大量论文，针对这些论调，展开了毫不妥协的尖锐批判，成为中共党内有关思想的集中代表。

　　在反对国家主义派和戴季陶主义的论战中，恽代英对那种认为中国阶级分化的情形不严重、理应用国家观念压制阶级观念的观点，进行了不断的驳论，竭力地捍卫广大工农劳苦大众进行阶级斗争的权利。他明确表示与国家主义派的思想分歧在于，"我们与你们不同，是因为你们是为的一个抽象的'中国'，你们因为要为光荣的'中国'而奋斗，所以顾不了农工平民的冻馁；我们是为的一般'中国人'的实际生活，我们要求全民族解放，自然没有反转让人民中大多数工人、农民受资产阶级的压迫而不求解放的道理。国家主义者总想拿国家观念来压倒阶级观念，《醒狮》自出版以来，处处表现这种见解，这与我们为中国人实际

①　《恽代英文集》，上卷，596 页，北京，人民出版社，1984。
②　黎永泰：《略论"纸老虎"理论形成的历史过程》，载《党史研究》，1984（6）。

生活而奋斗，自然凿柄不能相容"①。

在回敬戴季陶主义时，他声言："阶级之间的有争斗，是从古已然的，只要一天还有资本家、地主剥削工人、农民的事，这种争斗亦是无法避免的。"他甚而质问戴季陶等人："任何时的阶级争斗，都是为的工人反抗剥削的资本家，或是为的农民反抗剥削的地主；为甚么因为要联合起来从事革命，便应当宽纵这种资本家或地主，便应当使农民、工人牺牲他们的反抗的正当权利呢?"②

从今天的眼光来看，恽代英关于阶级斗争的有关辩论多有简单化、绝对化和偏激化的一面，这是毋庸讳言的。另外，恽代英与国家主义派和戴季陶主义的思想论争，内容十分丰富，也绝不仅仅局限于所谓"阶级斗争"问题，还包括如何有效维护民族利益，如何正确对待反帝革命的同盟者，要不要继续国共合作与联俄，以及如何认识孙中山的思想遗产及其与儒家传统的关系等许多方面。由于既有的各种近代中国政治思想史论著，对这些问题多有过反复和详细的讨论，故此处从略。

值得指出的是，同国家主义派和国民党右派展开思想论战，曾被当时的中共看作大革命时期宣传其政治主张、争取进步青年的重要举措。③

四

恽代英短暂的一生，共留下300多万字的遗著。其著作现已公开出版的，主要有中共中央党校出版社1981年版的《恽代英日记》和人民出版社1984年版的《恽代英文集》上、下卷。后者是在1963年上海革命历史纪念馆筹备处（现上海中共一大会址纪念馆）收集的恽代英主要著（译）作基础上，由任武雄、田子渝、李良明等重新编辑，张注洪校订出版的，它共收录文稿195篇，基本包括了恽代英一生的重要论著，曾有力地推动学界对于恽代英的革命活动及其思想的研究。

本书作为"中国近代思想家文库"中的一卷，重点选择了恽代英自

---

① 《恽代英文集》，下卷，684页，北京，人民出版社，1984。

② 同上书，714页。

③ 1925年11月中共中央在第65号党内通告中指出："我们现在对于国家主义派及国民党右派之思想上的争斗，非常重要，必须在此种争斗上得到胜利，我们在学生运动中才能得到胜利，学生青年在国民运动中占重要地位"。参见共青团中央青运史研究室、中央档案馆编：《中共中央青年运动文件选编》，76页，北京，中国青年出版社，1988。

1914年至1930年发表的各类文章94篇，大体按撰写和发表的时间先后为序编排，力求能较为全面地反映其一生在哲学、政治和教育等方面的主要思想以及演化、发展的过程。除了《恽代英文集》曾收录过的论著之外，本书又新增加了《愚蠢的提问》、《文明与道德》、《编辑中学教科书的先决问题》、《儿童公育在教育上的价值》、《〈中国青年〉发刊辞》①、《革命运动中的教育问题》、《纠正对于马克思学说的一种误解》、《怎样研究社会科学》、《国家主义是什么？——答张梓湘》（与萧楚女合著）等9篇恽代英的文章。其中《愚蠢的提问》一文，是1997年日本学者后藤延子教授在日本发现的。它是恽代英1915年春应邀在武昌共进会上的演讲，刊登在《学生杂志》第2卷第2期（1915年2月）英文版上。这里使用的是李天华的译文。② 这些篇章，除了可以丰富今人对恽代英思想的全面了解之外，对于认知他的教育思想，尤其有益。

　　要从恽代英留下的大量论著中精选出40余万字，并非易事。呈现在读者手中的这本《中国近代思想家文库·恽代英卷》，乃编者按照丛书要求，参照前人研究、认真遴选而成。本书原则上以最初发表的报刊为底本，并参考《恽代英文集》，进行校勘。订正错字，置于〔　〕内；增补脱字，置于〔　〕内；衍文加〈　〉。为保持史料原貌，不影响今人理解者不作修改或标注。限于时间和编者自身的水平，容有未当甚至不妥之处。在选编的过程中，王琬莹、谭徐锋等编辑曾给予各种支持，特别是责任编辑彭理文为本书的编辑出版作了大量工作，这里一并表示感谢。此外，还要感谢秦睿、庹晓芹为文稿的前期收集、打印所作的工作。但愿这本选集的出版，对于读者集中了解和研究恽代英这位中国近现代史以及中共党史上的杰出人物的思想，能够有所助益。

---

　　① 该发刊辞虽未署名，但恽代英作为《中国青年》的唯一主编，可以推定该文是在其主导下完成的，故此收入本书。值得一提的是，1949年，为纪念《中国青年》创刊26周年，复刊后的《中国青年》在第23期上重刊此文，并在编者按中写道："本文中所述情况，多已成为历史。但是文中对青年的几点希望，对于今天的青年，仍然是适合的，而且从这文章中可以窥出我们的先辈所走过的艰难辛苦的道路，所以特地重刊于此。"

　　② 参见李良明、钟德涛等主编：《恽代英年谱》，11～13页，武汉，华中师范大学出版社，2008。

义务论
（1914 年 10 月 1 日）

　　今之持论者，大别之为二端：宗教道德家，以为人应知其义务，不必知其权利，所谓利他派也，亦谓之义务论。法律政治家，以为人应知其义务，亦应知其权利，所谓完美之利己派也，亦谓之权利论。又有极端之利己说，如杨子之爱我，以非居群之道，故不论列。此二说者，初原无所大悖，任取其一，皆可以治天下。故世之不深求其故者，每立为巧说，以为吾无所祖于其间。彼不知无所祖者可也，使吾今日操化俗之柄，杂取而并用之，不可也。抑二者之中，无绝对之善恶，亦遂无比较之善恶耶？二者之中，遂绝无易滋流弊者耶？遂绝无易于成功者耶？使说者稍一踌躇，则知此中固绝不容不求一满意之解决，绝不容为模棱观望之说也。吾中国数千年圣哲之所传说，每每为义务论。自海禁开，值欧洲大革命，平等自由之学说，随太平洋之潮流而东注，而义务论之樊篱稍稍撤矣。迩年以来，法律之势力日益澎涨，权利之欲望日益发达，于是强权压制之怨声起，不崇朝而家天下之制覆。说者以为非权利论之力，有以使人民自图其利害，有以使人民知政府巧夺豪取之非，其功绝不至此。顾今则共和幸告成矣，权利论之势力，日兴而未有已。下者争权利于乡，上者讼权利于国。人事以之而日纷，风俗以之而日坏。茫乎祸海，谁生厉阶？皆权利论之赐也。然权利论之所以能至此者，其故究何在耶？

　　天下之事，小而一合同，进而一条约，闻有以相让成者，有以相争败者，盖未有相争不让而能成者也。然则吾辈言治天下，亦言崇让而已。夫人情本不免于自私，故天下自然而入于纷争之域。使吾主张义务论，欲人人易其利己而利他人，其成功与否，犹在不可知之数。今乃坦然昌言权利论，权利论者，天下争攘之泉源也。夫作法于凉，其弊犹贪，作法于贪，弊将安救。今日欧美上下争轧之祸，大抵由权利论影响而来，是可为前车之鉴也。虽然，是说也，权利论者，或不谓然，其意盖谓权利论非为奖争，即奖争亦未为失计也。今就其所持之理而一讨论之。

权利论者曰：人人自卫其权利，而以不侵犯他人之权利为界，则是天下永无事也。然而吾尝观之国际利害，窃有以明其不然。如今日列强者，畴不以不相侵犯为言耶？顾自卫二字，即为其侵犯之又一名词。何以知其然也？昔英人以保护其海权而攘印度，今又以保护印度而进窥西藏矣。他日得西藏则又何如。日人以保护其本部而攘高丽，今又以保护高丽而进窥南满矣。他日得南满则又何如。古语曰：以攻为守，守之善者也。故曰守城不如守江，守江不如守汉。彼深谋远虑者，孰不作如是想。则是日日言不侵犯，而侵犯无已时也。如欲其真不侵犯者，亦惟湔去其利己心，然后可耳。

权利论者又曰：世有竞争，而后有文明。有十字军之战争，而后欧亚之交通始繁。有改革宗教之纷纭，而后思想之自由乃盛。有大革命之流血，而后平民之政治渐兴。凡今日欧美之声明文物，皆竞争之功也。夫不惜人民肝脑涂地，以博所谓文明，则文明之为物，必至可贵必至有益于其子孙黎民也。乃若今之所谓文明，则异于是。断人腔，决人胸，谓之杀人，则怫然证其万恶。不谓之杀人而谓之文明，则挢舌不敢议矣。又岂徒不敢议，且心悦诚服，率其众而膜拜之。以为不如是，无以异于野蛮之侗苗也。吾不知文明为何等怪物，其颠倒人之意思，乃至于此！夫今世所谓文明者，巨大之军舰也，猛烈之炸弹也，一切不可防御之战斗品也，凡此者皆仅以屠戮人类而著名。而其所屠戮，必人类之贫且贱者，是文明者，屠戮贫贱者也。文明亦尝以余力，为利人类之新发明。其最著者，如邮电之属是矣。顾电费之昂，已不为中人之家所能常利用，何况其他发明之事，价值且十百倍于电费耶？夫如是而谓之文明，则文明亦仅富贵者之事。综而论之，盖文明者，杀贫贱以利富贵者也。所利之富贵，即他日鱼肉侮弄贫贱者之人也。呜呼！文明使人杀其身以利其鱼肉己侮弄己者，是得谓之有大道否？吾直谓文明为万恶之凶手而已。而世谓文明为人类之幸福，是所谓人类者，其中含有贫贱之人否耶？剧可怪者，此语不独为富贵者之所乐道，即贫贱亦不敢异言。即使偶有异言，亦自以为偏激之论，不可为训。故吾以为文明之为物，真为一不可思议之怪物也。若徒谓竞争可造文明，而证明权利论之未为失计，吾以为必待博物家能确证贫贱者为非人类，而后可许为知言也。

若夫大同之世，无贫贱富贵之阶级，无竞争防御之忧患，而后利人类之文明日益发达，可以作福全世。然其所以发达者，即由于人类之利他心，亦即义务论之效力所致，决不由竞争中来也。文明由竞争中来者，徒为罪恶之渊薮而已。吾意此言，读者或不免讥为诞妄，且逆料世之反对义务论者，其说必较吾尤繁。今更以揣其持论并为解释如下。其一、以为吾国海禁未开以前，固一义务论之国家。而其效之可睹者，不过守己奉公之学说，日浸淫于一般之平民中，乃至知有国家而不知有己，知有政府而不知有己。故在上者骄淫而莫制，在下者懦弱而莫助，驯至为积重难反之制度矣。义务论非不悦耳而可听也，然独野心家之利而已。应之曰：说者所谓野心家者，亦知为权利论者耶？抑义务论者耶？夫义务论之唯一主义，在使天下人无权利思想。使天下之人，尽无权利思想，是无野心家也。今犹不免有野心家，是义务论之势力犹未充足，决不足为义务论流弊之证据。且说者亦疾首于野心家，欲灭此朝食，乃又不深求其故，而主张权利论，是何异抱薪而救火。以三数野心家为未足，而欲胥天下之人，使尽为野心家而后快耶？

其二、则谓以吾历史所得，义务论之流弊，每有见义不为，为之亦不力者。孟子曰："人病舍其田而耘人之田"，即谓是也。义务论者，不知人情利己之心，每较利他为恳至，辄欲人先弃其利己心。夫我以不周至之利他心，固不足以利他人，他人以不周至之利他心，亦不足以利我，是两败而俱伤也。又惟以其利他心之不周至，故每有巨大之事，则以为非凉德渺［藐］躬所能胜任，而天下事遂无人肯为矣，此义务论所以不可信也。应之曰：说者亦知利他心之所以不周至，即由于利己心妨害之耶；又知利他心而不周至，即不得谓为义务论耶。使人能笃信义务论，则义可以安天下，有不为者乎！利可以利天下，有不兴者乎！抑有为之兴之而不致力者乎！吾闻耕者之患，在群舍其田而不顾，如仅仅舍己耘人，其尽地力，不必遂不如其自耕。又何足为病乎？有人于此，于所当为而不肯为，于所当致力而不肯致力，则其利他心之程度可知，是不为义务论也。今以非义务论之行为评义务论，其亦安能中綮乎！

其三、以为权利论顺人情，故易行。义务论逆人情，故难行。此权利论之所以优也。应之曰：难易之辨，岂容易言耶！昔儒家之道，人以为迂阔不可行矣；然孔子相鲁，三月大治。孟子在滕，四方之民归之。乃自秦汉以降，持纵横名法之说，以之治天下者二三千年，而天下日即于乱。则又何如哉！权利论为易行，而天下未必治，则易行无益也。义务论为难行，而天下可以日治，则难行无害也。说者无徒骛于耳目之难易，则可以知天下之真难易矣。

由上诸说观之，义务论之为较优明甚。且无论权利论为不易行，即使可行矣，亦不如义务论。使人类尽忘其机械心，可以永安无患。则今日言治者，又安能舍此而他图耶。乃民党小不忍，则倡为暴动，以与政府争，政府欲速成，则务为压制，以与公理抗，乃使一世之人，尽为权利之争执。以此治天下，是欲入而闭之门也。天下之人，如真欲治平者，请自今无言权利，无言竞争，举天下之富贵贫贱，皆使服膺于义务之说，则私产制度，不期而自破，黄金世界，不求而自现矣。吾国人其有意乎！

载《东方杂志》第 11 卷第 4 号

署名：恽代英

愚蠢的提问 *
（1915 年 2 月）

主席和各位先生：

很荣幸，主席先生给了我一个机会，对大家讲讲话。我所要讲的题目是"愚蠢的提问"。我知道，在我进入正题之前，也许你们中的一些人会感到奇怪：为什么我讲这个题目？我之所以讲这个题目，是因为我认为对我们而言，这个题目非常有用。我强烈希望大家能随时记住这一点。

我认为，愚蠢的提问其实正是整个世界发展的源泉，也就是说，是世界上所有精妙绝伦的发明的第一步。它有助于推动世界进步，提高国家文明水平和促进人类智慧的发展。正因为如此，我认为它值得我们讨论。

当我们站在一棵苹果树下，看见一个成熟的苹果从枝上掉下来时，我们从来没有想过这里面还有什么道理。但是伊萨克·牛顿爵士想："真奇妙啊！是什么使苹果掉下来呢？为什么苹果向地下掉而不向其它方向掉呢？你会说，如果没有东西支撑一个物体，它肯定会掉到地上。但是为什么所有的物体都有重量？为什么有的物体比别的物体重？"这些问题困扰着牛顿，他冥思苦想了很长时间，终于发现两个物体之间有一种力使它们互相靠近。这种力被称为引力。由于这项发现，牛顿成名了。如果这些问题由一个不知名的学生提出来，或者牛顿并不有名，或者你根本不知道牛顿是谁，也许你会嘲笑这些问题，并说这只不过是些愚蠢的提问罢了。现在你知道，物理学上最伟大的发现正是源于这些愚蠢的提问。

众所周知，詹姆斯·瓦特是位伟大的发明家。一天，他坐在火炉边

---

* 该文是 1915 年春，恽代英应邀为武昌共进会所作的演讲。录自李良明、钟德涛主编：《恽代英年谱》（武汉，华中师范大学出版社，2008）。

看着炉子上烧着的茶壶。当他看见茶壶盖由于水的沸腾而"格格"作响地跳动时，猛然想到这里面有某种奥秘。"是什么使盖子跳动？如果这么一点儿水产生的蒸汽就有如此大的力量，那么大量的水产生的蒸汽其力量不是更大吗？为什么不利用它举起更大的重量呢？为什么不利用它去推动车轮呢？"这些都是瓦特的提问。如果瓦特没有成功，也许我们都要嘲笑这些愚蠢的问题了。

为什么我们不能成为像牛顿或者瓦特那样的发明家呢？我的回答是：因为我们没有像他们那样提出这么多傻问题。使人聪明的唯一方法是提出傻问题来。我们都是学生并都希望成为聪明的人，所以我希望每个人都能提出一些傻问题。

当我们的脑海中闪现出许多傻问题时，我们不仅要请教我们的老师、父辈、长辈或者大学者，还要时常问问我们自己。的确，智者常常能够解答我们的提问，但他们也是凡人，他们的智慧也不是无限的。任何人，即使是牛顿或者瓦特，也不可能知道世界上所有的奥秘。牛顿和瓦特在他们的时代提出了一些并非所有的长辈、智者都能解答的傻问题，但他们没有气馁。最终，他们自己弄清了这些问题。如果我们想成为像他们那样的智者，我们首先得靠我们自己。

世界上仍有许多奥秘没有被牛顿、瓦特以及所有其他各个时代的发明家所发现。也许这会被我们发现，如果我们愿意的话，我们该怎么办？这就是一种愚蠢的提问。但正是这个提问将使我们获益。

即使对于一件微不足道的小事，我们也该问一问："这是怎么一回事？"起先我们常被告知："当然，它就是这样，没有什么道理可讲。"我们不应该相信这些遁词。如果我们继续思考："这里面肯定有什么道理，怎样才能知道这里面的奥秘？"那么可以肯定，我们找到答案之日，就是我们变得越来越聪明之时。如果我们能经常提出一些傻问题，那么我们就是伟大的发明家。

你们中的一些人会认为这些提问根本不是什么愚蠢的问题。是的，这些提问并不愚蠢，我想说，那些认为这类提问"愚蠢"的人才是非常愚蠢的；那些提不出这类"傻问题"的人才是非常愚蠢的；那些对这类提问进行嘲笑的人才是非常愚蠢的！我希望大家永远不要做那样的蠢才！（李天华译）

载《学生杂志》第 2 卷第 2 期英文版

署名：恽代英

新无神论
（1915 年 5 月 1 日）

　　凡天下略有思想之学者，莫不欲倡无神论，虽然，其以为无神非也。彼所以敢信天下为无神者，大抵以为天下事事物物，苟为吾人之所知者，莫不有其可信之理存，凡不为吾人之所知，不为常理之所得而解述，而为天下之人所惊以为神者，皆向壁虚造也；而不然者，则蒙庄之寓言也；而不然者，则道路传闻之盲谈也。要之天下为无神，凡言有神者妄也。今吾不能无疑于此者，将以为天下为有神者果妄乎。将凡吾人所不知将凡常理之所不得而解述，而为天下之人所惊以为神者，果皆向壁虚造乎？果皆蒙庄之寓言乎？果皆道路之传闻之盲谈乎？倍根曰："哲学者，浅涉之，易使人为无神论，而深究之，则又使人为有神论。"夫以倍根之硕识，而谓哲学家当言有神，亦太奇而耐人寻思矣！

　　以吾之所敢决言者，谓凡吾人所不知，常理之所不得而解述，为虚造为寓言为传闻之盲谈者，果非也。夫以天地之大，万事万物，繁殖无极，吾人藐然托躬于其间，耳目所及至为肤浅，而欲据以断世事之有无，之可信不可信，亦惑矣。彼以为凡其所不知者，即为不可信，此则井蛙夏虫之见也。淮南子曰："井蛙不足以语大，拘于隘也。夏虫不足以语冰，笃于时也。"夫井蛙虽不肯信天之大，而初无害于其大。夏虫虽不肯信冰之寒，而终无害于其寒。今学者不知有神而不肯信有神，然终何害于世之有神乎？自康德以来，哲学家有认识范围之说，故分天下之事物，为可思议与不可思议之二部。可思议者，为吾人常理之所得而解释；其不可得而解释者，则谓为不可思议，而归之于神焉。康德曰："神之有无，超越认识范围之外，故不得执神为有，亦不得拨神为无。"又曰："观世界之布置，适互相宜，即不能不承认有上帝之作为，显于其间。"格代曰："善思者有最大幸福，既已研究其所可思议者，而又从容寅畏其不可思议者。"斯宾塞尔亦曰："天虽不可知然不可谓必无。"

此哲学家对于有神之研究也。今无论市井草野，所遇之人，无论为忠诚君子，或负贩逐利之夫，强之说鬼，类能就其耳之所闻，目之所见，信口滔滔以相答，使其为虚造寓言传闻之盲谈也，何其诪张作幻之徒之多也！善乎爱迪生有言曰："迷信鬼神者，虽愚而不可及乎。"然比之彼不顾古今雅俗一切传说，与世界各国之称述，武断以为鬼神为虚妄无稽之谈者，其为理且较可信矣。夫使吾不信世俗之所谓鬼神，可也，乃若并世不欺之君子，其言行一一为吾之所深服，而独谓其言鬼神为不可信，可乎？今吾并世不欺之君子言鬼神之事数矣，然则果不为无神也？

吾虽述有神之说如上，然吾究主张无神者也。天既谓其事物，为非吾所知，则吾实苦于无从下一断语，故谓无神非也，谓有神仍非也。然吾观于已往之历史，则宁以为无神，何也？昔者吾人乍见雷电之击人，则以为神主张之。今之略习物理者，则皆晓然以为无神矣。昔者乍见日月之蚀，亦以为神主张之，今之略习天文者，则亦晓然以为无神矣。他如结胸之制为飞车，扁鹊之尽见五脏，及夫隋何稠之任意车，唐李皋之战舰，在不知者，皆将疑为不可信，即以为可信，则必诧其神奇而不可测。然而今日之飞行机，则固翱翔于天空中矣。今日之爱克斯光线，则固洞见人之肺脏矣。且自世之有升降机，登高者固不梯而能升矣。自世之有汽船，航远者固不帆而能驶矣。凡昔之所以为不可信者，今则众目共见而不可诬。凡昔之所以为有神者，今则三尺童子，皆知其无神也。且世固不乏极奇之事，如田家之用樺，一日能浸百亩，医家之用药，能疗疾苦而生死人之类，人习见之，则以为当然不足怪异也。同使人而居于无樺之乡，无医之国，卒有人语之，则必抵而不肯相信，幸而肯相信，则必以为非神之力无以致此。亦犹今人不信其所不知，或妄委其所不知者于神也。世之闻吾说者，得无哑然而失笑乎。虽然，彼哑然而笑者，吾望其不为斯人之徒也。

吾对于康德等认识范围之说，斯宾塞尔可思议与不可思议之区分，固不能不赞同。惟吾以为认识范围者，非一定不变，而随世界之文明，人类之智慧，以渐次扩张者也。故以古代与近代比，以文明人种与野蛮人种比，以智者与愚者比，虽皆各有其认识之范围，然其范围之大小各异。要之世界文明愈进化，人类智慧愈精确，则其认识之范围愈扩张。虽其扩张之程度，能至于认识凡天下之事事物物与否，为不可得知之事。然自昔之视今言之，则昔之所以为不可思议者，在今日已有一部分变而为可思议。又安知今之所以为不可思议者，在他日不更有一部分又变为可思议，或竟全部分尽变为可思议乎。昔之以为有神者，在今日已有一部分可以科学解释之，又安知今之所以为不有神者，在他日不更有一部分亦可以科学解释之，或竟全部分尽可以科学解释之乎。程伊川曰：今人杂信鬼怪，只是不烛理。盖惟烛理之人，能不轻疑，亦能不轻信。惟烛理之人，知天下为有神，亦惟烛理之人，知天下为无神。彼耳食者流，敢于轻倡无神论者，大抵谰说，不足为典要者也。

然而凡由不可思议而变为可思议，其先必以怀疑思想为之前驱，故格代之言误也。格代以为善思者，研究其所可思议，而寅畏其所不可思议。既寅畏矣，将更无所用其思想研究，以为其终不可明也。当奈端①未发明引力以前，苹果之坠，当属于不可思议，而当寅畏之列，向使奈端果如格代所言，无所用其思想研究，则引力将终不明于世。而昔之所以为不可思议者，至于今日，其不可思议如故也。亦幸而格代之言不行，而世界物质文明有此一进步，则格代言果非也。要之，凡所谓不可思议者，皆不过一时之现象，非真不可思议也。凡所谓不可思议者，非谓为上帝之所主持，永远超越人类认识范围之外，不过为一般尚未发明之科学原理所支配，因暂不为今人之所知耳。人欲全知天下事事物物，实非绝对不可能之事。学者之用其思想研究，固当用力于可思议之一方面，亦当同时兼及于不可思议之一方面。彼一为不可思议之一方面，为不容吾人思想研究者，虽为大哲学家之所称述，然吾以为终系智者之一失也。

载《光华学报》第 1 年第 1 期
署名：恽代英

---

① 即牛顿。

怀疑论
（1915 年 5 月 1 日、
1916 年 1 月 7 日、
1916 年 3 月 7 日）

世人对于怀疑之说而有所研究者大别之为三派。一、绝对的怀疑派；二、绝对的独断派；三、折衷派。此三派者各驰其说以求胜利。今世人信折衷派者独多，然以吾观之，此三说者，皆有可议者在也，故作怀疑论。

绝对的怀疑说　闳伟哉造化乎，奇闳哉宇宙乎。天何为而覆我乎，地何为而载我乎，日月星辰，何为而照临我乎。吾人知其然而不知其所以然，如此类者甚多矣。博学如庄子，犹曰：吾生也有涯，知也无涯。大智如奈端，犹曰：以吾之智比于海洋之一沙。嗟乎，哲人之所知不过如此。则天地之奇闳，果不为吾人所知也。今科学发明，人智进化，比于曩昔，固有异矣。然知人之出于猿，而不能知猿之所自出。知地球之生于微尘，而不能知微尘之所自生。任举一问题，穷其根本，皆可以难硕学专门之士。则所知者，固仍甚浅。而研究科学为无益也。古者希腊辟罗氏知其理，故以为天下事事物物，皆非吾人所知，且非吾人所能知。学者莫如绝圣弃智，以求安心立命之地，此所谓绝对的怀疑派也。

人智范围之研究　欲研究前说之当否，吾人不可不先研究人类智力究竟之范围。即研究人类智力是否全知，或是否将来可以至于全知之地步也。彼以为人类为无所知，其为过当明甚。夫吾人虽不知天地之所以覆载，而固非不知天地之覆载。虽不知日月星辰之所以照临，而固非不知日月星辰之照临。然则吾人非不知，特不全知耳。彼以为不全知，即为不知，妄也。吾人现在不为全知，将来可以至于全知与否，虽圣人无从断言。所可断言者，据已往之事推测之人智范围，决非一定而不变。盖随文明之进化以渐次扩张者也。故今人智力之范围，较古人为大。城市之人，较乡人为大。读书之人，较农工为大。此三尺童子所能称道之者也。吾人虽不知猿之所自出，而固已知人之出于猿。虽不知微尘之所自生，而固已知地球之生于微尘。凡此皆今人所知，而古人之所不能晓。向使如辟罗所言，绝圣弃智，则今人何由而能知古人之所不能知。然则绝圣弃智，果不为良法也。且试以过去之事，推之于未来之世，但得后人不绝圣弃智如辟罗所言，又可断言其必能知今人之所不能知，如猿之所自出，微尘之所自生之类。然则吾人以目前之所不知，而断为将来永不能知，其妄谬又可知矣。然则辟罗之说果不为可信之说也。

绝对的独断派说　绝对的怀疑说既不可通，于是绝对的独断说起。此说与前说适为反对，而为含有宗教之气味者也。宗教权威之及于人，其始事在起信，其居常在笃信。宗教者信仰也，舍信仰即无宗教。故宗教徒不许有怀疑之余地。学者袭宗教之精神，于是奉圣贤为神智，以为无所不知，无所不能。故吾人受圣贤之指导，即无所用其怀疑。此其为说也，偏重于己之所知，而藐其所不知。凡其所不知者，或以为不足信，或以为不足论。故信天下之事，苟非其所谓不足信或不足论者，即彼以为无一事不能知，无一事不可信，而无一事有怀疑之必要也。

学者怀疑之必要　前说之不可信，固为极明。将以为折衷于圣贤，即无所用其怀疑，则必圣人真为全智全能。始可使圣人有一事不能知，有一事不能为，信圣人而下疑，即终不能知不能为。何况所谓圣人者，所不能知不能为之事，决尤人敢断其不过一二事乎（折衷圣贤后信仰之蔽节中详细论之）。不怀疑者，对于圣贤未发明之事，苟非其证据昭彰，归之于自然无理可言之境。即以其证据稍不完全，而疑为实无其事，实无其理。此二者，皆其自阻进步之法，举而发之，亦可笑也。

吾人所以对于天下事理，往往有所不知。往往有所知而不能正确者，以下列四蔽障害之也。

一习俗之蔽。语曰：习俗移人，贤者不免。习俗者不可思议之大魔物也。吾人昔日即以习俗为真理，以缠足为要务，忠君为大德，及人权主义兴，然后知昔日之大非也。顾虽知昔日之非，然今日之信习俗为真理，每每犹如昨日之所为，则安知今日之事，不亦大非如前日乎。且无论常人之溺于习俗如此；亚里士多德，希腊之圣人也，然主张蓄奴，主张杀敌，主张贵族政体，凡此皆非知其非而主张之，以囿于习俗之是非，故不觉而附和之耳。赫胥黎曰：睹非常则惊，见所习则以为不足察，此终身由之而不知其道者之所以众也。吕东莱曰：日星何为而明？云雷何为而起？山何为而峙？海何为而渟？是孰知其所以然乎。其文愈近，其理愈深，其迹愈显，其用愈藏。人之所不怪者，有深怪者存焉，此世人之所不肯察也。及一旦见其目之所未见，闻其耳之所未闻，则以为大怪而不可测。吕东莱又曰：日星也，云雷也，山海也，使未见者而骤见之，岂不大可怪耶。由是观之，彼安于习俗之士，并不能知何谓常，何谓怪，而暇与论天下之真事哉！而暇与论天下之真理哉！

一信仰之蔽。信仰之蔽可分二种，一宗教徒之信仰天神，一学者之信仰圣贤是也。

信天神者，每赞扬之以为全智全能。后生小子更无怀疑之余地。夫天神之有无，固非浅识者之所敢妄言。以吾所知，宗教之所谓天神必非天神之本体，不过出于一二人之想象而已。彼一二人者，既非全知，则所想象之天神，决无由而全知。一二人者，既非全能，则所想象之天神，决无由而全能，此甚易知也；且其所信之教不同，其所言之天神亦各异，将谁为真谁为非，谁为全智全能而可信者乎？彼宗教徒，则皆不容以其心思猜度其天神，使天神之言行，幸而皆合于善，固将遵而从之。即有不善，亦不容有所疑，亦不容有所议，亦不容有所辞而不遵；如此则是宗教徒自阻于恶也。夫道自道，神之自神也，神而合于道，吾信道吾亦信神。神而离于道，吾信道吾不信神，如此可谓守道之士矣。然而道之真，邈乎难见也。世之偷而无志者，则假托之于神，无论神之合于道与否，无往而不信神，即无往不以神为道，于是所信者，乃为神而不为道矣。故道而合于神，则因信神而信道，道而离于神，则因信神而违道。其始也，因道之不可知而托于神；其究也，因道之不合于神而叛道；如此亦大惑矣，然而不自知也，不自知者，信仰过笃，不敢怀疑之过也。

宗教徒之不自用其心，而以其心徇天神，不足责也。学者笃信圣贤，不敢有所疑议，亦犹宗教徒之所为，则足怪矣。法言曰：群言淆乱，则折诸圣。又曰：舍五经而济乎道者末矣。如此之语，学者宣之于口，笔之于书，常数数见。虽然，自吾观之，则大异于是矣。吾以为吾人之于圣人，有不应折衷者，有不能折衷者，有不可折衷者。夫大道天下之公，非圣人所得私有。圣人之言行，偶合于道，而道固自道，不必遂为圣人之附属品也。今不信道而信圣人，自以为吾知真理，凡与吾所知之说不同者，概名曰异端，真无以逃太哉子叔氏之讥矣。此不应折衷之说也。必欲折衷于圣人，必圣人真为全智全能而后可。以吾所谓圣人，宜莫如尧舜矣，然知人安民，禹以为帝其难之，博施济众，孔子以为尧舜病诸，则是尧舜犹有所未备也。有所未备，则不足尽折衷之用，此不能折衷之说也。且圣人之言，有为一时言者，有为一人言者，如夏日之饮水，冬日之饮汤，各有所宜，而不可易。学者不思时势之不同，而惟欲窃圣贤之糟粕，以行于世，则亦将乘殷之辂，服周之冕，而后始为圣人之徒矣。或曰法圣贤者法其意而已，岂必如是。然圣人之言行，有迹可考者也。若其意，则无迹而不可考。不可考，安知其为圣人之意而能无谬误乎。且使甲乙同一法圣人之意，而甲以为如此，乙以为如彼，圣人不作谁得而是非之。则是所谓法圣人者，遂不必真为法圣人矣，此不可折衷之说也。姑舍是，敢问何如，斯可谓之圣人也已。吾闻孔孟之徒，以尧舜为圣；墨子之徒，以大禹为圣；老庄之徒，以被衣啮缺为圣，吾固谓事之纷歧而折衷于圣，所谓圣者又不一，则吾安从而折衷之。故吾以为非全知全能之人，不能知他人之全知全能。即非圣人，不能知他人之为圣人。吾不为圣人，故吾不知谁为圣人。诚如此，则吾虽欲折衷于圣人，而不可得也。

一耳目之蔽。耳目之所以不可恃者，约而举之则有三因，世人不察，而以为极可恃也。夫吾乡所未见之事物，不能断为天下之所无有。吾身所未见之事物，不能断为后世之所无有。今乡里农夫，不见飞艇，而不信飞艇。不知催眠术，而不信催眠术。此耳目不足以知天下之事，而妄欲自信其耳目之过也。且何独乡里农夫为然，彼自矜开通之士，而少见多怪，岂有所愈于彼哉。以欧洲之民，其所见奇技淫巧，日新月异，宜不泥于其耳目之见矣。然以德人犹不能信徐柏林飞艇于未成功之先，即全欧各国亦莫不嘲为无希望之骨董修缮业。即今成功矣，然后瞠然自笑向者之陋，则是其见亦无以异于乡里农夫也。故耳目之所以不可信者，以其不足以知事物之全也。（一）且耳目岂独不足以知事物之全而已，即其所知者，又往往不得正确而生误觉，如身体疲劳，则舌减其辨味之力，此味觉之不足恃也；有小肿痛，以手抚之，则觉其极大，此触觉之不足恃也。视觉若为可恃矣，然坐眢井而观天，则不知天之本状。带着色眼镜而观物，则不知物之本色，此人人所知也。坐汽车而行，则见山川草木皆向后却走，从城楼而望，则见牛如羊，见羊如豕，如此类者，吾人所以知山川草木，未尝却走。所以知如羊者为牛，如豕者为羊，皆以不信耳目而他有所信也。孟子曰：耳目之官不思，不思则蔽于物。吾人不知日为七色，而以为白色。不知地形为椭圆，而以为大平方，皆耳目蔽于物之明证也。故耳目之所以不可信者，以其不足以知事物之真也。（二）且耳目又不独不足以知事物之真而已，即使有所真知，又往往不揣其本而齐其末。孟子曰：天下之言性也则故而已矣。庄子曰：六经者，先王之陈迹也，岂其所以迹哉。自天下以故言性，而所言乃非性，以六经言圣人，而所言乃非先王，如此者非不真知，惟知末而不知其本耳。世之研究女子参政问题者，举女子生理心理之弱点以为根据，其说非不有理而可信也。然彼独不知今之所谓生理心理者，皆以积世进退之所致，故不足代表本来之生理心理。盖政治之事，不欲女子干预，故女子掌治之才，遂与日而俱退，然若据此而谓天固限制女子，不使参政，则又误以已然为当然，窃以为无以服女子之心也。故耳目之所以不可信者，以其不足以知事物之本也。准此则耳目所知甚少，而耳目所知之事，又不必为可恃，彼以为耳目为天下之最可信者，岂不大误而可笑哉。

一感情之蔽。淮南子曰：载哀者见歌声而哭，载乐者见哭声而笑。哀可乐者，笑可哭者载使然也。嗟乎，感情之可以乱事物之真，乃如此乎。同一人也，或亲而爱之，或远而恶之。同一事也，或恩而誉之，或怨而谤之。于此之中必有一是，必有一非也。然蔽于感情，则虽知其不义而犯之不惜，甚且忘其不义。大学言：心有所忿愤，则不得其正；有所恐惧，则不得其正；有所好乐，则不得其正；有所忧患，则不得其正。又言人之其所亲爱而辟焉；之其所畏敬而辟焉；之其所哀矜而辟焉；之其所敖惰而辟焉。故以王安石之知人，犹谓韩魏公形相好耳，司马温公之敬贤，犹谓韩通为愚憨，此足以证感情为蔽之甚矣。鹖冠子曰：体虽安之，而勿敢处，然而礼生。心虽欲之，而不敢信，然后义生。所谓勿敢处、勿敢信者，疑感情之不合于理故也。然则恣情纵欲，不自检点，其害理可知矣。若夫心有所思，即若目有所见，耳有所闻，因一切妄想成一切幻觉者，此又一种更下之感情，其为害无论矣。

载《光华学报》第 1 年第 1 期、第 2 期、第 3 期

署名：天逸

文明与道德
（1915 年 12 月 10 日）

　　自古至今，自野蛮以至文明，道德为与日而俱进乎，抑与日而俱退乎？世之论者，则有三说，兹并列之于下：

　　第一以为道德无进步亦无退步。古今人不甚相远者也。其说或直以为古今道德，毫无异点。如排克尔之说是也。或以为古今道德。虽有异点，而不足持以定古今人之优劣。如泡尔生之说是也。排克尔曰："世界之趋于文明者，非道德之进步，乃智识上之进步也。求道德之点，则古今无异，或有一二相异者，则古人朴而今人诈耳。以今人比古人，道德固非较劣，亦未尝优。即同为今人，野蛮人之道德，不必劣于文明。故文明者，非道德之进步也。"泡尔生曰："时代既异，道德亦不能不随之而异，其证至确也。道德何以必随时代而不同，既随时代而不同，何以仍无失其为道德，此虽圣哲犹难言之。常人之情，于古人已事，与今道德不相同者，往往斥为谬妄。然在蛮野时代，用蛮野刑法，亦未为不可。且驱蛮野而进文明，或亦不可无此作用。近日严明公正之制，所以行之而有效者，庸讵知非中古酷虐之制之所致乎？"此二说者，皆复言之成理。惟吾不能不有所憾者，即以其间言理，颇不免有不完全不精确之点也。今请得而论之。

　　排克尔之说，以为古今人之道德，毫无异点，其为失言明甚。即就其所言，"古人朴而今人诈"一语，即不能不承认为古今道德之异点，即不能不承认道德为逐次退化。则排克尔之说，殆不可信也。至泡尔生之说，较新而可喜矣。然亦病其析理之不能精，敢为武断，而不能自圆其说也。夫不知其所以然，而敢决言其当然者，其事殆近于迷信，非学者所宜有。今泡尔生既决定道德随时代而异，又不能言其所以异，所以异而不失其为道德之理。既不能言其理，而仍不肯自疑其说，此则可怪诧也。吾今敢言泡尔生之说误矣。惟其误故圣哲不能得一惬意之解说，此甚易知也。夫蛮野之民，用蛮野刑法者，譬犹入贼伙而从事抢劫，固不失为贼之道。交小人而从事倾轧，固不失为小人之道。然而合于贼之道，小人之道者，吾人不能认其合于道。何也？贼与小人，已为道之所不容也。今蛮野亦为道之所不容，故蛮野之民，用蛮野之法，虽合于蛮野之道，吾人不能认其合于道者正也。诚如泡尔生所言，则亦将谓君子小人之地位不同，道德亦随之而异。道德既随人而异，而仍无失其为道德，则凡是抢劫倾轧之事，皆未为不可，皆不失其为道德也。其说无乃太可笑乎？至其言蛮野之中世，对于今日文化之关系，一则曰"或亦"，再则曰"庸讵知"，固知其内有所怯，终不能言之而自惬其意也。如此则泡尔生之说亦败矣。彼以为古今道德为无进退者，其不为正确之说也。

第二以为道德随时代而退化者也。持其说者。如犹太小说，以具足生活，为在事物之始。文史哲学主义如西零者，对于原始种族，亦抱纯粹完全之观念。希腊之希西亚若，则谓"世界始于黄金时代，终于铁时代"。法之卢梭，则谓"文明增进，则罪恶增进"。德之叔本华，则谓"人类智识日增，而苦痛之新原因，亦随之而日生"。凡此皆本原于同一之心理所发生之论调也。征之于吾国，即鄙谚所云"世道日衰，风俗日薄"等语，已足征人人有此观念。学者好言先王，文人好言叔世，亦此等观念之表出也。抑吾人述道德进化之说，有同时不可不注意者，即无论持此说者为何如人，所居之世为何如世，其推尊过去轻蔑现在之情，常不相远。即使其人居于吾人所最羡慕以为至善之世，其自视欿然，仍与吾人无异。如希西亚若，居于希腊，已言其时为铁时代。吾国唐虞为善世矣，然《路史》载舜言："妻子具而孝衰，人情大不美。"是唐虞之世犹有所未足也。进而论黄帝之世。《素问》载岐伯言："今人以酒为浆，醉以入房，故半百而衰。"是黄帝之世，亦犹有所未足也，岂真具足生活，在事物之最初时代耶？

然而为此说者，其目光每专注于道德退化之一方面，而忽略其进化之点，不肯加以注意，故其说殊嫌于不正确也。大抵为此说者，有二原因：其轻蔑现在者，生于憎恶之感情，其推尊过去者，生于重远轻近之气习也。泡尔生曰："厌世主义者，不过各基于其特别之经验，而立为普通结论之谬见而已。人苟遇二三英国人而意气不甚相投。则必构为结论曰：英国人者，无礼仪无知识之人民也。"夫其待英国人既如此，充其量何难以此待世界人。则彼之所憎恶于世界者，其非世界之罪明矣。故曰：其轻蔑现在者，生于憎恶之感情也。至重远轻近之习，尤为人类弱点。朋友聚处，相视不足，一旦生离，则怀思弥切。伟人在世，责之甚周，一旦死别，则声誉顿起。颜之推曰："世人多蔽，贵耳贱目，重远轻近，少长周旋，如有贤哲，每相狎侮。他乡异县，微借风声，延颈企踵，甚于饥渴。鲁人谓孔子为东家丘。宫之奇少长于君，君狎之。"此皆失毁誉之真者也。今人诵诗读书，诗书所记，已多为身后评述，详于善而略于恶。吾人更以重远轻近之习读之，其终不至见有善不见有恶不止。然虽不见有恶，而欲因以证古人无恶，殆未可也。故曰，其推尊过去者，生于重远轻近之气习也。

第三以为道德随时代而进化者也。持其说者，如克特，如户水宽人是。克特曰："文明人之社会，非有他优点，惟道德之组织，胜于野蛮人耳。"户水宽人曰："对于人间一切之道德（即人道），及对于公私团体之道德，其进步之程度，盖与时代为方轨者也。"夫道德之进化，实有不可诬之事证。譬如言群治，则由神权，而君权，而法权，而民权，而人权。言竞争，则由个人竞争，而家族竞争，而种族竞争，而民族竞争。他如阶级制度之废除，平和思想之发达，无一不为道德进化之结果。故主持此说者，以为言道德退化，不过由感情所生之误解。若究诘其退化之事实，常瞠目不知所对，即有所对，每不为古人所无之罪恶，而今人所独有，不足以为道德退化之证据。故道德非随时代而退化，随时代而进化也。

吾人欲知前说之为正确与否，不可不先解决下之问题。即今日为善之人数较多于古人乎？抑为恶之人数较多于古人乎？对于此问题，吾人虽有所论列，要皆不过臆为之说。譬如全球十五万万人民，究竟在古时若干人为善，若干人为恶。在现时若干人为善，若干人为恶。既无何等统计表，以为计算之根据，则吾人欲断言道德为进化抑退化，欲使之极精极确，其为势之所不能明矣。无已，则犹有一法，即计算善恶之种类是也。计算善恶之种类，不必毛举缕析，但观今人之善，有古人不能知不能行者。古人之善，未有今人不能知不能行者，则知今日善之种类，较于古日为多。此道德进化之明证也。然同时观今人之恶，有古人不能知不能行者。古人之恶，未有今人不能知不能行者。则又知今日恶之种类，较于古日为多。此又道德退化之明证也。则彼谓道德有进化无退化者，殆亦未尽然也。

如上三说。既皆不能完满无憾。则吾人将以何者为可信之说乎？曰：如上计算之法，则知道德亦进化亦退化，殆为确而可信矣。至其所以亦进化亦退化者，盖人智进化之结果也。人类愈发达，则人与人之关系愈多，而智力之范围愈广。夫既云人与人之关系愈多，则人类行为之种类愈繁。行为者，非善即恶，故世愈降而善恶之种类愈夥也。夫既云智力之范围愈广，则智识愈发达。智识愈发达，则善者愈知所以为善，恶者愈知所以为恶，此道德进退之真象也。要之道德者，不但其善之方面，随时代为进化，即恶之方面，亦随时代为进化。恶之方面进化云者，即吾人所谓退化也。

吾人须知欲研究道德之为进化或退化，不可离文明而单独说之。抑吾人所最宜注意者，道德进退与文明之关系，非固定不可移易之性质，盖可以由人力进退之者也。世愈文明，善恶之种类，因以俱多，既如前所述矣。然善之种类之所以多者，以天下有为善之人发现之也。使天下无善人，则善之种类，无由而多，即使种类多而道德仍不能进化也。恶之种类之所以多者，以天下有为恶之人发现之也。使天下无恶人，则恶之种类，无由而多，即使种类多而道德仍不能退化也。故知道德之所以进化者，以天下有为善之人故，而其退化者，以天下有为恶之人故。使天下为善之人多，而为恶之人少，则道德进化之处多，退化之处少。使天下为恶之人多，为善之人少，则道德退化之处多，进化之处少。进而论之，使天下之人，皆为善而不为恶，则道德有进化无退化；皆为恶而不为善，则道德有退化无进化。故将来之世界，在道德界之价值，或如哲学家所述之具足生活乎？或如宗教家所述之末日世界乎？皆视现今人类之行为而判定之。吾望有志之士，善用其由文明进化所得之智力，群出于善之一途，使道德有进化无退化，以早促黄金世界之实现也。有志之士，可以起矣！

载《东方杂志》第 12 卷第 12 号

署名：恽代英

社会性之修养
(1917 年 1 月 7 日)

　　中国社会事业之不能振兴，为中国前途之一隐患。其所以社会事业不能振兴者，何故乎？此一重大之问题，亦一繁难之问题也。兹篇所述，就作者意见言之，归咎于公德、公心等八德不具之弊。其说详尽与否，固未可知，若确切或无可疑。虽然，读者对于此问题，岂有其他之研究，可补此说之不及者乎，本社甚望其不吝佳篇，以相与商榷也。

记者

　　学者谓人类为社会性的动物，乐群之德，本于先天。吾人反身自思，如独居无偶，则默默寡欢，可证其言之非诬也。人类之所以相聚而为社会者，其原因非一端。举其大而重者，则有天然之迫压，如气候食物之类，有人事之迫压，如通工御侮之类，皆所以使人自然而以利害上关系，结合而为社会者。自此以外，犹有最重要者，即为上述先天之社会性是也。吾人之与他人结合而为社会，初不必事事出于利害关系。故每有对于吾人无益之事，而吾人为社会为之者。更有对于吾人有害之事，而吾人为社会为之者。如毁家杀身之义士，彼初不自明其所以然，而惟以为必如此而后安。此无他，盖人类之社会性，即形成社会最要之原素也。

　　使吾中国人而同为人类，则亦必有人类所通有之社会性。虽然吾人之社会性，果何如乎。以吾所知，若独居而寡欢，固足证吾人之有社会性，无异于他人。然吾人之社会性，仅如此尔，此外更无足道者也。使吾国无须强固之社会，而可以立于天演之竞争场中，吾无取于多语。吾国惟无强固之社会，故弱，故危，故吾人之生命财产，国家之存亡，种族之存亡，均仰息于耽耽虎视之强邻手中。吾人将安于此境耶？将不能安而欲有以拯救之耶？西人谓吾国民如一盘散沙，夫沙之所以散者，以无粘液性也。吾人固有先天之粘液性，不知修养而利用之，乃至被他人以散沙相比，即吾人真为散沙矣。究竟天使吾人为散沙耶，抑天固不使吾人为散沙，而吾人自为散沙耶？

吾国近日一般人所急者，为建设良善政府，然此未计也。社会不强固，政府即不强固。纵有良善政府，安能遂造就良善国家耶？智者或知从事社会事业，冀图造就富强之根本，此较奔走于政治潮流中者，固加一等矣。然有憾者，社会事业非空言所能造就也。在缺乏社会性之人类，犹有不易言者。吾国之唱社会事业久矣，名人之宣言，从事于社会事业者众矣，究其成效何似其成效之所以不著者，以未知修养一般人之社会性，为社会事业之根本故也。

今人好集会结社，以行其所谓政治或社会事业，然所结之会社，未有逾年月而不消灭者，此即吾人缺乏社会性之确据也。吾人会社消灭之原因不一，有受外界之压迫者，有因内界之争讧者，有为经济之恐慌者，有由分子之携贰者，总之吾人缺乏社会性，故缺乏团结力。缺乏团结力，故不能自维持其已经结合之会社。欲改良社会，以建设社会事业，以吾之愚，舍修养国人之社会性，更无由也。

吾尝愀然有所思，恍然有所悟，以为吾人欲修养社会性，有不可不注意者八端。兹以次缕述之，倘亦真有志者所愿闻也。

（一）公德　吾人欲从事于公共之事业，则当视公共之事业，如己之事业。公共事业之成败，如己之成败。苟非然者，事未有济者也。吾人之习惯，对于公共之事业每好插身其中，既摇身其中，又不尽力于其事，故凡公共地方，必异常凌乱，公共事业，必异常荒废。虽家庭之中，庭除不如卧室。城市之内，街道不如人家。盖其视公共事业，为无足轻重。偶投身其中，非其心别有所为，即出于一时游戏之心理。此所以不能责望其有何等之效力也。至于不知爱惜公物，亦出于此同一心理，而为吾人社会事业之大阻碍。吾人不欲为社会事业则已，苟欲为之，则公德之履行，当为重要之条件。不然，吾人社会永远如此，无进化于强固之望矣。

（二）公心　吾人欲从事于社会事业，不但当有履行形式的公德之义务也，于履行此公德时，又必以大公无我之心将之。今人之倡社会事业者，果能如是耶？吾人果为社会倡社会事业，则当以社会之利害为行事之标准，不可以一己之利害参于其中。以一己之利害参于其中者，使一己利害，与社会利害相冲突，必至为一己而牺牲社会。如此尚安有所谓社会事业耶！吾人之为社会事业，不但以一己利害参于其中，且有专以一己利害为目的者。以一己利害为目的，犹云此普通之利己心，无可责也。其所以为一己之利害者，又不用正当之手段以求之，专以愚弄其共事之人，或自为首领，或僭居要地，以多集徒党，供其机械，张其声势，为唯一之妙法。不知同一人也，苟非至愚极拙，安有诚心以供他人之愚弄而无怨者。苟不能无怨矣，非携贰即争讧。携贰争讧，非共事者之过也，彼愚弄之而使之携贰争讧者之过也。吾国尚有一种会社，居于此等情形之下，其徒党不携贰不争讧者。骤然视之，似一种不可解之现象，然实无不可解也。是其徒党必亦各有利用此会社之处，互相利用，互相愚弄，以各求其一己之利而已。夫互相利用，互相愚弄，此小人之交，绝不可长。今尚未至其时，故无携贰争讧之事耳。使彼此利害接近，至无调和之余地时，此等结合，立即破裂，立即消灭。但观此一时之现象，而以为是居群之道，岂可乎哉。

（三）诚心　世界既日进于浇薄，作事者皆以手段相向。每以为非手段无以驾驭徒众，进图事业，不知手段之可恃，至有限也。吾人于不得已时，固不妨略参用手段，然所谓手段者，必根本于诚心，如父母之教赤子者然。父母之教赤子，或不免参用手段，然此手段，非愚弄赤子也，教以有利于赤子也。惟其以有利于赤子为宗旨，故他日赤子而悟此之为手段，不但无怨于其父母，且反以为大德，此无他，诚以感之故也。吾人之居群，亦类此。使吾人不得已而以手段对待他人时，必预为他人谋何等利益，以补偿之，至少亦必使他人不以此而有所损失为限。然今人果何如乎？彼等在社会中，专以手段愚弄他人，衰他人以利自身。夫衰他人以利自身，此于他人为仇敌之行为也。幸而不为所觉，固希有之事，如不幸而为所觉，则彼必直视我为仇敌，而不轻恕我。彼不但不助我为社会事业，且长为破坏我事业之人矣。由此观之，手段之为物，善用之，固或可以济其事，不善用之，徒树敌败功，非徒无益，而又害之，吾人安可不知所戒乎。进言之，所谓手段者，非必不可不用者也。吾人欲与他人协力以成事，则必望他人以至诚为吾协力。欲使他人以至诚为吾协力，吾必先有至诚之心，以感发之。惟诚心感诚心，亦惟机心感机心。吾人欲得他人之诚心，而以机心感之，其道岂不远哉。吾群中果有以一己利益为社会事业者，此固吾人之败类。吾惟愿其先能洗心涤虑，然后有以进语之。其果真有志之少年，为社会利益为社会事业者，吾则愿其用诚心愈多，用手段愈少，以造成无懈可攻之会社，而期其日进有功也。

（四）谨慎 社会事业，非人人所能办，非无才具无涵养之人所能办也。吾人苟欲为社会事业，则当认清社会事业为一种之事业，如吾人作工营商之为一种事业者然。此等事业，均当以精密之计划，详慎之手续从事之，方能责其成功，社会事业亦犹是也。凡发起会社，兴办事业者，每急期成功而不顾其根底之不十分稳固。其会议也，以少数人之意见，压制多数意见，以特别情形，抹煞普通情形。故分子之意见，鲜有能于会议中作充分之表现者，但随同表决，徐作他法耳。今设一例：有僚友会议馈献长官寿礼者，一领袖起言：今日每人摊款，不可太丰，酌量情形，可每人十元，虽贫者无不办也。领袖既言，自矜洽当。力能办者，嗷然应之；其不能办者，亦惟唯唯。彼非不知反对也，领袖既言虽贫者无不办，能办者又嗷然应之，彼将何辞以反对。如自承其贫，十元应无不办，领袖固言之矣。如自承并十元仍不能办，此无异对众人宣言，家中处境较彼所谓贫人者犹不如，人亦孰甘此辱者乎。今发起社会事业者，每犯此弊。夫彼苟使人人吐其情实，而徐思善法以处之，其事业非必不能成。必为此强迫之论调，使力不足者不能启口，而阴怀携贰。即不怀携贰，他日亦无以酬其诺，使名为已成之会社，每以此而牵动而消灭，此无他，皆作始不慎之过也。吾意真有志为社会事业者，当随时守其谨慎之德，而作始尤甚。彼轻心以掉者，皆不崇朝而败者也。

（五）谦虚 为社会事业，与一般事业无异，必守吾人谦虚之德，乃能日进光大之域。满遭损，谦受益，此天地之常经，无论在何方面，皆可验其不诬。故吾人为社会事业，乃不能不秉守此德者也。吾人有一种恶性根，凡为某社会事业时，必自以其所为，非他人所及，虽社会评论之者，初无褒语，亦初不以此馁其自信之心。夫自欲其事业超越于他人，此固竞争之美德也。事业初无超越他人之处，而固自以为超越，或并有不及他人之处，而反自以为超越，此自欺耳，岂君子所宜有之性行耶。吾人一处身于社会事业之中，既不免有德色，此等心理，即所以不能谦虚之故。夫吾人托社会以生，社会事业，本吾人之事业，处身其中，有何可以自矜之处。彼自矜者，先误认己身社会，两不相涉故耳。吾人真欲为社会事业，当打破此谬念，自始至终，惟以此事业之成败，为最要之事。凡有可以玉之于成者，无论何等之批评，皆欢然以受之，苟无关于成败者，无论其为毁为誉，皆漫然以应之。大海非一水，大山非一石，成大事业，而不愿闻逆耳之批评，岂有当哉。吾见今之为社会事业者，逢人则自伐其功，使人欲有讽谕，而无由以进。即不识忌讳，而妄有讽谕矣，彼必以为敌党之诋毁，毫不自加反省，盖彼固以其所为，为不世之功。心中所盼，惟世人之赞誉。若彼既为社会尽力，而又责其任劳任怨，此固非彼所愿，抑亦非彼所堪。彼意此非酬庸之道，亦大悖于人情也。虽然自古成大功业之伟人，未有不为国家国民，任大劳受大怨者，若器小易盈之辈，岂其俦哉。

（六）服从　吾人社会团结之不强固，一般国民无服从之性格，亦为最大之原因。吾人非不服从也，但知服从权力。权力所在，虽禽兽犹崇奉之；权力所不在，虽圣贤亦轻蔑之；此所谓奴隶性格也。吾人所谓服从，异于是。服从者，本于敬爱之心，以服从其应服从之事，如交际则服从其友人之规则；结社则服从多数人之意思是也。吾国人生于无规则之空气中，人民除服从权力外，几不知有所谓服从。即如交友肯服从友人之规则者，盖无其人。使甲揭一纸于会客室，禁客坐不得过三十分钟，客之见者，必勃然内愠，以为是大不敬。彼意以为吾之来造访，乃纡尊之事，坐之久暂，吾有自由，岂可强吾不得久坐，为此拒客之举耶。又如有书籍而为朋友所借者，订为条例，冀如书有失散，主客各有遵循之办法，在主人无他意也，然借者视之，则以为此俨然不愿借书之表示，以后遂无借者。吾国社会类此之事甚多。天生吾等为无规则之国民，不能以诚意相交际。故明明在家也，有来访者，则告之外出。明明有书也，有来借者，则告之无有。究此不规则之习惯，有何益耶？会社中不肯服从多数亦吾人之一大弊，吾人苟持一说，必思见用于世，世不能用，则宁长为世界仇敌，而不肯对于其说，略有牺牲。夫苟求有利于世，说之自我发与否，无足道也。今虽并时有同一有利之说，见用于世，苟吾说因之而废，则此说遂为吾说之敌，吾必尽力以破坏之，噫，此岂非怪事耶！吾人意见与大多数之意见不合时，不但有略牺牲吾之意见以迁就大多数之义务，即自身之利益，有不能不牺牲时，亦当尽其可牺牲者而牺牲之，此居群之道，不得不尔也。

（七）礼貌　吾人为公共事业，礼貌亦不可缺乏之条件。社会家言人类之所以进为社会，由于其社会中人，各能自相约束。礼貌者，即自相约束之表现也。上智者每易以礼貌为繁文，实则人类交际中，非礼貌无以节约欲感通达情意。先王制礼，亦非徒然而已也。西人于有干犯他人情事时，必自请赦宥；有烦渎他人情事时，必申言谢意，虽微事不足介意者，亦不忘于此礼节。其社会交际、现象之佳，未始不由于此。若吾人社会，近日多以脱略相夸，旷达相尚，远非其比矣。吾人于公共事业中，发一言，行一事，遇有持异议者，其商榷之语言，大抵与争哄无异，此所以易生误会，致恶果，可见礼貌之不可不讲也。

（八）利他　吾人投身为社会事业，虽不可自居重要之地，然必为此事业负责任之人。易辞言之，即此事业之主人翁也。常人以为不居重要之地，即无可负之责。不知果为负责之人，即为该事业重要之人，不过无须强取有劳力有利益之地位而占据之耳。吾国人好居重要之地位而又不能为负责之人，此与真正志士适为反比。真正志士者心目中止知有事业，不知有地位。虽然，此等地位对于真正志士非无用也。彼为促其事业之成功计，务求共事者诚心以与之协力，欲使之协力，则不能不取较有利之地位或机会供献之，以为之酬报。非谓真正志士，必自视为君子，而视人为小人，因以利诱之也。不过彼自视为主人翁，而视他人之协力者，为以朋情相助；既为相助，自不能无以酬报之，此不过事之当然耳。以事实证之，居今日中国，而言社会事业，非有此等之志士应运而生，社会事业之进行无可望也。

以上八端，皆吾人从事社会事业所应有之德行，即所谓修养社会性所应注意者也。八者非即所谓社会性，然社会性以此八者而后发达。吾人之背此八者而行，以遏灭社会性久矣。今苟悟救国不可不恃社会事业，为社会事业不可不恃社会性，则必于此八者加之意，力反以前行为，庶几犹有望也。读者倘能各以此自勉乎！

载《光华学报》第 2 年第 1 期
署名：恽代英

物质实在论
——哲学问题之研究
（1917 年 3 月 1 日）

　　哲学家之问题，每有出于吾人意计外者，如物质实在 The Reality of Material World 之研究，是其例也。在吾人未闻哲学家之绪论以前，对于此问题，当无不以为不假思索，而可决其实在。何者？吾目实见形色，以为形色不实在不可也。吾耳实闻声音，以为声音不实在不可也。吾见巍巍者，吾以为是有山在。如有人以为未尝有山，则吾何为跋陟而劳顿也。吾见滚滚者，吾以为是有水在。如有人以为未尝有水，则吾何为堕陷而沉溺也。夫跋陟而劳顿，以证山之实在。堕落而沉溺，以证水之实在。虽有辩者，岂能有所疑乎？且无论吾人目亲见，耳亲闻，身亲历，决然信其为实在矣。即盲者目尝未有所见，固不妨深信形色之实在，聋者耳未尝有所闻，固不妨深信声音之实在。如语盲者以形色之不实在，语聋者以声音之不实在，彼必立斥其妄，而不肯信，更无论有目有耳者也。今试语人曰，凡尔所见之形色，非真形色也，凡尔所闻之声音，非真声音也，乃至凡尔所嗅非真臭，凡尔所尝非真味，凡尔所触非真物，凡尔所历非真境。盖天地本无天地也，山河本无山河也，形、声、臭、味、物、境本无形、声、臭、味、物、境也。若此而有人信之乎？更进一步，于对谈之间，明明有尔有我也，乃谓尔本无尔，我本无我。若此而有人信之乎？吾等如未尝探究哲学家之历史，必谓此等荒唐之语，不独无人信之，亦且无人言之。盖虽无论如何癫狂之辈，亦决不至癫狂至于此极也。然固有人言之矣，固有人信之矣，其人决非癫狂也。岂徒非癫狂而已，且为世界文化中最有名誉之人，即吾等所视为学艺之花之哲学家。此不甚可异乎？哲学家对于此问题，意见初不止一种，然自最少之一部分外，鲜有与吾人表完全之同意者。或虽谓物质为实在，然其所以决物质为实在者，仍自与吾人异。然则此问题岂非极为有可研究价值之问题乎？吾今请述诸大哲之说，分别之为四种，读者或于此而知此问题之重要，不可凭吾人直觉而遽论断之，谓为不足讨论也。

一、绝对实在说 Absolute Realism。绝对实在说者，与吾人上述之意见，表绝对的同情者是也。在哲学家，惟常识派 Common Sense 主张之。然其说又各不同。今举两家之说，以见其一斑焉。一黎德 Thomas Reid（一七一〇至一七九六）。黎德之意，谓吾人之观察外物，实直接窥见其真象，故吾人目之所见，手之所触，即为物质实在之惟一证据。自狄卡儿 Descartes（一五九六至一六五〇）以下，谓吾人止能观察物之映象，不能观察物之实质者，非也。黎德著《人心之考察》An Inquiry into the Human Mind 有曰："当人以手抚案时，则感案之硬性。所谓硬性者何耶，必以其有所感触，而生知觉；由此知觉，逐推论而知有实在之外物存在。此实在之外物颇重大，故不能不用颇大之力以移动之也。吾人于此，可知有所谓知觉，有所谓由知觉推论而得之结论。案之硬性，结论也。硬性之感，推得此结论之知觉也。前者为物之性，存于物以存于物，故吾人未感之之前，或既感之之后，其硬性无异。后者为心之觉，存于心以存于心，故吾人感之则觉其硬。未感之前，或既感之后，均不觉其硬也。"吾人读此言，可知黎德之意，虽力与狄卡儿等相反，然其不承认物质与知觉为同一事物，其言吾人所以能知物质之实在，必假知觉以为之媒介，皆与狄卡儿等无异。其所可以为异者，狄卡儿等以为由知觉可推论而知有实在之外物存在。黎德则谓，由知觉逐推论而决实在之有外物存在。如是而已。夫既与狄卡儿等相较，不能执稍强固之理由，则亦安容独得一稍强固之结论。今舍前人郑重之态度，而故为武断以自异，此无以见其特优，但相形而见绌耳。一哈密尔顿 Sir William Hamilton（一七八八至一八五六）。哈氏为说，与黎德异。谓吾人观物而有知觉，此知觉乃一种复杂之组织也。其组织之成份，观物之心居其三之一，使吾人得有此物直觉之媒介物，居其三之一，实在之物质，居其三之一。故吾人所能直接观察者，盖仅实在物质三分之一也。哈氏不谓吾人得直接观察实在物质之全部，而特创此奇说。初聆之似觉可喜，虽然吾人初不能离感觉而直接有所谓知识，此在习心理学者，无不优言之。彼以为吾人得直接观察实在物质之全部者，固非矣。即谓吾人得直接观察实在物质三分之一者，又何能遽以为可信乎。且哈氏又言吾人之能直接观察外物之实在者，限于此物直接呈示于吾人感官之时而止。与其前所主张，显然矛盾。可见彼亦初不能自满其主张，而又游移为此说矣。

二、假定实在说 Hypothetical Realism。假定实在说者，即狄卡儿、陆克 John Locke（一六三二至一七〇四）所倡导之学说也。狄卡儿根据心理家言，谓吾人之观察外物，必经神经之传导，然后达于脑。故人之见物，非能见身外之真物也，但见吾人脑中所现物之现象而已。由是可知吾人之谓外物为存在者，非有何等直接证据，初不过就吾得脑中所观之现象而推论之，假定之，以为存在耳。由狄氏之言，吾人之知识限于吾人脑中所现之现象而止，初无一人，初无一时，能于此现象外，更有丝毫之知识。然则何由能断定自此现象外，又有实在之外物，可以假定为存在乎？狄氏又曰，吾人对于物之观念，与实在之物，必不尽一致。夫吾人自始未见实在之物，安能持之以与物之观念比，安能断其一致否乎？狄氏此言殊为惑矣。陆克之说，大抵师承狄氏，其解释吾人对于物之观念，谓观念非外物，可知其与绝对实在说者之主张相异，旗帜较狄氏尤为鲜明。虽然，其矛盾处亦极可笑也。尝曰："吾思天下之人，无论怀疑至何等地位，断未有并其目所亲见，手所亲触之物质，而并疑其不实在者。"陆氏以为此至明显，无可论议矣。虽然陆氏他日不言目所亲见，手所亲触者，为观念非物质乎？如果为观念而非物质，则吾目并未见物质，手并未触物质，何为不可以疑物质之不实在乎？陆氏欲以此决物质之实在，恐不足据矣。

三、批评派实在说 Critical Realism。批评派实在说，康德 Immanuel Kant（一七二四至一八〇四）之说是也。康德之说，先别物质 Noumena 于物象 Phenoumena。物质者，实在之外物也。物象者，吾人脑中所现物之现象也。此等区别，古哲多有言者，初非自康德始。惟康德始能确见此义。故其学说，谓吾人知识，限于物象一方面而止，吾人之研究，亦宜限于物象一方面而止。过此必徒劳而无功也。古之学者，或谓物质为一种有形有质之物，然所谓形也质也，均吾人以形容物象之名。今以形容物质，则不当。或以为物质为物象之原因，所以有物象者，以有物质故。然原因结果，亦物象界之名词，今用之以说物质，亦非也。总之物质之与物象，其关系盖难言。吾人初无物质界之知识，必强欲研究物质界，或物质与物象之关系，无异夸父追日，徒自烦苦而已。吾人于此或将生一疑问，究竟康德承认物质之实在否乎？按上述之论调，即令康德承认物质实在，此物对于吾人，亦为了无意义之物，以吾人毫不知其关系与性质也。然康德终不欲承认物质之非实在。康德本为富于保守性之人，且彼以为吾人既对于物质无知识可言，则其究竟实在与否，均非吾人所得武断，故康德对于物质实在问题取旁观的态度与诸哲异其趣也。

四、物质非实在说 Idealism。物质非实在说，即所谓观念论是也。此说承认物质非实在之物，亦非存在于外界，初不过吾人心灵之所构成而已。其说分为二派，一主观派 Subjective Idealism，如柏克尼 George Berkeley（一六八四至一七五三）谓凡吾人之知识，皆对于观念之知识，初非对于外物之知识。以此观念，为与其品性迥殊之物质之代表，实为无理由之举动也。柏氏又于其所著《人智之纲要》The Principles of Human Knowledge 悍然为物质非实在之宣言。虽然物质果非实在，则天下万事万物，皆为心灵之作用矣。柏氏乃谓存在于世界者有四物，一感觉之观念，二幻想之观念，三心之动作，四独立之我。所谓独立之我者为实在之物质乎，抑为心灵之作用乎？在柏氏之意，固以其为物质，而与一切之心灵作用异，如此是与其例自相抵牾矣。谦谟 David Hume（一七一一至一七七六）谓独立之我，亦为一切观念之组合物，此等观念变动不居互相继续，吾人则以为是我也。谦氏之说，世之满意者至鲜。今即舍此不论，柏氏既谓一切惟心造，所谓感觉之观念，与幻想之观念，又作如何之区分乎？吾人于一切观念之发生，固皆以为系心灵之作用，然感觉之观念，则非独心灵之作用而止，必有实在之外物，接触于五官者，以为之原因。此其所以异于幻想之观念之处也。若一切惟心造，无所谓实在之外物，则感觉之观念，与幻想之观念毫无分异，如谓目见耳闻，则为感觉之观念，然目见空华，耳闻幻响，明明为幻得之观念，反不得不谓为感觉之观念。其为说岂不窘乎？此柏氏之说之未可信也。一客观派 Objective Realism，其为说较主观派更进一步。谓一切外物内心，均为神之现象。此所谓神者，初不与宗教之所谓神者相混。其意盖谓一种普遍之心灵，贯彻于宇宙间，而为外物内心生灭变化之原因也。黑智儿 Hegel（一七七〇至一八三一）谓之神理 Divine Reason，柏克尼谓之神意 Divine Mind，白勒尼 Bradley 谓之至上 Absolute，其为说虽不一，究其终止皆此物此志而已。吾人对于此说，实有不能赞一辞者，印度佛家言，似亦为此说之一种也。

就上四说，而问之吾人自身之裁判力，究以何者为较恰当乎？绝对实在说，与心理学原理悖谬。吾人始终未尝见所谓物质，则吾人自不能知物质之形状。彼以为吾人能知物质之全部或一部分者，其为非理甚明也。谓物质为非实在者，与前说绝对相反。然主观派既混真境与幻境为一物，客观派又有所谓普遍之心之奇幻学说，为吾人所不愿承认。康德之说，弥近理矣。然谓物质非为吾人所知，则可，并其究竟实在与否亦不下一有力之断语，则似非也。假定实在说，以吾意言之，似为最近确实之一说，惟其说者，每不能举充分之理由，且其主张常不免陷于矛盾，令人有所指摘，此则所不能满意者也。

吾以为物质必为实在。何以知物质为实在也，曰：吾人之知觉，必待感官受外物之激刺而后发生。虽吾人不能直接以见外物，因感官之既受激刺而发生知觉，遂决为外界必有实在之物质，此亦宜可信也。吾人对于真幻之分，鲜不以为若天渊之悬绝，试思此悬绝之点何在乎？一有对象，一无对象而已。此等区别，虽无论何等唯心学者均深信之。如上述柏克尼分观念为感觉的幻想的二种，即是此义。谦谟为有名怀疑学者，然彼虽谓不能确知有实在外物，以为感官之激刺与否，固区别由激刺所得之知识，与纯粹之观念为二物，且谓凡学问皆根本于经验，所谓经验，亦言由感官所得之知识而已。

或谓吾人既始终未见所谓实在之物质，安知当吾人知觉发生时，必有外物以为激刺乎？曰：吾于上文既述真幻之分矣，所以知真有对象者，吾人苟非有精神病者对于一真物或一真境，每起同一之认识或感想。如有方丈之塘于此，甲见之以为方丈，乙见之亦以为方丈，昼见之以为方丈，暮见之亦以为方丈。如非确有物焉存立于吾人感官之外，以激刺吾人之感官，吾人何以不约而有此同一之认识与感想乎？若幻境则不然矣。甲幻一境，为方丈之塘，乙幻一境，断不能与甲一致，千万人各逞其幻想之能，亦断不能互相一致。此何也？以幻境本无对象，故无拘束。即就甲一人言之，其幻境似能一致矣，然时时不同，日日不同，亦绝不能互相一致。此何也？亦惟以幻境本无对象，故无拘束。由此观之，真幻之分明，真境之必有对象了然矣。且真境明显，幻境暗昧，真境可分拆，可集合，有原因，有结果，而幻境一切反是。凡此各种区别，皆足知真境之有客观实在物质之关系，非如幻境完全为主观一方面之活动也。盲者不见形色，聋者不闻声音，然形色、声音不以不见不闻而遂不存在。盖客观之物，虽待主观健全，始足以认识感觉之。即令主观不健全，不能认识感觉，其客观之物之存在如故。不可以为离主观而遂无客观也。然则于此不足以证物质之实在耶！（上述形色声音，以便于行文，故浅言之。实则此皆吾人形容物象界之名词，为主观的，而非客观的。客观的者，即为此形色声音之本原。吾人无可思议者也。）

吾既以为物质为实在矣，至物质究竟之形状，物质与物象究竟之关系，则以为不可知。是何也？吾人既始终未见所谓物质，则其形状及其与物象之关系，从何而得知之，此至明显之事也。世之论物质形状者，有三说：一、物质各种之形状，与物象所表现者为一致。二、物质之形状，为物象所表现者之本原，故形状较简单。三、物质无形状可说，如斯宾塞尔 Herbert Spencer（一八二〇至一九〇三）不可知之说 Unknowable 是也。此三说者，立说各异，然言吾人之所不能言，而好为武断，则皆属同一之弊端。明明知物质非吾人之所得知，而强欲论之，不亦惑乎！论物质与物象之关系者，有二说：一、物质与物象为因果之关系。二、物质与物象不得为因果关系。此二说者，立说适为相反，然其犯武断之弊，亦正相同。吾人既初未见物质，则此等关系，乃超越常识之问题，非吾人所得讨论。今遽以为属因果关系，或非因果关系，果何所据以立论乎？吾人今日之所得言者，物质必为存在而已，物质与物象必有关系而已。至其如何而存在或有如何之关系，非吾人之所得论。

或疑吾既不知物质如何而存在，何以知物质之必存在？吾既不知物质与物质有如何关系，何以知其必有关系？然吾固言之矣。凡吾人以为真物真境者，吾人必推想而假定为有一种与此物境相关系之对象。无对象，吾人不应对于同一之境，生同一认识与感想。此对象即物质也。吾人于此既不能不假定有实在之物质，既不能不假定物质与物象有如何之关系。然则虽不知物质如何存在，何为不能知物质必存在。虽不知物质与物象有如何之关系，何为不能知其必有关系乎？

或又将有疑吾说者，以吾此言物质之实在，初不过由一种理论而假定之耳。夫果实在，即不得为假定。既假定，尚安得为实在？故必有一尤确之证据，始足信此为定案。为此言者，亦近是矣。虽然不妨以佛勒顿教授 Prof. Fullerton 之论他心存在问题 The Existence of Other Mind 之语答之。夫我有心，他人亦有心，此无可疑义者也。然试有人卒然问曰，汝何以知他人亦有心乎？汝岂得直接视察之，而证实其有心乎？唯心之学者，并他人之存在亦且不肯承认，更何论于他心？如此则他心之存在与否，果成为问题矣。唯心派学者之言，不免过于情实。然吾人所以知他心之存在，实无何等证据，此亦无可讳饰者也。吾人之知他心之存在，惟以他人与我有同一感受有同一动作，由我有心，以为此等感动之主张，以知他人亦必有心，以为此同一感动之主张。舍是以外，更无论据也。夫如此则他心之存在，亦不过假定而已，岂可以为不可信乎？佛勒顿教授曰："吾人之论他心，实无求证据之理，盖初无证据可求也，惟直接得以感官观察者，然后有证据。他心固不可直接观察，而于此求证据，不亦惑乎？颜色之存在，吾人不容以鼻不能嗅而否认之。以颜色本非鼻所能嗅，苟能嗅且不为颜色矣。吾人之求证据，亦必求于其可求之处然后可。"佛氏此言，可谓透澈矣。他心如此，物质亦如此。吾人既谓物质不可观察，而必欲于前之理论外，求一种尤确之证据，是何异必欲以鼻辨颜色之存在，而不顾颜色之不可以鼻辨乎。

载《新青年》第 3 卷第 1 号

署名：恽代英

论信仰
（1917 年 6 月 20 日）

今日已为宗教之末日矣。而一般学者，顾于此古董之宗教，不忍遽尔抛弃。虽不敢争神之存在与否，彼所设教律之正确与否，但日日号于人曰：信仰为人类向上之根本，故吾人为保存人类之此等向上性，即有不能不保存人类各项信仰之必要，即有不能不保存人类所信仰之宗教之必要。此近日宗教家惟一之护符也。

要上所言，不能谓无片面理由。信仰之引人向上，固不可诬之事。且其功用能使怯者勇，弱者强，散漫者精进，躁乱者恬静，历史所载，其伟大之成绩，不可偻数，今人震眩之以为不可抛弃，盖亦非偶然也。惟信仰固有如此之功用，而除信仰外，尚不乏有此同一之功用者。以信仰比之，其利益大小，固有差异。宗教虽为一种信仰，而除宗教外尚不乏他种之信仰，以宗教比之，其利益大小，又有差异。故必谓信仰不可抛弃，其说已非上乘。又因信仰不可抛弃，而谓宗教即亦不可抛弃，其说尤可议矣。

道德上之大动力有三：一曰信，二曰爱，三曰智。（基督教谓为信爱望之三者，然望包在信内。）信之功用，既如上所述矣。至于爱之功用，凡言社会学伦理学者，无不知之。吾人最大之道德，如孝慈者，出于父子之爱也。如悌友者，出于兄弟之爱也。如敬随者，出于夫妇之爱也。如博爱者，出于常人对于大群之爱也。如慈仁者，出于常人对于不幸之同类之爱也。凡爱之情愈深，其道德之行为愈真挚，一切有道德之价值的品性，皆因而产生焉。故粗暴之武人，对于人妻子常呈其特别之忍耐。柔弱之女子，对于其产儿，常呈其特别之勇猛。爱之功用，亦犹信之功用，对于人有特别不可思议之影响。故苟能启发人类对于各方面自然具有之爱力，即不须信仰之鞭策，已足养成其见善如不及之品性矣。

至就智的方面言之。知行合一之说，东西哲人，皆有倡导者。苏格拉底曰，人之所以为不善，皆以不知其为不善故。程子曰：人性以循理而行为顺，故烛理明则自乐行。是其说也。道德之真意义、道德对于吾人之真关系，吾人苟能灼见确知，自然趋善避恶，如不能舍。古人言明理则不惧，盖惟明理者，乃知世所谓可惧者，本不足惧，或不应惧。其取舍行藏，皆确然有主张，有把握。虽无所谓信仰，而自然勇、自然强、自然精进、自然恬静，如此可知信仰之为用甚有限也。

信与爱智虽同为三原动力之一。然以信与智较，即相形而绌。信与智，常相冲突之物也。吾人之智，常欲破除吾人之信。吾人之信，又常欲闭塞吾人之智。然使吾人因信而弃智，是自绝文化进步之本原，而安于迷惑愚妄之境地也。其可乎哉。总之吾人之信如与智不一致之时，则此信为无价值，为不足保存。虽彼有种种有力之功用，以此等功用，不过引导吾人于迷惑愚妄之境地。使吾人倒行逆施，自绝于进化之门，不为有益，但有害耳。

就上之论据，可知有智识之人，初不须假借信仰之力，更不须假借宗教之力，自能竭力实践道德上之义务。虽有时信仰与智识一致，足以增加其人实践道德之力量。然如不幸而不与智识一致，则徒为其勇猛进德之妨碍。而凡名为信仰者，即多少含有不与智识同时并进之意。故信仰与智识一致，乃偶然之事。其不一致，乃当然常有之事。以此故知信仰虽有若干之利益，然利不胜弊，绝对无保存之价值也。或曰：有智识之人，不宜以信仰画制之，固矣。无智识或智识简单之人，其智识既不足以认识道德，则假信仰乃至宗教以扶掖之，不亦可乎。曰：世人谓无宗教，则中下社会中人无信仰，于道德之前途大有妨碍，则误也。凡无智识或智识简单之人，有信仰乃至有宗教以扶掖之，固为有利之事。然即无宗教，彼亦仍自有其信仰。而此信仰者，非智识至可以认识道德之程度，绝不至破坏也。此自有之信仰为何？曰：信仰法律制裁，信仰社会制裁，信仰良心制裁，是皆知其当然，而不知其所以然，故谓之信仰，不谓之智识也。此三种制裁之信仰，其效力绝不小于神之制裁之信仰。而此三种制裁为当时社会风俗习惯之反映，其比较于亘古不变的神之制裁，即本质上亦应较为合理可信。故即对于无智识或智识简单之人，虽似不可不假信仰以扶掖之。然于宗教之存废，初不可假此以为护符也。

无智识或智识简单之人，如上所述，自然有其较合理的信仰。然即此等信仰，吾人虽不必破坏之，亦决不可提倡之。盖无智识可进而为有智识，智识简单可进而为智识高尚。如必如宗教家，为之立一坚固之信仰，则异日必为其智识进化之累矣。如此可知凡今日言保存宗教，提倡信仰者，皆多事也。皆有害无利之事也。

且吾人与其以宗教范围无智识或智识简单之人，使其为无理由之信，毋宁以教育启发之使其智，训练之使其爱之为愈，盖有智以指导其行为。而智与爱，又共同鞭策之，则自能见善无不为，而所为无不善，比之但以无理由之信鞭策行为者，虽勇于有为，而所为或合理或不合理，皆未可知，其利益远殊矣。由此可知信仰为用，对于有智识无智识者，皆极微小。而宗教为用，则又微小之微小，直无足轻重也。就已事论之，宗教固亦可谓为社会结合，文化增长之一因。然此皆主持宗教者意不及料之结果。即此等结果，亦惟在野蛮社会中，可以见之。若在今日人心对于宗教之信仰，已甚薄弱。虽以强力迫使之信仰，亦口应而心非。盖宗教已应成过去之一物，此一时，彼一时，固非人力之所得争矣。

智与爱为千古不磨之道德原动力。信仰二字，吾人虽不必十分排斥，亦大可不更加提倡矣。异哉吾国学者，于此日此时，乃欲大倡信仰之说于吾国，宗教也，国教也，纷呶不可辨晰。意者自欧风东渐，彼数百年前之宗教史，有足使吾人羡慕者耶。或西人既至今日，尚任其宗教自由存在，自由传播，即足为吾人应建设宗教，应建设国教之惟一理由耶。或有欲为大教主大牧师，以俯享一国人之尊敬崇拜者耶。吾甚愿其一读此篇，恍然知宗教之价值，在今日且不足道，而悟于其所主张国教之非也。

载《新青年》第 3 卷第 5 号

署名：恽代英

经验与智识
（1917 年 10 月 15 日）

曩作《结婚问题之研究》，谓"经验与智识，迥不相涉"。伧父先生，以为立言未妥。若但就字面言之，立言诚未妥也。惟吾原意，本非从学理上论经验与智识之关系，不过谓一般自称有经验之人，于所更之事，多不能详察其原因结果，故于其智识初无丝毫之益耳。盖欲详述经验与智识之关系，决非片言之所可尽。然尝思之，吾国人不明经验与智识之真正关系，其害中于国家社会者，初不止结婚问题之一端。如政界用人之重经验而轻学问也，学子论学之徒尚理想而不顾事实也，其弊莫不由此而生。进而政治腐败，学术衰微，则又前二者之结果也。窃尝谓欲救中国政治方面学术方面之危亡，不可不阐明经验与智识之真关系。兹就个人所见及者，为具体的叙述，非徒与伧父先生辨驳前言也。伧父先生如能更进而教之乎，尤所幸矣。

（一）智识未有不从经验中得来者也。　凡可名为智识者，或由吾人简单之经验而认识之，或由吾人复杂之经验而推知之。前者如声色臭味之辨别，后者如各种学术之原理。总之凡可称为智识者，非直接从经验中得来，即间接从经验中得来。舍吾人一切经验以外，欲求一种可称为智识者，盖渺不可得也。惟如吾人各种之感觉，例如美之感觉，苦乐之感觉，则生而有之，不能指为从经验中得来。然此感觉 Emotion 而非智识 Intelligence 不足以破智识皆从经验中得来之说也。

（二）古人所谓天启之智识，可分别之为二种。　哲学家固多主持天启之说者，与经验派常相对峙。然今日神说既衰，科学日盛，天启云云，揆之于理，断不能合。窃谓凡所谓天启之智识，应分别之为二种：（1）不正确的妄执偏见，于论理既不可通，则惟有托之天启之说，以欺世人。此天启智识中之完全不正确者属之。（2）由不自觉的经验或推理 Unconscious experience or inference，而得之智识。此智识从不自觉的心理方面或译"在潜意识"忽然涌出，吾人自身亦复不知其所以然，于是诧为神奇，归之天启。此天启智识中之完全正确或一部分正确者属之。夫统各种之天启智识，皆以为谬妄者，非也。然如除去由吾人自觉或不自觉之经验或推理而得之智识，以外则虽断言更无所谓正确之智识，宜小为过。（美人 William Walker Atkinson ①新著一书，名 The Inner Consciousness 即阐明在潜意识之理，拟译之。）

（三）徒堆积经验而不加以研究者，于智识无益。　智识虽未有不从经验来者，然以为智识（指正确智识言）即经验之又一名词，则大不可也。无论如何富于经验之人，苟于其各种经验，不能将其原因结果，一加研究，即于智识无丝毫之益。何以明之？如奈端见苹果坠而知引力，此苹果之坠，宜见之者无虑亿万人也，而引力之智识，仅奈端一人能得之者。惟奈端研究，而余人不研究也。瓦特见壶水沸而知汽力，此壶水之沸，宜见之者尤无虑亿万人也，而汽力之智识，仅瓦特一人能得之者。惟瓦特研究，而余人不研求也。此外凡发明家所据以为发明之根本原理，无一非吾人习焉不察之经验。故经验多不得以为智识多，明矣。此所以俗虽谓老成之人，智识较广，而按之事实，殊不见然。此又所以吾人以为旧官僚经验较富，故较宜于从政，而究之彼等之荒唐昏愦，几无异于一般浮薄无知之少年也。吾国言政治言学术而注重经验者，试平心一审度此言。

（四）单纯之经验每不正确。　经验之所以必待研究，而后成其为智识者，盖因单纯之经验，每不正确故也。吾人单纯之经验，几未有可称为正确者。譬如吾人见白色之日光，即以日光为白色，此即不正确之单纯经验也。经物理学家研究，然后知日光非白色，而为七色所合成。又如吾人持重量之物品，即以物品为有重量，此又不正确之单纯经验也。经物理学研究，然后知物品本无重量，而为地心引力所影响。其他类此之事，所在多有。如以为经验即为智识，必将以此不正确经验，而误以为正确之经验矣，呜乎可哉！然则经验虽为一切智识之源，而经验又不可遽信为智识矣。

（五）学问者，反复经验所得较正确的智识之传授也。　然则单纯之经验，既非正确之智识，吾人安从得正确之智识乎！曰：是惟从学问为可得之。就学理上言，学问者，即由自有人类以来，反复经验，反复

———————

① 即威廉·沃克·阿特金森，美国学者。

研究，自不正确的智识，而进于正确的智识者也。谓吾人学问，即为完全正确，固未免言之过情。然其较不正确的单纯经验为可恃，则不待迟回而可以立决。如不恃学问而恃经验，是必非智者所为也。吾人之智识，是否可以由遗传性传之于子孙，至今人类学者，以为疑问。窃谓智识当可传之子孙，惟无论其所传者为全部或一部。要当存留于子孙心理之不自觉的方面，其偶然发现者，即吾人所称为天才 Talent 是也。（遗传于人之承受性 Capacity 即普通人所谓天资，亦有关系，此为遗传与精神方面之又一关系。）然吾人普通所谓智识，与其谓由家庭遗传中得来，不如谓由社会数千万年互相传授之学问中得来。观之书契既兴，而人智大启。印刷术发明，而文化亦陡然增进。可知学问之传授，其方法愈进步，人类之智识，即愈进步。然则学问之关系于人之智识，至重且大。吾人欲求较正确的智识，或他日进而求完全正确的智识，舍求之于学问而何由。

（六）吾人之信学问，乃较经济而较安全之方法也。　学问与经验（指单纯之经验），虽在今日无绝对的善恶可言，然学问为较经济而较安全，则有可断言者。譬如深山之中，崎岖曲折，往者辄迷其途，或至误入虎穴，堕死崖谷之下，于是后之行者，树之木标，以示途径。吾人之学问，譬之此等示途径之目标也。设使入此山者，熟视此标，等于无有，仍复师心自用，以为凡非己身有所经验，即世界无可恃者。是必至仍迷其途，至于误入虎穴堕死崖谷矣，其为不安何如哉！即令如天之福，不至误入虎穴，堕死崖谷，以丧其生命，然亦必辗转奔走，忽前忽却，其不经济亦未为合算也。然则人之不信学问而信经验者，其为愚拙甚矣。夫徒恃一己之经验，以为智识，虽一生之中，艰苦备尝，其所得多不及由学问中得来者万分之一。而此万分之一，其果为正确之智识否？其果比之由学问中得来者有较正确之价值否？即让一步，有同一正确之价值否？皆丝毫无把握之事。而今人曰：经验贵也，学问贱也。夫学问之可贵，证之已经经验之事实，几无可疑，而仍以为经验较学问为可贵。即此一端，可见世人于经验已经证明之事实，多不注意。即此可见经验之可贵，至有限矣。

（七）学问如尚不及经验之可恃，则不得谓之学问。　世人以为学问不及经验之可恃，吾亦闻其说矣。如读书人，所称为有学问之人也，使之处事，恒不如工农商贾。又如作八股者，能中状元，而不能治一县之事。又如高等学生、中学生，其在学校中，视甲等第一为其囊中之物，然出校门，恒有衣食不给，穷饿以终身者。此皆学问不足恃之明证也。然试问凡称为读书人者，果皆为有学问之人乎？作八股能中状元，学校学生之能屡试而名列甲等第一者，果即足为其有学问之凭证乎？以此证学问之不足恃惑矣。吾人即不遽谓彼等为毫无学问，试问即令彼读书人为有学问，彼之学问，固所以学为工农商贾者乎？即令作八股者为有学问，彼之学问，固所以学为县知事者乎？即令高等学校、中学校之学生为有学问，彼之学问，固所以学生活技能者乎？夫以彼素未涉足之学问勉强之，不能胜任，则以为学问为无益，可谓谬矣！乡农之意见，有以读书人为万能者，所谓一窍通百窍通也。然而证之事实，断无此理。彼读书者，止知读书。中状元者，止知中状元。屡试列甲等第一者，止知为甲等第一之考试耳。安可因以而责其万能，一如乡农之见哉！吾观今之言政治者，恃数场考试以求从政之良吏。今之言教育者，恃若干普通学校，以求专门擅长之学者。不能得，则以为此学问不及经验之铁证。呜乎！此学问之所以不兴，人才之所以不出，旧势力之所以弥漫于社会也。

（八）学问中不正确之智识，赖世人研究其经验以补救矫正之。在今日言学问，虽比之往古，已正确之处多，而不正确之处少，然其尚不乏不正确之处。无论何人，固不容不承认之也。惟此等不正确之处，决非人人之所能见。如吾人以单纯之经验，与学问相比，而发见其异点时，多为经验不正确，而非学问不正确。若学问之不正确者，惟能细心研究其经验者，为足以发现之，亦即惟彼等为足以补救矫正之。今人据其甚浅不足道之经验，动欲推翻数千年相传之学说，亦可谓不慎重之至矣。总之，求正确智识者，不可盲从学问中之智识；然亦不可不经详慎之研究，而遽然抛弃之。以学问与单纯经验比，学问固较正确，就学问自身言，则固尚有不正确之处，以待逐渐补救矫正，而进于完全正确。此则学问之真正价值矣。

就上八端而综论之。学问者，乃较安全而较经济之方法也。然谓之较安全而较经济，并非谓其最安全而最经济，亦非敢断言其即无不安全不经济之处。此所以吾人虽谓智识较经验为可信，而于智识方面，又不能不冀世人研究其经验，以补救矫正之也。故谓智识不由经验来者非，谓经验即智识者非，谓学问与经验无关系者非，谓学问不及经验之可恃者非，谓经验最可恃或学问最可恃者皆非。总之最正确之学问，即最正确之经验，即最正确之智识，于此三者之真关系，豁然了解。所解决者，将不仅一结婚问题也。

吾愿教育家读吾此言，当力求改进各种学问，务洗学问不及经验之可恃之耻。吾愿政治家读吾此言，当力求利用各种真学问之人才，无徒恃有经验而无智识之老官僚，以自误国事。吾非敢蔑侮老成人。国家之应敬爱，较老成人之应敬爱尤甚。吾等且将有栋榱〔折〕模〔榱〕崩侨将压焉之惧。故有鹿死不择音之言也。

吾上所言，乃泛论经验与智识之真关系。吾之所非难者，伧父先生初亦未主张之也。然由以上所言，亦可知吾所以主张结婚学传授之主要原因矣。现时坊间出版之结婚学，若以供讲堂之传授，固似不可。（最妥之法聚能研究有思想之人，共著一结婚学，以为学校之用。）然不确实之智识，与不确实之经验，就学理言之，价值相等。而就事实言之，既操觚而为结婚学之著作家，则其思想其研究其智识，至少终应加常人一等。故即以供讲堂之传授，亦较普通人之经验为可恃。此即学问常较单纯经验为可恃之理也。至伧父先生终以为使有经验之人，参考此种智识，较为稳妥。此诚意见不可强同之处。惟吾意除一般有思想能研究之人外，普通之经验，如正确者，至少应可由结婚学中完全得之。如能编纂一最完善之结婚学，则普通经验所不可得者，亦可由此得之。则使有经验人参考此种智识，与使无经验人服从此种智识，毫无较稳妥与较不稳妥之区别。如有较稳妥者，恐非伧父先生之说。盖一则如吾前说所云，更事多而常流于顽固，有不能承受此种智识之倾向；一则伧父先生仅云以为参考之用，亦未免略近于藐视此种之智识也。至伧父先生以衣食住之须求缝工厨师建筑家，因谓结婚虽男女自身之事，然不宜令男女自主。果如此言，则应使社会有一种人，专为一般男女选择良耦，方为最妥。为父母者之不足胜此任，亦由男女自身之不足胜此任也。然结婚之智识，初非甚深难解。苟有结婚学之传授，男女自身之足以胜此任，亦犹为父母者之足以胜此任也。且结婚后之关系，虽非恋爱二字所能包尽，然亦非于恋爱二字，毫无影响。而恋爱之事，本非父母所能干涉，故吾意终以男女自由主婚为最妥也。至生殖之事，今人固多以为人类之责任，惟推究根本言之，决不见人所以有此责任之理由。不过今日遽谓人类生殖，犹如一切鸟兽之生殖，初无所谓责任，一般人或不乐闻，惟窃信真理则然耳。吾国社会不至于流动无定，伧父先生以为此不孝有三无后为大一语之良效果。然吾国社会之此等情状，有其优点，亦有其劣点。窃谓居于今日之世界，宜沟通中西文明之优点，以造成吾国之新精神。此等有害之学说，因其有关吾人文明，遂不忍割爱，窃亦未敢赞同也。连类书之于此，虽与题不相涉，或伧父先生所乐闻欤。

载《东方杂志》第 14 卷第 10 号

署名：恽代英

学问与职业一贯论 *
(1917 年 12 月 12 日)

　　吾国有最可忧之两事，其一为百业疲弊，其二为学术荒废，此两事之可忧，一般有识之士，类能言之，无待吾详说也。吾所欲言者，则在此可忧之两事以上，尚有一较此两事为更可忧者，且为此两事之根本原因，则学问与职业不能一贯，故学问职业，两无关系，不能互相助益是也。学问与职业，不能一贯，在吾国不独今日为然，古昔即已如是，在世界亦不独吾国为然，他国亦多如是。惟吾国今日，因古昔相传之流毒，而学问与职业相去愈远，他国今日因时势需要，不自觉而学问与职业相接愈近，此所以求学问与职业之一贯，以便与欧美相追逐，不能不认为吾国之急图也。

　　为极端之论者，或以今日为物质竞争时代，提倡职业，实为当务之急，若高深学问则可暂置不论。此一说也。或以今日为文化竞争时代，提倡学问，尚可求各国学者之与我表同情，而吾国不至以文化见轻于世，职业之发达，尚非重要之著。此又一说也。此两说之偏颇，吾意读者当不难承认。夫今日之世界，亦物质竞争之世界，亦文化竞争之世界也。如此，则职业与学问，当同时求其进步可知；且学问职业，本有一贯之理，非同时求其进步，即无法单独求其进步，然则为此极端论者，岂非大谬欤。

　　吾何故确信学问与职业有一贯之理乎？就纯理论之，吾人之求学，所以被认为当然而必然之人生事业者，与其言求学为向上心之表现，不若谓其为应生活之需要而然，即吾人因须学习生活技能，故当然求学，必然求学也。凡不关于生活技能之学问，虽有时亦风靡于社会，然除少数人外，其所以重此等学问，非以此学问中之美术之哲理为可重，不过

---

　　* 该文写作时间据《恽代英日记》（北京，中共中央党校出版社，1981）所载。

仍视此学问为一种之生活技能，故认为不可不学。此如科举时代，一般学人之重文字，即因彼等直认学文字即所以求生活之技能，是其例矣。如此可知世人求学，即所以为生活之技能，换言之，即所以养成职业之能力。学问与职业之关系如此。至好学之士，嗜求不关生活技能之学问者，吾固信其不乏此等之人。然要非所论于社会大多数也。

即就事实上言，学问与职业，不能一贯，其为害亦甚巨，大略言之：（一）世人如瞭知学问职业毫无关系，则大多数为求生活技能而求学者，因不能由求学而得生活技能之故，即不复求学。（二）学问既不能实地应用，则学者易于以伪学相欺，即令有好学者，不肯自安于伪学，因不能得实地应用之机会，以为学问之印证，亦无以自致于实学之途。（三）学者既无实学，则无所操持以求生活之业于社会，故学者之位置低。（四）学者既无正当能力，以求业于社会，为救死计，自不得不以不正当方法，或矫饰欺诈，使人误认其有能力，而与之职业；或阴险倾轧，强夺他人之职业以为己有；或交接承迎，结人欢心，以求一职业；或道苦乞哀，求社会之怜惜，而与以职业。如此，于是学者之廉耻丧，气节堕，而社会信仰学问、信仰学者之心，一去而不可挽回矣。（五）学者苟有良善之道德，以风示社会，社会固或受其影响，而亦从而良善，然此尚非易事。学者苟有不良善之道德，社会之从而不良善，则甚易易。语曰：从善如登，从恶如崩。故今日社会风俗之败坏，皆学者之罪也。（六）学者既能以无生活技能之人而求学［业］，则不学而无生活技能者，必亦起而求业，于是求业者多，而人浮于事矣。（七）社会之间以不正当方法求业者既众，无论何种职业，不免有三五人能以不正当方法求得之，于是人心浮动，其欲望乃无限制，故侥幸之心大盛。（八）求业者既多，而求业者之欲望既无限制，于是人人有不安于其业，而更求较美之位置之心，而觊觎倾轧，永无止境。而一般执业者，皆存五日京兆之心，百业由此不举。（九）在此等境况中，即有一二实心任事之人，而以其无他人之强力之诡巧，每不能安于其位，即其所作之事业，每不易得完成其功效。（十）由以上各因所得之最后的结果，即百业疲弊，学术荒废，如吾爱国之士之所以为可忧者是也。然则此不可以证明吾所言，学问职业不一贯，为此可忧之二事之根本原因乎？

夫不能使求学者安心于所学，学问无发达之理。不能使执业者安心于所业，职业亦无振兴之望。而不能使职业与学问一贯，令求学者皆有执其所学，以求业及执业之希望，则学者断不能安心于所学。不能使职业与学问一贯，令求业执业者，必本所学以求之执之，则执业者断不能安于所业。故此二者，乃互相影响，必同时促进之，而后得同时发达。呜呼！求学问发达，职业振兴，固不能不求此二者之一贯矣。今人所引为疾首痛心之问题，如社会道德之堕落，社会秩序之紊乱，试观上节所述，何莫非职业学问不能一贯之所致，亦何莫不可赖职业学问之一贯以拯救之。然则职业学问之一贯，不但所以求物质文明精神文明之进步，亦且为救陷溺之人心，亦且为救危亡之国家唯一方法矣。

吾国人重文轻实之弊，垂数千年，其所读之书，所受之教育，每与职业一无关系。自科举废而学校兴，为吾国一大进步；近日职业学校逐渐推广，又为吾国一大进步。所惜者，徒有职业学校之名，其所教授或为不急要之学科，或为不适用之智识。总之，其能在职业学校养成一种充分之能力，以为他日求业或执业之凭借者，吾甚罕见其人。可见形式上之改革与实际无益者，究非彻头彻尾之改革。彻头彻尾之改革奈何？曰：使学问与职业一贯，如此而已矣。

使学问与职业一贯，则学问上当注重适合社会之实用。适合社会之实用如何乎？曰：在智识方面，须有充分之职业教育；在道德方面，须有谦恭服从之涵养；在体质方面，须有能耐劳苦之能力。社会之用一人，必求得一人之用。吾苟能适合社会之用，则社会必不遗弃我，虽有他人以卑陋之手段与我争，我亦立于不败之地。若吾不能适合社会之用，但恃卑陋之手段以与人争，其胜负不可逆料。以此法求职业，吾谓之赌博之生活，以其前途并自己亦不能预料也。若欲不恃卑劣之手段以与人争，而职业之修养，又不能完满其必须之程度，则其人之不为社会欢迎可知，及其不为社会欢迎，不自咎其职业修养之不完满，而指为职业修养不可恃，卑劣手段不可不用之凭据，此岂可哉。

吾国职业神圣主义之不能实现，诚为可憾之事，然欲此主义之实现，仍不能不望学者之养成一种执业实力，以与一般无实力之人奋斗而克服之，以渐立此主义之基础。今日社会一般谬误之见解，足以为亡国灭种之原因而有余者，即在承认职业神圣为不可能之事。然此不可为社会咎。盖学者恃此美名以求业于社会，而又无实力以期副社会之所需要，故社会不信任学者，即不信此美名之职业神圣为可能之事。今欲期此主义之实现，在学者具有完满之职业能力，以求业于社会，既得一业，则示以显明之成效，如此庶几社会渐生信仰之心，而渐有感于职业神圣之必要矣。

欲求职业神圣主义之实行，必不可不设职业介绍机关，以为之枢轴。而此机关之设置，必非无良好操守、高深学问之人，所能胜任。盖欲此机关之见重于社会，最要之事，即为信用。而又须能调剂各种之人才，使其各就彼最所适宜之事业，以发展其才能。所以此等事业，必须有大眼光而又从无失信之证据，为社会所知者之人，乃能创设之而有成效也。

吾就社会有能力之人言，则欲求职业之神圣，当注意培植一般后生之执业能力，创设职业介绍机关，务使有能力之人，无一不投之于相当之职业。无能力之人，无一使得由吾手以滥竽于职业界中，如此庶几渐养成社会爱重学问之观念，以为非学问不能求职业，非某种学问不能求某种职业。而奔竞倾轧，皆为无益之事，侥幸嫉妒，皆为无益之想矣。吾观今之有力者，虽知职业神圣之不可不讲求，而视有学问之人，埋没于无职业，或不适宜之职业中，不肯稍一顾念；而若自己亲友，终不免徇情纵私，违心汲引。以此言职业神圣，将以欺人乎，抑自欺耳。

吾就社会现方求业而有实行职业神圣主义之志者言，则第一不可不养成执业能力，而所养成之能力，必以愈伟大愈妙。盖欲与一般不神圣之社会争，而期求必胜，固不容不先求立于不败之地；如即令略有技能，而此等技能，初非出类而拔萃者，则其果能受社会之欢迎与否，殊为不可恃也。第二，不可不审察自己才能，而就其特长者加以培植之。盖欲养成伟大之能力，或将以为不可能之事，然实未尝不可能。人类之才能不一，各个人皆有其特长之一方面，就此特长之一方面，加以培养之，自然出人头地。惟各个人之特长的才能，不但初不为他人所知，即自身亦未必知觉，故自己审察，为必要也。第三，不可不有谦和之态度，忍耐之度量。盖果有伟大之能力矣，而苟无谦和之态度，忍耐之度量，则其能力愈伟大而愈不为社会所欢迎，此又成功之大障碍也。大抵有能力之求业者，其自己位置甚高，其对于社会之欲望甚大，故不期骄而自骄，抑知彼果为有能力之求业者乎？积日月之久，其能力为社会所承认，即有甚大之欲望，亦可决其必如愿以偿。否则在社会视之，但见其自负有然耳，究未见其能力何在也。以此即求社会之欢迎，不亦难乎。第四，当妙选机会，以自现其能力。夫机会之来，不拘何时何地，不必在求业以后乃然也。凡成功之人，固必善于利用机会，而凡机会之可以自现其能力者，尤成功之人之所必须利用。盖吾人能力，最患不为社会所知，果有妥善之机会，以自现其能力，自吾人所不可不注意。惟同时亦应注意谦和，注意忍耐耳。以上四者，为求职业神圣，而欲求其成功者，必须具备之条件，吾遵此而行者数年，觉其颇有成效。以吾之鲁，犹能行之，海内尚有同此怀抱者乎？其亦可以起矣。

苟用正当方法求职业之神圣，以吾观之，实为必操胜算之事。何也？夫人群苟非迷惑狂瞀，其正当事业终有待于有正当能力者料理之；彼今之不用有正当能力者，多以有正当能力之人甚少，或有之而其能力初不能见信于人，或其品性初不能见好于人，于是彼乃用其亲昵而无能力之人矣。吾今果显然示以吾伟大之能力，与能谦和能忍耐之态度，彼苟欲其事业之发达，自然昵而就我。谓吾国人果无欲其事业之发达者，即职业最不神圣之国家事业界中，尚不能无例外，若社会事业，则断无如此之理。然则职业神圣者，乃极有希望之事，有能力之求职业者，安有失败之虑乎。

今之有能力而求职业者，或骛于一时不正当之利益，或不能忍耐一时之困顿，因不就其能力而择相当之职业，不知此不但为不正当之事，亦且为不利益之事。盖就其能力而择相当之职业者，迟早其能力终必受社会之承认，而日进于成功，不就其能力而择相当之职业者，则其能力归于无用之地，虽为有能力之人，与一般无能力之人相等，如此而言成功，其希望亦少矣。

说者谓成功与不成功，与能力无与，此妄说也。吾人一生之运命，其成败关系于吾人甚巨，故吾人必用最妥当之方法，以求最大之成功。最妥当之方法如何乎？即养成能力是矣。大抵彼之以为成功与能力无与者，皆由彼曾见三五人无能力而仍成功，三五人有能力而仍不成功之故。不知有能力而不成功者，非其能力不适于用，即其未必为真有能力，或真有能力而受不良品性之累所致。彼无能力而成功者，譬若赌博而幸胜耳，不能即以为无能力者皆能成功之证据；且无能力而不能成功者，无虑千百人，今不以千百人之不能成功，引为深惧，而乃以三五人之成功自慰，此岂非目察秋毫而不见舆薪乎。

夫能力之养成，不知其需要若干劳力，若干时日，若干金钱也。国家教育费之规定，主持教育者，关于管理教授之设施，受教者奔走学习之劳苦，积之既久，乃养成一种差可执业之能力，然则此能力不甚可珍惜乎！乃今人之视之，直土苴之不如，个人漫然牺牲之，社会漫然蹂躏之，嗟乎！此亦可谓不经济之极矣。吾意吾国人果尚不欲改图，果尚不欲求职业学问之一贯，则自今以后，可不必更言教育，更言学问。今人以造就人才而言教育、言学问，究其实际，初未必能造就人才，即造就有数人才，亦决不思如何适宜运用，此诚不解其何为也。

社会之视人才，既毫不有所矜异，则所谓人才者，何怪其自安鄙陋，不求上进。又何怪社会每有人才缺乏之患，虽兴学校十余年，而终无以救治乎。论者鉴于人才之缺乏，则以为学校办理不良之咎。夫吾国今日之学校，其办理不良，何待论，然人才缺乏之至于如此，其主要原因，乃在职业与学问之不一贯。今不求职业与学问之一贯，而徒责学校办理之不良，尚肤浅之见也。

欲学问之切实之进步，当认清教育以实用为最大目的，故学问必求其有利于职业，而凡关于职业之知识，尤以常时令其实地应用为妙。苟能是，则卒业以后，彼乃能以其学问求职业，即能以其学问治职业，即能以其职业辅进学问，即能以其职业之缺陷，使其了解求更高深学问之必要，如此，则职业界大进步，而学问之发达，亦一日千里矣。

不以学问求职业，故侥幸之心盛，奔竞之风炽，缘是而生之弊害不胜计，既如上述矣。有实在之学问，则必以求其与学问适合之职业，为最有利最有成功之希望。故实在之学问，故言职业神圣者所必不可不注意也。夫有实在之学问矣，再试以求业之方法及其利害譬喻之，彼苟非愚骏，舍托足于职业神圣主义之下，而谁适哉？

人皆有向上之意志者也，其所以似无向上之意志者，不得相当之机缘，以遂其发展耳。故苟有相当之学问，而又得与学问相当之职业以生活者，彼向上之意志，必自然发展，即彼必尽力以其学问治其职业，如西人所谓科学经理法是也。吾人今日所谓学问，多从东西洋裨贩而来，其间不适国情之处，在所不免。然凡所称为学问者，皆从反复经验所得最安全最经济之经理事物方法，故吾人以学问经理事物，必较他人为安全为经济，即较他人为易于成功，至其不适于国情者，则在细察而改变之耳。然则欲成功之少年，有学问又有与学问适当之职业者，其必以学问治职业无疑矣。

以学问治职业，则自己愈知其职业所需要之学问，而学问之缺陷，亦以显现。古人言教而后知困，其所以知困者，即因以学问治职业而后知学问之缺陷也。夫彼既以学问治职业，则其于所执之业，必发生甚大之兴趣，于非彼所胜任之事务，彼必不妄生希冀，而于彼所任之业务，亦无虑他人攘夺，如此，彼乃专心致志于其所业，而所业日进矣。既无所希冀，亦无虑人攘夺，则不必以多数之时日，消耗于交纳结托之间，于是执业之余，尚有补习于职业有关之学问之余暇，而所学亦日进矣。

凡可称为学人者，必为于各种学问有独立研究，有高深程度之人。然若吾国今日之现状，一切学问，限于在学校时代而止，一出学校，即不复与书本相闻问，尚安望有独立研究、高深程度之学者，产生于吾国乎。说者或谓学者之事业，非可望于就学者人人能为之，故欲国家产生一般学者，则惟有择就学之优秀者，千百人中取其一人，使之入大学，入大学院，国家以公帑豢畜之，使其安心研究学问，庶几其成为学者乎。然凡能入大学，入大学院者，多为财产丰裕之子弟，此等人是否千百人中之优秀者，不得知也。其为家计困难，或他种阻碍，不能入大学、大学院者，此等人中是否尚不乏可称优秀，可望其将来成为学者，又不得知也。吾意无论何人，皆可知大学初不得为人才之渊薮而豢以公帑，适以长大学生骄惰之习，虚伪之风，又绝不得称为育才之良法。文化之进步，皆应需要而然，无其需要，而欲求进步，不能也。今大学生既袭父兄之余荫，又糜国家之款项，初无使其不得不勤学之原因，而欲望其勤学以求进步，安有望乎？故国家欲造就人才，不在纳一切优秀学生于大学或大学院，而在使一切学生皆得就适合于学问之职业，使其视求学问为生存竞争中之一要事，则不须督促奖励，自然勇猛精进而不能已，如此乃有养成学者之望。而最要者，当使学生就业以后，不致以闲暇时光，抛弃于无谓之应酬，无谓之游戏中，则学生之学业，不致以在校所讲习为限。不然，如今日学生一出校门，即置学问于不顾者，即加以大学、大学院数年之修业，其成就亦可逆睹，然则可知言教育而不极力提倡学问职业之一贯者，殊不得为智也。

如上所陈，固杂乱而无章，然职业与学问，互相一贯之利，与不一贯之害，要可明矣。

载《青年进步》第 11 册
署名：恽代英

力行救国论
（1918 年 6 月）

谓国家不须救，非冥顽不灵者，必不道此语也。谓国家不应救，非丧心病狂者，必不持此论也。虽然吾等果何以救国家乎，或曰：必改良政治，或曰：必移风易俗，或曰：必振兴实业，或曰：必扩张军备，或曰：必提倡教育，或曰：必促进民主，是数说皆是也，吾闻之十数年矣。说者至舌焦唇蔽，争者至目努眦张，试一问于国家实际之利害何如乎？弱固犹是也，且更弱焉。贫固犹是也，且更贫焉。紊乱腐败固犹是也，且更紊乱腐败焉。此岂是数说之皆不足以救国家。吾等试一披读东西各国之历史，有改良政治而强者矣，有移风易俗而安者矣，有振兴实业而富者矣，有扩张军备而盛者矣，有提倡教育而兴者矣，有促进民主而大者矣。独至于吾国，则一无效验，此何说乎！吾意吾等苟能加以精确之研究，当不难知此非我国家之独异于他人也，非是数说之不足以救国家也。说而不能行，行之而不切实，不勇猛，故是数说者，徒为口说争辩之资料而已；吾等望以口说争辩救国家，此岂非说饼而欲求饱腹乎。

吾等自今当有一种觉悟，当知国家之所以至今日，皆由一般自命为爱国之士者，但好口说争辩，而不实行，或实行而不切实、不勇猛之过。故吾等今日必须超然跳出口说争辩之范围，凡自见可以救国者实行之，切实而勇猛以实行之，非此不足以救中国，即非此吾人不能有丝毫贡献于国家。使吾人于此等危机一发之国家中，不能有丝毫之贡献，以至于亡，则吾人即为亡国家之一人。呜呼，吾知读此文者，必不乏有心爱国者，然君等视国家之危亡而不能救，则谥君等为亡国家之一人，此岂有过酷之虑乎。奈何君等以爱国之心而犯亡国家之罪乎。

说者必谓一人不能救国，即亦不能亡国，如巨厦将倾，一木固不能支，黄河将决，一掌固不能掩也。吾之意见敢谓此说似是而实非。何故？吾等非望一人之能救国，一人倡之，则百人和之。今无倡者，故无和者，故不能救国。然则科此不肯为倡之一人以亡国之罪，此岂得为苟乎。或曰：我非可以为倡之人也。此又不然。吾所谓为倡者，非责人人以力不胜任之事。譬如神圣其职业，是亦不可为倡乎？何为旅进旅退、食人食而不忠人事也。譬如戒绝恶嗜好，是亦不可为倡乎？何为迁延岁月，知其不可而不肯不为也。譬如购买国货，是亦不可为倡乎？何为观望不前，知其不可不为而终不为也。苟缕述之，匹夫之可以自效于国家者何可胜举。所患吾人虚伪之习已成，于此等之事，非诿之他人，即诿之他日。所谓有志之士，只知愤世嫉俗，而不知己身现在或将来，即在此可愤可嫉之中。其无志者，更有习非成是，视为固然，恬不为怪之慨。皆曰：我非可以为倡之人也。吾以为君等虚伪耳，懒惰耳，如其不然，无论吾为何如之个人，此时此刻，已有无数可以为倡之事，安有不可为倡之人哉。

吾意今日欲救国家，惟有力行二字。力行者，切实而勇猛之实行是也。苟能切实而勇猛以实行矣，无须口说也，无须争辩也。何故无须口说？吾人责任之所在，以及道德上应为之事，普通之人，多少皆有所知，故无待口说，以诏谕之，所患彼知而不行耳。夫以口说为必要者，不过欲使人知其责任及应为之事耳，彼既知之矣，则口说为不必要。彼虽知而不行，则虽口说亦何益乎。且责人严而自待宽，口尧舜而身盗跖者众矣。吾等只知以唇舌劝人，在吾以为未始非尽责任之一道，他人则以为道听途说，欺世盗名而已。故吾方与之语，彼已猜疑我、已鄙厌我，而尚望言语之有效乎。吾等试思，但凭唇舌以劝人，其可谓为收效者有几事。而尚以为口说为不可少，岂非妄乎？布尔真孤曰：模范比教育其入人心尤深且速。苟行为可以为人模范，何患他人之不从我，何取于高谈原理以自矜浚哲哉。

何故无须争辩？天下之理本无一定，仁者见仁，智者见智。成功之道，亦非一途。人性不同，亦各有适。夫异曲而同工，则虽异何害。异途而同归，则强同何益。或曰：吾之理较真。然其守较不真之理而能力行者，岂必遂为不可容之异类耶。或曰：吾之途较直。然其行较不直之途而能不懈者，岂必遂为不能达同一目的之人耶。夫吾信吾之理较真，其果为较真与否，未易知也。吾信吾之理较真，他人未必不信彼之理较真也。且姑舍此不论，即令吾所信为较真之理者，果为较真矣？譬如行路，吾所行果为较直之途矣，如此而能劝谕他人，使其择吾同一之途，信吾同一之理，此岂非大善事。然如他人不受吾劝谕者，亦何妨各择其途，各信其理，何必不辞费时耗力，以争此不必争之理乎。更进而言之，凡理论之异同，盖自有历史以来二三千年之所不能解决，今于此二三千年不能解决之事，乃欲立谈之间解决之，岂非妄乎。必欲俟其解决以后，然后与天下之人共同实行，岂非俟黄河之清，而不顾非人寿所能待乎。由此观之，说者每谓吾国人不知争理论，只知争意气，意气固不宜争，即理论亦大不必争矣。

假使有一人，执一完全谬误之偏见，此亦宜不加争辩而使之力行乎？曰然。彼见解既完全谬误，则非立谈顷刻之争辩所能挽救矫正之，此岂非彰然易知之事。以吾之意，苟彼有切实爱国之心，又有稳健不嚣之能力，彼即有谬误之偏见，但使之力行耳。力行而有弊害，则指示之。力行而有蔽障，则儆觉之。彼将自觉其谬误，舍其见解而从我。如必以为彼所见既谬误，即当不使之力行，彼自不觉其谬误之所在，安肯轻于从我。向如彼无切实爱国之心，又无稳健不嚣之能力，则当设法养成此等之心及能力，若徒与之为理论上之争辩，岂非药不对症，徒劳无功之道乎。

由是观之，可知今日言救国，断宜以力行为唯一方法，以各行其良心之所信，为救国之道。故我有所信举世无表同意者，则我独力行之可也。有一人表同意者，与此一人合力行之可也。有三五人表同意者，与此三五人合力行之可也。乃至全体表同意者，全体合力行之可也。今人必待全体或大多数人与我表同意，然后论及力行，夫一人之意见，欲求为全体或大多数人所承认，谈何容易。此所以虽嚣嚣刮耳终无益于国家之危亡乎。

又可知今日言救国，当各就其地位与能力，以尽其可尽之义务。譬如学生也，则就学生之地位与能力以救国。青年也，则就青年之地位与能力以救国，夫岂有人居于不能救国之地位，与丝毫无救国之能力者乎？天下兴亡，匹夫有责，细按此语，实有至理。盖以治天下之本，在改良风俗，不在改良政治，而改良风俗者，匹夫之力犹较政府为大。政府之法令尚有上下蒙蔽之患，而个人以其实力改良风俗，则做得一步即有一步之效。故虽谓天下兴亡，匹夫之责较政府为大，亦无不可。今人厚于责人而薄于责己，轻视现在而妄冀未来，非曰政府不良，吾辈不能为力，则曰使我执政则有救国之道矣。夫政府不良，吾辈果遂不能为力乎，彼不能为力者，非浮嚣激烈竞为出位之谋，则颓唐偷惰，各忘分内之事，不然，我即不能治天下，何奈治吾家吾乡。吾家吾乡治，风声所被，将天下之治利赖之，何至政府不良，即无能为力，亦何至必待执政然后有救国之道乎。

吾国人相遇而言救国，则彼此鄙夷，彼此猜疑，夫岂国之不宜救？其鄙夷者则曰：彼言救国者，多五分钟热心之结果，虽方其热心正盛之时，轰轰烈烈，不可一世，不几日而平静矣，不几日而淡忘矣，如此以言救国，不过儿戏行为，岂足受敬视耶。其猜疑者则曰：彼言救国者，多其肺肠，别有怀抱，或欲集款以自肥，或欲开会以自炫，迨后则彼常得爱国之名，而他人则牺牲其财产幸福乃至生命，以供其挥霍，如此以言救国，不过市侩动作，岂足受信赖耶。夫一国之人，至于言救国，而彼此鄙夷彼此猜疑，虽彼言救国者，固有应得之咎，然此岂佳景！长此以往，国人不将缄口不复言救国乎。救济此弊之法，当自今始，各就其能力所及而实行救国，苟在任何方面略有实效，他人渐对于我而生敬视之心。如此，彼了然知我非所谓五分钟热心，亦非以牺牲他人以自肥自炫，彼自不鄙夷而猜疑我。社会中知尚有真正爱国之人，知匹夫尚有真正救国之道，彼本有志者，愈有以励其志而壮其胆。彼尚无志者，亦使之生愧怍奋激之心。夫国之当救，此略受教育者所能言，不待加以任何之解说者也。惟无真正爱国之人，无真正救国之事，以受社会之瞻仰，故虽加以任何之解说，亦不足感动社会，然则今日舍力行舍各就其能力所及而实行救国，何以救济此弊哉。

吾人若养成厚于责人而薄于责己之习惯，将无往而不厚于责人薄于责己，若养成轻视现在而妄冀未来之习惯，将无往而不轻视现在而妄冀未来。故虽为督军而不能尽职，则曰中央之过也，否则曰：使我为国务总理，必不至于是；虽为国务总理而不能尽职，则曰，国会之过也，否则曰：使我为一至高无上之执政者，必不至于是。就心理学言之，习惯之能力至大，彼自呱呱堕地以来，无力行之习惯者，欲求其一为国务总理或至高无上之执政者，即能立变其不力行之习惯，而成为一坚苦卓绝之力行者，此岂有望之事乎。

将欲在较高地位而力行者，必自在较低地位力行始，此不独力行之习惯得借以养成，且以在较低地位力行之结果，对于外界之牵制干涉，均知所以适应之人。无论在何地位未有完全不受外界牵制干涉者也，虽极之至于专制国之皇帝，果容其发号施令惟意所欲乎？故理想的至高无上的执政者，可谓为实际上不能有之一物。苟吾人不知所以适应外界牵制干涉之道，虽至于为专制国之皇帝，犹不能力行。然则岂非永不能力行乎？故吾人当知外界之牵制干涉，为不可免之事，在较低地位，此等牵制干涉或比较稍多，然吾人能适应此稍多之牵制干涉，则将来较少之牵制干涉自然不患不能适应之。苟今日不求适应此稍多之牵制干涉，则他日较少之牵制干涉，是否即能适应，尚甚不可必也。

就上文观之，可知不力行，则能力不能切实而增长；不力行，不能有明确之责任心；不力行，不能有容异己者之量；不力行，不能感化他人而联络同志。能力不切实不增长，无明确之责任心，无容异己者之量，不能感化他人而联络同志，此岂非我国有志之士之大患，所以不能为国家社会效丝毫之力之原因乎。欲救此弊，舍力行何以哉。

毋谓个人之能力微地位低，虽力行于国家亦无所益。今日之患，在各个人不尽其个人所能尽之能力，而作其应作之事务。且个人苟有志尽其能力，其影响所及，当千百人受其感化。如基督以一平民，感化天下，至今其势力不衰；如闻伯夷之风者，顽夫廉，懦夫有立志；闻柳下惠之风者，鄙夫宽，薄夫敦。闻其风者犹收效如是之巨，则基督之以一人感化天下，固事理之当然。亦岂基督徒而已！后之有志者，将欲为基督之事业，收基督同一之效果，夫孰得而限量之。且即令不能如基督，求如基督二分之一，四分之一，八分之一，乃至百分之一，千分之一之效果，此岂得有何等理由以为不可能耶。彼徒自嗟其个人之能力微地位低者，适见其无志而已。

吾国人之缺乏力行心极矣，每谈一事，非为无责任之空论，则期望他人期望他日，从未有即刻发言即刻实行者。国家之疲弊，至今为极，而一班士大夫之不切实不勇猛尚犹如此，此岂非国家之患乎？有志之士，倘愿信力行之可以救国者乎！作者不敏，亦愿执鞭从其后矣。

载《青年进步》第 17 册

署名：恽代英

呜呼青岛[*]
（1919 年 5 月 17 日）

呜呼青岛！

呜呼山东的主权！

呜呼我中国未来的前途！

贪得无厌的日本人，没有一天忘记了我这地大物博的中华民国。他知道我们的同胞：

是没有人性的，

是不知耻的，

是只有五分钟爱国热心的，

是不肯为国家吃一丝一毫亏的。

所以对于中国的土地，夺了台湾，又夺大连、旅顺，现在又拚命的来夺青岛了。对于中国的主权，夺了南满的主权，又夺福建的主权，现在又拚命的来夺山东的主权了。国一天不亡，我们一天不做奴隶，日本人总不能餍足；我受日本人欺侮，还要把日本人当祖宗看待的人，我不责你是黄帝不肖的子孙，我看你有一天打入十八重地狱，任你宛转呼号，没有人理你，象朝鲜人一样。你若是有人性，我请你：

莫买日本货，亦莫卖日本货，把日本商业来往排斥个永远干净；

莫伺候日本人，问日本人要饭吃，是有血性的，饿死了亦罢，为什么甘心做奴隶！

多看看报纸，亦晓得外埠有人性的同胞，做些什么，好学个榜样。

你若是怕为国家吃一丝一毫亏，这可被日本人猜透了。咳！未必你真是无人性不知耻的国民吗？ （这是中国纸）

---

* 该文是恽代英在五四运动期间于 1919 年 5 月 17 日所作的传单，录自《恽代英日记》。

武汉学生联合会宣言书[*]
（1919 年 6 月 11 日）

迩来爱国活动由学界波及商界，十日汉口有罢市之举，十二日武昌有罢市之举，此足证我中华民国人心之不死，而爱国之心，凡有血气者大抵不相殊也。我商界诸君确然了解国家之危难，政象险恶，不惜发大决心忍受每日店务开销之痛苦，不顾军警非理干涉之困难，竟先后罢市，以表示真正民意，促政府反省，促邻国反省，此其明达勇猛殊令吾等钦仰佩服，无言可宣也。抑此次武汉商界罢市，皆对于吾学生辈前次所受蹂躏颇多仗义执言代求申雪，就私情言，同人亦无任感谢。惟以所谓提前放假名义，国人自遭前次解散以后，官厅监视驱逐费尽心机，威胁利诱，以求学生之绝迹于武汉，此历届假期所无之事。又复大张告示谓，有假学生名义以煽惑各界者均作匪人看待。故同人除有职务及有要事稽留者外，其余莫不散归田里，以逃刑戮。即留武汉者亦彷徨避匿，有如逃犯。此所以在我商界罢市之际，同人多未能公然出面，以为我商界效奔走之役，此诚自觉歉仄无地之事。想我商界诸君必能原谅我辈处境之困难，不以为怪也。兹闻商界罢市以后，官厅颇有觉悟，渐觉态度和缓，不复临吾民以不堪忍受之尊严。君子之过如日月之食，果能从此幡然改辙，则渐求官民相孚，于吾鄂将来造福之处，必非浅鲜。如此庶亦不负吾武汉商界此数日间之大牺牲也。惟在此数日间，商界既各有坚决之要求，望军民两长予以圆满之答复，其答复之在商界，是否能承认其为圆满，倘不能承认其为圆满答复时，其所预先申明之第二次全体罢市之事是否将如言演为事实，均为未可知之事。在此群情未定之时，同人本敬恭桑梓之心，窃有千虑一得之见，敬为我官厅与商界诸君告。同人学识浅陋，我官厅与商界诸君垂听而进教之。

---

[*] 该文写作时间据《恽代英日记》所载。

敬告官厅者。同人前者本于爱国热忱欲尽匹夫天职，故相约罢课讲演，乃不蒙鉴察防范过当，致有军警蹂躏之事，以激起市民公愤，而招外埠物议，此诚可引为遗憾者也。自商界罢市以来，我官厅当不复以前次爱国活动为出于我辈少年一时之愤激，亦当不复以此等爱国活动为武力所得而干涉压抑。官厅果能于此有彻底之大觉悟，此诚同人之所乐闻也。前者军警之蹂躏，在同人诚不能不以此为由于官厅偏见之所酿成，官厅之不能无执偏见以办事之弊固为可惜，然偏见即吾等自问，亦何曾能无有，则此亦未尝为不可原谅之事也。但愿官厅自此对关系较大之事必审慎谨防偏见之弊，无徒就片面理由一意干涉，甚至授未受教育之军警或其长官以自由处分之全权，以惹起各种荒谬之举动，此则不能不厚望于我官厅者也。就前所受军警蹂躏言之，同人既以激于义愤不能待官厅之允许而罢课而演讲，则自问亦本无求谅于官厅之心，故即受殴伤刺伤，亦爱国自分应受之牺牲，初未尝有丝毫念旧恶之心理，欲求取偿于何人。闻武昌商民有代同人请领死伤恤金之说，此皆出于各界之厚爱，同人感佩之极。然同人欲求符合于原来之目的，恤金之议并不敢受。惟愿我官厅鉴纳同人之愚忱，亦以诚挚之心应付各界表示之意见。崔振魁、杜杰辈既属法外行凶，照国法应有所惩办，以示儆戒。且彼等既为各界之所痛恶，不惩办亦无以平群情而息众怒，此等浅易之理在官厅应无不深悉。至同人于此除为大局计外，固无丝毫个人恩怨之可言也。更有应为我官厅告者，此次商界罢市之举动，决应视为真正民意之表示，不可一意孤行，仍指为受人威迫利诱。试思一国至于士罢学、商罢市、工罢业，仍不认为真正民意，则真正民意应如何然后能表示乎？至于谓系受人威迫利诱，此犹可笑之说，以事前之煌煌文告，当事之谆谆劝导，不能威迫利诱人之不能罢市，而谓他人独有权力威迫利诱使人罢市，此岂合理之说耶？且中国大矣，明达之各界人士多矣，而必谓以全中国罢市之各商界诸君为受人威迫利诱而始然，此亦可谓不自知其言之乖于理矣。我商界诸君心理纯洁，此次迫于万不得已之热肠，宁罢市以为国家，乃犹有不肖之徒，造作言语指为含有政党作用，此盖甘心媚敌惟恐不足以塞爱国者之口者所为也。总之，此次全国此种活动，必谓无一二人利用以摇动政局，吾等亦不敢知；惟学生商人发动完全由于自动的觉悟，断无可以用笼统之"政党作用"四字抹煞一切者，且无论其为"政党作用"与否，为国者亦视其是否多数国民意旨而已。今一国之学生如是云云，一国之商人亦复如是云云，一国之工人亦且将如是云云，官厅岂尚不能了然知此为多数民意。即令为"政党作用"亦立宪国所应遵循的多数党之意思，何得强裁以"政党作用"四字，遂视为不值一顾耶。现官厅既有意转圜，不惜屈己以从商界数言。窃谓官厅宜趁此时表明改弦易辙之决心，不必以隳丧威信为虑。夫商界之崛起，即以官厅以前之态度为不然，故继学生而争之也。官厅不愿压抑商界，则自己当将以前态度完全变更，若只顾一己之威信，怙过饰非，其结果必至彼此仍不相谅，非此时不能得满意之答复，即将来不能得治安之保障。昔日专制君主余智自雄，然有时仍发痛切之罪己诏，我官厅观此仍断口以隳丧威信为虑，而不肯开诚布公与民更始耶。且共和国之官吏断无以专制君主作比之理，皆不过领薪俸之办事员而已。专制君主将凭其无理由之权威自为一般国民之保护人，吾等共和国官吏岂宜有此。知此则知共和国之官吏既非保护人，即不必过于重视所谓威信。今观我官厅之一切言语行为，处处不脱君师口吻，其自视则仿佛全智全能，其视人则仿佛一无知能。其实即请官厅自忖，此宁非可笑之极！安见人一为官，即如许智能，一不为官，即如许愚拙。吾国之官吏是否必其智能高于平民耶？吾等自问即愚拙之极，然遇机缘凑合或亦可以为官。然则官厅必欲以保护人自居，以隳丧威信为虑，岂非可笑事耶？官厅所处地位自有与我辈相异之点，其对于国家之事，自不能事事与吾等从同，惟同是爱国，应相协助，不相妨害。使中国至于此极者，官厅以其偏见强执学生爱国，出轻举妄动之过也。官厅强执吾等为轻举妄动，今已经商界证其非是，今闻官厅且将还复吾等自由，吾等仍将进行所谓轻举妄动之事业。盖良心承认此等事业为培养民气，增进民智，于国家有利而无害也。官厅虑吾等有越出范围之事，使奸人乘机，日人乘衅。今与官厅约，在吾等未出范围之事情，官厅保护提倡。但果有越出范围之事，官厅依法干涉惩办。如此则不与学生越出范围之机会，奸人无可乘机，日人亦无可乘衅，我官厅试思，如本此进行，亦有妨治安有碍国家否耶？

敬告商界者。同人对于商界已往之经过，其决心之猛，牺牲之大，极可钦仰，兹应请商界诸君注意者，诸君之决心、之牺牲果能生如何效益乎？诸君所要求，若不得圆满答复，或口号上虽有圆满答复而实际不能践行者，诸君是否当如约再行罢市。罢市二字本非可以轻谈说过，但为国家前途计，为武汉商界人格计，罢市之如何解决，均应从大局方面想，不可但以苟安旦夕之心理草率求一结局。盖如此不惟有隳前功，外埠将以虎头蛇尾笑武汉，而官厅亦将了然知武汉商人之易与。武汉商界之应如何坚持以求得最后胜利，此大宜注意事也。

同人之望武汉商界为大局略能坚持，初非不知商界罢市每日之消耗甚巨，同人亦觉略有一意见与完全热心主张罢市者不同。同人以为借罢市以要求官厅原极有力，然所要求者总以在事实之不难做到者为标准，若稍涉理想则官商不能相谅，不便商量。将来或过于延长罢市之时期，仍不易求相当之解决，此又非同人所敢赞同者也。武昌商民所要求之各项关于死伤学生恤金，同人谨谢厚意不能领受。又关于任命警察官长须由总商会及地方议会同意一则，在同人意此固有益于民权之发展，惟事体重大，将来应为宪法上之一重要问题，似不必于此时遽提出以为开市之一条件，此亦尚须请我商界诸君注意而研究者也。

总之，罢市不宜过于延长，所要求于官厅者，希望不可太奢，至有碍于事实上之进行。苟官厅能开诚布公，吾等初意原无丝毫与官厅捣乱之心，正可彼此化除意见，同心协力，以捍卫国家。但愿官厅注意保全武汉之人格，无令有万不得已而出于再行罢市之途，此固不独商界之幸也。

此外尚有可为商界诸君告者，诸君爱国热忱有目共仰，对于提倡国货久已无俟我辈鼓吹。兹为诸君筹者，在商界中似宜互立严约以相侦察，凡有破买某货之戒约者宜严定罚则，或绝其交易道路。传闻以赫赫有名之武汉两商会之领袖均有趁此时机私屯某货之嫌疑，人之无良，亦武汉全商界之羞也。局外人欲侦察此等人之实际罪状，殊不易易，故不如由商界名誉负此责任，苟能揭一二奸商之劣迹，使其见弃于社会，则一儆百戒于国货之畅销某货之禁绝皆大有关系也。

载 1919 年 6 月 21 日《新申报》

致王光祈信*
（1919 年 9 月 9 日）

接着我的朋友刘养初①君的信，同他寄来少年中国学会会务报告四册，又学会规约一纸。他告诉我，他已经入了会，并劝我亦入会。还说，他已把我同我们的朋友魏希葛（君薯）介绍于你。我读了他的信，又细看会务报告同规约，我觉得很感动。以我平日所知道，你们中间很是有能实际为社会做事的人，而且，我看你们的会员通讯，亦觉得真是充满了新中国的新精神。假如我配得上做你们的朋友，我实在诚心的愿做一个会员。

你们的信条——奋斗、实践、坚忍、俭朴——已经是我两三年来的信条了。我对于这信条实践的经过，刘养初君有好多事可以告诉你。我自知我有几种缺点，如晏起晏睡，不整洁，好自炫，不能守精密时刻。但是我自信很富于奋斗实践的精神同能力，我就了职业满一年，有很好的成绩，我很信这是中国同世界未来的希望。现在看了你们的事业，觉得亦是很有希望，所以愿意加入，帮助你们的进行，而且鼓励我们大家的勇气。

章太炎先生说："现在青年第二个弱点，就是妄想凭借已成势力。"这话同我平日的感想一样。我们中国已成的势力，没有一种可以靠得住。因为他们是由几千年谬误的教育学说、风俗习惯传下来的，你凭借他，他便利用你。所以南北军阀，新旧议员，以做官为营业的官僚同留学生，以闹场面为惟一目的的政客同学生联合会代表，以出风头为惟一主义的国粹学者同新思想家，我们只好把他们看作一丘之貉。不是说他们便没有一个可以为国家人类做一点事情的人，他们多少亦有些有用的

---

* 该文录自《恽代英日记》。
① 即刘仁静。

地方，但是不能把他们做一个切实可靠的希望。惟一可靠的希望，只有清白纯洁懂得劳动同互助的少年，用委曲合宜的法子，斩钉截铁的手段，向前面做去。我从前就是本这个见地，同好些朋友结好些小团体，互相监督，互相策励。自从去年从本校的学生做本校的职员，得同志的同事及同学（便是说中学部的学生）的帮助，到今天，学校中渐渐养成了一个劳动而互助的风气。我很信要做事是少不了一种势力的，我已往、现在、将来，便都是以养成一种善势力为目的。

我觉得，好多好人都不以为有养成甚么势力之必要，不知道你怎样想？但是，我以为这是错了的。养成势力同凭借势力是两件事，养成善势力同养成恶势力方法亦有些不同。中国的好人向来是独立的、保守的、消极的。这样的好人，自然用不着甚么势力，但是这种好人是没有用的。我们不是要做这样的好人。现在有些好人知道要做事，但是不知道做事要审慎，要委曲，要慎防失败。所以，他们不管甚么教做势力。这样好人亦不能于社会有甚么用处。我敢说，民国元、二年，同盟会及社会党的健全分子，差不多都是这样的好人，后来都被恶势力压服了，吞灭了。所以我想，若没有善势力，我们是不能扑灭恶势力的。自然，善势力应当用正当方法养成功，而且时时要谨慎这种势力的错用。我从前在《青年进步》上面，做了一篇《一国善势力之养成》（见去年×月号），自己便照所说的实践了。现在自信，多少是养了些善势力。这里同学能知道自由、平等、博爱、劳动、互助的真理，而且实践他的渐渐多了。

我想，恶势力没有经久而不失败的。我们看见的恶势力，清室、袁世凯、张勋都失败了，便段祺瑞亦失败了。几次中国的事不坏于恶势力不失败，而坏于恶势力失败的时候，没有善势力代他起来，所以仍旧被别种恶势力占住了。政界是这景象，工商学界又何曾不是这样？即如学生联合会，应该可称为新起的势力了，然而这种势力，好学生没有那胆子，所以不敢运用；没有那志愿，所以不肯运用；平日修养又多缺欠，所以亦不会运用。至于敢运用的，或者是胆大心粗的人；肯运用的、会运用的，或者是另有作用的人。总而言之，这不配称为善势力，实在并不配称做势力。我说这些话，不是我对学生联合会有甚么恶意，我亦知道，有些地方学生联合会很能为社会做事，有些会里的代表，亦很纯洁，有能力。不过就大多部分说，我可以断定说，许多地方这势力是糟了的，这便是不注意善势力的养成，好人的修养，不注意教他做顶有用人的毛病。我自信我的职业是最便于养成善势力的事业。我很信靠我同我的朋友的力量，一定可以养成更大的善势力。很信这善势力是中国各方面欢迎的，很信中国一定可以靠他们得救。我总说很信，我实在仿佛同看见了一样，仿佛同 Joan of Arc① 看见法国要靠她得救一样。我很喜欢我自己现在有如此深切的信心，明确的觉悟，因为这加增了我极多的勇气同兴味。我现在在奋斗的中间，明明看见我们是一定得胜的。纵然我在得胜以前死了，我亦没一毫懊悔，因为世界究竟被善势力战胜了。

我很喜欢看见《新青年》、《新潮》，因为他们是传播自由、平等、博爱、互助、劳动的福音的。但是我更喜欢看见你们的会务报告，因为你们是身体力行的。团结是虚心研究的朋友。从实告诉你，我信安那其主义已经七年了，我自信懂得安那其的真理，而且曾经细心的研究。但是，我不同不知安那其的人说安那其，因为说了除挑起辩难同惊疑以外，没有甚么好处。我信只要一个人有了自由、平等、博爱、互助、劳动的精神，他自然有日会懂得安那其的。我亦不同主张安那其的人说安那其，因为他们多半是激烈的、急进的，严格的说起来还怕是空谈的、似是而非的。所以同他们说了，除了惹些批驳同嘲骂以外，亦没有甚么好处。我信只要自己将自由、平等、博爱、劳动、互助的真理，一一实践起来，勉强自己莫勉强人家，自然人家要感动的，自然社会要改变的。我的修养方针，我对人家，至少把待人的道理待我，人家对我，至多教他把待人的道理待我。因为要减少社会的反感，所以把这些真理只当做我应尽的义务，不当做我应争的权利。但是，我所以要减少社会反感的原故，依我想，是为社会做事的正法，或者不纯然由于我的胆怯。而且，我在这里没有一天敢不向前做。现在亦居然有人加我过激党的头衔，只是我无论如何总是要向前做的，总是要谨慎的向前做的。我不怕失败。但是我极不愿失败，我自信失败了不是我的不幸，是社会的不幸。

我很可惜看见许多有志的少年，多是太不怕失败了。他们或者不免骄傲，不免孤僻，不免圆滑，不免浮燥。我亦不敢说我没有那个毛病，但是我现在可以说完全改了。以我就业一年的经验，觉得幸亏改了，不然便完全在新社会还要站不住脚，若还要从旧社会打到新社会，那可第一步便要失败了。我觉得，我们少年不是主张新学说的难，能真有奋

① 即贞德，法国民族女英雄。

斗、改造的志愿同能力的难。刘申叔、何海鸣不都是前十年的社会主义家吗？现在那里去了？无品格的社会主义家同无品格的孔教徒是一样的不值钱。谁是有品格的呢？你们说要身体力行，这实在最不错了。阎锡山的孔子教育，有人说他是毒蛇猛兽。然而说亦是无用的，他真算能做的一个人，我们若不做，你能怪阎锡山吗？我们若肯做，你用得着怕阎锡山吗？一个阎锡山，可以抵得住一万个只知道说话的新思想家。一个身体力行的新思想家，亦可以抵得住一万个只知说话的孔教徒。事既如此，我们要胜利，只有身体力行一法。

驳不孝有三无后为大
(1919 年 12 月 24 日)

无论如何，孟子说，"不孝有三无后为大"，这八个字，总一定是错了。不但是错，而且是荒谬。无后何以是不孝呢？无后何以是大不孝呢？孟子说这八个字，是什么意思？

照我想要把无后说是不孝，总不出两个意义：一是无后便祖宗没有香烟血食了；一是若不把无后看作一件大坏事，人类会灭种。

甚么〈教〉叫祖宗的香烟血食？是说已经死了的祖宗的阴灵来享受子孙的供菜供品吗？是说没有子孙上供，那祖宗的阴灵便会打空肚子闹饥荒吗？好一个原人的思想！若孟子那时他知识不能知道这些都是迷信，那吗，今天自命为孔孟之徒的，亦应该进化些。

怎样便人类会灭种？哈哈！这真是大笑话了！欧美各国，没有象孟子这聪明的人说这聪明的话，没有看见灭种。天地间除了人类的一切生物，没有谁替他发明这希罕的道理，亦没有看见灭种。中国的人，在孟子以前，没有谁知道这八个字，亦没有看见灭种。只出了一个孟子，于是乎，我们这神明之胄，顿时高贵了。若不把不孝有三无后为大的金科玉律规订出来，便会灭种了。哈哈！好一个不伦不类的大笑话！

你知道人类做甚么要有后吗？或者有几个书呆子，是因为怕不孝的罪名原故。便捉住这几个书呆子拷问拷问罢！倘若赦免你这不孝的罪名，你便不接老婆吗？不生儿子吗？你敢答应我这几句话，便算孟子这八个字，有一个钱的价值。一些理学夫子捏着鼻子哄眼睛，他倒担心得远，怕人类灭种，怕不是圣贤提倡人类生儿子，禁止人类不生儿子便人类会灭种。痴东西！天下再没有比你们还理学的了。你们只养得三个儿子，还要生六个儿子。你怕那没听过圣人之道的，他偏要发狠的不生儿子吗？

倘若这八个字仅仅是一场笑话，倒亦罢了；再看看我们的社会，这八个字做了些甚么好事情？

有了这八个字，于是男子才长得象个人，便要接老婆；女子才长得象个人，便要生儿子。于是接老婆生儿子，成了男子欠的一屁股债。倘若不接老婆，那些无聊的混世虫，他便要充作债主，吵上门来了。倘若接了老婆不生儿子，那些等祖宗做的父母，亦便要摆出他债主的派头，吵起来了。

所以少年人结婚，头一件事便是生儿子，而且一定是要生儿子，生女儿都不能算数。为甚么呢？因为女儿迟早是别人的，是一个赔钱货，他不能承继祖宗的香火。所以女儿是可以丢弃的，可以淹死的。多生女儿，不生男儿，那便是不贤慧的死证。

可怜我们的女同胞，你几时欠了这万恶社会的冤孽帐？不管你愿不愿，你应该生儿子。不管你能不能，你应该生儿子。这社会还改良了些，从前有个七出之条，你要不生儿子，便要教你滚蛋。现在我们堂堂的大国民文明了，不过讨个把小老婆而已。

女子过了四十岁，还不生儿子，男子便一定可以讨小老婆。这是比天还大的道理，许多老太婆都信得过他。所以这时那女子只有自己知趣些：自己没出息，怎么教丈夫犯这杀千刀的不孝之罪？

开通的人，你倒会笑那些女子到观音堂求送子去。你那知道这是他们无可奈何的呼吁！他们若没有儿子，人人都可以指摘他，笑骂他，一切他所有的东西都可以夺掉他。女子就不是一个人，不生儿子的女子，更发是枉吃了一生粮食的畜生。

理学先生：你的母亲，你的姊妹，你的妻子，你的女儿，都受了这痛苦的呢！这都是孟老夫子造的好孽。你们怕听见避妊同限制生产的两个名词么？我可以说假如这两个法子可以教人类灭种，亦比孟子那八个字好一万倍。灭种是生物学上可以有的事。因为要不灭种，却教做我们母亲的，做我们姊妹的，做我们妻子女儿的，受这种畜生的待遇，这却不是人性所许的事。

其实我故意恼你呢！人类若不是遇了甚么奇灾大祸，从那里肯灭种？他要生儿子，同狗子猫子要生狗哇猫哇一样。自然的大力在他后面，不由他不生呢！

避妊同限制生产两件事，都不过社会恶劣的组织所生的反响罢了。若他们不是怕穷，不是怕儿女牵累，他们喜欢生儿女，至少亦同我们的理学家一样。你怕他不生儿子么？

你若不信我的话，姑且把私产制度打破他，把儿童公育的制度实现出来：你看少年的女子们进医院分娩的，管多得很呢。那时候你便把孟子拉起来，教他改句口说，不孝有三，有后为大。那些甜蜜蜜的少年夫妻，连那些年纪轻轻的，假马亦学道学夫子说话的人，必然没有一个人理他。那时马渐莎氏的一派学者，才着慌世界上人满之患呢。你还怕灭种。咳！昏话！

这篇文太开顽笑了。然而这等荒谬绝伦的天经地义，亦只好这样打发他。

载《端风》年刊第 2 期"家庭问题号"

署名：恽代英

共同生活的社会服务 *
（1920 年 1 月 22 日）

我们几个完全彼此相互了解的朋友，现在正进行用自己及社会各方面合理的互助的力量，创办一个独立自给的共同生活，为我们同将来继续由彼此了解而加入的朋友，为一切社会事业的根基。我们同时做两件事：

一、于城市中组织一部分财产公有的新生活；

二、创办运售各种新书报以及西书、国货的商店。

我们为甚么要做这两件事呢？笼统的说起来，我们恳切的盼望：（一）有一个独立的事业；（二）有一个生产的事业；（三）有一个合理些的生活；（四）有一个实验各尽所能、各取所需的生活的机会；（五）有一个推行工学互助主义的好根基；（六）有一个为社会兴办各项有益事业的大本营。

说简括些，便是一个帮助自己而且帮助社会的法子。我们不仅仅帮助自己，所以我们处处应该记得正义、纯洁、互助同牺牲的道理，那便自己不至渐成为自私而好利的人；我们亦不仅仅帮助社会，所以我们仍时时注意自己生活乃至求学的问题；既不肯只从消费方面服伺社会，亦不肯把自己学业完全抛荒了专门向社会尽力。

再换个法子说，我们一切帮助社会的法子，无非是帮助自己，因为我们知道要社会越进化，便自己越有幸福。然而我们一切帮助自己的法子，无非为帮助社会；因为我们知道要自己能力越大，便为社会越能负多些的任务。我们很信除了为社会无法子为自己；除了为自己亦无力量为社会。

---

* 该文由恽代英于 1919 年 12 月 19 日起草。初稿刊于《端风》年刊第 2 期，定稿刊于 1920 年 1 月 22 日《时事新报》副刊《学灯》。

现在将我们的计划，写在下方：

（一）共同生活，最初由同人中六人组织；膳宿的费用，由公有的财产供给。

（二）营业的收入为公有的财产；同人中个人的他项收入，得由其个人自由的意志，酌量以全部或一部为公有的财产，但完全不归为公有的财产亦可。

（三）公有的财产除共同生活及业务的开销外，都作推广事业或存储以备推广事业之用。

（四）共同生活中的一切杂务，由同人分任之。

（五）同人除于一定时间服务于营业外，每人应有日课。

（六）营业的项目，暂定为：一、经营肆间不易购买的新书与杂志；二、代订不易购买的各项书报；三、兼售西书；四、兼售国货。

（七）同人每日每人对于营业服务四小时或三小时；但能为共同生活加增他项公有财产者，可酌免服务。

（八）有价值的书报，无论销行与否，总须办到，以供给社会多数人乃至少数人的需要。

（九）同人服务的时候，最应注意手续清楚；对于业务上表册簿记，信件来往，及一切事务，夜间由同人共同料理；每月底向各总发行所清帐汇款，决不愆期。

（十）无论是否买书的人，可以在营业处所观览，算兼办了图书馆一样。

（十一）同人作课服务，都须勤勉精密，同时不得忘诚实互助之旨。

（十二）关于改进现有事业及推广事业，同人应常有聚议。

（十三）加入新分子时，由同人提出，用不记名投票法，得全体之大多数同意，然后欢迎之。

（十四）推广事业之计划，有下述五方面：

甲、加增共同生活及服务的人数；

乙、共同生活中音乐、体育及其他方面之设备的进步，且进营乡村的新生活；

丙、关于同人衣、食、住及求学费用的完全供给，乃至完全供给同人家庭中儿童教育、老年休养的费用；

丁、进办他项生产事业，如印刷、售物、森林、畜牧之类；

戊、进办他项有益社会事业，如兴学办报之类。

就以上所说的话，可以知道我们的痴望很大，这现在所做不过是第一步罢了。又可以知道我们所说公有的财产，虽然亦用以供给我们的费用，然而这财产究竟不是我们任何个人的，亦不完全是我们全体的，多少有些归为社会公有的意思；因为他除了供给我们正当生活的费用以外，其余都完全应向社会有益的方面使用。

所以我们的新生活，不是只顾小己幸福的；我们的营业，更不是只顾牟利的。我们乃是就今天自己力量所及，确立一个有幸福的生活，而且亦结成一个有能力的团体，永远向社会开发；如此的前进前进，一直到我们的理想，靠我们的奋斗实现出来。

我们为什么要共同的生活呢？因为我们原来久已是志同道合的朋友，在品行上、学问上实行互助的功夫的地方很多；所以我们很相信若能住在一块，彼此切磋观摩，精神上既感愉快，学行两方亦必然更有大大的进步。至于生活的压迫，亦比各人单独的生活减轻些。

我们为什么要有公有的财产？我们很觉得私心是一切罪恶的根源。我们要使生活有兴趣，应该渐使我们接近自由工作的世界，我们不是为金钱而工作。我们的工作，乃是求我们能生活，并不是求我们有余剩的私产。自然我们在这种家庭社会之下，要使一切都归公有，是不可能的事；即如我们自己每个人都有新旧两重生活，要使我们所有的一切都归公有，亦有时办不到；然而财产公有是铲除私心的良法，我们应该在可能的一部分实行起来。所以个人的收入，可任他意志的自由以全部或一部归为公有的财产，然而完全不归为公有的财产亦无不可，这些事不必问甚么理由，随各人志愿办理。至于营业的赢余，那便完全用不着讲什么分配了。若我们是向上的人，有剩余的金钱，亦无非用在社会事业上，我们为什么要分配了各人去用，不让他合在一处，让大些的款子，得以做大些的事呢？我们亦深信若一方因共同生活减轻了生活的压迫，一方把私有同金钱的分配制度打破，我们将永远互相了解，而且比今天更了解些。因为，说句卑陋然而真实的话，朋友的不了解，每每是金钱离间了他。社会的事业要最能彼此了解的一些人才能做下去，所以我们盼望永远避免金钱的离间，做一个最能服伺社会的团体。我们为甚么要营业？我们觉得象我们今天这微弱的力量，与其做分利的事业去服伺社会，不如做生产的事业去服伺社会；这两方面的事业，同一是对于社会有益，亦同一是我们今天社会所需要。我们想营卖书报国货，一反平常市侩惟利是图的习惯，多从文化方面着想，我们靠营业的赢余，可以维持个独立的生活，而且有做其他生产乃至分利的社会事业更大的能力；同时社会仍得着对于进化需要的书报及其他商品，我们所以选这做我们下手的地方。我们的新生活怎样处置妇女？这对我们，现在无法解决。然而我们盼望第一步的营业胜利，第二步便当将同人有妻室的酌量搬到此处，租个大屋，住居一处，这同住是极平常的事，然而便可以做女子互相交际、互相教益、以至共同工作的预备。我们急于要求女子常识的完备，工作的勤敏，至少能够维持他独立的生活。亦盼望他们智识感情的进步，有一天要感觉得共同生活、财产公有的必要，象我们今天一样。但在他们自己感觉以前，我们不愿勉强他们过怎样的生活，因为我们没有权柄勉强他们。然而假令有不向上无觉悟的可能性的女子呢，我们不盼望有一个人是这样；果然这样，那亦许要置之度外，不怎样处置他。

我们对于这正进行的事业，很有无穷的希望，很愿意谨慎而且勇猛的做工夫。但是这事业是少成例的，我们对于生产的营业，这又是破题儿第一次，我们自然要用自己的力量奋斗，而且用自己的力量使他成功，但是我们的力量果然足够吗？现在的计划果然是走的成功之路，不是失败之路吗？这其中盼望有心君子辅助我们，指导我们的地方还多呢。

载 1920 年 1 月 22 日《时事新报》副刊《学灯》

平民教育社宣言书
（1920 年 3 月 29 日）

　　现在我国的弊病最大的莫过于教育未能普及，实业未能振兴，所以才至于贫弱，受别人的欺侮，受别人的侵略，我们忍气吞声莫可如何。现在要医这个弊病，只有从实业、教育两方面着手，实业已有人在组织平民银行、国货公司。我们暂且放下不说，单说平民教育的话。实施平民教育的方法，要以平民学校为最关重要，平民学校的好处原多得很，一时间实说不完，今将其最大者三端分析说明于后：（一）平民学校可以使无力量读书的人都受教育。我国的教育不能普及有两个大原因：第一是政府无力量广设学校；第二是父兄无力量培养子弟。政府既无力量广设学校，官费学校必少，学生多了容纳不下许多，往往使学生生宫墙外望之叹，势必让私人自己开办学校，势必要纳重大的学膳费，平常人家培养一个子弟每年总得数百元，岌岌乎有不能支持之势，还能够再培养多数子弟吗？有我们这个平民学校就可以辅助政府力量所不及，凡是无力量读书的人都可以到这里来读，并不要半文的学费。（二）平民学校可以使失了教育的人补受教育。我们国的农工商人百个人之中，总有九十个人没有读过书的，以前说过了，他们是无力量读书，所以才失了教育。凡是没有受过教育的人，他的知识必然简单，叫他怎么能够发展他的本能呢？怎么能够扩充他的职业呢？所以我们要开办这个平民学校，把他们都召集拢来，给他们一个常识，发展他们的本能，扩充他们的职业。（三）平民学校较之政府开办的学校，收效大而成功速。政府开办一个学校动辄得数十万金的费用，数年的经营，所聘的教员不是任用私人就是办理不善，所招的学生大半都是有钱又有势力的人的子弟，穷人的子弟是不能得他们的利益的。何以呢？因为他们规定的学费、膳费，又有什么制服费、保证金种种都是要钱，叫穷人如何读得起呢？我们这个平民学校是专为贫苦无力量读书的人设的，不要好多经费就可以开办，教员是尽义务的，地点是就各地庙宇，各保安会，各处善堂，各学校附设，随时可以开办，以最短的时间，教以最合用的知识，不要好多时，教育就可以普及了。要单靠政府所办的学校来普及教育，我敢说总是没有普及的日子。因为政府穷困得很，教育经费无出，就是勉强筹得到经费，办事的人总不免有弊病。我们一个钱要做十个钱的事，他们十个钱还做不得一个钱的事，这样比较下来，我们开办平民学校越见不能迟缓了。平民学校的好处已经说过了，现在要说我们为什么要组织平民教育社呢？这个问题有两句话就可以答复，（一）做事业的人总要有个统系的组织，不然所做的事就生出茫无头绪，乱七八糟的弊病来了。（二）我们办这个事要本互助的精神去做分工的事业，免得有挂一漏万的弊病，比方我们办平民学校，没有组织，各人所抱的宗旨不同，所授的功课也不一致，有的人办理得法，越办越高兴，越办越发达。有的人办理不善，毫无兴趣，半途终止了也是有的。要是有了组织，那么有资财的就可以请他担任经费，有学识的就可以请他担任教员，担任编辑，担任调查，各本其互助的精神做分工事业，越办越发达，越办越有兴味，普及教育，振兴中国，责任就在平民教育社社员身上，尚望大家努力进行。

简章：（一）定名，本社定名为湖北平民教育社，将于各县或各商埠市村组织分社，即以社址所在地定名。（二）宗旨，本社以补救失教育平民并研究督促平民教育之进行为宗旨。（三）社址，本社社址暂定汉口大蔡家巷民新学校内，开会地点临时指定。（四）社员，凡赞成本社宗旨之人，无分职业宗教男女种族国籍，年满十八岁以上，经本社社员二人以上之介绍，纳五角银元之入社金，得为本社社员。（五）职员，本部分评议、执行两部。（甲）评议部由评议员组织之，评议员至多不得超过三十名，推举一名为标准。如社员总数超过三百名以上时，则以评议员名额（三十）除社员总数，除得之数即每评议员应得社员之数。（乙）执行部分总务（内分庶务、会计）、文书（内分文牍、编辑）、调查、劝导各科，每科设主干一人，副主干一人，干事若干人，主干副主干由评议员推举之，对外为本社代表，干事由主干于社员中推举，经评议会通过之，或由评议员自愿担任之。评议员被举为主干副主干时，应由原选之社员补选之。评议员对于社员全体负责。执行部职员对于评议部负责。其任期均为半年，得连任不取薪金。执行部各干事得于评议会开会时提出议案，但无表决权。评议员不尽职时，由原选之社员撤换改选。执行部之职员不尽职时，由评议部撤换改选，因事退职者亦同。（六）经费，本社经费之筹集分为左列各种。（甲）常年捐，凡社员应担任常年捐一元，于春秋两季开社员会时折半缴纳（即每季缴五角）。（乙）特别捐，由社员或非社员自由捐输，因筹设平民学校之必要经费有不敷时得由执行部提出预算案，经评议部同意设法募集之。（七）会期，本社会期分左列三种：（甲）评议会于每月最后之星期日举行一次，但有特别事故时，可由主干二人以上或评议员四分之一以上之同意，请文书科召集之。（乙）社员会于每年春秋开学时，由执行部旧职员择期召集之，如遇紧急必要时得经评议会之同意或社员五分之一以上之请求得临时召集之。（丙）干事会由执行部临时召集之。（八）社务，本社分为左列各种。（甲）平民学校，本社平民学校分为夜校、半日、星期各种，量受教人之境遇情况斟酌办理之。先就武汉地方着手，开办校址以各保安会、各学校、各善堂、各会馆、公所善意借用为标准，教员以本社社员或中学以上学生或有教育经验、热心、愿充平民学校教员者，经评议部同意委任之。经费如学校所在地方力量不及时由本社补助之。（乙）平民日刊（或期刊）。（丙）平民图书馆。（丁）平民阅报处。（戊）平民工艺。此外如组织学术演讲及敦请名人演讲，或开设定期的教育讲习所，俱系本社应办之事务。（九）报告，本社报告分为左列各种：（甲）社费报告，庶务科按月将出纳款项填造四份清册报告于评议部，经其审查后公布周知。（乙）社务报告，文牍科按月将收发文件及已办未办各事编列表册报告评议部。（丙）校务报告，各处平民学校应将本社颁给之报告表册按月填缴，以便本社按月编布各校成绩比较，及每半年编印湖北平民教育报告书。（十）附则，本大纲有未尽善处，由评议员二分之一以上之提议，三分之二以上出席修改之。

武汉《国民新报》1920 年 3 月 29 日、30 日、31 日，4 月 2 日、3 日连载

署名：恽代英、刘功辅起草

怀疑论 *
（1920 年 4 月 15 日）

　　从前希腊的哲学家辟罗氏 Pyrrho 因为看见许多学者疲精劳神，研求所谓真事理，然而究竟没有甚么结果，所以他便想着天地之内，本无所谓真事理，便令有真事理，亦非吾人智力所能知。凡吾人所说为真事理的，就他根本上考察起来，都有些靠不住的地方。他以为真事理不是研求得出来的，而且亦不必要将他研求出来；因为我们尽管可以将他存而不论，还容易些找一个安心立命的地方。世人因为他的学说是对于一切事理都持一个怀疑的态度，所以称他为 Skepticism，就这字字根的意思说，便是怀疑。我们译的人，便译他为怀疑论，这是很妥当的。

　　然而我这篇文标题为怀疑论，便是来传布辟罗的意思么？我于辟罗对于一切事理都持一个怀疑的态度，是很赞同的；却对于他那所说真事理不能研求出来，而且不必研求出来的话，根本上很反对。我以为辟罗若真是一个善于怀疑者，不应下这两句武断的话。世界上尽有许多的人，一方面是很怀疑，一方面却亦是很武断，如辟罗便是一个显明的例。

　　对于一切事理怎么说应该都持一个怀疑的态度呢？怀疑的有益，许多学者都知道，亦都说过；然而他们的思考总不清晰，总不明确，今天劝人家为学贵于知疑，明天却又告诉人家许多无怀疑余地的事理了。我们现在果然有无怀疑余地的事理吗？试从各方面想一想：

　　形而上学的方面　我们知道有个真实无妄的物界吗？我们以为眼睛看见了，身体手足触着了，这不是真实无妄的物界是甚么？然而我们若学过生理学或心理学，应该记得我们所说看见触着的物界，都不是真实的物界，不过感官与物界接触，因而脑筋中所生的映象罢了。我们当真

---

　　* 该文是恽代英对他 1915 年 5 月至 1916 年 3 月所写的同名文章的进一步阐述。

能看见物界吗？我们所以为看见的，不过视神经报告于神经中枢的一种消息。我们当真能触着物界吗？我们所以为触着的，亦不过触神经报告于神经中枢的一种消息。所以我们其实永远未知道甚么物界。我们闭着眼睛，摸我们身上的疱疮，似乎是很大；张开眼睛看时，却又很小；究竟这疱疮是大是小呢？放木箸一端于水中，看时似乎是弯曲的，摸时却仍是直的，究竟这木箸是弯曲的是直的呢？我们从这样看，可知我们信感官，乃至信一种感官，便以为能知道物界，没有怀疑的余地，这靠得住吗？

伦理学的方面 我们知道道德是甚么吗？知道人生的真目的真价值在甚么地方吗？浮浅的思想家，每每说道德是圣贤的话，世俗的传说，良心的命令。道德是圣贤的话吗？甚么人是圣贤？圣贤是甚么？倘若两个圣贤对于一件事说了两样的话，那一样的话是道德？怎样断定他是道德？圣贤永没有违反道德的话吗？甚么人称他是圣贤？他们称他为圣贤，便一定真是圣贤吗？他说的话，便一定是道德吗？至于说道德是世俗的传说，看世俗的传说有几多违反道德已经发觉了的地方？前十几年尊王攘夷，重男轻女，都是世俗所以为天经地义；现在一齐根本推翻了。照这样看，世俗的传说，至少中间包含有许多违反道德的地方。眼前一般的世俗传说，是不是违反道德，还很是一个问题。怎样说世俗的传说是道德呢？论到把良心的命令为道德，自然比以上两说进步了。然而甚么是良心？怎样是良心的命令？从古以来良心的命令，总没有违反道德的吗？那些愚忠愚孝的，我们不论了；并世如主战的般哈提，复辟的康有为，他们不以为顺着良心命令做事的吗？你说那是良心业已为习俗染了，物欲蔽了，不是真正良心了；然则甚么是真正的良心？用甚么标准知道他是真正的良心？这又是一个大问题。那就道德究竟是甚么呢？他们又容易说，人生是为自己，或者是为社会。然而若人生仅仅是为自己，为甚么要牺牲自己服伺社会？为甚么不可以自由的自杀呢？若人生是为社会，从那里觉察出的这个道理？是上帝的安排吗？我们为甚么要服从他？是受了共同生活的恩惠应该酬报吗？甚么可以说是恩惠？不是我与社会互相交换的一种行为吗？假令我实在受多了社会的恩惠，这恩惠是我请求的吗？我便应该因这两方并未同意的一种恩惠，失了我自主的人格，永远变为社会的债务者吗？他们又容易说，为自己便是为社会，为社会便是为自己。然而象这样说，为甚么应该杀身成仁？身都杀了，还是为自己吗？又为甚么说自杀是个罪？既不为自己了，还仍然应该为社会吗？从这样看来，现在伦理学上已经决定的理论，都值得重新考虑一番。那以为无怀疑余地的，简直是自欺了。

自然科学的方面　我说到自然科学方面，一定有许多人觉得是无怀疑余地的了。他们以为科学是最精密最切实的人类的知识，业已经了许多观察同实验，是再没有谬误的了。然而我斗胆的说一句，无宁疑惑物质不灭的学说，有些靠不住的地方么？万有引力的定理，有些不十分正确的处所么？自然这种怀疑似乎是很无道理，而且自命为科学家的，必定觉得这是太亵慢了科学尊严的事。然这不见得科学上面便不应有怀疑的地方。哥白尼亦曾经被人家认为疯子呢。哥仑布亦曾经被人家笑为愚骏呢。我们现在所称为科学的，无非从古以来学者由观察实验推论所设立的许多假设；便是甚么学说，定理，亦仍然不过略高等的假设罢了。我不是说科学的假设，便是这等不可信的东西；然而说他无怀疑的余地，总未免太过分了。科学的假设，有两种情形可以失他假设的价值：一种是发现了一件事与假设相矛盾，证明那假设的不正确。一种是发现了些事不在那假设所包括范围之内，知道那假设的不尽正确。譬如奈端的光的放射说，亦曾经盛行一时，后来经人家实验光的屈折，结果与他光素的说矛盾，所以那说便不能存在。又如古代生物不变的学说，经达尔文等实验的结果，完全为生物进化说所替代。此外科学假设逐渐进步修改的地方，若研究科学史，可以随在发见。最近电子论兴，汤姆孙 Thomson 的研究，说电磁质量，因速度愈大而愈加增，所以含电子的物质质量亦有变化；考甫曼 Kaufmann 研究，雷锭的 β 光线，亦说构成 β 光线的电子质量因速度而变化；于是奈端力学所说"质量不变"摇动了。又如爱恩斯坦 Einstein 的相对原理 Principle of relativity 出世，因知道物体现有速度愈大，对于同一力所得加速度愈小；这样便奈端的第二运动法则，所说运动量之变化与力积为比例，又有些不稳靠了。从这样看，科学上亦原没有甚么天经地义。那些由很谨慎的手续制成的假设，乃至学说，定理，尽有好多时间，可以用更谨慎的手续摇动他，破坏他。我常说迷信科学的只好比迷信神权的一样，那中间只有迷信的分量不同。教科学进步的是怀疑。怎地说科学中无怀疑的余地呢？

就上文看起来，可见在今日，人智虽然比辟罗的时候进步多了，然而那所说对于一切事理都应持一个怀疑态度，仍然是可信的真理。但是辟罗说真事理是不能研求出来，而且不必研求出来的，这话却很不对。

何以说不必研求的话不对呢？大概说不必研求的有两种意义：一是

以为与人类幸福无关，值不得我们研求；一是以为非人智所能解决，所以研求亦是没有益处。今试问真事理的研求，果然与人类幸福无关么？若是古人以为地圆的说，没有研求的价值，东西洋的文明，有今天接触的盛况么？若是古人以为人权的理，亦值不得甚么注意，民本主义的思潮，有今天蓬勃的壮观么？这以外各种精神学科，物质学科的进步，虽然有些地方被今日狭隘的国家主义者利用，酿成所谓文明之毒；然而社会组织若加个根本的修正，这些文明亦处处给人类以远大的希望，这是已往的人类研求真事理的效益。现在一切学术便到了登峰造极，无以复加的地位吗？许多学者都承认这不过进步的一个阶段，以后应该有的进步，还不知有多少。现在人类便算有了圆满幸福吗？凡有知识的人，都知道现在世界还有许多缺陷，许多痛苦，以后应该筹补救的地方，亦不知有多少。然则以学术的进步，补救世界的缺陷，这正见人类的研求真事理，与人类幸福有很大的关系。从前的人，若信了辟罗不必研求的话，世界便不会有今天。今天的人若信了辟罗这话，世界进化的将来，人类幸福的将来，都划然中止了；这却是人类不能承认的主张。

　　他说真事理非人智所能解决，所以研求亦是没有益处；这便是真事理是不能研求出来的意思。若以不能研求，证明不必研求，这自然很可以教人类绝望。然而这不是欺骗人类的话吗？研究人的智力问题的，大概有三种意见。常人以为人是无所不知的，辟罗派哲学家却以为人是毫无所知，这是极端的意见；许多谨慎的学者，却想出人智有一定范围的说法，他说在这范围之中，人是无所不知的，出了这范围，人却毫无所知，他将这调停。前两种意见，有许多人赞成他。然而细想一想，我们已经知了许多，自然以为毫无所知的错了。我们又有许多怀疑的地方，自然以为无所不知的亦错了。就人智有一定范围说事实上固然妥贴些；然而人智有怎样的范围呢？这人智范围，果然是一定的，是一成不变的吗？用甚么做标准，决定人智范围是怎么样？照历史上看起来，人智是一天天进化的，倘若有个甚么人智范围，这范围一定有随时代以扩张的可能性，一定不是一成不变的。他们说人智范围，不是象我这样讲，那是说人智究竟的一个不可逾越的界限；古人的智识固然没有到这界限，今人的智识，亦没到这界限；所以人智的进步是能有的事，但是总是在这界限以内的进步，论到界限以外，便不会有进步了。然而甚么是人智究竟的一个不可逾越的界限呢？野蛮的人，以为人智无论如何，总进步不到能在天上飞，在水里泳的田地；然而现在的飞行机潜水艇，小孩子都知道是的确有的事情了。乡村的人，以为人智无论如何，总进步不到能不帆而驶不御而趋的田地，然而现在的汽船摩托车，城市的人看得都十分厌烦了。这些粗浅的地方姑且不论。譬如形而上学对于物界的讨论，康德以为人智只限于物界的现象 Phenomenon，永远不能知物界的本体 Noumenon，他这话很得后人的称赞。然而仔细想，他这话限制人智的范围，靠得住吗？我不能说现在的人已经知道了物界的本体，然而所知道的，必不是仅仅只物界的现象，我们现在不是已经知道物界现象，虽然凡物是有重有色，然而其实这物本无所谓重，只有向心力离心力；这物亦本无色，只有疏度密度吗？康德以为人的智识，必定限于感官摄取的映象，这便是他立论的根据；然而人智并不限于感官，科学的进步，已经为我们证明了许多超感官的事理。然则便康德所以为永远不能知的，又何以见得当真是永远不能知呢？所以说人智是有一定的一成不变的范围，这话是太武断了。人类只要肯前进，我虽不敢担保他有一天得着他所求的真事理，照已往的推测未来，应该是很有希望。那以为真事理一定是不能研求得到的话，总是错了。

我对于辟罗的意见是如此。综合起来，我的意见，是以为对于一切事理，都要存一个怀疑的态度；然而对于怀疑的事理，应该研求；研求出来的结果，我们仍然要用个怀疑的态度看待他。

为避免误会起见，我还应该解释"怀疑"一个名词，与"不信"两个字不是一样。我们平常用字，虽然把疑便看作不信，其实疑是一个人在信不信中间的一种态度。我不是以为万有引力的定理，一定不可靠，我亦不是说那是一定可靠的。这"一定"两个字，我没有权柄说；世界一天未毁灭，矛盾的事理或有一天还会发现，无论怎样聪明智慧的哲学家科学家，亦同我一样没有权柄说。说与不说有甚么关系呢？以为事理都是一定，便不肯反省了，亦不肯听新出的反对理论了。徐柏林制飞艇，德国人起初笑他是整理古董。哈伦德制潜水艇，美国人亦都不肯信他帮助他。总而言之，他们以为那是"一定"不能成功的事罢了。怀疑的人，不应该说任一件事一定是的，亦不应说任一件事一定不是的；我们未自己研究一番不敢说一句话，便令自己研究过了，仍然要多闻阙疑，多见阙殆；因为古时已经有许多大聪明的学者，经了很谨密的研究，所以为一定是怎样的事，都被后人考察出他的谬误来了；我便研究过，又一定没有谬误吗？我以为一定信一件事是武断，一定不信一件事仍然是武断，最妥当的是怀疑。有人说，你若教我对于伦理学上的问题，件件事都怀疑，那我的一切行止，怎样决定呢？我想这好解答。我们的行止，自然应该决定于现在比较真正些的良心的命令。因为良心原是人类的本能，同自有人类以来反复的利害经验的结果。若我们能多避免些习俗薰染，物欲掩蔽，靠这等良心决定我们的行止；所有行为便不能合于至善，亦比别样方法稳妥多了。不过我们一方面力行，一方面仍须随地反省，随地考察反对意见，总教我们常由较不善的道德标准，到较善的道德标准。至于因观望较善的道德标准，便不力行较不善的道德标准，这一定是懒惰的人，不知道道德与人生的关系的人。我很信道德便是人生幸福的路，可惜这里不能详细谈他；然而人人从事实上亦可以考察出来，本不待我多说。我们知道他是幸福的路，不去实践，这是愚蠢。因为观望一个更大幸福的路，便不实践眼前较小幸福的路，这亦是愚蠢。然而现在一般死守旧道德的，经人家指明了他所走的是不幸的路，却仍然不肯丢了另寻幸福的路走，这亦自然是愚蠢的又一种。

而且我并不说眼面前的一切事理，一定都不是真事理；因为我原讲过"一定"的两个字，我没有权柄说。然则换一句话讲，眼面前的一切事理，或竟是真事理，亦未可知。我们有甚么法子知道他究竟是真事理不是？我们的法子是反省，研求，是注意新出的反对意见。自然不是说现在事理都是错的，违反现在事理的事理，都是对的；然而一切事理，总应该用怀疑的态度对待他，总不应说无怀疑的余地。

世界各方面的进化，都起源于怀疑。然而常人因求心灵上的苟安，总不肯怀疑。他以为他已经知道真事理了；假定他以为未经知道，便以为真事理是永不能知，而且亦不必知的；再不然便说知的一部分，是已经知道，不知的一部分，是永不能知，而且不必知；这是何等无志气的心理状况呢？看人类已往的历史，一个学说通行了，便成了一种偶像。若要打破这个偶像，先须费许多气力，甚至要牺牲许多人的生命名誉。而且成了偶像，许多人便没有明见看破他，更没有决心推倒他，便有这明见决心了，能不能奋斗过环境的压迫，群众的阻碍，仍然是一个问题。然而假令看破了，奋斗胜利了，旧偶像推倒了，这成功的一方面，自身又会成了一种新偶像。人类的心理，他总想要依附一种偶像。他以为没有偶像依附，便如丧家之狗，茫然不知怎样了。所以他出这种迷信，便入那种迷信；这里解放了，那里又束缚起来了。这实在是进化迟滞的总原因。用甚么法子救正呢？只有养成一种性质，对于事理不轻可决，不轻否决。无论甚么天经地义的律令训条，无论甚么反经悖常的学说主张，我们总是一律看待。这便是怀疑。世界将来若是有进化，这便是促世界进化的惟一工具。

康德称笛卡儿是武断，然而康德人智范围的学说，亦武断了。辟罗以为除他以外的哲学家是武断，然而辟罗人智不能知真事理的学说亦武断了。我奉劝学者都慎重些，常预备欢迎新学说到我心里来，亦欢迎他到我耳朵里来。能欢迎新的，还应该欢迎更新的。我不是说新的便是好的，然而总不定不是好的，总值得我们反省一番，研究一番。我常想古董的儒者，他只知道看经书骂人家看纲鉴是务外。其次看纲鉴是知道不骂的了，然而还是骂人家看子书是务外。其次看子书是知道不骂的了，然而还是骂人家读外国文，学数学是务外。其次读外国文学数学是知道不骂的了，然而还是骂人家看报章杂志是务外。其次看报章杂志是知道不骂的了，然而还是骂人家结会社，为社会服务，是务外。人类的知识进步情形，便不过如此。我们自命为有思想的人，要彻底想一想，你心中有甚么是天经地义？他果然是天经地义吗？有甚么是反经悖常？他果然是反经悖常吗？你把天下的学理，不说是老生常谈，便说是好奇立异，没出息的人，你以为你算得有定见吗？

我这以上所说的话，究竟对不对，这亦值得反省一下。然而我有这意见多年了，亦扎实经了许多次的反省，并亦常预备欢迎反对的意见，到今天我还是不知他不对的地方。或者这竟是对的吗？姑且写出来，与读者大家商榷。你们怎样想呢？我仍是欢迎反对的意见，仍是预备加无量次的反省呢。老聃说：

> 且吾之言，未必非迷，而况鲁之君子，迷之邮者，焉能解人之迷哉？

载《少年中国》第 1 卷第 10 期
署名：恽代英

驳杨效春君"非儿童公育"
(1920 年 4 月 18 日)

三月一日《学灯》栏载杨效春君《非儿童公育》一文。杨君根据各种调查与统计以立论,骤然看起来,似乎壁垒森严,无隙可乘;然而若能更审虑一番,便可看出杨君的立论,有许多谬误的地方。我现在就杨君的话,一一加以驳论。请杨君的教,亦便请读者诸君的教。

杨君说:家庭是人类组织社会的起点;是发达社会本能的中心。下等动物,没有家庭,所以亦没有社会;禽兽没有永久的家庭,所以亦没有永久的社会;野蛮人的家庭,没有文明人的稳固完美;所以他的社会亦很散漫游离。

杨君所举的例,我都承认。然而这不见家庭是发达社会本能的中心,只好说因社会本能的发达,发生家庭。所以家庭进化,不是社会进化的原因,乃是社会本能发达的结果。所以家庭进化,仅是社会进化的一方面,与社会进化别的方面,乃由同一条件而发生。由此,所以说没有家庭便没有社会了,是谬误的一点。因为社会不是靠家庭而发生而存在,乃是靠社会本能而发生而存在。社会本能的发生,乃由人类自觉或不自觉适应环境的进化而然。若杨君所说,家庭是发达社会本能的中心,究竟家庭是否仍由社会本能发达而产生?若不如此,家庭何由产生?若如此,废了家庭,何以知道社会不仍然一样的存在而发达?

杨君说:倘若没有家庭,社会便要多犯罪的人。一九〇四年,美国人民统计,其中罪人百分之六十四是独身的。别国情形,亦大概如此。可见家庭生活,是可以防止犯罪的行为。

杨君这一说,只抄了个统计,并未说甚么理由。其实独身便会犯罪,或者有些人要想着这是没有异性的调剂,与家庭的系念;然而这都是很肤浅的见解。人类若不是有经济的压迫，非有神经病的，总不轻易肯犯罪。杨君不曾想这百分之六十四的独身者，是甚么样的人；为甚么好端端的做独身者。他们不是受了经济压迫的吗？经济的压迫，一方使他们成独身者，亦一方使他们犯罪。所以独身与犯罪，都是经济压迫的结果。杨君却忽略了独身的原因，因而误认独身是犯罪的原因，这亦是一种谬误。

杨君说：没有家庭，多贫穷不能自给的人。没有家庭的人，往往懒惰。各国穷民之中，鳏寡孤独每占一大部分。

这一点我想读者很容易觉得杨君是将因果倒置了。贫穷懒惰是没有家庭的原因；杨君却误以为没有家庭，是贫穷懒惰的原因。我想这不待多辩正。

杨君说：没有家庭多死亡的人。Mayc-Smith 调查德国一八七六——一八八〇间四十至五十岁的死亡男女凡千人，其报告未婚男二六·五，女一五·四，既婚男一四·二，既婚女一一·四，鳏夫二九·九，寡妇一三·四。

这一点的谬误，我想亦与前面说没有家庭的人多犯罪是一样。虽然没有家庭的人，因为没人疾病扶持，亦是多死亡的一个原因；然而我们总应记得使他没有家庭的贫穷，每每使他受各样生活的烦恼，不能得相当的卫生，亦不能得相当的娱乐，这都是多死亡的原因。所以统计表虽然证明杨君所叙的事实是正确的；不能因而亦证明杨君所主张的意见，亦是正确的。

杨君说：儿童公育，就是直接破坏家庭。夫妇爱恋无常；没有儿童加上一倍的关系，夫妇容易生气反目。各国离婚案件，都是没有儿女的夫妇占大多数（美国统计占四分之三）。

我的意思，亦信儿童公育是直接破坏家庭。但是杨君所说家庭的利益，同无家庭的害处，都如上文辩明了；所以杨君没有理由非儿童公育。至离婚的事，我信在夫妇有一方觉得有离婚之必要时，应该他们有离婚之自由。一般男女为有子女的牵累，忍气吞声在痛苦的婚姻之下，乃是大不应该。所以我想杨君若能把习俗无理的"离婚是不幸"说打破，自然这只有恰见儿童公育的必要。罗素说："夫妇一结合，便要巩固到一生；或是在双方同意而外，还要他种理由才可离异；实在是没有理由可说。"柏拉萧①说:"第一离婚应如结婚一样容易,而且为私人的行为;第二离婚只须一方请求,不必问请求之理由,亦不必问他方之应许与否;第三有判离婚案之权的,不应防离婚之发生,只应执行休妻恤金;第四不可用结婚作为一种惩罚,如你不赞成这夫妇的行为,尽可惩罚他,但不可强他们做永久的婚媾;第五假使你以为两方都无罪,亦不可违他们意志,强他们做永久的婚媾。"自然柏拉萧所说休妻恤金是就男女经济不平等的社会而说。

> 杨君说:小儿只知快乐,所以有小儿的家庭是快乐的,有生趣的。儿童公育,岂不把人生兴趣减少?又儿童公育之后,妇女权力益将薄弱;因养儿是妇女在旧家庭中所以能把权的原因。不生育的妇女,倒反受人鄙贱。

杨君这一段,我觉得在现状之下,不谈别方面的改造,仅仅看见儿童公育一方面的人,应该注意。我信儿童公育是当然的。但是儿童公育,只是全局改造的一部分,或者可以说是全局改造的第一步。然而若一切现制度都不感觉改造的必要,仅求儿童公育,即令有弊,不足非儿童公育。我想若人在自由工作,没有生活压迫的时代,将无人而不自得;为甚么一定要靠那无知的小儿才快乐,才有生趣?若妇女在完全解放,经济独立的时代,将无所谓家庭痛苦,何至靠养儿才不受人轻看?人生兴趣,妇女权力,必须靠着儿童;所以不产育的人,便感痛苦了。杨君以为这种痛苦是应当的么?或者以为那人生无聊的慰藉,妇女由不正当挟制所得的权力,便算可以满意的了么?为甚么非儿童公育?

> 杨君说:代人养儿,无异代牛养犊,总不如儿童自己母亲的爱与勤。且人乳有限,几个妇人的乳,不足供众多黄口之食。牛乳是否同人乳一样?

论到公育机关代人养儿的利弊,杨君所说,未始无理。然而养儿不仅是爱与勤便够了;普通父母,虽然爱他的儿子,然而因为愚昧不合法的养育,牺牲了无数的儿童。公育机关,是有研究有经济的专门家担任照顾一切;自然不是不负责任,不勤慎精细的人所能得社会信任的。若说这些人必然不如自己母亲可靠,为甚么教育不信任自己父母,要信任学校教师?医病不信任自己亲人,要信任医院医士?为甚么教师与医

---

① 即肖伯纳。

士，一定比自己父母妻女可靠些；公育的委员，一定不能比自己母亲可靠些呢？论到他人的乳是否与母乳一样，牛乳是否与人乳一样，这一点我以为值得谈公育的人注意。纽约儿童卫生局长 S. J. Baker M. D. 他就任以来，纽约儿童夭殇率，遂为全世界大城市最小之处。他说："母乳乃婴儿最合宜之食物。天按婴儿发达之程度，配置调剂置于母之身中，婴儿食品中所应有的各种原素，母乳中莫不有最合宜的配置；婴儿渐长，此等配置亦随而变化，不失其最合宜的滋养价值。食母乳的婴儿，很少肠病；能有极良的发达，其齿能于合当之时生长；筋骨皆较强壮；能行时亦较早；且亦似不致染喉炎，既染病亦较能抵抗，能忍耐，而易于复原。"这一段话，我从 Baker 的为人，容易觉他可信。而且造物的奇秘，能令母乳最合宜于他的儿童，亦是意中的事。不过虽然如此，并不能遂防碍公育的进行。我的意思，儿童初生之时，为之母的可受公育机关的指导以育儿。满一月后，断乳以前，可限令为母的在公育机关内，或附近作工，抚育训练虽有专人，哺乳仍由其母。如此则女子仍不致受育儿之累，亦不致因他的愚昧贻害于儿童。所以这亦不能见儿童公育的不能行。或以为哺乳仍须为母的自任，不能算是满意的解决；然而若必须为母自任的事，他人终不能代理。譬如分娩虽女子之累，然而必须自任；哺乳亦是一样。不过人的能力，能减少女子的累罢了。

杨君说：巴黎统计，公育的儿童，死亡率很高；平常儿童死亡只及他四分之一。

这一段话，杨君实在太笼统了。巴黎的公育机关，显然与我们所说的公育机关是两件事。他所公育的儿童，多系贫民子女，先天后天，都有许多可以夭折的原因。这何以见得是公育的不好？何以见得是公育使他夭折。

杨君说：养儿是女人的本能，亦是对人类最要紧的义务。是本能，所以无须十分学习；是义务，所以不可不个个人加以学习。受过教育的妇女，养其子女，成效岂在公育机关之下？

杨君这段话，我没有甚么非议；但我觉得教妇女人人消耗精神于这同一之事，未免太不经济了。而且养儿，虽是女人本能，合理的抚育训练方法，究非专门研究的人不能得满意的造就。这岂是个个人可以学好的事？人类原靠互助以成社会；所以一切虽须自己料理的事，可以找专精的人代为料理。教育何曾非对人类最要紧的义务？既可由父而转于师；那便抚育的事，何以独不能由母而转之于公育机关呢？

如上所说，可知杨君立论，有些地方是没有将因果看清，有些地方是将公育机关当作眼前育婴堂一类的组织。我信儿童公育，因为他是人类正当生活的一部分，因为他很可以帮助人类到正当生活的田地。我不是如沈兼士的主张，要甚么公育机关捐金；罗家伦的主张，要产妇优待金。我不以为这是一种社会政策，或者苟且敷衍的社会改良运动。我信他要在各尽所能、各取所需的时代实现；否则亦要在各尽所能、各取所需的小组织共同生活中实现。自然小组织中公育的实现，很有帮助于小组织的完成与发展；亦即很有帮助于人类。全体正当生活的进化，是我们现在应该努力的事。

《致中》杂志陈正谟亦有篇论公育的文字，他提出三个反对意见：（一）子孙观念打破了，劳心、劳力就要减少，有害人类进化；（二）人无教养责任，怕生殖过繁；（三）子孙观念打破，妇女会为避麻烦而避妊。他对于（一）与（三），以为可以用他的"人生真义"，使"人类为学说奴隶"。对于（二）主张禁早婚节欲；又说妇女生产有稀有密，有不产的；而且用脑过度，生殖力减少，社会文明，夫妇为谋便利，必不常居一室；所以不怕生殖过繁。

我对陈君解说，不很满意。我以为工作是人的天性（另篇说明），若能明白群己的真关系，更可以长他那自觉的努力。论到妇女为避麻烦避妊，我想这都是私有制社会所有的现象。若临产有义务医院照料，产后有义务公育机关抚育，女子没有经济压迫，说他们仅为自己很少的便利避妊能成为一种风气，我不信是自然繁殖的动物律所许。至于怕生殖过繁，我想将来男女一切解放，性交减少他的神秘的兴趣，人类自然不如今天都象一般色鬼。而且果然有生殖过繁的事，一定有些人从社会方面着想，自觉的避妊或限制生产；如今日一般社会改良家一样热心。所以我信儿童的公育，是恃人类的彻底解放，是恃人类对于社会的自觉；不恃人类为学说的奴隶。

盼望有心人将公育的真正意义正确方法认识清楚，努力求他实现。这是人类正当生活所关，亦即人类幸福所关。依我的意思，我们应该先有个共同生活，由共同生活里实现公育，由公育以求共同生活内面的完成，及对外的发展。

载《解放与改造》第 2 卷第 15 期

署名：恽代英

致少年中国学会全体同志
（1920 年 4 月 22 日）

全体同志：

我自入会以来，因自己事务同时间所限，不能与同志人人通信。每念虽为同会会员，然情感隔阂，意见亦无交换机会，常用怅然。此次因读书方便，由武昌到北京，得见北京诸会员，都质直热心会务，很喜欢会务前途很有希望，亦便是于少年中国创造的前途很有希望，这是恰合我所盼望的事。

但是我回想我以前为自己为社会做的事，亦觉得我所知道的同志为自己为社会做的事；虽大家原都是为向上心所驱使，顺着良心以奋斗，然而就行为的效果看，我们不能不反省一番。我们应将我们一切活动的目标与方法，大家交换意见。自然这种交换意见，不是有甚么约束的力量，不过总可以供大家的参考，这便是我写这封信的意思。

我们学会的宗旨，原说"本科学的精神，为社会的活动，以创造少年中国"。所以我们不仅仅是讲学的团体，亦不仅仅是做事的团体，且不仅仅是讲局部的学、做局部的事的团体。我们的目的，在于创造适应少年世界的少年中国。社会活动，一方是以创造少年中国为目标，一方亦以本科学的精神为条件。所以我的意见，我亦知道许多同志的意见，总盼望我们学会成就一个健全的、互助的、社会活动的团体。就我们学会的宗旨而论，这自是当然的盼望。

要成个健全的、互助的、社会活动的团体，第一，我们不应忘记我们迟早是做事的人，不是永远读书的人。那便要知道：

（一）我们的事业，不永远仅是讲学。

（二）我们的事业，不永远仅是靠文字的鼓吹。

我并不蔑视讲学与文字鼓吹的功效，不过我信读书的人，若非自身投入实际社会生活，那便讲学与文字鼓吹，亦每易不能合于实际社会生活。我们中国二千年的业儒，便是中这个毛病。我们离八股的时代不远，而且重文轻实的风气，还遍满国中。许多人并不知道文学、哲学的真价值，只因为一则认他们是风雅玄虚，因感觉些肤浅的趣味；一则认他们不比别的科学太要精密的研究，故曰以喜学他。你看他们若仅将文学、哲学认做这样的东西，这岂能盼望他的讲学与文字鼓吹，有甚么功效？我自然不疑惑我们的同志亦会是这样的人。但谬误心理的因袭，社会风习的熏染，每有贤者不免陷溺其中。所以我以为我们同志总不要忘了社会的实际生活，社会的实际改造运动。讲学与文字鼓吹，有这种色彩，对于创造少年中国，才有切实效益。今天不至于是无目的的书痴，将来亦不至于是图铺啜的业儒。

第二，我们固然应该注意今天是预备做事的时候，亦同时应该注意今天仅仅是预备做事的时候。所以我以为：

（三）我们不应该敷衍的做社会事业，做我们不愿做的。

（四）我们不应该虚伪的做社会事业，做我们不能做的。

我信社会事业，是当做的。但我们一定要认清我们是为社会福利做社会事业，不是为自己的面子，乃至敷衍大家的面子，做社会事业。所以我们明知不应做，或我们做不下的事，我们不应该强勉的去做。闹到过后，变成一个新式政客。即如这次学潮及文化运动，自然是很应做的事，然而因为我们实力不充分，到得后来，只好陪着些爱国家一同乱混。这里要出风头，便罢课；那里要顾面子，便游行。你看风色，我争权利。起初原说爱国，到现在把国家利害反丢在脑后，只顾一地方一学校的名誉去了。这样的事业，我们同志还不少人奔走其中，我很以为不划算。不是说国不应爱，这种事业不应做；只是明明知道不是我们做得好的，我们很不必消耗太多了的精神同时光，糟蹋在不生产的地方。我们尽可以找我们愿做、能做、于社会有实益的事做。不过即就这些事说，应做的事太多了，无论选那件事，我们真肯切实的做下去，都还会感能力不足。我们今天原多半在求学的时代，其实与其明知能力不足，去自欺的做事；不如趁今天看清能力不足的地方，去用一番切实的功。否则亦只该选那比较有能力一点的事做，不能揽一切好名声的事，不管愿不愿能不能的都去做。

上面说的两桩，盼望大家合起来看。我决不是主张不讲学，不用文字鼓吹；更不是不主张我们应尽力于一切社会活动。只是我觉得我们应该看清我们的目标，知道我们最大的任务在甚么地方，我们今天为这最大的任务应该下怎样的预备功夫；这样我们才是有力的社会活动团体。

第三，我们要盼望靠学会的力量，真能够创造少年中国，我们不能不注意学会的健全，比会员加增，学务扩张都要紧。所以：

（五）不可轻于介绍会员。

其实我自然知道会员的加增，会务的扩张，亦是对于创造少年中国为必要之事。我亦承认果然会外有些同志，我们自然应该介绍他加入学会，与大家做朋友。只是我们原定新会员的加入，要得五人的介绍，便是防轻率介绍的弊病。所以要防轻率介绍的，因为我们原不是政党，不取人多，只取人有真心实力，而且亦能为社会做事。下半年北京会员出国的多论说急于要新加入些会员才好。我亦很盼望能得些新同志。不过我仍然觉得要慎重。若说会务的进行，我们的会务好在不多，而且学会本部不必定要设在北京，或者亦可以不要这本部、支部的名目，一切事务由各处的少年中国学会分任。若说为月刊供给材料，我想现在两种月刊，虽说未必尽满人意，至少亦可以说是有希望的事业，我们自然盼望他永远存在而发展；不过这亦不拘定等待新加的会员。我们已有的同志，能做文的亦不少，果然肯量力担任选述，亦不十分愁材料缺乏。不过润玙从前总限一个人每月交一万字左右，那是做不到的事情。我们不如听大家自己担任，或每月若干字，或每两月、三月乃至每半年若干字，自然那不愿预先答应担任的，亦各随其便。其实我们只愁同志不肯，或不能读书。守常说，"不是没时间做文，只因没时间读书，所以没有文做。"这话我实在很有同感。所以我们大家只要肯下一番系统的研究功夫，再把月刊认做大家的事，便预先自己担任若干数目的文字，发表自己的心得，亦不是无把握的事。若用这种办法，文稿还一定不够，那便是证明我们学会没有办两种月刊的力量；不如把两种的材料，合成一种，把《少年世界》在最近时间，宣布停刊，亦是一个切实的法子。

关于介绍会员一事，我想与其由欲入会的找五个会员介绍，还不如就会员认其可以入会的，提出再找四个人的同意，请其加入。那便是说，新会员都是由我们同志请进来的。这可以免那些有入会癖的人（这种人实在常看见），找着几个会员，要他们介绍，他们不便于推托他；再亦可以免那些太慎重了的会外同志，他虽然对我们表同情，然而不愿自己找介绍人，因而总不加入。我的意思，还想凡同志认为可以入会的人，若同会没有四五个人知道他，必先要介绍他与四五个人通信。通信的结果，本不拘定这几个人一定要同意的介绍他，再即令我们肯介绍他，亦不拘定他定要承认入会。不过即令不介绍、不加入，大家多几个好些的朋友，于大家亦都有些益处。又我对于介绍会员，还有两层问题：（一）不能讲学，然而很热心切实做社会事业的人，可否介绍入会？（二）真有志向上的少年，但学问能力都未充实，所以不能讲学亦不能做事，这种人可否介绍入会？依我的意思，若我们承认讲学不过是做事的手段，那便只要那人肯实心做事，或迟早能实心做事，似乎该让他加入。不过我这仍指那实心做事的而说，那敷衍虚伪的做事的，自然不在此例。

第四，我们要盼望学会的力量，真能够创造少年中国，我们不能不注意学会的团结。所以：

（六）不可忘了会员的联络融洽。

我们已有的会员，虽只七八十人，然而这七八十人，彼此还有许多毫不相知的。这样下去，说甚么意见的一致，事业的互助，岂非笑话。黄仲苏君说我们学会，是没有中心的，这说我很赞同。所以甚么职员、本部、支部，都不过是办事上的便利，并非那一处那一人，是我们学会的中心。既然如此，那便联络融洽的事，是我们每个同志的责任。不是说是每个同志，对于学会的责任；乃是说是大家对于创造少年中国的责任。我以为求会员的联络融洽，有两个方法：（一）规定每月每个同志至少对于素未通信的别的同志四人，须各通信一次。此种的信，能为讲学的更好；不然，便告诉自身现状，该处学会现状，乃至讨论学会事务都好。因为这样不久，便大家都会成为朋友。（二）在月刊中多容纳关于会务讨论的文字；其实不仅会务应该讨论，便同志对于造学求业，服务社会，都有许多可以彼此讨论的地方。常能如此，同志彼此渐渐都会了解，团体精神，一天天便会团结起来。

再把以前我所有的意思，总括起来：

1. 在目前应量力做事，不可虚伪敷衍；故如时行的爱国运动，不必糟蹋了太多的力量于其中。

2. 因想切实做事，而能力不够的，便该速急多用力求学，立德，交友。但这一切事，都要不忘以预备切实做事为目的。

3. 自然我们欢迎会员人数增加，然而介绍会员，总宜慎重。

4. 若北京人数太少，可将本部移到别处，或取销本部名目。

5. 两种月刊，由会员量力自认文字。若文稿不够，便将两种的材料合成一种，宣布《少年世界》在最近期间暂时停刊。

6. 介绍会员，改为由会员提出，得五人赞同后，再求被介绍人的同意。再凡欲介绍入会的，可先介绍他与会员通信。

7. 凡迟早肯切实为社会做事的，虽不能讲学，或目前不能讲学，仍可请其入会。

8. 会员每月每人应对于素未通信的同志至少四人，各通信一次。

9. 会务要大家讨论，乃至会员自身求学、就业、服务社会的问题，亦要大家讨论，月刊中当略多容纳此项文字。

以上所说，都不过个人意见。我盼望能引起大家研究的兴味来，无论是赞成反对，人人都发表些他的意见。黄日葵君说，他不赞成因团体活动，甚至于牺牲个性，这句话我很表同情。我想我们学会，可以各信其主张，不求一致，亦是这个意思。但是若能彼此多研究多交换意见，亦许步趣渐渐趋于一致。这件事自然不宜强求；然若有法求他自然到这样，我们的力量岂不更大么？

关于学会将来的发展，有许多同志，都主张留学求更大的能力，而且亦注意国民外交。这个意见，我自然很敬佩。但我却不十分这样想。我知道我的学问是太不成了，然我不急于盼望留学，因在国内亦尽有可供至少一两年读的书。我预料我迟早总要出国一趟的，但我若出国，不十分想注意国民外交；完全的力量，还会用在预备我所预备的学业上面。我死心塌地在教育上做功夫，我总盼望力量越早些完成越好。我亦以为学会的前途，应该靠教育运动。因为这样我们才不仅找我们需要的同志，我们有力量造我们需要的同志。自然我这所说的教育，不仅指一个形式的学校而言。

话太多了，恕我的烦渎。但我不能不盼望每个同志，记得他原发起的意思，记得他原加入的意思。中国若盼望他有救，一定是要盼望一班有能力的青年，一班有能力的青年的团体。这个任务，我们同志应该肩负起来，我们学会应该肩负起来。无论甚么救国活动，没有改造我们自己、改造我们团体更切实更有效力。盼望大家不要让他败坏了，却在背后指摘议论他。若这样向上的人的团体，仍然做不出好事，那是证明中华民国没有一点希望，轩辕黄帝的子孙没有一点力量。咳！我不忍这样说，我亦不信有这样的事。

少年意大利党，既已经救了意大利，少年中国学会一定可以救中华民国。我不是说我们要教中华民国，做昔日的普鲁士，今日的日本；我们是要创造适应于少年世界的少年中国。盼望每个同志，都向这一点努力。

恽代英　九，四，二二。

载《少年中国》第 1 卷第 11 期

怎样创造少年中国?
(1920 年 7 月、9 月)

　　若中国还有存在的价值，我想怎样创造少年中国，总应该是有志的人值得讨论的问题。自然这个问题是太大太宽泛，一则非浅薄如我的所能解决，再则谈起来非三言两语可以包括干净；但我究不能不做这一篇文，是甚么原故呢？我的意思：第一，想唤起同志的少年，对于这问题的注意；第二，想引起比我这更正确更有效力的研究；第三，我盼望从这里发现创造少年中国合当的途径，我们找着我们的路走，庶几可以不为外界潮流所眩惑所纷扰，这样便可以于短些的时间，用简捷有效些的力量，早些求少年中国的实现。

　　我们要郑重声明的，若创造少年中国是一件急切需要的事，那便凡为中国人的，人人应恳切的觉得他肩背上有这一个负担。我们少年中国学会诚然是以创造少年中国为宗旨而结合的组织，然而这不过是把我们普遍应有的任务，加一番认识；我想亦不至有人承认创造少年中国是少年中国学会单独负担的任务。其实我还可以进一步说，亦许我们少年中国学会是没有负担这任务决心的，亦许我们是没有负担这任务实力的；然只须这任务是应当负担，比我们有决心有实力的人，越是要大些的努力，来负担这任务。所以我这篇文，或者我做这篇文的意思，终不能不祷祝他能惹起一般同志的注意，越是学会以外的同志，越盼望多惹起些注意。假如有不赞成我们学会的人，越盼望多惹起些注意。因为创造少年中国，原是大家的事。

　　至于学会以内的同志，我自然盼望大家更要多分些精神，讨论我们事业的根本问题。我的意见固然未必值得几多讨论，但是我提出这个问题，或总可以值得大家的审虑。我想我们学会的宗旨，固然规定的是"本科学的精神，为社会的活动，以创造少年中国"；但是这些话还是太宽泛了。我们今天在这样一个创造事业面前，占怎样的一个地位？我们要怎样预备？从那里着手？这处处是我们的问题。即令我这不是完全正确的话，亦应该惹起大家讨论这问题的注意。

我每做一篇文，常痴想这一篇文在社会上要生一个甚么样的影响；然而亦许是我的口才短了，亦许是我的意见寻常了，亦许是我人微而言轻了，虽亦抱一腔热血，下全副力量，说几句我能够说的话，然而那个结果，正如石落大海，几乎亦不配特别看出一点波浪。我因而预想这一篇文的结果，大概亦只是这样罢了。但是假令我真不配说这些话，盼望配说这些话的人，亦来开几句口。假令我们的读者，看人家文字，从不肯切己的审虑，便令审虑了亦从不肯便下力反躬实践；那吗，我不能不望他这一次换一种态度，读这一篇文。我不是要拿他糟蹋我们《少年中国》月刊的篇幅，更不是拿他来糟蹋我们读者的光阴。我是盼望总能至少有些地方引起大家审虑，引起大家力行。中国不是没有改造的希望，但是要用聪明些的法子，坚决些的力量，去改造了。不然，亦许会来不及改造，或者改造要用大几倍的力量，多几倍的困苦。我真有无量的热心，请可爱的《少年中国》月刊读者，无论会员非会员，为中国乃至为自身，在这个时机中，多注意这个问题。

我这一篇文，分为下列诸方面的讨论：（一）为甚么要创造少年中国；（二）创造少年中国的分工与互助；（三）创造少年中国与群众生活的修养；（四）创造少年中国与学术的研究；（五）创造少年中国与个人生活问题。以下便逐一讨论了。

（一）为甚么要创造少年中国？

亦许有些人是无政府主义者，他心目中久已没有甚么国界，所以亦没有甚么中国；所以他对于创造少年中国很冷淡，以为无关重要。其实呢，只要明白世界大势的人，今天或者亦不至仍拘守着狭隘的国家主义，说甚么爱国是人类最终的义务；岂独无政府主义者是如此想。然而我以为创造少年中国，究竟是真有志的少年人人有的任务。是何故呢？

中国诚然永远不应发甚么做世界主人翁的痴想，亦不应想做无论那别一国或别一民族的主人翁，然而用这同样的理由，我们亦不很可以知道，中国是一样不应做那一国或那一民族的奴隶吗？我们不应该让中国亡国，亦犹如我们不应该让中国人受资本家的掠夺一样。何况今天的事，亡国与受资本家掠夺，是一件平行的现象。我们讲人道，是企求人类平等的幸福。所以我们不愿人家受掠夺，亦不愿自己受掠夺。若我们一天天走受掠夺的路，却谈甚么无政府主义，这只是割肉饲虎的左道，从井救人的诬说。

我不必表明我不是国家主义者，而且我亦深恨一般国家主义者以防御为侵略的代名词，使世界人种发生许多嫌怨争哄。我又不致如一般主张报仇雪耻的热心人，想追溯几百年的往事，发生一个"愿比死者而洒之"的嗔心。但是我的意思，确见没有让中国亡国的道理。就人类权利说，无论那一国那一民族没理由做我们的主人翁，做我们的掠夺者；我们诚然不应该奉行自己国内那些政治家的建功立业的野心计划，但我们亦不应容许别国那些政治家把我们做他成就功业的牺牲品。所以我们要求人类与我们平等，亦要求我们与人类平等。

就人类义务说，今天全世界正开始了他的大改造事业，进步些的各民族，都在这旗帜的下面做功；我们亦不应该不努力担任我们应担任的一部分。所以无论奴隶或其相等阶级，不但是我们不甘忍受的，亦是不应忍受的，而且亦是不容忍受的。因为我们要站在人类水平线上，同时与各民族的觉悟者携手，努力前进。这不但是一个不应受剥夺的权利，亦是一个不容逃避的义务。

或者有些从热心而走到厌世途径上的人，他亦会承认中国人是劣种，是要受淘汰的，是不应不受淘汰的；所以他说世界的前途，或者诚然是庄严灿烂，但是这里面没有中国人的一分，因为有许多证据，中国人是太庸懦昏愚了的，中国人只配做奴隶，只配受人家的蹂躏鱼肉。这样的话，实在不是没有几多理由，而且亦有几多机会逼得我亦作这样想；但是这里有两个应注意的地方：一，试问欧西文明国民，是如何的优种呢？二，试问中国国民性，是不是绝对不能改造？所谓欧西文明国民，我虽接触得不多，然而以目所见，耳所闻，书籍所记载，看起来，下层阶级，一样同中国人是卑污猥琐；即谈到缙绅先生，眼光短浅，操守寻常的，亦不能说是一个很少的数目；然而他们先觉的人，把改造之责自任，努力奋斗，亦便一天天有些成功。看这样便知道，我们用不着妄自菲薄，我们一样可以担负我们分内的任务。至于国民性的改造，这是现在各国先觉努力的对象。Le Bon① 说，"德意志的国民性，不过是半世纪人为的创造。"固然德意志的国民性，不是我们想达到的创造目的，不过总可以证明人力在国民性上的功效。只怕我们不努力呢！天下事岂有不可为之理？

---

① 即莱邦，法国社会心理学家。

我国自命为先觉的人，诚然有几多次改造国民性的企谋，但是都失败了。或者有人要以这为中国事不可为的铁证。但是人都是一样的，中国人不至于独是劣种；而且就中国历史说起来，黎民于变，化行俗美，亦显然见中国国民性是有改造可能性的。我们企谋的失败，不应该归咎国民性的不可救药；宁要归咎于我们品性上的弱点，方法上的错误。我们应该研究这弱点与错误在甚么地方，用甚么法子补正，这便是这篇文讨论的范围。我想这真是我们当面的一个问题，这问题得了正当解决以后，改造的企谋便不会失败了。

假如我前面说的话确乎不错，那便见得创造少年中国是应当的，是不得不然的，亦见得是可能的。然则真有志的青年，可以看清了，拿稳了，向这一条路上勇猛前进了。

甚么是少年中国，我想这里恐怕不能大家是一样的意见。有的人说，我们要教我们这老大的中国返老还童；所以创造少年中国是 Rejuvenation 的作用。有人说我们要教我们这时代落伍者的中国适应于方来的少年世界，所以创造少年中国，是 Adaptation 的作用。然而这两种意见，是可以并行的。我们可以说创造少年中国，原同时包含这两种作用。因为非返老还童，无以适应于少年世界；亦非适应少年世界，不能返老还童。因为少年世界，便是充满了活力的世界，是人人机会平等，本能的发展具足而圆满的世界；中国只有能适应于这个世界，才真算是返老还童。所以我们的目的，应该以适应于少年世界为目标，求少年中国的实现。换一句话说，便是以求中国的返老还童为手段，而达到创造适应于少年世界的少年中国的目的。

(二) 创造少年中国的分工与互助

一个真心要创造少年中国的人，他自然要觉得有联合同志的必要；因为实际上的创造事业，不是一个人从一方面做得成功的，亦不是几个人从几方面做得成功的。若不是各方面同时并举，不但不能成就全部创造的事业，便那一方面或几方面亦决达不到理想的目的。

我们打开眼睛一望，便知道中国要做的事，实在太多了。现在一般热心的人，他看了一件要做的事，便去做一件；这件事没有完成，又看见别一件要做的事，便又去做别一件；所以弄到疲精竭力，仍然眼巴巴望着许多要做的事，实在再无力量做了；亦眼巴巴望着手里已经揽着的事，实在再无力量比现在做好些了。每每甲便竭全力做了许多事，然而没有一点功效；又劳乙用同样的力再做；又劳丙用同样的力再做；这样的人，我们自然只好佩服，但是不能不可惜他于社会毫无效益，否则亦是只发生了不应那样小的一点效益。何以只能发生这一点效益呢？一个人的力量是有限的，把各种纷歧的事业分开了，便力量越小了。这是我们应引为鉴戒的事。

但亦不容易便说是这一个人的错，每每这一个人若不做某事，那件事便没有人做了；所以有许多人虽然明知他所做的事业太纷歧了，然而想丢亦不忍丢。但是我们细想，这是甚么原故发生这样现象呢？第一，是我们没有同力合作的修养，所以不惯与人家在一件事上携手进行。我们常太信靠了自己，太不信靠了人家；我们总盼望人人都要与我一样，有一点不如我，甚至不过仅仅是与我不一样，我便不满意了，便不信靠他了。这样，所以我们总觉得每事都得自己去做。固然照眼前的事看起来，不可信靠的人，亦实在太多了，难怪他要这样想；不过便有可以信靠的人，他亦仍然会象这样待他，使人家不能不生些反感，乃至不肯帮助他，这可要怪他自己呢。第二，是我们平日没有协力分功［工］的预备，所以纵然在求学时代，亦曾有些知己知彼的朋友，然而一到做起事业来了，非感觉得朋友不能为我之助；便感觉得所有的朋友都只出于一途，在这一方面嫌人多了，在别一方面却又没有人去做应做的事。人类的心，每易倾向于党同伐异。主义不同的人，固然好彼此攻讦，便是所学学科不同，亦每每没有同学一种学科的亲密。由此，所以我们的朋友，每是出于一途。及有一种事业到手里来的时候，才知道一个事业不能不靠多方面的力量，然而别方面的朋友以前多半是疏远冷淡的，而且以后亦还会是疏远冷淡的，自然他们彼此是不能热诚的互助了。即就同学一种学科的朋友而说，亦还有些品性才能上的弱点，平日没有切磋琢磨的机会，到了共事的时候，因而这弱点越发暴露，不但无助于一个事业，甚至于还有害于他。这时我们固然亲切觉得能共事的人太少了，其实还怪我们平时完全没有一种协力分功［工］的预备。我们平时既没有预备一般将来披肝沥胆以共图天下事的朋友，事到头来，胡乱的拉拢来一般乌合之众，又怎怪他不合手呢？

我们固然不能禁止朋友间有主义的不同，有意见的不同；但是如上面说的，无论我们主义是怎样的不同，创造少年中国，或者总是我们共同的目的。我实在厌闻现在一般所谓新旧之事，我想所谓新的，必不是仅仅穿洋装，读外国文，做几篇解放改造顺应潮流的杂志文，便够了。所谓旧的，亦必不是仅仅哼古文，穿方马褂，吃鸦片烟，做几篇寿序、墓志铭，肉麻的诗文小说便够了。依我的意见，大概新旧之争，总是问我们要怎样做人。果然如此，我以为没有甚么争的。不愿做二十世纪的人，你便做十七八世纪的人我看，做十一二世纪，五六世纪，乃至世纪以前的人我看。不愿做十七八世纪乃至由此以前的各世纪的人，你便做二十世纪的人我看。我从一方面很信唯物史观的意见，他说道德是随经济演化而演化的（我对唯物史观的具体意见，当另为文说他）。所以我信在二十世纪想做十七八世纪或由此以前各世纪的人，是做不到的。Karl Kautsky①说："过时的道德标准，还保持他势力的时候，经济的发达进步了，亦需要新的道德标准了。在这时间，靠旧社会状况生存的，便会死守旧道德。但只守得一个名，实际上他仍逃不脱新社会状况的势力。这样，所以发生了道德学说与实际生活不符的现象了。"说死守旧道德的，只守得一个名，这诚然是太挖苦了的话。然而这是事实，不可以口舌争的。我们骂一句孔子便要惹出一些自命为孔子之徒的出来卫道，然这些孔子之徒，无论他不能自安于"饭蔬食饮水曲肱而枕之"的淡泊，不肯做到"好学不厌教人不倦"的勤劬，不配能有"闻义不能徙知过不能改"的忧惧；而且他们的行为，正合孟子所说"非之无举也，刺之无刺也，同乎流俗，合乎汙世，居之似忠信，行之似廉洁，众皆悦之，自以为是"；他们的谈吐，正合孟子所说"古之人，古之人，行何为是踽踽凉凉，生斯世也，为斯世也，善斯可矣"；这算是孔子之徒吗？这仅仅是乡愿，仅仅是孔子所说的"德之贼"。这所说孔子之徒，不是一个名罢了吗？我亦不定说孔子之徒一定只能如此；我的意思，要证明这总不是有志青年所愿做的孔子之徒。果然我们仍然愿做孔子之徒，我们总要发点真心，向真正切实的路上走。依我的相信，只要发真心向真正切实的路上走，譬如说忠君，说行王道及这一类的道德，自然有许多说不通，自然还是一天天要倾向到二十世纪的道德路上来的。这不过是我一个人的意见。自然眼前与孔子之徒一样价值的新文化运动者，乃至革命家，乃至无政府主义家，亦一样是不足道，一样该不是有志青年所愿做的。我亦想便令人类真要返古，亦是要那些肯信新学说的人发点真心，向真正切实的路上走，才会觉得。总而言之，我的意见，不怕人有新旧意见的歧异，只怕一般人坐着没事干，胡乱的喧吵。我想

---

① 即卡尔·考茨基。

无论是新派旧派的人，只要他肯发真心，向真正切实的路上走，自然可以知道新道德与旧道德真正的好处同坏处，自然可以盼望他们趋向于一致。其实更进一步说，我们此时所谓旧派，原没有人还死主张甚么"行夏之时，乘殷之辂，服周之冕"，亦没有人主张"父命子死，子不得不死"的一些蛮道理；此时所谓新派，一样原没有人主张甚么"公妻""均产"，亦没有人主张即刻实现世界的"各尽所能，各取所需"。所以眼面前的路，譬如重教育，尚切实，贵友爱，大半是一样的。既是一样的，至少且可同心戮力，将这一段路走过去。我们固然预想着把这一段路过了，我们的路便分开了；然果分开与否，现在还不得而知，却先彼此立于对立地位，在可以互相帮助的时间，不肯帮助，倒反互相妨害起来。这是如何可惜的事呢？

至于论到创造少年中国，亦许在手段上发生不同的意见。有些人或者主张切实从根本做起，所以注意教育活动，实业活动；有些人或者主张要应急一点，要从大一点地方着手，所以注意救国活动、国际活动；有些人或者主张更要猛烈急进一点，所以注意革命运动。然而这些不同的意见，并不定是互相违反，不能并行。我想只要平情达理的人，他或者不信政治活动或流血是必要的手段；然果遇着显见政治活动或流血，为简捷有力的改造手段的时候，甚至于显见其为改造的独一无二不可逃避的手段的时候，亦没有不赞成取用政治活动或流血的手段的道理。反过来说，如眼前虚张声势，毫无实际的爱国活动，或以往乌合盲动，侥幸成功的革命活动，不但是主张从根本做起的人不赞成，便是性急些的有志者，亦不高兴那种办法。其实我想，在最近期间努力于自身的改造，教育的改造，以求平民真正的觉悟，雄厚的实力，以为各方面取用各种手段的预备，这或者是人人同意的努力方针。所以我信意见的纷歧，都是表面的事。我们实在并不是真有甚么不可调和的殊异。然则我们不知道协同的努力，岂非愚笨？

总之主义的不同，意见的不同，不能见协力互助的不应该。而且大家既在最近期间应该做一样的事，更应该大家把力量合起来，以求大些速些的功效。至于所习学科的不同，所操职业的不同，更不可逞我们不聪明的感情，不向协力互助的方面走。

说到这里，我不能不敬箴我们少年中国学会会员，乃至会外知与不知的同志，我们真觉得要救国么？真觉得要创造少年中国么？若真这样觉得，我不但要请大家想想，不知道联合同志，或者便联合了同志，不知道协力互助，是不能成一点事业；而且还要想想象我们今天这样的学识才能，不但不能为社会做许多事，又能为社会担任任何一部分特别事业么？我诚然不知道别个，便就我自己说，我知道得最亲切的朋友说，大概我们以往的学识才能，都嫌太肤浅了，太浮泛了。这亦难怪我们，我们既没有先觉指导，又为境地所限，得不了几多好朋友，读不了几多好书籍。而且就将来职业说，社会上既重看万能的人，而且我们得不了一点的正当帮助，我们亦不敢不向宽泛处走。结果自然不能不发生肤浅浮泛的弊病了。我实在有大胆子敢断言，中国除了很少少数的人以外，其余大抵与我们一样。其实我还要说未必人人都能与我们一样呢。我在学校未卒业的时候，亦还在不能不求宽泛知识的情形中，竭力求缩小我预备的范围。我固然不知我卒了业，这萍梗的生涯，飘到那里去；然而我只预备我入教育界或杂志界，我自命为从这两方面预备，有好几年。请问现在一般有志的人，你们曾有这一回事么？然而结果可笑极了，等到卒了业，居然便有机会入教育界，而且有机会得一个全权办理的职务；我想了无数法子，用了无限量力，然而计穷力竭，仍然大致不过与没有我一样。回头想想，怪我不应该预备吗？只好说怪我自欺了几年罢了。我们说预备入教育界，以为我们这预备的范围是明确的了，其实这还是一个太宽泛了的话。我们入教育界，可以说是预备做教员，或预备做职员；可以说是教这一门或那一门的功课；可以说是办这一桩或那一桩的职务；又可以说是在大学，或在中学，或在小学，或在别的学校。教育是一个抽象的总名词，我们人一定要放在一个具体的特别的事务上去。这却是我在就职业以前，未曾梦见的事。所以一到了职业界，我简直茫然无所措其手足，实在只当一点没有预备。其实亦本没有一点预备，便说对于教育通论的观念，亦很肤浅，没有甚么切实系统的见解。咳！我固然是这样了。请问会内外的同志，各人自信，是怎样呢？我们闲居无事，说不要钱的话，便是甚么政府庸懦无能，甚么管理教员昏愚溺职；其实自己姑且把那不可一世的无根的自信心，暂且压抑下去，再看看自己真正可靠的本事在那里，社会上恳切需要的人是那一种，你能为社会做那一件事。我想若我们邀幸肯不自欺，必然亦该恳切觉得一种特殊方向的预备要紧。换句话说，必然亦应觉得赶快自己预备为社会担任一部分特殊事业，便从这一点预备充分些的能力要紧。

我们若不是分工的为社会做事，那便社会的事，将总只有一般肤浅浮泛的知识才能的人做。我们既不满足这般人所做的事，我们便不应该不求些专门的——专门中的专门的——知识才能，为社会担任一部分专门的分工的职务。

一个人越是感觉得要分工，他越会感觉得要联合。其实天下要做的事很多，我们一个人的力量很小，生命亦很短，天下事决不是一个人做得完的，这原是很粗浅的一个道理。却是一般人太自信了，他便觉得只好他一个人做。若他再明明白白的反省一次，我们越是要使自己可信，越是所学的专门，越是自己可做的事范围要缩小，再即如这缩小到无已复加的范围内的事业，仍然不能不靠朋友的协同努力；范围以外的事业，更不能不待我以外的同志分途担任。做这样，这能不觉得联合同志，协力互助的必要吗？

分工了，而不互助，仍然是没有益处。因为天下事不仅仅是一方面做得好的。然而分工与互助，若非先多少受一种合理的计划的支配，仍然要糟蹋许多的精神力量，分工与互助，不能各尽其妙。因之，终不免人自为战的弊病，分工的进行，不能十分安心，互助的组织，亦不能十分圆满。所以要说创造少年中国，不可不注意合理的，有计划的分工与互助。

然而要盼望大家受这一种计划的支配，这不是甚么可以把法制规约强迫的事；因为人的意志，都有他的自由，没有人应该强迫那别一个。但是大家要受这一种计划的支配，又是一件很重要的事，那便怎么办呢？我的意思，先要同受一种计划的支配的人，有彻底的了解。因而大家以他的志愿，同时分途，在这计划底下做工。换句话说，亦可以说是先就已经彻底了解的人，以公共意思建立这种分工互助的计划，因而大家一同在他底下做工。

我请问我们少年中国学会会员，我们的学会，是一个已经彼此彻底了解的团体？已经有了一种合理的分工与互助的计划吗？我们若盼望真个我们的学会，能担承创造少年中国的任务，最近期间，我们不应该讨论这样一个计划的设立吗？实在少年中国学会原来所以成立，未必不有些由于分工与互助的觉悟；然而象今天这个样子，我想这总还不够我们的理想得很。我还望我们的同志，人人重新的考虑一番，到底要不要创造少年中国？到底要不要组织少年中国学会？到底我们应不应该分工？

应不应该互助？到底应不应该商量设立一个合理的分工与互助的计划？

我盼望我们同会的同志自觉的起来，做这个创造事业。最初而最重要的一步。亦盼望不同会的同志，自觉的起来，亦帮助我们做这一步。但是假令有人以为我们是不可信，不可靠，因而不愿帮助我们呢；我想这亦不是甚么要紧。我们时时要自己勉励，自己警惕，总莫走到不可信不可靠的地步。但假令人家一定不能信靠我们，我想他们亦尽可结他们的团体，做他们的事。只要确见事是应当如此做的，纵不屑于与我们一同做，亦没有理由便说是不该做。越是不了解我们，越是要信靠自己，越是要找了解的人，结可信靠的团体。其实我，或者还有好多同志，所以结合于少年中国学会旗帜的下面的，都是看得这样的结合，可以信靠以创造少年中国。倘若真是不可信靠，没有希望，岂但不愿别的同志加入，便我们亦无维持发展他的必要，我们还会宁让他瓦解烟消呢。

我们为创造少年中国，故必须组织少年中国学会，或其他类似的团体；但无论是少年中国学会，或别的团体，我们总望他能在一个合理的计划之下，分功〔工〕而互助，以完成创造少年中国的事业。可爱的同志啊！这是我们应该大大注意的事，你们亦都觉得么？

(三) 创造少年中国与群众生活的修养

我们谈分工与互助，要一种分工与互助的修养；上一节就可信靠的朋友说，我们不该因主义不同，意见不同，所习学科不同，所执职业不同，妄生许多分别，互相疏远冷淡。这种地方，固然用得着我们捐除成见与朋友合衷共济；但是假如这些朋友是理想的如此可靠呢，我们或者亦许愿这样做。但天下那有如许理想可靠的朋友呢？

朋友所以不能到理想可靠的田地，那原因很多。譬如在求学时品格才能没有充分的修养，又无毫不客气互相切磋琢磨的朋友，或有朋友因自己刚愎或浮躁，不能领受忠告的益处；此等弱点，一到了职业界，有了地位、名誉、金钱的关系，遂使朋友爱莫能助，只好让他成一个不可靠的人了。因此我们要从根本上解决这个难题，那便在求学时应该剖腹抉心的与同志相要约，常常反省，常常接受忠告，常常给朋友以忠告，常常在发现了自己过失的时候，拚生死来改悔他。这样，便过无不知，知无不改了。然而亦还要在就职业时，减少那些地位、名誉、金钱的离间，这样才永远是知己知彼，生死患难的朋友。我真盼望世上所自命彼此知己的少年朋友，大家都注些意：少年人无利害相牵连的关系，说甚么知己，那里靠得住？只要利害一到头上来了，便彼此生出界限，亦便生出嫌怨来了。固然世态炎凉，贫贱结交，每每是靠不住；其实我自问在做事的时候，因为凭良心不能不舍弃我的朋友的地方亦很多，这里若说有世态炎凉的关系，我想我与我的朋友都不肯这样疑惑。所以我的意思，还请现在无利害关系的朋友彼此想想，将来的友谊，怎样能在创造少年中国的事业中，彼此得个背靠背的帮助？

然而便令朋友不能到那样理想的可靠，我们不能不善处他，至少亦不能不暂时善处他。所以说不能不善处他的，因我们做事，常待各方面的帮助；便令这事业中间，亦常不能不得几个并非十分可靠的朋友一同的做，或者甚至于在有些情况中，不由我们不与那非十分可靠的朋友一同的做。我们固然盼望理想的我们自己的事做，然而这种事一刻不能得着，而且便得着了，亦不能与此外的社会绝缘，仍然有许多地方，要靠那些非十分可靠的朋友帮助，所以不能不善处他。至于说不能不暂时善处他，读者或者要怪我不免有些政客利用的习气。诚然我不应说假话，我实在觉得有些朋友，应该这样待他。自然这实在是有些不诚意的利用，然而我亦反复想了的，终以为不能不取用这种手段。天下事除非是可以不做则已，若定要做，而我们又决无这些十分可靠的朋友做，那便怎么样呢？依我的意思，我便不能不选在此时可靠的朋友，或在此方面可靠的朋友，一同的做。这种朋友，我实在没预想着是可以永远相处的，亦未尝不盼望可以永远相处；然若他的品性才能，既不能进步到十分可靠的地步，所以到了别天别的事情上面，他便不可靠了。这应该为朋友糟蹋事业呢？还是应该为事业舍弃朋友呢？还有一般朋友，我并很少能信靠他，然而我不能不与他分些时间周旋，实在自己问心，这譬如是欺骗他，但我有甚么方法呢？我既不能不与他处在一个社会里面，无论我做事有时少不了他们的一点助力；便不盼望他们帮助，亦要他们不妨碍我做事才好。自然我虽不望与他们有时协同的做甚么事，我只有这样待遇他们。便说我是利用朋友，有甚么法子呢？但是与政客的利用，我想究竟是大不相同。

政客的利用，我很不赞成；因为他是欺骗人家，谋自己的利益。所以一旦被人家知道了，便会成为深仇大恨。我的意思，我们要为天下做事，仇恨是不可有的。所以这样酿成仇恨的利用手段，是要避免他的。然则我怎样利用朋友呢？我于要利用朋友的时候，总立定志向，要使与我一同做事的朋友，多少得些好处；假如不然，亦决定不致使他们得些坏处；再不然，亦决定不致使他们比我们得坏处更大。我常想我或者不免有些地方对于一同做事的人，用些不肖之心相猜度。其实我亦很信天下肯牺牲、愿向上的人，未必只有我；而且我亦未必便真能赶得上我朋友的肯牺牲、愿向上。但是我常想得人人的志愿不同，境遇不同；我虽能用概括的话在平时与朋友互勖的去走牺牲与向上的路，然到共同做起一件具体的事实来的时候，若非朋友自觉的肯牺牲愿向上，我总不敢苦劝朋友，更不敢强迫朋友。其实我信这亦是当然的道理。向上与牺牲，这自然是两个好听的名辞；然而好容易做到？即就我自己说，我有许多时间，受各种环境牵制，终不能到理想的向上与牺牲的境地。即令没甚环境牵制，还很有许多时间，因心性上的弱点，不能顺理祛欲，因而无以自拔于罪恶。固然有些时候，反复思维，幸而不胜良心之谪罚，不能不改过迁善，然良心胜不过私欲的，亦岂不随处发现？在这种地方，不知我的，他自然会说我原不是肯牺牲、愿向上的人，即我自己在环境改善了一步，或觉悟的程度更深切了一步的时候，回头想想，亦何曾不自信以前原不是肯牺牲、愿向上的人？然而真能平情审度，便知道这都只怪自己不能善处环境，不能勇敢的与私欲奋斗。这都怪自己的不幸，不然便怪自己不聪明或无力量。我因此常想我们的朋友，今天一定不是这么样子吗？既然是这样子，那便他们表面上做出些不牺牲不向上的事来，不能断定他必然是不肯牺牲不愿向上的人。果然他有不能牺牲或向上的原因，我们不能为他改善环境，或用各种方法促进自觉，便不应专门苦劝、强迫人家牺牲与向上，使他不敢与我相处。我因此所以拚命的自己向牺牲向上的路上走，终于不敢一定把这期望朋友。所以我与朋友一同做事，我总务求减少朋友方面的劳苦与损失，甚或自处于劳苦、损失，而处朋友于安逸、幸福的当中；即令不然，我亦总令自己处于比朋友更有大些劳苦、损失的地方。这种办法，似乎效果还很不错。我不定是卖弄我这政客手段。我亦很盼望与些彻底了解的朋友，剖心沥胆的共事。这种朋友，这样的共事，我亦曾亲身体验过。不过无论以前或者以后，总不能不与比较不十分了解的朋友共事，那便不能不这样子。我以为必不得已而利用他人，亦没不可以的。但是我们利用他人，是要为社会的公益事情，而且还要兼把他人的福利顾着；我们决不可利用他人来满足自己的私欲。这样便令我的手段被人家识破了，他亦只有可怜我的愚衷，甚至于要感激我的苦心。

　　我说了这一段不纯正的话，不知道读者是怎样想。其实我是故意不避"利用"的两个字眼。说好一点，便是"古之君子，其责己也重以周，其责人也宽以薄"的老道理。这个道理，本是经了几千年，然而就群众生活的修养说，这实在还不失为有价值的教训。现在有许多人自己还做不到一步，却严刻的责备人家没有做到一百步；这样，所以彼此没有一点原谅，亦便不能有一点容忍，始而以冷嘲热笑为劝善规过，终而一天天不了解，一天天疏远了。我从前常想着中国社会情形，每每同一团体，总不能容着两个有力的分子，以为这是忌妒的劣性根使然。现在想起来，忌妒的劣性根，自然有些在这中间恶作剧；然而便令没有这恶性根，只那不留余地的朋友责善，亦一样可以伤害朋情。现在的社会，既是这样，人人逃不脱环境的牵掣；即令我们费了九牛二虎之力，幸而逃脱了几分之几的这等牵掣，这可以说是十分侥倖；我们自然盼望人家亦都至少象我，然而这只好由他的自觉，使他走我走的一条路，不能由我硬派他走那一条路。而且果然我必要与他一同做事，他便不走我走的一条路，我亦不好便伤了他的感情，妨害我们协力的合作。何况做好人亦未必一定要走我这一条路？亦未必定要走与我一样的路，到一样的远，才可以说是配得上与我一同做事呢？

　　由上面所说，便可知道要与人同事，而能得他的助力，我们定要多原谅人，少责备人。我们既要多原谅人，少责备人，便知道一切的事，不可不多靠自己。怎样靠自己呢？我想这不是几句话说得完的。不过我要请有志青年注意，我们学校所受道德的训练，自己所作修养的功夫，不能说没有一点价值；但是向来所说的道德与修养，最缺乏两个要素：一便是活动的修养，一便是合群的修养，合而言之，便是所说群众生活的修养了。活动的修养，是就做事的材干说；我们的读书人向来把曼靡的文辞，玄虚的幻想哄住了，总把做事的材干，以为是不足学习的事。谁知一到事上手来，便慌乱不知如何措手足了？合群的修养，是就与群众一同做事的材干说，自然这与所说活动的修养，是群众生活的修养的两方面。我们的读书人，多少都有些书痴气，总不感觉合群的必要。这一则因为他原从不想做甚么社会事业，所以他无需乎群众；再则因为他看不来这些群众种种色色的怪相，所以他不屑与他们相周旋。若使天下事本可不做，本可不需与群众一同的做，那原没有话说。然而又没有这道理。孔子说，"吾岂匏瓜也哉，焉能系而不食?"又说，"鸟兽不可与同群，吾非斯人之徒与而谁与?"我要问你们这些书呆子，你们若真是孔子之徒么？怎忘记了孔子是"栖栖一代中"的人，谁是象你们这样做书蠹生活的呢？

在这排山倒海似的德莫克拉西的潮流中，我不信我们可爱的青年，还有那非为君相无以利济天下的痴心思。孔子虽被人称为素王，但他决不配真算君相。他虽做了三个月的司寇，随后席不暇煖的奔走列国，芒芒然如丧家之犬。然而他的影响，在中国是如何的大？此外中西一切不朽的事业，固然亦有些是君相所做的，然而究不如学者、平民、妇女、奰人等所做的多。即远如江慎修，近如张季直，个人一二十年的努力，亦复功绩炳然。若欧美各国议院政治，社会运动的效果，有目的更共见了。我们既看见这些事实的证据，应该可以信平民的能力，应该可以信由社会活动中改造社会的可能。而且我们只须稍仔细想想，亦不难知道想在政治界占一个势力，很不容易，而且常须要用许多不正当的手段，凭借些不正当的势力。果然靠这种手段，这种势力，便得达到想达到的目的，然而每每因以前既靠了不正当的势力，现在反为不正当的势力所劫制；岂但到了那步田地，不能利济天下，反而只有同流合污的，与一般张牙舞爪的打成一伙儿。现在国内一般不堪的，然而负重望的政党党魁，我想他们未必便真是坏人；至其是因利用恶势力，反为恶势力所劫制，我敢说这至少是实在的情况。

现在的南方政府、北方政府、甚么党、甚么系、督军、议员、政客，都只是二五等于一十，我们这几年该已经看得够了；中国的事，只有靠我们，只有靠我们从社会活动方面努力，我想这或是可以不待多说的事。所以我们对于群众生活的修养，不可不十分注意。这亦可以不待多说了。

我去年当学潮初起的时候，看见许多学生界不能满意的事，令我处处想起平时没有一种群众生活的修养的坏处。其实这种坏处，不但学生界有他，几于我们的国民人人都有他。所以人家笑我们是一盘散沙十几年了，我们到头仍是一盘散沙，没有一个群众事业，曾经维持得长久。这样，谈甚么救国呢？当时我就感触所及，便将群众生活的修养，应该注意的事，列成一表，现在匆匆已经一年了。这一年中学生界的事，越闹越糟，别方面亦似乎没有人几多注意研究群众生活的修养；现在我们谈创造少年中国了，我想这个表，或者还可以备同志参考呢。现在钞在下面：

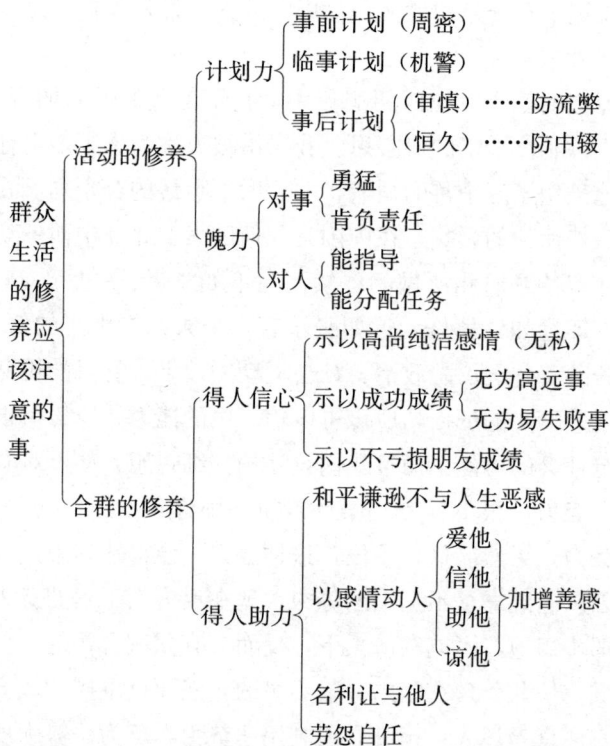

- 群众生活的修养应该注意的事
  - 活动的修养
    - 计划力
      - 事前计划（周密）
      - 临事计划（机警）
      - 事后计划
        - （审慎）……防流弊
        - （恒久）……防中辍
    - 魄力
      - 对事
        - 勇猛
        - 肯负责任
      - 对人
        - 能指导
        - 能分配任务
  - 合群的修养
    - 得人信心
      - 示以高尚纯洁感情（无私）
      - 示以成功成绩
        - 无为高远事
        - 无为易失败事
      - 示以不亏损朋友成绩
    - 得人助力
      - 和平谦逊不与人生恶感
      - 以感情动人
        - 爱他
        - 信他 ⎱ 加增善感
        - 助他
        - 谅他
      - 名利让与他人
      - 劳怨自任

　　若要详细解说这表，亦许便会可以成功一大本书。我亦明知一气说了这多，早令读者厌倦了，所以我亦不愿过于详说。但我想既是群众生活的修养为我们青年所最缺乏，而且亦为所最需要的，我不能不盼望或者这个表有值得读者一看的价值，而且盼望读者肯详细的就这表加以考虑，加以反省，而且我究竟不能不另外加几句话。

　　甚么叫计划力？换句话说，便是会想法子。我们为甚么要注意计划力？因为我们要事业成功，不愿意他失败。我们做一件事，总是要他成功，不愿意他失败，这是一定的道理。或者有些太热心的少年，几乎有些欢迎失败的意味，这姑且留得以后评论。不过以我猜想，大概就普通一般少年说，总是不肯欢迎失败的。那吗，怎样能不失败？怎样能成功？一定是大家愿意研究的问题了。就我表上说起来，我可以说，一个人要随时都会想最好的法子，无论事前、临事、事后，总不可有一点疏懈，这样便很容易成功，不容易失败。普通做事的人，事前多半没有一种计划，有计划亦不是很精密，便粗率孟浪的干起来了，所以容易失败。如事前有一种计划了，又不肯临事处处讲求变应的方法；无论你事前计划怎样精密，总不能与事实处处相应，这亦是失败的原因。或者临事亦仍然能够机警了，事后便懈怠起来，只当是这件事已经成功，固然这件事在一部分是已成功了，然而若非我们用始终不懈的精神，处处防微杜渐的做下去，到头仍或不免失败。总而言之，我们要想不失败，最要便是无论这事临时或前后，总要常想最精密的法子。我们所想着以为精密的法子，每每并不能到理想的精密田地，所以我们不可过于信赖一时的计划，忘记随时体验，随时改进。因此，第一我们不可有苟且的心理，不耐烦太精密的计划；第二我们不可有执拗的心理，不愿意于原来的计划有些修改增益。这样，或者不容易再有失败。

有人说，计划太精密了，实行便会不能勇敢；这样的一句话，从一方面说，自然亦不是没有道理。但是不要把我的意思领会错了。我说计划要精密，亦不是说一定成功，一定不失败。我们向未做过的事，说他一定成功，怕无论怎样精密的计划，亦不敢这样担保，既然如此，我们不仅要计划他怎样成功，亦还要计划他失败了成甚么局面。那便是说，失败的时候，所受的损失，是不是仍然有他的价值？再不然，是不是我所预备忍受？人的大患，在预先不计划这些事情，一相情愿的以为必然成功；及至失败了，便沮丧怀疑起来了；不然，便只好说些自欺的慰藉话，以减少这出于意外的痛苦。这是如何的不自然呢？我的意思，便失败的局面，亦须预先想到。这样，我既胸中了然于得失之数，照我想应该只有越勇猛做事的道理，岂有反不勇敢的事。总而言之，我们做事的勇敢，有时仅出于血气的感情，有时则出于智理的裁决。智理的裁决，总要附加些血气的感情，才见得清楚，行得勇猛。若没有智理的裁决，仅仅靠盲目的感情做事，每每力量会用得歧路上去；这便算能勇敢实行了，岂是我们所盼望的吗？

有人说，我不会计划，便怎样呢？诚然，我看见了有许多少年，他没有计划的能力。这便是平素不注意这方面修养的原故。平素应该怎样修养呢？譬如学走，只有去走，学跑，只有去跑一样，学计划事务亦是要平素肯计划事务。平素有甚么事务要计划呢？对于自己的功课，常常要计划些最聪明学习的法子；对于家庭学校的事务，有些地方，要不怕参预，而且参预的事，亦是要悉心悉力的为他计划。这样计划了，再随时看他发生的结果，随时批评他，修正他。自然起初总不免有完全计划错误了的，这譬如小儿学步，总不免跌交一样；然而跌一交便长一智，在无关紧要的事中失败了，我便越发可以在大事业中成功了。现在少年谁这样想呢？平时醉生梦死，一切关系自己的事，只知道听人家安排；等到有一点公共的事来了，便令他攘臂而起，亦只以为这是他出风头的机会，不然亦觉得这已经是做到他本分以外去的大功德了。所以他肯实心实力的做事，便已不多；更没人肯耐烦当自己的事去筹划。这样，所以他永远没有学习计划事务的时候，永远不能到会计划的田地呢。

再我们还要看，我们要能做事，亦不仅仅是会想法子便够了。周密、机警、审慎、恒久，都是普通所认承的德目。从活动的修养方面看，或者还会深切些感觉得他的需要。我们不是具备这种德目，不能有我们理想的计划力，而且不能执行我们自己的计划。

什么叫魄力？换句话说，便是能做事。我们见清了不做，不肯勇猛的负责任的自己做，不能指导人家、分配任务与人家，使他与我一同做，那自然简直是无意义，不待多加说明。或者有些人说，我这指导、分配两个字，用得不妥。因为这是一个领袖的口气，不是德莫克拉西的社会所能容受的。但是我的意思，却以为说这句话的人，或者是只看了一面。世界不但应为德莫克拉西的，而且应为安那其的，这些话我实在深信。不过至少在最近的将来，我们在群众里做事，不应该有一种领袖的精神，我却有些信不过。我以为领袖的精神（Spirit of Leader）与领袖的态度（Air of Leader）是截然两物。领袖的精神，是不可不有的。领袖的态度，是决不可有的。我说领袖的精神，便是指能指导，能分配任务。但是最要注意能字。假令我指导人家，人家不受我指导；我分配任务与人家，人家不受我的分配；这便不是能，这便证明他不是有领袖的精神了。怎样必定使人家能受我指导，受我的分配呢？第一，要把领袖的态度，灭除得干干净净；第二，要自己勇猛肯负责任；第三，要有那表所列合群的修养所有的条件。我们要把领袖的态度灭除得干干净净，却又要把领袖的精神，保持得完完全全，许多人一定要想着这是不可能的事。其实不知这真才是我们要修养到的地步。我们为什么要有领袖的精神呢？群众的心理，是粗率浮躁的，这是凡研究社会心理学的人，都不得不承认的事实。即就少数人的团体说，只要是三五人以上的团体，那团体的分子，都会要比平时粗率浮躁些。所以我们不能不冷静的去指导他。而且这三五人便假令不至粗率浮躁，亦每每不能人人有很精密的计划力，这样便那计划力较精密的人，还不能不负这指导的责任。然而还有一件要注意的事，群众固然就客观说，很是需要指导，然而就主观说，却又很不高兴受人家指导。所以领袖的态度，甚至于企求一个领袖的名义，那诚然是不能容受的。然则我们应该怎样办呢？依我想来，我们总应该避去表面显明的指导，专意从里面人家不觉得的地方用功夫。这正是老子"为无，为事无事"，"功成事遂，百姓皆谓我自然"的意思。（这是我解释老子无为意义，与高一涵先生直认为无所为的意见不同，可惜此处不能详说。）怎样能指导，却教人家不觉得呢？我们果然得了人家的信心爱心，只要我们不摆出领袖面孔来，并用不着什么诡计，人家自然乐于受我的指导。但是我们亦还有几件要注意的事：一不可自信太专，二不可求效太急。我们既与人家共事，无论我的意思不完全都正确，人家意思不完全都不正确。即令是这样，我的意思果然不能得人家信从，有些时候，还只有牺牲自己意见的。这样的牺牲，自然不是说没有制限。重大的根本的主张，没有一并牺牲了去取悦群众的道理。但是无关重要的地方，果然有必须牺牲的，我们却一定不可以"小不忍"以"乱大谋"。况且我们既然不是圣人，我们的意见不应有不待任何人纠正补救的地方，这尤其见有容纳人家意见的必要。至于求效太急，亦是太热心的人所容易犯的毛病。我不是说急于求效是不应该。但是因求效太急，而致于偾事，这便太不划算了。我们因求效太急很容易期望同事的人太多，责备同事的人太严。总而言之，只看见人家有一点不如自己，便易生出忿怒嫌恶的心。这样，同事的人便不能不感得他的难与相处，不能乐于受他的指导了。其实我们若能细心体验社会上实在的情形，我们大可以放胆的向前面做。虽然，或者不能象我们理想那快的时间，能有象我们理想那大的成效，但是只要我们的努力能够继续不断，我们终要完全实现我们的理想。我有甚么理由这样相信呢？第一，我深信一般的人，虽然感情与意志是彼此程度不同，但是都有差不多一样的向上心。所以我们只要保持，且激发一般人的向上心，纵然他一时意志不坚决、感情不浓厚，不肯与我走一样的路，他只要没有环境的牵掣，迟早总要跟着我来。至于有些因见解不同，而不肯走一样路的，只须大家总肯研究，总肯实验，再总肯服从良心，改过迁善尽不必定要太快了的求大家各事都要一致，他自然要有一天会成为一致的。因此，我信只要是向上心还能保持，还受激发的人，我们尽可以宽以时日，从各方面提撕他，惊醒他，却同时耐耐烦烦的等待他自然可信靠他会觉悟，会站起来，会跑到我前面去。假如不然，我骂他，我讥笑他，越闹他亦越觉得不肯与我一同的做事。不然，亦会越觉得不愿与我一同的做事了。第二，我还确见一般人不肯受人指导的，每每因于文字的争执，或者便是一个好胜的心理。既是这样，我们尽可拚命的在文字方面牺牲意见，却一方在实际上一样可以得完全的胜利。这似乎是很狡猾的手段。然而我究竟望读者仔细想一下，我们求事业成功，不可不用这样的手段。而现在一般肯做事的少年，恰得其反。人家争执文字，他亦争执文字；人家好胜，他亦好胜；这怎怪他越闹越达不了理想呢？

我这里又谈了一大篇驳杂不纯的霸道话，或者读的人由这里可以看见我的为人，有许多的朋友，亦许因此才知道我是大阴谋家。然而我这所说的，只怕中间还有许多并未能十分实践，若读者都肯照我这所说的实践去，我还馨香祷祝之不暇，管你骂我是阴谋家或什么呢？但是亦还有几层要补叙的，一则从上文看起来，是与政党领袖大不同的。在这里面，既永远盼望不到领袖的名义，亦永远不可摆出领袖的态度。而且一切行事，只可以用去图大家的幸福，断不可用以图谋个人的幸福；再不然，图别人的幸福，至少总比图自己的幸福更要紧。不然，人家必不肯受我的利用。所以这样说来，所谓领袖精神，所谓利用手段，不能照我们普通的解说。质而言之，便是与群众相处最良的最应该具备的品格同能力罢了。再则我们要为一个事情成功而不失败，固然自己要有领袖精神，亦不能不一样盼望朋友有领袖精神。我们很容易知道无论任何事件，没有一个人能做得好的。这样，所以我们不能不望有有能力的朋友，亦不能不望朋友都能有能力。我常想一个希奇的比喻，譬如我们是太阳，我们要有朋友做我们的恒星，每个恒星，要有朋友做他们的卫星。但我们要竭力使每个卫星变成恒星，以至于变成太阳。那便是说，教他亦渐渐有许多朋友围绕他，渐渐更有许多朋友围绕他那些朋友。这样，便结成了一个大团体，譬如这些星，结成了一个大宇宙一样。我们要竭力求自己做一个太阳，但不可以自己做了一个太阳便罢了，还要帮助朋友每人都做一个太阳。还要帮助所有的人，每人都做一个太阳。许多人见不及此，他自己成了一个太阳了，便顾盼自雄，把一切的事都集中于他自己身上。这样，便发生两个弊病：一个是他的事太多了，便容易务广而荒；一个是平素事权既太集中了，假令他死了，或有别的障碍，便会一切都乱起来。或者永远失败了。所以我们固然要自己做领袖，亦要人人做领袖。百足之虫，死而不僵。朝鲜亦未必没有人，只一个安重根杀了便完了事了。我们今天说创造少年中国，便令我们很有自信自任做领袖的人，然而若亦只一两个人，假令因这个原因或别个原因，他亦有不能自由行动于社会上的时候，我们是如何危险呢？所以从这方面说，我们虽没理由怕人家有如此领袖的精神，但如只一二人有这样领袖的精神，就社会说，倒是很危险的事呢？

　　我写信黄仲苏，讨论我们的会务，我说现在最应注意的，是要打破人的中心，建设主义的中心。建设主义的中心的意思，便是表示我的盼望看见创造少年中国分功〔工〕与互助的完全计划。我以为这是我们学会眼前最重大的事情。打破人的中心的意思，便是表示我的不愿看见学会的事权集中于一两个人的现象。我信这亦是我们学会要防的流弊。然而现在想起来，我说打破人的中心六个字，究竟只表现了一方面的意思。就实际上说，我并不是不盼望我们的同志，要自命为学会的中心；但是我不盼望一两个人象这样，盼望每个人是这样。我们的学会，必然是要每人自命为学会的中心，才会有充满的活力，才会有雄厚的实力。推之至于社会，至于国家，至于全人类，亦是一样。我们不要想着教人人做学会乃至社会、国家、人类的中心，那是不能有的事。我们自己总要站起来做一个中心，而且同时亦总容纳辅助别人，亦使他成一个中心；但决不可只期望责备人家去做中心，却把自己本分忘掉了。总而言之，多一个自任中心的人物，便团体内多一部发动机，多一个活力的泉源。多一个中心人物，总比少一个中心人物好，所以我们尽可以不必观望人家，自己起来至少亦比不起来好。同时亦要记得，少一个中心人物，总比多一个中心人物坏，所以我们若自己把事权太揽多了，妨碍人家的发展，或养成人家的惰性或倚赖性，总不是应该。

　　这样，所以我的安那其见解，与这领袖精神的见解，得了一个调和。而且我亦深信，要说打破中心，除非人人自为中心，或多数人自为中心。现在一般太热心的青年，未免把德莫克拉西看得太单纯了，真想世界可以永远不要中心。这样干去，无论你口里说得怎样天花乱坠，实际上只要人类还想生存，中心总是打不破的。因为当真象这样的打破了中心，社会便会呈停顿纷乱的状况，不要两天便会大家感觉得不安。那时强而狡的，他自然会出来做中心人物；愚而弱的，自然亦会五体投地的匍匐他的面前。我国革命以后，军阀这样猖獗，亦有时鼎鼎有名的政治家，都甘心把北洋系做政治的中心，便是一个死证据。所以我说要打破中心，非人人自为中心不可；亦以这一样原因，我信要求无治，非人人自治，或每个团体自治不可。我们学会的同志呵！你当真是有要创造少年中国的自觉，而加入的么？你还不立刻起来自任为学会的事业做一个中心吗？我们凡在群众事业中做事的有志少年呵！你们亦盼望这事业的功效大而久？你亦不觉得应该立刻起来，为你们的事业做一个中心吗？

有些肯出风头的少年，他倒未必真有做一个中心或领袖的决心；然而那一副主人翁的面孔，却是摆得十足。甚至于有些人遇事自己不肯动手，却对于同事的人，颐指气使的，如待遇属员的一样。这样的少年，在学潮中亦不少遇见。我要说句刻薄话，这只当是永远没有做官僚的能力，却偏要尝试些官僚的意味。这样的人，只是官僚的缩型，当然干不了什么事。再还有些少年，或者不至于此，然而他在群众事业中间，气性大了，度量小了，每每讥笑这个，斥责那个，总以为无可共事的人，而不自咎他的不善与人共事。这类少年，虽然不好说他太狠了的坏话；然而我不能不盼望他们反省，我们是同人（fellow-men）做事，不是同奴隶做事。这些人你可以不满意，然而你只好激励他，督责他，启迪他，不容摆出那些少爷公子的气性，越败坏了大家的事。总而言之，我们真要创造少年中国，总不可靠多了人家，亦不可责望多了人家。烦重须负责任的事，总还得自己做，而且要常找最好的法子，用最大的力，善处这合群的生活。

关于合群的修养，我很注意得人信心，因为只有得了人家信心，才可以减少因不了解而生出来的阻力，而且使人家乐于相助。得人信心之法，我的意思很注意表示一种态度，使人人共见，以唤起他的信心。这样一种公开的人格，在谈旧道德的，每要笑为务外、好名、挂招牌做君子；但我很信做好人要是有用，所以我简直看得挂招牌做君子，为我们应取的修养方法。不过这招牌要与卖的货色一致，才可以"以广招徕"；不然，岂但不能得人信心，反会失人信心，那便不是我们盼望达到的境地了。

现在的一般人，把政客欺骗够了，所以他很怕人亏损他以自己渔利；我们要得人的信心，最要避他这样的怀疑。所以我说一方要使朋友完全相信我是无私的人，一方亦要使他完全相信我永不致亏损朋友。这一则需要真正的品格，一则需要显明的成绩。徒然想把招牌挂起来，招牌亦挂不起来的呢。

再则我很注意使人相信我是常常成功的人，所以我以为我们不可做高远的事，或者易于失败的事。但这须加个解释。我并不是说做高远的事，或做事失败了，总是不应该。凡是重大根本的改造事业，都是高远的，不免失败的；但是高远的目的，我可以分为一段一段的路程，这是自然合理的办法。我们固然要认清我们最终的目的，然而我们不可只望见目的；因目的是太远了，许久的时候还达不到，既许久的达不到，我及群众中的稍怯懦的，便会疑惑这是终达不到的了。所以我们要认清一段一段的路程，而且有时简直可以称他是一段一段的小目的。这样，自然在大目的没有达到以前，我们不觉得他是自始至终的失败，我们还会觉得已经他是有了很多的成功了。至于失败的事，我们总要极力避免。自然我们所谓失败，常是指着两方面的事说：一方是正如上文，虽路程进步了，却未达到最终的大目的，这我已说明了是成功不是失败。一方是就方法错误，至结果与预期相反而说，这不能说不是失败；但是正如所谓跌一交则长一智。失败了一次，如详细研究此中原因，便知道某一种方法错误了。普通人说失败之中有成功。又说失败是成功的一步路，这都是说越是发现了谬误方法，便越近于能发现正确方法的地位，所以便越近于成功了。但我们终没理由欢迎失败。因为我们无论如何意志强固的人，失败一次，总要沮丧一次。所以只说自信心，做事的兴趣，已经可见失败的为害了。至于就群众心理说，他的疑或信，本都只根据于很浅的理由：盼望他们还知道什么失败的价值是很不容易的，所以方法的错误而致于失败的事，都是要极力避免的。是不是可以避免的呢？我想如前说计划力的完成，而且有一种修养能严密的履行那计划几于不致失败了。即令有失败的事总在小处、隐微处，人家没看出来的时候，自己便要考察出来改了他。总之，我们不可不用很严整、戒惧的态度待失败，总不可不尽力避免失败，因为他是损失群众对我的信心，加增群众对我的疑虑，而且同时一样于自信及兴趣亦受很大的挫损。许多少年，惮于精密的计划，或者太信自己的意志了，便假托说，不怕失败。其实人的意志，无论如何强弱，经一番成功，总得一番激励；经一番失败，总得一番沮丧。意志强固的人，在失败之后，至多亦只能如收拾残军，以图卷土重来之计的一样。这样的军队，试问拿他与那得胜了以后，犒赏三军，再引他前进的，是那样的有力？所以人在失败的时候，本不必懊恼太甚；但未失败的时候，总要极力避免失败。固然跌一交便长一智；亦那里来的人，一天跌几交，以求知识的长进呢？

关于得人助力之法，我想自然是与群众同力合作的人，应该研究的事。我对于这样的研究，所得的结果，很注意感情的作用，与衰己益人的方法。我说要和平、谦逊，以不与人生恶感；又要以感情动人，以与人加增善感。我为什么这样注意感情呢？我的意思，及我实验的结果，很信感情的动人，比理性的力量还大得多。因为理性的为物，原是人人具有的，然而人都很粗率浮浅的相信他，而且还有时不能奉行他。因此你与他谈理性，他或者以为原已晓得，不待你多谈；或苦于无法胜过私欲，你说亦是没有用处。这种时候，我们切不要伤他的感情；因为伤了他的感情，他或者以为你是不愿与他为伍了，或者又以为他是不配与你为伍了。所以和平、谦逊，是很要紧的修养。和平他便不会想得我不愿与他为伍；谦逊他便不会想得他不配与我为伍。再有加增善感的一方面力量：爱他，他便会自爱，亦会变为可爱；信他，他便会自信，亦会变为可信；助他，他便不容自安于不可助了；谅他，他便不肯自陷于不可谅了。这样，他一方不至于妄自菲薄；一方亦不肯妄自菲薄，一方他便感于我的情意，亦不容妄自菲薄。美啊！爱力可以创造世界！我们亦要用爱力，创造自己永远颠扑不破的团体。

世人喜欢讥笑人，斥责人，虽父母对于子女，亦不免这个弊病。少年人因为受多了这样的待遇，每每因而不自信不自爱了。其实我们便就客观的考察，一般少年人，除了沾染太多恶习的以外，究竟不可信不可爱的地方何在？是由于什么原因而来？这些少年，亦有时有些向上的觉悟，为什么不能维持而发展？我想许多人都要说，他便有不可信不可爱的地方，亦是出于不自觉的受社会的引诱，或无能力抵抗的受社会的压迫，所以有觉悟而不能维持发展的，有些亦是受了那世人喜讥笑的弊病；换句话说，他便是不能得人相谅相助的原故。我们既知一般少年是在这样境况之中，而且又知道他的周围，处处是被不相信、不相爱、不相助、不相谅的空气所包扎；我们不可不用很大很纯挚的爱心，与他打破重围；谅他、助他，使他越到可谅可助的地位；信他、爱他，使他越有可信可爱的品格。爱的神啊！伟大的神力啊！他可以使一般少年，都到我们的田地；而且使我们或为永劫不能解散的团体。你要人家死力助你，你先要死力助人家。有志的青年啊！快起来借爱神的帮助，为创造少年中国结死党。不然，能做甚么事呢？

而且同是一样觉悟的人，在种种方面亦常有意见不能一致的地方；普通的人在此处，每每彼此诋諆，否亦把一切停顿下来，专于去求意见的一致。不知在这不能一致的意见以外尽有许多可以协力做事的地方；

这里亦是与其靠理性的求帮助，不如靠感情的召帮助。我们要使无论怎样与我意见不同的人，一样愿帮助我，一样不容他自己不帮助我，这是有理由的盼望吗？靠爱神的助力，这是十分有把握的盼望。

至于我说名利归之他人，劳怨自负；这仍是我所说"减少朋友方面的劳苦与损失，甚或自处于劳苦与损失，而处朋友于安逸幸福当中"的意思。亦便是我所说不亏损朋友的意思。自然朋友与我一样有决心，牺牲名利，自任劳怨，那功效更大了。不过正如前文所说，我不能苦劝、强迫朋友这样，所以亦不好只是这样期望。有些少年，期望人家太多了，所以总是不足于人家。其实我们要这样想，假令创造少年中国是应当的，是必要的，即令没有一个人帮助，我一个人还得这样做；现在既有人与我一同做了，做得一点，总分了我担负的一点，我们总应该欢喜，总应该感慰。至于一个人的觉悟程度，亦不纯是意志的关系，我们假令比人家多觉悟一点，回想起来，亦应该觉得是侥幸；那便我们不可太因人家的不觉悟，愤嫉得过度，或责备得过度了。而且假定同事的人，是永不能打破名利关的，或非一刻打得破名利关的，我们自然总是将他望向上的路上引；却在目前的做事不可不尽管让他在名利关里面努力。我们若真懂得人生是甚么，应该知道名利原不过是笑话而已。谁用得着，便让与谁。只要能激励他肯下力同我做事，我何必管他此时打不打得破名利关头呢？

劳怨自任这句话，是听厌了的老生常谈，就上文亦便知道他的重要。但我看现在肯做事的人，太不注意这了。我们做事的人，固然亦有些人恭维他任劳任怨；然而每每名不符实。只看无论甚么事情，出风头的有人，闷地在里面做事的人便没有了；做浮浅事的有人，闷地在根本上做事的人便没有了；做粗枝大叶的事的有人，闷地做拾遗补阙功夫的人便没有了。所以凡事总只能大概有个头绪，不能讲计划精密，不能讲根本巩固，不能讲内部充实，真要创造少年中国。我盼望一般有志的少年，还须发个决心。只要是应该做的事，越小、越隐微、越无味、越烦重难做，总而言之，越是别人不做的，越是要我去做。这才真是任劳任怨。若是专找出风头的事，牺牲一点精力，来博取任劳任怨的美名，我可以说比一点不牺牲的还好；不过靠这样去创造少年中国，那便是所持者狭，所望者奢了。

以上所说的，不尽是我自己所能实践，不过亦有几方面是实验屡效的灵方。我的意思，要创造少年中国的人，既不能不注意从社会活动上去改造国家，便不能不注意群众生活的修养。我们的修养，若能以群众事业为目的，一切陈腐的德目，都会显出他的真价值。我很不信一般人所假拟的道德本原；然而我终信有些道德是一条经验了有利益的途径，所以我并不敢菲弃一切道德。读者细阅前文，不亦要这样想么？

而且进一步说，群众心理，亦是不可不研究的。世界既一天天向德莫克拉西的路上走，你可以说这是好或是坏，你不能教他改变他的轨道。所以现在要求适应，不可不讲求善于运用群众的方法。我假想或者这创造的途径中，会免不了一番奋斗的大破坏；果然有这样事，群众心理的变态，要怎样应付他，更不可不预先进求了。学会的同志啊！会外同志的青年啊！我们要彻底了解我们的任务，是在群众事业上面，所以我们要大大预备。过去的学潮，我敢说便是没有人有能力善于运用，所以糟到这步田地。亦许过三五年，又有变形的这类机会发生，我们还不努力预备去攫取这机会么？

这篇文已经做得我不愿意的这样长了，而且冗杂不修饰的地方亦很多，我真不知道这些意思有没有可供研究的地方。但是我究竟盼望读者总能忍耐的、细心的看下去。信不过的，驳倒我。信得过的，大家做出来看。下面还有两个问题：一是创造少年中国与学术的研究，一是创造少年中国与个人生活问题。我的意思，都以为是创造少年中国很重大的问题，盼望我随后写的，大家还能给些时间同精神看下去呢。

（四）创造少年中国与学术的研究

人人都知道要真想创造少年中国，不可不致力于研究学术，为将来活动的预备。而且这几年，知识阶级程度的进步，青年求知欲望的长进，使讲学的风，渐成为一般的好尚，出国以求高深些造就的，亦复踵趾相接；不能不说这是少年中国最有希望的一个好现象。

但是我盼望所有自命研究学术的人，特别盼望我们学会同志，自命以研究学术创造少年中国的人，真挚的坦白的下一番反省功夫，你果然以甚么动机去研究学术？照这样研究上去，你当真能在少年中国的创造方面，担任甚么事？

姑且让我尽量的说刻薄话：我敢断言，在这些自命为研究学术的青年当中，至少有些人是仅仅想借以博地位、赚金钱，求一个富贵之道。好一点的，亦有些是想借以出风头、闹名声，除了这没有甚么高的动机。这样的人，看着某某研究学术，做了大学校长了，某某研究学术，做了大学教授了；论俸金每月有几百元，不让一个官场的美缺，论名望为海内一般人士所瞻仰，亦可以与做官一样，炫耀一般亲戚朋友。于是被这些不正当心理所趋使，亦不禁想做大学校长了，想做大学教授了，想做大学者、大著作家了。这样的人，他亦许骂人考文官、谋差缺；然而忘了自己不过是一样为富贵利达，寻这一块敲门砖。自然讲学是好的，若讲学不过为求私利，这亦犹如从前那十年窗下的酸秀才，借着代圣贤立言的鬼话，盼望偶然中一个状元、榜眼，衣锦还乡的一样心理，讲甚么创造少年中国？有些大学、专门卒了业，或者且有机会谋一个职业，却偏肯读书，偏肯出国的，这自然是或者有心人；然便这中间亦不见没有借此"求吾大欲"的人。至那些大学、专门卒业，无事可做的，或者在大学、专门未曾卒业，或者国内无力求学的，借着勤工俭学的美名，想下几年苦功，博一块金招牌，以自欺欺人的，我可以说这更在所多有。总而言之，我不说讲学乃至出国求学，不是急于要鼓吹促进的事；但讲学与出国求学，所以有价值，是为他于创造少年中国有些补助。若徒然以这为进身之阶，我真不愿他们借这创造少年中国的好名义，做遮饰他们鬼脸的盾牌。

还有一般人，人格见识，不至于如前说的卑下；但是亦配不上说甚么研究学术以创造少年中国。这般人便是并不由于对社会的责任心，而选择他的学业的，他们不过受了一般名人暗示的吸引，社会无意的诱惑，不由自主的卷入时势潮流。所以他们讲学出国，你说是为富贵利达，他们自信确然不是。然而他们究竟有甚么讲学出国的必要？为甚么定要讲这种学？出那一国？他自己一点亦说不出。亦有些人，看见杜威这样受人欢迎，便要研究实验主义的哲学了。看见罗素这样受人尊敬，便要研究政治理想的学理了。还有些人听说日本用费廉，不管自己要学甚么，便向日本跑；听说德国学校好，不管德国有甚么学科，便往德国去。这种情形，几于是社会上普泛遇见的，况这样无目的无计划的求学，原不过仅系受虚荣心或盲目的向上心所支配，盼望他能于创造少年中国有些益处，亦是笑话痴想。

我虽是学哲学、伦理学的人，但是我很不放心，现在一般自命学哲学、文学的。许多年轻些的朋友，都要说他愿意学哲学、文学。我把小人之心，揣度这些人，我敢说他们中间，有很多人还不知道哲学、文学是甚么，不过看见人家说得热闹，便盲从附和起来。再则他们中间还有一般心理，以为他们自己天性不宜于甚么科学。他们看见了理化数学便头痛；然而他们不认承这是他们应该痛改的偷惰习气，却反顺遂他，去找一个他自以为可以躲懒偷巧的学科。在这些人中，他们还是一样以浮辞为文学，以玄想为哲学。只要是这样想，他们这所谓文学、哲学，并一笑的价值且无有，谈甚么创造少年中国？

亦有一般人似乎比以上所说的又进步些，他们不定由于盲从附和，或躲懒偷巧，选择他们研究的学科。他们诚然对于一种学术感觉得较深切的嗜好，而且他们预备了很长时间的研究。所以他们很安心于学问。大学本科若不够用，预备求之于大学研究科，国内大学若不够用，预备求之于外国大学。这样的人中，亦不定没有几个人完全系受真挚的求知心所鞭策，没有博取学位的虚荣心。然而他们仍然有一个很大的短处，便是他们不知道学术研究，与少年中国的创造，有甚么关系？究竟是个无目的的求学。无目的的求学，每每不能对于学术有很真的兴味，很大的造就，更不能为社会供给最急的需要。象我们今天中国需要人才的急迫，象我们今天想为中国供给需要的真切，怎容得我们以这不经济的求学方法，虚耗我们的时光同造就？

在这一次学潮以后，许多参与学潮的热诚青年，都有些感觉得求学的重要。但是我盼望我们这样由动的修养而驱于静的修养的，要知道这不是仅由于我们动久了，生了一种困乏的心，因而愿得一个休息的机会；我们所以恳切要求静的修养的，应该是由于我们实在对于以前无实力的活动，有些不满意，所以要靠读书养些实力。今天我们决然少做些事多读些书。断乎不是说事不该做，正以事应做，所以要预备大些做事的能力。断乎不是由于我们没有从前勇气了，所以要把许多事搁起来；正以我们有从前两倍三倍的勇气，因盼望能做从前两三倍功效的事，所以不肯耗力于没有功效的运动。总而言之，我亦与一般倦飞知还的学潮中活动巨子一样想，很觉得更有希望的人，今天断然应该舍弃那些浮浅的活动，去用力读书。但我决不能信我们所以这样做，是我们的休息，我宁信这是我们的大预备功夫。果然如此，我要问现在自命反归于学术研究的人，你的读书，果然配得上说是大预备的功夫吗？你的用力，是为社会预备甚么？

若是我们为预备做事而去求学，那便要问这所求的学，于做事有甚么关系。决不能象现在一般时髦青年，一听见人家说要注重学术研究了，便去上一个学，出一趟洋，有理无理的学点哲学，学点社会学，学点经济学，乃至学点农业、工业、军事、商业，便以为尽了自己本分。我实在看见如此类的人，他们的主张，以为只要求的是一门学问，只要学问求得好,将来总要有些裨益于国家社会。然而不知道这句话似是而非。学问固然同一可以造就人才,人才固然同一可以裨益国家社会,然而国家社会的需要,有缓有急,有必要有不必要。处于今天我们这样的中国,我们譬如是要披发缨冠以救倒悬;安步固然亦是走路,然而我们救死不暇的人,能这样的濡缓么?何况在求学方面,究竟不比走路。道路是具体的,不走不到,是人人所共知。学问却是抽象的,不学亦有时或者以为已经得着。世间许多浅学而自矜的,可为此说例证。学问若是以足够供给社会需要为目标,还可以他能否供给社会需要,测量学问的程度。若求学而没有这样的目标,学问的好坏,没有甚么正当的测量。于是便容易专持以与别人相比。因为是这样,又因为中国求学的人数目太少、程度太浅,所以稍有一点学问的人,纵然他的学问还远不够应社会需要,便骄盈得没有地方安放了。这样下去,盼望学术的研究,于少年中国的创造有些裨益,岂不是痴想?而且天下亦只有目标越认得清楚的,志向越专一,进行越勇猛。我们求学的人,因为没有目标,因为没有社会的需要,鼓励他的热诚,所以志向容易改变,进行容易懈弛。我说这两句话,请我们在研究学术中的青年,试一反省。是不是有这样的毛病?这样的毛病,是不是由于求学不以供给社会需要为目标使然?所以我的意见,求学而不顾社会的需要,若非求学不成,便是成而无益于社会。否则亦是只在不急要不必要的方面,供给了社会,而社会上急要必要的需要,仍然得不着相当的供给。这岂可以笼统的说甚么好学问,总有裨益于国家社会,来掩饰自己无目的而玩物丧志的弊病?

　　我是一个好动的青年,居然在我学生生活完毕以后,亦得了许多动的机会。但我费尽了平生之力,结果仍然只收了我不愿意的那样小的功效。我固然怪经费支绌,怪人才缺乏,怪环境恶劣,亦不能不偶尔想起自己学问能力的太不够。这里,我最得了少年中国学会诸友的益,因为若不是看见这一般朋友的好学如渴,或者不能教自己良心越发觉得惭愧,因以发生求学的决心。就我的经验,或者就别的真挚朋友的经验,每一次参加一种事业,便会感觉得事情做不好之苦。这个时候,固然有许多地方要怪人家不是,然而只要平心反省,自己见识魄力的欠缺亦是无可掩讳的事。在人家方面的,有许多地方不是我所能为力;在自己方面的,我们若肯注意群众生活的修养,学术的研究,未始不可以补救。依我的觉悟,我很信学问便是告诉我们最正确最有效力的做事方法。譬如学教育学,便是要知道古今中外经过许多试验许多研究的最良教育方法。学人生哲学，便是要知道人生的真意义，道德的真意义，以确立道德的新根基，可以为现在所谓新旧之争，求一个根本解决。我便因这决定我研究的方针。我敢问现在一般自命为学术界中人的，亦信学问有我所说的价值么？你所以选甚么学科去研究的，亦信于供给社会的需要，有甚么关系么？

若大家肯坦白些的说话，亦许有好多人要承认他的学问能力，委实不够为社会做事；他委实要求学，然而他却找不着他合当的求学目标。这样，我便敢对他说，我们真要想靠研究学术去创造少年中国，那便先要找着一个合当的求学目标。怎样可以找着一个合当的求学目标呢？我想这要注意下列的四件事：

第一，要先懂得社会与个体的真关系。这样才知道我们为甚么要以社会的福利，去选择我们所求的学问。这样才觉得我们学问成就的程度，是对于社会负直接的责任。现在一般青年，对于社会的自觉，本来程度很浅，偶然受了无源头的向上心所趋使，虽然亦愿意以社会的福利，去选择所求的学问；然而观念先不明了，责任心又不浓厚，这样不但向上心不能盼望他真诚而恒久，抑且下面所说的话，亦没有用处。

第二，要知道社会需要甚么及他需要的程度怎么样。我们若是盼望我们所研究的学术，能服侍社会，自然我们不可不从社会所需要的地方下手，而且不可不从社会所最急切需要的地方下手；这样，所以我们先不可不仅得社会的实际状况。甚么是他所需要？甚么是他所最急切需要？

第三，要知道甚么学术可以为社会供给甚么需要，到甚么样的程度。我们知道了社会所需要的，及他需要的程度，然若我们不能知道各学科的内容的效用，胡乱扯一种学科去研究，必然不能在社会上生甚么满意的实效。现在一般青年，在他还未懂得一种学科是甚么的时候，便选了一种学科，生生的咬定，说是他终身的任务。正是犯这个毛病。

第四，要知道自身的心性、能力、地位、机会，最合宜为社会供给那一种的需要。一个社会是极复杂的组织，他所需要的，决然不是在一方面。然而我们个人的能力，为社会所能服役的，自然是很有限制。我们断不能看见凡事好的都去做，凡社会所需要的都去尽力设法供给。我们要看我们心性所倾向，能力所合宜，乃至所处的地位，所有的机会，应该研究甚么学科，自己成就最大，社会得益最多。这样，我们才不耗损了自己的成就，才不减少了社会上应得的效率。

　　我们能注意上述四件事，才能够选择出合当的学科去研究。我们这样的研究，才能够使社会得着他最大的益处。换句话说，在我们这样危急腐败的中国中，谈甚么创造少年中国，今天是千钧系于一发，稍纵即逝的时机了。我们应该选最近的路，用最有效的方法，教我们所用的力，一点点都得着他相当的功效。所以我们不仅仅要做事，还要求学，以便做事可以得最有效的方法。又不仅仅要求学，还要用很聪明的法子，去选择于自己、于社会最有益的学术，为我们研究的对象。总而言之，真要为社会做事，真要靠研究学术去创造少年中国，决然不是空空洞洞的说甚么求学，甚么研究学问，便可以够事的。因为少年中国决不至如此的易于被创造。

　　假令如上所说，我们找着了研究学术合当的目标，在研究的途径中，亦有几件事不得不注意：

　　第一，须记着研究学术是一种责任，不可陷于玩物丧志，无济实用之弊。我们真是要研究学术以创造少年中国，时时应该反躬自省，这所研究的学术，于创造少年中国有甚么用处。是有用的，虽困难一点，必须做去；是无用的，虽有味一点，必不可做。至少我们少年中国学会同志，或者会外表同情于我们的少年，应该记得我们今天的研究学术，是对于我们所仰望的未来的少年中国负责任。我们不仅仅如一般青年学生，只知以求学满足他的求知欲为目的。这样，所以我们在满足求知欲以上，还有更高的责任。

　　第二，须记着专精的学问是社会所最需要的，不可陷于粗浅浮薄，无济实用之弊。我们总要记得中国所最缺乏的，是专精的人才。我们最有希望可以自己造成的，亦是专精的人才。我们要真想为少年中国做事，真想在二十世纪站脚，不可不懂得分工的道理。事非分工便做不成。人不分工，我亦永无力量做一切的事。少年血气正盛，责任心亦每过于热烈，看见应做的事，便发生舍我其谁之心。于是今天想做哲学家，明天想做文学家。这便力量分而不专，精神纷而不凝，到头不能成就甚么。要真想研究学术以创造少年中国，断不可以如此。

　　总之，我们真要研究学术，不可不急于发现我们研究的中心。我们要研究的结果，圆满而切合实用；我们的力量，只可用于特别的一方面，而且只可用于这一方面特别的一点。譬如说研究道德的起原，这便是伦理学中间的一个特别问题；然而这一个问题，须从人类道德意识进化的历史上研究，须从经济进化与道德进化的关系上研究，须从生物进化与道德进化的关系上研究，须从心理发达与道德进化的关系上研究。那便是说，要研究道德的起原不可以不研究伦理史、经济史、生物学、心理学。我们研究的对象，虽只是特别一方面的特别一点，然而用力的地方并不简单。这样的一件事，亦并不能说是容易。试想我们只选这样的一个狭范围的特别对象，还是这样烦重艰难；现在一般谈学问的，还要把范围扩大，把各种学科都搅得自己身上，岂非夸父追日？盼望有甚么成效？

我们凡研究一种学科，固然要涉及其他有关系的各种学科；然而研究各种学科，究竟是与他人的研究方法不同。因为我们究竟是以一种学科为中心去研究他。譬如上说研究道德的起原，不可不研究伦理史、经济史，然而这与普通所谓历史学者、伦理学者、经济学者的研究方法，迥然各异。我们所以研究伦理史、经济史的，不是要明白一切伦理思想的进化退化，只是要从这一切具体事实的经过，看出道德起原的痕迹。此外研究经济史、生物学、心理学亦是这样。因此，我们虽然要研究各种学科，但是我们不能盼望这样的学科的研究，可以使我们成为某种学科的专门学者。我们只能说在一种学科中，取得我们所需要的研究材料而已。因为若是我真要盼望做那一种学科的专门学者，我们为那一种学科的研究，又须旁涉于别的学科。这样，便会务广而荒，无所成就。

归总一句话，中国总不是一个人可以救的，学问总不是一个人求得完的；我们便在研究学问上面，已发现分工与互助的必要。别方面无人家相助，我们固然总得自己从专精方面求学，以求多少为社会总得些实效。但是我们同时亦不可不求有一个研究学问的分工与互助的团体。倘若少年中国学会，配得上做这样的团体么？

我自问以前的几年，不至于是十分的不勤学，亦不至于十分的不向上；然而现在反省起来，谈到研究学术方面，简直只好愧汗。我自问以前亦看了几本书，但都是没有系统的学习。纵然有些零碎的杂知识，只好以供谈笑、炫愚蒙，若说拿来为做事的帮助，为解决社会问题的帮助，便只是笑话了。其实这样的毛病，在我们没有学术上指导人的国家中，有志肯读书的少年，各人摸各人的黑路，徒然炫于博览群籍的虚荣，以投合自己浮浅无恒的弱点，想亦不仅止我为然。我便敢问我们少年中国学会的会员，你们切实的一反省，果然不至犯这等的毛病么？若不免这等的毛病，果然有把握可望求得甚么学问？果然有把握可望求得的学问，能够创造少年中国么？

我们选择去做的事，不应该仅问这事是应做不应做，还应该问我的能力，能做不能做。因此我对于读书的态度，有些改变。从前是惟恐好书读不尽，所以凡有好书总得一睹为快。现在则惟恐读书不切实，所以一本书没有读完，不敢扯动别本书。一种学科没有研究到多少自信，不敢扯动别种学科。我很信越是要读的书多，越是要细细的读。子路固然是人告之以有过则喜的人，亦只是子路有闻，未之能行，惟恐有闻。我想惟其好闻善言的人，越是不轻易放松一句善言。然则我们真是好读书，好求学，不亦要莫轻易放松一本书、一种学问，才好么？

在这种杂志狂的所谓新文化潮流中，确实有些人，因要出风头而做文，因要做文而读书。这种不肖的行径，亦无待我们指斥。不过在这一般人所痛恶为作文而读书的呼声中，我想为中国学术的前途，不可不申明一句话。便是为作文而读书果然是不妥，为读书而作文，却是一个极应该的事。这怎么讲呢？一则我们普通的毛病，只知摄取知识，不能消化知识以为己有；一则我们便能消化知识以为己有，然而因为平日没有用言语、文字发表出来，观念每不清楚明确。这样，所以我们应于求学的时间，常常将心得参综叙述出来，使书本上的学问，成为我的学问。如此的说了一遍，观念不清楚不明确的地方，自然显露出来，而且将来读书的时候，如遇着与这所说有关系的，亦自然注意力格外浓厚。我是一个最好做文的人，在我做文的经验中，确实多少得了上说的些益处。这次我为丛书致同会诸君的信，亦本于这个意见，盼望我们大家为读书而著书。我想若能这样，学业既可有成，而且一定比为赚金钱、闹名声，引些不相干的外国学说，说些不彻底的应时主张的那些书，于社会上要多生一点有价值的影响。

最后，我应该揭破现在我国知识界的一种黑幕。便是虚伪矜夸，不顾实际，才读了两三本书，便摆出一副学者面孔出来。这不仅仅是个人私德上极不应该的事，而且是我国文化前途的大障碍。生在现在中国学术荒废的时代，有几个人读了一两本欧美书报，无意的口头上引用了几句，亦便足令这些少见多怪的国民，诧为博学多闻。再加以读书的人，自己还存一个不良的心，自己对于其书仅仅翻过两页，甚至于不过听见人家说过，然而便强不知以为知以炫耀旁人起来了。做起文来，写上许多注一、注二字样，引些某人某书，仿佛胸罗万有的样子，其实不过辗转传抄。甚至于文中写了许多英文、德文，自己的英文、德文，初还没有摸得门径。咳！这样学术界的诈术，我实觉得羞于说他，然而犯这毛病的人，可以说不在少数。

我不疑惑我们少年中国学会的同志，有这样不向上的行径。但是在这样虚伪的风气流行的时候，我们心性上是不是有些无形的受他的恶影响，自己还不得不加倍的反省。而且一般年轻些的兄弟们，他们的心地清白些，见解幼稚些，一方容易受那些有意的欺骗，一方亦容易看我们过于我们所配受，给我们许多不虞之誉。即如我在北京的时候，居然有人问我学心理学读西书的门径。我自问于心理学亦只读了一两本书，我把甚么告诉他呢？这样的事，不止一端。我与杨效春君往返辩论儿童公育问题以后，亦有些人乃至杨效春君疑惑我真配得上做一个学者。其实我无论所说那一种学科，至多不过只读五六本书，而且到现在，才觉悟得应该向有系统的研究方面走，以前读的书，亦有许多不得用的地方。如此配称一个学者，岂不把中国学术界羞死了么？少年中国学会的同志，许多人都比我学问高，但我想我们都只这大一点年纪，只读了这几年书，看见求学的门径，只少的时候，而这些时候中，还有甚么学潮运动、工读运动、通信事业、国际事业，处处分了我们求学的心力时光，便说现在够得上做一个学者，我敢说亦是太早了。我们同志中，固然没有一个人自信是一个学者，不过我们既是一个学会，多少有些人又要错认我们配得上做学者，加以学术界虚伪风气的流行，我还得儆戒我们学会同志，不要迟早亦板起学者面孔来才好呢。

（五）创造少年中国与个人生活问题

个人生活问题几个字，有许多绝口不谈阿堵物的高洁之士，最不愿意齿及。然而我亦将冷眼静观了好几位朋友，于今好几年了。在从前做学生时代，有些人羞于说这些话，有些人不屑于说这些话，他们的意思，大概都是以为生活问题是卑鄙的一件事，是有品格的人所不应计及的事。其实人既生于衣、食、住问题之中，而生物学的法则，一切生物又有求生的本性，那便即令人为他个人自己，筹划他不妨碍别人的生活，亦是无上应该的事。何况假令一个人想要为社会做事，若他自己的生活问题还不能得个合当的解决，他并站脚不住，一切所说做事都只是句空话。所以个人生活问题合当的解决，实在是社会上重要的事。

少年太气盛了，亦太自信了。有许多人，有意无意中都存了这样一个意见：他们以为只要学成了，便自然有饭吃、有事做。倘若定不能有饭吃、有事做，他自信宁可饿死，不愿丧志屈节，图自己餬啜。这样的一个志气自然是很好。但是可惜我看了许多朋友，无论起初他是如何的刚强自负，到了一离学校，为自己或父母妻子的生活，甚至于为自己或父母妻子的体面，嘴便软了，志气便灰颓了。从前谈无政府主义，现在急不暇择的，做安福系官僚的掾属去了；从前谈政治生活，现在降心相从的，做不心愿而且亦不称职的教育者去了。我不敢说他为救死而屈节，是一件甚么大罪，因为没有人敢勉强别人真个饿死。但是他果然信无政府主义是好，或者果然信政治生活是好，为甚么从前便怎样嘴硬，宁可饿死、不顾生计；今天又丢了他良心的主张，奴颜婢膝的，作这个沿门托钵的生活呢？

我愿现在有饭吃的前辈先生，大家发现良心，亦自己想想图谋一个正当生活是怎样困难，不要还摆出那一副不事家人生产的高士面孔，专门说些不落边际的清高话，越使后来的兄弟们，迷信个人生活是无讨论价值的问题。我不是说一个人的眼光，便只应当注意到他自己的衣、食、住，我所说的衣、食、住，更不是指着那些骄奢淫佚不正当的享受。我的意思，我们总要求在今天的社会中，有一个正当的生活技能，我们总不至站脚不住，为生活的必要，被逼得去做我们所不愿做的事情。其实我敢说一句一笔抹杀的话，便是眼前有饭吃的前辈先生，多少都为那一碗饭，做了些他所不愿做的事情。固然有些地方，是为事业的前途，社会的幸福，受些委屈；然而若真肯坦白的自问，又何曾丝毫没有自己乃至父母妻子生活的恐慌隐在后面，帮助他去忍受这种委屈。果然事实是这样子，怎地还不教未来的青年，多注意些他个人生活问题呢？

我曾看见几个高等师范学生，做预科生一二年级生的时候，他惟恐接近了办理中学的人，有些近于纳交夤缘的意思。然而到了第三年级，态度陡然变了。那个时候，不但于他相识办理中学的人要常常接近；便不相识的，亦要辗转介绍得来。我因此便想得我们青年，既不能求生活，又非到图穷而匕首见的时候，偏误于无理由的习俗，而以谈到求生活为耻，这实在是一个很有害于他自己，亦有害于社会的一种风习。怎样说有害于他自己呢？因为他既不谈生活，便不肯向生活方面预备，不肯向社会所需要的方面预备。这样，所以他虽然在学校里有几年的学习，然终不能得一个充分的生活能力，因此或者得不着他所希望的生活。怎样说有害于社会呢？社会原不是不需要人，为他做各方面的事，然而因为这些人不肯注意生活，便不能有切实的生活能力。不能有切实的生活能力，便不能怎样有力的服伺社会。现在我国社会中许多人没有事做，许多事没有人做，便是吃的这个亏。

求生活是当然的，而且是必要的。这样，我们应该注意求生活的技能，是无疑的事。眼前无论智愚贤不肖，人人既不免求生活，而且许多人求不着完全正当的生活；这样，我们若能有力量求一种正当生活，不但不是羞辱，而且是很大的荣耀。就理想说，好社会便指着人人得着了他的正当生活而言。所谓正当生活，便是说人有合当的事做，事亦有合当的人做。譬如眼前的中国，因为人做不到这样，所以处处感受痛苦不满意的情形。为社会计，我们要求学问与职业的一贯，要求一国的教育，至少有一部分的力量，是为一国养成充分有力的职业家，亦要使一国人得着他的最小限度的生活；不至因生活的落伍者太多，致酿生社会各种的扰乱。但是我们姑且不谈教育问题，我们仅就我们自身说话，那便我们应该有能力怎样做一个充分有力的职业家，同时亦得着我们最小限度的生活，自然是极应注意的事。

假令有人不承认学问必须有关于生活（Living），甚至不承认学问必须有关于人生（Life），然而无论如何，有关于人生乃至有关于生活的学问，必为许多人所应当研究的，且为社会上所急切待人研究的，且为一般必须求一个生活的少年，所不可不研究的，这总是无可疑惑的事。既然如此，那便我要请问读者，是不是必须求一个生活呢？是不是应当研究实际有关生活的学问呢？今天所研究的学问，是不是足够解决我们的生活问题呢？就我的一般考察，很觉得好多少年所求的学问，每每不切于职业上的应用。而骄亢疏懒的习惯，更为职业界所厌见。这些地方，都要怪在学生时代不注意生活必须的学问、品性、才能，以致酿这样的恶果。其实说学生是预备时代，关于他自身最切近的生活必要的技能与修养，自然亦是应当预备的一件要事。这样的预备，有几分完成了，他自己才能成一个经济上自给的人。而且对于社会亦成就为一个胜利的职业家。

我说这些平淡无奇的话，亦许读者要厌恶他说是听厌了的老生常谈。但便这样的老生常谈，已经是一般浅见的高士，所应注意。其实职业界的危险，还不止上说的那个样子。上所说的，有怎样生活能力，才可以配得上就那一种职业，这固然是不错；但是一定要说有怎样生活能力，必然可以就得了那一种职业，这还是丝毫没有把握的事。第一，谋事的与雇佣的中间，没有正式有信用的职业介绍机关，所以谋事的成就，全然凭面子机会，远未上甚么职业神圣的正当轨道。第二，无理由或不正当的恶风习，在职业界的各方面，是这样弥漫普遍；一个人要想在职业界保持他纯洁的品格，每每便因这见忌于他的同侪，以致受各样的侮辱倾轧，而不能安于其位。职业界既然有这两种现象，真自爱的青年，更不可不十二分的慎重，以讲求在不丧失品格范围中间，怎样可以求着他相当的生活。青年啊！我望你不要还恃那虚骄之气，说甚么宁可饿死的话。我敢承认我是怕饿的人，现在还极力求个粗粝自甘之道；至少有几个不怕饿的少年，已经为一个饭碗，跪在魔鬼面前去了。当自己没有与生活问题直接接触的时候，谁个少年，知道他要变到这样无耻不成形的地位？谁个不是如凤凰翔于千仞之上，似乎永远不食人间烟火的？然而一到了与生活问题接触，饥饿的感觉才萌芽了，便立脚不住，靦颜的匍匐下来。所以我敢奉劝读我这篇文的少年，你不要说那些空洞浮泛的豪语与我听罢！你们每个人都看见了好多亲戚朋友，为一个饭碗丧志屈节了，你只自信有甚么把握，将来不至象他们一样？

在政界的人，必然要阿附着无廉耻的政客，无忌惮的武人；在学界的人，必然要敷衍着无心肠的长官，无思想的前辈；在商界的人，必然要顺遂着无意义的流俗，不道德的习惯；其余别的事情，大抵都是这个样子。这些情形，是不是人人所看见的呢？我们既不能不求一碗饭吃，而吃饭的职业界，又是这样子的黑暗，我们还不戒慎恐惧，去求一个最聪明的法子，对付这个问题？还敢大意的以为他无注意的必要么？

我以为真要创造少年中国的少年，第一必须求能站脚于现在的职业界。然而又决不仅求能站脚于现在的职业界，必须有能力改善现在的职业界，而必不可把品性为现在的职业界所改。这样，职业界的陋习，然后乃能蠲除；国民的能力，因没有互相欺诈、互相妨损的事，其效率才能越发增长。我们自己的品性与事业如此的同时同程度的发展，我们的心灵才能永远感受愉快，少年中国的创造，亦才有切实的成功希望。

就以上所说，我以为真正有志的人，不可不注意下说的几件事：

一、生活的技能，不可不尽量求他有最高的造诣：我这所说生活的技能，是指着关系于生活的知识、修养、能力三方面说。知识、能力，须注意圆满切实，修养须注意勤俭、和平、缜密。我们固然不免要觉得职业界是黑暗，是没有一点相当的把握；但是亦有一桩比较可以乐观的事，便是无论在怎样纷杂混乱的社会中，有充分知识、能力、修养的，究竟还是比较要受职业界的欢迎。因为就常理说，人非迷惑狂瞀，正当的事，究竟盼望有正当能力的人去做。所以便在今天的社会，究竟几乎没有看见有充分正当能力的人没有饭吃的。若是有这样的事，必然是他所谓的能力，原不配称做能力，如那些潦倒的冬烘居士；再不然，便是他即令有几分或者甚至于有充分的能力，然而被他那不良的品性带累了，至不受一般人的欢迎，如那些轻狂的青年学生。除了这两桩以外，便令他有怎样的能力，得不着怎样的职业，亦断没有得不着职业的事。

二、减小个人欲望，且须减小个人必要的生活程度：我们既知道至少现在的中国不能因有怎样的能力，便盼望有怎样的职业，所以我们能力不能不力求其大，然而生活程度，仍然不能不力求其小。这样，才不致在得不着较大的生活时，为勉强求较大的生活丧失他的品格。普通人所以不能不求较大的生活的，一因欲望太大，一因生活的必要程度太大。欲望太大，便一切衣、食、住的享受，责望太奢，自己没有一个限度，因此人家便易于用较好的生活，引诱我失掉我的操守。生活的必要程度太大，便为维持眼前的生活常态，已不能不待多量的金钱；因此人家更易于用较好的生活，逼迫我失掉我的操守。古人说，安贫乐道，我常想只有安贫的人，才能做乐道的人。不愿安贫，必不能乐道。不容自己安贫，更无从乐道。在现在国民经济濒于破产的时期，而奢侈浮夸的风气，又复盛行；我们怎样能使自己甘愿安贫，亦复可以安贫，这是于我们品性的维持，大有关系的事。

有幸福些的生活，是人类所应要求的正当权利。我亦深信我们的生活，乃以图谋自己的幸福为一切合理行为的真正起点。这样，所以我们亦决无自毁以奉天下之理。但是所谓有幸福的生活，并不仅指衣、食、住的享受；比衣、食、住的享受更重要的，便是心灵的愉快。而所谓心灵的愉快，又决不仅指生活的进步，比生活的进步更重要的，便是欲望的减小，生活的知足。天下只有知足的人最愉快。因为有不足，便有求；有求便有所得；有所不得便苦了。生活无论如何的进步，若是欲望与生活必要程度，随他一同长进了，便总只有感觉痛苦。天下熙来攘往的人，都自命是求幸福的，结果人人都是痛苦。这种现象，我们不可不注意。我的意思，是主张欲望是要尽力的缩小，生活必要的程度，亦是要尽力的缩小。这固易于令人觉得是有些自毁以奉天下的意思，或者有些达观的同志，他要以为不合人情，不愿意这样做。但是我的意思，却因看得个人生活问题是这样的严重，在恶势力社会中，求一个正当的生活，是这样的困难，所以我想我们不能不预备很愉快的胸襟，去忍受最小限度的生活。这样才能臻于进可以战，退可以守的境地。我亦信只有拼着忍受最小限度的生活的人，得着较好的生活，才有一个享受。我们不仅要生活，我们还要愉快。我们不仅要有幸福的生活，还要有能力去享受这样一个幸福。不然，运命坏时，贪得的心，既蒙蔽了自己，因而不感愉快，反感痛苦。运命坏时，为生活所逼迫所驱使，违反他自己的良心，无条件的降服于恶势力之下。这不但是社会的不幸，为个人亦是一种痛心的事情。

在新文化运动中，所产生的优秀少年，以我所见的，很觉得有一个应矫正的习尚。便是在这些少年中，虽然有些极刻苦极俭朴的，究竟很有些假卫生或美观的名色，自奉太过当的。卫生或美观自然应该讲求；但这亦应该有个最小的限度，决不可做成了变形的奢侈。何况这些少年，果然有点对社会的同情心，眼见许多同胞，在水深火热之中，饥无以为食，寒无以为衣；亦眼见许多很有望的朋友，求学没有费用，作事没有资本，却全不想尽力资助，只注意自己写字台的精致，会客厅的雅致，处处摆出一个名士样子，以眩耀侪辈。这论行为已是可鄙，而且习于这样养尊处优，闹架子、讲体面，将来处处易于为宵小劫制。他到头成就一个甚么人，还是一个大问题呢。

三、非生活能够自给，不可结婚；结婚的妻子生活费用，应帮他求个自给的方法：我们既知道生活是这样困难，生活的必要限度应该尽力缩小；自然可以知道，家庭之累，是要极力避免的。在生活不能自给的时候，不可结婚，这理由许多人都知道。然而一则我们社会里做父母的，有所谓了向平之愿，常好早早的办儿女婚嫁的事。一则性欲的冲动，亦每令一般浅见些的少年，甘心入家庭所设早婚的陷阱。我曾亲眼看见几个少年，因为这样，仍然太早了结婚，因之令他的学业品性，都受了不良的影响。我可以说如我们今日以生活能力为结婚的标准，而不以性欲发达为结婚的标准，实在是违反自然的事。但是这是现在的经济制度，要彻底改正的原因；在经济制度未能改正的时候，我们为自己站脚的稳固，不容以这为早婚的理由。

已结婚的女子，应该帮他求生活的自给，这是为男女两方的幸福，一样应该的事。因为就男子说，若女子的生活不能自给，他便要用一个人的力量，解决两三个人的生活问题。这样便每易陷于穷窘。就女子方面说，因为生活无法自给，所以实际上的人权人格，总不能与男子平等。而且如遇不幸的事，生活便会濒于危险。由这说来，无论如何，我们要为自己的妻子谋生活自给之道，那是无疑的。我们虽口口声声说甚么为社会牺牲，然而生活的累若是太重，需求于社会的若是太多，便有许多地方不能真个牺牲！因为有些应当牺牲而不能牺牲的地方，朋友或者因而疑惑到他原是不肯牺牲的人，这亦是彼此同力合作的障碍。

我与朋友共事，只敢自己尽力牺牲，不敢些微责备朋友牺牲，最知我的朋友，虽然怪我太过于看重自己，看轻人家，然而亦多原谅我的苦衷，不十分责备我。我为甚么不敢责备朋友牺牲呢？固然各人服伺社会的决心程度，有深有浅，各人的意志力，有强有弱，朋友非是极端谅解，难以说甚么责难的话。而且在现在的经济制度下，妻子乃至父母，乃至兄弟族人，都要靠一个人支持，既然是各私其家庭，家庭的真情形，亦每为朋友所不愿问，或不敢问。这样，所以隔阂越多，真正联合的障碍越多。然而，天下事既不是一个人的力量做得成的，我们若不能打破这个隔阂，这个障碍，怎样能够做得成甚么事？要打破这个隔阂，这个阻碍，便要减轻生活之累，使自己除最小限度的生活以外，不致受生活牵制去做良心不愿的事。

四、在学力未能充实以前，不可因浅见或忿心，太容易了的说甚么脱离家庭：在眼前的中国，家庭是恶习惯的渊薮，旧思想的结晶，纯洁的少年，不能相处而安，本是无足怪异的事。又加以国民经济状况，几有日暮途穷的光景，亦有许多少年，迫于不得已为自救计，只有从家庭以外求一个自给之道。这所以工读主义一倡，少年脱离家庭的，几于踵趾相接。这不能不说是一个当然的事。但是我们若参酌社会实况看来，可以知道，这其中有些理论不合，事实上亦复不可行的地方。就理论说，生物的法律，幼种非能到生活力完成的时候，当然是受他父母的庇护。人在不能生活自给的时代，自然亦是这样。果然生活不能自给，横竖总是要靠人家庇护，不靠父母，仍然是要靠社会有心人。然而有甚么把握可以相信谁个是真正的社会有心人？可以相信这样的人，一定比父母更值得依靠呢？

工读运动，本是很有价值的事。但是我可以说，现在侈谈工读的人，大概有三种。最下的，只知参加流行的活动，以自己出风头。这样的人，只知抄袭几句不切事实的章程，求愚弄一般浅见的少年，让他陷入阱坑。中等的不审自己力量，不顾社会情形，偶然眩于工读的美名，便提倡起来。结果工读的事业失败，许多少年因此更加增了些痛苦，但他究竟不知是他冒昧提倡的罪。最上的实在能够为社会福利，真心的在工读主义下提拔一般少年；但是自己力量究微弱了，社会情形又复杂得出于意料以外，因而到了工读运动失败了的时候，虽亦竭力求万一的挽救，然究不能减少几多这样不幸少年的痛苦。前几天北京工读互助团的孟雄君发表了一篇文，中间有几句最沉痛的话说："我在这里，忠告我们青年们，自己慎重点！社会的黑暗，比家庭更黑暗呢。不要听文化运动功臣们的门面话。自己没有本领，只管蓄本领去，不要上当呢。"我们血气方刚的少年听着，这是身受其害的人所说的。我们要知道工读虽是好事，究竟在生活能力不充实的人，不是容易做到的事，不要轻易的盲从妄动呢。

我们要想不倚赖家庭，靠自己工作以求学、谋生，自然是好。不过要工作可供求学谋生，必须生活能力充实。不然，谋生且说不上，求学更无论了。退一步便令他还求得些学，亦因生活的连累，减损了许多造就。在我们社会正需要远大些人才时，却这样的糟蹋，这是社会的不经济。

而且我对于眼前不满意家庭的人，亦愿意下一个针砭。我的意思，眼前的家庭，固然不能说是满意，但父兄究竟是人，未必便全然没有人性。父兄究竟是有血统关系的人，未必便全然不顾人情。在一方面，他固然有些死守着谬误的风习道德，为我们进行之累；然而他亦只是社会传统惯习的锢禁者，一切事不出于他自己的意识。所以在别方面，他亦并不致多甚么成心，更不能说是有甚么恶意。但是一般少年耳食了些自由解放的名词，只知看社会黑暗的一部分，全不看他光明的一部分。又只知责备人家，全不知责备自己，于是家庭还没有过分的压抑，自己已经有了过分的怨望。这样的人，简直是假借反抗恶家庭的名，向父母闹少爷公子的阔派。我常说谈无政府主义的少年，十个有九个不切实，谈新思潮的少年，十个有七八个不切实。因为这样的人，每每只知骂政府，骂资本家，骂旧学家，骂父兄。今天说人家怎样压制他，明天说人家怎样拘束他，全然不反躬自省，问问自己算甚么人。我自命是信得过新文化的人，但是我真不愿看这样不堪的新文化运动。彼此谬习互相鼓荡，牺牲了许多有希望的少年。我亦极力主张少年在必要时须能反抗家庭，但是要用和婉的态度，真挚的情感，坚决的意志，使家庭不忍亦不能不让步。决不是徒然逞血气以故意随处惹起反感。因为这种无意义不合理的态度在人群中寸步难行，既令视父兄如路人，亦不应用这种态度待他。偏偏有些少年，自命为主张平等，主张博爱，却这样待他父兄。还要骂家庭黑暗，父兄顽谬。究竟一旦脱离了家庭，经几次生活恐慌，仍然不能不摇尾乞怜于野心的政客、资本家之下，以苟延残喘。咳！我真不忍看见这般的人。

总而言之，少年要真想做一个人，真想做一点人的事业，总不可不把他个人的生活问题，求个圆满的解决。所以学力的预备要极其充分，在预备未能充分以前，不可不忍小忿，用良法，以委曲求全于这种家庭社会之中。又生活的限度，要极其小，自身以外的人，都要尽力求他有个自给的生活。所以结婚与妻子生活问题，都不可不注意。不然，将因生活逼迫，屈服于恶势力之下，为人道的魔鬼加增生力军，这将是人类的大害。

我少年中国学会的会员，乃至会外同志的朋友，大家都请把上面的话想想。我们越是想担负更多的分量，便越不可不求脚步的站稳，我们越是想对于创造少年中国的担负加增，亦越不可不求对于自身生活的系累减少。这样那便以上所说的，对于我们是格外有关系。

我除上所说的以外，关于个人生活问题，亦还有一点特别意见。那便是说，依我的经验，一则天下的事，没有不待钱做得成的。二则真为天下做事，在做事中间，总只有自己牺牲，断不能望从做事里赚得多钱。三则旧有的事业，范围太大的事业，因为他受各方面的牵制是不能盼望办得理想的好的。就这三个观察的结果，我因断定要做事到理想的好，只有靠我们用自力创办的新而小的事业。但是我们拿甚么钱去创办自己的事业呢？我因进而断定我们应该把谋生活赚钱与做事分成两橛。做一种的事谋生活赚钱，而就这所赚的钱，去创办自己的事。这样，我们便有理想的事业做，而且有钱去做我们理想的事。

普通的人，都想就自己谋生活的职业，做到理想的好。然而几于每个人失败，每个人失望。我亦是这样的一个过来人。在我失望之余，我狠研究了一番。咳！这原是一条死路，怎地许多聪明人都勘不出来呢？我们为谋生活而就职业，本来我们便只是一个雇佣，一个工具。雇我的人，他岂容易让我反宾为主，来改易他的事业？而且我们若做过事的，试想我们联合三五同志，做起一点小事，都有许多败点，不容易到理想的田地。现在我们因自己的生活，投身于已经成立的事业、已经结合的团体中，这事业是怎样成立的团体是怎样结合的都不计及，却盼望他比自由意志结合的团体更能做事，这岂非极笨的妄想？

生活是不能不谋的，旧职业界虽断然不能做甚么理想的事业，然而是不能不进去的。那便我们应该知道，我们所以入那种职业界，是为谋生活赚钱，不是为做甚么理想事业。那便我们应该提醒我们自己，在职业界有某种程度的不得意，是不须过于烦恼的。在我们谋生活的职业以外，要自己设法做一种理想的事业，是一刻不可忘记的。这样，我们不致因职业上的不满意，太容易惹起良心的不安；亦不致因职业上不能做事，便废然以为天下真无事可做了。

把谋生活赚钱与做事分成两橛，这是一个未之前闻的奇论，但读者若肯细心想想，或者要信其中很有理由。而且我觉得这样的发现，于我们规定行为的标准，很有益处。我以前在职业中求做理想的事业，因各方面的牵制总不能成功，令我心中起很大的烦闷。后来决定把眼前不能做理想事业的职业丢了，想缓以时日，另寻较好的职业；然而就各界各等的职业家看，令我觉得究竟与我以前就业的生活，只是一样。这样下去，若不说欺心话，要想得个理想的职业便只有饿死。我因细想，果然除了饿死，社会事便无可做吗？这以后我才得了上说的那个见地。自然人家要想这个见地，或者是我文过的自欺方法。不过我细细想过，亦不仅从自身着想，还就社会想过，觉得这简直是一个真理。所以我的意思，以后的生活，便要以这为标准。一方求个谋生活赚钱的职业，这种职业以不亏损社会、亏损良心为主。负责宜轻，作工时间宜少，薪金款额少固无妨，多多益善。一方自己组织一个团体，一种事业。这种团体与事业，便用作理想事业的一个切实根据。在职业方面保存的精力，便投在这里面。在职业方面赚取的金钱，便用在这里面。这样比现在热心的职业家，用力或者少些，收效还要大些。我们若真是为社会以做事，便不可不计较这事在社会上所收的实效。不可死板板的只知尽忠于雇主。但是我这亦不是说在职业上便不必讲尽职，我们为维持我们的生活、社会的现状，不可不有与他人相等或更大的忠诚心。但是我们一定要知道职业界的改造是有限的，盼望从职业上求社会彻底的改造，是几于不可能的，而且亦是太多了障碍的。我们无宁从职业上维持自己的生活，或者更赚些做事业的钱，而另自创办事业，为简捷有大些的效益。

这所说的，我自己亦想得未免有些驳杂得可笑。但是若这真是简捷有效益些的做事方法，这还值得有志创造少年中国的朋友大大的考虑一番。或者有人要借我这个理由，自己去用太不神圣的态度，就太不神圣的职业。但是我以前所说，原只为真正有志的人，备一个参考。我们决不是要做一个拜金主义者，亦决不是预备做一个不尽心的职业家。若拜金主义或别样不肖的少年，他看见了我两三句话，正合他的心思，拿去做个护符，那只是他们文过饰非的习惯，我不能负责任。

这以外还有一个问题，便是我们的同志，在个人生活问题方面，应该怎样联合而互助？如上所说，个人的生活问题，既是有关于创造少年中国这样的重大，假令我们的同志，多少能为少年中国做一点事，那便他将来怎样不致为生活问题所压迫，以丧失他的志气与能力，这不仅是他一个人的事，实在是我们大家为创造少年中国应该共同注意的事。所以我们在个人生活问题方面，必须联合而互助。互助的方法，依我所拟进行的计划，便是朋友间筹一个共产或集产的团体。这样依经济组合的原理，自然生活费比独立的生活减少。而有这样的团体，那便减小生活限度，图谋妻子生活自给，都可以合力去做他，比独立的生活亦易于见效。此外还应该尽力于介绍职业，这种介绍的事，最要是真实不诬，使求人与求事的，有个惬意的选择。我想这亦是我们谈创造少年中国的同志，大家要注意的事。

我盼望无论学会内外的同志，今天谈创造少年中国的，将来都有个合当的顺遂的生活，都能够真做一个创造少年中国有力的工匠；怎样能到这一步田地呢？这是我们每个人自己的重大问题，这亦是我们团体中全体的重大问题。

结论

我把这篇文做得这么的长，我一头写，已经一头的懊悔。因为那是显明的事：看太长文字的，一定不能有集中的注意力。我诚不知道我所说的是不是完全没有价值，不过我想这都是我反复考虑的一点心得，而且都是关系于我们切身的问题。我究竟痴想，总配得上读者一反省。

不管你说政治活动亦好，社会活动亦好，怎样能有一个分工与互助的合理计划，怎样能有一个圆满富于活力的群众生活，怎样能有一个圆满而切合实用的学术研究，又怎样能有一个不妨碍创造少年中国工作，或者且有补益的解决个人生活方法，这总是人人的基本问题。不注意这些问题的结果，必致成为无实力无实学，甚至于成为丧志失节的人。团体亦必致成为呆死颓唐的团体。这样谈甚么创造少年中国？

我宁愿每个少年中国学会的同志，都莫信自己是已经完成了的人，我敢信每个人都还要努力的向完成路上走。我亦宁愿这些同志，都莫信自己的团体是已经圆满了的团体，我敢信我们的团体还要努力向圆满路上走。无论是偏见与否，我有些信少年中国学会是比较纯洁、比较有希望的团体。但是我想少年中国学会的会员，若非时时深刻的反省，见善必从，有过必改，以渐求达到我们理想的纯洁，理想的强健，理想的圆满境地，那不但是少年中国学会的不长进，亦是少年中国学会对于少年中国所负的大罪过。

最后奉劝我敬爱的读者，你若有耐心读了这样一大篇，我盼望你总要得些切己的益处。你总不要说这些话对于你那一位朋友有益，若这些话可以于人有益，盼望你细细想一遍，你真不需要这些话么？就我的意思，敢说少年所犯的毛病，大概不很相远。我敢信读我这文的人，多少便要犯我这所说的毛病。我请你不必文饰，不必虚骄，为人类为我们的祖宗同子孙，坦白的承认改悔你的罪过。不要只看朋友，多看看自己。朋友能不能改过迁善，还是无把握，我自身的改过迁善，不很容易做，亦很应该做么？

莫只顾看我的话，批评我正确不正确，我盼望看这文的人，把我的一些意思，自己还放在心头想想。若只是甲的耳朵，听受从乙口里所说的话，究竟总觉得这只是一句话，至多说这是一个教训。只有从心气和平天真发露时，自己想得，自己觉得的，才真能于心性的改造有些切实的益处。因此我盼望看这文的人，能因这文引起他自己的审虑，比盼望他听受我的话更狠。

向上的朋友啊！人不是要给人家教训，是要能给人家品行。更不是仅要给人家品行，是要一样的使自己有品行。我们配得上说是有品行的人么？我们说了亦听了这多的话，不自己觉得有些惭愧么？不改造自己盼望改造甚么国家？少年中国的前途果然是有希望，我信这个好预兆，必然在有志创造少年中国的青年——你和我——身上显出来。为盼望看见少年中国的实现，我真拭目以待从我们身上显出来这样的一个预兆呢。

载《少年中国》第 2 卷第 1 期、第 3 期
署名：恽代英

编辑中学教科书的先决问题
（1920 年 9 月 20 日）

我们看见了许多不满意的现象，便能发生一个改弦更张的决心，而且自己起来担任这个改造的责务，这自然是很可钦佩的精神。但是一件事，我们感觉得他不满意容易，我们要设法使他满意却极不容易。因为这样，所以我虽然觉得中学教科书有许多地方要改革，虽然有许多朋友提议自己组织一个团体，来担任教科书改造的事，虽然我对于这种运动极望他成功，然而我究竟要请我们勇敢的朋友们，千万不可把这件事看得容易。在我们未动手以前，便有许多要解答的疑难问题。我们的学识，我们的能力，究竟能使这一番努力，在教育上生甚么功效，怕还是一个疑问。

但是我这并不是故意说些甚么过大的话，来短我朋友们的勇气。我的意思，我们真要做教科书改造的事业，在着手以前，着手以后，先不可不注意详细考察现在教科书不良的原因，而且自己不可不于教育学上，专科学术上，下一番切实研究的功夫。不然，便令我们编的有些地方比现有的教科书好，亦怕有些地方仍然不免比现有的教科书坏。我亦想假令我们费这大力来做这一番事，结果仍然不免有很多坏处，还累后来的人，又要用一样大力来改革我们所编的教科书，那便我们所牺牲的精神时力，可谓之无价值。

关于中学教科书的改造意见，盘旋于我脑筋中两年多了。我到现在，不能自信我够得上编教科书。但是我于现有教科书的弱点，却反覆经了几多次的研究。我想这种意见，至少总可供我们谈教科书改造的朋友注意。现在将他写在下面：

一、现有教科书是为教授的非为自学的

自学辅导主义，在我们中宣传了已多年了。我在学理上便很承认他

的价值，证以一年多的教授经验，越发信他的价值很真切。因为我曾经用旧法子教授了半年多的时候，我费尽了心机，卖尽了气力，从各方面考察，结果殊不能满意。我详细推究旧法子的教育，有八种弊病：（一）上课时教师太劳，学生太逸。（二）学生因无事可做，反脑筋退化，活动力减少。（三）教材既不能于一时间传习太多，教师只好做许多不必要的解释参考功夫，糟踏有用光阴。（四）学生因依赖教师，功课反是模糊笼统。（五）既有书本，又用口说，本为重复功夫，而因学生既无自己求学的心，精神亦不聚集，所以上课时间无异虚掷。学生并易假寐。（六）既以一教师同时讲授功课于全班学生，自然无法注意个性，优等生劣等生程度，亦无法调剂。（七）学生要求能了解功课，必须下课后自己用一番自习功夫，因此上课以外做功课的时间太多，没时间做其他课外的事。（八）学生太重看了教师，自己不能养成好学研究思考的习惯，所以离了学校，离了教师，便求不成学问。

以上说的八桩，确实是我由经验的事实中观察所得。我曾用种种方法来图补救。然而无论你讲解如何详明，譬喻如何巧切，讲得有味时，学生只当笑话听，不能因而引起他深邃的考虑；讲得寡味时，学生却昏沉沉的要瞌睡了。这样下去，只能教学生成一个无意识承受知识的器皿，脑筋中不能有一点创造能力。依我的实验，这样教授的结果，虽然最聪明最向上的学生，亦会"举一隅不以三隅反"，而且甚至于亦会"言之谆谆听者藐藐"。虽美其名为注入式教育，然而注则有之，入则未也。我看这只好说是教书匠吃饭的伎俩，不配说甚么教育呢。

依我的相信，我们今天要谈教科书改造，必定要先研究自学辅导主义的真价值。因为我实在觉得，若不能用自学辅导的方法，总收不了甚么成效。这样的些话，我们大家是不是表同意呢？教育是要使人自己知道好学，是要使人自己善于求学，所以教育决计不可便认做教书。但是我要请谈教科书改造的人注意，这所说虽是很容易明白的道理，然而究竟值得我们反省。恐怕我们对于这方面的观念，未必如我们自信的明了呢。

倘若真能对于自学辅导主义的价值有个很明了的观念，那便对于教科书的改造，我要提议在编纂的时候：（一）文字要浅俗，（二）叙述要详明，（三）要附有费考虑的问题，（四）要附有可供参考的书名章节页数。关于第一层，在现今白话文风行的时候，或者不待多说。关于第二层，我想或者是一点稀奇些的主张。因为我的意思，要一反现今编教科书人所自矜的笔法简洁。因为他所以要简洁的，是以依赖教师教授的原故。现在既然要不依赖教师，则须使学生得一个教本，自己便能一目了然。所以叙述必须详明。现在教科书中，亦非无注重详明的，这种教科书，多不为学校所乐采用。因为一般教师的心理，每以为除书本外，上课时还须有许多诠释参考，所以用简洁的教科书，加上诠释参考，或者他所教的一种学科，还有按照部定钟点教完的希望。若详明的教科书，再加以诠释参考，一定在部定钟点中教不完了。其实教科书既已详明，便用不着那些无味的诠释参考，用不着教师在讲坛上气竭声嘶的闹把戏。依照我的意思，是要在上课时，教师只任指定看书页数，答覆疑难，考核成绩等事。教师只站在辅导地位，其余一切事让学生自己去做。教科书便应以便于学生自学，为编辑标准。第三层的意思，我以为要附有费考虑的问题。这样可以使学生常常运用脑筋，解决问题，而且问题若是偏于日常生活的事物，容易引功课切近实用。第四层的意思，我以为要附有可供参考的书名章节页数，这样便为热心求知的学生，引了一个正当途径，去阅课外的书报。不至勤者仅耗时力于浮泛的涉猎；惰者除了一本教科书，既不肯读书，亦觉无书可读的这些毛病。

自学辅导主义的价值，大概没有人不承认。然而除了自学辅导没有完全有效的教授方法，这或者便在我们的朋友中间，已经有人要疑惑了。所以我要请大家注意，这是在我们未着手编辑教科书以前的一个先决问题。倘若真是自学辅导为惟一有效的教授方法，然而我们今天说编书，仍不能采用自学辅导的精神，这岂不是可惜的事？

二、现在教科书是用演绎法的非用归纳法的

教科书何以应该用归纳法呢？因为人类的正确知识，原是由归纳方法所产出，所以人类亦只有用归纳方法，可以求得正确知识。知识原不是甚么了不得的东西，不过系就人类所经验的一切事物中，求出他共同之点，以成为抽象理论罢了。我们若用归纳方法教授学生，不但学生观念明确，而且他才知道真知识究是甚么，及他是从何而来。这样，他才感求学的兴趣，而且于创造能力的养成，大有助益。

然而现在的教科书，却偏偏不是这样。他们凡教授一种知识，总是无头无脑的叙出来一个归纳后的结论，然后渐渐的加些演绎的解释。青年心理，本是富于求知欲的，然而多半不能有耐久的心性。用这种演绎

法的教科书，能耐久的人，在一种学科学完以后，或一件知识学完以后，亦未始不一样可以补偿些求知的欲望。但是普通的学生，最初遇着那未加解释的归纳结论，便将他求知的欲望，给了一个大打击。无论他以后加的解释未必详明，即令详明，他亦远没有以前寻求的热心。这中间糟踏了无数的学术上可造人才。

我们若要用归纳法编教科书，便要将目前教科书编法，反其道而行之。我们不是举两个例来证明已经说过的原理，我们乃是举三五件事，以推出将要说的原理所由来的地方。我们最忌的是无头无脑的给人家一个甚么学理。因为人家不但难得相信，信亦难得亲切明确。我们的编书，要少说些抽象的理论，只可把事实排叙出来，让学生自己去求他的共同点，自己去抽出那应该抽出的概念知识。总之，我们若要编书，我们的责任，只在编纂许多有关系的事实，提出重要的处所，供给些合当的问题，而使学生自己得他的结论。倘若在他不能自己得着结论以前，把结论由教师提示他，既令他不能得真知识，亦令他不能感真兴味。这样，正如揠苗助长，非徒无益，而又害之。

我们都能信编教科书要用归纳法么？都能信我们有能力编归纳法的教科书么？我想这亦是在编辑教科书以前的一个先决问题，值得我们谈改革教科书的同志一反省。

三、现在教科书是彼此独立的不是相互联络的

我常听见人说，中国今日处处受了科举遗毒。其实岂但中国有所谓科举遗毒？外国人亦是一样。我这句话，在谈中学教育时，格外自信有些理由。何以呢？外国今日所谓中学 High School，原本由古典教育的公学 Public School、书院 Academy 而来，而所谓公学书院，又是黑暗时代教会教育的后身。所以即如今日教育先进的国家，他们的中学一样残留许多教会教育、古典教育的黑影子。譬如现在中学各种学科。虽然教育界中人，鼓吹教材联络，已经是很久了，然而所有的教科书，究竟是彼此独立的地方多。无论任何学科，都可以说是大学讲义的缩型。这实在是极无道理的事。然而这便是从前教会教育、古典教育，以养学者为惟一职志的遗毒。后来虽屡经改变，以成为今日的中学，仍然无意识的因袭了这种教育理想。

我们若说中学教育，是给一般国民中等的必要的知识。那便决然可

知中学的教育，并不是要为社会预备些具体而微的专科学者，亦并不是要为社会预备些具有杂货摊常识的装饰人物。这样，便可知就中等的知识说，无取于教材过于高深；就必要的知识说，亦无取于教材过于广博。换句话说，中学所以教理化数学，并不是要使学生学理化数学，不过只因常识的学习，有许多地方要等待理化数学，故不可以不学习他。然而中学所以要求常识的，亦并非要预备成就个一物不知的儒者，不过只因水平线以上的生活，有许多地方不可不具有些应付他的常识，故不可以不研求他。既是这样，那便假定我们学习了理化数学，仍然得不着相当的常识；研求了常识，仍然应付不了必要的生活，这种教育，可以说是无意义。然而现在的中学教育，恰是这般无意义的教育。

数学的教授，至少有一部分是为理化的教授做一个根本的预备。然而现在的中学教授理化的时候，数学每每不能够用。外国语的教授，至少有一部分是为各种学科教授参考的应用。然而现在的中学，虽然教师同学生一样消耗了太多的力量于外国语的传习，外国语对于别种学科的教授参考，仍然没有一点用处。现在的中学教师，教英文的，盼望学生成就一个莎士比亚、阿尔文。教数学的，盼望学生成就一个温德华士、查里斯密。教理化的，盼望学生成就一个牛顿、爱迪生。以至其他学科，都是仿佛这个样子。所以他们的眼光只注重高深，只注重广博。至于数学与理化有甚么关系，外国语与数学理化有甚么关系，却很少人过问。这样下去，中学教育，简直是无希望。

本于上述同一的谬误心理，又发生一种流弊：便是每时间授课太多，使学生不能担负。一般中学教师，他不知道中学教育是甚么目的，不知各科学科的教授是甚么目的，所以他把教授的课程内容，规定得太繁重了。因此便每上课时间，教材的传习，亦未免繁重。我常过细考究中学生的功课，大概稍主要的功课，上课一小时，非下课预备二三小时不可。还有一般教师，只知从他一方面想，不知体恤学生。教英文的，则以为学生除了预备英文，没有别的功课。教数学的，又以为学生除了预备数学，没有别的功课。学生在这种教授法之下，疲于奔命。巧的只有舞弊以求应付，拙的便逼到吐血伤生，亦做不完这些应做的功课。这样，所以几于中学所有的学生，无论巧拙勤惰，总求不了甚么真实学问。

我说这些话，并不是仅要指出中学教师的谬误教法。我所以提出来的，是要使我们谈教科书改造的朋友注意。我明知各科教材要求相互联络，这是人人听厌了的话。然而在编教科书时，要求各科教材真能彼此联络，却不好说是极容易的事。我们若肯详细考究，可以知道各科教材所以不能联络的，因为教材太注意向高深广博一方面去了的原故。教材所以会陷于高深广博一方面的，因为中学教育目的，及各学科教授目的不明的原故。所以我们要说求各学科相互联络，先要重新厘定教材。我们要说重新厘定教材，先要重新厘定中学教育目的，及各学科教授目的。这些事我宁盼望我们的朋友，把他看作个很重大的问题。

四、现在教科书是合学理的非合实效的

我前说现在教科书，每每是太学讲义的缩型。其所以到这种境况，及这种境况所生出的大毛病，可缕述于下方：

第一，现在教科书的编法，是不自觉的因袭的。如上节所说，由教会教育进而为公学书院，这中间非无自觉的改造功夫。然而就大部分说，即在公学书院时代，不自觉因袭教会教育的地方，仍然不少。由公学书院进而为现今中学，这中间亦非无自觉改造的功夫。然就大部分说，在今日中学中间，亦不少不自觉因袭公学书院的地方。有甚么最显明的证据呢？第一，我们若认中学教育是以养成美满的中等国民为目的，那便生活力的养成，自然是应当注意的事。然而因历史上重学理轻现实的遗毒，乃至生活教育、职业教育，到现在还累人提倡主张，还有许多人信不过来。这便是因袭的教育理想作怪了。第二，我们若认中学教育只在养成美满的中等国民，那便知识要注意普通化，比高深研究还要紧。然而因历史上读书是学者的专业的原故，亦不自觉的因袭下来，许多教科书都取材过于高深。乃至以之应用于实际任何业务，则远不够用；以之应用于日常生活，则又有许多超出必要的范围。这亦是因袭的教育理想作怪。

第二，现在的教科书是多抽象教材，不切日用生活的。说这一桩，未始不一样仍由于错认中学教育是养成学者的原故。我们每每听见中学生说，学代数几何做甚么的呢？学理化博物做甚么的呢？亦有些教师，第一次与学生相见，总要谈谈他所教授的学科，怎样于人生有关系。但是他所说的，总不是说于学生今天，或最近二三年的日常生活，有甚么关系。总是说这怎样便于他将来高深的研究，甚至于还要说，怎样便于升学，升级。然而升学升级，又为的甚么呢？高深的研究，又为的甚么

呢？现在的教育，只有有学者秉赋的人，能最得益。因为他才可以用学者的脑筋去领会他。其余的人，既以其无关于日常生活，不易引起研究的兴味，便会觉得这些抽象的教材，是玄秘，是枯寂。既自信不能领会，亦复不肯耐耐烦烦去领会他。这是所以现在中学，每班三四十人中，总只成就得三五个人的原故。而且这三五个人，便成就了，亦只是为读书而读书，为求学而求学。结果只能成为 Love wisdom for its own sake 的哲学家。这样的一句话，固然似乎很滑稽，就实际说，确实有这个样子。我常说，现在中学教育，发狠的求各学科的哲学化。无论体操亦好，音乐亦好，都一心一意的要使学生当哲学研究。我每看见许多地方，因这些不必有的困难，难倒了一些可造就的青年，使他在学术界受了淘汰。常念现在的教育，简直是人道的仇敌，文化的障碍。难得现今听得一般向上的朋友，立志起来，把教科书改造的事业，放在自己肩背上。这一点地方，还得请大家多注意些才好。

第三，现在教科书，是依据论理学编辑的，而非依据心理学编辑的。论理的次序 Logical order 固然于学理上说，极其妥当。如我们叙历史必由上古以迄如今，叙理科必由总论大纲以迄于细目。又如各种学科，必先解释名词，然后入正文。都是人人想着当然之理。然而就学生的心理说，一则他于不干己事的教材，如历史的上古事情，注意力量较为薄弱。再则他于太抽象的理论，如理科的总论大纲，亦复较难领会。三则他于莫明其妙的名词，若非与其他的事联合记忆起来，便教授了亦断不能记忆。原来教育便是心理学的应用，所以我们教材的传习，心理学的关系，最为重要。我们真要改编教科书，应该是都以学生心理为主，打破论理的次序，建设心理的次序 Psychological order。朋友们！有这个决心么？有这个勇气么？

第四，现在教科书是以教师为中心的，而不是以学生为中心的。上说的一切弊病，总而言之，都可以说是向来的教育理想，太看重了教师，太看轻了学生的坏处。编书的人，只注意教师的便利，教师的嗜好，却忽略了学生一方面，不管学生能懂不能懂，能耐烦不能耐烦，能得益处不能得益处。教育原是为学生的，如此的轻蔑了学生方面的利益，自然是不应该。

就上四层说，可以知道现在教科书的注重学理，不注重实效的弊病。但是我想我们大家的意见，未必便如我这所说的简单。我还要请大家想想，假定我们现在开始编辑教科书，当真决定一切教材，都不肯无意义的因袭旧制么？当真一切教材，都要求他切近日常生活么？当真能承认心理的秩序，是惟一的编纂方法么？当真承认以学生为中心，是惟一的编纂标准么？

倘若这一次教科书改造的呼声，当真是教育界的新希望，当真是未来青年的新福音，那便我敢对于有志加入教科书改造运动事业中的同志，说几句朋友责难的话：

第一，不要为不肖心理所乘了。我偏要对这些向上的同志，加这样一个不敬的忠告，我想或者有些人要见怪。但是我自己亦信不是不向上的，然而不能不时时省察出来，不肖的心理是常常要在我心灵上作祟。我们大家坦白诚挚些说话，谁能没有不肖心理，时时发生呢？我所说不肖心理，可分为二种：（一）虚荣心。那便是说，骛于教科书改造的虚名，骛于教育新理想的浮誉，因而不能细心考究教育新理想的真正内容，研求教科书改造的妥当方法。或者仅仅闹个虚名，内容并旧教科书还赶不上。或者便令在一方面确实改正了旧教科书的谬误，然而别方面却照顾不及了。（二）苟且心。那便是说，我们虽然说教科书改造，但是并没有彻底纠正一切谬误的决心。或者心太热了，在我们不能自信有彻底改造能力以前，便要编起书来。或者志趣太卑了，只求有比现在较胜一筹的教科书，甚至不信教科书有彻底改造的必要。这样，便我们的力量用得太没有价值了。我不敢疑惑这样教科书改造的呼声，将来亦要如办杂志办丛书一样，唤起一些不诚心的，因以为利的职业家，又会陷到潦草塞责的境况。我信教科书改造，实在是比较更重要更困难的工作，不容我们略微带些轻心以掉的意味去对待他。

第二，不要太自信了。我是向来热心于教科书改造运动的一个人，然而一直到现在，我丝毫不自信我能够编纂教科书。为甚么呢？编纂教科书有两方面的困难：从教育上说，怎样便可合于中学教育真正目的？怎样便可合于其他各科的相互联络？怎样便可合于学生心理？怎样便可合于社会需要？这都是极待研究的。就学科上说，怎样的材料是怎样的性质？有怎样的效用？又非于那种学科，有个很好的研究不可。这便是一种很大的难处。再加我们虽然看见了许多教科书不良的地方，发生了一种不满意的心思，然而我们一则都是旧教育理想下产生的人物，我们亲眼所见亲身所受的，只有注入式的教授法；演绎法的教科书；不相联络一意求哲学化的各科教材，以养学者为目的，以教师的便利的嗜好为中心的理想。譬如我们今天便坐在层层的谬误思想的重围中。我们虽然一天到黑谈甚么改造，怎样能使我们打出重围，亦不是很容易说的事情。我盼望谈教科书改造的同志，亦宁可莫把这些事太看容易。我们对于一种学科未必可以说是有很好的研究；对于教育原理，中学教育的目的，亦未必有很正确的意见；各种学科彼此的关系，中学生的心理，社会生活的实况，更未必能够有甚么很切合的见解。至于对于谬误的各种教育理想，我们所习惯看见的，是否能自己完全不受他的薰习沾染，亦怕不是容易自信的事。

我还可以补叙一层，请大家注意。便令我们对于上述的疑难，自己觉得没有惭德，然而我们亦要记着，我们的年龄不是中学生的年龄了，我们的地位不是中学生的地位了。我们的嗜好，我们的需要，现在都与中学生不同。所以我们对于施教，完全要使自己站在客观地位。然而人的性质，每每喜欢对于一切的事，参杂些主观的意见。学生所不喜欢的，因为自己喜欢，使过于详细的教授他。学生所不了解的，因为自己了解，便过于简略的说明他。这样，便与学生所需要的，背道而驰。然而这种弊病，是教育界通见的。有志改革教科书的，莫太看容易了，而自信不致犯这毛病。

第三，莫忘了真正的教科书改造，须得大家在一个目的之下同力合作。那便是说，我们要想编一本理想的教科书，必须与别本的教科书，能尽理想的联络妙用。中学教育，同别的事情一样，要局部改造，必须全部改造，决非用局部改造，可以成就局部改造事业的。这样，所以我们凡愿任教科书改造事业的，不可不有一个团体。然而这个团体，不仅仅是说有一个会名，订几条会章，便算踌躇满意。我们要真成就教科书改造的全业，不可不有一个真团体。那便是说，是教育革命的死党，是分途向各方面用力的一个人。所以我们的团体，要先有毫无客气的磋商批评精神，要意志统一，感情融洽。大家承认我们这所做的事，是人类的大努力，是纳教育于轨物之中的空前大事业。我们便是分工的工作者。这样，中学教育，才有个彻底的纠正；中学的教科书，才有个彻底的改造。

最后，还有个最大的责难。便是我的意思，以为要想有理想的教科书，先不可不商量中学改制的问题。我原说了现在的中学，是有许多地方，还带着教会教育、古典教育的黑影子，这一种黑影子，不仅仅在书本上、教法上，须得加一番洗刷，便教育宗旨、学科编制上面，亦都有许多应改良的地方。就教育宗旨说，现在还有人相信，中学只是一个专门学校的预备科；亦有些人相信中学是给一般青年鼯鼠五技的常识教育机关；亦有些人相信中学是培养奴隶他人，或为他人奴隶的军国民教育机关。就他所信不同，自然所谓中学教育，亦便各不相同了。我这里再不便详说甚么，不过我的意见，以为中学教育，是养成一般中等国民应有的品格、知识、能力的教育。人是生于宇宙间的，那便宇宙间有关于人生的，不可不知道。人是生于人群间的，那便怎样能使群己进步而愉快的，不可不修养。人是生于衣食住问题之中的，那便怎样能有求生善生能力的，不可不训练。至于其余不急要的学问，无益日用的常识，我们都不应消耗精力在这中间。

因此那便学科的编制，亦得大大加些改革。关于学科编制的改革，我从前便想了许多意见，盼望将来多加研究以后，草成专书，以供热心教育者的讨论。现在因于教科书改造问题，有很大关系，且略述于下面：

我的意思，中学的四年修业期间，前两年可用以打普通的常识同能力的根基。第三年分为甲乙二组：甲组为志愿文科生活的学生，打文科的常识同能力的根基。乙组为志愿实科生活的学生，打实科的常识同能力的根基。第四年甲乙二组复各分为若干组，为学生职业上的知识同能力切实修养的时间。这样，我规定一个理想的课程标准如下：

第一学年　修身每周一小时，多注意唤起向上精神的模范事实。（这是窃取我朋友余家菊君的主张）

国文每周六小时，以练习能想，能说，能看，能写为目的。所以阅报，演说，作日记，都须国文教师负责。

外国文每周六小时，以练习能说话，能写信，能供二三年级后直接用原本教科书及参考书报为目的。

数学每周六小时，以教授算术代数日用急切需要的知识为目的。

卫生学每周四小时，以传授由生理学心理学中，所得中学生急切需要的卫生常识为目的。下学期卫生学的钟点，便改授生物学，以传授生物的发生、适应、分布、应用等常识为目的。一方使知生物与人生的关系，一方加增卫生学的效益，一方提述社会学的端绪。

本国史每周四小时，以使学生从具体的事实中，能得关于社会学的重要知识，以应付群众生活为目的。

音乐每周一小时，以陶冶性情为目的。

图画每周二小时，以能辅助生物学、手工、数、理，乃至其他工业学科为目的。

手工每周四小时，以能实地教授生利的工作为目的。

体操每周二小时，合各年级学生，而另按照身心强弱以分班教授。以强健身体，矫正姿势为目的。

以上每周三十六小时。授课时间，固然似乎太多，但一切学科，务须求其不落入讲学的死形式。这样，便学生看作上课犹如游戏，多亦不感其疲。不然，如今日上课便如入狱，下课便如赦罪，时间虽少，亦复痛苦。而且下课以后，时间付之虚掷，不得为妥。至于我的计划，并不止于学生三十六小时的功课，功课以外，还有每日早操，二十分钟体操，阅报，演说，集会，游戏，写信，作日记等事。总之，使他终日忙碌，而他的一切事，都看成为游戏。这便是使未来的青年，能担负更多的事业，能享更丰富的生活的办法。

第二学年　修身每周一小时，以教授立身，求学，合群，处事必要的常识，而能使之实践为目的。

数学每周六小时，以教授关于第三学年理化教授等必要的数学常识为目的。代数，几何，三角，参综教授，打破现在各自独立的系统。

生物学每周四小时，教授目的同第一学期。下学期即以这种钟点，改授地学。这是以教授自然地理、人文地理、地质学，关于人生必要的常识为目的。至于普通地理的政治区域、宗教、风俗等等，则于历史科随带教授。

国文、外国文、本国史、音乐、图画、手工、体操，每周授课时间，及教授目的，都与第一学年同。

第三学年　社会学，每周一小时。以使学生明白社会形成之理，群己之关系为目的。

音乐每周一小时，教授目的同第一学年。我不赞成教乐典，因为生徒若不做音乐家，他不要研究那些死板板的道理。我只想音乐是一个娱乐的功课。

数学每周六小时，以教授至水平线以上的生活，所必需要的数学知识为目的。

外国史每周四小时，以教授不可不知的外国历史常识，并附带教些社会学参证的资料为目的。

物理每周四小时，以教授切近日用生活的物理常识为目的。

化学每周四小时，以教授切近日用生活的化学常识为目的。

以上甲乙两组，共同教授的为二十小时。

甲组加国文、外国文，每周各四小时。以求些优美的文学知识为目的。心理学二小时，以供给学生够用的读书、修身、处世接物的应用为目的。修辞学二小时，以使学生言文能进于简洁妥当，足以动人为目的。

乙组加工业大意、农业大意，每周各二小时，以使学生具有工业农业方面的常识为目的。手工、园艺每周各四小时，以使学生养成工作习惯，且具备作工的初步能力为目的。

以上授课时间，甲乙两组，各三十二小时。所以授课时间，较前二年反少些的原故，因为我假定前二年的教育，已养成了应具备的自治自学的能力，所以第三年要多让他有时间自由发展。因此便课外法定的作业，亦要一样减少。

第四学年　就学生各人的志愿，甲乙两组复各分为若干组。每组至少须有六人。功课每周以十小时至十六小时为率。余时由各生自习，学校只负指导监督的责任。至于各组的功课，应按照职业的需要，单刀直入的为学生预备。所以教授的学科内容及教法，应请胜任的职业家作顾问，以斟酌规定。

这种学科编制的改革意见，我还不敢自信是不错。不过我想我这太勇敢了的重新配制一个中学课程：把动物学、植物学揉成一个生物学；把矿物学瓜分于地学化学中间；把生理学扯入生物学；把心理学的一小部分，拉入卫生学；把地理学的一部分归并历史学；更生硬的造一个地学的名字；又加入了社会学、心理学、工业大意、农业大意。至于时间呢，中学四年的功课，便三年教完了。现今所以为充数的手工图画学科，反大加其钟点来了。虽然这样些荒唐的意见，我自己亦嫌他有些卤莽灭裂，我想这至少有些地方，究是我的一得之愚，而且亦有许多是窃取欧美教育家的新方法新理想，总值得谈中学教育的人注意。

即令我的这些话，完全错了，我亦信我们要谈教科书改造，总不可不重新估量一番学制，及学科编制方法，我们若自信这一次教科书改造运动，不是无意识的，我们总不能不加一番意识的作用，便接受了所谓部颁的教育宗旨，部定的中学课程。亦许部定的课程，是斟酌至善的，但是除了我们确见部定课程是斟酌至善，因而采用以为我们编纂教科书的指南针外，没有理由照部章编了书，却不肯代教育部认罪。因为我们若是一定要依傍部章，依傍我们良心所不满意的部章编书，那便我们原不见有教科书改造的必要。这样，便旧有的教科书，已够汗牛充栋了，无取我们又多这一番手脚。

我的话完了。我自然不是不热心于教科书改造运动，但是我盼望我们的运动，要从大处、难处、根本处下手。这样才是真正的教科书改造运动。我敬祝我投身于真正教科书改造运动的朋友万岁，因为你们是教育革命的健儿，是人道福音的使徒，是未来世界的真希望。

载《中华教育界》第 10 卷第 3 期

署名：恽代英

革命的价值
（1920 年 10 月 10 日）

  从辛亥革命以来，民国成立的国庆日，现在是第九次遇见了。这九年中间政治上每年闹的好把戏，亦不待此处重提，我们脑海中已装满了不良的映象。有人说，倘若中国不革命，还不得糟到这个样子；这样的论调，自然我们亦想得是有些过当。但是在未革命以前，许多太热心的人，以为只要光复，只要民主，便可以糖馒头从天而降的，现在总可以证明是妄想了。

  但是中国现在究竟需要革命。虽然我们可以不说一句话，不做一篇文，鼓吹革命事业；我相信这几年中，究竟逃不了有一次革命。我这种相信，或者有些人要觉得是没有理由。但是国民生活的不安定，群众心理不可忍耐的不满足，加以军阀、资本家的逼迫酝酿，结果定然没有好事。我是一个胆怯的人，亦十分不愿意看见流血的事。但是若这种革命，虽然是如我所信的不可避免；那便革命究竟的价值，我们应该怎样利用他，利用他到怎样的田地，这值得我们事前研究预备。

  就我们的理想说，革命的团体若真是纯洁勇猛而有计划，能充分谋破坏，亦能充分谋建设，那便革命可以说是救时的唯一良策。但社会势力是极复杂的，这样理想的革命，可以说是断乎不能遇见。所以革命的功效，断不能如我们理想的可靠。

  革命只是群众感情的爆烈。而群众的特征，感情每易于浮动，所以革命的发生，很少可以说是受了理性的支配，亦很不容易求他完全遵守着一个有计划的发展。我们理想的革命家，总预期须待革命团体内部充实，才相机图一步步的进行。然而实际上革命决难等到革命团体内部充实；因为群众的感情，激发他容易，约制他却不容易。革命亦决难求他一步步顺我们预定的计划进行。所以在革命的事业中，每每他的发展，无论好或坏，总出于他原动的人的意计之外。

若革命者不能完全左右革命事业的进行，那便革命事业的盲目发展，可以说是十分危险；否则亦会生不出一点好效益，便这样被外力压服了。怎样能左右革命事业呢？第一，须研究群众的心理，能看清懂透他的本质，及利用他的方法。第二，须有能见事、能任事的好信用。第三，须有真诚、纯洁、分工、互助的联合。

革命事业的进行，少不了利用群众弱点。这利用群众弱点六个字，我知道必要引起读者许多反感。但群众的弱点，在群众活动中，他总是这样的存在。我们虽然可以盼望用教育提高群众程度，但这不是一时的事；为对付这几年内要发生的革命事业，我们究竟还须就群众心理因势利导。利用群众弱点，便是娴习群众心理，而能巧于驱遣，使他从有益能成功的方面发展的说法。但这是说要本于学理的应用，不是说象现在政客私心自用的纵横捭阖，卖弄他人而自图名利的样子。

而且真是革命家，决不可犯现在一般恶劣政客的习气。团体中彼此相互待遇，宁须诚挚，不可欺诈。自身对于群众，宁须注意信用，不可只讲权术。不然，无由得外界热诚的协助，便内部的联合，亦靠不住。

团体怎样能得彻底的相互了解，这是分工互助的根基。这种分工与互助的团体，无论为甚么，都急切的需要。革命因为是非常的努力，所以更得十分注意这种团体的构成。而且我们还须记着一件事：群众的弱点，因为是感情的，而非理性的；是易激发的，而难约制的；所以他于破坏的事业，有很大的功用，却于建设的事业，没有用处。那便我们找着他做破坏的武器，是不错的。但不可忘记须在他以外，另找建设的武器。

建设的武器是什么？是有革命家同样热烈牺牲的精神，同时却有敏锐冷静的头脑的人，有一个有计划的团结。这等人的工作，比革命家更重要，更繁难。他能与革命家同时作工。在背地里为社会筑个前途的基础，那才可收革命的实效。

我的意思，宁信真团体的联合，比革命更要紧。因为有真团体，不靠利用群众，亦能做事。亦只有真团体才能利用群众弱点，有真团体才能于利用群众弱点去破坏以外，有能力去建设，以完成革命事业。

我是个痛恶政党的人。我是个完全不信政治运动值得我们努力的人。今天偏说上许多关于革命的话，是做什么呢？我的意思，是盼望读者能知道革命的真价值。热心去革命的，须知革命不是治疗百病的神方，便在破坏一方面，亦非能具备几个条件不能生一点效验。这样，便我们决不可只任我们血气之勇，不学问，无修养的闹什么革命。我亦盼望更勇敢更切实的人，还须注意社会的根本解决，不在轰轰烈烈的破坏，还在善战无名的建设事业中间。辛亥革命，固然破坏得不彻底，所以有今日。然其所以破坏不能彻底的，便是破坏的条件先不具备。破坏之后，更没有人能有很精密勇猛的建设功夫。这是我们的前车之鉴。

我的意思，不愁世界上没有革命机会，只愁我们不能革命。不愁世界上没有人起来革命，只愁革命收不到好效果。所以我们今天的努力，不仅在鼓吹不满足现社会的群众感情，宁须加倍督促团体内部充实，个人对于运用群众事业知识能力的完成，这样才不至革命永呈一个太早熟的情状。理想合时的革命，我原不信是能有的事。不过比较革命的爆烈，越能不早熟些，便功效越切实伟大些。所以我们真为社会，现在虽然需要革命呢，我们却仍不可不耐烦一点去选择最合当的路走。但是我这所说，又不是说我们应该忘了眼前革命的需要。

我很可惜每每只见做破坏事业的人，能纯洁、勇猛、牺牲。一谈到建设事业，那种勇气便没有了。我的盼望，要能有个赤诚的团体。在企谋建设的中间，与企谋破坏的人，一样纯洁、勇猛、牺牲。有了这样团体，无论社会上有革命事业发生与否，无论他们参加革命活动与否，他们从根本上总可以给社会很大的帮助。所以我想这样团体的实现，比革命的实现还急要。

我们遇着国庆日，定然要想起革命，定然要估量我们这九年来"中华民国"招牌的真正价值。所以我想在这个时机，讨论一点革命的价值问题，或者最于热心的读者有些益处。

国庆不是我们喜欢的日子，是我们惭愧的日子，是我们忧惧的日子。以前的革命，已经这样空过去了；以后的革命，又将让他空过去么？真诚的少年：联合起来呵，横蛮的军阀，卑污的政党，腐败的官僚，他们都为我们做不出甚么好事。无论在破坏方面，在建设方面，我们都得自己起来干，现在已经民国九年了！我们对着这个国庆日的纪念，还不发生一个大联合大预备的决心么！

载 1920 年 10 月 10 日《时事新报》副刊《学灯》

署名：恽代英

未来之梦
(1920 年 10 月)

　　这样个题目，在五月间已经做过了文一次，但时移势异，到现在有许多的梦已经醒了，或者不愿再做了。记得五月间我们几个北京的朋友，常常谈这一些梦话。六月底的时候，武昌会员每每开了会后大家亦是畅谈梦话。谈得醺然欲醉，真是想得令人觉得犹有余味。古人说，过屠门而大嚼，虽不饱腹，亦足快意。何况我们只要自信，只要努力，合大家真诚向上的精神，勇猛无前的力量，不见得一定这都是些空话！朋友们！我们今天何妨再来共同的做一个大梦！倘若被后人说几句，"理想者，事实之母也，有志者事竟成，岂不信欤？"那便是我们最快意的事了呢。

　　我这一篇文，自然是叙述我的梦，以及我所知道的些朋友的梦。但是这中间的话，亦许有许多不确不当的地方，亦许有许多不周不备的地方。我们的朋友，还盼望各人仔细阅览，仔细批评。我们要做一点事，不可不先结一个死党，要结一个死党不可不先有明确的公共的目标。大家谈谈未来之梦，便是我们建设公共目标的方法了。

　　这一篇未来之梦，要分作几段讲：

一、利群书社的前途

　　关于利群书社的前途，我们最近的计划，经了一个大改变。从十月以前，大概我们的活动完全精神集中于书社。到十月的时候，我们觉得书社从开办到现在，经济状况，总只出入勉强敷衍。历次社员捐款，都只能用以维持现状。这实在是不容满意的一种情形。所以我们对于书社，改变了一种态度。

　　我们因为要有一种组织，以练习且完成共同生活的必要，所以我们定然得有一种生利事业，为我们经济的帮助。而且我们盼望，这一种生利的事业，将可以生许多利益，将来为同志有学力时企谋他种发展供给资本，这所以令我们十分注意于书社。

就半年的经验，书社大概只好维持现状，甚至还劳同志补助。这样说他可以帮助别样生利事业的发展，怕不是眼前的事。不过我们究想若没有书社，我们仍盼望有个共同生活。这样，那便书社入款虽不够用，究竟是我们的一个补助。我们便为这一点用处，决定拼着忍受不能免的损失，去维持他。好在这种损失，社会亦能担负。我们原不为营业而营业，那便亦不能全看营业情形，以为维持与否的标准。

不过我们若有方法求营业情形进步，我们自然应加意努力。我们的观察，两种事都可以使我们营业情形进步。一便是加售教科书或文具仪器，一便是将书社地址搬到察院坡。若能各件事同时办起来，那便更好了。因为我们的开支，大概是固定的了。便加入服务的人，亦各系自任伙食，于书社不生影响。便令房租稍为加增一点，或营业的方便，须加增几个由书社担任伙食的服务的人，至多每月开支不过多到三十串左右。若营业项目扩张，营业地址改变，收入余利，定然不止此数。所以我们的意思，为书社前途，求他个至少自给的方法，必对这两项之一，或同时对这两项求个积极的进行。

我们盼望若能得千元左右的款，定然同时把上说两项一并做到。这样，我们很有把握，按年可以有千余元或数百元的余利。如此书社不但可以自给，而且可以能成就个生利机关，为我们作别事的帮助。但现在筹千元左右款子，还没有把握，我们亦想筹得几百元的款子，先搬到察院坡去，或先扩张营业项目。这样些事，在所必办，不过迟早便无一定。

第一步我们是要求书社可以自给。苟可自给，便令没有余钱，社员在书社外的收入，将来亦可供各种发展之用。但是我们不能不盼望书社不仅是自给，因为我们为团体为社会要做的事太多了，不能安于自给为足。

我们以前以书社为唯一重要根据地，所以无论如何艰窘，我们不愿掺杂一点非我们性质的金钱进来。不但不愿招股，亦不愿募债。不但不愿募任息的债，便不任息的债亦不愿收。我们所欢迎的，只是一种捐款，或存作买书等费的存款。但就我们现在的意思，我们要在书社以外，在乡村中两三年内另立一个根据地。书社我们亦想略取开放主义，招募任息的债款，或名为股本亦可。大概我们的利息，以一分至一分五厘为止。借债的人，总以平素于我们的人格同事业有些了解、信托的为主。内部生活，仍然不改现在办法。我们除付息及定期还本外，没有甚么义务。

我们因为想在乡村谋个更可靠的发展，几于有人想索性暂时丢了书社，干干净净为他谋个结束，大家用全力到乡村的事业上去，将来乡村里农业、工业的余利足够大发展时，再来图个卷土重来之计，索兴建设个大规模的商业来干干。大概要一些人到乡村里去图发展，这是大家承认应当的事。谈到丢掉书社，有许多人都不很赞同，而且事实上亦不易做到。因为书社的成立，商品多系靠信用来的。顶替给人家，得不着可靠的人，怕将来生纠葛，贻累我们。一齐退还发行所，有些书报又怕武昌没人再采办。再书社的宗旨办法，向来为一般同志乃及顾客所注意。若收束了，在我们是另图发展，人家还以为是不能维持。于我们乃至新文化运动的信用名誉，亦有些不好。所以丢掉书社，大概是做不到的事。

就维持书社说，除了金钱的困难外，服务的人时有加入、退出的事，亦于团体事务、生活秩序每感困难。但这种办法，亦可以督促我们找新朋友，加增新分子，究竟亦有好处。苦痛是不能全然避免的，但求能于团体前途有益，决无轻与舍弃理由。

二、乡村教育与乡村实业

因家菊、启天在长沙第一师范的努力，该校第二部，可收鄂生，只出伙食书籍费用，一年卒业。家菊等做这一件运动，以便利湖北教育革新为主。所以他们盼望去的，必不要仅是中华大学的人。对于书社同志，多未在中学卒业，前曾有人提出脱离学校问题的商榷，所以他们亦提出两层注意点：便是一须真愿做乡村教育的事，一须暂时不作升学之想，切嘱不可以一时感情，冒昧决定的走这条路。

我们严重的讨论过后，觉得除了一切别的理由以外，为团体谋一个更可靠的发展，很宜于有人研究小学教育。便因这，我们共同生活的前途，多了一层快活的梦。现在我们说别样的发展，每每限于金钱能力，自己没有把握。不过谈小学教育，在我们能力中，总要算比较最有把握的事。在乡村中借教育运动，得一个站脚的地方，渐次再图实业的运动。这样我们便多一条发展的路。

比方到长沙一师第二部的同志，明年暑假卒了业，他们要找一个最便于发展的地方去办小学。或者将来我们还可以有更合宜的地方，眼前姑且假定是毓兰那里的潴新小学。这小学从前胡亮寅办得不错。后来亮寅走了，毓兰极力找合当教师，找不到手，因此时停办。我们知道毓兰同其他与此校有关的人，都很关心恢复此校。而且他们的校址，便在毓兰家中从前所建的一个庙里。若办了学校，稍为费一点力，庙产还可变为学产。这样，便有田地，有森林，一年亦可收得几百串文的出产，可以供别样发展之用。说少些我们现在只求有个小学校址。这小学一班，至少必得两个同志去办。因为这样，才彼此于教课之余，有余力照顾儿童，有余力自己研究，有余力试验乡村农业或工业。到乡村去的人，只求可供衣、食、住、书报的费用，不望有余钱。果有余钱，只用以增加教育设备，试验各种实业。假如除上说两人外，还容得一二人去，以实业为主，教育为辅，只须可以衣、食、住没有恐慌，这样办法更易求实业方面的成功。因为我们究竟注意的还是在实业界的生利，可以为大发展的预备。

我们此时的实业运动，大概注意养鸡、养鱼、养蚕、畜牧、森林，渐进为纺织之事。起首总从不需多钱的入手。自然将来买山兴业，总不免资本，但乡间营业资本，可以百元计，不比都市中必以千元计。那便乡村的发展，是我们能力可行的事。这种资本，还拟由都市中同志筹出。

我们盼望将来都市中的书社，乡村中的学校与其他实业，可以彼此互相帮助他的发展。乡村的实业，若能有个成就，不但金钱方面可帮助书社的扩充，亦可为学业有把握的高等专门的同志，供给试验学业的资本，亦可养出一班同志趣、可靠的小朋友，为我们各种事业的帮助。

我们亦盼望有了余钱，建筑起我们新生活的房子。假定这房子有十间房，此外图书室、工作室、浴室、食堂、游戏室、厨房、储藏室、厕屋等，约共一层楼二十间房。乡间用土砖砌盖，大概要不了两千串文。这两千串文，盼望从都市、乡村两处利息，及同志别方面的收入抽出。这是完成共同生活必要的一步，盼望能于最近四五年间实现。

我们开始的计划，总想先有同志进高等专门学校，研究农业、工业，将来再作大规模的企业。但现在却改变了一种想法。因为这些同志，大概非家境不能供给升学，便是与父兄志趣不合升学极为困难。即令金钱上升学没有困难，亦许中学卒业后，升学考试失败，或考不进他预定愿进的学校。况再进一层，自己没有一点农业、工业经验，便不知功课何处重要。对于现在稗贩来的农工业知识，亦不知怎样求他个本国化，这样所以亦许学习了专门知识去企业，仍然没有成功把握。这种企业，规模既大，资本必多，成功固佳，倘若失败了，或非我们所能忍受。所以还不如此时借小学教育站住脚根，到乡村去用试验的法子去硬干。起初用老法子，再渐渐自学些科学方法进去。这样，经验亦许一样教我们长进。果然将来觉得有不能自学，有进高等专门学校的必要，而且那时自己实在的程度靠得住，团体的经济实力，可以使求学的没有辍学恐慌，那时再说升学的话，比今天盲目的虚荣的升学好。

三、怎样多结识新同志

我们既盼望要用共同生活去谋与社会服务，那便将来各方面事业，须得有能力的同志，越多越好。但为团体的名誉与安全起见，介绍新同志，又不可不十分审慎。我们现在第一盼望旧有的同志，每个人要有善处群众、善理事务的修养。将来假令没有新同志加入，我们的事业一样能圆满进行。但亦盼望同志在各方面努力，多注意纯洁向上的朋友，用各样方法求彼此了解。我们现在用的法子，大概如下所拟：

1. 注意交朋友，这一层是极容易说的话，但可惜我们大概有个共同的惰性，不肯去做。所以精神每嫌过于对内发展了，而且便团体内，亦嫌太对亲近些的朋友发展了。这种行为，很有害于我们事业前途，须得极力矫正。团体内须从某人对某人相互了解，某数人对某数人相互了解，进到无论何人对无论何人相互了解。团体外我们须极力认定须多牺牲点精力时光，去找朋友，造朋友。我们原来介绍新社员，须得全体旧社员通过。这是力求慎重的原故。但我盼望新社员的加入，一方从新社员的人格上看，一方从介绍人的信用上看。介绍人切不可稍涉大意，但新社员既多不为旧社员所熟悉，那便有些时候，不能凭自己的臆断，宁应看介绍人慎重的程度，去作赞成、反对的标准。不过新社员未加入时，宜注意多介绍与旧社员来往，既加入后宜求每个人对他有个相互的了解，这是很重要的事。

2. 多结修养或读书的小团体，这是我们一向做得最有成绩的事。我们仍当本着不拘名义、不拘办法的老法子进行。因为这是找朋友、造朋友的好法子。

3. 刊印《互助》。我们若能将书社中每个同志的行为志趣，使每别个同志知道，使大家注意讨论团体的现状与将来，这于团体意识的形成极有关系。说大一点，若能将各友社每个同志的行为志趣，使别个社的别个同志知道，亦使大家注意讨论我们的现状与将来，这于我们大家了解及介绍共同生活的新分子，亦极有益处。这所以我们以前有《我们的》那种印物，今天咬着牙齿定要把《互助》付印。

4. 办小学，我们不仅想在乡村中办小学，亦想在城市中办小学。只是城市中得不着合当的校址，亦还缺少经费与教员。我们此时能力还不宜多向消费的方面用。然而城市中想能办生利的教育，现在很不容易。所以大概乡村教育总须先办。

5. 办理想的寄宿舍。从前拟了个这种寄宿舍的办法及说明，现在写在下面：

（一）这寄宿舍专住多少有点觉悟的同志，住居人数多少非所计较，但无志向上的人不收。收进来了的人，倘若发现他放荡昏惰，无可救治，还请他出去。

（二）寄宿的房屋太小，规定捐款。捐款少于全屋租金，共同财产担任，捐款多于全屋租金，编入共同财产中。

（三）寄宿舍的伙食，最好轮流自理，否则与公请的厨房直接交涉。

（四）寄宿舍因公共安宁及便于德业进行起见，由我们规定基本规约几条，余均由寄宿的人公同自决。

（五）常办书报室、游戏室。管理的人共同分派。但游戏室非规定时间不得入内。

（六）会客规定一定时间，且在一定的会客室。

（七）每星期一二次临时演讲或研究班。

为甚么急于要办这件事呢？一则可以为觉悟些的同志，预备一个完善的环境，使各人的优点越进步，弱点越改正，一天天比现在更健全。二则觉悟些的人住在一处，便于彼此切磋，以至于互相了解。我们盼望在这中间得些有力的朋友，加入我们的事业，即令不然，他们自己能因了解而结合，做他们所信为正当的事业，亦是一样。三则让他们都享受些正当生活的新空气，养成些自动互助的好习惯，他们要觉得共同生活是应该。

朋友不了解，是苦极了的事。而所以不了解，总不出两个原因：一因彼此不接近，一因品性上各有弱点。若有这寄宿舍，彼此便接近了。而且品性上可以互相砥砺，以底于至善。如此，若能渐进于共同生活，脱离了金钱的离间，自然能彼此如一个人。社会上一定要有这样的朋友，才能够同力协作，分工易事各尽其妙。

许多少年，得不着好宿所，许多少年，品性学问上得不着好朋友、好指导人。如有这寄宿舍，自然这个问题解决了。还有许多可感的同志，盼望加入我们共同生活的团体，然而我们因为有多少不了解之处，为慎重我们团体不敢轻于答应。有这寄宿舍，我们亦可以由比较不了解，而进于了解了。

这寄宿舍仿佛同青年会一样，但有两点不同：一、没有宗教气味，自然我们不管他甚么孔、耶、佛、回，都不能象他们教徒那样迷信他。二、我们不是博施济众的性质，我们很小的力量，只好用在易于收效的地方。所以只好忍心把希望少些的朋友丢了他。

四、共同生活的实现

我们若不能得一个共同生活，若不能得一个共产自给的共同生活，那便我们还怕不能胜过恶势力的压迫及引诱，将来不但无以服务社会，且为社会之蠹。要来共同生活的实现，第一须解决妻子生活问题。这件事我们在上半年便曾大大努力一番，可惜垂成而败。但我们究竟要认这是急要的事。

不过就现在想，从前的盼望，在都市中实现共同生活，实在是错误。都市中生活程度既高，我们拘于都市中，发展不易，所以团体内工作不多。同志在团体外既不敢必其有安定的职业，失了职业，又不能必有团体事务可做，这样所以同志仍不能免生活的恐慌，因而不敢放手去实行共产的主义。就现在想，共同生活，断然要在乡村中实现。那便是说从办乡村教育起，渐求建筑房屋，从那里把同志的妻子搬在一处。究竟现在同志的妻子，多是乡下人，他们在乡中多少亦很要做些工作。这样不如不要他沾染城市习气，仍使他在乡下住的好。我们的乡村事业，只须有些成功，妇女工作，不致无事可做。便男子若不愿或不能在城市中谋生活，亦不妨下乡去。养蚕、养蜂等事业，需本甚少，容人很多，不比仅在城市中，有失业的恐慌。

我们谈到共同生活，每每连带有些弟妹等问题，须烦本身解决的。若共同生活预备在乡村中实现，这种问题亦易解决。因为果有弟妹，他的教育，自有乡村小学担任。他的生活费用，尽可团体担负。自然乡村的小学，要利用儿童合当的力量，帮助成人做生利的事。如采桑、饲鸡之类，儿童亦不定是全然分利者。假令弟妹是城市中生长的，移到乡村去，环境改变，勤劳朴实的修养易于成功，还可望他人格长进。

这样我们便以乡村的共同生活，为我们解决自己问题的重要一步。我们自然不能都在乡村中做隐士。不过那里是我们的家庭，是我们最重要的利源，是我们最后的退步。我们盼望这样便可以全然共产，实行各尽所能、各取所需的理想。但在最近期间，每人规定非有别项收入可以自给的，必须为团体的工厂、商店、农场、学校或其他事业，作每日六小时工作。将来盼望量团体力量，可减工作到每日四小时。但不想完全到自由工作的田地。因为自由工作原是极应该的，但我们不可只注意自己得个极乐的生活，便满足了。我们宁多做点工，多争〔挣〕点钱，为社会谋别样的福利。所以工作至少不应少过每日四小时。

衣食住完全由团体供给，但只可布衣，不过二十岁不着羊裘。食则会食（产妇、病人在外），每日三餐。居住则在公有的房屋中，只有各别寝室，读书、作工都规定公共地点。

产妇生产前后两月，可免其作工，调养费由团体供给。病人亦免作工，其期限由医士诊定，医药费亦团体供给。

婴儿生两月后，惟哺乳仍由其母，抚育的事，举专人担任，免碍女子工作。其所举的人，以受过保姆教育的为宜。教育费用，由团体议决担任。求学须参酌个性长短，与团体需要两方决定。

同志或其子弟，可以随时脱离共同生活，但不得挪动共同生活的财产。

团体的许多事务，须时常会议。在共同生活未成立以前，及初成立时，尤须加倍注意讨论一切兴利除弊方法。因为这种理想的生活，于实际上究有如何价值？这种生活的改变，于实际上究是否可以成功？或者仅会闹出一些笑话，不可不十分注意！

成年乃至幼年男女，苟有需教育的，大家自然有相互教导的责任。有时或需出薪金聘指导的人，亦只看团体担负能力去办。

要求共同生活进行的圆满，第一是要求每个同志的充分了解。第二是要求团体内部生产机会的加多。这都靠首先到乡村去的人去经营了。

五、教育方面的运动

除了办小学外，我们亦还有预定的几种教育运动。在我们从前只想在都市中努力的时候，曾拟有几种办法。现在从前次所做《未来之梦》中录下几节，因为这种事现在仍须注意做。

1. 自修会，论说办学校，自然比办自修会好，然而投入已成的学校中，便被他各种旧势力抵销我们的力量，而且有许多不得不做的些不必做的事，实在糟塌了许多我们有用的精神时光。若想自创学校，便只就一个中学说：一则没有钱办那粗具规模的房屋仪器，再则没有那些良善有能力的教师，三则难于与那些官厅及老先生们讲应酬。所以我想若要做切实有效益的事，只有自修会好。

我现在把理想的自修会办法，写在下面：

（一）这会以自学辅导为主，最重自力研究。收高等小学卒业程度以上团体内外的少年，亦以多少有些觉悟的为主。

（二）这会不立案，亦不给证书。

（三）这会不收费。

（四）国文、史、地，由指导人指导应参考的书章数节数，及指导研究方法。英文最初由指导人略加教授，总以引入能自学为主；自然科学由学生实验研究，教师略加辅助；数学由学生自己练习，教师仅做审查辅助的人。总之教师只能在必须辅助时加以辅助。

（五）参考书及实验仪器，由共同生活量财力、量缓急备置，以渐求其完备。

这种事业的好处，一可以使无力升学的得着他需要的学业，二可以使他们得着自修的益处同好习惯，三易于成功，无办事的困难，四可以帮同志的人读书，亦可以帮来读书的人变成同志。

但是我们这亦不是博施济众的性质，那些仅为想占这便宜的人而想来读书，我们不能收纳。所以我们这不是甚么学校，是有志青年的互助团体。

关于购置图书仪器，我们不能不盼望靠共同财产。我们亦已经有许多共有的书报，再能逐渐添置，如此的做下去，总有一天大备的日子。

指导人最难找，我盼望在高等专门卒业或肄业的同志，看清选定他将来的事业，加力预备。亦或可于团体外用薪金，或不用薪金，找着朋友，每星期牺牲二三小时在几方面给些帮助。我很觉得才办的时候，一定不能教自己满意，不过做得一点便做一点，做不到的地方宁可放着，不须敷衍。有这事业了，我们的些同志，亦好有个预备的目标。我总信这是可以有一天进到完备地步的，比一切学校都有希望。

2. 工读介绍社。这是一件博施济众的事，亦须靠外力赞助才能成功，所以成功是希望不多的事。不过倘若能够成功，我们总应该于其中加些努力。现在把理想的工读介绍社，写在下面：

（一）以代学生乃至一般青年找工作，略补他们求学费用为宗旨。

（二）工作每日不过四小时，收入只求可供他求学费用全部或一部，责任越限于局部越好。

（三）只任介绍，用黜不问，亦不受酬。

（四）工商各界，凡需用人为学生所能任的，请其将事务、薪金通知本社，以便介绍。

（五）求业学生，亦请其将能力、志愿通知本社，以便代觅工作。

（六）只须一二人招呼来往函件，无须基金。

关于工读的事，我们不能不说工读互助团办法最好。然而集合不了解而生活能力很小的人，组织这样团体，实在是很少成功希望的事。这所拟的办法，只是帮助贫生用劳力换与学费之一法，没有甚么共同生活意味，亦不管他终身工读与否。不过有志以工资读书的穷学生穷青年，总是值得帮助的人，而且这亦仍然有养成勤劳、俭朴风气，沟通学业、职业的功效。于一般青年学业，乃至生活前途有益，间接亦便于他们的品格同志气有益。因为品格志气的堕落，每以学业不长进，生活太困难，为最大的原因。

迟早这件事总是可做的事，姑且说在此地罢。

3. 小学教育运动。我们同志的能力，虽然薄弱，然而创办，或在各处改造乡村小学，这还是做得到的事。不过能办小学的，找不着合适的教师，能充教师的，养不成很充分的能力，乃至总不能成就一件事。

而且乡村小学有三种事情，教热心的同志不愿去：一则学生十余人，每年修金百余串文，只能养一个教师。所以做教师的，一天忙到黑，事做不完，便身体亦怕受伤害。再则因此没有时间读书，而且到穷乡僻壤，没有朋友可以在品性或学业上彼此互相切磋。三则那种修金养家都怕不够，自然没有多余为自己买书求学的用，所以自己于将来亦未免绝望。

我们若照前面所说，我们有共同生活实现的希望，自然没有自身或妻子生活的恐慌。我们的同志中，尽多就能力境况说，宜于暂时做小学教师的。所以我想最妙莫如采些教会派遣牧师的方法，做一种有系统的教育运动。那办法如下：

（一）团体内若能对于有志小学教育的人，设一种研究班，于短时期完成他教育家品性同技能，亦是一法。若长沙一师能为我们常川这样供给个研究小学教育的第二部，那便更可望成效圆满些。

（二）团体内外的同志，创办小学，须聘教师的，每班指名一人。由这人再找一个最了解的人同去。如愿一人独去亦可。

（三）无论一人去或二人同去，学校仍只供给伙食，照原定薪金付给。二人不分正副教员。此款除在共同生活未实现以前，或须以一部分供给同志妻室必要的用费外，余归共同财产。

（四）此项薪金，至少不得过每年一百串文。任期预先约定，至少一年。任期满后，须得两方同意，才可连任。任期未满即令有故，必仍须由本团体更换派送。但原指名的人自动辞职，不在此例。

（五）若能于教授外营各种生产事业，本利都归共同财产担负享受。

（六）教授中如有为教授进行，或学生或地方的利益应做的事，由共同财产量力担任。

这拟定的办法，有几层可注意之点：第一，教师由聘的人指名一人，由这人另找一个最了解的人，都是取大家相信的意思。若指名的人得不着心性相合的人，或为自身妻室生活问题，须得一个人独去，亦无不可。不过两人同去，于照顾儿童，研究学问，企谋副业，有许多便利。非不得已，总以两人同去为好。同志中相互了解程度有深浅不同，这是事实，不必隐讳。但我们宁须趁此时极力求相互了解的增进才好。至于共同生活未完全实现以前，各人有家庭系累，亦是无法之事。但只要有余钱，总宜多归些于共同财产。这样才可以促进共同生活的实现。第二，任期有一定年限，期满须两方同意，才可连任，这是为两方的便利。至于期限以内，不得更换，即更换亦必仍由本团体派送继任的人，这是因有预计教育乃至地方事业乃至所企谋副业成功的便利。自然这种办法，有些似乎把持。但在这聘教师的人，自己先能信托本团体。而且教师果不称职，可由本团体察知，亦可以由聘请的人，告知本团体由本团体撤回。总之我们只要于社会有益，决不让不称职的教师贻误人家。而且指名的教师，若自动的辞职，我们为聘请的人方面的便利，便牺牲企谋各种活动的成本，亦所不惜，决不愿稍为强勉他怎样干。第三，为教授进行为学生为地方有许多要做的事，由团体供给金钱，这样免得事业每受学校经费限制。但这自然一须确系学校无力设备，二须团体能力所做得到，三凡团体金钱所购置的为团体公有。

我们从前想借这种小学教育运动，帮助同志升学。究竟现在想，若团体没有发展，升学总非易事。所以现在的注意，移到帮助团体发展上去。所以规定薪金余钱，捐入公共财产，而且随处注意副业的获利。果然团体发展了，升学的费用，自然惟团体的能力与利益是视，不须设别的甚么规定。

六、与资本家决斗

这以上所说的话，自然是太多注意了我们的共同生活。但我们的共同生活，原是社会服务性质的，亦原是愿意与社会公共享受的。眼前我们不愿一点扎空架子，利用不能放心的分子，凭借一种不良的势力，所以我说的话都卑之无甚高论。

我们的意思，要改造这个世界，一须做一个共同生活的模型，使世人知道合理有幸福的生活是可能的事。一须我们大家协力，不但解决自己及家庭生活问题，而且要有力量与资本家决斗。怎样能与资本家决斗呢？固然我们可以组织工会，鼓吹罢工，用阶级战争为推倒资本家的方法。但我想要为世界求一个最后的解决，仅仅靠鼓动争存的单纯天性，总还不够。最好莫如利用经济学的原理，建设个为社会服务的大资本，一方用实力压服资本家，一方用互助共存的道理，启示一般阶级。而且靠这种共同生活的扩张，把全世界变为社会主义的天国。我们信个人主义的新村是错了的，个人主义的工会罢工，亦非根本良法。若用一手一足之劳，想逆经济潮流与资本家争胜，这是工读互助团的复辙，亦决不是法子。

我们盼望组织合理限度劳动的工厂。组织这等工厂，既不纯为求利，那便作工时间，工人待遇，极力要从理想的方面办。依我们想，这样的工厂，工人男女都作工六时，不给薪资，衣、食、住由团体供给，儿童公育，老年公养，总之纯然与我们共同生活内部一样。其中没有司事股东的侵蚀，余利都留作工人教育、工厂卫生及他项发展之用。这样似乎资本家必不能势力相敌。我们便靠这长驱直入的打破资本阶级。

最近四五年间，我们的同志大概有能经营工厂的。但我们所能供给的资本，或者只可以四五百元计。那样便只可从小工业做起。但我们信只要我们品格不变，学力加增，我们理想的工厂，定然不久实现。那个时候，有个进行共产主义的资本团体。我想比无论何种运动功效都大。

最后我们有几件事要注意：

一、我们虽然要建设资本团体，但不是盼望我们自己做资本家。我们无论是办学校办工厂，都是要变那些学生或工人，做我们共同生活的分子。我们永不应比人家享受高些的生活。我们只是使自己与自己可以效力的人，大家有个最低度的合理生活，把余剩的金钱同力量，用得去改变世界到我们一样的地步。

二、我们虽然是盼望有个好生活，但我们为的只是有了好生活，好没有一点牵挂，把金钱同力量尽量散布到社会上。我们是共同生活的社会服务，是社会服务的共同生活。局部的改造，乃全部改造的第一步。所以我们总不能自安于局部，我们的力量总要征服环境。我们的目的，是在造一个圆满快乐的黄金世界。

三、我们分子的出入，应该是绝对自由。因为这原是企求自由的一个结合，若加入了这结合，却处处受些自己不愿受的限制，未免失了结合初意。我们只应该大家努力，教这种结合实在可以满一般向上同志的意，不致有不愿加入的事。若当真不愿加入，亦用不着甚么勉强。

四、我们这不是博施济众的事。虽然我们盼望团体一天天扩大，有力分子一天天加多，然而我们加入分子，先须经审慎考察，总须多少实在有些觉悟。

朋友们！以为我这些话怎么样呢？我们的团体，是不是该走这样的路？你预备在这中间，担任那些事情呢？精思、慎择、立志、力行。这是我们帮助自己，帮助朋友，帮助社会人类的一件大事呢。敬祝我们大家大努力！大成功！

载《互助》第 1 期

署名：代英

论社会主义
(1920 年 11 月 15 日)

　　社会主义的一个名词，向来在中国是干犯法律骇人听闻的。其实许多人还没有明白社会主义是个甚么东西，中间包含几多派别，大家以讹传讹，便硬指一切暗杀革命是社会主义，一切社会主义是暗杀革命，因此一听见社会主义四个字，便联想到许多破坏事业的危险与恐怖起来。其实所谓社会主义这名词，本体便向来没有甚么很精确的界说。高到安那其、布尔塞维克，低到安福系、王揖唐所称道，都有些可以合于通行所谓社会主义的意义。我在这一篇中，不想把通行所谓社会主义的派别与意义叙述出来，我宁想就我自己的意见，综括以叙社会主义应当的旨趣，供一般所谓社会主义者乃至非社会主义者的讨究。

　　除了迷信神权的学说以外，论到个人行动社会组织，大概可大分为有三种学说：一个人主义，二国家主义，三社会主义。

　　个人主义学理上的根据，以为宇宙间唯一的真实，只有个体的存在。其余一切家庭、国家、法律、道德等等，都是为个体的利益而生。倘若不能为个体的利益，或反为他的祸害，那便他们都是谬误的组织与法式。总之，这是认承宇宙间一切事物，都得以个人为本位的。

　　国家主义学理上的根据，以为国家既是因人类的需要而自然产生，那便国家的存在，乃是争存的人类不可不十分珍护的。由这样推衍下去，因之他们主张国家有独立人格，是人类最终义务的对象，是可以违背大多数国民的意思以行他所谓有益国家的事的一个怪物。

　　社会主义学理上的根据，以为人类是共存的，社会是联带的。我们要求个人的幸福，必不可不求全人类的幸福。那便是说，只有人群，只有社会，是唯一的自然的实在，亦只有他配得上做宇宙间一切事物的中心。

　　但是社会主义不是从学理上产生的，是从事实上产生的；不是从知识上产生的，是从感情上产生的。依我的见解，历史本不定要随着物质变迁。但人类通常是浅见的惰性的，非受物质的驱策，不肯自动的有些改进。超物质的一二伟大的心灵，是历史上罕见的事；然而便令有几个非常的思想家，他的思想，亦每不为囿于物质生活的群众所乐承受。因此所以理性的社会主义很不易于产生。现在的社会主义，初不过一般受掠夺者的阶级，因为得了许多不堪忍受的物质的痛苦，遂认识地主、资本家的罪恶，要求一个改善的法子罢了。群众的心理，易受感情的激发，难受理智的启示，这种浅见的感情的社会主义，不但易于提倡，而且易于传布。这样，所以理性的社会主义反得不着适当发展的机会。

依我的大胆，我要说现在的社会主义，仍旧可以分为三派：一个人主义的社会主义，二国家主义的社会主义，三社会主义的社会主义。

先说国家主义的社会主义。这便是一般政治家所谓社会政策。他们一切对于社会的设施，全然以国家利益为着眼。所以他这并不是真诚的社会主义，只是一种国家主义。因为他只要欺骗得社会，而无害于国家，他们必无惮于欺骗社会。

国家主义的社会主义，通常不被人承认为社会主义之一种。还有一种社会主义的国家主义，主张利用国家的组织，以谋社会利益的，这便是通常所称的国家社会主义。因他们所主张，多近似政治家的社会政策，亦为一般自命为纯正社会主义者所唾弃。

但若国家主义的社会主义不配称为社会主义，那便个人主义的社会主义，亦不配称为社会主义。然就我的偏见，现在所说的社会主义，都几乎是以个人为本位的，都只是个人主义的社会主义。这又是怎样说法呢？

现在所通行个人主义的社会主义有两种：一新村运动，一阶级革命运动。新村的运动，虽不纯然起原于寻求个人幸福的动机，但因为利己的本能得了个合宜孳生的场所，利他的本能因为遇不着适当的刺激，遂得不着适当的生长，所以精神每易太趋重了对内的完成，太疏忽了对外的发展。结果一部分的成功，无益于全世界的改造。而这一部分的生机，亦每为别部分恶势力所摧毁挫丧，不能继续存在。

许多反对个人主义的新村运动的人，都是主张个人主义的阶级革命的人。怎样说阶级革命是个人主义的呢？因为现在所通行的阶级革命学说，都只注意唤起劳动阶级与资本阶级的嫌怨，使劳动阶级为他个体的利益，联合，抗拒，奋斗。我信阶级革命的必要，与新村的必要一样真实。但我信这样的福音，只可从社会主义上宣传，不可从个人主义上宣传。我信人类的共存，社会的联带，本是无上真实的事。那便与其提倡争存的道理，不如提倡互助的道理。因为人类只有知道人群的真意义，才能为社会福利去求社会的改进。这才可盼望是社会上长治久安之道。

人群的幸福，自然是要在每个人的努力。但这种努力，须以求社会福利为目标；他不应以求个人福利为目标，与不应以求国家福利为目标一样。因为国家固然不过是在某一种经济状态中人类因他的浅见所建设的一种经济组织，他本没有永久的真实的价值；至于个人，虽然粗忽看来，象是宇宙间唯一的真实，然而就生物学理上说，就经济状况上说，个人只是人群的一个分子，一个细胞。离了人群，个人不能生存，亦似乎没有生存的意义。说简直些，在我们所踪寻得的宇宙大法中，个体是为全类存在的，全类不是为个体存在的。这样，所以人群比个人在宇宙中更有个真实的地位。

若不是人类有了这样的社会自觉，每个人看他个体的利益，总会比人类全体的利益更重要。这样，将总不免于群己的利益上发生些冲突。虽然有些人想得个人的利益与人类的利益是并行的，是一致的，然而事实上这样的调协，实在有些是没有的事。所以要图世界的长治久安，必须使每个人看清社会福利的重要，每个人能抱着社会主义的精神，去做社会主义的运动。不然，便令资本家打倒了，人类各部分的利益，仍然得不着他的平衡，又要生出别的冲突来。

生物学理上告诉我们甚么呢？从细胞分裂的简单生物，一直到极复杂组织的人类，可以看出凡有生命的东西，都有几种特质。用生物学的名词说，一是化学组织，二是代谢作用，三是内长，四是分殖，五是适应。化学组织是生物躯体所由构成，与无生物一样，姑且不论。其余四桩，可约而看出生物的两种特性：一是求生，一是传种。代谢作用、内长、适应是为求生。分殖与适应，又是为传种。生物为甚么要求生？本是一个奇秘的事。这并不是出于个体的意识，乃是由于宇宙的安排。生物为甚么要传种？更是一个奇秘的事，而且更奇异的，生物的求生，便只是为的传种。昆虫多产卵即死，高等动物生命虽似较长，但亦以其第二代发育期的长短，发育的难易，以为等差。又动物均天赋有爱第二代的天性。这种天性，在第二代最需帮助时最显现。这些地方，都可看出宇宙的法则，他只注意全类的生存，并不注意个体。个体的生存，说明白些，只是传种的一个必需的方法。由这看来，个人只是人群的一分子，人种绵延的一个阶段。许多人太看重了个人，以为人群的存在，只是为的个体的幸福。这便他错看了他个体在宇宙中真正的地位，把他放到人群上面去了。

我这样蔑视个体的说法，必定有许多人看了不高兴，其实我便是最不高兴这种说法的人。然而无奈这是不可争的事实。我的意思，常想假如真有个以万物为刍狗的上帝，他戏弄我们令我们勤劬一生不过只落得辛苦颠连替他留下几个第二代开心的人类而死，那我必定要顺着他的安排？何不自杀？何不避孕？亦求他奸计无所逞施。我不能信主持这宇宙法则的，定有个三位一体的上帝，但我不能不信这里实在有如此如此的宇宙法则。至于自杀、避孕呢，看来似乎极易做到的事；但是证之实地情形，这种与宇宙安排相反的行为，每每为贪生、怕死、遂性欲、爱后代的心理所胜过。总之，我们虽然在理论上没有甚么不应不遵守宇宙法则的理由，却在事实上有不能不遵守宇宙法则的状况，那便宇宙法则究竟是甚么样子，我们不可不注意研究，而且不可不遵循着他的轨道走。

我信生物学上这种法则，正如信一种神意。我以为个人的利己心，是自然的，是宇宙安排的。个人的利他心，亦是自然的，亦是宇宙安排的。宇宙安排，惟一的目的，只在求全人类的幸福。个人的生存，只是全人类生存的一种方法。个人的幸福，只是全人类幸福的一方面表现。凡损害全人类去谋个人利益的，心灵上每不平安，因为这个心灵，是与宇宙合一的。所追求的幸福，亦每得不着，因为宇宙的安排，若能令个人损害全人类而得着他小己的幸福，那便全人类将不能照他预定的轨道进行了。

从经济状况中，亦告诉了我们几件事。便是人类越进化，分工越精密。人类各部分相需为用的关系越密切重要。粗浅些的比方，不妨把人类社会比作一种有机体。譬如人的身体，便是无量细胞所组成。一处有些病痛，别处自然要去护卫。若不护卫，全身体各部分都会感得痛苦，设若每个细胞是每个人，他亦许如我们社会中浅见的人一样，以为别处细胞受了病痛，于我何干？这样将成个甚么景象呢？我们现在政治、教育、农、工、商贾，各执一业，要求一人之身而百工之所为备，已眼见是断不可能的事，那便个人主义在经济状况中，已失了他立脚的根据了。社会各方面的关系，交互错综，其实不但各业彼此之间是这样，一种实业其各部分亦是这样。马格斯派经济学者大呼说，私有制度破产了，因为私有工具的时代已经过去了。以这一样理由，我们亦可以大呼说，个人主义破产了，因为独立自给的时代已经过去了。

所以我们就生物学理说，社会主义是当然的。因为宇宙的大法是注重大群，不注重小己的；就经济状况说，社会主义是必然的。因为分工的结果，人类生活是互助共存的，不是独立自给的。这样可知所谓社会主义，不仅是劳工的不平之鸣，不仅是被掠夺者的企谋报复的举动。这是在学理上、事实上，有圆满根据的一种人的运动。

一切社会主义的运动，都须从这一点着眼，才可谓社会主义的社会主义。人类若不知宇宙的大法，不知经济的趋势，徒然恃物质的逼迫去盲动，结果成甚么样子，还很难说。私产制所以发生，实系在共产时代以后。个人主义所以发生，实系在群居 Horde 时代以后。倘若我们说私产与个人主义是谬误，为甚么人类好端端的从共产群居陷于这种谬误的呢？依我的相信，这无非物质的缺乏，使共产群居有些恐慌，人类因为他是浅见懒惰，不知全盘筹画，遂走入这种歧途。然而历史虽则经了几千万年，人类的浅见懒惰，大致并没有长进。今天凭着阶级战争的激励，资本家固然一定可以推翻，私有制固然一定可以打破，但是这种社会意识未经相当启迪的人类，是不是又会因一点恐慌，一点便宜，堕入几千年前人类祖宗的覆辙，这是谁敢担保的事？

人类若不是受了物质的限制，社会上不得发生这许多事变出来。最小限度的物质恐慌，是食料供给的缺乏。这大概是古代共产社会崩坏的大原因。我们若合全世界的生产同消费一计划，人类只须都有每日三四小时生产的工作，世界固不应有食料缺乏的忧虑；然而这不是全世界有个自治与互助的完密组织，亦不许说是太容易做到的事。以强力资本为根据的政府，不但无益于全人类，反因而加增了人类阶级界域的嫌隙，这固然是不宜存在。但是人类既然为他物质的限制，无论他愿意与否，有不可避免的工作。这工作的时间与方法，非受外界强力的支配，便至少要得他自己因社会的自觉大家契约的立一种规定。这样所以世界的未来，不应归于个人主义的无政府主义，乃应归于共存互助的社会主义。

但是这中间并没有说现在社会主义的运动有甚么不应该。军国主义是应该打破的，因为国家是离间人与人的恶魔。资本主义是应该推倒的，因为资本家是以少数人利益荼毒大多数人的劫星。新村运动是应该的，因为这样可以制造出共存互助社会的雏形。工作时间的限制是应该的，因为这样可以于必要工作以外，多留时间使人自由活动，减少因分业愈精，而夷人类于机械的危险。然而总之这都是社会主义的运动，不是个人主义的运动。那便是说，这都是为社会福利而提倡的社会主义，不是为个人福利而提倡的社会主义。

若承认上面所说的话是不错，那便凡说社会主义的人，不可对于未来的世界存太多了无根的幻想，不要以为将来的世界真可以不耕而食，不织而衣，取之无尽，用之不竭。人类一天不能超出于物质限制以外，一天少不了必要的工作，亦便一天少不了一个相互裁制的一种契约一种组织。我以为社会主义的旨趣应当如此。

这一篇不是读书的心得，只是由经验思考而得的一些教训。我想或者值得大家考虑。有些地方，我知道这里所说，与我从前所说相矛盾。但是，我信或者是进一步的觉悟。我很觉得谈社会主义是应该，太容易的谈社会主义是不应该。因为人性不是如我们理想的纯善。社会力的关系亦不是如我们理想的简单。要根本的为世界求个长治久安，必须看清社会的真性质，社会主义实际的必要，为社会福利主张、传播、实行社会主义。这是我自信的一点心得。但是请问读者，这里面有几多的可研究的价值呢？

载《少年中国》第 2 卷第 5 期

署名：恽代英

儿童公育在教育上的价值
（1920 年 12 月 20 日）

　　唯物的历史，告诉我们人类的生活，一天天向越是分工越需要互助的方面走。这种不可抵御的趋势，他不问人类是不是愿意遵循，已经成了一个先天预定的轨道。马格斯派经济学家说，私有工具既已经成为已往的事；个人本位的经济组织，已经从根本上崩坏；私产，家庭，国事，都失了他时代的价值。在这个时间，只有打破私产，自由恋爱，儿童公育。

　　这样的一些话，自然令我们习惯于现代生活的人听不来。但是我们只须不自己欺骗良知，姑且睁开眼睛考究一下。现在社会实际的内容，私产固未打破，果然有几多人能享有相当的私有财产呢？恋爱固不自由，果然有几多人能享有相当的结婚生活呢？儿童固未公育，果然有几多人能享有相当的家庭教育呢？旧社会的崩坏，从各方面看，是自然必然的事。这本不是几篇邪说诬民的文章，几个人头兽鸣的人物，所能抉破推倒。在经济状况变迁之后，无论人类愿意与否，旧社会自然而且必然的随着崩坏。此外留得与人类努力的，只有在新的经济状况之下，讨论建设新社会。三家村的冬烘居士，骂现在所说的新社会是纲纪荡然，不知新社会乃正所以建设新纲纪。只有新纲纪既拦着不准人家建设，旧纲纪又无能力使他恢复已往权威，这才真是使世界纲纪荡然的罪人了呢。

　　这样的一些道理，亦无须在此处详说。好学的人，能取 Marx①，Engels②，LaFargue③，Kautsky 的书读一读，他们都说得很详细。国内出版物，如《建设》《星期评论》中间胡汉民、戴季陶诸先生的文章，

---

①　即马克思。
②　即恩格斯。
③　即拉法格。

于这一类学说亦很多有价值的介绍。关于儿童公育问题，我们以前从各方面有些讨论，载《解放与改造》第二卷十五、十六号中，读者可自取阅览。

这一篇的目的，只是从教育方面研究儿童公育的价值。我的意思，盼望教育界热心改造世界的人注意。教育是改造世界的惟一有力工具，这大概是委身教育界的人的一个普遍信仰。那便我敢问倘若儿童公育对于世界的改造，有很重大的效力，你们岂应只让那些自命为社会革命的人，去宣传努力，你们却袖手作壁上诸侯呢？

其实我们要谈儿童公育在教育上的价值，仍然须从生物学社会学谈起。因为不注意生物学的人，他不知道人是甚么。不注意社会学的人，他不知道社会是甚么。这样，他不能知道人类真正的价值，社会真正的效用。不能知道个人与社会有甚么关系，亦不能知道他自己真正的本分。像这样的人，他对于社会问题，不会有十分真挚的热心。与他谈儿童公育的价值，亦许令他觉得不起一点兴味。我常想要改正社会，不可不改正教育。要改正教育，不可不改正教育者的人生观。但是要改正人生观，说起来便会成就一大部书，不是这个地方所能用三言两语道尽。不过我亦想便承认现在一般盲目向上的教育者不能有异议的几桩原理，做我这一篇文的根据，亦尽够证明儿童公育的价值。

第一 教育要普及于一生

教育要普及于一生，便是说从婴儿到老年，都要多少受教育的陶冶的意思。这样的说话，看来似乎是不能有的事。普通有所谓学龄，如各国所规定的强迫教育开始的年龄。在这年龄以下，在法律上原没有受教育的必要。有些人说，在理论上，亦没有受教育的必要。

强迫教育有一种法律的规定，不能不说是教育界的一个大进步。但我们考察历史，可以知道强迫教育，并不是由于民治的觉悟而产生，乃是由于军国主义的要求而产生。这样，所以强迫教育，只是国家的利益，还不配说是人类的利益。人类不仅是要捍御国家，完成一个公民资格，还要求他的身心各方面发展，可以有利益于他自身及他同时以及后代人类的生活。所以如强迫教育所规定，必须五岁六岁才可以受教育，于人类极不利。

若必限定所谓教育只在认字读书做文，这自然非六七岁以上的儿童不能领受益处。但是教育是人生的训练。读书做文总是一种方法，不是一种目的。这大概是稍有思想的人不能疑惑反对的事。果真这样，那便我们只须所达到的是教育正当的目的，所用方法宜取那最有效益的，不能拘泥在任何一种上面。就近代许多教育家的试验，都知道实物的教授，实地的训练，比书本教育强过无数倍。而且亦知道教育的努力，是要多方面的，仅靠书本传授，亦断不能有完满功效。既然如此，那便六七岁以下的儿童，纵然不宜读书，没有不可施以相当教育之理。

而且宇宙的安排，对于有生命物的生活，每每令我们不能不感其神秘奇妙。人类的生活，虽然比其他生物都十分的更复杂不可窥测，但是就理论说，就事实看，都可信人类各种的本能，只须得着调和适当的发达，个人乃至社会，必然可以得一个理想的完成。怎样能使各种本能得着调和适当的发达呢？这很容易知道在人类本能萌芽的幼年期，须十分审慎的使他得着合当的指导。John Fiske 说，"动物知识越进步，幼年期越长，以便他多有受训练时间。"这样，便所谓幼年期，原是为各种动物受他不可少的教育之用。幼年期既然是生物的事实，无关于法律的规定，我们可以知道人类的教育，是在他结胎坠地即有必要，不能从法律上所谓学龄开始。

人类的本能，多在幼稚的时候逐渐发达。在这个时候，若无合当的指导，易因彼此仿效，发达于错误的方面。（这是取 Walter Smith 的说法）这样，那便幼稚时候的教育，乃关于人的圆满发达最要的事。儿童在他初出娘胎的时候，无所谓性善性恶。能善导他的本能，使他本能发达于个人及社会有益的方面，那便成为善。不善导他的本能，以致他本能发达于个人及社会有害的方面，那便成为恶。若承认这种的话不错，那便每个儿童，若能于他本能初萌芽的时候能与以适当的引导，不难信他们都可成为善人。所以谈改良人类改良社会，没有甚么比幼稚教育更要紧。

而且幼稚教育不仅在德育方面是如此的重要。人类的知识既不定然要靠书籍文字才可传习，而人类求知的欲望又在学龄以前早已发达。普通的人，每每把儿童这个正好求学的时机，任意虚掷了，这中间实在减少了很大人类的造就。若是能有训练的教师，利用儿童游戏，猎寻，搜集，模仿诸种本能，随处引他得着些正确的知识，乃至正确的技能，纵然不能有太大的成就，亦要成为以后学校教育的好根基。关于体育美育的几方面，亦只是与上面所说的一样。强健与优美，原是人类共同的蕲求。都因幼稚时代教育不得其宜，因以养成茬弱冗遢的习气。但得良好的环境，有知识有能力的指导人，这种弊病自然不致发生，人类自然不是今天的样子。

这以上所说的主要之点，在于指示出幼稚教育的重要，人类的教育不应当以法律上的学龄为起点。今天全世界人类对于教育的努力，不能不说已用了多大的功夫。小学中学教师，对于素非所习的各个学生，能耐烦的考察他的个性，以为利导本能转移气质的标准，这总算人类自己向上的荣耀。但是与其让许多儿童经了许多不自然的发展，再矫揉修饰以求他的改造，改造不敢期许太高，而仍不敢必其有成效，则何如在他本能最初萌芽时候，与以相当的引导，用力少而成功大呢？

有人说，你这话是不错，所以我们应得提倡兴办幼稚园。有幼稚园来补足小学教育，自然要比今天情形好。但是幼稚园有两种地方，不能与儿童公育相比。一则如德国、荷兰、瑞士等国，虽有了许多幼稚园或幼童学校，但这并不入正式的学校系统，不受强迫教育法规的制裁，所以不能普及。再则如英国的 Infant School，固然列入正式学校系统，法国的 Ecole maternelles，固然受国家监视保护，但是英国的儿童，是须年龄在三岁以上，法国的儿童，是须年龄在二岁以上，才能受这种教育。这以前的教育，仍是公众所不注意的事。我们若承认儿童一坠地便得受合宜的教育，那便我们是要使在襁褓之中的儿童，便受公众的教育，不是仅仅把儿童受教育的年龄从六七岁提前到二三岁，便算满意。

有人说，你这话是不错，所以我们应得提倡家庭教育。有家庭教育来补足学校教育，自然不怕儿童幼稚时期得不着正当的发展。我对于这种见解，没有可以诘难。但是我敢断言，这不是为普遍人类所说的话。只须曾经研究教育的人，不难知道人类的教育，要根据生物学、社会学、生理学、心理学，各种的理论，才能寻得出一个正确的方案。智育既不仅是教书，体育亦不仅是如俗所说保养。我们虽然看得一切生物，都先天的会抚育第二代，但是人类在一切与生物不同的当中，他身心的构造，社会的关系，亦显然别的生物更复杂，更难明白。所以漫然推定人类亦能靠先天的本能，去抚育第二代，是不合事实的。何况人类自从第一次感物质缺乏的时候，已经用他的浅见私心，创造了许多不自然的社会组织，我们要想能适应这种不自然的社会，甚至于还想相机去改正他，这更不是仅顺着先天自然抚养第二代的本能，所能够求完满的效果。若是这样我们怎能盼望靠家庭教育，人人能给他子女必需的教育呢？

而且就现在经济制度下面说话，要想许多人受一点做父母的教育，亦是很不容易的事。要想人人的家庭，能有个合度的教育设备，越发在大多数人是不可能的事。而且进一步说，现在劳动阶级的人，妻子亦做工，幼童亦做工，那里还配说有家庭？又谈甚么家庭教育？

我们真信幼稚教育的可能，真信幼稚教育的重要，只有促进儿童公育，使每个儿童在他下地以后，便在合宜的场所中，合宜的指导人下面，受教育的训练。这才是最根本的教育，亦是最经济的教育。

第二　教育要普及于全民

教育要普及于全民，便是说没有阶级种族的分别，每个人都得受同等的教育。人类只是单等的，一切不自然的分别，都只是不合理应该受矫正的，这是今天稍知一点人的道理的人，不能疑惑的事。那便我们从这一点，更可看见幼稚园的教育或家庭教育，断然当不起儿童公育的价值。真要求教育的普及，非以社会的自觉，使每个儿童得一样的教育不可。

不能说有钱的人的子女，便当受良善些的教育；没有钱的，便当受不良善些的教育。便令我们抹煞显明的事实，硬指着没有钱的人是由于他自己的愚昧懒惰，咎由应得，那亦只能说这个成人的没有钱，是应该的，断不能说这个人的子女受不着良好教育，亦是应该的。先王之道，亦说了罪人不孥。但是在这种高谈民治的世界，却偏有无量的儿童，因他父母的没有钱便硬被剥夺了受合当教育的权利，这岂说得过去？

不能说有知识的人的子女，便当受良善些的教育；没有知识的，便当受不良善些的教育。就社会学说，儿童不是他父母的儿子，乃是社会的一个新份子。若是姓张的或姓王的生了一个儿子，只算他张家或王家添人进口，自然与我风马牛不相及。我岂但不肯谈甚么儿童公育，亦想着一大堆论家庭教育、幼稚园教育、小学教育的书报，都是多事。惟其姓张的或姓王的，这新来的小小一个人，他从来的那一天，便与我成了宇宙间的一个同居者，他亦许是我的善邻，亦许是我的祸根，所以我不能不关心他的身心发展，看得与自己的事一样。这样那便即令这些儿童是怎样没有知识者的子女，他父母可以不愿给他甚么合宜的教育，但社会不能纵容他。他父母可以不配给他甚么合宜的教育，但社会不能不帮助他。个人对于家庭的关系，是皮相的；个人对于社会的关系，是真实的。我们为社会的幸福，不能不望用儿童公育的方法，去求教育的真正普及。

幼稚园既不归作强迫教育系统之内，他的教师不定受国家检定，他的经费不定受国家供给。那便若不是有许多人没有合当的金钱去送他子女入幼稚园，便是有许多人没有那些钱送他到合当的幼稚园去。而且幼稚园若只成为一种慈善团体，不认为正式社会的教育机关，那便社会上的人，必自不愿，亦且不能十分用力去监督促进他。这样，必然有许多儿童没有幼稚园进去，亦必有许多儿童没有合当的幼稚园进去。创办幼稚园的人，可以没有甚么教育知识，亦许有些幼稚园因为没有钱的原故，设备不完善，教师不优良。这样，便令许多儿童早期都受不着他应当受的教育。

男女的有性交，有生殖，这是生物自然的事。无论甚么理想的社会，不能禁人在教育儿童的知识完成以前，不发生性交生殖的事。我们可以禁止三十岁以前的人结婚，不能禁止三十岁以前的人不产私生子。因为性交实在是一种动物的情欲。苟非意志强固，加以制裁的人，他总要找个满足他的法子。既然如此，那便我们要盼望人人有充分教育的能力，然后去生子女，断然是个笑话。何况人类经济的生活，已经从分工的一条路发展到这步田地？我们不能勉强人人做教育家，犹如不能勉强人人做工人商人一样。我们不能勉强人人做家庭教育家，犹如不能勉强人人做家事学者烹饪学者一样。或者有些人想要国家规定个法律，青年非研究养儿学卒业的，不准结婚，如我前数年提议中学设结婚科一样。（现在想得这真是大胆可笑的提议）但是我想现在女学生学家事烹饪，出了学校，与完全未学一样的多得很。假令养儿学亦许有人学不到手，或学得成绩不良，能禁止他不结婚么？并且能禁止他没有别种性交的事发生么？前者似乎便非法律所许，后者更非事实上办得到的事。然则仅靠家庭教育，怎能盼望这些不合资格的父母，能给他子女合当的教育呢？何况世界上还不少没有钱办儿童教育用具，并没有时间去教育儿童的家庭呢？

由上面看来，要想教育真个普及于全民，非社会共谋儿童公育的实现不可。非社会共同担负所有儿童的教育责任，使他们一样有合宜的场所和指导人，以受他合宜的教育不可。

第三　教育场所的合宜

　　家庭原只是过去历史上因经济原因而结合的一种组织。夫妇原只是自然的人类因恋爱原因而结合的一种关系。所以家庭原不是儿童合宜的教育场所，夫妇亦原不是儿童合宜的教育者。现在姑且谈第一层。

　　就现在经济制度之下说话，许多人的家庭，只是卑湫狭隘。城市之中，并家庭以外，亦只是繁稠拥挤。这样，便只有成人生活竞争的战场，更没有儿童自由发展的余地。Beulah Kennard 叙 Pittsburgh 地方情形说，工厂稠密，房租昂贵，使工人为到工厂的便利，不能不居进工厂。为图房租的减轻，不能不许多家聚居于两三间房中间。在这种小而不通气的一隅中，有无数的床铺。日工与夜工的人，交换睡眠。儿童若在厨房或作工的地方游戏呢，则不便利，亦不舒服。若在卧室游戏呢，又做不到。惟一游戏的地方，便只有街道旁边。试想他这所说虽只代表得一个地方的情形，但是城市生活岂非多少都是这个样子？这样的光景，还谈甚么家庭教育呢？

　　我们应该记得儿童的需要，与成人的需要不同，成人有他不得不适应的不自然经济生活，所以他只好在城市中求个居处。虽然他身心上亦为这急遽烦剧的生活，受些影响，但他生长比较成熟，适应能力较大，为害亦还有限。至于儿童，他本身原没有经济的问题，却跟着大人亦受不着生物自然的发展。穷人的子女，固然是居于愚昧昏浊的家庭中，便富人的子女，亦只生长于板壁柱头之间，失落了他许多有益的本性。我们若信儿童要多接触自然，使他得合度的发展，请问现在谈家庭教育的，我们便把那些穷鬼的家庭除外，便说中产之家乃至富人，有几个人有足够的林园，供教育子女之用呢？

　　若是儿童的教育，只用得着几个课本，一块黑板，几只粉笔。我亦信令现在的家庭，用几个钱办到像今天改良的私塾一样，倒不是难事。但是这种改良的私塾，亦配得上在教育上有甚么价值，便亦是个疑问。何况我这所说并注意到两岁、一岁乃至五月、三月的婴儿，对于他们，课本、黑板、粉笔几于没大用处。他们所需要的，是靠刺激以召起合当的反应，不是靠灌注以养成储积的知识。他们要养成发表力的教育，比养成容受量的教育更重要。福利培 Froebel 本于这个理想，创办了幼稚园，制造了许多恩物。这种恩物，在不及入幼稚园年龄的婴儿，一样需要。但是我们怎能责备每个家庭，都能像幼稚园预备得一样齐全呢。

若真要讲家庭教育，须使每个家庭的一切设备都完全，以儿童为中心。那便是说，家庭中的布置，要处处以合于教育性质，合于引起儿童良好刺激，良好的发表力为主。再说明一些，便是家庭的事，不能以经济的关系为处置的标准，亦不能以成人便利的关系为处置的标准。须得使每个家庭，成为理想完备的教育机关。这样，果然是做得到的事么？

有人说，我这些话有些无理取闹。若说每个教育机关，都要怎样理想完备，那便在今天的世界，一切学校，谁配得上说这样的话？他们的设备，不是受显然的经济的限制，便利的支配么？果然这样说，家庭教育是不可能，那便一切教育都是不可能。今天便建设儿童公育机关，不一样是有这样的困难么？这样的话，诚然是不错。本来在今天经济制度之下，谈甚么儿童公育，不能说无价值。因为社会果然用他建设医院学校市政局的一样努力，总有许多儿童，由完全受不着教育，可以进到受些教育；由只能受较不良的教育，可以进到受些较良的教育。但是这一点相对的价值，虽不能不承认，我究信总还不是人类彻底的改造办法。我常想人类有个大愚蠢：便是宁可把许多财富，任凭资本家官僚吞剥一大半，留剩的一点，却说甚么拿来为人类全体谋利益。现在的人，把地球上划作甚么国甚么国。一国之中，所收租税，一大半用去养兵，所剩余的，又几乎一大半用去养官。这样，怎怪没有钱办教育？我宁信人类真有理性，还须根本的改造。为甚么要这些做杀人生活的兵；为甚么要这些办纸片公事的官，不肯把这些糜费，全节省了，用到教育上面？我信人类的精力，若值得消耗，所做必须为于人类有利的事。那便世界上面没有一件事比儿童教育还要紧。合理的社会，要对儿童公育比任何事更注意。要把现在供应官僚武人的精力，统移到这上面去。从那里怕儿童公育还有这等困难？

有人说，果然是这样说，那便人类可有力量办完美的儿童公育机关，亦可以有力量办完满的家庭教育设备。家庭教育，一样足够解决儿童早年教育问题，何必定谈甚么公育？这样的话，究竟是把教育看得太容易。若每个人都要使他家庭有完备的教育场所与设备，人类一定要用许多不必要的力，劳许多不必要的神。真正到了社会主义的世界，人类一方固然要建设许多理想的事业，一方亦要减少许多不经济的消耗。那便社会上若能有个公共育儿所，必不肯为每个家庭去讲教育设备。亦如社会上若能有个公共食堂，必不肯为每个家庭去讲厨房食堂卫生一样。

再进一步说，经济制度若经改造，便这个家庭，且将成为赘疣。我们只看文明的进步，家庭任务，都逐渐成为社会上的专业了。便可知道今天已经到了家庭的末日运命，还梦想将来有甚么家庭教育可说呢？

而且儿童公育有显然比家庭教育优长之点：便是靠这儿童教育才能求真正的社会化。有些人说，家庭是社会的雏型。但是这句话，并不很正确。因为若照现在人人所盼望实现的小家庭说，将来中间只包含儿童的父母兄弟姊妹，多不过七八人，少或只三四人。天下那有这单纯的社会关系？若说现存的宗法大家庭，固然有些像个小社会。但是实际人人知道这是个不能继续存在的东西，我们亦无取于在这里多讨论。

只有儿童公育，能集合许多夫妇所生育的儿童在一处，从很小时让他习于相处之道。这些儿童，从生下地便是在社会中生长的，不是在家庭中生长，像一个盆景花卉，长成了才移植于社会里面来的一祥。这便我们自易知道公育的儿童，必能相适于社会生活。其实我们想，人类原无不可从小便在社会中生活，偏要先把他关在一个地方，然后移到一个地方，用这去维持那已经失了时效的夫妇关系，家庭关系，是何等无意义？

再则家庭便令不能打破，便令可以做一种教育机关，然而家庭总不是纯然为教育儿童而存在，这大概是没有疑难的事。果真教育儿童，不是一件易事，那便把专为教育儿童而存在的儿童公育机关，与这种家庭相比，又应是那一桩比较好些？这岂有甚么疑难。

第四　教育者的称职

有些人说，儿童的父母，虽然不能人人有很高深教育学的研究，但常常最合宜于为儿童早期的教育者。因为第一，爱护第二代是一切生物的本能，本不待多所学习。第二，爱情与勤劬，每每教师不能赶上父母。父母因有这些特点，所以虽无教育学知识，心诚求之，亦能不中不远。这些都比徒然受教师教育以长成的较好。因为教师与儿童，只有理性的关系，没有感情的关系。只有职分的关系，没有本能的关系。所以他的教育功效，每还不如父母。而且儿童若不是在浓挚的爱里长成，而只在冷酷的理智里长成，亦不能说是一种正常的生物。

对于这个疑难，我先要问几句话。若父母生物的本能，便足够爱护第二代，为甚么每个人为他子女，有许多事要仰给于社会呢？为甚么子女有病，要找医生，不自己诊治呢？为甚么子女长成，要上学校，不自己教育呢？禽鸟生而能营巢，他的食物都是母鸟采集，他的羽翼可以随节气以调和温度。兽类生而能营巢，他的食物都是母鸟采集，他的皮毛亦一样有调节寒暑的作用。所以他们用不着另外有农人、工人、商人，用不着另外有泥水匠、成衣匠，更用不着另外有教师、学校。但是人怎样与他们不同呢？人类与他们一样有几种生物的通性，但是不能生而知造房屋，生而知缝衣裳。人类的生活，必须明白共存互助的道理，而人有许多学了几十年亦还不能懂得。这我们已经看见人类与别的生物，有许多不同的地方了。有甚么根据，定然相信对于婴儿教育，一定顺生物本能，便可以够人类用的呢？

我们只须稍想一下，便可知道，就外面说，人类社会复杂的组织，是很不易真正懂得的事。就内面说，人类心灵奇秘的状态，亦是很不易真正懂得的事。怎样能使婴儿生理上得合度圆满的发达，心理上得合度圆满的开展，以适应于现代复杂的生活，且有能力改造世界到合理的理想地步？这岂是一般春情发动期的男女，所尽人能办的事？无论何人，总不信专靠父母的爱情与勤劬，便于教育儿童一切够用。因为他亦不能不承认我们今天看见许多把子女爱死了的人。所以他亦说做父母的人，究竟与别的生物不同，要受一点教育子女的教育。那便他又拿甚么天平权衡了，决定做父母的人，受比这少一点教育便为不够，受比这多一点教育，便为不须呢？

我很赞成把人类看得与生物一样。但是生物彼此亦不全是一样。猪是猪的生活，狗是狗的生活。不能说猪与狗同是生物，便断定猪凡事应是与狗一样。亦以这一样理由，不能因人与猪狗同是生物，便断定人凡事应是与猪狗一样。说一样的是从同的方面看，说不一样的是从异的方面看。许多人因为看了异的方面，把人的价值，恭维到天上去了。许多人因为看了同的方面，又把人所需要的一些特殊的努力，一笔抹煞过去。我想这都是错了。

至于说到教师是冷酷的理智的，不适宜于婴儿的发育。就眼前的教育说，这话确实是有些不错。但是这是教育界应该改革的一件事。若不改革，不但他不合宜于婴儿教育，亦且不合宜于小学教育、中学教育。固然就本能说，父母比较易于对儿童发生浓挚的感情。但是父母若不能人人求他有教育者的修养知识技能，那便只好求设个方法使那些有教育者的修养知识技能的人，发生那需要的浓挚感情。怎样能使人发生那需要的浓挚感情呢？生物的法则，个体与全类是打成一片的。那个化成万物的 Unseen Power，他不重在父母爱护子女，他主要的目的，还在使第一代爱护第二代。所以赤子将匍匐入井，路人看了亦自然生恻隐之心，而幼儿逐渐长成，他父母对他天性之爱，反渐见减退。我因这曾设个假定，以为"果为适应于人类分工的生活，那奇妙的母亲之爱，在教师或保姆方面，自然会发生出来。在母亲方面，自然会消灭下去。因为生物的演化，原随他生活的需要而进退"。果真这样，教师不必是冷酷的理智的。他们只须有彻底的觉悟，合度的修养，必定十分合宜于为儿童的教育者。

总之说教育者必须具备教育能力，与对受教育者的爱感，这话完全是可信的。不过这两个资格，宁是教师比父母易于修养得到。因为父母是几乎人人要做的，要人人学一样的教育能力，是必然不可成功的事。教育者是只一部分人做的，在这一部分人中间给以圆满的教育者的修养，而迎机以启沃他爱后代的情感，是不难能的。由这所以我信要求教育者的胜任愉快，亦以儿童公育比家庭教育为可靠。

有人说，儿童从小便到社会上生活，将得不着个性发展的机会。结果个性不得充分发展，人类进步亦要受些不良的影响。这种疑虑，我信不是没有理由。但是我信这只是公育机关教师所应注意防免的弊端，教师果受了充分教育的训练，自然可以于他所施的教育中给各个儿童个性完全发展的地步，不得让他只顾向社会化方面走。况且我亦想我们会为公育制度行后担心儿童的社会化，为甚么不担心在家庭教育之下，儿童个性的弱点，得不着后天的调和，成为畸形的性格呢？

从上面所举的四桩理由，我想总足够证明儿童公育在教育学上委实有研究的价值了。我亦知道我说的话有些人要好笑，因为我自己总相信儿童公育是应该，又总相信非世界彻底改造，谈不上甚么理想的儿童公育。那便我这所谈眼前都是不能行的空话，为甚么这样不嫌辞费呢？但是读我这篇文的，若果是热心教育的人，我十分愿意问你们，你们亦觉得办教育是办理差事呢？是敷衍故事呢？你若真说教育是要求个体圆满的发展，眼看着这种种防碍个性发展的障碍，你以为这是不必打破他的么？你若真说教育是要求社会合当的进步，眼看着种种防碍社会进化的事情，你以为这是不必扫清他的么？我的意思，宁信教育是彻底改造的工具，教育者是彻底改造的实行者或预备者。我们自命为为人类做工，但是只知为人类头痛治头，脚痛治脚，我真以为无取。所以虽然有些教育家或者不愿听见这样稍进一步的议论，我仍觉假若这是真理的光，还须老老实实的提出来讨论，让大家没有个躲避的地方。你若从各方面承认儿童公育是人类的福利，是比小学校幼稚园都好些的教育组织，请问你偏说是高远做不到，这岂配得上称为为人类做事么？

要传播人的教育，去改正人的社会，先不可不努力求一部分儿童公育的成功。我信我们从共同生活的小团体，去求儿童公育的实现，是绝对可能的事。一部分的儿童公育，果然试验得一个理想的成功，那便他的成绩是一种广告，他的出品将是人类中最优秀最健全的分子。即令今天我们还不配谈具有理想的教育能力，亦可信这里面长成的人，将比我们几辈的有能力。人类的事，必须有比我们几辈有能力的人，才能求圆满的解决。我们要竭尽棉薄，去为人类造这样的人。这便是儿童公育的主旨。这便是真向上的教育者，应该担负的事。

载《中华教育界》第 10 卷第 6 期

署名：恽代英

致刘仁静
（1920 年 12 月 21 日）

仁静：

我第一件事道歉于你的，便是不曾得着你的允许，便把你给我的信公布了。我所以这样做的，因为就我的意思，很信你这封信有公布的价值。而且你的为人，学会许多同志都不知道个究竟；若看得这一篇信，极有益于大家对你的了解。然我知道我要请你的允许再公布，你或者又要发誓不准我这样做了。其实你的意思，以为你研究还未清楚，文字亦有许多缺点，最好永远藏拙，这固然不可说不是美德；但我信若等研究到十分清楚，文字到毫无缺点，那便学会每个人只好都不说话，我们全国人只好都不说话。若大家这样藏起拙来，彼此意见永无交换的时候，永无切磋的时候，这岂是社会的幸福吗？

毓兰①、光耀最近责我好凭直觉，不慎重的擅发议论。我想你亦或者有这感想，但我却另有一种见解。我以为果然有关社会重大的问题，只要确有所见，便当发表出来，不能管他是直觉不是直觉。社会的人对于我所发表的意见，只能批评他对与不对，亦不能管他是直觉不是直觉。我只能尽力读书，我只能尽力慎重发议论，但我不能因为怕我的话有错误，遂不说出。我信话有错误，自然是不可免的。以今天这可怜的学问见解，说话固有错误；即将来有一点进步，说话仍会有错误。人不应怕错误不说话，不过说了话总要常常反省，常常欢迎反对论调，这便好了。便令我说错一句话，被人骂得一钱不值，我的价值虽扫地，但是真理究竟大白。这我们没有甚么懊丧。我倒想为要保全自己的价值，有些见解不肯公开，受社会批评，是不应该呢。

你说乡村教育难以收效，我想亦是不错。我所以注意乡村教育的，

---

① 即林育南。

其实注重是在靠这去营乡村实业，为同志谋一个生活系累的减免，生活恐慌的避除，以便大家专心为社会主义奋斗。我的意思，仍注重将来都市大工业的运动，并不如一般"到田间去"者的思想。

你说大规模发展实业，要盼望社会革命；又说中国的革命，定然比俄国好；Kautsky 所说阶级的妥协，非中国所做得到。所以我们的任务，在寻求一个适合国情，而又合于共产主义的方针来。无论如何我信这总是有价值的意见。不过我要问的：我们的社会革命，便令有一天发生了，真个会比俄国好？从前你定争俄国是民众的革命，不是英雄的革命。不知你现在可仍是这样意思。就我的意见，俄国革命，分明不是起于劳动阶级的自觉，分明是起于列宁等利用革命去贯彻他波歇维克的主张。所以俄国究不能说不多仗列宁等人。中国真有这些人没有呢？我以为很显明的一件事：便是中国如有社会革命，必须有非劳动阶级的人为之指导。这种非劳动阶级的人，他自己并不是过劳动者的生活；虽亦许有几个人本于社会主义的自觉去为劳动者做事，其余或受外界一时的歆感，或借此另有所谋，这亦是断不能免的弊病。许多好事情一到了中国人手上便坏了。所以"有中国的社会情形"，中国的所谓社会革命，怕亦不见能如你那样乐观。

我这样说话，很象张东荪君的意见。但我信却有些不同。依我的见解，我固然不信中国式的社会革命，亦更不信中国式温情的资本主义。若说除了我们外，中国遂无好人，自是一句大笑话；但我不敢深恃感情的革命家，更不能信这些拜金主义的富阀。由这所以我想我们总须靠自力，靠自己最信得过的团体创造奋斗。

工党及各种劳工运动，固然多少可使劳动者练习共同生活；然说他们有这种练习，便能过一种社会主义的生活，最初改革时便不待有力者的指导，我想这总说得太容易。人若不知群己的真关系，不能过那种似乎不自由的社会主义的生活。又何况承今天种种谬误风习之余，自私虚荣的心理，深入于虽是劳动者的心中的时候？若依我想宁信任他们盲动；占据剥夺的现象比今天还要变本加厉。正如这些兵大爷，一天没有了皇帝，人人做督军、巡阅使，横七竖八，大开其荤一样。所以我信指导劳动者的人总是不可少；再说宽些，无论革命与不革命，指导一切人类去过共同生活的人，总是不可少。

若上面所说的是不错，那便除革命以外，我们还得怎样指导社会？我们还得怎样结合团体指导社会？我以为中国的将来，资本主义的企业，与群众的革命，都是必然发生，无可避免无可抵御的。我的意思，宁想我们便说革命，亦不是只成为个被动的参加革命者所能了事。我们必须自己站得住，可以自由进退，这才能冷静的观察，灵敏的活动。然我们生活系累不能减免，生活恐慌不能避除，这样自己怎能够站得住？

你说上许多乡村企业的不可靠，其实我亦很觉得。但是我们自己若不有个生活的根基，处处要因无可奈何而屈服资本主义之下。我因这所以究信须将我理想的事业，努力去加以试验。你问我何不在城市里帮助青年有志的学生求学，和自己作高深学术的研究。咳！我何曾不愿意这样做？但这已经给了我许多痛苦与羞辱。我总信这是不可安的生活。譬如自己读书，便要钱买书，要钱便要做事；不管你能不能做，不管你愿不愿做，但为几个钱的原故，我们不能不做。若说帮青年有志的学生，更惹出许多要钱的事，更惹出许多要做的事。我良心常为这难过，但是没有法子。现在所谓青年有志的学生，若要给他个彻底的帮助，必不是仅仅教点英文，谈点哲学；我们必须引他过正当的生活，以养成他正当的思想习惯。这样试问要钱的地方几多？我半年来，为这些事违背自己良心的主张，去译书做教员。朋友固然谴责，自己何曾不痛苦？我想我若不自昧良心，断不敢译一本书拿人几百元，教十几点钟功课，每月支将近百元的薪水。我们把甚么本事值得这些钱？不过我实在无法，不能不找比较可安的事暂为做去。我因此想若将来每个同志朋友都会与我今天一样，他们都比我多个家累，我看他们会更站不住。那个时候，自己或者还有丧志失节的一天；真能永本这纯洁的心，去运动革命吗？

我所以主张到乡里去的，除了想为朋友大家谋生活的安定以外，还有个目的，是打破大家残余的虚荣心。我知道许多朋友是向上，但是究竟多少还存留点歆慕城市生活、学者生活的意思。若不把这种虚荣心打破，将来很易受引诱或受压服。所以我主张好些朋友暂时都下乡去，而且到乡里办穷小学，几乎自己赚不了几个钱。有志的朋友，每每嫌还不切实，还不肯牺牲。学业越高了，地位越好了，享用越过分了，欲望越多了。结果只成就坐大餐间、摩托车的阔教授、阔学者。那个时候，唯物史观、劳农主义，都会只成功为文章或谈话资料，那里真还肯为劳动者谋革命？我以这种见地，所以很主张有志的中学生不要升学，高等学生不要出洋，这样便免许多虚荣心的诱惑，以减少堕落的危机。便说革命，我亦想经过这样锻炼的人，比较要可靠些。

我常想现在说革命的，总只从自私上鼓动人，总只从感情上鼓动人，这总不是好事。自然我信群众的革命，非这样无以煽动。但煽动了，多半达不到我们理想的目的。我并不想革命的牺牲太大，我只嫌革命的功效太小。所以我的意思，究望先能如愿的求得生活的安定，再渐而图城市工业的发展，以实力征服资本阶级，以互助训练劳动阶级。这样，我想或者一步一步可以求共产生活的实现。

你所说乡村企业的困难，亦是不错。不过只要做事，那里没有困难，我们还得尽力试验去。共同生活的组织，每每发财，看守常所辑《美国新村失败史》（见《星期评论》民国九年新年号，记不清题目了①）可知。这个道理，我想是分子勤奋，财产集合的原故。这样似乎合多人以求生活的安定，比人自为战容易。我的意思，亦想若于供给生活费以外，还有余财，可以进图别的发展。但我们能赤心为社会，所谋有成功，亦必有别的同志从各方面帮助我们进行。再加之我们朋友中亦还有照习惯当然承受的遗产。这样合起来，说我们有些钱经营别的城市事业，未必尽是痴想。而且我亦觉得只要生活可以安定，即令这一切都是痴想，将来试验之后，改得去谋革命，亦只有我们无牵挂无忧虑的为社会奋斗。

我自信我们今天所说的，不是武者小路的新村，亦不是福利耶的大合居。我们的主旨，不是为我们求一个合理的生活，是为自己求生活的安定，以便放胆为社会做事。新村的失败，是他不注意征服恶社会，以自己求得幸福生活为满足。因社会是联带的，所以他反被恶社会征服了。我以为除非人类都得着合理的生活，我们不能，亦不应求合理的生活。我们宁应多刻苦点，自己去多造些武器，多储些粮饷，征剿各部分恶社会。所以我亦不望人家定然仿效我们的共同生活（不过我亦不信我们果有成效，无加入或仿效我们的人），我只望我们有一天有力量办个工厂，我们与工人有一样工作的时间，衣食住的享用，渐次引到能用聪明法子共同管理工厂。我以为这比今天胡乱把工厂给一般愚昧的工人管理，就社会说，比较稳妥些。

自然象我们今天谈到有力量办工厂，未免令人听了好笑。不过我想事在人为，若这比别的方法好些，我们总得努力去试验。我这所说共同生活，是榨取我们自己的余利，以伺候社会。所说工厂是榨取劳动者与我们同程度的余利，以求维持发展。所说共同生活，是求我们生活的安

---

① 原题为《美利坚之宗教新村运动》，发表于 1920 年 1 月 4 日《星期评论》。

定。所说工厂，是求劳动者生活的安定。这样我信劳动者不致象今天悲惨，而且事业亦未必遂不发达。若我们有机会这样试验，我想说长驱直入的打破资本阶级，亦未必遂是妄想。

我看见许多谈社会主义的人，自己都享用过分了。这何曾不都是间接从劳动者身上剥夺得来？就我的意思，革命亦罢，不革命亦罢，这些名士生活的志士，一套衣服值六七十元，一餐饭值二三元，没有事情了便谈谈劳工运动、新村运动，我总以为一样是不足取。

月刊上讨论共同的主义我亦赞成。不过我亦信要做大一点的事，总得有容异的修养。另详《少年中国学会的问题》篇。

没有好环境，不能有好教育，我亦很相信；所以我主张教育家必须同时是社会改造家。我的共同生活运动，主旨便在解决经济问题，改造环境。至眼前做教员，我只说是赚钱之一法而已；虽自信这先天的 In-spiration，亦于人多少有点益处，我不承认这配得上算切实的一件事情。

代英　九、十二、二一，于宣城第四师范

载《少年中国》第 2 卷第 9 期

我的宗教观
（1921 年 2 月 15 日）

舜生①转来寿昌②致慕韩③的信，大反对评议部④通过《有宗教信仰的不得入会》的议决案。舜生说，倘若我肯发表意见，可以引起宗教问题的讨论亦好。寿昌是我平素所敬畏的人，而且读了他的信，莫明其妙的引起了许多敬爱的同感。我亦想得宗教问题，是一个很重大的问题，当时由我们几个人简单的直觉的见解，便草率通过了，亦难怪引起寿昌的诘责。因寿昌这封信，令我细细的考虑了一番。我觉得这个问题，须得我们讨论。我不能说寿昌在这方面一定见错了，不过我想这宁是现在一般谈宗教问题的人，所从未弄清爽的事。宗教这个字，实在是个意义多岐的字；从拜物教一直到泛神教，都可以同一说是宗教，但其实彼此是完全不同的东西。寿昌说的宗教是一件东西，我们所说的宗教又是一件东西。这样亦何怪寿昌所见与我们绝对不同？但是我们若不把宗教两个字，从各方面解说清楚，我们说排斥宗教，亦许排斥到寿昌所赞美的宗教那里去了；寿昌赞美宗教，亦许赞美到我们所排斥的宗教这里来了。即令我们与寿昌决不致到这田地，旁边头脑不清的人，亦许便成为这样。我便疑惑一定有"吃洋教"的基督教徒，要引寿昌的话以自重呢。

宗教这个字，有两个字源。Cicero⑤ 以为源出于 relegere，意思是说在思想中回念一种事情；Cicero 说，宗教所回念的是一切属于崇拜神祇的事。Lactantius⑥ 以为源出于 religare，意思是说约束回来；Lac-

---

① 即左舜生。
② 即田汉。
③ 即曾琦。
④ 指少年中国学会评议部。
⑤ 即马库斯·图利乌斯·西塞罗，古罗马哲学家。
⑥ 即拉克坦提乌斯，古罗马基督教作家。

tantius 说，宗教是要把约束的条规，应用于僧侣的生活上。基督教的思想，同于后一种。

想从字源上看出宗教是甚么。是一件不可能的事。因为 Lactantius 的说法，Liddon① 与 Archbishop Trench② 都说他失了原意了。E. Crawley③ 更说，现今通用的宗教这个字，希腊文拉丁文中都找不出意义相等的字来。这样，所以我们不能从字源中去研究。

就普通所说的宗教，而观察他们相同之点，这自然是很合宜的研究方法。但是这中间亦仍然有许多困难。Lord Herbert of Cherbury④ 说，一切宗教第一个真理便是神的存在；但是佛教便是不认神的存在的，许多人不都认他是宗教么？Marett⑤ 说，宗教是讨论超越寻常经验世界的；但是 Haeckel⑥ 所讨论，亦超越了寻常经验世界，他自己以及别的人不都不认他是宗教么？我说泛神论不是宗教，我自己实在这样想；但人家总要说是遁辞。但是我亦曾看见有人说了，"万有神教自身实不能说是宗教，不过是先民一种哲学，以为人与自然有同样的智灵方式。"(Encyclopaedia Britannica，11th Edition，Vol. XXM，P. 67) 我对于这几句话，有一种感想便是宗教与哲学，在一般人心中，其实大家都未分别明白。即如 God 这个字，一个大思想家用他是一个意义。Fullerton⑦ 说，"我们用 God 这个字的时候我们指的甚么？这不是一个无意思的问题。因为人类对这方面的意见，彼此大不相同呢。野蛮人的意见绝然与文明人悬殊，现代大思想家又复各有他的意见。他们用这个字，有的是指着一群抽象的观念，有的是'不可思议'的代名词，有的是说心物的本质，有的是便指着身外的世界。"我们试看把这种 God 与那传说创造世界的 Creator 混为一谈，岂有是处？把信这种 God 的学者，与那迷信三位一体的基督徒，混为一谈，亦岂有是处？但是这种弄不清爽的意见，从古来便是如此。基督教徒固然引这些学者为伴侣，这些学者亦甘心与至少一部分基督教徒为伴侣。这中间照我想是另外有一点玄秘的原故。

---

① 即利登，英国学者。
② 即特伦奇主教，英国文字学家。
③ 即恩斯特·克劳利，英国人类学家。
④ 即赫伯特·彻伯里勋爵，英国廷臣、历史学家、哲学家。
⑤ 即罗伯·拉努尔夫·马雷特，英国人类学家。
⑥ 即恩斯特·海克尔，德国生物学家、哲学家。
⑦ 即富勒顿，美国哲学家。

假定我们采用 Dr. W. R. Smith① 的意见，以仪式为宗教第一个要件，而信条神话次之，那便有许多哲学家，虽然亦用了 God，Divine，Revelation 以及其他神学的名词，他究竟绝然不是宗教家。果然如此，那便我所说的哲学家、文学家所主张的泛神论，不得谓之宗教，不能说无理由。其实就普通流行的见解，所说宗教，很多时候是与 Smith 意见相合的。评议部原案，大概亦不出这种意思。不然，岂有真个学会中便有 Goethe②、Tolstoy③ 等人，亦不容纳，甚至请其出会的道理？

其实便是宗教的仪式信条神话，亦是人类进化自然应有的生产品。Marett 说，"野蛮生活很少保障，常遇各种危险。如饥饿、病苦、战争、生育、死亡，乃至结婚，成人就业，步步都是危险。危险便是说一个人的智计穷竭了；平常有定的生活，被非常无定的生活代替了。非怎样回复了他自己的信心，他总不能安于这不可知的世界。宗教的官能，在心理学上，便是回复人被危险摇失了的信心。人虽想避危险，危险总是找他。只有宗教能给迎御危险的人的勇敢，使他得着平安。"

Samuel Laing④ 说，"人当推究他周围世界的现象时，他必然要把一切怪异的事，归原于超自然的原因。正如他以尺寸计空间，时日计时间；他亦必把非常的事认为有人做的一样。他知道靠他的愿意、努力、感情，可以发生甚么结果；所以他亦想那似乎同性质的结果，亦必是被一样的愿意、努力、感情所发生。野蛮人第一次听见雷，他必说这很象我威吓禽兽或仇敌的呼啸一样；电光的闪耀，并很象我射的箭。他的结果，亦一样是可以杀人。自然必定是在云中间有人很强壮，很愤怒；非我供献以祈祷祭品，他必能给我伤害了。"

Andrew Lang⑤ 以为进化的秩序，其初系崇拜大神，后乃渐降而崇拜祖先；因为崇拜大神，是有机物的天性。Spencer⑥ 的意思；其顺序正与他相反。Spencer 以为原人所以信肉体外有灵魂，梦中感觉有二个自我；故因以人肉体便到死了，那灵魂的我仍当存在为神灵。因而起了宗教的信仰。

---

① 即 W. R. 史密斯，英国学者。
② 即歌德。
③ 即托尔斯泰。
④ 即塞缪尔·莱恩，英国学者。
⑤ 即安德鲁·兰，英国人类学家。
⑥ 即斯宾塞，英国哲学家。

自然，缕述宗教的起原，还不应只这样几种说法。我平日未曾专门研究宗教起原的学说，亦再举不了几多。不过就我所能想得及的，可以说宗教的起原，不外于下列六因：

（一）起于恐怖　原人处于狂风暴雨、地震、海啸种种变异之中，不能不震惊于宇宙的神威，使他小己的精神不能不屈服于不可知的神权之下，以求庶几免于罪祸。正如所引 Samuel Laing 后方所说。

（二）起于希望　"人穷则呼天"这种情感便可见宗教的起原，便可证 Marett 所说为不诬。宗教家亦因为这样，断定说信仰是先天的。

（三）起于误认　原人与儿童一样，不能分别自他。所以有生命的与无生命的东西，亦分不清楚。因而发生了 Samuel Laing 所说的错误。

（四）起于误解　在科学未发达的时代，物理心理都不清晓。每遇稍有非常的事，如日蚀、地震、梦呓、颠狂，便都求不得其解说，因以为必有鬼神。

（五）起于美感　每当晴日仰观天空，便感其伟大。山水明秀，日月运行，综合一切而加想念，亦令人起莫明其妙的美感。有这种情感，自然引起人类想得有个全知全能无所不在的上帝。

（六）起于想象　人类世界中，原无全知全能的东西。但因人类一方感不完全的苦痛，一方因脑筋有存留印象，联合想象的作用，所以就他的愿意，容易拟想出一个完全的理想。因而名这个理想为神。

以上所说六种，有起于本能的情感，有起于智识的暧昧。起于本能的情感的，今人与古人恰是一致。例如赞美祈祷的事，虽痛恨宗教的，有时不知不觉间仍然会做了出来。起于智识的暧昧的，今人虽远胜于古人，但因一方人智有所穷尽，一方情感多所诱引，所以虽大哲学家大科学家，每仍跳不出宗教藩篱。

由这，所以宗教是普遍的，亦几于可以说是先天的。但这真是因为人类为上帝所造，所以人类信上帝么？或者由这且可证明上帝实在七天造了世界，捏泥和土造出人类的祖宗亚当、夏娃么？或者由这且可以证明耶稣是上帝的儿子，圣父、圣子、圣灵三位一体么？我想这总推论得太远了罢。

Darwin[①] 说，"生物进化的神学方面，我真不知道说甚么。我的著

---

① 即达尔文。

书，并无蔑弃上帝的意思。"Kelvin[①] 说，"五十年研究电学，然究不知电是甚么。宇宙一切事物，属于有意识的经营，这是物理学中显而易见的事。"此外科学家、哲学家虔信上帝的不少。Bacon[②] 说，"少数的学问，每令人的思想易成为无神论。而深邃的研究，却引人的思想，入于宗教范围。"我们从事实上看，这句话实在是极真确。但是这只能证明人类有个共同的倾向，究竟不能因这遂说他所信仰是真。

自然，我们只要细心研究宇宙运行的痕迹，我们不容不承认宇宙的运行，是在一定的法则支配之下。我们亦不容不拟想在一切事物背后，有一种不可思议的权力，主张他，纲维他。但这种权力，何以见得便是新旧约所说的上帝？ 自然这个权力他本身原没有名字，我们便称呼他做上帝，亦是各人的自由；但是在我们没有充分理由证明这权力便是那《创世记》的 Creator 以前，总只好说他或者是异物而同名。譬如曾参杀人，还未证明是那一个曾参，却扯着弃杼而逃的曾母，办他个连坐之罪，"其可乎哉？ 其可乎哉？"

比方我们便称那不可思议的权力做上帝，我们既经学了点宇宙的进化，自然不能信宗教创造世界的传说；我们既经学了点生物的进化，自然不能信宗教创造人类的传说。我们便尽量的谨慎，便不断定这种权力是无意识的是无目的的，亦断不能有甚么较强的理由，断定这种权力是有意识的是有目的的。所以无论如何，我们所说的上帝，总不能完全与宗教家所说上帝合一。然而既是如此，天下可以命名的字很多，何必定要用这两个字呢。

人类的心灵，每须有所执着，不肯安于怀疑之境。这所以前代会为肤浅的迷信所惑，到今天亦仍易堕入宗教的窠臼。自然这中间又有自己情感的诱引，与社会习惯的暗示的作用。但是不合理的，终究是不合理的。这不能为宗教家上帝存在的证据。

有些人以为没有法子证明上帝是存在，所以上帝是不存在；有些人以为没有法子证明上帝是存在，所以上帝是存在。自然这种论证，都不是逻辑规律所许。所以我说这种不可思议的权力是存在的；但这权力存在，是不是便等于宗教家所说的上帝存在，那便是说，这种权力究竟是不是有意识有目的，到底还至多只能说是一个疑问。

---

① 即克尔文，英国科学家。
② 即培根。

Kant①说，"看宇宙的结构这样巧合，令人不能不想这是出于上帝的经营。因这样美丽完备的布置，说是由偶然构成，非我们心中推理力所许。这必是有大智慧者，设此计划。他亦必是有大能力者，乃能成这计划。宇宙一切进行，都准定例而一致无违，这都足以证明他同出于一个大主宰。"Kant 这几句话，我们自然亦不能不表示同感。但是究竟想想，这样巧合的结构，便必须有有意识有目的的上帝主张他，纲维他么？自然我们人类的日常生活，一切事物的处置，都须靠意识的活动。但这样便推到一切事物的处置，都须靠意识的活动，这与前面所引 Samuel Laing 说的雷是呼啸，电是射箭，究竟是质的不同呢？还是量的不同呢？

汽力可以鼓动机轮，我们不说汽力是有意识；电力可以传达消息，我们不说电力是有意识。自然我因这便说支配宇宙的权力，亦是无意识，这仍堕入前面一样不合理的推论。但是这不已够证明宇宙中一切活动，有的是意识的作用，有的是无意识力的作用了么？我不能说这不可思议的权力，定然是属后一种；又谁能说他定然是属于前一种？

我只能说这不可思议的权力，是有一定法则的，不能说他有意识；我只能说他是有一定趋向的，不能说他有目的。总而言之，我并不能反证宗教定然是不可信；但一个人在这方面不能有更明确的理论根据，亦没有理由信宗教。

有的朋友并这一种权力，亦不能承认；并这一种权力有一定法则一定趋向，亦不能承认。如我前作《论社会主义》，效春来信便诘责我，"你所说的宇宙大法是甚么？不是迷信的神权？"又说，"你说这是不可争的事实，我不敢赞同。"关于效春这些疑问，我预备另行与他辩论。其实便如我《论社会主义》那篇所说，生物学的奇妙现象，经济学的奇异发展，已足证这种法则的存在。效春亦说，"宇宙的法则是甚么东西？我在这两件事（求生与传种），我亦承认多少要受他的支配。"那便姑且把别的不论，效春究竟不能不认这种法则确实存在于宇宙间。效春又说，"宇宙的法则，没有眼，没有目，你那能知道他是有注意有不注意的？自然就是自然。不是个有意志，有五官的活鬼，会注意这，不注意那。"然而其实只须承认宇宙间有这种法则，这法则能支配人类求生与传种，那便显然他所注意是在求生在传种。总括一句，就我的意思，便

———————————

① 即康德。

要说是他注意在全类的绵延。个体的生存，只是传种一个必需方法。自然我说注意这个字，是个引申的用法。我只能说主宰这法则的是个 Unseen Power，不能说是 Supreme Being。

从理智上说，最多亦只能把 Supreme Being 的存在，作为怀疑的事。宗教家不能证明他的存在，犹如我不能证明他不存在。这样，所以宗教家的信仰，在理智上无论如何是说不通。但是寿昌亦说过了，他宁愿有这种非理智的信仰。非理智的信仰，便是说本能的信仰；或者说因为宗教对于我们有几种特别效用，所以信仰他。

现今智识阶级所说本能的信仰，多是指信仰可以满足人类的美感，可以使有缺陷的人类得着无缺陷的满足。Santayana①说，"宗教最大的想象，非一个人所造成，他是虔敬及诗的想象所渐产生。从拟自然为人，与对于伟人的记忆，这民众与牧师的传说，渐转移渐发达而成为一种理想。他做成了人的雄志的表现，需要的重要部分。每个种族，每个神庙，每个祭司，他们都对神灵附会了些属性，对神话附加了些解说。所以围绕着最初神圣的中心，许多人的想象，都尽量表现出来，以造成完全美好的人格，与他的历史，他的品性，他所遗留的好处。天下没有诗人能有与宗教创造一样的完全，一样的价值。小说最大的特性，比之神的观念，是无关系而不真的。人类信神，以为他有客观的真实。"

一切的事物在人的精神中，都从逻辑的而成为美的。那便是说都从理智的，而成为至少一部分非理智的。这是情感的人类，自然应有的事。Santayana 称他为 Aethetic consecration。但事物的性质，既经了这种改变，失了他原来实际的理智的起原，亦每每易于发生危险。因为只有理智的相信，可以受理智的裁判；非理智的相信，是不肯受理智裁判的。这样，所以一个人可以非理智的信高些的宗教，一个人亦可以非理智的信低些的宗教。我们笑一般愚氓，不管有无灵验，只知烧香拜佛；其实他们的观音娘娘，亦自经了他的 Aethetic consecration 的作用。这种破民贫国的风习，似乎不能说不应打破。然而要打破的时候，我们只有用理智的戈矛去攻击他。现在把理智的戈矛，攻倒了低些的宗教；却不许用理智的戈矛攻倒高些的宗教，这有甚么很强的理由？

有人说这自然是很显然的，既然说是高些的宗教，必是指他功效大些，弊害小些，所以实际上有不容攻倒的理由。不错，现在基督教徒虽

① 即桑塔亚那，美国哲学家。

然不想承认他的宗教只仅仅有一点实用的价值，说到无可奈何时，亦只有承认这。自然，人类一方面是理智的动物，一方面亦是情感的动物。我们粗忽的看时，似乎不应太看重了理智，太看轻了情感。但是理智两个字作甚么解释？我的意思，从人类进化上看，显然可知理智是引我们趋福避祸的明灯。人类因为理智的逐渐发展，逐渐纠正，所以知道善处现在，预测将来。反过来说，情感是盲目的，是有些危险性的。我们固然不能过于蔑视情感，但情感处处少不了受理智的指导。若真个太把非理智的信仰看成当然，亦许在大聪明人身上生出病痛，至于根性略为浅薄些的，更易不免许多流弊。

依我的意思，人类若真能把生物学的人生观，经济学的历史观，懂得透彻，大家努力图个长治久安之策，未始非一切问题的根本解决。人性不能象我们所想的那样纯善，但是人生亦不应象我们所见的那样痛苦。许多从哲学上研究的人，既易为浅见锢习所遮蔽，不能有个彻头彻尾的见解；而偏见的文学家、宗教家，又易以似是而非的理论荧惑人的耳目，使人遂安于这种不圆满不健全的世界中，以苟且敷衍的社会改良为知足。寿昌今天一口喝破了，说是"非理智的信仰"；其实那些哲学家、文学家、宗教家，乃至 Plain men，何曾不自己觉得各有若干层理由？何曾都以为真完全是"非理智"的呢？

以宗教为方便法门，自然亦有他的实际效用。但是宗教的信仰，非多少有些理智的论据，便没有很大的效用。可信，便是说他有理由。没有人信没有理由的事。我们若说上帝的存在是不一定的事，谁肯跪下来求上帝赐福？谁肯求与上帝有个灵交？譬如我不知日本有个寿昌，我怎肯写信给他找他为我做些事？

宗教家说，你只消肯这样说，便好了。譬如你不知寿昌是不是住在湖南经理处，你写了一封信去，他回了一封信来，你便知道他确实是在那里了。我们跪下来祷告上帝，便听见他微妙的声音到我心上来，这不与寿昌回信是一样的事？不一样可以证明上帝是存在？但是这不过是心理学的玄秘。白莲教、红灯教亦都可以于信徒有些心理上的效益。前武昌高等商业校长某君，是同善社的信徒，后来七窍流血而死。但是武昌崇信同善社静坐可以益寿延年的人，仍然不少。这岂是他那些左道邪说，真有甚么价值？古人说，"清明在躬，志气如神。"人只须把私心昏念撇个清楚，信上帝或不信上帝，都会一样听得这种微妙的声音。这怎样能证明上帝的存在？

我们只要承认上面所说，不可思议的权力有他的法则与他的趋向，从单细胞生物一直到最高等的生物，可以看出他是永远不断的种族绵延的进化。每个生物在这种法则与趋向之下，他自然有保存全类，向上发展的天性。人类亦先天有这种禀赋。因为没有这种禀赋，人类早便灭绝，进化的途径早便停顿了。人人都奇怪人类何以有认识道德的"良心"。其实若人类有良心，是可怪的事，人类有耳目手足，不一样亦是可怪的事？若这样说下去，禽兽有骨角羽毛，草木有茎叶萼瓣，不一样亦是可怪的事？孟子说得好，"人之有是四端也，犹其有是四体也。"非有这四端四体，便不能有圆满融洽的人类生活。这四端四体，都只是进化自然的产物。现在的人，知道从物质科学上解说四体的由来，却必要乞宗教以解说四端的由来，又有甚么理由呢？

人类的精神作用，虽是奇妙，虽是象有神灵主宰；但亦只是如生理作用一样，如物理作用一样。血液二十二秒钟经行全身一次，光线一秒钟绕地球七周，这又何让于心灵的玄秘？但我们对于物质界的惊叹，总不及对于精神界的惊叹之甚。谈到精神界上面，格外觉得真有个 Supreme Being 如在其上，如在其左右，其实这有甚么应该？

一切传说的神迹，既然一天天证明是误解是附会；宗教至少有一部分不可信，而且是一大部分不可信，这是已经证明没有疑义的事。那便剩余的一小部分，纵然用物质科学解说得令人不能满意，亦决不能以这便反证宗教的终不灭绝。但是有人说，倘若宗教灭绝了，我们便要失了安心立命之地；这话果然真么？

不错，我亦想得我们应早些找个更可靠的安心立命之地。粗浅的物质主义，是不能用以安心立命的；因为人类在物质方面，无论如何总不能完全免掉痛苦。虚伪的宗教信仰，亦是不能用以安心立命的；因为人类没有肯死心塌地，信赖那些不可信赖之事的道理。我们只要越肯从理智上研究，便越见上帝的存在是武断，是迷信。天下那有睁着眼睛看见了是这个样子，却甘心情愿闭着眼睛，去信他是那个样子的事。

Lodge① 说，"论宇宙的究竟，不外两种假说：一谓万物都循自然的定例，一谓有大灵指挥一切。科学家锢蔽于物质方面，故侧重前说；宗教家锢蔽于精神方面，故侧重后说。其实宇宙原可同时遵守两个原则。（一）宇宙是个不变不易的大圜。（二）大圜所包含的，不仅质力亦

---

① 即洛奇，英国科学家。

不仅心意，乃合二者而兼容起来。人能懂这两个原则，那便常态与神迹，原可并行不悖。"但其实神迹两个字作何解释？若说神迹是必然不可用科学解说的，原人所谓神迹，既一一成为科学的材料；只要科学将来定有进步，那便谁能说眼前看得神异的事，终久不能用科学解说？信神迹最坏的毛病，是松懈而且阻碍科学研究的进步。人人知道早年的科学受基督教徒种种的摧毁陷害，这本是自然应有的事情。因为人必因为更远的问题，得不着个解决，才发生研究的心思。若既已肯定是神造的了，还有甚么可以研究？虽然大科学家每每都信宗教，但信了宗教究竟是彻底研究的大害。不过这里亦要加一句：常人对于一切现象，好笼统的用"自然"两个字去解说他；譬如说生理的奇异，物理的玄秘，宇宙的由来，经济的进化，不肯加以推求，便以为自然应是这样。这个"自然"，其实意思便等于没有理由。这种人与宗教家是一样为科学的仇敌。因为他们一样以为未知的道理，是无足讨论。

人类天生有求知的本能，这亦所以宗教虽曾经盛极一时仍然会被几个学者把他推倒。到了现在，科学更这天天进步，宗教更一天天败坏。虽然亦有几个情感异常发达的人，他可以由美感的发展，构成个完全高崇的大神理想，以自己涵养他的性灵。而且这几个人他自分或者亦只求在这个世界用罗曼的精神，给这些被剥夺者心灵上的安慰，再说多些，并预备给这些阶级奋斗的民众，心灵上的安慰。至于剥夺程度的加增，资本主义社会崩坏相随而生痛苦的加增，物质上应该求他怎样根本解决，或者不是十分注意的事。我信倘若注意些物质上根本的解决，那便宗教的情感，容易引人懒惰，引人入于歧途的毛病，亦自然容易看出来。因为我们的人性，固不容在痛苦中不得着相当的安慰；但究竟非理智的安慰，徒然使人忘了理智的物质上改正的切要。人类因为不过只是一种动物，他原不能无物质上的痛苦，而要从我们这个谬误的世界去把他引到合理的地位上去，我们应有的痛苦越多。就我的意思，我们所应做的，只是懂清我们所能得的快乐，所应受的痛苦，从理智上亦仍可以有很好的安慰。若从非理智的路上走，安慰便得着了，物质的痛苦因得不着相当的努力去对消他，反可以暗地滋长。痛苦越滋长了，这种虚伪的安慰品，亦失了效用了。我常臆想托尔斯泰虽然信宗教，晚年仍然会不能忍耐他家庭的痛苦而出走，便是一个证据。

就我上面的意思总结起来，聪明的人不用宗教，亦能得着安慰；不聪明的人若只得着宗教的安慰，于文化人道又有许多坏处。我知道许多普通所谓聪明的人，因为问了几个"为甚么"，便发生了烦闷自杀的事。但是我想这不是说人类需要宗教，宁是说人类需要最彻底的真理。最彻底的真理，不但能指导人的路径，而且能安慰人去走这一条路。这话是可信么？就我的钝根，我都十分以为是可信的事。人类一切的痛苦，有两个来源：一是人类把自己看得太高，以为同他理想的神一样完全美好；但实际有许多缺陷，所以痛苦。一是人类谬误的风习组织，使大家得不着相当的生活，越加增了他的缺陷，所以痛苦。就前一项说，人类原不能无少数的缺陷。这种缺陷的痛苦，是不可免的。就后一项说，人类原不应有这多的缺陷。这种缺陷的痛苦，是不必有的。普通的人，把不可免的痛苦，与不必有的痛苦，分辨不清；非以为人类本应毫无痛苦，便以为人类本应有这多痛苦。这样下去，痛苦既总除不干净，人情遂得不着安慰了。我们现在要紧的，是须把这两种痛苦分清楚。不可免的痛苦，是自然的，生物天性的；我们只有用变换心理的方法去忍受他。不必有的痛苦，是人为的，经济演化的；我们可以用相当的力量去纠正他。人类不可免的痛苦，其实究在少数。例如食欲、性欲的须相当满足，而又须相当裁制。便令裁制的时候有些痛苦，比之我们今天所受痛苦，小到何等田地去了？我总信人不过是一个动物，理想的黄金生活，是不可有的事。人类最要紧的，是真知他有多少缺陷。把自然的缺陷，从人为的缺陷分开。这样，必然没有甚么不能忍受的痛苦。

但是在今天负担着旧社会的罪恶，向新社会奋斗，这便因对待旧社会的各种压迫，又多了一大部分不可免的痛苦。这种痛苦，有时或呈了一种不能忍耐的特质。然而这与其靠宗教去求安慰，不如靠别种方法改变心理去求安慰。因为宗教究竟是有些迷信，而且是少些伸缩性的。人若真信他是客观的真实，总有妨碍于我们理智的进步。我们要怎样脱离旧社会，怎样到新社会里去，才可以少些痛苦，而且求个长治久安之道，这处处要靠理性指导。我们不可一刻妨蔽了理智的慧眼，使我们或者入于歧途。这样，所以宗教的安慰，究竟有许多流弊。

其实何必定要宗教去安慰？人类的心理，只消稍一改变，便可从痛苦变到快乐。我常想人类以爬山为快乐，以疲劳为欢畅，可见兴味有时是由奋斗而生。我常想快感不是甚么别的东西，便是本能得了相当的发展。我因这样，信人类因悲伤而痛哭，这个痛哭其实仍是一种快感。人类试将那时畅畅快快的哭一场，比那呼咽不哭的情形一比，便知我这所说并非荒谬。果然我这话是不错，那便人类的苦乐，本应与我们平常所想的有些不同：人类所谓痛苦的事，每每有快感杂入其中。在恋爱的生活中，便是痛苦，亦便是快乐。在为朋友或社会奋斗时，便是痛苦，亦便是快乐。我们能过细的想一遍，应该知道这快感其实亦便是天赋的一种生物本能，人类要倚恃他自卫，并保卫他的种族。所以他不能从个人主义上得个圆满的解说。古人说，"得一知己，死亦无憾。"我们从实际生活上，可以证明他确是这个样子。依常情说，自然死是人情所难，何以感激朋友之时，真个有不惜肝胆涂地的气概？这没有别的原故，只因人一方虽是一个个体，一方亦是大群的一部分。而且从各种证据上看，可以知道人类为个体或为大群，与其说是由于他自由的意志，不如说是宇宙的安排。人类所以在忍受小己痛苦，为朋友或为社会奋斗，仍感觉快感的，亦是宇宙安排的妙用。只有解放自己（Liberation of Self），最快乐。我亦常劝朋友说，助人做事，如吃鸦片，吃过一度，自然上瘾。这种话在我与许多朋友身上，亦都应验过了。果然这样，我们看清了这一步，真复"何忧何惧"？世界改造的成功，是必然的；我们奋斗的快感，是天性的。我们何取于宗教的安慰？

但是人类亦自然有时会遇着不可忍耐的挫折。这个时候，人类自然要觉得宗教的必要。这不见得宗教的价值么？不错，在人类智计穷竭的时候，他亦只有乞灵于不可知的天。但只要人有一步可走的路，不自己努力，便会受一分任天的毒。甚么时候可以说是 at one's wit's end？这有甚么最合宜的标准？若承认这是所以必须有宗教，因这人类总少了些他彻底改革的勇敢，这利害岂不值得我们考虑？

自然有的人得了宗教精神的帮助，真个无愧大智大勇，为世界做了些彻底的创造事业。但这究竟是极少数。其余形式的虚伪的教徒，自然很多；便就好些的说，亦只勇于做因循的改良事业，不肯做认真的革命事业。宗教家说这是未得着宗教的真谛，非宗教家说这是未得着人生的真义。究竟两说谁近真理？我们亦没理由加以轩轾。但这不至少告诉我们一件事：真正大智大勇的人，不必是宗教家；真正宗教家，不必是大智大勇的人么？

其实要人类大智大勇，总不是容易事。天下固有见不真而能信得坚决的人；但是果真是大智了，这总是难有的事。我们今天最要不是提高理智以压抑情感，亦不是提高情感以压抑理智。理智与情感，亦不是不能同时发达的东西。不过自然这不能用神权的宗教去解说，我们应当从生物进化方面看出人类只应该遵循社会主义的生活。这样，便能把一切谬误的风习、遗传洗刷干净，回头去寻本能的真面目，把无我的情感，与自我的感情融合贯通，打成一片。这样，便理智越进步，情感越发展。

譬如有个亲爱的人病危急了，不信宗教的人亦会想求神佑；死了，不信宗教的人，亦会想有幽灵。这实在亦是人类既有联想系念的心理作用，无法避免的精神活动。但这不能证明宗教的真实或必要。因为既是不信宗教的人，他一样这样想，显然是他平日对于宗教信仰的有无，与这件事没有关系。若因这而认宗教的真实，那便要就这简单的论据，肯定灵魂的存在了。似乎没有这个道理。

这以上所说的，我并不是与寿昌挑战。我说了这些，我究竟仍信前次评议部通过"有宗教信仰者，不得入会"的一条议案，应该暂时撤销，或者并永久撤销。我何以说这个话呢？我究竟想我这些意见，与平常反对宗教的议论有点不同。我对于神的存在，是取我所谓"怀疑论"的态度。宗教家肯定神的存在，是我所谓"信"；反对宗教者否定神的存在，是我所谓"不信"；我自己是在这二者之间，所谓"怀疑"。（这须参看本刊一卷十号我做的《怀疑论》）我仍想信与不信，都是不应当的武断。倘若我们学会会员，乃至将来加入的人，都信这武断的态度是不应当，自然有宗教信仰的不得入会，绝对反对宗教信仰的亦且不能入会。我亦信这种规定，是太远了人情。但是从前把这议案便通过了，今天却又来说这样话，似有些不应当；对于这一层，我只能说这是我由寿昌的信所得的反省。我的真意思，原不至绝对反对神的存在，原不至不承认宗教有或然的真实价值。

不过我还要重提几句，便是宗教与 God 都是意义太多歧了的字。那如我说的 Unseen Power，我自己以不定有意识有目的，分别于所谓 God。但就稍普通的意思看去，这不是显然如效春所说"有意志有五官的活鬼"一样。这个 Unseen Power，既然这样伟大，这样玄秘；只要我是一个人，亦不能禁我不致其赞叹的情感。这亦仿佛与赞美大神一样。而且有时并容易引起我们想到他真有意志有五官。究竟细细将我们心理剖解起来，何曾与牧师心目中的上帝有一点相象？我自己以为在我不能真觉这个 Power 是个 Being 的时候，我终不容被扯为一个有宗教信仰者。

便令有个人，他把他所想得的完全美好的理想，认做客观实在的上帝。这固然可以说是一种宗教的信仰。但这决不是基督教，正与他不是白莲教、红灯教一样。基督教的上帝，是已经固有许多属性了的。他造了世界，造了人类，降了洪水，救了诺亚，差遣了他的儿子基督到世界上来。这些事何曾与我们脑筋里那个理想相干？这样，便令这个人是有宗教信仰了，没有理由自己承认是基督徒。

比方他说他爱基督爱的精神，崇拜基督伟大的人格，但这亦有两种说法：这爱与崇拜的基督，是主观的基督呢？是客观的基督呢？Kalthoff[①] 及 Phomus[②] 都说，基督是一个理想人物，他历史上的人格，绝未存在。那便甚么是客观的基督？朱执信在《民风》耶稣号中，做了一篇《耶稣是甚么东西？》亦曾把《马太福音》二十五章所说，证明基督把自私自利不堪的人引入天国。又引《马可传》十一章所说，证明基督利己、残贼、荒谬的人格。因而说，自私同复仇两种倾向，是教会自有的。这便假这以四福音所说的基督为客观的基督，亦不见便如普通所想那样完全无疵。Saladin[③] 亦说，"凡耶稣所持合理实用诸道德本义，无非经前人所已垂为训言的。"Haeckel 说，"黄金律的出世，至少早于基督五百年。在希腊及东方各国早认为极重要的伦理定律，而以不同的意见表现出来。"实在爱与伟大，何曾是基督的专利？而且这个基督，又何曾是真个恰指着马利亚的儿子？这样所以客观的基督，不定可爱可崇拜，而且实在不知他是甚么东西。主观的基督，便令可爱可崇拜，这何异于爱而崇拜是自己的理想？这怎样能够便认他做客观的大神，以为真个是甚么上帝的儿子呢？

况且人类亦本可以有伟大的人格。便令真正有这样个基督，基督真是这样可爱可崇拜，我们亦只能把他看做孔子、梭格拉底一流人物。还说多些，亦只是比孔子、梭格拉底人格高尚几辈。用甚么大前提，去断定这样的人格，便必然是神？必然是那主宰宇宙大灵的化身？靠着他，我们可以得着能力？得着安慰？所以我想基督与他的爱，是一件东西；基督教与他的迷信，又是一件东西。

从理智上探求到本原的地位，容易引我们成为泛神论者。从情感上领会到纯美的地位，亦容易引我们成为泛神论者。但是我敢说这第一念所谓 God 都只是"无以名之"的一个东西，并不真说他有意志有五官。

---

① 即卡尔索夫。
② 即福穆斯。
③ 即萨拉丁，古代埃及统治者。

不过那些谬误的疑似与传说，即刻到脑筋中间，生了化学作用，这个 God 便有些与宗教家所谓 God 近似了。这种化学作用，是生物自然有的；但不能因这说宗教家所谓 God 是真实。

只有无聊的基督教徒，他向哲学家说，God 是一个绝对的本质；又向心理学家说，God 是一个普遍的心灵；又向科学家说，God 是以太；又向美学家说，God 是圆满的理想；但是同时又向一般普通民众说，God 是创造天捏泥土为人的主宰。咳！这岂不是狡猾？这岂不是虚伪？

基督教徒现在的方法，是专以近代学说，遮饰他那已经不能存在的传说。你信了他学术上的话，他便并那些荒谬的神迹，亦自以为可信了。我的意思，以为宗教便有可信，那或者可信与绝对不可信的地方，必要分清。基督教便有可爱，那实在有价值与绝对无价值的地方，亦必要分清。不然，只是遂了那些为传教而传教的教徒的奸计，自己把真的伪的混淆起来，究竟成了个错误的见解。

我这篇文实在有些大胆，不自揣量。我既未十分研究宗教学，更于基督教的教义所知很少。不过我因看寿昌所说，因而触起我许多感想。接舜生信的那一夜，又恰恰有武昌最诚实的基督教徒殷勤道君来，亦谈了许多宗教问题。他亦深致恨于中国基督教徒的不足与有为。我想便令宗教不是无用，象今天只知多设教会多造礼拜堂，把一些伪善之徒，分散在各处做牧师做神父，这种功效亦可怜极了。我以为寿昌便以为宗教可信，便以为基督教可信，千万注意不要说些话被这种"吃洋教"的先生拿去利用了。我亦觉得教会不乏好人，只是他们太看重了传教，太看轻了做实际的事业。一切行为，太分多了精神于引诱人信教的那方面。这亦是个最可惜的事。我以为真心为人类的宗教家，亦须在这方面反省一下。

载《少年中国》第 2 卷第 8 期

署名：恽代英

教育改造与社会改造
（1921 年 4 月 20 日）

我到湖南衡州新城镇友人家里住了三天，预定今天是不能再住了。恰值天不凑巧，狂风飞雪，蜷处一室，寸步不能移动。终日闲谈，无聊极了。回想昨天遇见此地三数学生相互回答的话，很有可供海内留心教育的同志讨论的，因趁此暇日，草为此篇，以请教于爱读本志诸君。

我在武昌的时候，就我所及知的中等学生情形而说，大概他们卒业后升学的人，十人中不过二三人。这回听说湖南的情形，升学的十人中可有五人。这些话很不能做我们讨论教育问题甚么可靠的根据。但是一件无疑的事，便是中等学生卒业后不能升学的人，至少占中等学生半数左右。中等学校情形如此，小学情形亦然。但是教育界负责任的人，可亦曾想到这是一种可注意的事么？

我知道小学生很多中途辍学的人。中学一年级的学生，能守到卒业的亦常不过十之五六。专门以上学校的学生，住不下地的人亦多。大抵这种不升学或中途辍学的人，所以这样做，必有许多原因。不过无论他以何原因不升学或辍学，他所得半截的教育，于他自身乃至社会，果有如何影响？

而且更进一步，便令中等学生可以升学于大学专门学校。再进一步，还可以出洋，赚个博士、硕士头衔回国。这可以说受了完全的教育了，这种教育，除了可以给他们做工程师，当教授，赚银元，住西式房屋，吃大餐，甚至于嫖、赌、讨小老婆以外，果然于他自身乃至社会有如何的影响？

一般比我还近视的人，看见人家不能升学或中途辍业，便可惜他不能学业完全成就。其实学业便完全成就了，又会有甚么了不起的影响？我在武昌的时候，向同辈有志的人，大提倡中等学生不升学，高等学生不出洋的怪论。许多朋友，都不懂我的用意。我知道他们的意思，以为不升学不出洋，便读书不多，学问不大，不能够为社会做甚么事。不过以我的愚见，升学出洋，所谓受了完全教育的人，便区区一个中华民国，亦人数不少了。有名无名的博士、硕士，散在南京、北京、上海、武昌以至各处的亦很多。不过中华民国总只是这个怪样子。我亦不知中华民国一共须有几多博士、硕士，才会有起死回生的希望？一个个有志向的青年，都想着非极力研究学问，无以救中国。然一天卒了业，反成了辱国卖国的人。但是大家却拚死不肯想，这中间有甚么应当注意的事？

我们要兴办一件正经事，便感觉人才太少了。因此感觉教育要注意培植人才。但许多人不注意一件事：中国教育便再不发达，何致会如此的没有人才，乃至于一国许多事，都不能做？中国亦办了二三十年学校，多少总要成就几千几百人才。这些人才毕了业，便到那里去了？他们睁着眼睛看见他们的人才，卖国，播弄是非，与军阀、资本家做走狗。但他们总不信教育除了注意培植人才，还得管甚么事情。

许多"盲目的向上"的教育家，听见人家说教育是高尚、纯洁、根本改造社会的事业，便自命为他们是社会托命的人。然而他们的教育，除了糟蹋社会上的金钱，做房子，买仪器以外，低的只能给学生一些模糊影响的知识，高的亦只能为学生养成庸懦柔顺的品格，将来最大的成就，只是姓张的学生，能够做刮地皮的官僚；姓李的学生，能够做杀人的资本家。我想这种成绩，只是那些教育家，前生该了姓张的姓李的冤孽债，今生轮着变马变牛的为他家里生一笔利息一样的事情。若说这便是社会托命的良教育，我完完全全不懂这是那一国的方言。

我们自命为终身从事于教育的先生们，细细反省一下罢！我这说的话，固然有些有意开顽笑，但实在是这个情形。所以我想若我们照今天的样子谈甚么办教育，救国家，改造社会，总是一场笑话。

然则这种教育便须一律停办么？既然学问不足以救中国，中国便不应讲求学问么？自然我便发神经病，亦还不够主张这等说法。不过无论如何，你们说教育救国，学问救国，以这二三十年的成绩看来，断然你争输了。倘若以后的教育与学问，仍然不过如此，中华民国总还有十百倍于章宗祥、徐树铮、杨度、张作霖之辈的人才出世，我们或者有一天会看见教育的奇效！

依我说我们的教育要怎样办法呢？

第一，我以为教育若不能使被教育者为社会上有益的人，那便教育者只是与私家做奴隶，不配做人类的教育家。从前富贵人家聘请教师，传授他子弟富贵利达的工具，如八股试帖；或装饰门面的奢侈品，如诗词歌赋之类。他们原不承认教育是人类社会的一种甚么事业。一般饭碗主义的教师，虽然面子上借着传道、授业、解惑以自重，其实只是迫于儿啼饥妻号寒的无可奈何，卖身子为东家做苦工，本亦不曾想到教育与社会有甚么关系。我想在这种不自然的经济制度之下，许多人会有生活的压迫，读书的与做工的一样，会因无可奈何投身于一件事业之内。既然是因生活的无可奈何这样做，自然不能假充作为改造社会而从事教育的人。自然他所谓教育，亦不定能怎样有益于社会，我亦很原谅这些教育界的劳工，他们不能为社会做甚么事，原由于他们处境的无可如何。不过我们一定要记得，有价值的教育，是因为他是改造社会的工具，不是因为他可以为这些劳工减轻生活的压迫。这些劳工固然可以同时兼营一点改造社会的事业，教育的工作固然可以多带一点改造社会的色彩。但是除了这一部分努力以外，其余只等于与私家做奴隶。我亦明知今天硬把这些自命比肩于天地君亲的"师长"，比做奴隶，他们必然不心甘。不过我却自信他们争不过我。然则他们应当怎样呢？我以为教育者真想除了奴隶工作以外，还做点人的事，或者想利用这种奴隶工作去做人的事，必然要注意教育的成绩，要使学生一个个为社会上有益的人。这样，我们的努力直接放在学生身上，间接便都到社会上去了。不然，便学生得了任何益处，我总觉得这种努力，是可耻可怜！

第二，我以为要使学生成为社会有益的人，第一层要使他在这种恶社会里站得住，第二层要使他能改造这种恶社会。若就这两层批评现在的教育，我大胆说一句，可以说是一钱不值。现在的教育，只是秉从古以来的养成书簏的宗旨，给学生许多片段浮薄的知识。除此以外，德育、体育，都只是门面话。我亦知道所谓德育，有些人因为敷衍社会，提倡孔教。有些人因为献媚官厅，提倡柔从。所谓体育，有些人因为迷信军国主义，提倡军法部勒；有些人因为迷信义和团、同善社，提倡拳术静坐。然而究竟有真心认德育、体育是教育分内之事的很少很少。所以这样学生，未出学校，嫖、赌、夹带等毛病，已指不胜屈，而骄奢淫逸的生活，且习为常态。这样的出货，说用去改造社会，岂不令人齿冷？亦有些好学生，驯谨和平。但这种学生，十个便会有九个是有学问无能力。一天离了学校，受了职业界许多出乎意料以外的引诱与逼迫，便会手慌脚乱，不知所措，他们中间即稍有能力的，又多孤僻自是，不知道甚么团体生活。所以亦一样的会因独手空拳，仍屈败于恶势力之下。好学生变坏的多了。教育者不问这中间有甚么秘密原因，只顾责学者无志。咳！何时得玉皇上帝发个慈悲，差遣一般有志的学生来受这般先生的教？不然我看这般先生，永远只能为学校造好学生，不能为社会造好人。这话总不至于刻薄得不近情理。

第三，我以为要使学生能在这种恶社会里站得住，而且能改造这种恶社会，我们要就这种标准培养学生的品格、学问、能力。许多教育者的见解，既硬看不出世界上为甚么不该有贫富的分别；而且便令这些可怜的教育者，他相信了这种分别是不该有的，这种不自然的经济制度，亦决不为他偶然的喟叹所改变。那便人类的穷者，自然有些只能住小学或住中学，或住国内大学专门学校。为这些人的教育，我们必然不可以只顾给他些无裨生活的玩意儿常识。我们要看清他要走的途径，要到的地位。一切教育都照这样用力。就品格说，自然无论他择何生活的学生，都一样要注意刚健（这种品格，许多奴隶教育不敢提起）、和平、周密、勤劳、刻苦、恒久等美德。但知识、能力，便须视学生将来生活的需要而给他一种正当切要的供给。现在的教育者，只知要学生勤功课，守规则，以办到无违法令，便以为心满意足了。这样，自然学生所受教育，与他将来的生活全然不生影响。

第四，我以为今天我们的教育家，须就生活实际上给学生许多帮助。譬如求学择课，升学择校，谋生择业，教育家不可不十分注意给他以合当的指导。照理论说，固然入师范学校的，当重教育；入工业学校的，当重工业。但中国今日社会的情形，学生父兄多于学校内容全然隔膜。学生自身他所以择校，或出于趋时，或出于盲动。所以真想尽职的教育家，为给学生合当的教育，或须在校内设别种补救方法，或须劝学生休学转学，切不可拘守成法，泥执小仁小义，以误学生终身。卒业后升学谋生，普通教师多不认为他有指导责任。若以工人上工下工之例律他，当然学生一出校门，便是他下工的时候了。不过若真想他所教育的学生，能成就个社会有益的人，那便择校择业，还是完成教育功效最要的事。若照这样说，现在做教师的，自身对于择校择业还无一点把握，从那里会办得出有功效的教育呢？

第五，我以为要指导学生择课、择校、择业，不可不使学生常与社会接触，而且与某一部分社会生一种关系。许多研究教育的人，只知指导学生择课、择校、择业，不可不注意学生的个性。这话固然不错。却可惜太是白面书生的见解了。倘若社会上完全没有别的关系，可以任每个人顺他的个性做事，而且尽量的发展，自然他们这种个性教育的理想成效，有一天实现。不过社会事实是如何复杂，中国社会的情形更复杂紊乱得可怪。我们要使学生能在这种社会里站得住，而且改造他，那便不可不深知这种社会的内情，使自己一出学校，便有可靠地站脚地下手地。我看见许多好学生卒业以后，不但对社会无有益的供献，对自身亦无合式的啖饭地方。所以如此的，只因他们在校的时候，全然不知社会情形，与某种职业实际的需要。一般当教师的，多直接或间接把外国的书本讲义裨贩传述下来，内容多少不合中国情形。这些教师，因为学问大了，地位高了，自己以为不必，而且亦不屑考察中国实际的情形。所以谬种相传，这种洋学堂的洋学生，卒业后只好在外国人以至少数中国人所办工厂银行中做奴仆，自己决不能怎样创造小事业，或变通旧事业以纳之于科学轨道中。既然这样，所以学生志气一天天卑下颓唐了。未卒业的人，看见已卒业人的情形，贤者便会丧志，勇者便会灰心。中国学法政的，固然对国家无所贡献；学实业的，究竟又有何种贡献可言？就我想来，为救这些弊病，学生要不但熟悉社会情形，而且要熟悉他要入的某种职业界的情形。这样，庶几能养成个有能力的职业家，一出去便可以改变社会，不受社会的改变。

第六，我以为今天我们的教育家，要注意帮学生解决家庭问题。我们盼望学生学业成就，可以急公向上。但不知学生家庭问题若不得着合当的解决，有许多原因为学生急公向上的障碍。在今天情形之下，许多学生父兄，都是饱吸恶劣空气，饱受恶劣经济制度斫丧的人。他们的中心，只有光宗耀祖、升官发财的思想。不能使子弟完成学业的人，他所以送子弟上学，只是盲目的敷衍流俗。勉强能使子弟完成学业的人，他所以送子弟上学，譬如权母子放利息一般。以这种弥漫于全国人心的习俗，所以学生学业越高，父母妻子乃至于宗族乡党期望越大，因而自己受居移气养移体的影响，生活欲望与虚荣心亦随之而越大。加以我们不良的教育，仍然完全把学生作少爷公子看待，优容敬礼，总是加人一等。这样，做学生的越习于贵胄生活，不耐劳苦，不受委曲。以如此茬弱庸懦的青年，而抱许多非理、越分的欲望，能在这社会中站得住已属不易，更何望他改造社会？关于这方面补救的方法，固然要在学校与学生身上努力；但教育者对于学生家庭问题，亦不可不帮他做个合当的解决。那便是说，我们怎样帮学生处置家庭，他便会没有生活恐慌，便会不受父兄妻孥非理的系累，而且便会渐求他家庭改造到理想的田地？中国的家庭，捆死了累死了许多好汉。若家庭问题不得合当的解决，一切教育的努力，都会被家庭一关生生的拦住，一点效力不能到社会上来。许多教育家亦知道须将家庭改造了，教育才有功效。但他不知改造学生家庭，便是他分内的事。

第七，我以为今天我们的教育家，要帮学生解决生活问题，且帮他在职业界奋斗。我们职业界的紊乱，这是不待我详说的事。我们办了二三十年学校，不能发生效果，一则由于教育未曾对着职业的需要培养人才；二则由于人才的供给，与职业的需要不能巧于配合，所以便有少数人才，又牺牲了；三则由于人才便得着相当的职业，但因不曾研究社会情形，所以不善适应职业界的环境，因而不能胜改造社会的责任。人总是不能无职业的。学生初出学校，他既不十分懂得他的知识能力最好加入甚么职业界，职业界更不十分懂得学生是否有充分加入的知识能力。这时候教师的责任，必须引合当的人到合当的事里。但我们的教师，既与学生隔绝，又与社会隔绝。学生一出了校，他做梦亦不知对学生还有甚么未尽的责任。以不合宜的教育给与学生，而使学生自己暗中摸索，在这种紊乱的职业界求个出路，这样从那里盼望学生有胜利的希望？而且人类既不能没有饭碗问题，为饭碗问题又不能没有许多排轧倾陷的各种丑态，教育家自己却不敢想，似乎怕污了自己纯洁的脑筋；更不敢对学生说，似乎怕污了学生纯洁的脑筋。然而因这讳莫如深的结果，学生既无适应的能力，更无奋斗的预备。一天到职业界，似乎到了一个梦想不到的外国。与一般恶劣势力，进既不能战，退又无可守。这样，自然职业界永不能因这种教育有一点清明气象。

第八，我还有个最综括最切要的办法，便是教育家必须把改造教育与改造社会打成一片，用自己所养的人，去做自己所创的事，创自己能做的事，以容自己所养的人，这样才人无不有合当的事，事无不有合当的人；再说显明些，教育家必同时兼营各种社会事业，办学校，只是完成他社会运动的一个手段。换过来亦可以说，社会运动，只是完成他教育事业的一个手段。我看见许多办教育的人，只知辛辛苦苦养出一般学生，学生一卒了业，便交给社会，去任意蹂躏，这种用力是何等不经济。我又看见许多办社会事业的人，只知东扯西拉的弄许多乌合之众在一块做事，这些人既无训练，又不团结，这种用力亦是如何的不合理。所以我们最应当做的，必不可如前所说的两种人，各只做了半截的事业，我们要改造教育，必须同时改造社会。要改造社会，必须同时改造教育。不然，总不能有个理想圆满的成效。

好空谈的人，他总要说我这话是过于务广而荒。仅说改造教育，或仅说改造社会，已穷三五人毕生之力还做不到。现在偏想兼营并进，岂非言大而夸？但是他有这种论调，我总疑惑是怪他并不曾有改造教育或改造社会的真心。若果然有真心，他自然会感觉完成改造教育，或完成改造社会的一些困难。他自然会知道有兼营并进的必要。他或者要想：他可以做一部分改造的事，而靠别的人别的团体做另一部分事。但是这都是太说容易了的话。无论现在有改造真心与修养的人很少；便令有几个这样的人，他们怎样改造的理想还是各自不同。有的会悬个军国主义做目标，有的会悬个资本主义做目标，有的会悬个平民主义做目标。倘若一个平民主义的教育改造家，把他所养的人去供给军国主义的社会改造家使用，这岂不糟极了么？同一自信是平民主义的人，各人所相信的，还有种种程度的差异。我们想把一个理想中所产出的人，供别一个理想的事业中用，十之八九会如古人所说，方底而圆盖，断不能契合无间，即断不能望收理想圆满的效果。

我亦知道若能使改造教育的人与改造社会的人，彼此交换意见，相互迁就，多少可以使教育有比今天好些的成效。但社会各方面既因种种原因弄到如此复杂谬误，非真有见解真富感情的人，不能做真改造家。倘若他是个真改造家，盼望他肯迁就别人在他心目中所不承认为彻底的办法，这件事便不容易。而且他们彼此迁就，都不能把他们的理想得个彻底的实现，因而究竟的是非永远不得分判，最高的成效永远只托空谈，这亦不是人类的幸福。再进一层，改造的事业是不能必成的。今若改造教育，而以他的学生用途托之于不能必成的社会改造家；或改造社会，而以他所需用的人托之于不能必成的教育改造家；这是如何浅见懒惰的理法？

然则定要一个人兼营这两种方面改造的重大事业么？我可以说，实在定要一个人这样做。但这亦不限于一个人这样做，若得两个三个乃至许多人，联合得如一个人一样，自然这样做更容易有更大的成功。但是请问我们侈口谈改造教育，或改造社会的人，亦曾一念及这样联合的重要么？我说的联合，不是说召集一个乌合的会，结合一个稀松的团体。依我的相信，凡人要与社会做点实在的事，都不可不树立一个改造的理想，使多数人在这一致的理想之下分途努力。Dr. J. M. Rice 说，"从前我同别人一样相信，以为教育的不进步，是由于公众的不注意，与由此所生的结果；如学校内部的党争，不完全的设备，不良的教师。但再加研究，则使我相信这都不是主要的坏原因。这都是一种很深隐病的表现。我说的坏原因，只是怪教育者他们自身对于怎样改造没有相同的意见"。Dr. Rice 这话，是就学校内部说。学校内部没有相同的改造理想，固然使教育无进步。学校与社会间没有相同的改造理想，不亦只是一样的事么？

我在这里，宁相信政党教育、教会教育，比普通学校还较有意义。说严密些，我信普通学校无论办理好坏，多系没有目的。政党、教会的学校，虽然宗旨不大，手段不正，究比较还有目的些。我知道许多盲目向上的教育家，还正在牺牲一切，去从事他所信为高尚纯洁的事业。但是他们的成绩，至多为他个人或学校博个好名誉，养出一般学生暂时可以娱人耳目。终久想求王通、赵复等旧式的影响，都不可得。这还不值得更加一番细想么？

我的意思，以为办教育须使他成为有目的有计划的大规模运动。要想靠改造教育去改造社会，至少不可无办政党、传播宗教的精神，步步扎稳，事事想到的做去。但是我亦要补说一句，象一般办教育的人，疲精劳神于官府无谓的应酬，会社无聊的奔走，朋友无益的访问，这自然不能假托作甚么改造社会事业的好名辞，以自掩其不专心教育的罪。至如读我这文的人，或者疑惑我会有些赞成政党、教会的教育事业，我想我的精神，并不曾怪特到这一步田地。

载《中华教育界》第 10 卷第 10 期

署名：恽代英

为少年中国学会同人进一解
（1922 年 6 月 1 日）

不倚赖旧势力以建设事业的觉悟还要更深切啊！

我们不能不在旧社会中解决生活问题，这一点莫被虚骄之气哄过。

旧社会中各方面的生活，都是一样的恶劣而无意义。不要因流俗的看待有些轻重，因而用以自欺。

旧社会的罪恶，全是不良的经济制度所构成。舍改造经济制度，无由改造社会。

我们在旧社会的努力，无非是破坏。——有效力的破坏，有建设把握的破坏。

群众的集合，及他的本能的冲动力量，是我们改造唯一的武器。

冷静、周到、敏捷、决断的指导群众，是我们的责任。

我们要研究唯物史观与群众心理。

我们要无限制的利用机会，为社会作这些努力。

少年中国学会的内部，有许多可以促成破裂的问题。许多朋友——我亦是一个——都想得破裂了，宁是少年中国学会的好事，宁是少年中国的好事。但是同时大家又觉得——我亦一样的觉得——破裂了可惜，因为破裂了，或者每人要失了几多好的朋友。我们大家有个矛盾的心理，大家觉得会员多半都是难得的好朋友；但是大家觉得由这些好朋友组成的学会，有许多方面不能满意。因这两种原因，所以分裂的呼声颇高，但大家终迟迟不肯分裂。

我对于学会的宗旨与活动，觉得浮泛而无计划一点，固然不免略有失望；但是每得一接近任何同志诸友之言行，终觉有些皎洁不可及的，即学会中各种问题的争执，我亦以为终不愧为一种特别精神的表现。世界在今天正在激变的潮流中，我们大都是正富于吸取力的青年，所以我们的思想激变得更厉害。我最盼望大家要相互了解，我们一时主张见地的不同，算不了一回事。而且最好是虚心些，不要硬说我主张这个，你主张那个。我们自然应该有所主张。但我们的主张都是正待考虑，正待研究的，所以我们能有充分的研究态度最好。

其实我以为若我们大家能够有充分的研究态度，亦许我们所主张会归为一致的。我并不以为我们的主张非归为一致不可，不过我以为在可以归为一致的地方，而不能归为一致，这是可惜的事。

譬如我们对于政治活动问题，一部分人绝对赞成参加，一部分人绝对反对参加，这似乎是不可调和的矛盾意见。但是我以为大家把眼光再放远一点，心思再放细一点，或者从这里可以找出解决学会一切问题的关键，亦未可知。以下姑且述我的意见，请大家批评。

我们为甚么反对参加政治活动呢？因为我们认清了倚赖旧势力以建设事业，是没有希望的原故。我们这种觉悟，可以说是形成我们这学会的主要因子，我以为这种觉悟，是十分真确有价值的。在这种经济制度之下，人类全靠榨取掠夺，才能营谋他的生活；全靠能受最能榨取掠夺的阶级——资本阶级役使，才能保全他的地位。一种不正当的经济关系，是许多人的生活问题之所倚托。所以无论贵族或资本家，他们自身不能不榨取掠夺人家，即他们的附属物，亦要用各种法子欺骗引诱，使他不能不榨取掠夺人家。我们在他们手下做事，想对于他们的榨取掠夺，根本加以纠正，无论这是他们本身所不容许，他们的附属物更要拚死的倔强反抗。所以倚赖他们的势力，想做一点正当事业，只当是与虎谋皮，完全没有希望的事。

我对于学会大家已经有的这种觉悟，只盼望大家还要看深切些。政治界固然是第三阶级之附庸，其实在今天那一方面的事业，又不是这样？我们在今天承认办市政、办实业、办交通事业，为比参加政治活动好。然这种物质文明之推行，民众所能受其福利者几何？结果终只是为富豪大贾增加些舒适便利而已。即如教育事业，流俗以为最高尚尊贵；然而在现制之下，能受教育的多只系富贵人家的子弟，而所受教育，又常系私利的、服从的、保守的性质。结果只是制造智识界的一般商品，以供资本家的选购。究竟亦有甚么了不起的意义可言？

我们在这种经济制度之下，与人家一样，不免有自身的生活问题；亦不免多少有些家庭的系累问题，这一点我们宁应坦白的承认。我们有好多时候，便为这不能不加入旧社会中。我亦知道，我们每加入旧社会中，多少曾加了一番选择。但是我们不要忘记，使我们加入旧社会的主要原因，究竟是我们的生活问题，旁观的朋友，不可不谅解为生活压迫而加入旧社会，这是无可如何的事。（我的盼望是每个人不要有更高的物质欲望与享受，更复杂的家庭系累，以愈加重了自己生活的压迫。）加入旧社会的朋友，亦不必因自己既与旧社会发生了关系，遂主张在旧社会下面做的事业，真有甚么意义与价值，以渐次消失了不利用旧势力以建设事业的觉悟。

但是我们虽然为生活的压迫加入旧社会中，亦不能说加入旧社会中，无论如何不能有甚么意义可言。我们要常提醒自己的，便是我们不可真望我们在旧社会下面，做理想的政治家、实业家，乃至理想的教育家。因为在这样不合理想的环境中，想在一局部做成甚么理想事业，是绝对不可能的。要改造须全部改造。须将眼前不良的经济制度，从根本上加一种有效力的攻击。不然，总是没有益处。如何能将眼前不良的经济制度，从根本上加一种有效力的攻击呢？这有许多时候必须我们加入旧社会的事业中，来利用机会，向这一方面努力。我们若认清这一点，那便加入旧社会，正有他很大的意义。不过与表面上所见的意义，大不相同而已。

在加入旧社会事业的时候，无论他的薪俸可以供给我们的生活费用，即他的地位与机会，亦给我们运动中许多的帮助。我们但能认清我们的责任，唯一的是企求社会全部的改造。认清我们的努力，无非是为的破坏，那便我们加入旧社会事业的价值，显然而易见了。

我们说不利用旧势力以建设事业，这句话是再精确没有的。但这并不是说，我们要经营新村事业，用我们最纯粹的血与汗，来凭空的制造一个世界。以我们藐乎小矣的几个人，便把纯粹的血与汗集合起来，亦做不成甚么事业。工读互助团的创造，还要受江朝宗等一般人的资助。学会同志的储金，亦多由许多不能满意的职业中所得来。其实这都不配说是纯粹我们的血汗。我以前亦有一种错见解，以为我们只有用自己的力量，创造自己的事业。然而结果只有挫折与失败。说到办生产事业罢，用我们的小资本去经营，一方终不能不多少窃取些资本家的伎俩，以维持那很小的根基；然一方却备受资本主义的压迫，终于那很小的根基都维持不住。（我们营生产事业，原为的是盼望他能做别种改造运动的经济帮助。不然，便更没有意义了。）说到办教育事业罢，我们要想经费与设备能理想的圆满，终于不能不利用许多不自然的援助。即想利用这些援助，结果都怕比普通学校还难于求发展，而他所需要的敷衍妥协的力量，却不见比别的学校能少得若干。说到办别的社会运动罢，用我们少数的人，少数的钱，很不容易做一点有效力的运动。况且我们手侧边本来有硕大可以利用的力量，我们却只知走那样的窄路、死路，岂不是太呆笨？

我从前主张赚钱做事分为两撅，许多朋友不以为然。现在细想来我确实有些错了。但是那些不赞成我的朋友，其见解或者比我更错。有的人想，我们既在旧社会下面赚钱，那便旧社会下面亦可以做事了。这是忘了不倚赖旧势力以建设事业的意思。这只是自觉的或不自觉的自欺。有的人想旧社会下面既不能做事，即不应在他底下赚钱。但严格说起来，不在旧社会下赚钱，甚么人做得到？我们不只是要人家恭维我们的亮节高操，所以用不着专门去表示那些"上食槁壤，下饮黄泉"的品格。而且何曾真能"上食槁壤，下饮黄泉"？与政党机关报作通信记者，与商店、杂志作撰述人，一定说这便正当而满意些，其实这中间又做得成几件可怜的事情？做教师的生活，亦不过象官吏、议员一样，终不过是资本主义大机器中间的一个机轮子。总之，这个社会下面各方面的生活，只是一样的事。我们终于不能不在旧社会中讨生活，而且象前面所说的，为改造旧社会，亦有加入旧社会的必要，我们虽然要预防因加入旧社会而陷于（这亦是必须注意的）罪恶，我们却不应只顾加自己一些有损无益的限制，以减少自己活动的机会。

我们应得如何改造旧社会？我们应得利用一种力量。自然我们不能利用贵族或资本家的力量。他们的力量，决不肯被人家利用去做有损于他们，或有利于平民的事业。而他们的利益，全是靠榨取掠夺而来的，与平民的利益断乎不能两立。所以他们的力量，必须被另一种力量克服压倒。自然我们亦不能轻易的利用武人的力量。武人是粗暴而浅见的。他若自己觉悟了他的力量，他要用以为他的私利与虚荣，他将要利用人家，不肯受人家利用。然则我们应当利用甚么力量呢？甚么力量能抵抗而压服贵族资本家乃至武人的力量，他能够受我们的利用呢？我可以说，这只有群众的力量。

群众集合起来的力量，是全世界没有可以对敌的。无抵抗的民族集合起来，强权的国家不能不让步。如日本让步于朝鲜，英国让步于爱尔兰，皆其已例。无抵抗的劳动者，集合起来，占优势的资本家，不能不屈服。若各国罢工的胜利，赤俄革命的成功，这亦是普遍眼著的事实。我们专靠自己纯粹的血与汗，是不能成功的，想利用别的靠不住的势力，是有弊病靠不住的。我们必须利用群众集合的力量。

群众如何肯集合？如何肯表现他的力量呢？这不是把任何理论的论调去劝勉他所能成功的。群众的行为，常发源于本能的冲动。在个己本能（Individualistic Instinct）方面，常因经济生活的压迫而直接唤起反动的力量。在社会本能（Social Instinct）方面，常因人家所受经济生活的压迫，而间接唤起同情的反动。冷静的理论，或者有时可以诏示我们当然的鹄的，但对于群众是缺乏动力的。黄金时代的理想，多少可以使人类起一点歆动的心理。但这种动力，亦微弱不够促成人类有力的活动。最有力量为进化主要因子的，只有群众的本能反应。这便是说，他们因为自己或者别人所受经济生活压迫而生的反动力量。这便是唯物史观所推阐的进化原理。

人类最容易因有对敌作用而联合起来。人类亦只有因对敌作用所生的联合，最团结而有力量。我们应研究唯物史观的道理，唤起被经济生活压迫得最利害的群众，并唤起最能对他们表同情的人，使他们联合起来，向掠夺阶级战斗。只有他们是我们的武器，是我们的军队。我们要利用他们，以企求他们以至全人类的福利。

群众的联合以反抗掠夺阶级，其实是经济进化中必然发现的事，本用不着我们煽动，亦非任何人所能遏止。不过我们所必须注意的，群众的联合，虽则是一种力量，但这种力量是发源于本能的冲动的，所以他的发展，每每是盲目不定合于当然途径的。这最须受理性智慧的指导，我们最妙是深懂群众心理，能巧于运用他。群众是一种力，我们是用力的人。群众是热烈的，但我们要冷静。群众是简单的，但我们要周到。我们要能尽量利用群众的力量，但我们要能使社会进化，不陷于群众的弱点中间以致召起失败的恶结果。那便我们必须能使群众愿受我们的指导，而且我们必须确能善于指导群众。

如何使群众联合，这多少须我们努力。如何指导那已经联合的群众，这更有我们努力的必要。我们要研究唯物史观，以发现历史进化必要的条件，因用以制造历史。我们不是满意以前唯物的历史，我们须要造历史。但我们要造历史，不可不注意历史进化的必要条件，不然我们造不出历史来。因为唯物的历史不能满意，因为必要造历史，所以有知识而清白纯洁向上的青年，所负的使命很大。我们学会的同人注意啊！

我们要能利用群众，要能指导群众为最有效力的破坏运动，亦要能指导群众为最有效力的建设运动。我们一切的努力，只有合于这个目标的，才有意义，才有价值，参加任何旧社会的事业，除了为解决自己生活问题以外，同时都只是为这。所以我们在任何旧社会事业中，除了要勤劳尽职，以求职业方面相当的胜利外，我们总要尽量的利用机会，扶植群众，唤醒群众，指导群众，以预备或实现各种有效力的反抗运动。我们切不可认我们眼前的事业，便是我们的目的。我以为我们学会的仇敌，还不是参加政治活动，宁是认任何旧社会下面的活动，作为我们的目的。一个只是职业主义的任何职业家，我们不愿意批评他的价值。一个社会改良主义的任何职业家，他想利用旧势力以建设事业，这亦是同一不生甚么真实效力的。在改造社会的方面，都不是我们所盼望的人。眼前的官吏职员，其实与工程师、教员所营的罪恶生活差不多。即令工程师教员的罪恶比较轻些，亦只是他们犯罪恶的机会比较少些的原故。我们要加倍的努力，赶快的打破全经济制度啊！不要以居于犯罪恶机会少的地位，遂自以为天国乐土才好。

纯洁向上的同志啊！大家试看清这一点。从此以后把不倚赖旧势力以建设事业的觉悟，推广到各种职业上去。不要只争不许做官吏职员。从此以后，我们无论就何种职业，总要利用机会为全部改造的运动，——那便是说要为 Revolution 的运动，不要为 Reform 的运动，——不要容许而且赞美同志去做那些无实效的慈善家、教育家，乃至各种社会改良家，因为那是根本违反学会不利用旧势力以建设事业的一种信念，与做那些无实效的官吏议员一样。

这是我的意见。或者我这个意见，根本便与学会有些朋友冲突，亦未可知。不过我仍是在开首说的，最盼望大家要虚心些。我们的主张，都是正待考虑正待研究的。所以我们能有充分的研究态度才好。

载《少年中国》第 3 卷第 11 期

署名：恽代英

民治运动
(1922 年 9 月 25 日)

有许多人似乎是已经承认中国是死病无良医了。所以看见国中许多乱七八糟的样子，只是冷笑置之，完全似乎秦〔越〕人之视越〔秦〕人肥瘠一样。这种毛病，许多神经已经受刺激而麻木了的，曾经为爱国运动十分宣力的人，都复不免。这成个甚么现象呢？

我——亦还有许多我的朋友——都相信实在中国不是没有救治的办法。要救治，只有求真正民治政治的实现。要民治政治的实现，须盼望很快的唤起全国各界，一致的为民治政治发生个有效力的运动。

有些人以为这几年的扰乱，都要怪从前不应该有辛亥的革命。这固然是无知识的可笑的见解，但恐怕不是很少数的人这样想，而且亦不是没有一点理由。不过，（第一）革命不是少数人的力量，是海禁开后世界生活的自然结果。

1. 有些与外国人接近的人，习闻国外关于种族与平民幸福的制度与学说，不能教他们不信服而提倡。

2. 满清政治腐败，而无为人民的诚意，故无可以维系人心。

3. 国际帝国主义的压迫，使战败而赔款，通商而利权外溢等原因，造成生活程度增高的结果。于是人民精神与物质生活俱受摇动。

有此三因，故但揭竿一呼，便能四方响应。这决非孙文或同盟会几个人的力量。这是生活改变了的自然结果。

（第二）革命固然有早熟的毛病，但是这是不可免的。

1. 革命每系富于感情的人所提倡。富于感情的人，每是坦白勇敢，而轻看思考，不能有精密辨识力的。

2. 革命每系青年所提倡。青年每系纯洁猛进，而知识经验缺乏，实务材干幼稚的。

3. 革命每系靠群众附和。群众是勇敢而急躁，纯洁而简单的。

4. 自命能思考辨识，而有知识经验材干的人，或懦怯苟安，不注意为改造运动。即他们所为改造运动，亦常不免为他们的私心惰性或囿于旧见所妨碍，故无以取信于急进的同志，使之降心相从。

5. 而且这种稳健派，每因急进派似乎浮躁的言论或行为，与对于他们所下无礼的督责或攻击，而激起反动的感情，以渐成为顽固的守旧党。或成为嬉笑怒骂的玩世家。这样，便越使急进派轻看，而不理会他们的论调。

有此五因，故改革的事，每只有急进派乘着他"初生之犊不畏虎"的锐气，无精密计划的向前猛烈攻击。一般所谓稳健派的，其实多少受了暮气的毒，所以他们决不能阻遏急进派的行动，而纳之于轨物之中。这样，可见革命几乎没有不是早熟的性质。然而这种早熟的革命，如何能够避免呢？

所以辛亥的革命，的确可惜有些早熟的毛病。因为有些早熟的毛病，所以在许多人民——甚至于所称为最有知识的人——都还不知道怎样过民治生活以前，而革命的结果，事实上已经把皇帝的尊严这个偶像打破了，只得挂个民治政治的招牌出来，因为人民都还不知怎样过民治生活，所以把皇帝的偶像打破了，在民治招牌之下，徒然造成了群雄争长的局面。

这固然是一件很不幸的事，但是人不过是这样，而事实亦已经是这样，我们不应徒然发些悔恨的无益论调，应当在这种情形中讨论怎样过生活的方法。人类何曾不想他自己是上帝特造的万物之灵？但是进化论证明他不过是由猿猴进化的一种生物。人类何曾不想他所住的地球，是日月五星围绕运行的中心？但是天文学证明地球不过是围绕太阳八大行星中间的一个。这种科学的证明固然是扫兴的；但是因此人类打破了他那无根据的夸大狂，在这种真理之光里面，求个合理的生活，倒反是有益的事。在社会科学方面，亦只是一个样子。人类想得社会的进化，最好是不需要感情的原素，而全凭理性的指导。但是事实已经证明，感情每反在发生效力的改造运动中，占主要的地位。既然如此，我们做改造运动，不容不注重这一点，而研究所以善于处理的方法。

论到怎样救治这种群雄争长的局面，还有些人不留心这些地方，而发表了许多不切实的言论。

一，有些人希望复古。这种事情，最有权力的那拉太后、袁世凯、张勋都曾做过。但都是一致的失败了。纸老虎是不好戳穿的，一经戳穿了，还盼望用愚民政策，使他再信这是个真老虎，这简直是可笑的梦想。其实现在所谓主张复古的人，他亦多半不信可以做到复古田地。不过他们只是说这些无聊的话，以表示他们对于旧制度学说恋恋不舍之意罢了。所以这是不值得我们研究的。

二，有些人主张提倡教育，兴办实业，废督裁兵等事。但这是已经打破了群雄争长的局面以后，才有希望能办到的。在这种局面之下，现在有限数目的，设备很可怜的几所学校，都不能维持。常时发现的内争，使金融紧急，交通断绝，再加以勒派兵饷，变乱掠劫等事，现有的实业，都处处受他的影响，而不易兴旺，更何论教育、实业新的扩张？至于向武人谈废督裁兵，只好说是向老虎作揖，请他宁忍着饿肚子，莫要吃人一样。纵然把督军改总司令，改军务督办，乃至于象唐继尧样的径改为省长，二五等于一十，究竟这些朝三暮四的伎俩，另外有甚么意义；所以这些主张，固然是好的，但必须先想个打破群雄争长局面的法子，然后这些主张才能够有研究的价值。

三，有些人以为制定国宪与省宪便好了。但法律有效力，必须有威权在后面，能够惩治破坏法律的人；野蛮时候，酋长威权小了，便无所谓法律。现在国家间虽有些公法条约，因为没有威权为他的后盾，所以大战中便失了效用。我们的临时约法，亦是因为没有威权为后盾，已经被人家撕碎了。现在纵有国宪省宪，他仍是一样没有威权为后盾，如何能够盼望他自身大显其圣，使一般反侧的人不敢触犯他？

四，有些人以为办新村，改良家庭，改良市政，改良固有的学校与工厂，有了好社会，才可以有好国家。但是在这种群雄争长的局面之下，生活是日益困难而不安定的。靠自己的力量去创造事业，出尽了穷气力还维持不住。靠人家的力量去改良事业，又是常常因人家兴会与机运而常受变迁的。况且人家所可靠的力量亦有限。而他们的志愿，又每把我们所视为生命的事业，只作一种应有尽有的装饰品。所以这些努力，其实决没有圆满成功的希冀。至于还要冒饭碗主义竞争的毁谤，还要费分赃形式敷衍的苦心，那我更不忍言了。

五，有些人主张建设好政府，图政治上的刷清，这比较能得其本原了。但是好政府非能有超过于受他支配的各方面的威权为后盾，便不能不受各方面的牵制干涉，而无从作一种合理，乃至于不合理的计划。例如胡适之先生虽然怪签名于《我们的政治主张》的王宠惠，无计划而登内阁总理的台；其实这如何怪王宠惠？即令那一系的军阀，在他未打倒一切异己者的势力以前，他都不配有甚么计划——除非一个纸上谈兵的计划，原是不预备实现的。

六，有些人盼望将有一个人，或一党一系，他能做好政府的后盾。但是第一，这一个人或一党一系，非穷兵黩武打倒一切异己的人，或党系，他的威权不能超过于受政府支配的其他方面。第二，此人或此党系，果然有超过一切的威权了，他自己固无所约束无所忌惮，或不免逞其私心与偏见，以渐次成为倒行逆施。第三，那个时候，左右扶持他的人，为他们自身要求更广大的余荫，不免要怂恿他在轨道外攫取非分。袁世凯被骗得想做皇帝，其实只因他左右的人，要这样才有爵爷贵胄做的缘故。有这三种情形，可知道盼望一人一党一系做好政府的后盾；我们正不必把小人之心抹煞国中一切有力的人或党系，纵然我们相信吴佩孚、或直系真是要为中国宣力的人，亦可见他们做不出真事来。

所以最要紧还是要唤起人民用人民的力量，建设，拥护，而监督一种为人民谋利益的政府，才是正当的解决。怎么这样说呢？第一，只有人民自己注意他的利益，做领袖的人才有所忌惮约束，不敢做损害人民的事。靠圣君贤相是很少希望的。一部二十四史，亦很难得遇见这样的人。第二，只有人民联合起来的大力量是超过一切没有抵抗的。五四之役，学生与各界的联合，著名凶横的徐树铮亦只得退步。朝鲜独立的运动，亡国人赤手空拳的联合，著名贪残的日本，亦只得退步。倘若中国的人为要求民治政治，象朝鲜人那样蜂拥起来，那些督军巡阅使的兵，在他为他的豢养主人杀伤了几个人民以后，一定要激发起了他的天良，他一定要归顺人民，一路倒戈相向的去威胁他的主人。因为我们的兵，究竟不是象日本兵在朝鲜一样，他们原都是我们的骨肉兄弟，在全国激动了的时候，他们是不肯自外于国人的。

如何唤起这样的民治运动？我现在说七件要做的事，盼望每个人为中国的缘故，要尽一分力量。

第一，我们要唤起人民为自己的利益而奋斗。要用哲学、文学、各种讲演、演剧的法子，打破中国人的所谓"安分"之说。我们的分，不是只受人家凌辱剥夺。我们要求自己应有的利益。青年人应有享受完全教育的权利。国民要有工作，要有维持生活安全的权利。妇女要有参与职业与公民生活的权利。公民要有监督选政、稽核预算、决算以定纳税、守法与否的权利。因为一般人蔽于那种荒谬不通的"安分"说，把这些权利完全忽略了，所以奸猾豪强之徒，才能够横行无忌，而大家不敢企图反抗。亦仿佛还有些人，以为不应该反抗他们。

第二，我们要唤起人民为奋斗而联合，要用各种方法，去传播联合的福音。不是与人家说那种不痛不痒的所谓合群，要告诉他这种联合是我们人民惟一的最大效力的武器。我们要用这打倒一切凌辱剥夺我们的奸猾豪强。我们不要空口说努力说奋斗，不要只知道向奸猾豪强的人请愿。不要只知道作说帖式的文章，盼望那一个有力的人或党系"俯赐采择"。我们要唤起人民为奋斗而联合。要他知道联合的力量。我们为人民的奋斗，总要有人民的联合，在背后作有力的后援。我们不要靠个人或三五人的力量，与恶势力奋斗，因那劳苦而不易成功。诚然要少数人敢于上前去冲锋陷阵，但必须有整队的人民，因这样的激奋，有预备的掩护上来，才能有杀敌致果的效力。

第三，我们要这种作战的联合，大家能受一种有纪律的训练。我们不应当只知尊重自己的意见与便利，以造成人自为战的现象。我们要求步伐整齐。要在比我好的意见，与我相似，乃至比我相差不多的意见面前，牺牲自己的意见，以服从团体。个性与我见的过于发展，只可以破坏作战的团结，使敌人的地位巩固。这不是我们的幸福。

第四，我们要这种作战的联合，大家能注意监督领袖。我们要在战争的方略中，服从领袖的指导，这固然是必要的；但是我们要使每个人注意我们所以服从领袖，是因为领袖可以指导我们做有利于我们的事情。我们要监督领袖，谨防领袖利用我们，谋他自身的利益，而引我们做不利益的事，我们不要信靠领袖的人格。很少的人，不是因为有外方的督率，而能够自己约束的。外方不注意督率，反转陷领袖于作恶的阱坑。所以我们在民治的政治中间，要人民都能督率政府。在为民治作战的联合中间，要每个战卒都能督率领袖。

第五，我们要利用各种机会与目标，使这种作战的联合，练习作战。从来社会的凝结，战争是一个重要的力量。我们不能够靠讲道理结合甚么有力的团体。我们要鼓吹反抗强权的学说，而且引他们向各种黑暗的势力作战。这种作战的目标，可以是提倡教育，废督裁兵，乃至于其他种种，总看时机之所允许，大众之所易于接受，而引起一种有力的运动。这既是作战的联合一种有力的练习，而且可以使作战的联合，内部团结越是牢实紧固。

第六，我们要引导这种作战的联合，向政治上战斗。各方面零碎的解决，固然可以作练习作战的目标；但我们不可忘记，只有向政治上战斗，以求人民获得政权，用人民的力量建设，拥护而监督一种为人民谋利益的政府，才真能有一种成功。所以每个为自己谋利益而作战的联合，我们逐渐要引他注目政治，引他求政治上的总解决。人民要赤手空拳的联合起来，向政治上恶势力拼死的作战。没有人能用我们兄弟们的军队来压服我们。因为我们的兄弟，他自己的妻子儿女，同我们受的是一样可怜的生活待遇。

第七，我们要靠这种政治上的战斗，实现真正的民治政治。我们是要谋全体人民利益的政治，不是要谋任何优等阶级利益的政治，我们是要谋建设平等互治社会的政治，不是要谋建设阶级剥夺制度的政治。我们要用我们的大力打倒一切欺骗侮辱民众的野心家。因为我们是没有抵抗的权力，所以我们这样的愿望是一定可以实现的。

我们这可以看见我们对于这样似乎死病无良医的中国，并不真是没有救治的法子。救治中国的大力量，究竟是在人民手里，特别是在能忠心指导人民的人手里。指导人民诚然不是一件容易的事。一定要纯洁勇猛，自己富于感情，而且能利用群众的感情。因为感情是行动的一个大发动力量。但是不只是要感情，一定要能思考辨识而有知识经验材干。所以青年富于感情的人，不要以纯洁勇猛，便自己满足了。那些自命能思考辨识，而有知识经验材干的人，特别要为中国的原故，委身以做这种运动。

在这种运动中间，第一要注意群众能受合理的指导，要知道怎样才能指导合理，那便不可不研究社会问题与社会进化论。要知道怎样群众才肯承受指导，那便不可不研究群众心理，与实务材干养成方法。第二，要注意群众能作合理的监督，要群众知道他有监督领袖的必要，那便不可不求公民知识的普及。要他们能够有监督的力量，那便不可不注意他们团体的组织，与反抗强权品性的训练。

这是盼望一般还有心为中国做事的同志，同心协力向各方面宣传的一个建议。时机危急了！我们要赶快组织作战的军队，为民治政治，向一切黑暗的势力宣战。

载《东方杂志》第19卷第18号
署名：恽代英

妇女解放运动的由来和其影响
(1923 年 10 月 10 日)

我知道许多男女著述家，都要赞美妇女解放运动，认为是中国的一种进步现象。自然，我对于这一种解释，亦相当地承认为有些价值。不过我以为从别一点看起来，还有不由得我们不注意的一些事项。

为甚么一下子会有这些人鼓吹妇女解放运动的呢？我敢说，必同时有下述的几种原因。

一、因中西习俗的接触而促成人权观念的觉醒。这是由于有了几种相异的习俗，因为相接近而引起一般人的研究批评的精神，所以渐渐感觉得素来中国藐视女子的一切态度，为道德上所不能承认。

二、因伦理观念的改变而唤起妇女解放的要求。这是由于生物学的伦理观输入以后，男女的尊卑，婚姻的意义，在许多受了教育的人心目中，全然改变过了。所以女子再不容被承认伊系为男子而生存的，女子自有伊的权利和伊的责任。

三、因经济势力的压迫而引起宗法家庭的崩坏。这是因为欧美工业革命以后，大生产制引起了寻觅新市场与新的原料供给场所的要求，所以我们国内乃有今日洋货充斥的现象，而使我们竞争失败的小工人小商人的生活途径日渐窘迫。加以寻觅市场与原料的不止一个国家，这些国家因为在中国经济上利害的关系，他们要各人钩心斗角地利用中国的弱点，以创造各种机会，而攫取优越的权利。于是中国既困于赔款外债的负担，又不堪政变兵争的纷扰，一般国民生活亦日益困难而不安定。由于这些情形，青年男女都发生了独立生计问题。父既不自信能养其子，夫亦不自信能养其妻。于是宗法家庭因经济主权的分散，而家主的威权亦因之而堕落。这使妇女解放运动，与其他的解放运动，很自然地容易盛倡起来。

上面说的三种原因，其实第三种原因最为主要。倘若没有第三种原因，那便纵然我们看见了西人习俗，只会鄙为夷狄之风，不会发生反省批评的心理。纵然我们听见了新的伦理学说，只会詈为荒谬之谈，不会发生考虑信从的倾向。再让一步，就令有少数出类拔萃的青年，能接受这种习俗与学说；但这种少数人亦徒然会被人家骂做妖人妄说，而没有人家肯理会他。再不然，便是有些人良心上很相信这些话，亦不会都能够有勇气与力量，去实行起来。

我们稍注意一下子，便可知道这种妇女解放的呼声，一半固出于大家人道的要求，一半亦由于女子已不复能依赖男子。因而男子亦不复能供养而压抑女子。所以谈到妇女受平等教育，谋独立生活，在社会上与男子有同等地位，无论是男子或女子，只要他感觉了这样经济势力的压迫，都自然会承认是当然的事。

这样的妇女解放运动，在社会上可以发生一些甚么影响呢？

第一件事，自然是女子地位的增进。女子既因为脱离了经济的附属地位，亦便很容易地免于受教育上的剥夺。女子智识既高，生活又能独立，伊们自然不能安于政治上法律上的不平等，而发生各种待遇改善的要求，这都是必然应有的结果。

第二件事，那便是个人主义的勃兴。宗法家庭的束缚既破，男女社交的障碍又除，久受遏抑的青年性欲，至此乃得着了合理的发展。然而因为这种恶经济组织所形成的畸形社会，一个人不能希望各种本能都得着调和的发展。青年男女每易因为受了强烈的性欲所支配，因为恋爱，便把一切对人群对社会的同情，都冷淡了下来。所以，提倡妇女解放运动的人开始虽从社会的利益方面着想，结果反每把个人主义提倡起来了。在眼前中国青年界，这种不好的倾向，很容易地看出来。

第三件事，那便是企求佣给生活者的加多。妇女既要求伊的生活独立，于是社会中徒然发生了一倍的求业者。妇女本身，既对雇主不能有何种强大的抵抗力，而因为求业者的加多，需求过于供给，一般求业者对于雇主的抵抗力都要减少丧掉。于是失业者日多，而得业者的生活待遇亦渐低落。所以妇女解放运动，一方固然增进了女子的地位，同时却给一般求业者的坏影响。

第四件事，那便是家庭婚姻的完全破坏。在妇女解放运动的初期，一般青年的要求，只是要自由结婚，组织小家庭。但这还只是暂时的现象。男女间经济隶属的关系日益消灭，女子因知识进步而引起个性的发达，与欲望的增进，这都使离婚一天天变为习见不惊的事。加以一般青年男女生活的日益困难，结婚的夫妇，每仍有各谋生活不能聚处于一家庭之势，结果，家庭的形式必一天天更不能维持，而结婚亦会失了他的"白首偕老"的意义。

我这些话是反对妇女解放运动么？不是的。我以为一种运动，每每有它的光明方面，亦有它的黑暗方面。我们赞成它的时候只看这一面，等到反对的时候又只看那一面，这很不是一个好光景。我因为这样，所以把它两方面的实在影响写了出来。我希望的，只是大家要很郑重地对这妇女解放运动罢了。倘若顺其自然的下去，它依然可以给我们许多不好的结果。

但是任何人不能反对妇女解放运动。因为这种运动的得势力，不单是由于它的合理，是因为经济的趋势所产生的必然现象。在没有经济势力的促进时，没有人能用他的理想，创造成功一个妇女解放运动。所以在已经有了经济势力的促进时，亦没有人能用他的理想，阻遏这妇女解放运动的蓬勃增长。

然则要求妇女解放运动不发生坏影响，毕竟不能够么？那亦不然。

第一，我们要问甚么才是坏的影响？

青年男女的性欲得发展，这不能说是坏影响；只是因这而冷淡了对社会的同情，然后可以说是坏的。不自然的家庭婚姻的破坏，这不能说是坏影响，只是因这而产生一些为经济压迫的违心的结合与离异，然后可以说是坏的。我们不能把凡世俗之所谓坏，都笼统地承认为坏。我们只能承认那反自然、反社会的行为，方才是坏。

第二，我们要问这些坏影响的根源。

这些坏影响，说来说去都只是由于经济组织的不良所产生；因为经济的压迫，使一般青年顾着了他的恋爱者，便无余力更能顾及社会，而且因为经济的压迫，使一般青年不能不降格的以向雇主求业，结果为衣食所驱遣，为虚荣所眩惑，终至于不能保全他们纯洁的恋爱。一句话归结起来，万恶之源，都是由于这种恶经济组织。我们只要能使一切市场脱离于少数雇主的垄断，每个人要他的生活费用，便有权去工作，每个人工作，便有权去要他的生活费用，那便自然不会再受今天这样的经济压迫，自然可以消灭这些恶影响了。

最要紧是大家协力改良经济组织。只有这才是合理的，最终的解决。不然，那便只能发生尔种可哂的结果：第一种是得了一个恋爱者却失了一个社会。第二种是女子脱离了男子的羁轭，却又把雇主的羁轭戴了起来。我们想罢，这种妇女解放运动，便可以踌躇满意了么？

载上海《民国日报》副刊《妇女周报》国庆日增刊

署名：恽代英

少年中国学会苏州大会宣言[*]
（1923 年 10 月 14 日）

少年中国学会会员，于民国十二年十月十四日苏州大会，以列席者的同意，决定学会进行方针为：

"求中华民族独立；到青年中间去。"

并制定学会纲领九条，宣告于国中说：有人心的国人，应当猛醒啊！我中华民国创造迄今，已十二载。然而内政日益紊乱，外交日益险恶。因经济的压迫，兵匪的纷扰，民生既日窘迫，民气亦渐消沉。英、美、法、日挟其帝国主义的淫威，干涉税务，勒派赔款，劫制政局，欺蔽人民，以至一国政治、经济的大权，俱为外人所掌握，而国民的思想言论，亦不自觉的渐奴服于国际势力之下。近年以来，财政共管的呼声，已渐不闻国民激昂的反抗；而外力干涉的论调，甚至于且渐受一般无识者的欢迎。中华民族的独立精神，日益坠落于不可问的境地。有人心的国人，应当猛醒啊！

国人不知注意现时政治、经济及其他社会问题的真正现象，亦很少切实刻苦以团结民众，从事于鼓铸国民自决的心理。一般知识界的领袖，只知托庇于外国侵略的文化政策或教会教育之下，歌颂英、美执政者的功德，谀誉欧美人民道德知识的高尚。他们对于国家存亡关键的重要问题，凡有不为外人所愿闻的，均以为不应加以讨论主张。他们看见军阀的专横，盗匪的充斥，议员的贿选，政客的营私，只知叹为国家将亡，无可救治的征兆。他们决不肯想凶恶狡狯的人，世所常有；惟外资压迫，使人民失安居乐业的状态，所以他们有凭借以呼啸其徒党；外力援助，与兵匪以军械财政的便利，所以他们有倚恃以进行其争斗。一切内部的祸乱，无非国际强压之所引起，亦无非国际阴谋之所促成。乃不

知以打倒国际势力为救国的根本，只知因事对付，疲精劳神于决无功效的事情，及其功效不见，又复废然愈增其自暴自弃的心，谬然附和于外人以为我们真只是绝望的劣等民族。事之荒怪而可痛，真未有过于此的了！

一般青年在这种知识界领袖之下，不知中国是甚么样的国家，他们是甚么样的人。他们不顾一切耻辱危殆，只知颠倒于诗酒恋爱之中；进一步的，亦只知从事于无目的的学问美术，以满足其浮薄的感情。他们不知道中华民族的独立，是他们为自身、为种族，不能不负的重大使命。他们看国际的压迫，渐觉为见惯不惊的事情。质而言之，他们失却了一切独立民族的灵性。他们因为在外国侵略的文化政策或教会教育之下，已经把灵性被那些恶魔障蔽了。

本会同人立志以科学的精神，为社会的活动，以创造少年中国。数年以来，因同人能力的薄弱，学识的肤浅，亦尝徘徊歧路，未敢自决其行动的方针，殊自愧有负一般厚爱本会者的雅意。本届苏州大会正值国贼曹锟因私赇以当选总统，附逆议员非法以延长任期之后。而外人私贩军火以酿成的临城案件、川湘战争，居然为野心的英、美所利用，强拟于庚子的义和团。除勒索巨数赔款以外，尚须罢免官吏，商议外人护路（如护路案）以及保护长江航线（如长江联合舰队案）等办法。国内不肖的外交、军政当局，且复利用外人以自为引重，而排斥异己。内奸外宄，狼狈以戕贼国家。而一般主持教育以及主持舆论的人，尚复泥于英、美爱我之说，助其鼓吹，以迷惑我人民的观听。甚至如英籍何东，居然以请各国公使监督召集国内各方军阀，开所谓和平会议的荒谬主张，为我借箸代谋。我国人亦忘其别有肺腑，居然无所择别，而群起附和。同人等痛于民族精神的沦丧，不能不愈奋其棉薄之力，以力挽此萎靡的颓风。故决然一致以求中华民族独立相号召，务以打倒国际势力还我自由为目的。同人等为求达此目的，决定同人的任务为到青年中间去，以鼓吹预备而切实进行民族独立的运动事业。同人等以机会之所容许，多能接近青年。而同人等在最近数年间，亦幸以向上的热诚，尚不为一般青年所厌弃。故同人决定以后更当注意青年，使他们觉悟而联合起来，以为中华民族独立而努力奋斗。这便是同人最近切实商定的创造少年中国的方针。

制定的学会纲领九条如下：

一、反对国际帝国主义的侵略。特别注意英、美帝国主义，以矫正一般人因对内而忽略对外，因对日本而忽略对英、美的恶弊。更应矫正一般无识者亲善英美的心理。

二、为打倒军阀肃清政局，提倡国民自决主义。应注意打破国民依赖外力，及其他军阀或其他恶势力解决国是的心理。

三、提倡民族性的教育，以培养爱国家保种族的精神。反对丧失民族性的教会教育，及近于侵略的文化政策。

四、唤醒国民注意现实的政治、经济及其他社会问题。以矫正漠视国事，或专恃浅薄的直觉以谈国事，致易受外人言论所欺蔽等弊。

五、推阐经济压迫为国民道德堕落的主要原因，以反证中华民族绝对非劣等民族。应反对此类减少国民自信力的各种宣传，且指示经济改造为国民道德改造的重要途径。

六、提倡青年为民族独立运动，为各种切实有效的社会服务。力矫浮夸偷惰，或只知无目的的修身求学，而不问国家社会事务的恶习。

七、注意青年团体生活的训练，须力矫不合群、不协作、不服从规律等恶习。并应提倡各同志团体的相互协力，务使各团体弃小异以就大同，以使人民活动力渐呈集中的趋势。

八、反对现时智识界个人享乐主义的趋势。提倡坚忍刻苦的精神，以培养为民族独立运动牺牲的品性。

九、提倡华侨教育与边疆教育，以培养中华民族独立运动的实力，且注意融洽国内各民族的感情，以一致打倒国际势力的压迫。

陈启天	杨效春	李儒勉	沈　昌	倪文宙	蒋锡昌
曹　刍	邓仲澥	恽代英	刘仁静	杨贤江	常道直
涂开舆	梁绍文	恽　震	左舜生	杨钟健	田　汉
黄仲苏	穆济波	沈泽民			

（按：田、黄、穆、沈四君并未加入苏州会议，均因同意此项宣言签名。）

《中国青年》发刊辞
（1923 年 10 月 20 日）

政治太黑暗了，教育太腐败了，衰老沉寂的中国像是不可救药了。

但是我们常听见青年界的呼喊，常看见青年界的活动。

许多人都相信中国的唯一希望，便要靠这些还勃勃有生气的青年。

只是可惜风习的薰染太利害了，魔魂的诱探太有力量了。志行薄弱的父兄，脑筋昏乱的师友，一天对他要说许多似是而非的话，亦要劝他做出许多败坏操守的行为。所以许多青年每每仍是不能保持他自己的纯洁，而为万恶社会所同化。

亦有一些青年，幸而能不为那种父兄师友所愚惑，但是他们又因自己品性才学的有些缺欠，而在社会上得不着指导他们纠正他们的人，所以他们常常苦于不知应当怎样做事，以及他们做的事不知应当怎样改良。

我们必须为青年的这种需要，供给他们一种忠实的友谊的刊物。这便是我们刊行《中国青年》的意思。

《中国青年》要引导一般青年到活动的路上，要介绍一些活动的方法，亦要陈述一些由活动所得的教训。中国的事，总是要做的。做事的方法，总是要学的。青年要学得做事，要用做事以学做事。青年是需要读书的，要读指导怎样做事的那些书。但是同时要做事。只顾读书而不做事的人，纵然把指导做事的知识学到手中了，他会失了他做事的习惯。

《中国青年》要引导一般青年到强健的路上。要介绍一些强健伟人的事绩与言论，亦要用种种可以警惕青年的材料，以洗刷青年苟且偷惰的恶弊。中国希望她的国民都能尽他的责任。中国需要强健的国民，只有强健能救拔我们于习俗之中。只有强健能使我们避去魔鬼的诱探。只有强健能打倒一切魔鬼，为中国前途开一个新纪元。

《中国青年》要引导一般青年到切实的路上。要介绍一些切实可供研究的参考材料。要帮助青年去得一些切近合用，然而在学校中不容易得着的知识。中国的青年，已经显然可见其必须担负指导群众的责任。所以他们必须自己对于要走的路很有些把握。虚骄的浮夸，不是中国所需要的。中国的青年，必须要百尺竿头，更进一步才好。

这个对于《中国青年》的期望或者太大了，不是本社同人力量所能做得到的。但是本社同人总当勉力的向这一方面做，而且亦诚意的要求阅者诸君，大家要给我们一些仁爱的帮助以补我们的不周到地方。

载《中国青年》第 1 期

怎样才是好人？
（1923 年 10 月 20 日）

人人都说他要做好人，有些人居然已经被人家认为好人了。

学校的操行分数列甲等，而且特别的颁发过操行的奖品奖状，这不十足的证明了，他成为一个好人？

但若把这种事证明自己是好人，终未免太可笑了。

流俗的所谓好人，只是不杀人不放火。他虽然没有大的好处，但是谦慎和平，却很不惹人家嫌怨，人家亦找不出他的大错来。

学校所谓操行好的学生，更只是不犯校规，不麻烦惹事的学生。这样，教职员便自然要觉得他驯良而可爱了。

无论有许多所谓不犯校规的学生，他在校规以外，或者教职员严格监视的范围以外，不免仍要做许多虚伪不正当的事情；便令他能完全不做这些事情，他那种盲目的，被动的服从校规与教职员，根本原谈不上甚么"道德的价值"的一类话。

校规与教职员的命令，我们应当有一番判断，然后去服从他。我们亦不一定完全是服从，若是有不合理而应当反抗的地方，我们量自己的能力，有时候亦可以反抗。即使事实上不能反抗，我们亦只是忍辱而屈服，不一定都是象乖顺的儿子一样的去服从他。

孟子说，"以顺为正者，妾妇之道也。"现在学校里最提倡这一类妾妇之道。别的职业界亦很有些这种情形。但是妾妇之道，终是妾妇之道，不能因有合于这一道，遂自命为好人。

至于流俗所谓好人，正如孔子、孟子所说的乡愿。孔子曾说"乡愿德之贼也"。我们要拿这个"贼"的言语行动，来与今日一般流俗所谓好人相比，最好请注意孟子所描写的。

孟子说，"非之无举也，刺之无刺也。同乎流俗，合乎污世。居之似忠信，行之似廉洁。众皆悦之，自以为是，而不可与人尧舜之道者，是乡愿也。"你看这几句话，活画出一个好好先生的"贼"样子来。

便是孔子不得中行而与之，亦只赞成进取的狂者，有所不为的狷者。他从来不肯饶恕那些混世虫的乡愿先生。活活的一班乡愿先生，偏要说他们是好人，他们自己亦相信是好人，大概这正是孟子所说"众皆悦之，自以为是"八个字的好注脚罢！

然则怎样才是好人呢？

第一好人是有操守的　好人不因为许多人都做坏事，他亦做坏事。好人亦不因为许多人都不做好事，他亦不做好事。好人是自动的选他应做的事情。他不是刚愎专断，但是他决不因为人家的讥笑消骂，而无理由的改变他的行为。他看父兄师长，都只是一个人，至多是一个应当受他尊敬的人。但他决不能做他们的奴隶。他不能把他的行为，完全受他们盲目的或者谬误的支配，以丧失了他独立自主的人格。

第二好人是有作为的　好人若是没有作为，他的好有甚么用处？好人不是我们的玩具，不是我们拿来炫耀人家的装饰品。而且在今天复杂而不良的经济组织之下，一个只配做玩具、装饰品的好人，他结果终不能保持其为好人。因为他很容易的被卖，或逼到自己不能不改变节操。所以好人不是一味老实的忠厚。好人少不了有眼光，有手腕。好人能正确的应付一切的问题，然后能够保持自己的好名誉，且做得出一些好事来。

第三好人是要能为社会谋福利的　好人要有操守，但有了操守，若只做一个与世无关的独行者，这种好人要他有何用处？好人要有作为，但有了作为，若只拿去做一些损人利己的事情，这简直是一个坏人了。好人要有操守以站脚，能站脚然后能做事。好人要有作为以做事，能做事然后可以谈到为社会。好人的做事，要向着为社会谋福利的一个目标。好人的好，是说于社会有益。不于社会有益，怎样会称为好？

你愿意做好人么？做好人总要注意上面三件事。仅仅不坏的人，不能算好人。因为第一他不久要坏的。第二他这种好于社会毫无关系。

切不要把乡愿误认为好人。亦莫以为循妾妇之道，是甚么做好人的法子。要做好人，先硬起你的脊梁，多做事，多研究，多存心为社会谋福利。除了这，没有可以成好人的道理。

中国要有一万个好人，便可以得救。因为一个这样的好人，很容易引导指挥几万的庸众。

亲爱的读者！你愿意加入做一万个中间的一个好人么？

载《中国青年》第 1 期

署名：代英

学生加入政党问题
（1923 年 11 月 20 日）

近来学生应当注意政治，已经有许多人出来鼓吹了。一般青年学生亦渐能悟到，不是他们那些按部就班的功课，能够救中国的危急疲弊，他们亦渐承认必须注意政治。不过他们还有些人很怀疑，学生加入政党是不是应当的这一个问题。

为甚么学生或者是不应当加入政党呢？

第一、我想或者因为学生年龄较幼稚，知识不很充足罢！但这不是从前许多人用来反对学生参与政治活动的理由么？我们相信参与政治活动，便是所以学习怎样去营政治生活。所以学生参与政治活动，是可以的，学生加入政党，亦仍是可以的。我们常常说年龄幼稚，便知识缺乏，说知识缺乏，便不应当参与政治活动，加入政党。但其实这几件事，有何必要的因果关系？年龄长大了的，知识一定便不缺乏么？政治活动，原应由所谓知识不缺乏的人所包办么？倘若我们说政治活动，必须要知识不缺乏的人才能参与，那不但普通选举成了个荒诞的办法，便是谈到财产限制亦很不合式。再进一步，即如以学业阶级来限制，在中国今天滥发毕业文凭的国家，亦还是不合式的法子。结果只好回到柏拉图的共和国理想，而把一切政治让几个哲学家去办好了。这果然可行么？论到青年参与政治活动，法律上选举、服官有一定的年龄标准，这本不成问题。在选举、服官等事以外，必定说他们知识不很充分，便以为不应加入政党，正与用这理由以为不应参与政治运动，一样的无理由。

第二、我想或者因为学生功课繁重，不便使他心力纷扰罢！这仍是从前许多人用来反对学生参与政治活动的理由。但是学生为甚么为他的繁重功课，便不应当分他的余力以学习怎样去营政治生活呢？一个人无论他是哲学家或数学家，他同时还是社会的一份子。他永远是社会的生物，所以亦永远是政治的生物。我们本不应把别的功课加得太繁重，以妨害他的参与政治。做教职员的，应当帮助他的学生，指示他们怎样参与政治与加入政党，与同应当指示他们怎样预备材能与加入职业一样。若说为了对于功课要他心力不纷扰，反转使他失了营政治生活的学习机会，这没有甚么理由。何况使他参与政治、加入政党，在善良的指导之下，为有系统的进行，不会发生心力纷扰的弊端呢？

第三、我想或者因为学生大家可以各凭良心以为政治活动，不须加入政党罢！但是学生既经认承要做政治活动，而于有识见的领袖、有系统的主张的政党，偏不加入协同动作，这有甚么道理呢？何以必定要各凭良心的去活动？若是一个政党确实是以良心进行国事的，而且我们亦知道他党内有良心的领袖，确实是有很明了正确的眼光，以指导政治活动的，我们还是加入政党在他指导之下去做政治活动好些呢？还是偏要靠自己狭隘的知识，以做各自独立的政治活动好些呢？

第四、我想或者因为恐怕学生受了政客利用罢！但是人要怎样才是不受人家利用？世界上有谁能够完全不受人家利用，而且亦不利用人家？我常想"利用"两个字，是太笼统而没有意义的。人生在世上，一天到黑利用人家，亦一天到黑受人家利用。我们利用农夫以得食物，利用织工以得衣被，利用印刷工人以得书报，利用学校教师以得知识。但是同时，我们为了饮食、娱乐而牺牲金钱，不受了百工的利用了么？为公共规律而牺牲自由便利，不受了伴侣的利用么？人类的社会，便是靠互相利用，然后能团结起来。一定要大家彼此不相利用，只好真个做到一盘散沙的地位。由这看来，可知利用两个字，是没有理由憎恶他的了。自然像眼前一般卑劣政客的利用，我们亦不愿青年学生受了他的愚弄；但这不是因为他的利用，是因为他利用人家只为他私自的利益。我们所谓政党，不是像现在那些狐群狗党的甚么社、甚么系，他那专是议员们结伙打劫的团体，那是我们政治界的蟊贼。我们要有完全为一种正大的党纲而活动而奋斗的政党，我们要帮助那些有识见有主张的政治领袖，在他的指导之下而为政治活动。我们只应当看人家利用我们是为私或为公，只应当看人家利用了我们究竟能够为公与否。倘若能够为公，我们对于国家第一个职务，便是甘心情愿的去让他利用。如何因为怕人利用，反不加入政党呢？

第五、我想或者因为政党内容不能满意，所以不愿加入以自保他纯洁的人格罢！但是其实我们要晓得，大的党会，内容是决不能像那些三五人的小组织，那样满意的。水太清则无鱼，正是一个最好的比喻。但是大的党会，便一定要像中国这样糟么？那亦不然。大概大的党会，能够有了好领袖，能够这些好领袖都确实有指导党员的权力，便必然可以满意。反之没有好领袖，或纵然有了好领袖，而不能有指导党员的权力，那便不能不糟了。要为中国做事，必须要大的党会。我们决不能靠三五人的小组织，担负甚么破坏、建设的事情。所以我们必须加入大的党会。我们看这些大的党会，不应当过于持求全责备的眼光，但是我们必须要求好领袖，要求好领袖确实有指导党员的权力。那样然后那党会才真可以担负国家的大事，然后不枉我们所以加入政党的初心。

中国人向来是没有组织训练的，向来是不知道团体生活的。他们只愿意做一些无系统的鼓噪式的群众运动，不知道有服从领袖的必要。但是我们想罢！政治、经济上根深蒂固的恶势力，是我们这种乌合之众所能敌抗的么？一切复杂的纠纷的政治问题，是我们粗浅的常识，所能帮助我们解决的么？古人说耕当问奴，织当问婢。谈到国家大事，大家却以为师心自用，是最正当合理的办法，这岂不是荒谬得很么？古人亦说，一木难支，众擎易举，在同样为国家的紧要关头，大家却以为各不相统率，各不相帮助，是正当合理的办法，这亦不可解得很了。

还要请大家注意的，中国今天还不是承平国家。一个政党，不仅只负一些日常政治问题的责任，他还要为中国打倒一切内外的仇敌。质而言之，中国还须要对国内军阀与国外帝国主义有一个大革命。我们为革命，尤其要大的会党，尤其要加入一种组织，服从一种领袖。我们是军队，我们要开始为中国而作战。谁是热诚为中国作战的大将军呢？我们不加入他的军队，却只要做一个孤立的军人，那有这样一种办法？

"联合起来便是力量。"真诚爱国的青年注意罢！我们为国家的原故，必须要联合。我们的分离，是仇敌的幸运。仇敌最要煽惑我们，使我们一听见政党二字便头痛，使我们一听见利用二字便退缩。然后他才可以利用我们的互相猜疑，互相离异，以一个个的吞啖我们。因为我们分离了，自然不能有很强大的力量与他们反抗。

我们要在热诚为中国作战的领袖的旗帜下面联合起来。我们要使这种领袖，确实有权力指导他的全军队。我们靠这帮助他组织一个很大、很有纪律的革命团体。靠这使中国脱离国内军阀、国外帝国主义的种种束缚压制。这才是一个真诚爱国的青年。

载《新建设》第 1 卷第 1 期

署名：但一

学术与救国
（1923 年 12 月 1 日）

我在这二个多星期，许久不能为《中国青年》作文，实在抱歉得很。

我有许多要说的话，因为不能写字，只能想不能说；可是又因为越想越觉得要说，所以今天托朋友代我写下这一篇来了。

我病中接着南京朋友效春的信，他有一段话说：

> 《中国青年》颇得一般青年信仰，我亦希望他能更多引人注意。惟望不要把学术看得太轻了，我们要希望大家多多注意国事，但不希望青年反对学术也。你有些话，不免故意过甚其辞，怕反对人失信用。

我接到他的信，觉得他或者有些误会罢。我怎敢反对学术！我处处想从学术中求得社会破坏、建设中所应遵循的途径，但我处处觉得材料不够用，知识太短浅了。我很恨从前糊里糊涂读了几本不相干的书，完全未曾注意社会科学；我现在正想多用力研究社会科学哩！

一般人知道制造机器，驾驭汽车是不能不学的；若是没有学这些事的人，偏要谈这些事，一定要被"行家"笑坏。但是很奇怪的，一般人对于怎样使社会进步，却以为不须学习，便都能说些不错的话。所以一个大学者不敢讨论一个木匠、石匠的专门小问题，但是十二三岁的小孩子摇起笔来，便都可以谈些治国平天下的大道理。无论是一个天文家，或者数学家，当他对公众演说的时候，除了说他本行的事情以外，都要自命为能谈一点社会问题。所以大家都以为社会科学是可以不必学的，也因此大家终究不知道怎样使社会进步。

有些人说，中国是一定不会亡国的，有些人说中国非亡国不可；其实两方面都是说梦话。以为一国古老广大便可以不亡么？巴比仑、叙利亚的古老，印度的广大，却一个个都亡了。以为内乱外患便一定亡国么？苏俄的内乱，土耳其的外患，却都不能禁阻他们兴盛起来。一个国家要拨乱反正，转弱为强，必定有他应遵循的途径。我们要在社会学者的理论中，古今中外历史的教训中，去找出这种途径，我们便能有把握地可以救中国。怎样能反对学术呢？

昨天又接着保定一位朋友中秀的信说：

> 有些人说，但但研究社会科学有什么用呢？不过只是做到破坏的工夫罢了，怎么能够建设呢？还是多多注意自然科学，以为将来的建设预备罢！无论怎样，自然科学是不能丢开不管的。像这样的论调，是最能迷惑人心的。有许多正在观望中的青年，都要受到他的暗示了！望你在《中国青年》上多多发表关于此类的文字，因为沉睡在科学救国的迷雾里的青年，实在不少呵！

我对于他这所说的自然科学，以为若是指的供给常识，造成丰富的人生兴味的中小学自然科学，我们并不必反对。但是像今天中小学没有仪器标本，仅仅教授学生一些简单枯燥的原理原则，使学生觉得比学古文还没有趣味，以为这种自然科学有什么用处，那便是笑话了。但这与社会的破坏建设没有大关系。

若所说自然科学是指的工业、农业等技术知识呢，则我以为学这种技术的当然总比那些学灵学和学白话诗的人要好些，我们也并不十分反对。不过我们觉得要救中国，社会科学比这些技术科学重要得多。

我在成都听见一个人很发感慨地说："合成都各专门学校学生的学识，造不起一里铁路，中国怎样会强呢？"哈哈，笑话！他以为合成都学生的学识造得起几里铁路，中国便强了吗？中国再没有人，合全国东西洋留学生修几十几百里的铁路，总也没有不能的罢。但是政府只知打仗，只知抢钱，只知逢迎外国人，全不肯用这些人做这些事。在这种政府之下，再有几百几千个专门技术人材，也仍然找不着正经事做，也仍然做不出正经事来。他们怎能讲甚么科学救国呢？

譬如学习制造飞机的，中国也有谭根、厉汝燕、周厚坤等，但是中国何处有飞机厂可以请他们制造。他们若不是留在外国工厂，帮外国人制飞机，至多回国来只能做个驾驶飞机的人，或者甚至于只能在商务印书馆里做些小小的工艺品。由此可见中国政治若是长此混乱，养些技术人材，终归无用。

现在全国工业、农业的毕业生也不知有多少了，但是国内秩序混乱，百业不兴。这些专门学生仍只有去做官，去当土豪，去在个设备不完全的学校里抢一个饭碗，结果把所学的一起忘掉，仍然同别的人一样，变成一个光棍的流氓！我敢断言，第一是要社会有个改革，政治要比今天能上轨道，不然，多一个技术家，便是多一个流氓！全国专门大学一年要毕业几千个学生，我为中国寒心呵！还讲甚么科学救国么？

要破坏，需要社会科学；要建设，仍需要社会科学。假定社会是一个工厂，社会科学是工厂管理法；有能管理社会的人，一切的人有一种技术，便得一种技术的用，没有管理工厂的人，只有机械，只有像机械样的工人、技术家，工厂永远做不出成绩来。

有的人要说，纵然有了管理工厂的人，仍然要技术家，这是不错的。但是中国也有不少的技术家呵！倘若中国的技术家不够用，尽可以请外国的技术家为我们服役。只要主权在我们，请外国的技术家，犹如外国人招华工一样。即如现在德国的穷窘，设如我们问他们要技术家，真怕取之不尽，用之不竭。美国、日本从前都向别国雇请技术家，所以有今天。由此可知中国是政治上轨道要紧，技术家的够用不够用，还不成一个重要问题。

中国政治上了轨道，能够有足够的本国技术家，自然是再好没有了的。我们并不反对人学技术科学，但是我们以为单靠技术科学来救国，只是不知事情的昏话。越是学技术科学的人，越是要希望有能研究社会科学，以使中国进步的人，好使他们可以用技术为中国切实的做事。技术科学是在时局转移以后才有用，他自身不能转移时局。若时局不转移，中国的事业，一天天陷落到外国人手里，纵然有几千几百技术家，岂但不能救国，而且只能拿他的技术，帮外国人做事，结果技术家只有成为洋奴罢了。所以，我们觉得要救中国，社会科学比技术科学重要得多。

载《中国青年》第 7 期
署名：代英

八 股？
（1923 年 12 月 8 日）

我闲谈得高兴的时候，有时对朋友说，若文章不管他对于人生有用没有用，只问他美不美，那便八股文也有他美的地方。我说这种话，朋友们没有不觉得好笑的。

自从八股文在中国害了几百年的读书人以后，一般吸受了欧洲文化的人，对于八股文深恶痛绝，以为是同包小脚、吸鸦片烟一样，是中国最大可耻的事。

我也并不会做八股文，不过据我所曾看见过的几篇八股文说呢，我觉得做这种文章的人，有时候也能够在这种死板板的格式中间，很自由地很富丽地发表他的意见。专从美的一方面说，也何至于没有一点价值？至于说八股文没有用，现在不是有很多人说文学本不一定要他有用的么？

我对于新文学的什么主义什么主义，老实地说，完全是一个外行。不过就我所知道的，新文学也并不一定要与人生有用，甚至于他虽然对于人生没有用，反转还要发生一些消极颓废的思想，终究不妨害他有他的文学上的价值。我常想可惜外国没有八股这种东西，若是将来也有什么德国人、奥国人或者南斯拉夫的人，发明了一种洋八股的文体，加上一个未来主义或者什么主义的名目，我看中国的文学杂志还要为他出专号、鼓吹一鼓吹哩。

我以为现在的新文学若是能激发国民的精神，使他们从事于民族独立与民主革命的运动，自然应当受一般人的尊敬；倘若这种文学终不过如八股一样无用，或者还要生些更坏的影响，我们正不必问他有什么文学上的价值，我们应当象反对八股一样地反对他。

废止了八股的文学，却这样高兴提倡洋八股的文学，已经是一件怪事；废止了八股的教育，却很普遍地很坚决地提倡洋八股的教育，这却更是一件怪事了。

什么是洋八股的教育呢？

专就中等教育说，现在一全国的中学生，每天要花很多的时间去学习英文、几何、三角，因此总计一全国，不知造成了几千几万半通不通的英文、数学学者。这种人若是不升学，若是升学不是学习数、理、工科，他们的英文、数学终究是要忘记干净，但他们从前为学习英文、数学所冤枉糟踏的时间精力，没有一个大教育家觉得可惜的。

我们为八股无用，所以废八股，现在这多的中学生学这种无用的英文、数学，果然是无可非议的事情吗？我们为八股斫丧人的性灵，所以废八股，现在一般中学生一天到黑疲精劳神于这种无用的英文、数学，使他们没有一点工夫学习做人的做公民的学问，果然是什么很满意的办法吗？我们为八股只可以做进学中举的敲门砖，没有别的用处，所以废八股。这在一般中学生学了英文、数学也仅仅只能用来应升学考试，除了升学是学数、理、工科的以外，这种敲门砖是再没有用了的；至于原来不升学的人，他本用不着敲门，却也辛辛苦苦的去谋这一块敲门砖，这种事说与八股教育有什么两样？我真莫明其妙。

有人说，我既知道升学学习数、理、工科的人必须学习英文、数学，那便这种中等教育没有什么可以反对。但是我要问，一全国的中学生，究竟有多少升学学习数、理、工科的？为了一部分要学习数、理、工科的人，却勉强全部分的中学生，去学习英文、数学，这有什么道理？

有人说，无论深造什么学问，学了英文、数学总有好处，这话自然是不错的。但是中学生果然每个人要深造什么学问么？假令他要深造什么学问，学了英文、数学自然总有好处，学了德文、法文、拉丁文、希腊文、天文学、考古学，岂不更有好处？为什么不一古脑儿都勉强中学生去学习呢？还有一层，不学英文、数学便无论造什么学问都不可能么？

我以为要升学或要深造的人，若是需要英文、数学，尽可以在中学毕业以后，用短的期限去补习这种学问。我们要让中学生多有些时间精力去学习读书、写字、算帐的必要技术，自然科学的常识以及历史、地理、政治、经济的大概。中等教育应该是养成健全的公民的教育。现在的中学毕业生，仅学了些半通不通的英文、数学，他对于一个人与一个公民所需要的常识，仍是全然无有，我真不知道这比八股教育有什么好处？

我们尤其要大声疾呼地排斥国人对于英文的迷信。现在教育部的章程，在中学里教授英文的时间比一切的课程都多；一般教育家总说英文、数学、国文是主要科目。有许多地方的中学生，一生用不着与外国人说话、通信，也没有读外国书的时候，却花了许多精力去对付这种科目。一个学生纵然各种科学都好，若是英文、数学学不上人家，或者仅仅是英文学不上人家，就会被人家看成无大造就的一个人，有时甚至于因此要勒令退学。我真很奇怪国人何以有这种普遍的谬见。纵然在华洋交通关系最复杂的上海，也并不见得一个人不与外国人说话、通信便不能过日子，至于内地的学生，为什么这样迫切地要学英文，更令人说不出道理来。

年来教育界的先生们很热心地提倡设计教学法、道尔顿制、六三三新学制，但是可惜这大一个问题，关系全国中学生学业的一个问题，竟全然没有人理会。

我愿任中等教育的先生们起来一考虑这种问题吧！我愿受中等教育的全国青年们，起来唤醒你们的教职员一考虑这种问题吧！

载《中国青年》第 8 期

署名：代英

我们为甚么反对基督教?
(1923 年 12 月 8 日)

有人说，基督教可以满足我们宗教天性的要求，有人说，基督教可以解答自然科学所还不能解答的玄妙。但这已经许多人驳斥过了。

宗教的天性，只是对于人力所不及的地方，一种赞叹崇拜的感情，古人力所不及，如雷电之解说，疫疬之救治，今人已得以人力解决他。宗教因这种感情，倡为各种神灵以作解说，实在障碍人类进化。基督教以为神造世界所以囚辱哥白尼、格尼略，不愿意达尔文学说的流行，这便是显明的例证。

自然科学所还不能解说的，宗教家武断为有神，这不能算是解说，这犹如古人不能解释雷电，因认为有雷公、电母一样的事。

除这以外有人说基督教到中国，倡办了许多教育事业、社会事业，我们不应当不承认他们有价值的活动。

但是基督教的教育事业、社会事业，主要是在骗人做他们的教徒。他们的学校，全不管学生心理、教学方法。他们只知迎合社会上卑劣心理，读一点四书，做几篇古文，严厉禁止学生请假外出，不许女学生轻易见男子的面。（他们各处办法自然不同，但总之他们多半都是不问教育原理的。）他们的教师，第一是要聘用教徒。他们的事业，第一是引学生礼拜祷告。他们认承其余都是无关紧要的事。

他们的医院，亦每每只是个虚幌子。他们的医生，每仍然是虚应故事，不甚管病人的利益。他们只在夸耀人家他们办的事很多，以便博得无识者的赞美。其实他们办的事，亦至多只好比阎锡山的小学，张季直的地方事业，有名无实的骗人而已。

至于其他教会、宣讲所，专为他们胡说乱道的地方，更是用不着说了。

青年会表面看来是一件有益的事，然而其实他那种地方，亦只能供官商绅士们，或者一般纨袴子弟去享受一点西方幸福。对于一般社会有什么关系？他们有时亦学中国土财主施点冬米寒衣，然而他们一方面让中外剥夺穷人的人尽量施其剥夺，一方却假仁假义的做这些劳而无功的救济事业。至多如做红十字会事业的人，反对革命以致延长内争，而一方自夸他们有救死治伤的功劳，这何曾值得识者一笑？

有人说，便假令基督教不免迷信，不免不彻底的毛病，有这种毛病的亦不止基督教。何以我们对于基督教特别反对呢？

对于这一点，我最好介绍我的朋友余家菊做的一篇《教会教育问题》。他这篇文见《少年中国》四卷七期，亦见中华书局出版的《国家主义的教育》书中。他举出三点。

第一、教会教育是侵略的；

第二、基督教制造宗教阶级；

第三、教会教育妨害中国教育的统一。

他所说教会教育实际可包括基督教活动的全部。基督教除了迷信的话头，内容是很贫乏的。耶稣个人的人格，固然亦有一节可取之处，但亦至多不过如吾国孔孟程朱。然而外国人如此热心的用武力扶植基督教于中国，并且必须把中国的一切旧信仰打倒，教大家去信服他，这种意思不很容易知道么？

基督教何曾靠什么教理来传教？他只靠能为人家在教会学校或教堂里安插位置。他只靠可以介绍人家到稽核所、邮政局或者洋船、洋行里吃洋饭。他只靠为乡里愚民包揽词讼，保护他们不受任何危险。所以亦居然博得一部分教徒。本来一切下流的宗教，都只是因为衣食方便，所以博得一般教徒的。如僧如道，莫不如此，然僧道还只是以唪经拜忏寄食于一般中国人民。至基督教徒则系把生活仰给于外人的恩惠。多一个基督教徒，便是多一个洋奴。外国人正要用这种钓饵使中国人全然软化于他，所以我们非反对不可。

一切基督教徒互相钩结，而又与外国人相钩结，显然成了一种势力，他们霸占教育界，霸占外交界。他们靠外国人升官发财，外国人靠他们夺取中国的权利。最近如外交系借英美以自重，这种卖国贼的心理，许多人都知道。即如教会中人，明知道护路案、共管案，英人捣鬼最多，然而始终不敢公然说一句反对英国的话。正是英国人豢养这等教徒的好功效，亦正是基督教的好成绩。

基督教排除异己的性质，是很显著的。他们借着外人的势力，办了学校，不受中国教育部的管辖。他们无忌惮的各处办他们的什么"归主运动"。他们不象僧道。僧道对于人的信他们的教与否，是任其自然的，基督教却必要用种种力量，想种种方法，骗人家信他的教。我们可想，向使中国各种宗教都象他这样胡闹起来，中国人民的精神，不要失了他向来统一的状态了吗？

　　耶稣便是一个亡国之民。耶稣"大君的城"，早已沦于异教异族之手。耶稣的同胞犹太人，在世界上亦不知受了多少次的惨杀。偏有一般胡涂人说，耶稣的道理可以救中国。我真不知道何以会说出这种昏话？

　　一切都是哄人的话罢了！基督教实在只是外国人软化中国的工具。你看基督教不是完完全全立于外国人保护之下吗？基督教徒不俨然在本国政府之下，受有治外法权的保护，不俨然同外国的子民一个样子吗？

　　我们恨见外国的兵舰在内河游弋！我们恨见外国的陆战队在上海、汉口上岸！我们恨见那些怪模怪样的天主堂、福音堂、青年会、教会学堂，散在中国各处！我们恨见那些灵魂与骨头都卖给了外国人的基督教徒！

载《中国青年》第 8 期

署名：代英

读《国家主义的教育》
（1923 年 12 月 16 日）

景陶①、幼椿②两兄：

久不通音信，此次得读两兄所著《国家主义的教育》一书，颇痛快无殊我所欲言，故极为快慰。国内同人论调，年来亦渐侧重对外。上月苏州会议，居然以列席者不约而同之心理，规定"求中华民族独立；到青年中间去"之标语，为学会活动之准则。我私衷窃喜，以为如此方是学会认定了它对于中国所负的使命。而两兄此书适于此时出版，更可见本会同人海内外意见如合符节，此尤令我私衷庆幸。

我于两兄此书，曾经细读，我于极表赞同之诸点以外，有尚愿质证于两兄者。我辈既同认此等意义之提倡为中国所亟需，则于如何提倡方能切实有益国家之讨论，自必为两兄所愿闻。我今所言，既本此旨，或亦可以补两兄思虑之所不及么？若不然，则必我所见有纰缪之处，亦乐得两兄进而教之。

我于此书愿质证之数点，可约举如下，再分论之。

（一）国家主义的教育，不应当从中国民族特性，或东方文化上立说。

（二）教育方针，宜明定在用以救国，不应仍游移于和谐的或专门化的教育。

（三）但只同情或自爱的教育，不足以救国。

先讨论第一点。

景陶兄所言民族主义的教育，我大体均赞成。惟于全篇虽屡言应提倡民族性的教育，究对于甚么是中国的民族性，却提得很少。又虽屡言

---

① 即余家菊。
② 即李璜。

中国的民族性不一定全坏，然而究竟好的在甚么地方，亦很少说到。即如说："说吾国民族性有许多弱点，可以相信；说吾国民族性皆是弱点，则未免武断。何以故？因我不信言之者果真已将国民底性质施行过细密的解剖，而确见其无一好处，然后才发此言。"又如说："使国人最少也……知道本国民族与本国文化，最少亦不是全恶的，有一部分还不错。"此等语本为针对国人妄自菲薄之病根而言，立意自是好的。不过景陶兄究未说出所谓"好处"，所谓"不错"，是甚么，即我读此文已觉近于虚骄牵强。如此的说法理论上终不圆满。

即如景陶兄亦曾说"中国人之大道，本是一张一弛的"；又指出中国人的"无入而不自得"，"知其不可而为之"的内心生活。但这似乎只是少数贤哲所做的事，与全中国的民族性不一定有关。年来谈东方文化的，最著名如梁漱溟。然梁氏所说东方文化实不如索性说是孔家文化、佛家文化。中国人不一定有孔家文化的精神。孔家文化的精神，亦不一定中国人有。若认此为中国民族性，于理似不妥洽。

且即如梁氏言，中国今日亦应将所谓中国化，暂为搁下，而采用西方化、向前要求的人生态度。即如景陶兄在《国庆日之教育》篇论《卿云歌》时，说："中国此时正在国运阽危民不聊生的时代，国歌为立国精神所系，不可不有发扬蹈厉奋发有为的气概。与其失之于啴缓，毋宁失之于躁急。所以在这一点上，《卿云歌》完全不合时宜。"我以为由此数语，可知景陶兄与梁氏正有相同之意见，决不望此时以无入而不自得的东方文化，陶冶国民。然则民族性的教育，应根据中国的民族性那一点，而施以陶冶，不很成问题了吗？

我以为所谓民族性，实则系由各民族经济状况所反射而形成的。除气候、山脉、河流等影响于一般精神生活外，生产的方法，亦给心理上很大的影响。普通所指西方文化，常即指他们机器生产、大量生产下的心理生活。他们那种计较心，那种冒险，那种奋进，实在是为适应于他们那日新月异的文明进步，求免于生活落伍，所不可少的条件。而中国人的雍容不迫，即普通所谓中国文化，亦只是几千年安定而单纯的小农业、小工业的产物。我并不说一般圣哲的教训，是一点没有影响的。但最大是他们生活方法所给的影响。在生活方法没有甚么要求冒险奋进的国民，希望他们接受西方化是不容易的。然而在与此西方化接触的时候，仍提倡他们保存那种中国化，更是不妥。

中国今日必须由小量生产进为大量生产，由手工生产进为机器生产，乃可以免于外国的经济侵略。则是由小量生产、手工生产所反射而形成的国民心理（实即庸愚怠惰的心理，尚非可比拟于一张一弛，无入而不自得等贤哲的条教），决无可以提倡而发挥。故我以为从民族性或东方文化立说以明国家主义的教育，尚为不妥。不知景陶兄以为何如？

对于国人崇拜欧美而妄自菲薄，我亦极不谓然。前数周与舜生兄谈，以为自认文化低劣，即为易于同化于人的一个重要条件。历来异族之同化于汉族，即因自认文化低于汉族。近年来智识阶级反较无智阶级有同化于欧美的倾向，亦是智识阶级自认文化低于欧美，而无智者终只横一"非我族类"的观念，看待外人的原故。本此，故我于兄等打破国人崇拜欧美的迷信，极以为然。但我以为要打破崇拜欧美的迷信，不在拘泥于赞美自己的民族性，而在揭破欧美社会的污秽龌龊，并不惜痛与一般洋奴学者以惩创，使他们不能迷惑国人。同时，我们尤要提醒国人西方的文明全在剥夺弱者。我们居于今日，只有酌量采取他们的方法，以自免于为弱者。至于采取了他们的方法，如何又能免于他们的弊害，这还在我们好自为之。不过因为他们有了弊害，遂谓不屑采用他们的方法，使自己终无以免于为弱者，使自己终无以免于受他们弊害的牺牲，那却又决乎不可。

总之，欧美人的生产方法是不可不学的。但是不能因此，遂谓可以崇拜欧美。因为他们还是有许多愚蠢的弊害。而且我们所以学欧美正是因为要与欧美敌对，要打倒欧美加于我们的经济压迫。我们的文化与欧美比，不是程度上有高低，是性质上完全不同种类。因为是不同的生产方法所形成的。我们要求与欧美争存，不能不采用欧美的生产方法，所以亦不能不酌量移植一些欧美的文化。但这不是说我们是劣等文化的民族。我们若能好自为之（我的意思是说用社会主义的意思从事大量生产），可以有欧美生产增多、品质改良的优点，而又无他们国际侵略、劳资争斗的劣点，这将还要证明我们是优等民族呢。

国人都知外国人现用经济侵略方法对付我，但不知经济的侵略，必须从经济上去抵御他。现在华洋贸易每年亏损在三万万两左右。此三万万两，不徒表明外人赚了我们的金钱，而且表明他们夺了我们中国生产者的生路。中国若不与外人通商，此三万万两，必为中国人所生产。现既成为购入外人之所生产，则试瞑目一想，国内因而失其生活的，应为几千万人？即此一端，外人因机器生产价廉物美的优点，又加我关税上种种无理的约束，遂为我们平白造出几千万的失业者。亦何怪兵匪流氓，盈坑盈谷？而今日尚盛传各国注意启发远东的商场，各国越是垂青，我们的亏损数目必越是加大，失业者必越是加多，兵匪流氓之祸必越是利害。如此下去，如何能不亡国？我们要救国，最要是指示国民在经济上为争存的奋斗。我们要夺回关税主权，要努力从事于大量生产。这在我认为是救国最要的一着。亦是国家主义的教育最应注目的一点。

再讨论第二点。

我于景陶兄批评《卿云歌》的态度，以为应适用于谈一般教育问题。因为中国今日最要是能造成救国的人才，别的话都不免有不合时宜之诮。然而景陶兄对罗素又说，"要设法与青年 A balanced and harmonious education"，说"宁愿英国政府在内地建设一个医工大学"。自然景陶兄此言，或仍不免有一点外交意味，未必原意如此。但我以为国人对教育持上述意见的定不乏人，不妨借此一商榷之。

庚子赔款，只是外人加于我不义的胁迫；本来在我们应当直接与以否认，不能承认其假退还之名，而又以行其文化的侵略。在今日我内政未清明，自然这所说近于高调。然而内政不清明终无以对外为强硬的抗议；不能对外为强硬的抗议，则终无以禁他人文化侵略之阴谋。故在今日莫急于借教育造一般能肃清内政、力争外交的人才。其余都非急务。本来中正调和的品性，是很可宝贵的。但在今日，此等人决不能胜遗大投艰之重任。我们要反抗性强的人，要切实精密，然而能奋斗不倦的人。倘若不能得着这种人呢，宁是景陶兄所说，"与其失之〔于〕啴缓，毋宁失之〔于〕躁急"，还是个不得已而求其次的好标准。至于抵抗力不强，奋斗不能持续的人，居于这种外力、内力层层压迫之下，必不能不失其所守。所以中和的教育，必然是无效的教育。中国从办学校以来的教育，便每每是这一种。景陶兄《基督教与感情生活》篇言，当注意青年品格修养，我亦以为品格修养标准，应如上述。

至于专门人才呢！今日最要是能革命的人才。是革命中，与革命以后，能了解世界政治经济状况，以指导国民行动的人才。是能善于运用国家政权的人才。其余的人才，均非急要。现在许多人不注意中国社会实况，只喊着要专门人才。不知国内秩序紊乱，百业不兴，专门技术的留学生，回国每每找不着事做。国内清华学校看了此等现象，不知中国根本无用人才地方，而以为系留学生不知国内情形，故不能适用；遂提倡毕业生向社会服务数年再行出国（见《申报》国庆增刊）。香港大学学生，亦因此等情形，多改学文学、哲学（见何东主张退还赔款与修粤汉铁路谈话）。我们再看一般专门人才，除了服役于外国工厂迄不回国，或服役于国内洋行，及少数本国工商机关的以外，多屈居于设备苟简的学校做教员，或蜷伏于中央地方官署消耗其精力于勘磨簿书之中。这全可以看出某种意义的专门人才的养成，非中国之所需要。至于政治如何能入轨道，各种经济政策应如何分别轻重缓急而措之实行，则为中国救亡不可不有的人才。苟有了此等人才，则其他专门人才，本国亦不必遂无有。即令无有，取之他国，则楚材晋用，亦非不合理之事。本此，故我以为中国今日的教育，宜单纯注意救国的需要，才能举救国的实效。

自然若英国人硬以强索于我的赔款为我兴学，则宁以办医工科比办清华式的学校好。但我们必不可忘我们最需要的，宁是如何运用国家的政治、经济知识（或者是最能鼓舞国民的历史、文学教育），我们不可以职业化机械化的教育，遂认为满足。这种教育，其实亦正是帝国主义者，所愿施给殖民地人民的。听说朝鲜人在日本便只能学工艺，不能学政治、经济、历史、法律（见《建设》一卷四号）。美国退还赔款，亦说只收十分之二的法政文学学生。我们定要知道，我们永只能受职业化机械化的教育，决不是我们的利益。

我以前亦恨法政教育，但近来想这实在是一个必须纠正的错误。只要我们不是无政府党，我们终少不了要政治，便少不了要运用政治的知识技术。中国不是能让他紊乱而长此终古的。我们要怎样运用政治以救中国，如何是可以不学的事？一个死的机械，我们都知不能不学而运用他；一个复杂而精细的政治组织，倒反可以不学便运用他么？我因此想，我们民治的国家，人民的政治知识比一切还要紧。所以我想到如何传播这样的知识给国民，实在要紧得很。一般教育家对于这一点负的责任，比传授一点吃饭的技术，还重要得多呢。

再讨论第三点。

幼椿兄提倡同情自爱的教育，以为可以救正国人不爱国的观念，我承认幼椿兄所说是不错的。国内教育不注重国文、史、地，而只知使学生疲精劳神于数学、外国文，这实在是很怪诞的现象。国内布满了自己离异、自己菲薄的论调，亦实在使一般国民爱国的心理，有逐渐坠落的可怕倾向。故我以为幼椿兄所提救正之法甚是。不过我以为幼椿兄只道着了一面，故恐所言不生效力耳。

幼椿兄知道家的观念，在近今交通便利生活复杂，而且向外的情况下，是不能维持了的。则是幼椿兄明明认承一种伦理的观念，必定有他的经济的背景。幼椿兄知道家的经济背景破坏了，家的观念便不能维持。然则国的经济背景若是并未完成，希望用同情自爱等教育养成爱国的观念，这是可能的事吗？我们都知道中国是在外国经济侵略之下的。中国的家庭工业，已为曼彻斯德、大阪等处的大工业所打破。但并不因此而中国能进成为一个独立的经济单位。中国的关税，是受外人劫制的，商场是对外国无限制公开的。中国各行省的人除了因为有相同的历史，相同的文字，以及还未忘记的祖宗时称为天朝的光荣等观念以外，经济上有时并无显著的关系。言交通，则成都到宁、沪比中国到欧美还困难。言语言，则北部中部人与闽、粤人简直如同异国一般。言经济上彼此的需要，则陕、甘、云、贵之与长江数省，本关系不多；近且渐因洋货的输入，而愈使其关系疏远。如此，而欲望爱国的观念如孝之观念的油然若生于天性，谈何容易呢？

再则我们必须知道眼前国内私利的冲突，固由爱国观念薄弱，其中一大半仍由受外资压迫之所驱遣。我上文所云，即就华洋贸易之亏损，已可征外国资本家为我造出几千万失业者。再加以赔款之勒索，外债之盘剥，既使我生路日狭，复使我生活日益腾贵。结果自然举国皆呈救死不瞻的样子。在这种情形中，他们为求一苟且的生活，不能不生冲突。野心家要利用他们以自攫机会，亦不能不生冲突。我们若不能打倒外资压迫，欲以空谈弭国内冲突，恐终不能生效呢。

幼椿兄亦说，中国人并非不爱国，但怪中国人爱国信念不够。我以为幼椿兄的推论错了。中国非能打倒外资，使自己成一个独立的经济单位不会能有很够的爱国信念的。中国今日正如德国之在法、比强压之下，而屡次对外的表示又只有如德国鲁尔消极抵抗一类性质的事情。我以为经济处在不利的地位时，消极抵抗是不会有好功效的。德国所以不能维持消极抵抗，与其说是爱国信念不够，不如说是他的经济地位所致的自然结果。中国仍是这样。即如幼椿兄说，中国人要有"祖国失了面子，就如他自己失了面子一样，心里自然难受"。中国人最初何尝不是这样？但是因为经济地位所处不利，一次失了面子，心里难受，然而面子究竟争不回来；两次失了面子，心里又难受，然而面子究竟又争不回来。象这样几多次下去，他的感情生活，如何能忍受长久与实际的生活相分裂呢？一个人受人家无理的践踏，而无法反抗，便自然生自卑之心，奴婢、乞丐，都是这种心理。中国今日这种自卑心理，亦出于这同一根源。因此，我所以相信只如幼椿兄所提倡的自爱，不足以挽回这种趋势。

总之我对幼椿兄所说的都表同意，我对于一般无识的智识阶级对国人所作反同情、反自爱的宣传，与幼椿兄一样的深恶痛嫉。不过我以为这还只做了一半功夫。我们还要指出国内分离与自卑的空气，是外力压迫所造成。吾人必须在经济上得着独立，中华民族乃能独立，中华民族的精神，乃得完全恢复常态。

我对两兄所要说的，大致如此。

总括起来，我以为两兄有一共同忽略之点，即全书均未注意中国人所受经济侵略的势力，与中国人以后应从经济上求脱离外人的束缚。我亦不信人类的行为一切都受经济的支配，但经济问题——生活问题——影响于人的生活与心理，实在是非常重大。中国今日精神的堕落，许多地方都是出于物质的贫乏。不从物质上救济中国，恐怕终如前几年前几十年所空唱的救国自强，结果终只是空唱而已。

再举一个例，即如基督教的教育，所以在中国能成为一个可怕的问题，他们岂非全国经济上挟着优势？他们每年从外国募化来许多款项。他们设立教会、医院、学校、宣讲所、青年会，以及其他种种机关，有许多人的祖孙父子，都靠他们做衣食父母。他们又借外人的势力，出入官署，包揽词讼。至于外力侵入的机关，他们更可以有介绍职员的优先权利。你看入教会学校的，那一个不是脑中存着一个将来吃洋饭的幻想。自然基督教理，亦可以批评的，然而这实在是徒劳无功。他们原不是"信"教，原只是"吃"教。我遇见了几个比较勇敢真挚的教徒，他们都承认基督教徒中有许多假冒的、名不副实的。我问他既然这样，何不使他们出教？何不先将他们感化成为真的教徒，再向外面传教？何必还要闹那些甚么"归主运动"？若中国人名义上都成了基督教徒，而都系假冒的、名不副实的必定有甚么好处吗？这些问题，他们都不能答应。不过他们是人家豢养来专做这种事的，他们只好不想我这所说的问题，以免良心上的苦痛。他们怎敢回答这些问题？他们便认清了基督教是浅薄、虚伪，他们为自己的饭碗，为妻子儿女的温饱，亦只好抵死的这样去做。

有些基督教徒，自命为很能舍身为教会做事，因为他们收入不多，而肯终身不易其业。然而我们要知道，基督教能得这些舍身的人，因为他们的生活安定，而又有其他的好处呢。现在全国生活的路子日益逼狭了。除了当兵、当官、当匪以外，还有一小部分凋敝的工商、教育界。

然而工商因为时局的关系，既无发达之望；而教育界与官、兵、匪的生活一样，一天天到了日暮途穷的样子了。一批一批的毕业生，到社会上都找不着事做。纵然找了一件事，保不住三天五天，又被人家排挤掉了。在这种情形之下，教会中比较安定的生活，相形已有一日之长。何况吃那种饭的人，有免费的房屋住，有免费的学校为子女受教育，有了兵患、匪患或其他的横逆，可以安然受外国牧师、神父的保护，俨然在本国政府之下，享有治外法权。这如何不使一般人以教会，或其他吃洋饭的事业，为终南乐土？我们与他谈基督教理之妄诞，有何益处？

基督教是用武力扶掖到中国来的，所以中国人终有些憎恶他。但是他早已抛弃武力政策，而改用经济势力来怀柔我们中国人了。景陶兄说不知何故中国国立机关之职员，如邮务员、铁道员之类，率为教会学校学生所占领。其实这何难解说？我们的邮务，原来在客卿的掌握中。而铁路又多与外资有关系。外人正欲以教会对于中国青年施其"类我类我"教育；自然凡其势力所到，乐得为此惠而不费的事，使教会学生的出路能引得一般人垂涎注意，庶几"中华归主"的运动格外容易成功。自从盐务落到外国人手上，稽核所便又成了教会学生一个大销场。现在又在酝酿铁路共管。只要铁路一天又完全到外人手里，又不知多几多西崽的吃饭地方。所以教会学生的出路，教会或青年会的介绍职业，与外国人的攫取中国权利，彼此有相对的关系。因此，希望教会学生爱国，那有这一回的事情？

总而言之，基督教的势力，完全建筑在经济上面。不是基督教能使中国人心理上奴服于外人，是外人以经济上的利益诱饵我，以经济上的贫乏压迫我，遂使我国的人，发生托庇于教会的心理。我以为基督教必须攻击，但非经济上争得独立，恐究不易攻击得倒呢。（前次非宗教运动发生时，教会中人不惜说是义和团精神的复兴。这无非因义和团是外人所曾征服，因又欲利用外力来扑灭非宗教的思想。亦可见基督教原本不讲教理，他们所仗，只是有洋大人可以再兴八国联军。这是他们最引为荣耀的事。基督教终只配称为"洋教"而已。）

要求经济的独立，终必须经过一番政治革命。但我以为必须认清这个政治革命，完全是为求经济独立去障碍的法子。政治革命如何能成功是一个问题。成功了如何才能求经济的独立，更是一个重大的问题。在这两点，我可以很简单的提出我现在所能见到的几个意见。

（一）政治革命必须要强健、果敢的志士。但中坚之责，又不是现在一般出风头而只以卤莽、躁妄、偏急见长的人所能任的。（这种人在革命运动中，自然仍有相当的用处，不可一概抹煞。）

（二）政治革命必须在古今中外革命历史上，去作一番归纳的研究，而寻出中国今日可用的法则。恶势力的强大的普遍，是不足怕的。古今中外从这种情况下，成功革命的，不知道多少。但如我们十余年来利用上级军官，或鼓吹群众欲真以血肉敌枪炮，恐终非有效的路径。

（三）政治革命进行中，必须明标主张，设立迪克推多的政府，从县自治做起。此一点孙中山的训政说，大可参考。欲革命即实现民治，为不可能的事。因下层民众无组织以前，必无真的民治。

（四）政治革命后，最要为利用外交手腕收回关税主权。非收回关税主权，加增几种物品的入口关税，则国内实业永不发达，游民永无法安戢，乱源永无法肃清。至于所谓利用外交手腕，老实的说，便是"以夷制夷"。外交全是纵横捭阖之术，全在利用人家相互之猜疑，以自得扶助。自然不自立而专恃此以求助于人则为不可恃；然而即能自立仍少不得此一着。中国人鄙弃"以夷制夷"之术，实无理由。

（五）政治革命后必须由革命政府进行国有的大生产事业，既以安戢游民，复可抵制外资压迫，挽回国际贸易之出超。而产业组织亦因劳动者之集中，而易于提倡完成，以便为选派代议士的单位。此种办法，比以地方为选举单位便于随时监督或撤回代议士。欲实现真民治，不可不注意此一着。——私人资本家能经营大生产事业自仍有以上之功效。不过一则希望中国很少的资本家肩此为全国转移局面的巨任，于事为不可能；再则中国今日正便于以国营政策，预弭劳资争端，未有不利用此等政策之理。

（六）国营大生产所需资本，必须于国内不劳而获的阶级中人，用财产税、所得税、公债或没收等方法筹得之。如地皮商、股票商、银行家、工厂主、房主、田主等，均须任出资之责。惟革命政府不可过于采用纷扰的政策，以自取反对失败。——孙中山国营产业全恃外人借资，此近于与狐谋皮。我以为必须另设他法。因彼等不利用我国的产业发达，故孙中山此等希望必不易实现。

（七）革命政府必须经营各种事业，以使人民间发生经济的关系，而自然成为一种组织。革命政府又须教导之以参政的知识，故成人公民教育，与供给人民参政的参考资料要紧。——如此，革命政府乃能由一党的独裁政治，进于人民真正代表的民主政治。

以上自然说得太远了。然我以为若不说如何能求经济独立，而欲恃教育以求经济独立，以救中国，必为不易成功的事。我们必须知如何能求经济独立，然后能知在此等独立运动中，须要有何等品性、知识、材能的人，然后能知要施何等的教育，以为国家培养这等人。今人惟其不能知此，所以他们虽开口闭口总说教育救国，然而他们专给学生一些不痛不痒的学术品性。结果或禁学生过问国事，或引得学生只知羡慕外人、蔑视自己，或养成学生一些消极态度；再不然，亦只是使学生习染一般虚骄浮夸等恶习，究于救国全无益处。

幼椿兄告国民小学教师说，"不要专向缙绅阶级的子弟身上去用功夫，这大半是要令人失望的。就是这等子弟受的家教不深，而由遗传下来的体力已经多半是脆弱得很，由遗传下来的智力已经多半是特别狡猾。这种人只可以培植来粉饰太平，万难去希望他支持大难。"又说，"只有向农民子弟方面用力，能够最满意的达到他们的理想。农民子弟之体质已经很坚强，再为有方法的操练，使他充分发展；农民子弟的精神本来很新鲜，最容易感觉，小学教师能够于他受书之始，便善保持其朝气，培养其良能，更使其明于爱国爱乡之义，则挽回来日大难不患无坚实之才。"幼椿兄的意思，以为为救国而办教育，应特别注重一部分可造的人，而忽略一部分无希望的人，我是极赞成的。不过我以为与其如幼椿兄从阶级的区别上说话，不如就天性的厚薄上说话。缙绅子弟自然有许多是象幼椿兄所说的；然而因为偶由气质的纯挚，早年教育的良好，或其他境遇的刺激，他们的暇豫，使他们有广阔的识见；他们的富裕，使他们有无私的感情；有时因此他们中间还是一样能产出强固可以担当大事的人才。中外历史，不少这种例证。至于农家子弟，因环境的固闭，生活的艰窘，或无受教育的机会，或受教育而进步迟滞，不免中途辍学。加以乡村学校设备之苟简，经费之困难，必谓全力注意农村教育，可以有效，亦系与事实不相符合的事。

总之，无论缙绅子弟亦好，农民子弟亦好，一样的不能说他们都可造，亦不能说他们都不可造。现在的教育，对于脆弱狡猾的人，"只可培植来粉饰太平，万难去希望他支持大难"的人无注意之必要，我万分赞成。愿一般教育家，三复此言。我们所应注意的，是不拘他属何种阶级的子弟，只要他感觉灵敏，情感纯挚，意志强固，气质朴实，便应当加以特别的陶铸。我们对于所谓不注意的，不是说不要他受教育，不是说不应当加以普通的训练。但我们应在不使学生觉得的范围内，多注意可造的人。鼓励他才识的上进，督促他品性的改良，保全他不因为微细可以原谅的过失，甚至于并不是过失，为别的教职员所压迫斥退。（这一点最要注意，现在一般教职员专门铲除这一类学生。）我已经说过，中国在这种内力外力层层压迫之下，抵抗力不强，奋斗不能持续的人必不能不失其守。必须要抵抗力强，切实精密，然而能奋斗不倦的人，才可以转移中国这种局面。此外的人在这种局面之下，纵然受了很多教育，他们因不能抵抗，终只有陷于为恶。若在已经转移的新局面之下，纵然没有受甚么教育，他们因没有甚么压迫，亦自然归于为善。古人说，"君子之德风也，小人之德草也，草上之风必偃。"我们要在"风"上用力才是。然而现在一般教育家，却只知在"草"上用力，真不免"不揣其本而齐其末"，这样办一万年的教育，都不会有甚么成效呢。

最后，我以为幼椿兄鼓励人家不要打清算盘再去为国家做事，立言亦还有磋商余地。"知其不可而为之"，是一种难能的美德，孔子所以称为中国的圣人。若要人人有如孔子之美德，然后中国可以有得救的希望，这无异说中国的得救，已是无望的事。在我以为我们与其提倡不要打清算盘的美德，不如仍就事实上把中国人零碎所受宰割的苦痛，以及中国完成独立的可能，详阐于国民之前。一方自然我亦赞成用历史、文学的教育，发达国民对国家的感情，使他在理既觉必须为国家奋斗，在情亦不能自禁其起而为国家奋斗。如此，比徒然以一个义务观念迫促他的，更可靠得多。

我此函后面因顺笔写来，不觉又冗长了。略举此函大意，除开函首说明的三点以外，还可归纳为下数项。

一、基督教挟经济优势以传教，非中国经济独立，不能将基督教根本打倒。

二、要用教育救中国，需先知中国究要如何才能得着经济独立，——才能得救。

三、教育应多注意天性较厚的人，但这不必拘定他是何种阶级的子弟。

四、与其单提倡"知其不可而为之"的教育，不如从情理两方面用力。

以上所说，究竟对否，望两兄讨论，亦望学会诸兄大家讨论。

一二，一二，一六在上海辣斐德路一八六号

载《少年中国》第 4 卷第 9 期

署名：恽代英

革命运动中的教育问题
（1924 年 1 月）

　　自然现今谈论教育问题的文章是很多的。那些自命为"教育家"的，他们曾经讨论过格雷学制，曾经讨论过道尔顿学制，曾经讨论过设计教学法、智力测验，乃至于其他种种很新鲜，可以动人耳目的问题。于是乎得了一个结论，说现在中国的教育，比前几年大有进步了。

　　只说教学的方法，有这些种种色色的新花样，若是一个公平的人，总不能不承认我们的"教育家"这几年的努力，确实是有些成绩。不过这些成绩对于中国今天的社会有多少价值，要另外作一个问题讨论罢了。

　　若说教学的方面要改良呢，教学的材料更有改良的必要。若说教学的材料要改良呢，训育的方法与理想更有须商量的地方。比这更重大的，还有一个教育的目的问题。

　　但我们的"教育家"，不愿意讨论这些太"高远"了的问题。他们已经晓得，教育是为要养成一般好人。养成一般好人，是为要他们去改造社会。他们亦承认在他们以前办的教育，除了很少几个事例以外，并没有养成好人，并不曾改造社会。不过他们决不怀疑教育的功效，他们说，这是由于办教育的，没有得着相当的人——这样一句话，坦白的翻译出来，便是说，几千年办教育的，都没有得着"像他们"这样相当的人，他们办教育定能养成好人，改造社会，这件事他们很自信。

　　为了这样的自信，他们很乐意去办学校。他们甚至于排挤了别的人，排挤了那些他们认为"不相当"的人，以让他们好去办学校。除了那些我们所不齿的教育界流氓以外，确实有些人他们这样做，只是出于纯洁的自信心。不但新"教育家"中间有这样的人，便是有些旧"教育家"，他们亦是这样想。

　　倘若他们真的办了一个学校，他们要想种种法子，将学校办好。但是他们会遇见种种的困难，他们的理想只能打个对折或三四折的实现出来，甚至于有些时候完全不能实现。在这个时候，他们若还是一个没有"经验"的新毕业学生，他们亦会有一些不安的感觉。不过他们为生活起见——说坦白些，为位置，为饭碗起见——他们不能不退让一点。他们说，忍耐一下子罢！这些理想，不是一天能够实现的事。于是忍耐下去了。他们忍耐了一年，忍耐了两年三年，乃至七八十几年，他们于是成了老"教育家"，——便是说成了老于世故的"教育家"了。他们于是乎望着新毕业的"教育家"笑，有时候他们因为新毕业的"教育家"太理想了，惹起他们的气来。新毕业的"教育家"，因为这个原故，于是他们的理想，亦只好打个对折或三四折的实现出来，甚至于有些时候完全不能实现。

他们的理想既是不能完全实现，学生因而受不了完全的好教育，学生因而免不了有许多过错，这一定是可以原谅的罢。不过"教育家"是要养成好人，改造社会。学生有了过错，岂不显然证明他们不配担负教育的责任么？他们是自负为空前绝后的"教育家"，他们的理想纵然不能完全实现，学生亦不应当便有过错。他们恨学生的过错，便令学生的过错，他们自身亦不能免，他们还是恨学生的过错。由于这个原故，他们劝戒学生，他们责罚学生。他们的希望，是要他们再不看见学生的过错。纵然学生还是免不了有过错，至少要他们再不看见。

然而他们的理想并不能完全实现，学生并不曾受了完全的好教育。学生因为过错受了劝戒责罚，自然有些不很愿意。学生因为对于滥竽的教职员失了敬礼；因为对于分配得太多的功课，不能预备得很纯熟；因为对于规定得太烦苛的规则，不能遵守得很恭顺，于是乎受了劝戒责罚。"教育家"以为这是为救正玩忽或嚣张等恶弊，必要的公平的处理。不幸有什么"新思潮"来了，万恶的"新思潮"来了。有一般新"教育家"因为要排挤旧"教育家"，到处鼓吹传播那种"新思潮"，他们说，凡是无理的压迫人的恶势力都是应当推倒的。性情比较刚健的学生，比较急躁的学生，比较肤浅的学生，遇见了新思潮，象炎日下的树林遇见了野火一样，他们要为他们的利益奋斗，于是乎哄教员，打校长，这名之为"学潮"。"学潮"来了，旧"教育家"赶急筑起高的堤来，把一切可以进水的穴口都紧紧的关塞住，要使一滴水亦流不进来。于是他们要开除学生，要去"害群之马"。他们要保救那炎日下的树林，他们拔去一切已经燃了野火的树林树干。于是那些上了"新思潮"的当的学生，失了他们的学校。

还有希奇的事情：有些时候，旧"教育家"的堤关不住了，新"教育家"驾着如山样的潮头撞了进来，于是学校里改了一番局面。但是这样的潮流，打得倒旧"教育家"，打不倒任何教育家要遇见的种种困难。于是撞了进来的新"教育家"，又被那种种困难包围住。新"教育家"被包围了，他们仍然不能完全实现他们的理想，仍然要劝戒责罚学生，学生仍然很不愿意。于是他们放的野火又燃起来了，他们从前视为利器的"新思潮"，又成了他们恐怖的对象。他们又筑起高的堤来，把一切可以进水的穴口，都紧紧的关塞住。于是他们亦要开除学生，亦要去"害群之马"。

这样的结果，不是一批一批的新旧"教育家"被潮流洗刷了呢，便是一批一批的"害群之马"，累得这些"教育家"总要提心吊胆的谋对付的方法。于是学潮太多了。旧"教育家"说，现在学生嚣张得很；新"教育家"亦说，现在的学生亦实在过于嚣张了。可见"教育家"无分新旧，见解究竟总相差不远啊！

于是新"教育家"亦老成些了，他们觉得学生的读书与守规则，究竟比一切都要紧。他们从外国书本上，找出了许多理论，说是教育要怎样办，学生便不待勉强，自然会乐于读书与守规则。他们拿这些话到处讲演。他们用这些理论，翻过来，覆过去的，在谈教育的杂志上做了许多文章。不过他们的见解，他们纵然因为种种的困难，从来不能照着那些理论做，学生的读书与守规则，究竟比一切都要紧。他们自己以为他们现在更稳健进步多了，这种稳健进步，更显见他们已经成了"大教育家"。

因为他们能够不顾自己的言行不相符，他们又有十足的除"害群之马"的力量，一般驯顺的、怯弱的，虽然气质不纯，然而还"可以造就"的青年学生，被他们那种气魄与权力所慑服，居然大家拒绝了"新思潮"的煽惑，居然能安心的读书与守规则了。于是这般"教育家"很自信的说，这吗，要靠教育养成好人，改造社会，然后是有把握的事了。

他们的学生，于是乎很恭顺，很静默，居然"看不见"一点过错。现在他们已经养成了一大批这样的"好人"。这样的"好人"，脑筋里常常只有"分数"，"升级"，"毕业"，"教职员的喜怒"这一类的观念。这一类的观念，亦很够使他们成为"好人"。然而不幸的事，是这样的

"好人"，终究真"毕业"了，他们现在再不需要分数，亦再无升级毕业的事了，教职员的喜怒对于他们亦不发生一点关系。他们现在已经出了牢笼了。从前那些不自然的对教职员的虚伪，对于他们再没有一点必要。还有一层，他们现在有生活的问题，有虚荣的面子问题，有物质的享受问题。为了这些问题，他们必须拿从前阿谀教职员的声音笑貌，去阿谀军阀官僚，乃至于外国人。他们再要对于一切可以给恩惠的人，一律的恭顺。再要对于一切可以惹危险的事，一律的静默。到了这个时候，纵然还有是非心的"教育家"，不再评他们是"好人"了。他们对于这般"教育家"的批评，已经全然置之度外。

于是这般"教育家"说，现在的人心坏了，在学校还是"好人"，一出学校便变到这样子。这般"教育家"虽然发了一顿感慨，然而他们还是自负他们是空前绝后的好"教育家"。他们的教育，可以养成好人，改造社会。因此他们仍是很乐意去办学校。

他们的学生，还有毕业以后居然不变坏的人。这些人无所谓好，然而亦无所谓坏。他们很圆通，很和易，很能够看风色做事情。他们向来不出风头，总混在人堆子里过日子。他们亦许是抱犊崮的一个走卒，亦许是伪国会的一个猪仔。但是因为他们的名字，向来不惹人注意，所以人家亦决不指摘他们。从古以来，只有孟子会描写这一等人，我抄他的几段话罢！孟子说，"何以是嘐嘐也？言不顾行，行不顾言，则曰，古之人！古之人！行何为踽踽凉凉？生斯世也，为斯世也，善斯可矣。阉然媚于世也者，是乡愿也。"他又说，"非之，无举也。刺之，无刺也。同乎流俗，合乎污世，居之似忠信，行之似廉洁，众皆悦之，自以为是，而不可与入尧舜之道，故曰，德之贼也。"你看他这所说一种好好先生的样子，以及那种很近"人情"的口调，简直把现在许多中学、专门、大学毕业生的言语行为，描写得淋漓尽致。这都是这些大"教育家"的成绩。甚至于居然有些大"教育家"，还要以养成了几千或几百个随波逐流的学生，自诩为教育的实效。他们决不想这种"生斯世也，为斯世也"的精神，与改造社会有什么关系。这些"生斯世也，为斯世也"的人，正是眼前恶社会的奴仆卫兵，他们处处为恶势力作爪牙，但大"教育家"说，他们能够改造社会。毕竟大"教育家"有些出人意外的见解？

我们若是要说公平话，一定要承认这些"教育家"的学生，亦有几个真正是好人，虽然这只是很少数。我们一定要承认有毕业了的学生，硬能不随波逐流，硬能到处与恶社会奋斗。这有时被那些"教育家"引为是他们办教育的成效。不过这真是什么"教育家"的成效么？我还是怀疑！我以为老实些说罢，这种人是天生的，他们生下来使自己有他们那一副硬脊梁。他们最大的幸运，只是他们不曾在毕业以前，被"教育家"认为"害群之马"驱除了出去。"教育家"最大最大可以自矜的事，亦只有这一点。然而试看这样硬脊梁的人，他们到了社会上，处处受挫折，处处受压抑，便是"教育家"亦只是让他们去与一切困难奋斗，什么事都不能帮助他们。他们若不是在精疲力尽的时候，同化降服于社会，亦许是逃遁到社会以外去，或者是自杀。遇见了这种事，"教育家"不是发几句"责备贤者"的高调，便只是一叹而止。他们仍然是决不怀疑于他们的教育可以改造社会，是一句自欺欺人的空谈。

亦许有他们的学生，不肯同化降服于社会，亦不肯遁世或自杀，他们竟真个要"改造社会"。他们要打倒恶势力，特别是要打倒一切恶势力根源的恶势力，他们要与最有权威的恶魔作战——他们要革命。但是说到革命，便过于骇人了，"教育家"做梦都不曾想到他们的学生会要变成一个革命党——变成一个叛徒。他们怕听革命两个字，以为这若不是吹牛的大话，便是代表一件极可怕的事情。便拿革命二字作吹牛的大话，对于这些"教育家"，已经可怕得很了。他们想任随怎样改造社会都是可以的事，只是万不可以革命。因为任随怎样改造社会，总可以受那些最有权威的恶魔的妨害，总可以使他们的努力归于无效。所以那些学生觉悟了，知道非与这种恶魔拼命，非根本将这种恶魔打倒，不能真个完成改造社会的事业。然而"教育家"无论如何不赞成这种"过激"的办法。他们若无法禁阻他们的学生这样做，他们至少亦要设法以免受了他们学生的株累。因为他们仍旧要保持他们的"教育"，以养成好人，改造社会。

我想我没有说一句过火的话罢！我们中国的教育，比前几年大有进步了，我们中国的政局亦比前几年更黑暗了，国民的意志亦比前几年更薄弱了，国家的情势亦比前几年更危险了！但是革命是太危险了的事情，还是讨论改良教学方法要紧！

哼！天下亦竟有这等怯懦胡涂的人，他们居然自命为"教育家"。

一件事是大家承认的，我们必须改造社会。

这样的社会，总不配称为黄金世界，亦不配比三代之治，因此，我们必须改造社会。

姑且不管我们所谓改造社会，是要改造到过去的理想时代的社会呢，还是改造到未来的共产自由的社会。我们只请问究竟要怎样才能有把握的达到改造社会的目的。

中国现在的时局，已经使我们到了救死不赡的田地。我们没有什么大的希望，我们所谓改造社会，只希望能从这种穷窘战乱中间，把我们超拔出来。但是我们似乎都找不出超拔自己的法子。

"教育家"说，中国的所以到今天这个样子，都只怪教育不普及。因为教育不普及。所以不识字的人太多了，所以没有科学常识的人太多了，所以没有生活技能的人太多了，所以没有道德的人太多了，所以陷落于恶劣风俗的人太多了，此外还有许多弊病。

硬有人说，"我国百人中有八十人不识字'是'实业颓废谋生无术"的原因。（见《新闻报》一月四日长沙平民教育促进会主席报告）所以识字运动，居然成了平民教育的全部事业，而且被许多人认为是救国的根本。自然识字的人越多，对于社会越好，没有人可以发生疑问。不过识字的人多了，便实业发达，谋生有术了么？中欧自经分割以来，产业甚为凋弊，想必疆土的分割，陡然增加了许多不识字的人罢！英国于一九二三年七月调查，失业者十二万八千余人，想必这恰是英国不识字的人罢！中国识字的人，只知道读"先王之道"，只知道读 subject · predicate，再不然便是会讲一点那一家的学说，会哼两句滥诗。他们从来不知道关税的被人束缚，怎样使本国产业不能发达；他们从来不知道对外贸易的入超，怎样夺了本国农工的生路。他们以为若是全国人都像他们有学问，都会做几篇"注一""注二"的文章，写几首"伊的他""他的伊"的诗，中国实业便发达了，谋生便有术了。他们说，至少亦要认得字。认得字的人便谋生有术么？成千成万的毕业生，结成"北大系""南高系""东洋系""西洋系"的，到处发生排挤倾轧的风潮，这便是谋生之术么？国会里做猪仔，为伪政府供外交使令，到洛阳求荐函，这便是谋生之术么？甚至于还要说识字便实业可以发达，然则上海大中华纱厂、恒丰纱厂的停工，汉冶萍公司的全靠日本借款维持，都是怪中国百人中有八十人不识字的原故，我们这些识字的人，可以全无责任了。这真是闻所未闻的高论。

没有科学常识，怕是中国危急到今天这样的原故罢！因为没有科学常识，所以中国人不卫生，中国人有许多迷信。再则谈到各种的发明，中国人更是不能望外国人的项背。这样，中国自然应当成为今天这个样子。不错，这都是高论。倘若一个人受了教育，他便可以学习科学常识。学了科学常识，他便可以卫生，不迷信，做一个发明家，中国便会比今天有希望。不过卫生是受了教育便做得好的事吗？新鲜的空气、阳光，清洁美观的布置，是那些闭塞而狭小的家庭可以希望得到手的东西吗？滋养的食物，寒暖合度的衣服，是从卫生学文字里面可以求得的吗？八小时的睡眠，八小时的休息，愉快活泼的心性，是那些终日奔波而免不了啼饥号寒的"下等人"做得到的事吗？有洋房子住，室内温度空气都很合宜，食物都经过研究，每年还要到牯岭莫干山避暑的学者著作家，听说还是免不了肺结核、心悸症。现在希望科学常识普遍了，中国人便都能够卫生，要靠这救中国，岂非很有趣味的话？论到破除迷信，自然是一件很好的事情。人类为了迷信不知消耗了多少冤枉时力，然而迷信与国家的强弱有什么关系？日本人不是仍然盛行社祭么？欧美人不是仍然有许多无理由的忌讳么？"神"固然使人消耗些冤枉时力，然而人只要能有用，"神"还是不能妨害他的强盛光大。中国的人太没有用了，望着国家的危急想不出法子，却来怪那些泥雕木塑的菩萨，说是非取消他们的烟火，不能救中国。这真是善于推诿的国民了。科学的发明，是一件荣耀的事情，但这更非穷措大可以梦想的事。外国许多科学家，经了几十年研究，有了心得，然而若是得不着巨款的资助，仍然不能有何发明。至于中国的政府，他从来管不到这些事。留学的学生，从外国设备很完善的实验室里，回到荒凉的本国来，像龙游浅水，虎落平原一样，眼巴巴的望着，无可用武的地方。现在居然说，科学常识普及了，便可以讲到发明，说得真容易！

教育可以使人有生活技能，在书本上确实有这种话，不过怕只是书本上的话罢！现在的教育，国文英文数学是主要学科。国文呢，不是古文、辞类纂亦不过是国语文范。学了这种国文，做一些言之无物的游记论说，或者是可以的，再不然可以做几句似乎有些外国文气味的诗。至于另外有什么用呢？他们是不是能发表一切自己的意思？是不是有什么意思可以发表？他们是不是可以用那种国文，很正确很精密的叙述出很复杂的事情？我怕这都很难说罢！至于英文数学，全国不知已经造成了几千几万半通不通的这种学生了。为这糟蹋了青年的不知多少时力，然而这真配得上说是什么生活技能么？现在的学校，一方养成了学生许多不合于职业家的习性，一方给他们许多洋八股的知识。"教育家"从来不觉得这些问题会值得研究，尤其是以为洋八股的知识，是必须学习毫无疑义的。他们说，教育普及，便人人有生活技能了。他们虽然明明看见他们的毕业生，没有事做，亦不能做事，他们丝毫不发生疑问。

其实便令他们的学生，真有了生活技能，那亦并不能断定他们的学生，便可以有事做。中国现在在外国经济剥削之下，国内衣食日用之所需，许多都靠廉价的外国货物的输入。中国农工既失了他原有的生路，国家因求挽救金钱的恐慌，一层层的债台筑了起来。由于外人勒索赔款，与借借款以施其盘剥的原故，国民担负越重，生活越困难，都失了他们那安居乐业的常态。奸人因得利用，以肆其割据纷扰的野心。因此国内的战事永远的绵延下来，各种职业界亦都陷于不安定的状况，一切新事业均无从发展。在这个时间，纵然真有一般有生活技能的人，但是无事可做，亦仍然无从谋他的施展。这一件事，"教育家"从来不肯注意，因为他们说这都是社会运动家或者革命党的谣言，他们是"教育家"，他们只知办他们的"教育"。——现在外国资本经营的铁路、矿山、公司、银行，在中国境内一天天多了。有了生活技能，大概总可以希望请求洋东家赏一碗饭吃罢！全国工业生服役于外国工厂，商业生服役于外国银行，亦不少了。用国家的款子，为侵略我们的外国资本家养成雇员，这怕便是中国的职业教育罢！"教育家"只知办"教育"，这样办下去，真值得外国人表同情啊！

用教育来提高国民道德，这更是冠冕堂皇的话。一般人说，国民道德不进步，中国总没有翻身的希望。中国人的道德不好，谁能为他辩护呢？不过国家的强弱，与道德有什么关系？德国在一九一八年打败了仗，所以失了他第一等强国的资格，是因为德国人道德陡然堕落，所以打败了仗的么？一九二二年，土耳其赶走了希腊兵，成了一个复兴的强国，是因为土耳其人道德陡然增进，所以复兴的么？从历史上说，秦政灭了六国，是六国的道德不如虎狼之秦吗？刘邦灭了项羽，是项羽的道德不如流氓的刘邦么！究竟说必须中国人道德进步了，中国才会有翻身的日子，是从什么地方得着的高见？何以见得现在的外国人，道德都要比中国人好？何以见得从道德一方面说，外国人居然有凌辱中国人的资格？说这种话的人，他自己以为是受了教育，所以道德很高尚。其实他们的道德亦便值不得估量，他们的邪说又损坏了国民的自信心。

若是靠教育来提高国民道德，中国才可以翻身，这无异对中国宣布了死刑。教育如何能提高国民的道德？从历史上说，自"契为司徒"，教育亦办了四千多年了，然而越办而人心越"不古"。就眼面前的事说，北京流氓组织的公民团，亦许是未受教育者做的事。但是为袁世凯上劝进书；为曹锟运动大选；为伪政府军阀供奔走服劳之役；为相公与娼妓作起居注，这都不是受过教育的人吗？没有一般受过教育的人，参赞戎机，军阀不至于像今天这样猖獗。没有一般受过教育的人，宣传威德，英美势力不至于像今天这样强大。中国受"教育"的恩惠已经太多了，还说靠教育可以提高国民道德，可以救中国么？

恶劣的风俗，诚然非改不可；婚丧的繁缛礼节，糟蹋了许多金钱；裹足与梳头的无益事件，损害了女子的人生福利；俗不可耐的戏剧娱乐，显然看见国民的程度太卑下；不自然的家庭与婚姻，惹出许多悲惨的事情。这些事都必须改革，没有人能反对的。不过教育可以改革这些风俗么？非改革了这些风俗，中国无翻身的希望么？中国现在有致命之伤在身上，必须从速的对症下药。这些风俗的不良，不过譬如病人衣履的颠倒，纽扣的失落罢了，这岂是今天所应注意的事么？现在欧化的人，反对中国的礼节，但他们为了西餐跳舞会的费用并不是能糟蹋较少的金钱。女子把脚放了，头发剪了，为学西洋风俗的原故，腰必渐渐的要细了。戏剧娱乐，诚然贩运了许多舶来品，但这只少数知识阶级或资产家可以领略其中的趣味。家庭婚姻的改革，有许多人牺牲了一切以求达到他们的目的。他们为了"爱的人"忘记了一切对于社会的责任，他们为博取"爱的人"的欢心，什么事都愿意做。有人说，顾维钧为他的夫人，所以为曹锟供奔走；又有人说，伪国会中有许多议员，因为他们的夫人先受了运动，所以他们甘心做猪仔。家庭与婚姻，能改革到夫妻情爱浓厚如此，亦便"至矣尽矣"了。但是这便可以救中国了吗？

现在所谓用教育改革恶劣风俗，至多不过靠受过城市教育的学生，回乡村或到民众中间去，宣传这些道理。然而这是极不容易有功效的事情。人民的惰性，习惯于旧来的风俗，他们一向是无理由的相信——只有无理由的相信，信力最坚挚。他们以为这些风俗是无始无终的天经地义，没有可以怀疑的地方。他们怕听一切怀疑的议论，他们恨那些破坏他们风俗的人。他们拥护风俗，比拥护什么人的利益都更有力量，因为他们认为这是为他们的真理必须努力的事情。我们要打倒政治界的恶势力，他们固然亦反对，但还不如他们反对我们打破他们对风俗的信仰。可惜这种理由我们不知道，我们中间有许多真正热心为社会服务的人，他们专向这一点用力。他们的结果，恰似屯兵于坚城之下，旷日持久，而不见效力。他们说，他们这是"点滴"的功夫，这亦不过是聊以解嘲而已。

然则照我这所说的，教育便应当让他不普及，国民的知识技能道德风习，便应当让他不改良么？不是的。教育是必要求他普及的，国民的知识技能道德风习是必要求他改良的。不过怎样能达到这种目的呢？

第一，我们所谓教育，不一定限于请那般"教育家"办学校，环境是一个好教育者。譬如说，国民道德的堕落，我们可以推出三种原因，而这三种原因，都必须改造环境才可以挽救过来。（一）是由于法纪的废弛，有强力的人犯了法纪，无从制裁。人到没有制裁的时候，能不做坏事的人是很少的。去年澳州警察罢工，店家被劫损失逾五万磅，这种因为无警察而劫掠，与吾国官僚军阀无制裁而为恶，实际是一样的事。（二）是由于民生的穷蹙，普通所谓饥寒起盗心，孟子所谓凶岁子弟多暴。到了人民嚣然丧其乐生之意的时候，要想靠法纪禁人为恶，都有些时候是做不到的。去年柏林因为面包恐慌，繁盛之区坐汽车的亦被抢劫。这可见困乏的人民，不可以恒理论。正如我国失了生路流为兵匪，是一样的事情。（三）是由于自暴自弃心理的蔓延。人到了不顾面子的时候，什么倒行逆施的事，都做得出来，中国今天有许多人，正是这种情况。中国因为受了国际强力反覆的挫折，愤世嫉俗的人又每说了许多过分自轻的话，一般欧美留学的学生，又专为人家宣传威德，说得外国简直像一个华美的天堂。因此，中国人已经自分无所谓国家体面，中国人纵然有什么野蛮污辱的行为，亦不足更加重国内外人的骇笑。所以遂致有许多稍知自爱的国民所不为的事，亦恬不为怪的做了出来。这所述的三种原因，岂是学校教育所能挽救？这须使中国法纪整饬，民生顺遂，国势兴盛，便可以自然挽救过来。"教育家"却说，这不是他们应当过问的事。

再就改良风俗来说罢！风俗的形成，有他的经济的背景。譬如说重男轻女的风俗，因为女子的生活，失了她的独立的地位；宗法家庭的社会，因为农民不迁徙而利于有多人共同耕作。在这种经济背景仍然存在的时候，要想破坏这种风俗，虽有大力不易做到。然而在这种经济背景已经消失的时候，要想保持这种风俗，亦只是梦想。知道这种道理，便可知道现在一般人，不谋改变经济背景，而专说什么改良风俗，是如何不经济而错误的事情。我们但能发展交通，自然可以一扫人民闭塞的思想；但能发达机器生产，自然可以打破宗法社会的权威；但能使女子可以在政治上经济上与男子站在平等的地位，自然可以改变女子生活的方式。"教育家"不知道这个道理，专门去钻烟囱，他们相信钻烟囱是他们惟一无二的职务。

第二，环境不但本身是一个教育者，而且环境可以给被教育者许多好刺激，使学校的教育容易收好成效。譬如说知识与技能，在好的环境中，可以引起人的要求，人有了知识与技能，亦便可以即刻得着用处。我们教那些不懂卫生的人许多卫生的知识，我们教那些无事可做的人一些生活的技能，在我们是出于好心，然而学习的人不感这种需要，他们决不肯很热诚的去学习他。现在许多学校的内容不好，一般人以为由于学校内容不好，故学生找不着生活。他们不知学生找不着生活，毕竟还不是学校内容不好的原故。我们试想工业学生毕业后或者只有去当教员，作官僚，你如何能希望他们专心研究工业？农业学生毕业后或者只有去当记者，作商人，你如何希望他们专心研究农业？同样的道理，我们非先加增为国民谋生的机会，提高他们人生的权利，则不能希望你的教育能收实效。

第三，环境不但可以帮助学校教育的成效，学校教育若不能得着好环境，他永不能办到理想的田地。关于这一层差不多可以不待我解释，我们的"教育家"已经饱尝了不良环境的苦滋味。譬如公立学校的随政潮为转移，私立学校的困于经费，学校设备的太不完全，学生购买书物的能力太薄弱了，学校的受恶社会嫉视摧残，良好教职员的不易聘请，这都使一般"教育家"束手无法。我们试想倘若养兵养官的租税，能用几分之一来办教育，有什么困难不能解决？倘若有了真为人民利益而奋斗的政府，教育的发展是应当什么样子？现在的"教育家"不知道这样想——或者是不敢这样想，他们只希望军阀稍能分其余沥，他们只希望至少可以维持现状。他们反对用强硬的手段与军阀搏斗，因为他们说，那不是"教育家"的身份所应做的。他们虽然因为种种困难，使学生忍受不良教育的痛苦，但他们相信自己已经竭尽心力，学生对于这种不良的教育，不应当还有一点不满意的思想。

"教育家"亦并不曾完全忘记环境。他们亦知道在不良的环境下面，永不能有完满的教育，但是他们怎样想呢？他们说，这须开学生家属恳亲会；这须办学生成绩展览会；这须办通俗讲演；这须教师访问学生家庭；这须教育界与政商工农各界都有些接洽。于是他们照这样办了。一般家属很喜欢学校预备的茶点，亦有时很高兴看那些学生像卖武一般的运动，还有些人以与学校的教师拜访谈话为荣。但对于教师向他们所谈的，不是有些不甚了然，便是觉得"好是好的，只是做不到"的空话。有些"教育家"居然四处奔走，各界中都有些往来。但是各界受了"教育家"的同化吗？不会的。若不是这个"教育家"十分的圆滑，若不是他们能见什么人说什么话，他们接洽的结果必不易圆满。再不然，"教育家"的德行真令人感动了，然而感动是一件事，各界受他们的同化又是一件事。我敢说，若不是环境先变了，"教育家"永不能同化各界的人。"教育家"要与各界接近，只有自己屈尊一点，同化于各界。

有个基督教徒曾经告诉我，基督教并非不注意改造环境，他们造教堂，办青年会，办各种社会事业，都是改造环境的意思，我知道有些"教育家"亦是这般的想。他们造了优美的校舍，在学校以外亦帮助社会办了一些事情。不过可惜所谓好环境，便只限于教堂青年会校舍等地方。这样的地方，已经不是能开放给人人自由使用的，便令使用他们的，亦有一定的时限。这所谓好环境，只能由少数人专利。这少数人，大概是资产家的子弟。然而便是他们，一天放了假毕了业，仍是要从那种好环境中退出来。"教育家"若只是资产家的雇佣，学校若只是少爷小姐们的别墅，我觉得到没有什么异议。然而"教育家"说，他们是为全人类的将来而奋斗的人！

倘若"教育家"看了我上面的许多话，良心上能感觉得很痛苦；倘若"教育家"能自己承认，他们实在没有为人类做任何真的事情。那么，让我告诉你——我们不是专做那些不痛不痒的事情，便能有改造环境的功效。不是教育了一切的人，才可以改造环境；是改造了环境，才可以有好教育。我们说的改造环境，是说要整顿政治，发展产业，抵御外侮。非做到这些事，教育总不能有实在的用处。

有的人说，要整顿政治，发展产业，抵御外侮，这不要好人吗？这不要国民有些觉悟吗？这不要各种技术人才吗？要这样些人，我们能不注重教育吗？是的。我们要好人，我们最急要的是要好革命家。我们要国民觉悟，我们最急要的是要使国民觉悟必须要革命。我们要各种技术人才，我们最急要的是要有能掌握政治经济局面的人才。所以我们应当注重教育，然而不是注重你这些"教育家"的所谓教育，是要注重能得到上述三种成绩的教育。

一般"教育家"不能知道这些事。他们忘记了历史的教训，一切的变易，只有政治经济的力量最大，特别是根据于经济变迁，或者能引起经济变迁的政治行动，为有大力量。他们亦不注意从来所谓用教育转移风俗，教育若不能影响到政治经济上面，那只是一句空话。还有些人说秦始皇便再横暴，他对后世的影响，远赶不上孔子。他们不注意孔子的有一点影响，仍是由于君主虚伪的出来捧他。孔子在后世其实亦并无什么大的影响，一般自命为孔子之徒的，实际都是"德之贼也"的乡愿所昌替。至于秦始皇废封建，立郡县，历二千年究竟没有人能够改变他。我们总说只靠学说便能影响全世界，实际这不过白面书生招谣撞骗的鬼话。达尔文的学说，不过是因为有资本制度的背景，所以他似乎有力量。马克思的学说，亦不过因为有劳工新兴的势力，所以人家才注意他。若不然，孔子亦会说大同之世，柏拉图亦有他的共和国的理想，都博得一般人的敬意。然而人家总不过觉得有这一说罢了，没有人去理会他们。——所以我们再不要说靠学说，可以不靠政治经济的势力，去转移天下。我们是靠政治经济的势力转移天下，学说至多只是告诉我们怎样用政治经济的力量罢了。

"教育家"只有一种方法，可以对今天的中国有些真贡献，那便是说，看他们所用的力量，怎样能影响到政治经济上面来。中国的问题，决不是几句空学说，或者什么零碎的努力所能解决的。要解决中国的问题，必须根本澄清政治，组织人民的政府，以发展产业，振兴国势。这非对一切割据的军阀革命不可。"教育家"能帮助这种革命，才真于社会有价值。若认承这是与他不相干的，甚至于对于这，要作种种的反对，我真不知"教育家"在社会上，与一切专帮助恶势力的吏胥奴役，有什么两样？

"教育家"若能认定了他们对社会的任务，若能决定用他们的教育，专帮助中国革命的发展，那便他们须改正他们一向对于教育的错误观念，变易他们一向所取的错误态度。有谁不甘于自安为专帮助恶势力的吏胥奴役的么？全中国教育界中，总应该有几个真配得上称为"教育家"的人罢！

若为帮助革命而从事于教育，那便对教育的态度，我以为应当如下所云：

第一，情意的教育应当重于知识的教育。现在的学生，是感情冷漠，意志薄弱的。"教育家"把他们一个个隔离开，把他们的精神，一齐关在书本子里，而且只是关在最枯燥论理的书本子里。"教育家"要学生不轻浮，所以要学生最好是没有喜怒。他们要学生不躁悍，所以要学生最好是没有一点自尊心、自信力。一句话关总，他们的教育，使恰合乎"以顺为正"的妾妇道理。然而我们要晓得,人类的行为感情才是大动力。对于似乎不可抵抗的恶势力,进行革命的奋斗,尤其非感情的鼓动不可。青年必须有强烈的感情,且必须辅以一往无前的自信力,然后可以视死如归。知识本可以指导人们更正确的趋向,但是对于情意疏薄的人,知识恰足以引起他们的计较心,恰足以教他们许多趋避之术,所以知识越多的人,每每越不利于革命。然而现今的"教育家",几乎把知识看成了教育的全部事业,他们看见学生感情的表现,便要说许多闲言语,意志强固的学生,更容易被他们指为顽劣无可救药。他们专教育一般妾妇性的学生,所以他们是革命的大障碍。

第二,才能的教育应当重于理论的教育。所谓才能的教育,是指的要靠教育,使学生会处人,会处事,这都是现在学校的缺点。现在的学校,只是养成几个善谈理论的装饰品,但他们只能搬弄那些很抽象的观念,他们做不了什么实际事情。现在有许多书呆子,他们已经认不清他们自己所处的世界,而希望别人亦都莫认清他们所处的世界。他们说,人应当为读书而读书,只认得书,才算是真学者。善于对付人的是滑头,善于对付事的是政客;学者的笨拙懵懂,正是学者的韵事。倘若真依从他们的话呢,好人都做学者,都自甘于笨拙懵懂,天下的事情只好尽交由滑头政客办好了。学者真要都是这样,我希望中国不要有一个学者。我们亦不必贪慕提高学术的虚荣,中国永远不出一个世界的学者,实际有什么干系?我们第一要紧是把我们的人民,从贫困纷扰中拔救出来。我们要看见有大能力大手腕的领袖,我们要希望学生有这一种成就。学生要对付人,对付事,不免要损失他们一部分纯洁严正的品性。但这并不是品性的损失,这是品性的经过切实的陶冶。太好了的品性,不适合于实际的应用,所以非在实际活动上陶冶过的人,没有用处。至于说因这番陶冶,使学生堕落到滑头政客的田地,这是疏忽的"教育家"的罪过。

第三,社会科学的教育应当重于自然科学技术科学的教育。要学生成为好的革命家,他们必须明了社会进化的律例,与他们所处社会的实况。他们自然最好是能有丰富的自然常识与日用技术,但关系最密切的,还是莫过于社会科学的知识。他们应当注意近代的历史,因为中国已经卷入世界潮流的旋涡中。他们应当把西洋工业革命以后的历史,与中国鸦片战争以后的历史,看作一样的重要。他们应当注意本国与世界政治经济的实在状况,以及政治经济上各种大变化的原因结果。他们要研究怎样运用政治经济。现在的"教育家"不然。他们只教学生一些除了为考试全无别用的功课，他们要学生用全力去读 a b 经，用全力去计算那些只有专门数学家才有用的数学问题。他们虽然教了博物理化，学生只认得书本上干燥无味的几个名词。他们虽然教了国文算术，学生仍然对于日用技术一点把握亦没有。他们排了政治经济的功课，请了他们所最不肯相信的法政生教授。他们想得近代历史，没有教授的价值，每每忽略过去。他们说，国文英文数学是主要的功课，这样一句极普遍的"谣言"，不知从什么地方产生出来的，居然盘踞在全国"教育家"的脑中。是若这种"谣言"，不经打破，"教育"只是一种愚民政策，说什么用教育改造社会呢？

第四，天才的教育应当重于普通的教育。我所谓天才，不是指那些天生耽于幻想的名士诗家，我是专指的感情热烈，气质厚重的人。我的意思，现在的教育，必须特别注意少数的学生，注意少数能反抗恶势力，能真正改造社会的人。在革命的时期，能转移时局的，总是靠少数人的倡导。凡能不顾一切，坚忍决斗的，从古以来，总是占少数。至于多数的人，无论是明白，无论是胡涂，他们气性总是薄弱，没有一点反抗的力量。他们因为没有反抗的力量，在恶势力下面，你便再给他们一些教育，他们仍是屈服于恶势力。但是，你若能打倒恶势力，把他们纳于善良社会里，纵然不加一点教育，他们亦自然向善。他们永远是受环境的支配。我们只有改正环境，便自然可以救拔他们。我们不要在改正环境以前，对他们用了太多的冤枉的气力，只有少数人——少数可以坚忍决斗，可以帮助我们改造环境的人，值得我们特别注意。我们自然要谨慎的不教学生知道，我们的精神有所侧重，但我们为社会起见，必须侧重那些可以改造环境的人。这种人在两三百人中或者只能看见两三个，但这两三个人的完成，比两三百个人势力雄伟一万倍。现在的教师，他们不知道自己住的什么世界，他们假想现在已经没有改造环境的问题，他们以为个个学生都可以有一样的造就。于是他们的精神，分散在每个学生身上。他们死板的跟着教育学上面的理论，特别更注意于那些气质薄弱，智能低下的学生，以为必须如此，才是尽了他们"教育家"的天职。他们在石田里播种子。他们为改造社会而办教育，及办了教育而不能改造社会，他们反轻轻的把罪过卸在"社会"身上。他们说，"教育亦并不是万能"，但是他们"教育家"每月几百几十元的薪金，却进了荷包了。还有一种"教育家"，他们却注意少数的学生，但是他们是宠爱这些学生，使他们受特别宽大的待遇。再不然他们是忌憎这些学生，使他们受严格的监督。这种"教育家"，不是摧损了这些学生生长的天机，便是使学生的生长得不着合当的陶育。他们更不配称为知道"教育家"的职务，他们戕贼了社会上有希望的人。

第五，成年人的教育应重于儿童的教育。许多人都说，应注重小学教育儿童教育，不知道至少在今天，这是一句昏话。现在只有改造环境比一切都要紧，改造环境，必须得成年人，得农工商贾等的帮助。专在小孩子们身上卖气力，这与救中国乃是风马牛不相及的事情。有人说，成年人沾染了社会上许多恶习，没有小孩子那样纯洁可造就。但是小孩子长大了，不还是要一样的沾染社会恶习么？总之，若说为倡导革命呢，成人有这种造就的希望的人少，儿童有这种造就的希望的人一样少。至于赞助革命呢，小孩子便赞助的人稍多，还不及成人赞助的人稍少的为有力量。说老实些罢！一些人喜欢办小学，什么蒙养为圣之基，那都是鬼话。最大的原因，是小孩子俊秀，活泼，坦白，驯顺，譬如庭前植芝兰玉树，或者要饲养几支小猫小兔，一样的可以供欣赏罢了。若要为社会，专在小孩子身上用力，便令有成效，亦不知几十年以后的事了。何况小孩子一旦长成了人，还是十个有八九个要坏呢？我们应注意成人，注意一般年纪大些的国民。我们办教育，不是为我们自己的欣赏，是要引起环境的改变。成人虽不能像儿童坦白驯顺，这只是加入社会生活后，或者自信力发达后，一定应有的现象。我们要在成人中间，找出少数气质厚重的人，要给成人以情意的，才能的，社会科学的教育，使他们知道而且愿意为改造环境的原故，坚忍决斗。我们赞成最近各地发生的平民教育运动。但是可惜他们只做了很小很小的事情，他们应当注意教一般平民社会科学的知识，注意教一般平民，做各种实际的社会活动，但这或者不是那些只以为识字是最大的事的平民教育运动家所能表同意的事罢！

以上五件事，是我贡献给有志的"教育家"的一点意见，我以为这是今天的中国，办理教育应当拿定的方针。这所说或者有合或者有不合于教育学上所说的理论，但我所认定的，我们是为今天的中国办教育，不是为教育学办教育。著教育学的人最大的错误，是他们假设他们所住的是理想的圆满的世界，他们是为那种世界办教育。但我们所处的，明明是贫乏纷扰的世界，而且是危急存亡的像今天的中国。我们要睁开眼睛，要看什么是今天最急最要的事情以决定教育的方针。教育确实是改造社会的有力的工具，但是被盲目的"教育家"拿在手里，全然看不出一点有价值的用处。

载《新建设》第 1 卷第 3 期

署名：恽代英

再论学术与救国
（1924 年 2 月 9 日）

学术是一向被中国人胡里胡涂地尊崇的东西。一般愚弄读书人的帝王，纵然在他"马上取天下"的时候，亦会溺儒冠、辱儒生；一旦得了天下，为着粉饰太平与消弭隐患起见，都不惜分点余沥，用各种名位爵禄，把那些所谓"学者"羁縻起来。一般白面书生，亦乐得与帝王勾结，以眩惑农、工、商贾，于是亦帮着宣传"宰相须用读书人"一类的鬼话。因此，学术遂永远与治国平天下，有了一种莫明其妙的关系。

我自问不敢鄙薄任何学术。无论科学亦好，文学亦好，玄学亦好，我每看见那些学者们连串的举出一些西洋的人名，以及他们能在各种书中举出各种的材料，不问他究竟学问深浅，我总永远的只有甘拜下风。我以为我们总应当服善，总应当服一切比我们有才能知识的人。我看见无论甚么唱京戏的，打大鼓的，变魔术的，我对他们都有相当的敬意，亦因为我没有甚么比得上他。

但是我有一种偏见——或者是偏见罢！我想：倘若我害眼病的时候，我应当求唱京戏的为我疗治呢？还是请打大鼓的、变魔术的为我疗治呢？还是请科学家（自然不包括医学家），或文学家，或玄学家为我疗治呢？我的偏见，以为他们都不配为我疗治眼病。我不是敢于鄙薄他们；但是我的偏见，对于疗治眼病这一层，他们一定是不配，一定是不配。你们以为我的话太不妥当了么？

由于同样的偏见，我想：现在中国的病象太复杂危险了，我应当希望一般人唱京戏来救国呢？还是希望他们打大鼓、变魔术来救国呢？还是希望他们研究科学（自然不包括社会科学），或研究文学，或研究玄学来救国呢？我的偏见，以为这些事都不配救国。我亦何曾敢于鄙薄这些事；但是我的偏见，对于救国一层，这些事一定是不配，一定是不配。你们以为我的话太不妥当了么？

我说要救国须研究救国的学术——社会科学，真有不少的朋友，以为是偏见呢！他们定要说任何学术都可以救国；倘若我反对了这句话，他们便要判我一个"鄙薄学术"的罪名。我真太冤枉了啊！

我要正式申明的，我并不反对任何人，用任何目的，去研究任何学术乃至任何东西。世界上必须有种种色色的人，乃能成一个世界；这种事谁能够反对呢？我的意思，不过我们今天第一件事，希望真有些人能救国；因此希望真有些人能研究救国的学术。我第一是要指明，别的学术与救国没有甚么直接的关系。靠别的学术救国，是靠不住的。第二是要指明，要救国仍非研究救国的学术不可，从前那种凭直觉盲动，是太热心而没有结果的事。

不过我这种话，无意的究竟侵犯了学术与治国平天下的神秘关系，究竟有一点排斥科学、文学、玄学于救国范围以外的嫌疑，于是终成了"过激"的论调了。

然而我错了么？

亦许因为我不会说话的原故罢！许多朋友说，我要叫人家丢了他所学的一切，都来研究社会科学。其实我那里有这样的大胆呢？

我的意思，只是象下面说的几段话：

一、我以为要投身作救国运动的，应当对于救国的学术下一番切实的研究功夫。我们决不只是发传单、打通电、开会、游行；闹了一阵，究竟闹不出甚么结果，便可以心满意足的，我们必须要研究。然而我们在研究之外，在合当的时候，用发传单、打通电、开会、游行乃至于其他活动，以求达到一种目的，自然亦是应当的事情，这正如学理化的人，必须进实验室，是一样的事。

二、我以为我们定要打破任何学术都可以救国的谬想。我们要研究救国的问题，不可信靠我们自己数理、文学的知识，亦不可信靠那些大数理家、大文学家的议论。我们最好是自己能多少研究些救国的学术，而且从有这种研究的人那里，去得着相当的指导。

我以前只顾说救国，不曾说到吃饭的问题，我实在荒谬了一点。我们自然承认吃饭亦是一件重要的事，不能反对人家用任何技能去吃饭。因此，一般人学科学、文学、玄学来吃饭，谁应该反对呢？我们只愿请大家注意的，人怕不只是要为吃饭罢！你学科学、文学、玄学，你便可以吃饱了饭；然而你的亲友邻舍还是这样贫困窘迫，你以为这中间没有甚么问题么？再进一层，人怕不只是学了科学、文学、玄学，便可以有饭吃罢！倘若科学、文学、玄学便可以给饭人家吃，又那里有新派、旧派、东洋派、西洋派、南高派、北大派，这些抢饭碗的好听名词呢？

我以为要使一切人的吃饭问题都得着解决，要使我们自己的吃饭问题，得着永久安定的解决，我们非加入救国运动不可，所以亦非研究救国的学术不可。我们决不反对人家用任何学术去吃饭；我们所希望的，只是在吃饭的余闲，大家注意一点救国的学术。我们不要以为吃饭的学术便是救国的学术，不要欺骗青年，以为吃饭的学术，比救国的学术更重要。

有的人说，我们研究学术，便是为的学术本身的价值，原不问他是否有用处，所以原不问他可以救国与否。这种研究学术的态度，我并不敢反对。人应当有顺着他自己的意志，以寻求享乐的权利。而且中国若能出几个牛登、爱恩斯坦，便令亡了国，灭了种，亦仍可以留存着他们万古馨香的姓名。有时人家提及他们是中国人，我们亦还要分一点荣誉。不过我的偏见，以为这种荣誉，不享受亦罢了！我天天最感觉的，是这种贫困窘迫的惨状；我总要想有一般人把这些事挽救过来。我只希望一般青年，多花些精神，研究挽救这些事间的学术，这似乎比那种个人的享乐，与虚空的荣誉更重要一点罢！

有的人说，便令研究救国的学术——社会科学，我们岂能完全离开别的学问？我们不懂生物学，便不懂人性；不懂人性，可以研究社会科学么？研究任何一种科学，离不了别的科学，这是不错的。但是凡研究一种科学的，都有他研究的出发点。研究社会科学的，由他的出发点去研究生物学，便与本身是研究生物学的人，所持的研究态度不同。实在说，研究社会科学的，若他不要自己改变目的，成为生物学家，他只是要利用生物学研究结果所得比较满意的假设，以应用到他的社会科学研究上面。他固然可以因他的高兴，多作一番搜集标本或显微镜的研究，然而他若不能亲身去作那种研究，他只是利用别个曾作那种研究的人，发表心得的书籍，你不能说，他象这样便不配作社会科学的研究。倘若是这样，外国生物学家发表心得的书籍，亦多了；中国有研究生物学的人与否，我们自己曾经象生物学家那样态度去研究生物学与否，究竟与我们研究社会科学的前途，有甚么关系呢？

一切学术，都可以七湾［弯］八转的使他与救国发生关系，这是我承认的。但是没有救国的学术，而只有别的东西，终究永远不能收救国的成效。倘若我们为研究救国的切实方略，一切学术都可以供给我们一些基本的资料；但是这不是说，我们应去研究一切学术，这是说，我们应研究而接受他们所供给的那些资料，以供我们为社会科学的研究。倘若只有人供给这些资料，而没有研究接受他们，应用他们以解决社会问题的人，我看这与救国，终究是风马牛不相及呢！

所以便令我们认承一切学术，都可以供给救国方略的资料；然而说一切学术都可以救国，然而说，中国人研究一切学术，是一样的急切而重要，终究是靠不住的话。

然而一般青年竟被这些靠不住的话欺骗了。他们说，学校的功课都是一样要紧的。他们的死用心，不但为混分数，而且亦为的那些功课可以救国的原故。

载《中国青年》第 17 期

署名：代英

评国民党政纲
(1924 年 2 月 16 日、23 日)

　　一件最值得我们注意的事，是此次全国国民党代表大会发表了他们的政纲；其中包含对外政策七条，对内政策十六条，他们认这为"目前救济中国之第一步方法"。

　　中国的青年，因为本来不知政党的重要，又加以受了一般反动的旧思想所鼓惑，一听见党的名字便害怕。他们不肯协助人，因为他们是不愿受人利用的。他们不肯赞成任何积极的主张，因为他们是不愿沾染色彩的。他们只知嬉笑怒骂，只知零碎敷衍的做一点他们所认为好的事情。他们宁可听中国人是这样的一盘散沙，宁可听中国人是这样的永远软服于军阀与外人势力之下；他们不愿团结在一个有正确明了主张的政党之下。所以这一次国民党改组，必定仍是有许多人不肯理会他。

　　自然国民党亦是有应得之咎的。第一，国民党以前不甚注意对民众解释他的主张。第二，国民党虽曾有三民主义五权宪法的党纲，然对于时局不曾发表过他们最切近而具体的要求。第三，国民党以前组织与纪律颇多缺点，所以因为党员每有逾越常轨的行事，致令人家疑惑他们所有党纲只是空谈。

　　然而可以注意的，这些错误，国民党都已经自己承认。在这一次广州举行的大会中，已将组织大加改良，而且极力整顿纪律。他们所发表的政纲，有不少可以供我们研究之处。

　　为篇幅所限制，我只能于介绍他们的党纲以后，略附我个人的意见，以引起大家讨论。

　　以下列举他们的对外政策原文：

　　（一）一切不平等条约，如外人租借地，领事裁判权，外人管理关税权，以及外人在中国境内行使一切政治的权力，侵害中国主权者，皆当取消，重订双方平等，互尊主权之条约。

（二）凡自愿放弃一切特权之国家，及愿废止破坏中国主权之条约者，中国皆将认为最惠国。

（三）中国与列强所订其他条约，有损中国之利益者亦须重新审定，务以不害双方主权为原则。

（四）中国所借外债，当在使中国政治上实业上不受损失之范围内，保证并偿还之。

（五）庚子赔款当完全划作教育经费。

（六）中国境内不负责任之政府，如贿选、僭窃之北京政府，其所借外债，非以增进人民之幸福，乃为维持军阀之地位，俾得行使贿买，侵吞盗用。此等债款，中国人民不负偿还之责任。

（七）召集各省职业团体（银行界商会等）社会团体（教育机关等）组织会议，筹备偿还外债之方法，以求脱离因困顿于债务而陷于国际的半殖民地之地位。

以上七条，前三条是关于修正条约的事，后四条是关于清偿外债的事。中国自鸦片战争以后，屡遭挫折，满清政府愚弱不知外交，至使列强得乘以劫制中国，订定许多不利的条约，以束缚中国的发展。如租借既成为变形的割让，复因外人享有领事裁判权，不受中国法庭判决，致使坐视外人私运军火，助长匪乱，无法加以遏制；海关税则，复须受外人协定的约束，不能视自国的利益以为擅改；而海关主权亦旁落于客卿之手，税款的拨付，全成了客卿独揽的大权。以上各种条约，及其他有损我国利益的条约，我们必须根本反对，否认其有效力。中国人忍受此等条约，为日已久；国民党此次竟能毅然以废止修正为己任，不能不说是可以敬服的事。

外债数目，现约共十八万万元。其中除交通部欠电政路政外债五万万余元，因军阀截款，及办事人私肥，至于无法清偿以外，财政部所借款，由甲午赔款所起的俄法、英德、英德续借款，及庚子赔款，除历年摊还不计外，合共尚将欠九万万元。庚子赔款，最为非法的勒索；有人心的外国人，久倡归还之议，国民党不认有支付此款于外国的义务，实为合当。我们所负外债，为数既已甚巨，非法政府的借款，当然应与否认，以减轻国民的负担。

我对于庚子赔款完全划作教育经费，还未敢表同情。这种办法，自然是教育界所希望能实现的。但是我们中国今天，与其说"教"重要，不如说"富"更重要。我以为画［划］出庚子赔款，作修路浚河之资，受益的人必然比办教育还多十倍。我亦赞成我们应当注重一般农人、工人的公民教育，但我以为若只是花费巨款去办些粉饰太平的学校，还至少不是中国今天必要的事。

对于召集各种团体会议以偿还外债，我略有一点怀疑。中国在政治革新以后，第一件事必须多有资金，兴办实业；所以在那时或许尚须以不丧失主权的条件，借外国资本。即令不借外国资本，我们亦必不能让自国资本，因偿债之故，反转流出国外。所以我以为召集会议偿还外债，未必是一件合当的事。我想，或者革命过后，暂时须将外债本利，延期交纳；否亦必须减轻利息，延缓还本。我以为第四条规定偿还外债，总要中国政治上实业上不受损失，这种预定的范围，十分妥当。

我以上所说的，只是将我个人所赞成或怀疑的叙明。我很望所赞成的地方，将成为一般青年所信仰拥护，所怀疑的地方，国民党或可以有相当的解释，否则将来有更完善的修改。我相信国民党只要能常抱着这种切实、这种向上的热诚做上去，只要他们三十万党员都能这样做上去，他们必然还要进步，以至于完全能担负中国改造的责任。

请大家注意，下列是国民党最近发表政纲中之十六条对内政策，我们试研究他的主张是否值得尊重。

他的原文是：

（一）关于中央及地方之权限，采均权主义。凡事务有全国一致之性质者，划归中央；有因地制宜之性质者，划归地方。不偏于中央集权制或地方分权制。

（二）各省人民，得自定宪法，自举省长，但省宪不得与国宪相抵触。省长一方面为本省自治之监督；一方面受中央指挥，以处理国家行政事务。

（三）确定县为自治单位。自治之县，其人民有直接选举及罢免官吏之权，有直接创制及复决法律之权。

土地之税收，地价之增益，公地之生产，山林川泽之息，矿产水力之利，皆为地方政府之所有，用以经营地方人民之事业，及应育幼，养老，济贫，救灾，卫生等各种公共之需要。

各县之天然利源，及大规模之工商事业，本县之力不能发展兴办者，国家当加以协助。其所获纯利，国家地方均之。

各县对于国家之负担，当以县岁入百分之几，为国家之收入。其限度不得少于百分之十，不得超过于百分之五十。

（四）实行普通选举制，废除以资产为标准之阶级选举。

（五）厘订各种考试制度，以救选举制度之穷。

（六）确定人民有集会，结社，言论，出版，居住，信仰之完全自由权。

（七）将现时募兵制度，渐改为征兵制度；同时注意改善下级军官及兵士之经济状况，并增进其法律地位；施行军队中之农业教育，及职业教育；严定军官之资格，改革任免军官之方法。

（八）政府当设法安置土匪游民，使为社会有益之工作。而其所以达此目的之一法，计可以租界交还中国国民后所得之收入，充此用途。此之所谓租界，乃指设有领事裁判之特别地区，发生"国中有国"之特别现象者而言。此种"国中有国"之现象，当在清除之列。至关于外人在租界内住居及营业者，其权利当由国民政府按照中国与外国特行缔结之条约规定之。

（九）严定田赋地税之法定额，禁止一切额外征收，如厘金等类，当一切废绝之。

（十）清查户口，整理耕地，调正粮食之产销，以谋民食之均足。

（十一）改良农村组织，增进农人生活。

（十二）制定劳工法，改良劳动者之生活状况，保障劳工团体，并扶助其发展。

（十三）于法律上，经济上，教育上，社会上，确认男女平等之原则，助进女权之发展。

（十四）励行教育普及，以全力发展儿童本位之教育，整理学制系统，增高教育经费，并保障其独立。

（十五）由国家规定土地法，土地使用法，土地征收法，及地价税法。私人所有土地，由地主估价呈报政府，国家就价征税；并于必要时，得依报价收买之。

（十六）企业之有独占的性质者，及为私人之力所不能办者，如铁道航路等，当由国家经营管理之。

以上十六条，很能使人知道国民党预定施政方针。就国民党向来的党纲看，在中国总算是最能有进一步之主张的。可惜以前党员不注意党纲，遂使主张与行动生不起关系来。我相信国民党果能从此以后，仔细研究这些政纲，而且在可能时极力求其实现，那便纵有不十分切合实际地方，自会逐渐修改更进于圆满。要救中国，总不是象这样安于无目的的盲动，所能行得的啊！这一次国民党的改组，令我们十分兴奋；我们只希望国民党真能完成为一个有主义有办法的政党，中国正需要这样一个政党呢！

前三条订明了国家地方间权力的分配，最可注意的是确定县为自治单位，从下层做起的精神。县的自治，要办到官吏由人民选举，亦由人民罢免，人民对议员所议不妥的案件可以复决，对议员所不肯提出的议案可以自己提出议决（创制）。因为只有这样，人民才有真正的政治权力。第三条规定了地方各种收入，除地税公产原为公家收入外，又加入地价增高后的收入，山林、川泽、矿产、水利的收入，以及国家协助兴办的大实业一半的收入，均为地方所有。此等收入，除至多以一半为国税外，余均为地方自治的经费。这样自然教养，以及后列为农民、工人、军官、兵士、土匪、游民的利益所兴办的事业，均可以易于着手。

从第一二条看，可知国民党并非主张中央集权，一般人因为他们反对割据式的联省自治，而起的这种误会，实属毫无根据。我以为事务关系有只限于一地方的，应归地方办理；关系各地方或全国的，自应由各地方联合或国家处理之。这样以解释中央及地方权力的分配，或更明确些。

第四五条主张普通选举，可以除去现今只有有钱的人才可被选为议员的毛病；但以考试制度救选举制度之穷，亦须防只有智识阶级的人才可被选为议员的毛病。我亦信考试制度有些好处，只是必须认定不是做文章考高等文官那样的考法；因为那将只有大学或中学生才有资格去与考，那岂非剥夺了无力求学者的应得权利了么？自然将来大学中学的教育，要成为人人可以自由学习的，然最近十余年，怕总没有这种希望罢！我以为议员最要是能代表选举人的利益。将来的选举，不应以地方人口的比例为主，应以职业的类别为主。所以议员只要他有起码的公民知识与知道注意他本职业的利益，便可以被选举。这种起码的公民知识，国家应赶急宣传教化；若用考试只能试验这种起码的公民知识。

第六条规定人民的自由权，要与他们在宣言第二段解释民权主义时所说的话参看。他们在那里曾说："国民党之民权主义，与所谓'天赋人权'者殊科，而唯求所以适合于现今中国革命之需要。盖民国之民权，唯民国之国民乃能享之；必不轻授此权于反对民国之人，使得借以破坏民国。详言之，则凡真正反对帝国主义之个人及团体，均得享有一切自由及权利。而凡卖国罔民，以效忠于帝国主义及军阀者，无论其为团体或个人，皆不得享有此等自由及权利。"革命的党，对于反革命的人，有时须杀戮拘禁。若因贪图尊重民权的虚誉，使反革命的人得以自由活动，实为最笨的事。我很赞成国民党这种显明态度。

募兵改为征兵，使人民服兵役，以自卫其利益，亦同时保卫国家，这是消灭游民为兵致无法禁遏其受人利用的最好方法。收回租界，以使游民土匪均有生计，自然还不能够用，不过租界之在中国，不但为一种耻辱，而且私运鸦片与军火，无法加以取缔，自然是应当毅然取消才是。

国民党此次政纲，注意改善下级军官及兵士的生活、教育与法律地位；注意安置土匪游民的工作；注意人民租税负担的减轻；注意民食的均足；注意工人农人的生活及法律地位，而且保障他们的团体；注意妇女青年的利益；这都见国民党已经自任代表国内一切比较被剥夺的民众，真无愧为国民革命的领袖了。下级军官与兵士对于革命的关系，本期增昌君另有文论及。农工与革命的关系，前中夏君亦屡论之。土匪游民，在一般人多认为是没有生活权利的人，他们以为土匪游民，都是因为好吃懒做所造成的。然而他们既不知人民生计一天天窘困，甚至于找不着生计，自易流为土匪游民。流为土匪游民之后，学成懈怠习惯，然而即令要回头亦仍是找不着安定生计，他自然只有安于做土匪游民了。现在生活渐渐不敷的家庭，知道多少？现在闲空着谋了半年一年的事而不曾谋到手的，知道多少？中国若永远听外国资本主义这样剥削中国，外债越深，则人民负担越重；洋货越输入得多，本国农工生计被夺的越众；将来还计算不清有多少土匪游民！读者不要诧异国民党为甚么这样重视土匪游民，中国若再不转机，读者还不知有几多是候补的土匪游民呢！

现在提倡妇女青年利益的文章不少，自然是一件好现象。但可惜以前提倡的人，多只系无力量的个人或团体，他们不知道借重政治的力量；而一般政党，又熟视无睹，任其自生自灭的变化进行。所以这些妇女或青年的利益，终只是纸上的空谈。一切应得的权利，在妇女终不能不为生活而屈服，在青年终不能不为学绩而忍让。他们实际很少几个人能脱出于奴隶的生活，但他们仍是很时髦的在那里做那些空洞无物的自由解放的文章。我愿真有血性的妇女或青年，要认定非政治改革，终无所谓自由解放，要认定非大家加入革命的党，以分途协力的促进政治改革，终无所谓自由解放。所以我愿他们注意国民党的政纲，亦愿国民党要切实的代表他们的利益，庶以后妇女或青年的自由解放，再不只是那些杂志报章上"以充篇幅"的淡而无味的一些废话。

第十五条是国民党素所提倡的"平均地权"。这种办法是要使地主报地价于政府；报价太高，则征税重，报价太低，则政府可以廉价收买他。中国的租税，零碎而多由消费的人民担负；例如厘金盐税，贫民担负与富人一样多，自然很不利于贫民。国民党此次政纲，特别注意田赋地税，而主张废除杂税，这可以减轻贫民负担不少，即可以减低生活费用不少。在这民不聊生之时，实为救济的要政。同时国民党主张特别注意田赋、地皮捐、房捐等，使靠租谷或房租富户，多担任租税，以供国用，而减少他们不劳而获的收入，这是最合当的事情。不过我以为还要加入两层，（一）所得税财产税都应注重，以免那些靠放账、买股票的人没有租税的担负，自然遗产税更宜重征，遗产的无益而不合理，只读马援"贤而多财，则损其志；愚而多财，则益其过！"四语，便可以知道了。（二）征收这些税，均宜用累进率，即是越富的人，纳税的比例越要多些；因为富人便多出几倍的税，并不为难。穷人若要出一样比例的税，如都出十之一的税，为难的就只有穷人了。

国民党要逐渐收买国中大土地，并不许私人经营独占性质的企业（即有专卖垄断性质的），这是国民党国家社会主义的思想。国家最要是使土地工厂成为公有，则可以希望办到凡人都有工做，凡做工的人都有相当的生活。若这些事归私人所有，私人只顾自己谋利，则减工资，减工人，及其他一切刻薄掠夺的事，终无法防止，亦便终无以永绝土匪游民的发生。为一劳永逸计，国民党对于大企业，断然应取国营的方针；至土地国有，亦未必定须用收买的法子。

以上所说，是因我对于国民党的希望颇大，所以于诠释之余，亦愿更就所见，补加几层意见。我愿向来只知做抽象的研究功夫的人，亦大家就国民党的政纲讨论一下，或者亦可以大家督促国民党更进步，更完善些。

敬祝改组后的国民党，用你们勇猛实践的精神，使你们的政纲，更值得大家注意。

载《中国青年》第18期、第19期

署名：但一

何谓国民革命？
（1924 年 3 月 1 日）

武力与革命

国民革命的呼声，逐渐普遍于全国了。这样的呼声，表明一般有觉悟的人，都承认革命的重要；然而同时他们不赞成西南诸省，连年以武力战斗为革命的唯一策略的态度。

我们可以说，革命是不能绝对脱离武力战斗的手段的；然而世界上没有全靠武力战斗的革命。普通能成功的革命，只有两种形式：一种是革命军与旧政府稍有战斗，接着便是旧政府全部的崩坏，一种是革命军一下便打碎了旧政府，接着靠战斗肃清少数顽梗的余孽。我国辛亥革命的战斗，是属前一种；俄国革命后五年的战斗，是属后一种。

总而言之，革命是旧政府的土崩瓦解；他自身并不曾土崩瓦解，专靠革命军枝枝节节与他战斗的，简直不能称为革命。

旧政府何以会至于土崩瓦解的呢？这必是革命的主义宣传得普遍，革命的党组织得严密；他们有纪律，有计划；他们的行动可以领导各方面的民众，他们的声势可以震慑中立乃至反对的人。革命不是靠兵打，因为靠兵打便有胜有不胜，他是靠国民拆旧政府的台，靠旧政府底下的人民，乃至官，乃至兵，拆他的台，所以旧政府非土崩瓦解不可。

靠国民拆旧政府的台，所以说是国民革命。

革命的国民

靠国民拆旧政府的台，似乎是没有希望的空话。我们试看一般农人工人，既漠然不问国事；商人只知苟安于和平，借口"在商言商"，常反对革命的行动；游民官兵，更多只是为实力派驱遣奔走，他们亦常是革命直接的仇雠。这样，怎能希望实行国民革命呢？

然而这是可以有解说的。

第一，革命若只是为少数革命党升官，发财，做督军省长，国民当然应当反对。倘若革命确实是为一般国民福利，而革命党又有切实明了的主张与计划，以使农工游民等信服谅解的；他们为各自本身的利益，自然会出来帮助革命的行动。我们怪国民不帮助革命的行动，我们应当先问我们是否曾经明了农工游民等的生活状况与他们的各种利害关系，应当先问我们是否有切实为农工游民等谋利益的主张与计划，而能用合当的宣传方法，使他们信服而谅解。

第二，各种国民，是不能一概而论的。兵是武装了的群众，但与游民都是社会上的游离分子；他们固然可以为革命的大力量，亦易于为私人野心家升官发财所利用。他们其实都是受经济压迫，所以不能安居乐业的；但他们唯利是图，而眼光又短浅，所以专靠他们，革命的势力必动摇而不可靠。交通与市政工人，比较团结而地位重要，他们将成为革命的主要军队。农人与小工人，比较不易团结，但他们感受恶劣的政治经济的痛苦最深切，他们与革命军的联合，是革命的大力量。官是军阀的走狗，商人是外国资本家的支店经理人，他们自然对于革命最为反动；然而他们是没有力量的。他们永远是崇拜实力；革命军有实力，他们自然仍旧要归顺革命军。

国民革命的目的

革命的目的，总说是要福国利民，这样一句话是过于笼统了的。国民各方面的福利，并不一致。例如官吏亦是国民之一，他们的福利便在帮助军阀括削别的国民；商人亦是国民之一，他们的福利便在帮助外国资本家剥夺别的国民。国民革命自然亦要希望他们由良心的自觉，把自己私人的小的近的利益牺牲了，以为全体国民谋福利，然而这终只是很少希望的事。革命政府必须侧重农工游民乃至其他方面的利益，以唤起多数国民的参加革命行动；为了这便令要于官吏商人等方面稍加裁抑，亦是应当的。

要怎样才谋得到农工游民乃至其他方面的利益呢？

第一　允许机械工人组织工会，参预工厂中关于分配工作，改良卫生状况，分配红利等事务。

第二　国家拨款辅助农人，小工人，都市贫民，组织消费合作社。即以此为筹办各种公益事项的机关。

第三　国家拨款经营移殖开垦事业，以安置兵匪游民。

第四　国家经营大工商业，开发各地富源，以安置游民，增加国富。

第五　改良租税制度，废除厘金，杂捐，盐税等，加增一般不劳而获者（田主，房主，地皮商，股票商等）的租税，应用累进税制。

第六　应以工厂合作社等为主要选举单位，而辅以依地域人口划分的选举区。废除选举上一切财产学问等限制。

然而这还不是国民革命的最终理想，非能实现国民革命的最终理想，便这六件事亦不易盼望做得完全满意。

国民革命的最终理想

我们必须更进一步做下列的事：

一　取消租界，否认不平等的条约，没收国内的外国工厂银行，归为国有。

二　否认庚子赔款，与一切非法政府所借外债与内债。

三　没收军阀及卖国官商积聚的财产。

四　国际贸易由国家独占。

我们一则必须设法筹集巨资，供兴办实业以及其他公益事业之用，一则必须设法防御一切外国资本势力的压迫，以免我们在建设方面受他的妨害；所以国民革命，亦必须取若干断然的处置。我们诚然不必须定要没收一切土地工厂，像一般人所想像的共产党的主张；但我们必须将租税加重到资产阶级身上，他们的事业，亦必须受国家的管理与干涉，有时甚至于为国民的利益，须酌量没收一部分财产。

至于外人的借款，及其工厂银行，无非借以盘剥中国人的工具。中国人必须否认外债，没收其工厂银行；因为借此可得巨款以供正用，而且可以杜绝本国资产阶级托庇外人以谋反抗的弊病。国际贸易不许私人经营，亦因可以防止外国经济侵略的原故。

中国革命与世界革命

我们非反抗外国势力，不能完成国民革命的理想，然而反抗外国势力，不是一件没有希望的事么？

一定是有希望的。因为中国革命必须与世界革命同时成功。

现在最足以威胁全世界的，莫过于英美。然而英美的运命都只是靠各产业后进国为之维持。美国靠南美中美，英国靠他的殖民地及远东各国，消售他们的货物，所以人民失业之患还不十分紧迫，因而社会革命的思想还不十分得势。他们的国家，从外面看来，自然是十分强大安静的，然而他们的根基，实在有限得很。

自然在他们掌握之下象中国一样的国家，若在不需他们费力便可以侵剥压倒的时候，他们乐得用虚声恫吓我们。即令我们略有反抗，他们不费十天半月便可以扫平扑灭的时候，他们亦乐得用强力劫制我们。再不然，我们的名义不正大，态度不妥当，如庚子义和团一般；他们亦可以用爱国家，重人道等话头，欺骗他们的国民，来与我们厮斗。倘若我们只是为争生存的权利，同时我们自己已经预备了坚强奋斗，亦能约得各弱小民族一致的反抗英美，一致的预备了坚强奋斗；那时候各国劳动阶级的人亦许表同情于我们，反抗他们政府出兵来对付我们。倘若他们政府不出兵对付我们，因而减少了贸易输出额，加多了失业人数，无法以求解决，必定会引起他们的社会革命。再不然，倘若他们政府出兵对付我们，历久而无功效，仍不能免于减少了贸易输出额，加多了失业人数，无法以求解决，仍然会引起他们的社会革命。

只有英美的社会革命，才是全世界弱小民族利益最后的保障。

中国亦许可以待到英美社会革命发生时，完成中国的国民革命的最终理想，但是中国联合各弱小民族的国民革命，亦可以促成英美的社会革命。

我们需要基玛尔式的革命么？

土耳其基玛尔式的革命，在我们看来是不彻底的。因为他并不能反抗一切外国势力，与裁抑国内资产阶级的原故。

但是在未能使各弱小民族联合奋斗，以促成英美社会革命的时候，我们亦欢迎一个基玛尔式的革命。因为在这种革命政府之下，相当的可以抵抗外资，发达本国产业，恢复社会秩序。这可以使本国资产阶级发展起来，亦便可以使革命的工人人数加多起来。革命工人人数越多，国民革命的最终理想，越易于实现。

我以为基玛尔式的革命政府，至少要尽力实行我上述前面的六件事。然而他一定是不能做得完全满意的。因为外国势力与资产阶级的势力，非迎头加以痛击，他们必处处阻挠我们，即我们不能不多少迁就他们。我们亦承认这种不彻底的政治，已经是比现在好上十几二十倍了；但是我们还得需要一次革命。

载《中国青年》第 20 期

署名：但一

造党

——答陈宗虞君

（1924 年 3 月 8 日）

　　二十三日信收到了。你说一般留学生在外国学得一份机械脑筋归国，而国内武人专政，工业无从振兴，遂使中国工业人才虽多，终不能有补于国；因此对于蔡元培先生送其子到比利时学工科，北京青年为之鼓舞，你认为不是好的趋向。在这一点，我对你颇表同意。

　　我不能说中国不需要工业人才，不过我们必须明白承认，在今天这种政局之下，纵然有几多工业人才，终不能找着他们所应做的事；所以结果养了几多工业学生，仍只有用非所学的到学界、政界去做流氓。我所谓"流氓"，不含一点谩骂讥诮的意思，这是这种国民经济下面自然应有的情态。中国非一切事业上轨道，实在没有需用任何种人才的地方，所以一切要等待人家用他的人才，结果非化为流氓不可。

　　然则最要紧是用政治的力量使一切事业上轨道，所以最要紧是需要政治方面的人才。这所谓政治方面的人才，亦不是需要那些等待人家用他的人才，是需要他能自动的转移政治局面的人才；换一句话说，便是需要能指挥与实行革命的政治家。

　　说到指挥与实行革命的政治家，我们在甚么地方去寻觅呢？中国真政治家便少，有之亦只是我所说等待人家用他的人才而已。中国真革命家亦少，有之则每只以褊急勇悍见长，只是一个打冲锋的勇士，不是一个革命的政治家。因此中国总找不着一个出头的日子。

　　我以为要就中国人说呢，孙中山先生恐怕实在要称首屈一指的了。孙中山先生的学说、精神及人格，自然有不少的人与你一样的钦佩；然而他领率的国民党与国民党员，以及他这几年所作的军事活动，亦不少的人与你一样的疑虑訾议的，你的疑虑訾议，我不能尽诿为误解；不过我愿你想，我们为中国革命的前途，除了疑虑訾议以外，究竟亦还有甚么积极的意见?

你不曾读《建国方略》,读《孙中山先生十讲》,读各报发表孙中山先生最近的各种演说么,你所疑虑訾议的,孙中山先生何曾不久已自己沉痛的指摘出来?他何曾有一分掩饰,有一分回护?他为中国的革命,根据他坚决的信心,奋斗了三十余年了,他现在已经是六十岁的老翁,除了无识的人,谁相信他是为求名或求利?然而他虽然是这样坚苦卓绝的奋斗,一般人不但不肯从积极方面设法帮助他,还只是用他自己所承认不能满意的一些事情,作为讥笑的话柄,我们是应当这样无情的待遇这位老革命家么?

中国的革命,怕不是孙中山先生一个人的事罢!怎样改善一个革命党,怕亦不是可以专倚赖或者责备孙中山先生一个人的罢!国民党以前有缺点,这是不必讳饰的事;不过我们若是一个公平的人,亦不应把这件事太看大了。除了国民党,便都没有象国民党那样缺点的大团体了么?甚么政党你最满意?或者还说宽一点,甚么几百人几千人的团体你最满意?你要知道啊,俗话说得好:"人上一百,种种色色",凡是大团体总不能象我们理想的那样满意的。我们的批评国民党,未尝不是我们期望太高之过呢。我以为国民党的错误是有的。最大的错误,是党的组织不完密,党员对于三民主义不了解,党员的活动不注意下层的国民运动。但这都是过去的事了。现在不是国民党已经改组了么?他们不是已经听受了一切社会的劝告,而且把他们的党公开于海内革命的同志,极力谋整顿振刷了么?我们真肯为中国,今天是应当讨论怎样帮助孙中山先生,改善国民党;不是仍然专去做那些不负责任的批评。你以为我的话怎样呢?

我希望国民党在中国要如布尔塞维克党在俄国所站地位一样,这是真的。自然我亦不是希望如你所说的那样的国民党,能站这种地位;我还是希望大家要努力来改善国民党,使他真能担负革命的任务才好。国民党要怎样才能担负革命的任务呢?不是说他必须要个个党员都怎样成为高尚纯洁的圣人,是说他要成为一个纪律完密,主张明确的党。

中国必须要一个这样的党,中国才有办法。倘若不然,中国所谓改造社会的,将永做不出一点功效。我敢说,现在所谓不党的人,有两种模型。一种便是你。你是"不愿着色彩"的,但你对中国亦全无办法,你只能袖着手批评别人,照这样下去,将来怕只好躲在人家背后,向军阀政客间接谋个生活以终世。(假如靠军阀所委的教育官吏或校长,得着一个所谓高尚神圣的教育饭碗，其实亦仍只是间接叨人家的恩泽罢了。）一种便是你所最佩服的王正廷。他是很聪明的。国民党是"乱党"，他假借了分子复杂等话头不肯接近。基督教会是我们的太上政府英国、美国的顺民制造机关，他便不问那些牧师、神父如何卑污龌龊，死亦不肯与他脱离。他亦值得你佩服么？他不现在只是曹锟的走狗；他不是办理中国的外交，还要到日本去请训的人么？我愿你还认清楚人啊！这种人亦配说不党，他不是已经将身子完全卖给英国、美国、日本，乃至全国唾骂的曹贼了么？

你问杨森在四川战胜了，我作何批评。我的批评很简单。一个没有政治主张的人，无论是谁亦好，他总做不成甚么事。杨森只知以武力统一四川，他以为统一了便有办法？然而他不知所谓办法，决不是他所谓提倡教育、振兴实业一套空洞无物的废话。根本说起来，外资压迫不打倒，实业不振兴，民权制度不确立，中国总是有兵匪流氓，亦便总是有战争。无论任何人武力的统一，至多维持到一两年，必然仍会纷扰起来的。这亦是我所以要推重三民主义的原故。我以为国民党的三民主义，确实不愧为解决中国时局的具体方案；国民党宣传三民主义，引导一切工人、农人、兵士、市民为三民主义而革命，比他眼前的军事运动几十倍的有意义；所以我以为在这一方面，有志改造社会的人，必须用全力帮助他。

你的孤独"老成"的生活，我是不赞成的。你说你想切切实实的干事，果能这样，自然比浮嚣浅薄的人好；但是以你一个人孤立的力量，不协同人家，不提携人家，你能做甚么事呢。我们必须靠团体才有力量，必须靠会社，靠党，不然，我们将永远屈服于黑暗势力之下。自然一个会社，或党的中间，一定亦有许多使我们脑疼心烦的事情，然而我要有团体的力量，才可以打倒恶势力，改造恶环境，才可以自救而且救人。你要知道，在恶环境中间，不会能做甚么真正的好事。你如相信你曾做了甚么好事，一定是你的自欺。最要紧是与人家团结起来，将恶环境改造过。你如能永远保存为一个切实人呢，我宁愿你早些决定，加入一种团结，先改造那种团结，再用那种团结去改造环境；这种功夫，最需要切实的人忍耐的向前去做。

我们必须为中国造一个最有力量的革命党，除了这没有法子救中国。所以你想罢！你对国民党应当怎样呢？你对自己应当怎样呢？

载《中国青年》第 21 期

署名：代英

列宁与新经济政策
（1924 年 3 月 9 日）

列宁在一九二一年全俄平定之后，宣布新经济政策，在某种程度中重建资本主义；这与他在一九一七年沙俄的时代与克伦斯基的时代，倡导无产阶级直接行动，一切权力归于苏维埃，是同样震耀全世界耳目的事情。自然在一般人想：列宁是伟大而不可测度，他真个能翻手为云，覆手为雨，把全俄罗斯运之于掌上。他们因为这，承认列宁是一个有魄力的伟人。

用这种神秘的眼光去观察列宁，是不会真能了解列宁的。列宁对于俄国革命后应行的政策，始终并不曾重大的改变他的意见。他并不曾拿俄国做他冒昧的试验品，亦不曾想在这种地方，使世人惊讶他的魄力，他只是就他所观察所研究的，谨慎而明确的指导俄国走它所应走的路。

实在所谓新经济政策，并不是甚么很新异的事情。这种的办法，有些在一九一八年已经提议过，有些是一九一七年革命以前及革命以后至一九一八年初期原来所规定的。一九一八年初期，曾议决禁止中央或地方任何机关，有将产业归为国有之议，只许人民委员会与最高经济委员会有此权柄。是年六月，又曾公告只有资金五十万卢布以上的产业才归为国有，手工业、家庭工业以及各种小工业，在革命初年，无论法律上事实上都不曾有归为国有的事。国家的商业，照一九一八年十一月的公告，只限于经理国有工厂的出品，所以小商人与合作社并不曾受法令禁止。这年的十月间，亦曾布告取销征收农民谷物的办法，改为纳税制度。这以上所述的，都与今天所谓新经济政策，精神上没有甚么大的差别。

有些人误解了俄国共产党向来的政策，以为他们是主张：（一）一般产业完全归为国有。（二）完全禁止私人交易与合作社交易。（三）农产品完全为国家独占。但我们稍一注意俄国一九一八年以前各种公告，已可显然知道这些都是无根的妄谈了。

俄国共产党的政府，在一九一九年以后，确实有些错误的地方。他们实在曾经将五人十人以上的工厂收为国有，亦实在曾经由国家直接料理各种产业与分配的工作。但这并不是他们所能预料的事。他们一则因为反革命的势力，还未平息，在军事紧急期间，不能不继续征发农民的谷物；再则因为一般城市的资产阶级拒绝担任通商及经营小工业，他们希望用这加增共产党的困难，以促成他的颠覆，所以使俄国政府不能不自己更进一步的干涉工商事务。亦可以说俄政府这种进一步的办法，是不曾经过审慎研究而后决定的；但在这种紧张的局面之下，有了这样的决定，是一件无可怪异的事。

列宁说："军事共产主义，无论过去或将来都不是解决无产阶级经济问题的政策；他只是因战争与破坏使我们不得不暂时取用的方法罢了。"他又说："在乡村中的征发，和在城市中企谋直接建造共产的社会，使我们生产力的发达受妨害，而且为一九二一年春季经济上政治上大危机的主要原因。"因此，列宁仍旧倡导回复到十月革命及共产党执政之第一年所公认的原定纲领来。这便是所谓新经济政策了。

列宁本是认定了在产业后进的国家不经过相当的资本主义的发展，是不能进于最低度的共产主义的。大产业的毁灭，工厂的停工，便使无产阶级不能存在。只有产业发达，无产阶级才发达，共产党的政府才有他的立脚点。因此，所以新经济政策为必要。

然而这不又回到资本主义来了么？没有这回事的。俄国的政权，还是牢牢地握在共产党手里，他们不能让私人资本家象在别的资本主义国家中一样，无政府般生长发达；他随时可以干涉管理他们。他允许外国人有租借权，使本国私人资本家亦可以租赁，许农民自由享有纳税以外的谷物；但他仍旧不曾抛弃一丝一毫为无产阶级作战的精神。

在我们初看俄国的政象，是很奇幻的。新经济政策似乎是共产党已经回复到资本主义来了，然而共产党又始终与资本主义站在敌对的地位；他虽然站在敌对的地位，却又决然抛弃了军事共产主义，要采用新经济政策。这中间有甚么玄妙的道理呢？这中间并没有什么玄妙的道理呢，这只是产业后进国要实现共产主义的，所必然应采取的法则。

所以列宁并不曾想到一九一七年十月的革命成功，共产党的战斗便可以停止；他亦不曾想到一九二〇年，内乱的荡平，共产党的战斗便可以停止。共产党现在仍旧有他所要防御的仇敌，他必须酌量的重建资本主义，然而亦必须使资本主义的发展，只足以巩固无产阶级的政权，而不致于妨害他才好。

这是列宁在革命以前已经确见深信的事，因为这，列宁才相信产业后进的国家，可以倡导无产阶级的革命。列宁不是试验了许多错误的政策，才发现新经济政策；他只是在某一期间，因战争与破坏使他有了错误的处置，新经济政策只是回头到他原来的政策罢了。

列宁的伟大，是我们大家承认了的事情；他在宣布新经济政策的时候，亦曾坦白承认了他们以前采取政策的错误。然则我于此文必欲证明新经济政策是他原来的政策，有何必要呢？

第一，我以为这可以暗示产业后进国实现共产主义的方法。有些空想家不知道社会的进行，有他一定的程序，他们或者以为如俄国前两三年的军事共产主义，是最满意的方法；或者以为还有甚么比军事共产主义更高明的方法，可以一蹴而入于各尽所能各取所需的理想境界。倘若他们见到这是做不到了，又只知社会进行刻板的次第一落回到必须先让私人资本主义发达起来，才有共产主义可言的主张。

列宁已经用他的行事告诉我们，两方面都是不对的；产业后进国家可以实现共产主义，但必须用新经济政策做他们中间一个长的阶梯。

第二，我以为可以暗示凡一种革命不是军事上得着胜利，便可以称为完全成功的。要改变社会的经济状况，军事胜利以后，革命的党还须靠合当的经济政策，以坚固新政府的基础，同时亦须预防旧势力的反动。俄国共产党为要达到共产主义的目标，现在还准备用新经济政策作长时期的争斗。可知我们所谓"革命军起，革命党消"，简直是无稽之谈。

解决中国的问题，自然要根据中国的情形，以决定中国的办法；但是至少可以说，伟大的列宁，已经亲身给了我们许多好的暗示了，我们可以不注意他么！

载《上海追悼列宁大会特刊》

署名：代英

矫正对于"打倒军阀"的误解
（1924 年 3 月 16 日）

　　有一个青年曾经投给我们一篇文稿，他说：对于山东梅营长杀了张福来的儿子这一件事，他很高兴；他希望这样的梅营长越多越好。

　　这表明甚么呢？表明军阀的残暴凶淫，已经为象他那样的青年所痛恨了，所以他只想凡能损伤军阀的都是好事。张福来的儿子，虽不一定有可死之罪呢；然而因为他是张福来的儿子，他是一个军阀的儿子，所以被人家杀了总是好的。

　　我们要为张福来的儿子的被人误杀，抱不平之感么？这亦很难说的。在这种兵匪横行的时候，一些大的小的贼酋们，各霸占各的地盘，各施逞各的淫威，这十二年中间，我们人民被他们误杀的，谁能计算他的数目？现在张福来的儿子，不过是这种不幸的人中间的一个罢了！我们为一切被他们误杀的人，是久已抱不平之感的；此外亦不能为张福来的儿子的被人误杀，特别的发生别样的感想。

　　然而我对于那个青年的意见，以为有纠正的必要。假定张福来是有罪的，他的儿子若不曾甘心助逆，不应当负甚么责任。我们亦许有一日要没收军阀的家产，使他们的子孙，不能分享他们的赃款；然而他们的子孙，还是应当享受人道的待遇的。古人都知道"罪人不孥［孥］"；那有到今天因为恨军阀，便欢迎人家去杀他们的儿子的道理。

　　而且还可以进一步，大家要知道所谓打倒军阀，不是一味的杀这个杀那个所做得到的。岂但杀军阀的儿子，不应当是我们所欢迎的事；便令杀军阀自身，除了有重大活动跟在后面的时候，亦简直是于事无济的。我每看见许多青年谈到革命，他们讨厌讲主义，讨厌结党，他们只知用手枪炸弹以从事暗杀；他们说，只有这样，才是壮烈的革命行为。倘若这些青年，不是写了说了这些话，专为来欺骗哄骇无识的人呢，我自然亦要佩服他们的戆激；然而我们还是必须说，这不过是戆激而已，真正希望革命成功的人，还是不应当象这样。

一般青年总以为中国今天所以这样坏，都是由于生了一个吴佩孚，一个张作霖，乃至于一个这个，一个那个。倘若把这些人都杀绝了，中国便一定会好了。进一步的，以为中国今天所以这样坏，都是由于军阀无所忌惮；倘若杀他几个，便可以使他们寒胆，以至于不敢任性妄为。因此，有许多人都相信暗杀是最好的救中国的法子。

中国的坏，果然是由于一两个不好的人的原故么？倘若果然是由于一两个不好的人的原故，何以这样些不好的人都生在中国？何以这样些不好的人死了一个，又来一个？在今天的中国，军阀两个字，同娼妓盗匪一样，成为很不雅的名词了。然而何以总有这样一般的军阀？

一个最大的原因，是人都有自私自大的心性的，倘若可以有许多机会，使他可以争夺权位，攘取利益，倘若可以有许多机会，使他可以成为今日的军阀，我们总不会有方法使军阀不继续发生的。象今天的军阀，本不过只是几个很寻常的自私自大的人；这样的人，在太平的时候，他们只好去挑粪；说多一点，亦只好做个乡董保甲而已。但是因为今天他们交了狗运，中国因为受外资压迫，许多小工人小农人都失了职业，流为流氓兵匪；他们可以各谋机会，拥有一部分流氓兵匪，霸占权位，宰割地方，于是一个个居然亦便做起督军、巡阅使来。倘若中国不能免于外资压迫，这些流氓兵匪不能反其本业；那便只要有机会，人人可以利用他们以做成军阀的。在这种情形之下，野心家想做候补军阀的人还多得很；杀一两个军阀，只是为那些候补军阀谋升官发财的机会而已。

有些人说，杀一两个军阀，到底可以使他们有所忌惮。我敢大胆的说，这简直是一句盲目的昏话。李纯、阎相文的死，有人想得是人家要抢他们的位置，然而岂曾看见便因此而有些军阀自己告退的么？郑汝成死于帝制，劝进的人果然便气沮了么？此外军阀不得善终的很多（可参看《孤军杂志》打倒军阀号），他们便知所惩戒了么？人们都称赞安重根，然而只有一个安重根，究竟做得成甚么事？因为他的一炸，高丽果然便没有亡国么？高丽今天已经恢复独立了么？我看他那一炸，只是买得人家记得"安重根"三个字罢了！青年若只要盗个机会，使人家知道他的姓名，这样干一回把戏亦未始不可。倘若说救国，想靠这吓倒那些军阀，那只是不知世事的梦呓。

要军阀有所忌惮，除非是他们犯了法律，可以如平民一样，交给法庭，他们不能反抗。倘若靠偶尔的暗杀，军阀只会认为是意外的灾祸，他们尽可以用种种方法来防御，所以他们决不会因此而有所忌惮。要怎样能使军阀如平民一样服从法庭的裁判呢？只有想方法打倒外资压迫，使流氓兵匪反其本业，使军阀无所利用以为抵抗，他们的权威才会根本消灭。"扬汤止沸，不如去火抽薪。"青年们，注意啊！不要当真以为手枪炸弹，便可以完成中国的革命。

军阀便不可以杀去几个么？当然可以的。在他们妨害我们革命行动时，或在他们谋作反革命运动时，当然可以杀掉的。再不然，我们为要引起时局的紧张，人心的摇动，以进行有组织有计划的大革命，杀几个军阀亦是很有用的。不过我们总要注意，一个有组织有计划的大革命最要紧。必需是这样的革命，他们才可以打倒外资压迫，发展产业，安置流氓兵匪，以断绝军阀的来路。

这样的革命，必须依下述三种条件而发展起来：

第一　必须有切实可行的改造政治经济的主张。

第二　必须使上述主张能为多数农工平民所赞助拥护。

第三　必须有相信上述主张的人，结合为大革命党，以为革命行动的中心。

我愿请一般青年注意，你们若只是以杀这个杀那个为革命的手段，你们的革命事业，永不会有功效。一切政治经济上的罪恶，与其说是人的罪恶，不如说是制度环境的不良，所以诱起来人的罪恶。所以革命家要研究怎样改变制度环境，这决不是手枪炸弹所能为我们做的事。

我们真能改变制度环境，那便那些无杀戮之必要的军阀，还是放他们回去挑粪好了！至于他们的儿子，更应当看他们是甚么材料，便让他们做甚么事情，更无欢迎人家去杀他们的道理。

按近来报载，有说张福来的儿子未死的，他死不死，原与我们无关，我们横竖只是借题发挥而已。

载《中国青年》第 22 期

署名：代英

怎样研究社会科学
（1924 年 3 月 23 日）

山东青州的刘俊才君来信问我们，"经济原理，唯物史观，心理与群众心理的书籍有何名称？何地发售？价格若干？对于俄国现在的情形，有甚么专书发售及价格若干？国内有名的农民运动，及有名的农村补习教育社，有些甚么地方？"

南昌的崔豪君来信说："有许多朋友问我，你们总提倡研究社会科学，但怎样研究呢？还有些很欲知道日本的青年活动的，我谨以此问题委托你给他们一个答复。"

切实的读者有这样的要求这是一件很好的倾向。因为我们的学识浅薄，而又不能有从容闲暇的时候，使我们不能遍览所有新出书报，以介绍于读者，这是我们抱歉的地方。现在既接到这样的信，我们的责任，不能不尽力所能的给一个答复。

论到社会科学要怎样研究呢！我想与其从理论的书籍下手，不如从具体的事实下手。在我们没有懂得具体的事实以前，我们去研究理论，若不是惝恍的问不清楚，亦很会只懂得字面上的话头，而不懂得他所代表的真意义。我们所谓研究社会科学，包含下述的几层意思：（一）研究社会的构造与各种势力的关系，（二）研究社会进化的原理，（三）研究各国与中国的财政与社会政策，（四）研究各国与中国农工商业的发达和衰败的原因及现状。要求能使上述的研究进行得圆满，我们必须有历史与时事的知识，各种社会主义家的理论与进行计画。倘若社会科学是我所说的这样，我以为最好是从历史与时事的知识入手。

关于时事的知识，下列书报可以择订：

《民国日报》	上海山东路望平街	全年九元半年五元
《中华新报》	同上	同上
《商报》	上海四马路望平街	全年十二元半年六元三角

《晨报》	北京骡马市中街丞相胡同	全年十二元半年六元二角
《东方时报》	北京	全年九元
《东方杂志》	上海河南路商务书馆	全年二十四册四元四角八分
《银行》月刊	北京前门内西皮市银行公会	全年十二册二元半年六册一元一角

上述各报与杂志，均偶有有价值的言论，新闻亦还丰富。《商报》与《晨报》均附讲述商情与经济界消息。《东方时报》系中英文刊，持论亦大略还可看。《东方杂志》的内外时报，时事日志，很便于参考，论文中亦多评述各国政治经济界大事。《银行》月刊则对于财政商业纪载颇详。

上述各书报，偶尔有消息不确实，或评论错误的地方是不可免的；但不过比起其他书报，都还有一日之长。若再能参看下列各杂志，便更可以得些正确观念了。

《向导》周刊	（上海民国路上海书店棋	全年一元三角半年七角
《前锋》月刊	盘街民智书局均有代售）	全年二元一角八分
《新建设》月刊	上海辣斐德路一八六号	全年二元二角四分
《新民国》月刊	北京大学出版部	同上
《评论之评论》周刊	《民国日报》附送	

历史最应注意的是近代史，便是工业革命以后的西洋史，与鸦片战争以后的中国史，但我找不出最合用的书。为求一个大概观念，下列的书亦可以看：

《西洋近百年史》	上海河南路商务书馆	一元六角
《中国近时外交史》	同上（代售）	一元八角
《清史纲要》	同上	一元六角
《华盛顿会议》	北京晨报社	一元（?）
《华盛顿会议小史》	上海河南路中华书局	一元五角
《开国史》	上海四马路秦东书局	八角

有几篇最值得注意的文，亦可以介绍在下面：

《中国资产阶级的发展》	《前锋》第一期
《一九二四年世界政治状况》	《新建设》第一三五期
《由华盛顿会议到何东的和平会议》	《前锋》第二期

对于俄国最近的情况，闻瞿秋白君将有一巨著出版，现已在印刷中。俄国对于小产业私有与小负贩是容许的，合作制度与大产业集中亦是尽力正在推行的事。我介绍下列的文，可供参考。

《俄国新经济政策》	《新青年》季刊第二期
《俄国经济政策之剖析》	《前锋》第三期
《一九二三年苏俄之回顾》	《新建设》第四期

再则就我所见的，《劳农俄国研究》（上海河南路商务书馆价一元）虽出版已久，还不失为一本好书。论苏俄教育的，记教育杂志中颇有此类文字，现不能考查出来。以后或有专文介绍他的状况。

还有说不完的话，留待下期再谈罢！

载《中国青年》第 23 期
署名：代英

平民教育与《圣经》
(1924 年 4 月 5 日)

　　四月三日本报上海平民教育消息栏，记县视学朱颂华君演说，有"所采课本，普通本皆为《圣经》，可采其较好者授之，较为有益"等语。

　　以上所述，我看了简直莫明其妙。平民教育，不是已经有《平民千字课》一类书了么？我对于平民千字课，虽以为不免取材芜杂，尤不赞成他胪举孔、孟、耶、佛、瓦特、佛兰克林等对于引车卖浆之徒无用的事迹；然而就他字句的排列合法，与取材的富于兴趣说，究以为还不愧有一日之长。岂主持上海平民教育者，反不肯采用，而偏要采用甚么《圣经》么？

　　有人疑惑平民教育运动与基督教青年会有甚么关系，我看到"圣经"两个字，真不免有些怀疑了。亦许所谓《圣经》是四书五经，教那一般失学的人，去应曹慕管的"何谓泺水"、"何谓明堂"的小学生国文会考么？——上海原来是中国文化最落后的地方。

　　我希望是访员文字的错误罢！我真不信上海主持平民教育的人竟荒谬无识到这一步田地！

载 1924 年 4 月 5 日上海《民国日报》副刊《觉悟》
署名：代英

中国革命的基本势力
（1924 年 4 月 20 日）

　　人人知道中国必须要革命，然而对于中国的革命应当靠甚么作基本势力，不一定有一致的见解。在自命为稳健的人，他们以为中国的革命要多依赖士、农、工、商等职业阶级。在比较急进的人，又或者以为革命的势力，应当建筑在兵匪游民身上。这两个意见，恰恰是绝对的相反，然而亦都有他一方面的理由。所以这值得我们讨论。

　　主张鼓吹各种职业阶级去进行革命的，其用意自然可以钦佩。中国最近的祸乱，只是一般无职业的人。军阀、官僚、议员、政客与军队、土匪等的纷扰，遂使社会上各种职业都受了他们的波累。现在若能唤起一切有职业的人觉悟而联合起来，以抗拒他们；有职业人的实力，必足以致他们的死命。

　　怎样抗拒他们呢？第一步是不合作，第二步是使他们屈服而居于我们监督统驭之下。

　　这种理论是很简单而易于明了的。倘若靠这种理论而唤得起各种职业界，我相信他们所预期的革命，必然可以圆满实现。

　　然而我应当说，这种理论是很有价值的么？我不相信我应当说这样的话。我以为这只是我们可以有的一种幻想罢了。在中国这种经济状况之下，想各种职业界联合起来，以不合作为革命的手段，在事实上是不可能的事。

　　我何以说不可能呢？第一，人类本来是有些苟且偷安的；有职业的人虽然亦感受时局纷扰的不利，然而他们还可以苟安旦夕，所以对于革命的事业，不容易唤起他们的热心。第二，中国的许多事业，还是在小生产的规模下面，一般有职业的人，既没有群众的集合，亦没有操纵社会的力量。这样，使他们不容易自己相信他们的势力，可以与军阀政客等相抗拒。第三，各种职业界的利害，并不一致。有些人的营业，完全沾外国经济侵略的余润。有些人的生活，完全托军阀非法行为的祖庇。我们大略看来，自然觉得百业都受了连年祸乱的影响；然而其实对于这些祸乱因以为利的人，亦复很多。劝这些混水摸鱼的人们，与人家协同的进行革命，这真无异于梦呓。

换过来说，利用兵匪游民来革命，自然是很不稳健的。然而却比起上述办法，是事实上可以办到的事。兵匪游民是没有甚么安定生活值得留恋的，所以他们比较富于革命性。他们固然是乌合之众，然而他们还是容易有群众的集合的，他们的力量亦可以摇撼社会。

然而利用兵匪游民来革命，确实不是最妥当的事情。兵匪游民是太流动而不可靠的。他虽是一种大力量，然而他只能做破坏的事情。他可以帮助革命军破坏现存的统治势力，亦可以帮助反动的党派，破坏革命军。古人说，"兵，犹火也，不戢将自焚也。"在我们要"烈山泽而焚之"的时候，这样的火，是我们需要的。然而这究竟是可怕的东西。中华民国十三年的历史，正中了不戢自焚的弊病。

有的人说，职业阶级的革命，虽然是不能求急近功效的，然而稳健没有流毒。有的人说，兵匪游民的革命，虽然是富于危险性质的，然而因为是惟一有效的方法，我们不能因噎废食而不采用他。对于这两说，我一样的反对。若说稳健呢，再没有稳健过于孔孟三代之治的了。一般儒者，亦每谓他虽无急近功效，而稳健没有流毒，然而两千多年孔孟的学说，究竟为我们做了甚么事情呢？每每有绝对做不出功效的事情，偏要假借稳健的名字，以自欺而欺人。今天我们所谓鼓吹职业阶级革命，怕不是同这一样的事么？至于承认了兵匪游民的危险，而愿意冒险的去尝试一番，这种勇敢的精神，自然是可以佩服的。然而我们若除了兵匪游民，并没有甚么革命的势力，想靠个人的才智一方能役使这些兵匪游民，一方又能防遏各种流弊，这必是过于盲信自己的能力。结果，必然仍要堕于不戢自焚之境。

然则我们要求中国的革命能够切实进行，而又前途没有我们可以预料的危险，我们革命的基本势力，应当是甚么呢？据我看来，我们确实须依赖职业阶级。然而不是说，我们要依赖普通所谓各方面的职业界，我们所应当依赖的，必须是真正的生产者——农人，工人。

为甚么智识阶级不能依赖呢？智识阶级中间，虽然有些人的想象力比较发达，所以同情心比较旺盛；然而他们的欲望是大的，虚荣心亦比较利害。因此，他们虽然有时候特别肯为国家与国民的利益努力，然而他们是很容易被诱惑，很容易被收买的。他们自己没有经济上的地位；虽然他们在恶劣的政治经济中间，亦要受许多窘迫，然而他们并不一定与统治阶级的利害相冲突。他们有时受了军阀或外国势力所豢养，亦会变成他们忠顺的奴隶。

为甚么商人阶级不可依赖呢？商人阶级是惟利是视的。就现在中国商业的实况说，商人的利益已经与外国势力发生了密切的关系。每一个比较开通的地方，都是充斥了各种洋货。即照料收买，转运各种农业品的，亦无非是外国商业家的代理人。他们在这种外力压迫之下，并不感觉苦痛。一切加于他们的租税捐款，他们都可以转嫁于生产或消费的人。他们靠着做外国人的中介，可以分取少许的余利。所以他们并不一定感觉时局的不满意，他们不感觉革命的需要。

为甚么俸给阶级不可依靠呢？俸给阶级在此薪金折扣拖欠的时局中间，固然是不满足的，然而他们没有革命的力量。他们今天的地位，已经是费力钻营，才能够得到手的。旁边环伺的人，谋乘隙夺其位置的还多得很。他们有甚么办法呢？他们便不满意于这种残羹冷饭，然而他们若不安分，将并此残羹冷饭而不可得。所以这样的生活，使他们不敢有任何异志。靠他们革命，是不会有希望的事。

为甚么绅士阶级不可依靠呢？绅士是有权力以武断乡曲的。然而他的权力，完全靠他能与军阀官僚相勾结。军阀官僚是乐得让绅士与他们分庭抗礼的。他靠这羁縻了所谓民众的首领。而绅士们亦乐得借这与他相接近，一方挟民众以见重于官厅，而亦即卖民众以取悦于官厅；一方亦便挟官厅以见重于民众，而亦即助官厅以肆毒于民众。这样的人，永远只能做军阀官僚的鹰犬爪牙，他们本不曾能代表民众，而且他们的利害亦并不与民众一致。想靠他们为民众努力，以反抗军阀官僚，这又无异于缘木求鱼的痴想了。

真正与一切统治阶级利害完全相反的，只有农人与工人。所以说到革命，亦只有他们还可以有希望。农人、工人所身受的毒害，例如赔款的横索，外债的滥借，国帑的浪费中饱，无一不使租税捐款一天天加增起来。而一切租税捐款的加增，最后仍使生产者感受其痛苦，至于使劳动的结果，与消费的需要不能相应，于是农人与工人的生活日益堕落于苦境。自然中产阶级亦是同样感受痛苦的，然而中产阶级还可以有机会与统治阶级相勾结，使悲惨的运命多卸到农人、工人的肩上。只有农人、工人，最穷而无告。他们的生活，永远是濒于破产危殆之境，他们没有与统治阶级的利益妥协调和的余地。

至于外国生产品的输入，使我们的农人、工人失了他们向来的生活；外国势力与军阀的狼狈为奸，使中国陷于内乱绵延，产业凋弊之境，一般有工作的人亦惴惴然不能自保其地位，这都是每个农人、工人所常感觉的切身痛苦。他们与国家的强弱，政治的隆污，不象别人的没有甚么显明直接的关系。他们虽然在今天比较是不问国事的人，然而他们实在是比任何人都有更应过问国事的资格。

农人、工人的不问国事，却实在是引导农人、工人去进行革命事业的大障碍。然而这并不是因为农人、工人必然与政治绝缘；他们所以发生绝缘的现象的，是因为一般所谓政治，不曾注意农人、工人切身利害的原故。我们今天所鼓吹的政治知识，都是国际的，或全国的大问题，有时还偏于抽象的理论去了。这自然对于农人、工人没有兴趣。我们要引农人、工人注意政治，须从一县、一乡、一区、一厂的公共事务说起。我们要请他们大家讨论这些事务的利弊，并告诉他们在事实上与理论上曾经有甚么更进步的办法。革命以后的政府，最要是能为农人、工人谋利益；不然，便与今天军阀官僚的政府没有两样了。既然革命的政府应当为农人、工人谋利益，我们自应特别提醒农人、工人注意他们自身的利益，使他们为自身的利益帮助革命，而且亦夹持革命政府，使他能实践这种任务。这样的事，农人、工人没有甚么不能够做的。

在这种经济状况之下，想农人、工人有个真实而恒久的团结，亦不是容易的。但若在为他们自身利益而奋斗的时候，无论甚么经济退化的地方，农人、工人都可以有团结。即如中国的农民聚众抗税的事，亦不是不常有的。自然这种团结，不是可以恒久的事；要有恒久的团结，须靠教育与娱乐事业，使他们保持一种亲密的关系。而平日常用和平的，或者激烈的手段，改良他们的经济生活。这样，便可以使他们隐隐约约的站在革命的旗帜之下；在相当的时间，他们可以助成我们的革命事业。

自然这种农人、工人运动，不是一件容易的事。中国有这样广漠的境域，这样多的农人、工人，他们的知识是这样的固陋而愚昧，若只是三个五个热心的人到民间去，能够有甚么影响？不错的，三个五个热心的人，是对于中国不会有用的。我们必须有一个伟大的党，由这个党的指挥，使许多党员到农人、工人中间去，而且亦使在农人、工人中间的党员，大家努力：在平常的时候，我们要做教育与娱乐的工夫，要研究农人、工人各种有利害关系的问题；在有事的时候，要引导农人、工人为他们的利益而奋斗。这样，农人、工人便会渐渐团聚而行动起来。这种运动，亦可以说是很艰难的；一切运动的策略，须经过多数人的考虑计议；各方面运动的心得成绩，亦应当交互告语，以为鼓励参证的资料。所以个人行动的到民间去的主义，是我们所不能赞同的。

我们固然应当注重农人、工人的势力了。然而仅靠农人、工人的势力，以进行革命，这是可以有希望的事么？自然是不可以的。农人、工人的眼光，比较是浅近的，思想比较是简单的。他们虽能枝枝节节的为他们的利益而奋斗，然他们对于社会问题的总解决，不容易居于主动的地位。为此，我们仍有利用兵匪游民的必要。不过这所谓利用，是与专靠他们以从事革命的人不同的。我们越要利用兵匪游民，越须尽力培植农人、工人的实力。而且此所谓兵匪游民，要有于革命成功以后，使他们化为农人、工人的把握，这样，才不至于受他们反噬的祸害。兵匪游民，不是天生而游惰的，只因外资压迫的结果，使他们失其安居乐业之常，故习于游惰。他们既因为游惰而成为社会上一种破坏性的实力，革命的人，不知利用他们，他们必为反革命派所利用，而成为革命的障碍。然而只知利用他们，而不知所以改变他们的生活，他们终于得不到一种归宿，结果仍会被反革命派所收买。所以在革命以前利用他们，以援助农人、工人的革命，是不可免的；然而在革命以后，用农人、工人的实力以援助他们，使他们均得归于农工之途，这亦是必要的事。

我们由这看来，可知一般急躁而太不审慎的人，以为运动了兵匪游民，便可以三天五天成功革命，这种话是不能赞成的。然而撇开了兵匪游民，而以为中国便只靠这些安居乐业的士、农、工、商来革命，亦不会有这一回事。照第一说的办法，我们的势力，既完全建筑在兵匪游民身上，我们便没有法子使他们化为农人、工人。照第二说的办法，我们既不肯接近兵匪游民，他们的实力，必然被反对派利用去了，这亦使农人、工人的革命，处处受他们的阻碍。

对于士、商、绅、吏等人，有时亦可以宣传革命的学说，引他们加入革命的队伍。这是我们所不能反对的。"十室之邑，必有忠信"。无论在甚么方面，都可以找得出忠实勇敢的革命人才。而且就历史上看来，凡倡导革命的人，每多出于中产之家。这只因中产之家，一方比农工要多有受教育的机会，所以他们的知解与想象力，都比较的发达。而一方所受生活的压迫，有时与农工不甚相远，这使他们中间气质厚重的，不能不感觉革命的必要。在这些人中间，每可以产出几个革命的好领袖。所以这些人我们不能不注意。不过我们说注意这些人，必须先纠正两种错误见解：

（第一）我们不可有化他们全阶级成为革命的痴想。他们中间有能成为强有力的革命领袖的个人，这是不错的。然而这必是少数的个人。我们决不能拿这去希望他们的全阶级。他们的阶级中，多数人是要靠不正当的机会，谋他们自身利益的。还有些人，纵然不是甘心愿意的象这样做，他们亦是因为没有勇气，违叛自己的阶级，丢掉自己的机会，而仍不能不象这样做。所以希望全智识阶级，全商人、绅士、俸给生活者阶级，成为革命的，只是一种梦想（在革命势力已经得势时，他们自然亦会全阶级随风而靡；在这个时候，亦是可以利用他们的。然而无论如何，不能靠他们做基本势力）。

（第二）我们不可有迷信他们个人力量，而忘却农工群众的弊病。我们说士、商、绅、吏阶级中，可以找得出少数的个人，能成为强有力的革命领袖；然而我们必须注意，所谓革命的领袖，是他们能领导农人、工人，并不是说我们可以忘却农工群众，而迷信他们个人的力量。我们要知道中产之家，固然可以产出几个革命的好领袖；然而这种领袖，必须是能投身到农人、工人中间去，从他们中间得着革命的群众势力。倘若这些人不与农人、工人发生关系，他们只悬在空中，想以三五日之力，利用兵匪游民，以侥幸成功；结果，所谓利用兵匪游民，必无所成功，而反只为兵匪游民所利用。我们只有唤醒而组织农人、工人，才可以得着切实的革命力量，我们要找许多革命领袖；然而每个革命领袖最大的事业，便是去唤醒而组织农人、工人。

倘若上面的话都不错呢，那便我们对于各种阶级，应当因为我们目的的不同，而运动的方式亦因之而各异。我们运动的方式，应当有下之三种：

一，对于农人、工人，应当是注意他们的团结，以及教育他们，使他们知道注意自身的利益。自然在革命以前，因为产业的退步与政治的压迫，农人、工人的组织是不容易维持的。我们必须借教育娱乐事业，以与他们保持一种关系；有了这样一种关系，便容易引导他们去参加各种和平的或激烈的，政治上或经济上的战斗。

二，对于兵匪游民，应当是注意使他们与农工结合，而且使他们将来有化为农工的机会。在我们农人、工人的运动还正在萌芽的时候，不要急功近利的，希望专靠兵匪游民能做甚么事。我们须先把革命势力，建筑在工人、农人身上，或者建筑在确愿献身为工人、农人利益而奋斗的兵匪游民身上。不然，一定不能做出好的功效。

　　三，对于士、商、绅、吏各阶级，应当注意在他们中间找可以做革命领袖的分子，引导他们到农人、工人中间去。对于这种人，最要紧是要他们为农人、工人做事。他们纵然不知道革命的必要，如果能切实为农人、工人谋利益，自然有一天感觉中国非革命不可，至少他们亦会成为热心欢迎革命的人。

载《新建设》第 1 卷第 5 期

署名：恽代英

中国民族独立问题[*]
（1924 年 6 月 10 日）

我要是不说，说起来就很多比众不同的奇怪话。这些话究竟对不对，我自己也不知道，而且也不管它对不对。我所希望的是要求诸位听过了我那种奇怪的话以后，细细地去思量一下、重想一遍，如果诸位思量、重想了的结果，觉得我的话实在荒谬无稽，不合事理，难以信服，那你们就痛快地来驳我骂我。不然，那你们就是已经相信了我的话，你们就应该拿我的话去转告人家，如果那时候有人来责骂你们反对你们，你们应得自己研究自己答复，切不要推托地说这是恽某人说的，与我本来无涉；因为那个时候，已变了你们自己的话，应该自己负责了。

我觉得现在一般人，所说庸俗的平淡的话，实在太多了，而且这种话又完全是错误的，不论怎么样多，不会弄好中国的；所以我要多说句奇怪话去矫正他们。我一有机会就要说我的话。实在的，你们也不必这样正正经经坐了满室的人，我才跑来演说，就是你们有三四个人随便叫我来谈谈，我也是同样高兴来的。你们听了就转告人家，人家再转告人家，有了一万万一百万一千万人晓得了这些话，——不，也用不到这么多，中国就有希望就会变好了。

中国已成了殖民地，这是实在的。恭维一点说，中国已成了半殖民地的国家了。譬如我现在所住的地方明明是中国土地，但什么事都要外人来干。中国人不问犯什么罪，打什么官司，都要经中外人共同会审，而且一切的会审，又都是外人占势力；我试问诸位，这种事还算是平常的吗？是号称独立国所应有的现象吗？中国人在外国有没有自己审问的例子呢！海关是一国的经济命脉所赖，有哪一个国家的海关权是操在外人的手里呢？中国独是不然，中国的海关权完全操在外人手里，自己一

---

* 该文是恽代英 1924 年 6 月 10 日在上海同文书院中华学生部的演说，由高尔松记录。

些些也做不来主的。这样幼稚原始的中国工业生产，是完全要靠国家用保护关税政策，方才能不受外货的过分压迫，而得慢慢地发达起来；但因为海关权是在外人手里，出入货的税率都是值百抽五，中国的工商业就没有一些保障，完全受外货势力的层层压迫。所谓值百抽五，便是任何货物每值百元完税五元，因为这样规定，中国不能自由变动，所以价值比较低廉的外货得能自由输入，夺得了中国货的地位；中国人眼见许多的工人农人因此失业了，却因格于条约，一些没有办法。我们试看，美国花边入口，每值百元须完七十五元的税；日本卷烟入口，每值百元须完三百五十元的税，就明白他们是怎样的利用关税权来抵御外货，使利源不致外溢了。中国不能这样，所以外货自由流入，国人因其价廉物美，争先恐后地买它来用，因而国货销路日形减少。我们说国人不知爱国，其实这也是难怪的，须知世上没有甘心出重价来爱国家的。外国到了这种时候，他们就有办法，譬如说美国某种货物值一百六十五元，而中国所产此种货物仅值一百元，那美国人当然要用中国货，而此种美国货倒不会有销路了，但美国政府决不放自己的国货没有销路的；他们于是把中国货抽了百分之七十五的进口税，这样价值百元的货物立刻就高了［达］一百七十五元，那比之一百六十五元的美货不是反而高出十元吗？美国人自然不得不买自己的国货，而中国货就没有销路了。

因为中国没有自由制定关税的权力，外货就肆无忌惮地源源进来，又因外货进来，除了值百抽五的海关税外，再出百分之二·五的子口半税或叫落地税，就可运往中国任何各地，不论原箱或是分装杂货箱内，再也不受任何地方任何厘卡的抽税了。至于中国货，就是在国内运输，要缴纳许多厘金，平均起来，所纳税额常常要高出外货数倍以上。外国的货物是由大规模的机械工业制造出来，其成本比之幼稚得很的中国工业所出产的本是低廉得不少；如今又加了税率上的特别便宜，那外货自然要价钱便宜了；中国人看见自己的国货又拙劣又价贵，当然免不了要舍此就彼争买外货了。因此，英国、日本的棉织匹头，安南、暹罗的米，美国的面粉，都是很顺利地运到中国，而且备受中国人的欢迎购买。据海关报告，每年有几千万银两的米和布匹自外国输入，总计全年输入与输出相抵之后，输入超过输出竟达三万万银两。中国许多农夫、织女以至手艺工人所产货物都是没有销路，全国因外货的畅销而陷于失业状态的至今已不下数千万人，而且还是在一天一天的增加。我们只晓得军阀争地盘，其实全国上上下下，东南西北，哪一处哪一界不是在你抢我夺明争暗斗呢。你们看教育界不是也结党分派吗？他们冠冕堂皇地说我们的教育主义是什么，我们将怎样实施我们的主义，以怂恿国人耳目，其实都是鬼话。他们所以这样，老实说，不过为的利于抢到饭碗罢了。自然，我们也不必责骂他们的丑态，因为他们这种可怜的境况，全是外人压迫他们迫害他们的，他们要活命，不得不这个样子了。我们现在只有提醒他们，使他们明白他们都是吃了帝国主义列强的苦。

的确啊！中国人的饭碗，中国人的生活之路，已是一天少一天了，随处都闹着失业恐慌，譬如说有四个人要做事，现在只有二［三］个位置，他们夺来夺去，总是有一个落空。这个位置究竟哪里去了呢？不待说，是给外国人夺了去。你看全中国的海关、铁路、矿业公司，不是用了许多洋人吗？各地的大商业大实业工厂，不都是又全握在外人手里吗？中国人当然要没有饭吃，当然不能不铤而走险去当兵做土匪了。

有人说，中国人自己不多做出些货物来，自然国人不能不买外货了。我说，发这句话的人一定是发疯了。中国是个不能自给的国家吗？中国没有布了吗？中国没有米了吗？现在大家不用国货，去买外货，叫那般中国的劳动群众如何生活，如何能多产生被国人视为废物的货物？他们是不能饿了肚子做工的啊！我们只有不放外货无限流入，国货才有出路，中国的劳动者才能够活命。

因为外人是用了机械，设了工厂，大规模的生产的，所以能制造出成本低廉，品质美观的货物，于是中国人自己也集起资本，开办用机械制造的工厂，但是中国货没有政府的保护，外国货没有海关的限制，不论中国人如何的努力，他要完比外国货数倍以上的税，到底还是敌不过外货的。所以关税不改良，厘卡不废除，中国实业是断然没有振兴之望的。近来中国自办的纱厂、面粉厂，都岌岌不能自保其地位，倒闭的倒闭，亏本的亏本，就是这个缘故。然而外国货依然有增无已地源源输入。

外国人真是聪明，他晓得中国人糊涂，就利用了种种机会，定下了许多不平等的条约。他们借口这种不平等条约，施行武力的经济的以至文化的种种侵掠手段，来压迫我们，剥削我们。这样的国家不仅仅是一个日本，西方许多国家比他还要凶得多呢。我并非叫国人不必反对日本，我是要你们明白我们还有更大的敌人呢，我是要你们认清凡是以帝国主义来侵害我们的，都是我们的敌人，我们要一律的加以反对。

我常常听到国人说，"我们要打倒军阀"；不错的，我们应该打倒军阀。但单单打倒了军阀，中国就太平了吗？得救了吗？不会不会，一百个不会呢。你们试想，曹锟、吴佩孚究竟是什么东西，他们是天降下来的吗？他们是有了什么奇才大略吗？老实说，吴佩孚在太平时代，不过是个凡民，侥幸些至多做到了个知县官已是了不得；曹锟呢，连字也写不来，更不配称做什么东西，他至多是个布贩子罢了。他们所以有今日的地位，完全是由中国许多的游民军队，随波逐浪顺水行船般胡乱地弄出来的。有了这许多的游民军队，就有了今日的曹锟、吴佩孚，打倒了个把曹锟，中国就会兴了吗？不会的，须知有了这许多游民军队，就会产生无数的曹锟，打倒了一个还有一个，倒来倒去倒不尽的，因为象曹锟那样的头儿是阿猫阿狗都会做的，只要游民的军队推上了就是。所以要真没有曹锟、吴佩孚，第一在除去游民军队，要除去游民军队，又先得使国内没有失业的工人，因为有了失业者，他们为活命计不能不当兵的。因此，我们知道单是打倒军阀还是大大不够，我们必得要把帝国主义者所有侵掠我们的种种条约一张一张的都撕碎了，把一切的压迫都解除了，我们才能得救。关税权在我们的手里了，我们才有方法保护我们的农人、工人，使他们人人有事不受外人压迫。到那时候，吴佩孚就是要招兵也没有地方招了。打破了帝国主义，军阀是不会发生的。所以我说，中国有今日的地位，完全是外国人来造成功的。

有的人还在那里发梦呓，以为中国所以到今日是由于道德的低下。这种话，在曹锟、吴佩孚听到了最欢迎。我们要晓得人到了饿死的时候总要做坏事的。所谓"凶岁多盗贼"，就是指明做坏事不是在乎道德不道德，乃是由于环境使然的。我们先使人人肚子饱了，就不会做坏事，道德自然高尚了。

我们要真心救中国，我们要找个根本的办法，那就是民族独立了。要求民族独立，必须抵拒列强的侵掠。如何能抵拒列强的侵掠呢？自然，只是嘴上谈谈是不会有用的。那我们用兵吗？兵又不在手里。所以我们要抵拒列强，又应先事打倒军阀；打倒军阀，实是抵拒列强的第一步。

有人很感到中国的情形已糟透了，就是天天打电报、刻刻发传单，军阀决不会倒，中国也决不会好的。所以他们说"安静些吧，中国是不会有办法的了"。这话的真意明白些说，就是："由外人去自由地杀到我脚边，我尽管安心的做了亡国奴吧，无代价的爱国，不可必的牺牲干它做甚么呢？"

我以前也这样想过，但后来觉得不对，现在更觉得不对，现在更觉大错特错了。

中国国内的情形，到今日固然是纷乱极了，但决不至已经没有药吃。五代那时的局面，不是比现在更糟了吗？藩镇节度使的跋扈比之现在的巡阅使、督军还要高出几倍；民间所受痛苦，比现在也要深上几层；皇帝是完全没有权力，他的位置总是朝不保夕，所以仅仅五六十年，换了十多个皇帝，拿现在的情形比，那曹锟还是威风得多享福得多呢。我们生在那时，一定也要说时局乱到这个样子，实在没有办法了；然而仅仅一个平凡的宋太祖，经了陈桥一变，天下便太平了，杯酒之间，就能把许多节度使的兵权释除了。今日的中国，难道就没有了办法吗？我是不能相信的。

不错的，中国现在除了国内纷乱外，还有列强的压迫呢。但这也决不能使中国完全没有出路的。我们一看土耳其的情形，就能明白今日的中国不会没有办法的。土耳其是个回教国，他国土包有欧亚二洲，欧洲人因为它是和他们异种异教的国家，所以非常的嫉视它！他们以为欧洲是白种人的领域，现在黄种的土耳其也来占了一块地，这是不应该的，因而他们总是千方百计的要征服它逐出它。英国、法国、俄国都是层层的来压迫它。自从柏林会议的俄土战争，直到欧战以前的巴尔干战争，无非列强欲使土国藩属叛乱，境地削减，以逐渐完全逐之于欧洲以外；故挑唆播弄，使土国内政纷乱，外交失败，受尽了许多灾祸耻辱。因此，土耳其一般青年爱国的人，乘着德国的中欧政策和横贯中亚政策进行的时机，和德国携手结合，想借德国的扶助，脱离了英、法、俄三国的束缚。哪知欧战五年，德、奥、土的同盟军完全失败，土耳其不得不无条件的投降，战胜的协约国会议，便对土耳其大大的惩罚，把土耳其仅存的余地也四分五裂的占领了。即土耳其的京都地方和中央政府，也由列强来共同管理，事实上土耳其是个亡国了。我们中国虽说受列强多方压迫，但比土耳其究竟还好一些；我们说疆土日蹙，至少还有二十二行省是自己的，至土耳其的国土，那时只及我们湖南或湖北一省那样大了。土耳其人怎样了呢，他们就此放手了吗？就此看它灭亡了吗？他们的青年党，联合了爱国的军人，拥戴他们民族的英雄凯末尔将军做首领，在安哥拉组织了土耳其的国民政府。他们一方和俄国亲近，一方利用英法对土政策的冲突，经过了许多次的苦战，才打败了法国所教唆出面的希腊军队，退走了联合国的驻屯军，把土耳其的国土、土耳其的国魂完全恢复了转来。

土耳其和中国是出名的两个东亚病夫国，而土国的境遇，比中国实在还要危过几倍；然而土耳其终于复兴了，终于独立了。中国反倒没有办法吗？反倒没有希望吗？老实说，只要我们个个负责，人人努力起来，中国是不会没有希望的。

我们将怎样使中国有希望呢？我们将从何努力起来呢？那当然是不出（一）打倒国内军阀，（二）解除帝国主义的侵掠，二条路。但究竟怎样去打倒军阀，怎样去解除帝国主义者的侵掠呢？那是我们最该要注意的问题。

先说打倒军阀问题。我们要反对军阀，要打倒军阀，但军阀有兵力有枪炮，他要杀几个就杀几个，最近汉口青年工人的被杀，北京大学学生的被捉，就是个显例。我们既然一些实力也没有，如何能够打倒军阀呢！有人说，运动军队最是有效，以一个根深蒂固有二百六十多年历史的满清，仅仅武昌一举，各处军士都反戈相应，不半年而清廷倒，不是运动了军队的成绩吗？但不知今昔的情形不同了，那时一般军人都是汉人，他们受了那时最盛行的口号"不要帮满洲人杀中国人"而激动，良心容易发现，所以达了目的；现在的军阀呢，他们的兵士大都是同乡的关系，他们都是失业游民，当兵是为了糊口为了活命，你现在要运动他革命，他就以为要发生打碎饭碗活不成命的危险，他们就会认你乱党，当你敌人，立刻要把你捉杀了。故我们去运动军队，我说简直是送死。

但因此打倒军阀就没有办法了吗？不会的。

许多的兵士帮了一二个军阀拚死搏战，结果不过是使得一二个人发了大财升了大官，他们不但没有好处，连粮饷也时常拿不到手。兵是我们可怜的兄弟，他们为了几块钱一个月的粮饷，卖掉了身体，牺牲了一切，他们何尝是甘心为此。他们也有家庭，有兄弟，有妻子，在他们家人当中也有做农人、工人的，现在因为军阀阶级的存在，使一家人都受到痛苦，这又岂是他们所甘心的。我们现在做些什么事，他们完全不能理会。兵士的家里，看到我们的举动，只知道"你们帮孙中山打天下"，完全没有明白我们真正的好意。我们要打倒军阀，要倡言革命，我们先要想想中国人当中最是受到痛苦的，究竟是不是工人、农人。如果是不然，那革命就不会成功，因为革命的原动力已失去了。但在事实上，我们都晓得中国最受痛苦的，的的确确是农人和工人，内乱频盛他们死的是最多；苛税繁多，他们出的又最多；外货充斥，他们的生计又是最先受打击。不过他们所受痛苦的真情和程度，我们还是没有彻底的明白。现在我们要去研究他们的真实生活，考查他们究竟吃了多少苦，然后才能切实的和他们代谋补救的方法。我们要革命，要打倒军阀，都是为了增进工人、农人的幸福。他们一旦明白了我们的努力就是为了他们自己的幸福，他们岂有不来帮助我们的道理。你们不要到兵士那里去说话，犯不着做这种送死的笨事；你们应当先到农人、工人的群众中去，你们要和他们亲近做他们的兄弟，研究他们的生活，考查他们的苦痛，指引他们的路向，使他们都明白痛苦的所由生，使他们相信中国今日非革命不可的道理，于是他们也成了革命的分子，你们有十万个人分散到农工群众中，竭力的向他们宣传，那你们的努力立刻可影响到兵士的身上。因为他们究竟也有良心的，他们那时耳闻目睹都是反对军阀的空气，他们一到了家里，他们的父母就立刻向他进劝诫说："我的儿子啊！你何苦帮了军阀，害得我们一家都受苦呢？"他们的弟兄一定哀恳的说："我的同胞手足啊！你去帮忙了军阀，弄得外国人的势力一天大一天，我们的生路都没有了。"他们的妻子更是真情地说："人家都在骂军阀，你为什么反而奋不顾身的帮他呢，你也得和一般的同胞和我们的子孙设想！我的亲人啊！"他们的邻舍朋友更是要告诉他，革了命不但大家有饭吃，就是连他们（兵士）自己的生活也会进步的。到了这个程度，所谓民众革命的时期就到了，那时候不是民起兵应，便是兵起民应。军阀有什么东西，他至多有一把手枪，但是他的四周确有千千万万的枪炮对着他，他还会不倒的吗？

自来民众的革命，没有不在很短的时期内成功的，辛亥之役不到半年工夫，满清便倒了；俄国的大革命，只有七天工夫；德国革命只有一夜。因为人人的心理都有了同样的倾向，事情没有不成功的。所以我们现在要希望革命早些成功，只有大家到农工群众中去宣传我们的意思。

讲到第二个问题，一般人总以为更难了。外国人有许多机关枪，他们的海军飞机都是吓得死人的，我们要反对，我们有什么办法呢？但是我说，你们是想错了。你们知道世界上究竟有多少国家呢？是不是只有一个两个呢？你们要晓得，世界上最强的头等国也有四五个，其次的不知有多少呢。他们中间常常你争我夺，闹个不了；法国和英国为了争欧洲的霸主，明争暗斗了已是好久；美国和日本，近来为了移民案，更是其势汹汹，大有决裂之势。土耳其的独立，就是利用了这种机会，英国要多得土国利益，法国就不服起来，他对土国说你尽可去反抗英国，有我来帮你，于是英国的势力终于赶走了，后来法国见土国有俄人的帮助，于是他也不得不把军队退出土境了。当俄国劳农政府初告成立的时候，各国都恨不得把他打倒，在西伯利亚，各列强都派军队驻屯，后因日本军暗中帮了俄国白党，美国就起反对，立刻撤回美兵，给日人一个警告，于是日本也不得不把自己的兵撤退了。列强自伙间的花样实在也多得很呢。所以我们就是把种种不平条约一张一张的都撕破了，外国人也不会真的打进来的。而且各国内部也有革命党和政府捣乱呢。俄国就是因此得救的。大家都晓得俄国是个社会主义的国家，世界上资本主义的国家个个都反对他，英国、法国的政府，前几年且要派兵去打他，但是他们国里的工人不答应，竭力反对政府，甚有以全体罢工相抵制，因而政府终于被工人征服了。现在的英国，自身的问题正多呢，爱尔兰天天想独立，印度、埃及又是千方百计的要脱离了他的束缚；日本呢，自从大地震以后国内的政潮起伏不定，朝鲜、台湾又是时常想谋乱。我们一方自己振作，一方和世界的被压迫民众联合起来向帝国主义共同作战；那我们的民族，必有达到完全独立之一日。

所以我们要打倒军阀，全在你们到民众队里去宣传你们的意思。

我们要抵拒帝国主义，只要我们有勇气，北京东交民巷的外交团，不过戴上了个鬼脸子专门吓吓中国人，我们不要去怕他。我们利用列强的分离，就一步一步的做过去。现在有很多很多的机会，我们快快努力啊！

一三，六，一〇。

载 1924 年 6 月 29 日、30 日上海《民国日报》副刊《觉悟》

署名：恽代英

中国革命与世界革命
（1924 年 6 月 14 日）

热心革命的朋友说，我们对内要打倒压迫我们的军阀，对外要打倒侵略我们的帝国主义。是的。我们不打倒军阀，便不能组织革命的人民的政府，以引导全国的民众，以反抗帝国主义；同时，我们不打倒帝国主义，便不能灭绝外国的经济侵略，便不能求本国实业的发展，不能把每个失业的游民变为农人、工人，所以这两件事必须同时的同样的加以注意。我们最后的理想，是要把曹锟、吴佩孚以及将继他而起的军阀们，一律灭绝了他；即刻便进一步，我们要收回关税主权，要取销庚子赔款与历年不正当的借款；要把从鸦片战争以来历年所订的不平等的条约，一一的撕碎，烧毁；要把租界租借地一律收回；要使旅居的外国人完全受中国的法律取缔，要把外国人的商船、兵船一律赶出海口去；这样，我们才还复到我们金瓯无缺的大好山河。不过有些人很不相信了。他们说，这是做得到的事么？军阀是这样凶横，人民是这样软弱；外国人是这样强盛，中国是这样衰乱；所以一切的甚么革命，不过是口上，或者纸上的空论罢了！哪里是办得到的事呢？空论！办不到的事！这只好对糊涂无志气的人这样说罢！未来的事变有谁能知道呢？辛亥以前，那些"有见识的"、"老成持重的"人，谁不说是革命是空论，是办不到的事呢？他们说，满清二百几十年的铁桶江山，谁能振撼得动他，革命党不过自己送死而已。然而呢？满清的二百几十年的江山，哪里去了呢？睁开眼睛看罢！满清是已经推倒的了。他虽然有很多的兵，革命党虽然没有一个兵，然而他是已经推倒的了。谁推倒他的呢？革命党的赤诚，鼓励了他自己豢养的兵了，所以他自己的兵起来了，他自己的兵来推倒他自己了，所以他自己便出乎意料以外的——倒了。既然满清二百几十年的江山，象这样便倒了；为甚么这十余年长成功的军阀，还以为很不容易推倒他呢？军阀一定是要倒的。军阀的倒，一定还是他自己的兵起来推倒他。怎样能使他自己的兵起来推倒他呢？我不劝大家去运动兵来推倒军阀；运动兵是危险的，而且若专只是靠兵来推倒军阀，兵亦容易受人利用，而不能完成革命的工作。兵是有加入革命之可能的。兵的生活是穷困而枯燥，他们的薪饷是拖欠的，他们的衣履是不完全的，他们的工作是苦苦而单调的，他们通常怨恨他们的官长。然而单靠他们这样的怨恨以引导他们去革命，还不是妥当的事。兵的生活问题，在兵的自身上没有方法可以改造。他们必须可以化为工人、农人，必须使他们有工可做，有田可种，而且做工种田比当兵几倍的有利益，然后这些兵可以解甲归田，然后没有野心家可以利用驱使他们。所以我们必须要为一般游民谋做工种田的机会，为一般农人、工人谋他们做工种田的利益，必须做得这一步田地，全国的农人、工人乃至于游民都要企望革命，全国的兵亦自然会踊跃的加入革命。必须做得这一步田地，革命才可以希望成功。既然是这样，我们还不是急于要运动兵，我们最要是急于运动一般农人、工人乃至于游民。我们要使全国的农人、工人乃至游民，都知道革命是解决他们问题的唯一法子，他们要靠着革命灭绝一般刮削捣乱的军阀，他们要靠着革命取销一切非法的租税，他们要靠着革命抗拒一切外国的势力，使他们的工业、农业得着利益。他们能这样看清楚他们自身的利害关系，他们自然会祈求革命，祷祝革命。到了那个时候，我们何必还愁军队不加入革命呢？军队的家庭，他的亲眷，他的朋友，都是一般祈求祷祝革命的农工游民；到了那时候，兵的父母亦要希望他革命；兵的子女亦要恳求他加入革命；兵到茶馆的时候，茶馆的堂倌鼓吹他革命；兵到酒馆的时候，酒馆的掌柜劝勉他革命。我们何愁他不加入革命呢？军阀终究是要被推倒的，他要被他自己的兵推倒他。朋友们！努力罢！这是一定可能的事呢！但是有些人说，纵然军阀推倒了，要打倒外国的势力终究是不可能的。他们说，外国的枪炮不是十分可怕么？外国的兵船不是非我们所能抵当么？是的。这都是千真万确的。然而这并不见得外国的势力不可以打倒。我常想一般人对于外国的势力，是过于恐怖了；他们以为所谓外国是一个整个的东西，其实决不是这样。所以他们怕外国只不过是毫无根据的事情。我们要知道所谓外国决不是一个整个的东西，他们的少数强国，都是互相仇视的。英国与法国的猜忌是积久而愈深的，他们对德意见的不同，他们争竞的设置飞行军，俨然象欧战以前英德的暗斗一样。法国是要联合捷克以压迫德国的，意大利又联合南斯拉夫以与法国相对抗，这又是欧洲国际间的一幕把戏。至于美国与日本，许多年便宣传是免不了一场战争的。日本的把持满洲，使美国无从染指，久已是美人所不快意；他的南进政策，又使美国不能不虑菲利滨之受日人威胁。对于美国方面，白种人的排斥黄种人，如加尼福尼亚洲的移民案，久为日人所抗争，然近来美国终于趁日本大灾之后，通过了限制日本移民的法律，使日人大感着难堪，于是日美战争越成为人人意中不久将要实现的事。我们看罢！现在所谓外国，既然是这样的各怀鬼胎，我们在中间尽有自由利用的余地，我们怕他们做甚么呢？土耳其在欧战后比中国还不如多了，基玛尔将军联法以制英，联美以制法，终于夺回君士坦丁堡，骎骎然有复兴之势。现在还留着一样的机会给与中国人，只要中国人有力量，英国自然要联我以对法，法国亦自然要联我以对英，到那时候，我们所争求的利益，他们还会争先恐后的送给我们呢？有些人以为我们一旦强盛起来了，外国人一定要协以谋我；他们不知道协以谋我，是事实上不易办到的，倘若外国能协以谋我，早已瓜分我共管我了；惟其因为他们内部纷歧，互相牵制，所以到现在待我亦不过如此。我们一旦强盛了，他们更不会有协以谋我的事，他们都会要拉拢我，协以谋对付他们的敌人呢。但不过靠联络一国的外国人，以反对他国的外国人，还不是最好的法子；因为外交的手段总有时而穷的。我会用外交的手段来求我的利益，人家亦会用外交的手段来妨害我的利益；因此，所以土耳其用外交手段所得的利益，终究是很有限的。还有甚么事可以更保障我们的完全胜利呢？那便是说，我们应当注意世界的革命势力了。我们的错误，不但在乎误认所谓外国是一个整个的东西，而且亦在乎我们误认所谓英国所谓日本是一个整个的东西。英国的下面，不是有与英国政府站在反抗地位的爱尔兰、埃及、印度等地革命的民众么？日本的下面，不是有与日本政府站在反抗地位的台湾、高丽等地革命的民众么？不要想得外国人随时可以用联军来袭击我们：假使在我们打倒外国势力的时候，印度人有独立的革命，英国人还有力量干涉我们么？安南人有独立的革命，法国人还有力量干涉我们么？这样推之于菲利滨、高丽等处的革命，亦要使美国与日本没有力量干涉我们。中国是半殖民地的国家。中国要求恢复独立，必须与各殖民地的民族联合的合作，然后可以达到最后的胜利。我们还应当知道，各国的内部不仅有殖民地的革命民众，还有一般赤色的进行共产革命的共产党。共产主义在俄国的成功，第三国际对于世界革命的指导，使全世界共产党人成了一个坚固，步伐一致的，世界革命党徒。无论在德国、在波兰、在法国、在英国，通通立了他的根基，在欧洲第一是德国常在共产革命的潮流中卷着，似乎继俄国而起的便是他了。事实既然是这样，那便连英法本国以内，亦埋伏了革命的种子，不但殖民地有可以与我们相提携的革命的民众，便是各强国自己内部的共产革命，亦要使他们的政府象俄国一样的放弃对我们的侵略政策，我们的独立的要求，一定会得世界革命的同志所尊重扶助，所以我们的独立，在世界革命的中间，最可以得着理想的胜利。

"有了志愿，便有法子"。让我们这样做上去罢！让我们对农人、工人等宣传，让我们利用各国国际间的争斗，让我们联络各殖民地乃到于各国内部的革命党人，以进行世界的革命，中国靠了这，一定可以回复到完全独立的地位。

载《中国青年》第 35 期
署名：恽代英

农村运动
（1924 年 6 月 28 日）

什么人最便于做农村运动？——假期回乡的学生们，与乡村的小学教师。

一、要在乡村的人做乡村的事——所以回乡，或在乡间做事的人最好。

二、要本乡的人做本乡的事——所以本乡学生假期回乡的最好。

三、要乡村中比较重视的人做本乡的事——所以读书人或教师最好。

为甚么要作农村运动？——大多数被压迫民众觉悟了，才能督促而夹持革命的势力。

一、农民占全国人口百分之七十以上，所以是民众的一大部分。

二、农民终岁勤苦耕作甚至不能供养妻子儿女，所以他们最应当渴望革命。

三、农民倘能为他们的利益而渴望革命，他自能运动兵士（兵士便只是他们的父兄子弟），督促他们使不致懦怯，夹持他们使不致卖民众，以完成革命的工作。

中国革命不能成功的主因——农民不知渴望革命，甚至厌恶革命。

一、工人是有势力，然而人数少了。

二、资产家与智识阶级每是怯懦而自私的，所以他们不愿革命，或不愿为民众利益，而不妥协。

三、游民兵匪比较勇悍，然而为自己利害，亦易于卖民众。

农民不知渴望革命，是宣传的材料与方法不合当。

一、只知用讲演、演剧或办学校等方法，不肯与农民为个别的亲密的谈话，或给以实际帮助。

二、不顾乡村风俗习惯，每以态度、言语等细故，惹起农民的反感。

三、不顾农民心理，专好说些打破迷信、改革礼俗的逆耳之言。

四、不顾农民兴趣与知识程度，说些宽泛的大事，或枯燥的理论。

五、不娴熟农民的语言，用了许多他们不易了解的名词与成语。

六、不了解农民真正的痛苦与要求，说的话搔不着痒处，所以不能激发他们。

今天的农村运动最大的意义——不是鼓吹宣传任何事情，亦不要鼓吹宣传任何事情。

一、联络农民的感情——这是宣传农民最要的条件，与三五家作朋友，帮助他们或他们的子弟，写信，写契约，教书，教唱歌，教拳术，教体操，讲故事，自由谈话等。

二、研究宣传农民最合当的方法——从与他们对谈中，学习他们的名词与成语，研究他们的心理、他们的知识程度等，以决定农村宣传最合宜的语言与态度。

三、研究宣传农民最合当的材料——详细而切实的研究农民真正的痛苦与要求，以谋发现农村运动最有力的口号。

注意农民——特别注意青年农民！

普通农民似乎是无革命性的，这是由于：

一、农民无相当的教育，每为安分等邪说所迷惑，以为反抗压迫是罪恶。

二、农民自己无团结，又无外界援助，故不自信有反抗的力量，而谓各种苦痛为天命。

三、成年农民感情薄弱，且受痛苦压迫既经多次，渐麻木不知感觉。

所以用教育或游戏体育等事，将血气旺盛而初受压迫的青年农民团结起来加以训练，这是我们运动成年农民的链锁，而且亦是我们农村革命的主力军。

今天到乡村去，决不要说革命、反抗，乃至一切新奇可怕的名词；去结交农民！去团结农民！去教育农民！而且最重要的去研究农民！

这是中国革命最重要而且必要的预备！！！

暑假农村运动成绩表

所交结的农民人数姓名	成年	
	青年	
最有效的联络方法之心得		
农村运动态度上 应注意各点之心得		
学习农民言语的心得 （农民土语请用国语解释）		
农民的问题 应注意他们对于各种苦痛来源的解释，及已经或希望用何种方法抵抗。	农民对于自身生活以为苦抑以为乐？ 农民是否感百物昂贵抑希望彼之生产物涨价？ 农民是否感税捐繁重抑仅地主有此感觉？ 农民是否感受派款派公债痛苦抑仅地主有此感觉？ 农民是否感佃租苛重对地主憎恨反感？ 农民是否感受拉夫痛苦？ 农民借款时是否感受高利痛苦？ 农民是否感受典当业或代当业高利痛苦？ 农民是否感土地资本缺乏的痛苦？ 农民是否感自身与子弟不能受教育的痛苦？ 农民是否感无相当娱乐事业的痛苦？ 农产物生产量是否逐年减少？ 农民是否感受官吏压迫？ 农民是否感受劣绅压迫？ 农民是否感受收买农产品行商之剥削？ 农民是否感受兵匪的痛苦？	

载《中国青年》第 37 期

署名：代英

关于政治运动的八问题[*]
（1924 年 7 月 12 日）

郁青：

你所提出的问题，我可以作下述的解释：

（一）我们自然希望革命早日成功；但若在未得多数农工平民信仰拥护以前，无论是用军队或暗杀的力量推倒旧政府，都不能说是革命成功了。革命政府必须有民众的拥护，然后一切反革命的企谋不易；他亦必须有民众的夹持，然后不能不，而且亦不敢不忠实的履行其革命的纲领。所以革命党最重要是教育民众；不但教育他们要革命，而且教育他们认识他们自己的利益，为他们自己利益而参加革命。暗杀有时亦可以作为一种教育民众的手段是不错的。不过暗杀若是用以为教育民众的手段，应当在国民党系统计划之中，最好不要别立一帜。若暗杀只是意在杀几个人，或者只是在激动民众浮动的忿恨心，希望在国民党还未能教育民众认识他们自己利益以前，即成功革命，这却是无根之木，无源之水，不是我们所薪求的。

（二）军阀不许我们自由团结，是他们题中应有之义，我们的团结便是要打倒他们，自然他们要尽力防御我们。然而我们何至于没有办法呢？我们一面可以组织秘密的会社，与全国革命分子相联合，以一致的进行；一面又可以利用种种可以公开的名义，组织一些暂时不采用激烈手段的农、工、学生团体，以训练教育各种民众。军阀的暴力对于有心

---

　　* 该文是恽代英对《中国青年》读者郁青所提问题的答复。这些问题是："（一）中国虽有国民党，但同时须有暗杀党，革命方可早日成功。（二）在军阀之下，不能自由组织团结，奈何？（三）什么国民党，三民主义，原是他们的招牌，我们青年不当上他们的当，为他们努力。（四）想革命成功，只是镜花水月的梦想。（五）社会改造要从教育，实业等一点一滴的做起，无须民众革命。（六）研究社会科学，因苦于功课催赶，有何方法应付？（七）革命的初步应怎样？（八）在现在组织工会，不可以动辄罢工，引起更大的压迫；罢工只可于不得已时行之。"

的人是没有效力的。一个学会，一个外交团体，一个平民教育团体，一个农村运动的团体，甚至于一张刊物，一个讲演会，一家报馆，一个学校，都可以做成我们的团结民众的手段，或暗中便埋伏了我们的团结。革命的运动，根本是要取秘密态度的。

压力愈大的环境中，革命的进行愈秘密巧妙。俄国的革命党在地窖中开会，他的宣传品用极薄的纸印刷，藏在皮箱夹板中传递，这是列宁曾经自己做过的事情。所以怕甚么呢？军阀的压制，是革命志士的好教育，我们正应当努力前进。

（三）国民党与三民主义是不是招牌，我以为用不着强辩。便令是招牌，我们只应问这招牌所揭示的货物是不是中国所需要的，再则他们是不是货真价实。我料得第一层是没有几多疑问的，普通所不满意的，便是因为不免有不能货真价实的嫌疑。是的，国民党从前有些地方不能货真价实，自然是不好的；但是，如果她的招牌上的货物是中国所急切需要的，我们只有用种种方法督促她做到货真价实的田地。谁叫青年上国民党的当呢？国民党自己亦正在极力振刷整顿，极力向货真价实的地方做去。青年们尽可以张开眼睛，用自己的判断力以决定自己的前途。倘若国民党有做到货真价实的希望呢，为甚么不应当帮他们一臂之力。倘若一定鄙夷国民党为不足与伍呢，我倒很愿看他们自己比国民党的人好的在甚么地方。我们只有希望有好招牌的做到货真价实的田地，若是既不肯做，索性不立一个招牌，自己以这为比〔国〕民党好，这却令有识者不敢恭维了。

（四）革命是否不能成功的事，还须请大家去看历史。——倘若看历史，便会知道不知多少国家由极大压迫之下，都能发生革命的事；而且倘若看历史，便会知道不知多少国家，在革命成功以前，都有人笑"想革命成功，只是镜花水月的梦想"的！在满清末年，还有人咏革命党为"误人无限好头颅"，这无非以为革命是不会成功的意思；然而辛亥以后这些人哑口无言了。只要我们努力，总有使这一般人哑口无言的日子。

（五）只要是真心想改造社会的人，总会看清楚教育、实业不能改造社会。所谓教育，不过集合一些不三不四的同事教职员，教授一些欺骗青年不切实用的功课，自己混个地位落几块龙洋罢了！所谓实业，亦每只是帮外国或本国资本家分销些原料成品，压迫剥夺工人或市民，自己赚取一点很小的费用，说甚么改造社会，不过是欺骗良心而已。

天下自然亦会有那种妄人——象张謇一样，自己甘愿屈服于曹锟、齐燮元的威权之下，而且与他们因缘为奸，却一方要拿那种黑暗陈腐的教育，破败凋残的实业，自命为为中国做了一番从古未有的大事业。在我们看来，不骂他亦便算很宽恕的了。我还是相信只有民众革命以后，政治、经济上了轨道，才有教育、实业可言。今天是有心人，若他为生活问题不能不在教育、实业中鬼混，我们完全原谅他，然而必须在这种鬼混以外，同时从事于革命的工作才好。

（六）为了一些全无实用的功课，耽搁了正当的研究，自然是可惜的。应付的方法须看情形而定。依我看来，普通的学校功课并不是门门认真的，很多懒而笨的学生，都会照例的升级毕业。倘若我们只求及格，不希罕甚么甲等一名，我想他不能十分妨害我们。最近俊才君给我的信有一段很可供参考，他说："我们省城有六个专校，我想入农校或工校，因我有志农工运动甚久。这些学校办得很糟。但我想入这些学校，并不希望将来可当厂长、机师，只借此求一点专门知识，以便作农工运动。我亦利用他们的不严，可以多找点机会，研究点我们急需的学问——政治、经济……，多作点课外的活动——宣传主义，学生运动。再则此等学校费用少，易于维持，亦可使家庭不能责我们对他有甚么很大的酬报。"我介绍俊才君此数语，择校的青年很可以注意。

（七）革命的初步，我以为是应当从事于工人与农人的教育与团结。无论工人、农人是怎样蠢笨，无论军阀是怎样不许我们煽动他们，我们必须特别注意这种工作。我们要研究他们的思想与问题，要引他们加入我们的革命党，而且成为党的主要部分，然后革命的力量才会伟大。所以我以为这是眼前第一件重要的工作。

（八）组织工会不应轻易罢工，这是不错的。每一次罢工，均须估量敌人的实力。我们最要是同工人接近，使他们为他们自己的利益团结起来。由这种团结，而引起更多的更大的团结，那便工人的势力越大，罢工乃至引工人为政治斗争越成为可能的事了。在有成功把握时，罢工的进行与他的胜利，亦可以引起工人团结的热心。所以罢工亦不是绝对不可以的（亦不一定是要在不得已的时候），总之要估量敌人实力以定我们攻守的策略。

载《中国青年》第 39 期
署名：代英

国民党中的共产党问题
（1924 年 7 月 19 日）

在共产党员经过长期辩论，决定了加入国民党以后，国民党内部于是发生了容受或者排斥共产党员的问题。为了这个问题，在国民党全国代表大会曾经有人提议禁止党员跨党，想以强迫脱离共产党的条件消极的阻难共产党的加入国民党；到了现在，又有些人责难共产党员在国民党内组织党团，占据了国民党的重要地位；为了排斥共产党甚至于印刷传单，秘密开会，凶殴党员，闹得象煞有介事的样子。

对于这一件事，我愿意发表以下的意见：

第一，国民党倘若认定了他自身对于国民革命的使命，倘若认定了他自身应当提携全国进步的民众以从事于国民革命的使命，在今天革命势力还很薄弱的时候，正应当多向各方面活动联络，本不应当有排斥共产党不使加入合作的道理。在国民革命成功以后，国民党与共产党的交谊如何，今日诚无从断言，然而便令将来或者两方面有不能合作之一日，这究竟是将来的事，在国民革命未成功以前，便闹甚么分家问题，未免太早得很。

第二，国民党倘若定要排斥共产党人，亦不是绝对不可以的；不过至少国民党为了这样，更要自己认清楚自身的使命，更要加重些自己的担子。国民党是革命的政党。为甚么革命？为谋广东军政界地盘的扩张而革命么？为拥戴孙中山先生个人而革命么？倘若是这样，那便与南北一般不顾民众利益的军阀有甚么区别？我们只知道三民主义是为全国民众谋利益的；孙中山先生与他所统率的民党，是为全国民众的利益而奋斗的。然而现在一般排斥共产党的国民党员，居然会说出共产党员要国民党对帝国主义与军阀不妥协，这是破坏国民党；然则自认国民党是对帝国主义妥协、对军阀妥协的政党么？果然如此，那便与头发党、马蜂党有何区别？拿这样立脚点来排斥共产党，那便无异自己证明他们连孙中山先生的三民主义是甚么都闹不清楚了。

第三，国民党纵然要排斥共产党，亦只好就那些确实已经名隶共产党籍的人使他退出国民党，至于对于那些明明是纯粹国民党而略略有共产主义思想的人，乃至那些明明是纯粹国民党而仅仅主张容纳共产党合作的人，没有因为排斥共产党的原故一并加以反对排斥的道理。然而现在那些主张排斥共产党的人，把一切反对他们的人都指为共产党，又立一些共产派、准共产派的奇异名目，欲为一网打尽之意。因此，不但一般思想比较清醒、进步的青年都被目为应排斥的共产党员，不但邵力子先生被指为甚么共产党的副委员长，便是与孙中山先生多年患难相从的汪精卫、胡汉民先生等亦会被指为共产党。这显然可见所谓排斥共产党不过是他们威胁异己的一个武器，根本便是要扫除国民党中一切比较进步的势力罢了。

第四，共产党的加入国民党，他们的理由是很显然的。共产主义并不是甚么时代甚么产业状况之下都可以实现的。他们的大师马克思是一个唯物史观的学者，他相信共产主义是大生产业发达以后必然的趋势，然而亦只有大生产业发达以后才能够达到此境地。共产主义并不象一般唯心派的乌托邦论者，他们并不相信在中国未能打倒外资，发达自国产业以前，有任何方法实现他们的主张；所以他们因为热心蕲求他们主张的实现，还是不能不希望外资的早早打倒，自国产业的早早发达，因此，他们认定了眼前最大的急务，是尽力与国民党合作，而且扩大国民党的组织与势力于全中国民众。这中间虽然动机是与纯粹国民党不同，然而他们对国民革命期望心的真诚，恐怕不是那些靠国民党招牌以自营利益、自植势力的浪人政客等所可望其项背罢！

第五，共产党人为了要促国民革命的早期成功而加入国民党，他们自然要有种种计划，用种种机会，影响一切比较进步的国民党员，帮助而且督促国民党员切实的做国民革命的工作。他们为了这些事议决种种议案，这是他们独立的党的活动，国民党并不曾禁他们跨党，亦并不曾要求他们将党解散，那便他们这些议案，与纯粹国民党员在党内另有小组织的完全不同。而且便就国民党员所获得他们的议案印成小册子的而言，他们并没有一句话要引导国民党做不应当做的事情，他们无非诰诚他们的党员要谦慎和平的与国民党员相合作，应多做切实工夫，少作无谓争执。象这样的话，亦可称为是破坏国民党的证据么？他们为促成革命而加入国民党，他们自然不能不尽力使国民党的内容更充实更进步，然而这样都居然会不见谅于少数国民党员，他们不但认这是破坏国民党，而且在他们在南方大学秘密开会时所发的传单，更在小册子原文以外自己加上一些煽惑一般国民党员的话头，又写上许多"注意"、"大注意"，似乎表示共产党人要督促国民党实践国民革命的工作，要设法与国民党避免不必要的冲突，通通是大逆不道的样子。国民党的国民革命，还是一句骗人的话呢？还是真有这个决心？倘若真有这个决心，会怕人家督促自己做这种工作吗？会以为人家有这种督促是侮蔑了自己吗？会因为人家利用这种地位来督促自己而感到有亡党之痛吗？

第六，共产党人现在需要与一种国民革命的势力相联合，他不能不注意到十余年为国民革命支柱奋斗的国民党，然而他不能笼统的承认国民党在国民革命运动中的地位。国民党的明达领袖，确实是真诚勇猛为他们的三民主义而奋斗的。他们的言论行为都表示着他们坚忍不挠的精神；然而一谈到他们党的活动，却有许多不满人意的地方。这样的原因是很易知的。有少数老资格的党员，因为他们的思想与年龄一同老大了，所以他们失却了少年时的革命精神，不知不觉的倾向于苟且妥协的方面；而另外一般偶然归到南方势力下的政客官僚，他们本来做梦都不知道革命是一回甚么事情，在他们的脑中，国民党的三民主义只是一个骗人幌子，实际只是与头发、马蜂等党一样是争饭碗的东西。他们这样的人与这样的思想占据了国民党内部，于是实际上国民党几乎没有法子与那些私党分别了。然而这是不足以污损国民党的。孙中山先生等百年如一日的少年精神，曾经屡次为要刷新国民党内部而改组国民党，这一点令一般共产党人明白国民党终究有代表国民革命势力的可能，所以终究认定了有他们加入国民党，以帮助完成孙中山先生等志愿的必要。他们加入国民党，是根据于他们的要促成国民革命；那便国民党只要一天还真有志于国民革命，在他们自身方面，终是要加入的。实在说，只要国民党一天不变成完全象头发、马蜂等私党，共产党人终不肯放弃国民党方面的工作的。你便明白的排斥他们出去，他们为了促成国民革命，终究不免要秘密的参加进来。他们总要帮助国民党，督促国民党，早些完成国民革命的工作。除非国民党真个不做国民革命的工作，把广州一隅自认为与奉张、浙卢一例的事了，然后共产党才会死心，设法另谋创造国民革命的势力。

所以本于上列的各种理论，可知共产党的加入国民党，他们的加入国民党而仍旧保持他们的独立活动，这是不足奇异的事情。为国民党计，倘若是真心要做国民革命的工作呢，在今天没有惧怕，或者嫉忌共产党人的理由，共产党在今天，任便有甚么神通，他们只能做成国民革命；然而利用他们帮助与督促的力量，国民党理想中的国民革命正可以早期完成，何至于因为他们的帮助与督促，反倒有甚么亡党之痛呢？

然而在根本并不要革命的那一部分国民党员，他们的思想方式完全是两样的。

他们自己不作革命事业，人家要求帮助他们时，他们说这不是亡党了么？于是不但共产党人来帮助他们，谓之为亡党；便是纯粹的然而进步的国民党员来了，亦谓为亡党。醒醒罢！国民党是为国民革命而存在的；倘若国民党根本忘了国民革命的使命，这才是亡党呢！我们还是祝国民革命的国民党万岁！

载《中国青年》第 41 期

署名：但一

民治的教育*
（1924 年 8 月 28 日、29 日）

　　民国以前的教育，专制的，压迫的，不能自主自治的：因为皇帝时代的主人翁，就是皇帝，不是人民，所以那时代的教育，只是叫人服从君主，君主的一言一动，不论他对与不对，都应该服从，都应该顺受，不应该稍有反抗，所以一般读书的人，都只知道忠君爱国，只知道有皇帝，不知道有自己，也不知道有民众。民国成立了，教育还是从前的教育，大家脑筋里的观念也还是错误，所以并没有知道自己是民国的主人翁，自己应该自主自治，自己应该为民众服务。十三年来国家的情势，没有改进，社会的程度，仍旧幼稚之极，就是因为这种错误观念没有改正的缘故。要改正这种错误观念，先要改正教育的主义，叫大家明白民国时代与皇帝时代的不同，皇帝时代的主人翁，就是皇帝，所以他的教育，要养成为皇帝做事，知道忠君爱国的道理；民国时代与此大不相同，主人翁就是民众，所以要大家明白自己的地位，知道自己的责任。换句话说，民国时代的教育，应是"民治的教育"，分析开来，有下面两层：

一、自主自治的教育

　　怎样使他们能自主自治呢？也有下面几层：

（一）独立思想

（二）独立行动

　　要养成独立思想，独立行动，先要使他勿受压抑，勿受阻止。从前的教育，儿童一有了独立的思想，一有了独立的行动，当教员的，就要

---

* 该文是恽代英所作的演讲，由周应星记录。

压抑他，阻止他，说他不应该；其实儿童有儿童的事情，成人决不宜压抑他，也决不宜阻止他，他们到经验丰富了，自然也和成人一样，譬如走路，起初学步，总一蹶就跌，久而久之自然纯熟，自然能疾趋疾行。从前的教师，不明白这个道理，一味的压抑，一味的阻止，或一味的爱护，绝不肯循循善诱，使儿童的本能，发展到无限量；所以现在的一般人，办事能力不很丰富，遇有事情发生，不能措置裕如，就是这个缘故。实在讲起来，教师的职务，是在帮忙儿童，指示儿童，使儿童不发生大谬，不走入歧路，决不是压抑的，阻止的，替儿童走路的。所以做教师的人，应该时常考查他们，遇他们有能力不足，就应该帮他们的忙；遇他们有谬误，就应指示他们的误，使他们不致畏难，不致有大谬，不致入歧路为止。此外，就不应该再事过问，从前的教师，事事压抑，专事阻止，就是大大的谬误，这是我们现在应该注意的。

（三）使其自尊

（四）使其自信

有了独立的思想、独立的行动，还要叫他能自己尊重自己，自己信仰自己；不然，还是不行的。但是怎样叫他去自尊自信呢？那就要叫他知道自己是个人，从前的教师，不明白这个道理，只教他尊敬圣贤，尊敬师长，并不教他尊敬自己，只教他信仰圣贤，信仰师长，并不教他信仰自己，所以一个儿童，一读了几年书，就忘记了自己是个人。这种观念，实在是大谬特谬的。所以现在的教育界，应当视学生如朋友，并且如尊敬的朋友，切不可再有轻视的表示，因为儿童的自尊习惯，完全在被尊的环境里养成的，倘然他所处的境遇，完全是被轻视的，一遇谬误，责骂随之，怎么还能养成自尊自信的人呢？并且象从前的教育，学生并没有错误，教师有时也要加以责骂，以致学生看自己，并不是个主人翁，是奴隶；看见了教师，好象老鼠看见猫一般，所以造就出来的人才，都是奴性的，无办事能力的，现在的教育，不应该这样，应该使他自知为中国的主人翁，并且还要叫他了解中国的事情。所以教师平日的陶冶，就要叫他自己做事情，不依靠人家，有时有了错误，也不要即加责备，应当缓言劝慰，譬如某学生做错了事，教师就应当说："不要紧！不要紧！你的智慧很聪明，办事能力也很不差，不过稍微有些不对。"这样一来，他就高兴了，能勉力改过了，自己也不致轻视自己了。有时他的错误，竟致没法可想的，也要推求他的原因，看他究竟是家庭的关系，或是其他环境的关系，寻到了他的原因，就从原因上设法补救，那末他的教育，容易有效果，学生就有自尊自信的习惯了。现在的教员，对于这一层，也没有明白，往往要驾驭学生，其实这也是个大大的错误观念，因为驾驭两字，是用在牛马身上的，学生既非牛马，怎样可以驾驭呢？所以现在的教育，应当循循善诱，使未入轨道的学生，渐就轨道，变成自尊自信的人，这是办教育的人应当注意的！

（五）使其练习团体生活

共和国家是多数人组成的，所以个个人是主人翁，个个人应当办事，既然个个人办事，就个个人应当说话，个个人应当负责，并且还要虚心下人，遇有相左，亦不应即生意见。这是因为从前的学校，学生没有自治的组织，一有问题，就完全取决于教师，以致造就的学生，既没有办事的能力，更没有团体生活的习惯。将来出外应事，既不能应付裕如，并且意见横生，越弄越糟，这就是皇帝时代遗传下来的教育所造成的，因为这种学校的内部组织，既象专制时代的君主国家，那末教师、校长，就好象一个皇帝，学校中的一切事情，均由校长、教师专断，学生哪里再有办事的机会呢？办事的机会既少，办事的能力即无从养成，并且同学接触的机会一少，学生就在书本上做工夫，哪里再有练习团体生活的机会呢？所以现在的学校组织，应该象一个共和国家有立法、司法、行政等机关，使学生在这小国家里练习各种团体生活养成各种办事能力，将来到社会上，才能够尽主人翁的责任，不然，怎样能恰象主人翁的身分呢？

二、养成为民众服务的人

从前皇帝时代，皇帝就是一国的主人翁，所以那时的教育，只要使大家知道忠君报国，换句话说，就是只要使大家知道为皇帝服务，旁的象民众和社会的事情，可以完全不管；所以教育的要义，要叫大家明白君主有如何的威严，君主应如何的尊重，如何的敬仰，使大家对于君主，看得至尊无上，那才算尽教育的能事。现在却不能这样，因为主人翁已经换了，大多数的民众，就是民国的主人翁，所以现在的教育，应该叫大家为民众服务。但是要他们为民众服务，也有几层应该叫他们晓得的：

（一）使其尊敬民众

从前的人，有一种错误的观念，往往把士、农、工、商四民，看得有等级的，好象做士的人，应该尊敬的，做农、工、商的人，应该轻视的，其实士、农、工、商，何尝有尊卑贵贱之可分呢！并且士为民众养护的人，应该为民众帮助，而这一辈做士的人，非但未曾为民众帮助，而且反轻视这养护他的恩人，这又是什么道理呢？到了现在时代，与前不同了，从前是专制，现在是共和，专制时代，主权在君主一人，共和时代，主权在民众，所以现在大多数的民众，更无尊卑贵贱之可分，那么农、工、商各界，出了血汗换来的钱财，养护了我们，付托我们办教育，及其他各种事业，我们怎么可以不尽职呢？并且我们既由他们供养，那么他们简直就是我们的恩人，我们怎么还可以轻视他们而自以为高贵呢？然而现在一般读书的人，尚有这种错观念，所以有了知识，并未尝为民众办事，民众也并未尝得到他们的好处，而他们却自以为高人一等，遇有农、工、商等，冒犯了他，他就非骂不可，非严加责备不可，这实在大错而特错的。因为皇帝时代，读书人做的事情，是为皇帝，所以觉得高贵；现在读书人所做的事情，是为民众，民众是一律平等的，哪里还觉得尊贵呢！并且受了民众的养护，自己又是民众的一个，那么所做的事情，也是应尽的义务。所以我们对于民众，非但不应该再轻视他，并且要表示相当的尊敬，这是我们应当注意的一点！

（二）使其了解民众

其次，要叫大家明白农民、工人的情状。农民、工人的情状，同我们一样随时变迁的，我们从前读的，是二千年的老书，现在却不然了，读的多是东西洋的书籍了，情状不是大变吗？所以我们晓得现在农民的情状，也决不是以前农民的情状，现在工人的情状，也决不是以前工人的情状，应当想法子，了解他们，方才可以同他们办事。有人说："现在有许多学生，是农民、工人出身的，他们对于农民、工人的情状，已了如指掌，可以不必另外教育。"但要晓得他们所知道的，是个人的，一种社会的，非一般民众的，我们倘使不去特别教育他，训练他，将来怎么叫他们为民众办事呢？从前有许多学校，天天讲唐虞三代怎样盛怎样兴，却不讲近代的国势怎样衰怎样弱；外交怎样失败，内政怎样紊乱，更是学校里所讲不到的。所以学校里的学生，只知道唐虞三代如何如何，却不知道近代衰替的原因，至于上海的租界怎样，吴淞的商埠怎样，更是他们所不明白。这样对于社会不了解，将来怎么为民众办事呢？即使做了事情，又怎么会得合民意呢？所以现在办教育的人，要叫学生了解民众情状，也是应当注意的一点！

（三）使其愿为民众利益努力

民众的情状，既然了解了，就应该想法子，为民众帮忙。现在一般有钱的人，以为读书是为自己找饭吃，出洋回来，做大学教授，可以多赚几个钱，多有些名声，一般小学教师，也是这样想。所以他们以教育为谋生的职业，或为某家的孩子教书，目光不注在全民众的身上，以致平日的生涯，觉得枯燥乏味，好象做人家的奴隶一般。其实，这种观念，是大谬特谬的。做学生读书，是为民众，当教员教书，也是为民众，决不是为自己赚钱，也不是为某个孩子。譬如宝山的教师，他的事业，就是为宝山的民众，宝山的全社会，决不是为宝山某家的孩子，也决不是为自己赚钱，所赚的钱，不过为民众的酬报罢了。又有一般人，他们也知道为民众办事，但一经责骂，就生消极，这种观念，也是大错而特错的。因为做了事情，总有毁誉两面，在这时候，倘使自问良心，觉得并没有惭愧，而且所做的事情，实在是于民众有利的，那就誉我不足为荣，毁我更不应消极。因为做事本来是我们的本分，并不算热心，倘使一经挫折，就消极不做，岂不是忘了自己的本分么。这也不是共和国家的民众应有的观念，但是现在的读书人，都这样想法，都不明白这个道理，所以心里总情愿读书，不情愿做事。现在的中华民国，弄得这样糟，就是大多数的民众，不尽了本分所致，倘使不然，一个督军，一个师长，哪里敢弄权呢！一个吴佩孚，哪里敢专制蛮横呢！欧洲的福煦、海格，他们都立过很大的功，打过数次的胜仗，他们为什么不敢在欧洲横行无忌呢？这完全是民众强弱的关系，完全是民众有势力的关系。倘使欧洲的民众也象中国一样，恐怕他们也要专横呢！所以现在的教育界，除了使读书人尊敬了解民众外，还要教他们愿为民众利益努力，这也是我们应当注意的一点！

总之，中国十几年来，各种事情，一点没有进步，一点没有弄好，完全是这许多错观念弄坏了的，他们时常说："学生不应该干涉政治，不应该为民众办事"，所以造就出来的人才，都是"各人自扫门前雪，莫管他家瓦上霜"，置国家政治于不闻不问，以致大权旁落，为督军省长辈所播弄，所压抑。这种情形，实在遗害不少，所以我们万万不可再将这种教育，传给现在的一班读书人，以致遗害将来的主人翁。所以我们应当提倡"民治的教育"，以救济从前人贻下的祸根，开辟将来的幸福。

载 1924 年 8 月 28 日、29 日上海《民国日报》副刊《觉悟》

署名：代英

国家主义者的误解
（1924 年 11 月 1 日）

　　有甚么理由主张国家主义呢？我看一般自命主张国家主义的人所说的理由，都是不成其为理由的。

　　第一，以为一国的文明可以为主张国家主义的理由么？中国固有的文明，确实只有古代埃及、希腊可以比得上，这因为中国的文明与埃及、希腊的文明，同样是已经失了时效的小生产制度下的文化的原故。小生产制度既破坏而不可恢复，这样的文化自然亦破坏而不可恢复。在今天谈古代的文明，不过如从前一般书呆子好谈封建井田一样。文明的古国，非努力求所以适应于近代的文化，终只有归于衰弱破灭之一途；我们只看今天中国的国家地位，与今天埃及、希腊的国家地位，便知道文明古国并不是有甚么可以骄人的地方，我们还得因为我们是一个文明古国，而警惕自己力求所以适应于近代的文化才好。有人以为提倡中国的固有文明，是可以激发人的爱国心理的。其实提倡中国固有的文明，只能使一般迷恋骸骨的人去爱那个文明，并不能引起人家爱国的心理。我们试看历年来的情形，一般国粹学者，老而不死的经生，每每是不以一切爱国运动为然的；还只有他们所骂的洪水猛兽的新学家，比较的能热心倡导这些事情。近来反帝国主义运动，一般谈东方文化的人亦是不愿挂之齿舌，还只有他们所骂的"过激派"，不惜牺牲一切的为民族的独立而奋斗。这便知道爱中国的文明与爱国，是两件绝对不相干的事了。我们再看满清初入关时，汉人还有许多顽梗不服的，自从满清把中国固有的文明演为圣谕十六条，大提倡其稽古右文的风气，于是一般汉人中的士大夫，都歌颂满清的深仁厚泽，再亦没有一点反抗精神了。提倡中国固有的文明，可以使人爱国么？我以为这只足以转移人民爱国的精神，使他们为了文明而忘却国家而已。

　　第二，以为一国的历史可以为主张国家主义的理由么？统治阶级的历史确实可以引起被他所欺骗的国民共同的回忆，以产生一种爱国的感情；但试一考察这些历史所引起的共同回忆，内容是些甚么东西。历史所包含的，第一件便是一个民族的祖先，如何克服土著人民的光荣，例如黄帝开疆拓土的史迹，是"黄帝子孙"的汉人所常时共同回忆的，而且有些被征服同化的异族混种亦是常时共同回忆。这真是光荣的事么？若这是光荣的事，那便列强加于我们的横暴侮辱，亦将为他们子孙的光荣的事，而且为我们子孙被他征服同化者的光荣的事了。其次，被压迫者的奴隶道德行为，如忠臣、孝子、节妇、义仆的故事，这亦是历史所最赞美的，由这种故事所引起的共同回忆，可以为主张国家主义的理由么？亦许还有已经失了时效的古代文化，偶然流传下来的思想与发明，由夸大狂所描述的本国的人物山水，都是有些偏见的人所引为爱国理由的；然而只要是头脑清醒的人，都不能因为这些事情来主张甚么国家主义罢！

第三，以为国民自有一种与物质生活无关的爱国精神，可以为主张国家主义的理由么？若说国民会有与物质生活无关的爱国精神，那便除非是如上述的受了统治阶级历史欺骗的结果，这不足成为国家主义理论的根据。让一步说，我们试一研究另一种与物质生活有关的爱国精神，却更可见在中国今天主张国家主义，是不会有功效的事了。就经济的进化说，游牧时代需要结伴移徙的部落生活，人类易于爱部落；农业时代需要聚处并耕的家庭生活，人类易于爱家庭；工商业既兴，需要贸迁有无的都市生活，人类易于爱都市；交通发达而经济关系频繁，都市不复能独立而自给，于是全国成一共存互助的经济单位，人类亦进于爱国家。由此以进，经济的发展，使各国都彼此相需相赖，国家亦渐不复能独立而自给，于是必须全世界成一共存互助的经济单位，人类将更进于爱世界。凡此之所爱，皆由于人类经济之需要，并没有甚么先天神秘的关系。国家主义者亦知人类社会由部落而进于国家，然因不明此等进化之原因，故不免发生社会进化到了国家这一阶段，便再不会有进化的误解，因而不信人类会有超于爱国的爱情。他们亦因此不了解中国今天无法更能成为一个独立自给的国家，所以亦便无法能实现他们的国家主义。中国的经济情形，有些地方，还未出都市自给经济的地位，他们与别的部分不生关系，这所以中国人还有很浓厚的爱省、爱乡的感情；同时有些地方，固然已经脱离了都市自给的地位，他们与外国发生经济关系，又与国内他处更为密切，这所以中国人又有些倚附外人的心理。象这样情形的中国，有甚么方法能成为一个独立自给的经济单位呢？中国今天应当打倒帝国主义的压迫，发达国内的产业，以加密国内各都市间的关系，但决不能复反于闭关之局，断绝一切国际间的经济关系。国家主义在国际间关系还未发达的国家，是可以提倡而收效的；但是，现在已经不是时候了。

第四，以为被压迫者的自卫可以为主张国家主义的理由么？"自卫"两个字，本来每易为侵略者所借口，欧战时德奥之兴兵，欧战后法国之占领德境，无不以"自卫"为说辞；国家主义的"自卫"，只是扰乱和平之工具而已。在今天真正要为被压迫者谋自卫之法，最要是考察压迫者的性质，而研究被压迫者有甚么有把握的切实自卫的力量。今天居于压迫者地位的，本来只是产业进步国家少数资本家同他们的走狗，他们在国内压迫工人与一般平民，在国外压迫殖民地的弱小民族。所以压迫弱小民族的，并不是英国、美国或日本，只不过少数英、美、日本的资本家同他们的走狗；要反对他们，不是讲国家主义，拿一国去敌对一国，因为他们国中的工人平民，与我们并没有甚么仇怨。反过来说，今天被压迫者要反对他们的仇敌，还应当使殖民地弱小民族与产业进步国家工人平民联合起来，以共同向那些资本家同他们的走狗进攻。为甚么唱国家主义，把殖民地的被压迫者与产业进步国家的被压迫者分开呢？为甚么唱国家主义，把经济利害绝对不同的产业进步国家的资本阶级、劳动阶级合做一块，而把经济利害上同样要反对那少数资本阶级的人反分做几块呢？

我们对于所谓国家主义，第一以为不合理，第二以为不合用。人没有按着国界的区分而妄生分别的道理；在今天经济进化的世界，亦不容许再实现所谓独立自给的国家，所以提倡国家主义一定等于二三十年来富国强兵的空谈。至于为中国解放的前途呢，我们以为宁是要顺应国际主义的潮流，联合世界革命势力，以共同打倒帝国主义。我们要揭破国家主义乃是资本阶级用以愚弄人民，驱使一般压迫的工人平民，以蹂躏同运命的殖民地弱小民族的口号。怎样反转在这个时候，大鼓吹其国家主义呢？

载《中国青年》第 51 期

署名：代英

怎样进行革命运动
（1924 年 11 月 22 日）

现在有很多人都知道要求革命了，但是有一个很大的问题，便是怎样进行革命运动呢？

有些性急的青年，愿意去运动军队，运动土匪，运动流氓，运动各种秘密团体，他们要参加大刀会，参加反直系的战争，甚至于要倚附一方帝国主义的后援，以直接与一种政府相搏斗。这是很勇敢的。但是结果呢，若不是自己同流合污于堕落的兵匪之中，以求一个苟容的生活；便会是帮着人家把事情闹成功了，人家升官发财，却找不出地方可以实现万分之一的他自己的理想。

有些性急的青年，愿意去抛炸弹，行暗杀，他们以为杀死一个坏人，总可以把世界转变得好些，然而事实又每证明这完全是空想。

但是有些人说，你们天天嚷着要革命，你们为甚么自己不去革命呢？要解答这问题，先要明了怎样才是革命。

我们屡次说了，中国的病源，在于外国经济的压迫，使本国产业不能发展，故游民众多，民生窘困。只有打倒外国经济的压迫，才能根本救济中国；只有打倒外国经济的压迫，才可以说是革命。若不能做到这一步，无论杀几多人，更换几多政府，总是于事无济的。民国十三年的历史，已经尽够证明我们这些话。

怎样打倒外国经济压迫呢？这用不着杀洋人，烧教堂，只要收回关税主权，酌加入口关税，取销赔款，核减外债，取销领事裁判权与租界，废除不平等的条约便够了。

怎样做得到这些事呢，靠全国一致的起来作这些运动，靠全国一致的拥护着以断然实行这些事，靠全国一致的为实行这些事，与一切干涉压迫我们的外国势力相抗争。

但这里有两个难题：第一，怎样唤得起全国一致的这些行动呢？第二，怎样抵御得过干涉压迫我们的外国势力？

答复第一个问题，我要特别提出来政党的需要。一盘散沙的民众，要他们怎样恒久的做全国一致的行动，无论是哪一国的人民都是做不到的。但是若在这些民众中间有了能号召指挥他们的党，便容易全国一致的行动。党应当是在各种民众中的进步分子所组成的，这样的分子，每个人都要活动，每个人都要逐渐具有号召指挥他那一方面的民众的能力。我们怎样在各种民众中去找出这样的分子？怎样训练这样的分子使他们更有能力？怎样督促这些分子使他们能号召指挥更多更有力的群众？这便是最切实最重要的革命工作了。

因此，所以我们应当把最活动而有能力的朋友介绍加入一个革命的党，应当多训练革命党的同志使他们每个人都负责活动起来。甚么是最要的活动呢？为农民、工人、妇女、青年作种种可以帮助他们的事，或为他们组织各种普泛的团体以联络他们的感情；对于感情比较融洽的人，就他本身的利害问题，宣传革命的意义与其必要。我们并不需要四万万人加入一个革命的党，但总要大多数人明了革命的必要，然后才可以号召指挥他们去进行革命。我们只要活动有能力的人人党，但已经入党的，必须要倚赖各小组的开会互相训练，以使每个人都成为最会作各种运动与宣传的人才。

倘若这样做呢，一切被压迫的农、工、商、兵、民众中都可以有我们的党员，这样的党员都可以号召指挥他那一方面的民众；假令我们的党员是有纪律的，一个中央部的命令下来，几万的党员便可以同时活动，他们便有能力号召几十万乃至几百几千万的民众；这样，为甚么怕全国一致的革命不能成功？

答复第二个问题，我要指出帝国主义是一戳便穿的纸老虎，他们朝野间，他们国际间，意见还十分纷歧，他们不但不易于各国联合起来以压迫我们，便是任何一国亦不能拿全力来压迫我们。一国侵占我的国土，可以惹起别国的忌妒冲突，他自己国家的革命民众亦不肯放过他。中国是无抵抗力的，然而至今不完全灭亡；苏俄革命之初，各国无法直接干涉，各国派兵驻西比利亚，不久又即撤退，都是由于上述原因。我们只要能团结国民；与外人抵御，外国劳动阶级马上不愿意担负战争的损失，国际间利害冲突的国家马上发生各种纷议；而且中国四万万人的独立战争，一定能激动东洋各被压迫民族的革命潮流，那时列强纵欲干涉，亦将不知从甚么地方干涉的好。所以中国的革命一定在世界革命中间完全可以成功。

今天一切热心革命的人，最要是发展革命党，而且联合世界革命的势力。不肯向这一方面做的，无论他如何性急勇敢，总于革命的前途不生关系。

载《中国青年》第 54 期

署名：代英

为"国民会议"奋斗
（1924 年 11 月 29 日）

　　自从北京政变以后，中国政治界颇陷于紊乱之境；帝国主义者的势力既一时得不着平衡，各派军阀的地位亦都动摇不定。这是全国民众在政治上自求发展的好机会。我们应当趁帝国主义与军阀间之纷扰，提挈全国民众，向他们作一个最有效力的政治上的争斗。这是为救中国与救自己我们不可不加倍努力的事情。

　　我们从今以后，要注全力于孙中山先生等所提倡的"国民会议"，因为这是引导全国民众作直接政治争斗的。我们知道在"国民会议"中间，必须还要从各方面与帝国主义军阀的势力相抗拒；便是我们想要能开成这样的"国民会议"，亦须得我们很多的奋斗功夫。我们要救中国与救自己呢？还是愿放过这样一个千载一时的机会？

　　孙中山先生十一月十日发布的宣言，说明国民党"对外政策，一方在取消一切不平等之条约及特权；一方在变更外债之性质，使列强不能利用此种外债，以致中国坐困于半殖民地之地位。对内政策，在划定中央与省之权限，使国家统一与省自治，各遂其发达而不相妨碍；同时确定县为自治单位，以深植民权之基础，且当以全力保障人民之自由，辅助农工实业团体之发达，谋经济教育状况之改善。"于是根据此旨说明其顺序，"（1）中国跻于国际平等地位以后，国民经济及一切生产力方得充分发展。（2）实业之发展，使农村经济得以改良，而劳动农民之生计乃得有改善之可能。（3）生产力之充分发展，使工人阶级之生活状况得因团结力之增长而有改善之可能。（4）农工业之发达，使人民购买力增加，商业始有繁盛之动机。（5）经济发展，使智识能力之需要日增，国家富力之增殖，可使文化事业及教育经费易于筹措，一切失业失学问题方有解决之端绪。（6）中国法律因不平等条约之废除，而能普及于全国领土；一切租界皆已废除，然后阴谋破坏之反革命势力无所凭借。"

孙中山先生既认定中国跻于国际平等地位，是一切救国方案的根本，又认定自袁世凯以来之反动军阀，皆为帝国主义所勾结羽翼；然此等军阀一遇与国民相结合之武力，未有不为国民觉悟所屈伏者。故言"今日以后，当划一国民革命之新时代，使武力与帝国主义结合之现象，永绝迹于国内；其代之而兴的现象，第一步当使武力与国民相结合，第二步使武力为国民之武力，国民革命必于此时乃能告厥成功。……欲使武力与国民深相结合，其所由之途径有二：一使时局之发展能适应于国民之需要；盖必如是，然后时局发展之利益归于国民，一扫从前各派势力瓜分利益及垄断权利之罪恶。一使国民能自选择其需要；盖必如是，然后国民之需要乃得充分表现，一扫从前各派包揽、把持、隔绝群众之罪恶。"

孙中山先生因此，对于时局，主张召集国民会议；在国民会议召集以前，主张召集以（一）现代实业团体，（二）商会，（三）教育会，（四）大学，（五）各省学生联合会，（六）工会，（七）农会，（八）共同反对曹吴各军，（九）政党等派代表所组织之预备会议。预备会议人数宜少；国民会议人数当较多，团体代表与预备会议同，惟其代表由各团体之团员直接选举，全国各军皆得以同一方法选举代表，以列席于国民会议。于会议以前，各省政治犯完全赦免，并保障各地方之团体及人民有选举之自由，有提出议案及宣传讨论之自由。而且亦决定于国民会议实现以后，将以国民党政纲提出于国民会议，以期得国民彻底的明了与赞助。

孙中山先生的用意是很深远的。他要唤起全国民众打破一切垄断包揽的局面，初使各种团体派出代表列席会议，以破坏向来为武人把持的政局；继由各团体直接选举，使人民更能直接参与政治。反对曹吴之武力，是容许他们与国民合作的；而且在国民会议中间，即全国各军，凡由军士直接选举的代表均一律允其参与会议。为保障选举宣传等自由，提出赦免政治犯等主张；为求贯彻国民党政纲，决定于国民会议中以此政纲质之于全国真正的人民代表。这是一个如何光明磊落的国民革命领袖的政治主张啊！

中国共产党最近发布的对于时局的主张，首先赞成国民党所号召的，而亦即是他们在黎元洪去职时所主张的国民会议，他们更进步的，主张以这个国民会议为临时政府。就他们所指示的，以为帝国主义宰制中国的企图有三个时期：华盛顿会议以前，他们是要瓜分中国；华盛顿会议以后，他们是要共管中国；但这两个计划，都因为他们在华利害的冲突而不能实现。最近他们是要采取分立政策，各拥护他所接近之军阀以分裂中国。日本在北方，英国在中部，法、比在其他方面，要集中当地军阀之力，由经济的支配权力，进而各造其自己支配的政治机关。但是美国在中国没有独占的势力范围，他的经济势力如余资、余货又特别优裕，他不利于中国的分立，使中国完全堕入日、英、法、比的荷包里；他希望在中国实行道威斯一类的计划。中国今日是不免于分立呢？还是不免于实行道威斯计划呢？被压迫的人民在此危急时期，应大家联合起来，而且应当与一般还没有与帝国主义发生确定关系的武力相联合，以共同努力使国民党所主张的国民会议预备会急速在北京召集，极力反对军阀们拿甚么各省军民长官会议来代替此会。此会之任务不但是筹议国民会议，在正式政府未成立前，并应拥护此会为临时国民政府——号令全国的唯一政府。此政府虽非国民革命左派的政府，或甚至还不是中派；只要他确能防止帝国主义分裂中国或共管的阴谋，只要他确能镇压一切反革命的军事行动，只要他不妨碍一切平民参与政治的机会，他们准备赞助他。他们亦说明了他们预备要向临时国民政府及国民会议中奋斗以求贯彻主张的要求，他们认为拥护这些要求，是一切人民及其代表的责任，尤其是国民党的责任。他们列举了下述几项事：

（一）废除一切不平等条约，第一重要是收回海关，改协定关税制为国定关税制；因为这是全民族对外的经济解放之唯一关键。

（二）废止治安警察条例及罢工刑律，保障人民集会、结社、出版、言论、罢工之无限制的自由权；因为这是人民对内的政治解放之唯一关键。

（三）全国非战时的常备军，均以旅长为最高级军职，废除巡阅使、督军、督理、督办、总司令、检阅使、护军使、镇守使、军长、师长等军职；因为这是杜绝军阀势力集中盗国乱政之重要关键。

（四）军阀之祸，罪在最少数高级军官。失业入伍的兵士们所受压迫与困苦，与其他一切平民等；今后旅团司令部应采用委员制，军饷公开，应改良现役兵士之生活及教育；兵士退伍，须给以土地及农具或他种确实可靠的生活。

（五）规定最高限度的租额，取消田赋正额以外的附加捐及陋规，谋农产品和他种生活必需的工业品价格之均衡，促成职业的组织（农民协会）及武装自卫的组织，这都是农民目前急迫的要求。

（六）八小时工作制，年节、星期日及各纪念日之休假，最低限度的工资之规定，废除包工制，工厂卫生改良，工人补习教育之设施，工人死伤保险法之规定，限制童工之年龄及工作时间，女工妊孕前后之优待，这都是工人目前最低限度的要求。

（七）限制都市房租加租及建设劳动平民之住屋。

（八）没收此次战争祸首的财产，赔偿东北、东南战地人民之损失及救济北方水灾。

（九）各城市乡镇之厘金牙税及其他正杂捐税，在国库收入无多，而小本营商者则因之重感困苦，宜一切废止。

（十）废止盐税、米税以裕平民生计。

（十一）增加海关进口税，整理国有企业之收入，征收遗产税，征收城市土地税。此等大宗税收，不但足以补偿废止旧税——厘金、牙税、盐税、米税、田赋附加税及其他各种正杂捐税——之损失，并可用为补助退伍兵士、失业贫农及推广平民教育之经费。

（十二）为保障知识阶级之失业及青年失学计，国家预算中，不得将教育经费移作别用，并应指定特种收入如收回庚子赔款等，为实行中小学免费，优待小学教员，及推广平民教育之用。

（十三）妇女在政治上经济上教育上社会地位上，均应与男子享平等权利。

我们从上面所说的具体的条文，不能不十分同情于共产党的要求；共产党本来特别是代表被压迫的农工群众的党，所以他们的要求，更明确而切近于人民的实际生活。这一切所要求的，亦应当都是国民党所要求的，国民党的主义与政纲，都包括有这些意义在内。因为国民党是代表一切被军阀帝国主义压迫的各阶级，所以真正的国民党对于代表被压迫的农工群众的共产党，有很多应当一致努力的工作。我们祝这两个伟大的民众的党的成功，我们祝他们因为这一次的奋斗而得着民众，我们祝他们因为这一次的奋斗而进为民众的党——被压迫的民众自己加入，而且成为能左右党的行动的主要势力。

中国以前没有民众的党，所以民众不能在政治上有力量。现在！民众可以自己选择他们的党了。引导他们认识最能代表他们利益的党！使他们加入最能代表他们的利益的党！使他们成为最能代表他们利益的党的中间决定一切行动的主要势力！

我们应当注意段祺瑞通电主张的善后会议与国民代表会议：他主张善后会议是由"各省军民长官"的代表所组织的，这便是一个强盗魔鬼的聚餐会，而所谓国民代表会议的组织法，便靠从这个强盗魔鬼的聚餐会中间产生出来。狗嘴里会出象牙么？前几年因武力统一而身败名裂的段祺瑞，现在又想做成一种把持包揽的局面了。我们应当努力宣传代表民众利益的主张，使民众在他们还未能预防的时候便已经组织而且行动起来；这样，我们要逼迫到使这些强盗魔鬼不敢不召集孙中山先生所主张的国民会议。时局是如何严重啊！

中国青年所负的使命是如何伟大啊！

载《中国青年》第 55 期

署名：但一

国民党左派与共产党
（1924 年 12 月 13 日）

自从国民党改组以来，有些共产党员加入了国民党，国民党中亦逐渐起了左右派的分化。究竟甚么是共产党呢？国民党左派与共产党究竟有甚么关系？

对于共产党，向例是有许多可笑的谣言的。有人说他要均产、公妻，有人说他要没收一切大的小的财产，有人说不出他是个甚么东西，只闭着眼睛胡乱咒骂。其实这都不过因为上了那些为私人经济利益而害怕共产党的人的当而已。简单的说，共产党便是代表贫苦农工利益，而做经济与政治奋斗的党；他努力要他们联合，他努力促进他们的阶级觉悟——这便是说，他们要明白自己是在一个被压迫阶级中间，所以他们应当为自己阶级的解放而奋斗。这是甚么可恐怖的事呢？贫苦农工是不是人类？他们是不是天生成应当居于被压迫阶级的？他们是不是应当为他们自己的利益联合起来，以谋自己阶级的解放？压迫贫苦农工的人自然不高兴他们这样做的，他们自然要说这是"悖逆"，这是"造反"；但是，倘若我们不是压迫贫苦农工的人的奴隶、婢妾，为甚么要跟着他们这样的乱嚷？

中国的共产党究竟主张些甚么，究竟做些甚么，就他们屡次的宣言与所提倡的各种运动观之，都是很可以了解的。他们的论调，对于富贵利达的人们，总不十分的那样好听。他们不肯恭顺统治的帝国主义，不肯恭维在野的军阀，不肯原谅压迫劳工的资本家，而且亦不肯奉承那些政治界很活动的伪革命者。这样惹人讨厌的东西，是无怪乎有许多人都不以为然的。这正是他们代表被压迫阶级的本色，他们要真无愧于为一个共产党，自然亦不敢避免这些人与他们的奴隶、婢妾的讨厌。

国民党为甚么容许共产党员加入合作呢？要答覆这一问题，让我先解释国民党究竟是甚么。自然有人可以说国民党是孙中山先生个人的私党，亦有人可以说国民党是这十几年中奔走南北、做官吏、当议员的一些所谓"老党员"的私党；不过就我们说呢，却不肯承认这些话。我们认定国民党是代表被压迫民族全体的利益，但是他亦把代表被压迫的贫苦农工的利益，包括在他所负责任的范围之内。中国的国民党，不是曾经提倡全民政治么？不是特别揭橥民生主义么？这证明中国国民党并不忽视贫苦农工的利益，所以容纳共产党员的加入合作，并不是甚么不可思议的事。

共产党员要加入国民党，这道理亦是很显然的。在这种殖民地经济状况之下，中国的农工阶级，第一层受外国资本阶级的重压，第二层受本国军阀官僚的苛待，第三层受一般土豪痞绅的零割细宰。在这个时候，怎样为这些农工阶级觅个出路呢？国民党既是讲民族主义，反抗帝国主义压迫的；既是讲民权主义，反抗军阀官僚压迫的；既是讲民生主义，反抗土豪痞绅压迫的；他的成功，总可以有利于一般农工阶级。纵然国民党多少不免有些容让本国资产阶级之倾向；然而在今天大敌当前，农工阶级与资产阶级都一样有为自身的利益而赞助国民党的必要。农工阶级、资产阶级的利害，自然是不能相互容让的，但是现在这不是最后解决的时候；我们若不是存心要阿谀资产阶级，亦不应当恐怖农工阶级对于资产阶级不可避免的未来的战争。

为甚么共产党员加入了国民党，便发生了国民党中间左、右派的分化呢？左、右派的分化，是国民党自身的一种进化，是国民党改组以后大大的吸收了一般革命性的青年分子的自然结果，共产党员的加入，不过促成这种活动而已。中国国民党以前是不是真个代表了被压迫民族全体的利益，特别是他是否把代表被压迫的贫苦农工的利益，包括在他所负责任的范围之内？这有四万万人的眼睛望着，用不着我们多说。我们常听见孙中山先生感叹国民党员不了解他的主义，我们在一般人民的口中，除了听见他们佩服孙先生个人以外，实在找不出他们怎样区分国民党与别的私人党派。这对于中国是怎样大的损失呢？共产党员与一些绝对非共产党的青年国民党员，为中国的原故，担负起改造国民党，扫除一切党内堕落妥协而反革命的分子的责任，这便是今天国民党中之所谓左派。

有人说，国民党左派便是共产党，共产党员希冀国民党中有这种左派，是要破坏国民党，把他们吸收到共产党里面。我敢保证这种见解是完全错误的。我们是说一切真能反抗帝国主义，反抗军阀官僚，反抗土豪痞绅等压迫的，真正的而且行动的三民主义的信徒，是国民党左派。这种左派，果然便是共产党么？然则除了这，还有甚么是国民党。我们说虚伪的而且反动的根本不了解三民主义的是国民党右派，未必只有这才是真正的国民党么？国民党左派真个代表被压迫民族全体的利益，把代表被压迫的贫苦农工的利益，包括在他所负责任的范围之内，然而这与专注重贫苦农工利益的共产党显然不同。国民党右派很畏憎这种左派的发生，于是咬定了一切左派都是共产党，咬定了左派的发生是共产党破坏国民党的阴谋。我看倘若国民党中不发生左派，一切革命的青年分子，或者反会从国民党中逃到别的地方去呢。革命的青年分子，是为了三民主义而来的，不是为了帮助做官吏、议员的"老党员"吃喝而来的，他们需要构成一个国民党左派，这正是国民党的进步；然而居然有人会怕揭穿了他们垄断、假冒的国民党真面孔，竟指这是要破坏国民党。

有人说，国民党将要发生左派与否，这是国民党自身的事情，为甚么共产党要这样促成左、右派的分化？我们纵然相信左派的意见是对的，然而我们真个在国民党中间分了左、右派，岂不中了共产党的暗算？要答覆这样问题，须回复到为甚么共产党员要加入国民党。共产党员为要把农工阶级从三层压迫之下解救出来，所以他们现在赞助国民党，他们的利益是国民党中能够有真正为三民主义而奋斗的左派，他们的损失是国民党被那些虚伪、反动、根本不了解三民主义的右派垄断了。他们为农工阶级的利益，为甚么不应当促成国民党左、右派分化？国民党员为全民族的利益，乃至于为三民主义的本身，为甚么怕在国民党中分了左、右派呢？国民党的改造，是共产党关心的；然而倘若只让共产党关心国民党的改造，国民党自身不赶快造成有力的左派，以自己扫除党内的右派势力，那不能说不是国民党员的羞耻。不愿意共产党员越俎代庖么？那便国民党左派更要一百二十分的努力才好。

有人说，既然国民党中间有了右派，我们为甚么还要做国民党员？我们有这多精力与右派奋斗，何不自己跳在国民党外面来，自己造一个纯洁的独立的新的国民党呢？为甚么？国民党不是几个右派的私党。他们有几十万已经团结了的群众，这些群众都是为三民主义而赞助国民党的，他们并与右派没有甚么固定的关系。我们有了这好努力的地方，为甚么不去努力，而定要造一个新党呢？人上了几万几十万，甚么地方都可以产生右派思想的，各国政党分左、右派，都是很寻常的事；我们纵然造一个新党，不仍是要与那中间要发生的右派奋斗么？我们必须以党造国，所以要改造国家，首先要改造党。今天与国民党右派的奋斗，便是改造党的必要的步骤。革命的青年，为甚么怕这样的奋斗，而使国民党数十万的群众，永远为少数右派领袖所愚弄欺骗呢？我们是战斗的武士，我们正需要一个用武的地方。所以，国民党越是有左派，我们越是要加入国民党，越是要死守住国民党，越是要不顾一切困难，结合成有力的国民党左派，为了改造国民党，为了改造中国而奋斗！

载《中国青年》第 57 期

署名：F. M.

中国共产主义青年团
（1925 年 1 月 31 日）

中国共产主义青年团，原名中国社会主义青年团，是相信共产主义，而且愿意在中国共产党指导之下做青年运动的一种青年团体，他是要随时随地领导中国一般被压迫阶级，特别是要领导无产阶级的青年群众，为他们自己的利益而奋斗的。他与各国的共产主义青年团都是少年共产国际的支部，他们都是各所在国共产党下面专门做青年运动的一部分。

中国共产主义青年团于一九二二年在广州召集第一次全国代表大会，正式决定他的纲领与章程。三年以来，他的组织扩展到各重要的省会都市与工业区域，他的团员多是各地纯洁勇敢而为一切社会活动的中心分子。他与共产党一样，是采取民主集中制，每个团员必须严格遵守团体的纪律，照章出席各种会议，缴纳团费，执行上级委员会所指导分配的工作。在政治上，他完全是遵守中国共产党的指导而与之取一致行动的；在青年的文化、教育以及经济利益的争斗，那便是他所要独立负责的工作。

他是在中国唯一的以拥护青年本身利益为目的的团体。中国青年一方受帝国主义军阀的压迫，一方受宗法社会的束缚，他们饱受各种穷困不自由的痛苦；但是因为他们没有广大的群众的团结，尤其是因为他们没有忠实而强健的领导机关，所以他们零碎没有组织的争斗，每不能摇撼他们的厂主、工头、师傅、教职员，乃至于他们的父兄尊长的威权，不能有益于他们本身的解放。中国共产主义青年团便是要在被压迫的无产阶级青年以及一切被压迫阶级青年中间，提选那些最有阶级觉悟而愿意为自己阶级的利益而奋斗的分子，将他们组织起来，给与他们为经济争斗所必要的各种教育与训练，而且使他们利用各种机会接近各方面的青年群众，在一切争斗中间领导青年群众争取他们本身的利益；所以中国共产主义青年团是拥护青年群众利益的卫士与前锋的战斗者。

自然中国共产主义青年团在今天还是在幼稚的时期，而且他的组织与人数的发展，还远未能到他在工作上所需要的那种程度。但是他的前途可以相信是很远大的；他到现在，曾经开过三次的全国大会，在每一次大会中间，都可以看出他的显明的进步。他的大会，与一切共产主义者的大会一样，没有一切繁文缛节，亦没有一点虚伪敷衍；在大会中，他的中央委员会应当把他们在任期中的全国的工作，详细报告给到会的各地的代表，接受他们的赤裸裸的批评，以为下届中央委员会执行工作的标准。他在每次大会中，常有关于种种方面实际运动的决议案，这些决议案都是根据全团以前工作的经验，或者是根据各国共产党或共产主义青年团工作的经验而规定的。共产主义青年团是一个共产主义的学校，他除了在原理上要与团员以关于共产主义的教育以外，最要是领导这些团员在行动上训练他们成为忠实强健的共产主义者，那便是说，训练他们成为肯为被压迫的青年群众的利益而奋斗的忠实强健的战斗者。

最近他举行了第三次全国大会，在这一次大会的中间，重新估量了他全团的工作。这次大会接受了中国共产党最新规定的民族运动决议案，指明中国的军阀与买办阶级是完全在帝国主义卵翼之下，在民族革命运动中必然是反革命的；幼稚的工业资产阶级，与摇动不定的小资产阶级，亦决不能为革命的领导者；只有无产阶级有力量领导中国的民族革命，丝毫不摇动的与帝国主义为彻底的战斗。这个决议案使中国共产党直接把民族革命认做自身的责任，并且认定了只有越是发展无产阶级的力量，越有把握完成中国的民族革命。中国共产主义青年团亦完全同意了共产党的这种指导。

在这次大会中，很注重领导青年工人学徒进行经济争斗。从前他的团员还未能充分的注意于此项工作，所以亦还未能得着各地的无产阶级青年群众。这次大会决定要为青年工人争与成年工人同等的待遇；禁止使用十八岁以下童工作夜工及其他有损健康的工作；禁止使用十三岁以下之童工，由国家或厂主供给其教养费用；取消包工制、工头制、个人契约制；取消学徒制，至少要减少学徒年限，改良待遇，禁止使用为私人服务；举办工人义务教育与娱乐部；改良卫生条件；规定不扣工资的休假日期，规定因工伤死的医药抚恤费用；规定最低工资、失业费用、劳动保险。他们规定对于青年工人调查与宣传煽动的方法，并在与共产党合作的工会与罢工运动中间，特别拥护青年工人的利益。他们说明部分的经济要求不是他们的目的，他们是要由经济争斗以引导青年工人到政治争斗，一直做到无产阶级专政，只有这，才能达到无产阶级青年解放的最后目的。

在一般被压迫青年运动的决议案中，他们指明这种运动的目的，一是要接近一般青年，便于为主义的宣传；二是要领导他们为自己求解放而拥护青年工人、农民的利益；三是要领导他们参加民族革命运动以增加左派的势力。他们详细审核了从前所规定的做青年工人、农民、学生、妇女运动的各项具体方法，决定以后切实进行的方针。他们很注意使每个团员接近一般被压迫的青年群众，并指定以后应特别发展青年工人、农民运动的各地方；学生运动则说明要帮助组织或整顿各地的学生会及其他学生团体，使其成为代表学生群众本身利益的职业机关。他们亦决定在相当时期，应当促成一个全国联合的青年团体。

关于宣传及煽动的工作，他们指出无产阶级的立脚点，宣传民族革命与作文化运动的必要。对于帝国主义软化中国人民的基督教，军阀官僚迷惑民众的佛学会、同善社，宗法社会压制青年的旧道德，狭隘的知识阶级反映资产阶级意识，以抵制阶级争斗与离间国际革命势力联合的国家主义，帝国主义与资本阶级的走狗蒙蔽无产阶级，以和缓民族革命与无产阶级革命的改良主义自由主义，他们都预备尽力加以攻击；同时他们亦决定防止那妨害布尔塞维克化革命组织发展的个人主义、浪漫主义、无政府主义的青年思想倾向。他们对于宣传方法，亦提出了应当注意的六点，他们要利用演说、辩论、口号、标语、图画、刊物、纪念集会、平民学校的教材之类，扩大他们宣传煽动的功效；他们要利用各种具体的材料宣传到各方面青年群众中去，而且他们切实规定每个团员都要进行此项工作。

他们特别提出反对基督教与反对战争的运动。在反对基督教决议案中，他们要帮助非基督教同盟使发展于全国各地，而且预备宣布一切基督教徒、教会、教会学校、基督教青年会的罪恶，但他们说明不应当因此而憎恶一般教民与教会学生，因为他们不过是被压迫欺骗的一部分群众，应当引导他们一同努力作反基督教运动。在反对战争决议案中，他们指出帝国主义者在殖民地为互争扩张市场，自然引起他们之间的战争，他们又为各欲造成特殊的地位，各利用殖民地中一派封建势力，自然又会指使各派封建势力使他们之间发生战争，这便是所以使中国一面在太平洋战争恐怖之下，一面又困于军阀战争的原故。他们批评以前对于战争只取旁观态度的错误，决定以后要在军士、农民中作反对战争的宣传，而且亦反对帝国主义与军阀虚伪的和平口号，鼓吹只有革命可以消灭这种战争。

他们决议要更严格整顿他们的组织与纪律，要努力发展他们的组织于各种有青年群众的地方，并详细解释他们活动的基本单位——支部的作用与组织法。他们亦特别规定各级机关对于团员教育训练的注意事项，并规定了训练的四种口号："学习列宁主义"，"严守团体纪律"，"参加实际工作"，"获得青年群众"。

在这一次会议中间，改正了他的名字，与各国一致的命名为共产主义青年团。社会主义青年团在欧洲本是第二国际以下黄色的少年组织，是一种不名誉的名称；中国所以以前用此名字，本只是因为防着许多人对于共产主义有很多误会的原故。但是这在现在已经是不成问题。现在他们虽不称是共产主义青年团，然而人人都知道他们是共产主义者，而且共产主义成了一切反动派攻击毁谤人的口头禅了。现在必须勇敢的改正共产主义的名字，而且努力宣传使一切被压迫青年都知道共产主义者是为他们利益而争斗的，共产主义青年团是特别拥护他们利益的一种组织。共产主义果然是可怕的么？马克思说："我们共产党受非难的，是希望废止个人的财产权……你们所说是小职工财产，小农夫财产，资本家时代以前财产底制度么？那就不消废止了。自从大工业发达以来，已将他们破坏了，并且日日还正在破坏中。"读者诸君，大工业发达到中国来的时候，外国资本家和本国的军阀与买办阶级已经破坏了你们的财产权，"你们恐怕我们废止私有财产，你们现在的社会里，十个人当中便有九人丧失了私有财产"，你们还怕共产主义么？共产党与共产主义青年团正是要废止外国资本家、军阀与买办阶级的财产权，这种共产主义运动，只有他们或他们的走狗才会觉得恐怖。

载《中国青年》第 63、64 期合刊

署名：F. M.

纠正对于马克思学说的一种误解
（1925 年 2 月 21 日）

马克思在《经济学批评》序文中，曾说，"凡一社会组织，非俟其生产力尽量发展后，决不倾覆；崭新而进步的生产方式，非俟该物质所必需之条件孕育于旧社会之母胎内，决不贸然发生；所以人类公认为有问题者，必须到自能解决之时机，方得成为问题。"

这几句话本来是很确当的。这说明了现在全世界共产主义运动的意义。现在，旧社会的生产力已尽量发展了，资本主义不但在他本国里大逞其剥削无产阶级的威风，而且发达到了他的最后阶段——帝国主义的时期，一切经济落后的殖民地民众，亦与他本国的无产阶级同样的受他的压迫蹂躏。在这个时候，资本主义已经孕育了发生新生产方式所必需的条件，他已经一方造成了极大数量的打倒资本主义的无产阶级军队，一方又造成了无数万可以与这种军队合作的贫农与殖民地被压迫人民，同时，他亦使拥护资本主义的资本阶级自身，一天天变成更少数寄生的"独夫"：他像这样，预备了必然产生社会革命的各种必需的条件。既然已经有了这些条件，那便旧社会组织的倾覆，与新生产方式的产生，已经是到了自能解决的时机了；因此，全世界的共产党才一天天更能接近群众，共产主义运动才成为轰动全世界的问题。

然而一些笨牛般的"学者"，永远不会了解这种意思。他们（举诸青来做一个例）看了马克思的这几句话，不但不了解中国共产党引导被帝国主义压迫的中国民众，与世界先进的无产阶级合作，这是恰恰适合于马克思所指示的途径；他们反转歌颂社会民主党与少数派，认为照马克思的意思，经济落后的中国，旧社会的生产力毫未发展，这必须先以资本主义求其尽量发展，才说得上甚么共产主义。他们鼠眼寸光，单单看见中国，而且他们以为中国是与全世界没有一点关系的地方，看不见帝国主义在中国加于旧社会生产力的影响。"井蛙不足以语海"！把眼睛睁开些罢！不然，再读十年书有何用处？

中国旧社会生产力毫未发展，不错。但是在西欧，在美国，在日本，那些已经尽量发展的生产力，早已笼罩了一切经济落后的地方，使他们再没有发展生产力之余地，这种显然的事实，居然会看不见么？欧美日本生产力的尽量发展，已经为全世界旧社会组织的倾覆，与全世界新生产方式的发生，预备了一切必需的条件。全世界的无产阶级军队已经可以提携着全世界的贫农与殖民地被压迫人民，以倾覆那种"独夫"的资本阶级。所以共产主义运动是全世界的，中国共产党的工作，是全世界共产主义运动的一部分。单单看见中国，以为中国是与全世界没有一点关系的地方的人，是不会了解这种意义的。

帝国主义既已将先进国资本主义的势力，普遍到经济落后的殖民地国家中间，这使经济落后的殖民地国家，都可以起来与全世界无产阶级协力一致，以参与倾覆旧社会组织的革命；而且非与全世界无产阶级协力一致以倾覆旧社会组织，这种殖民地国家亦无法打倒帝国主义的压迫。所以因为中国是一种经济落后的殖民地国家，引导着中国人民去直接参与全世界的无产阶级革命，像中国共产党所指导的，这是最正确适当的事情。因为中国是一种经济落后的殖民地国家，却不肯照着中国共产党所指导，希望不问世界无产阶级的革命，不问帝国主义的压迫，而能使中国用资本主义以求生产力的尽量发展：这只是梦想罢了！

载《中国青年》第 67 期
署名：F. M.

妇女运动
(1925 年 3 月 7 日)

我们可以不注意妇女运动么？就以往我们所有的妇女运动的成绩言，他不过造就了几个出风头的新女子，几对享乐主义的恋爱婚姻。这于全人类有甚么关系呢？实在令人不能不发生疑问。

以前妇女运动之有此等弊病，是不必讳言的；然而以前妇女运动的此等弊病，我们亦不好过于张大其辞，因此遂认为妇女运动根本便没有意义。以前又何曾只于妇女运动有此等弊病呢？一般在新文化运动中间著名的男子，又有几个不是以出风头过享乐生活为他们的归宿地呢？根本考究起来，这般男子或妇女，本便是由于他们个人主义的精神，以要求他们自身的解放。他们所要求的，既然只是他们个人的解放；个人已经得着解放了，因而把其他一切社会问题都抛之脑后，这是很自然无足奇异的一件事。

诚然在这种恶劣社会制度之下，比较有血性的青年妇女，便是仅仅为他们个人的解放，而能起来做一番奋斗的工夫，亦是值得我们钦佩的。我们所不满意的，只是这些青年妇女，同一般新文化运动中投机派的男子一样，他们一天因为他们的口才或者是狡猾的伎俩，或者因为好的运气，得着做了一个统治阶级的高等奴隶，或者可以卖身子给那些教授学者，或者可以嬲着一个不知人事的风头男子大家过猪的生活，便一切满足了，他们认这便是他们个人的所谓解放。妇女解放是闹得很久了的！然而究竟有几个妇女可以不仍然要靠着娇痴或忍让以得着他们的新式的"夫主"之怜惜呢？有几个妇女可以不仍然要靠着挟制或暗算以维持他们在家庭社会上面的相当地位呢？少数所谓"解放"的妇女，究竟不过如此；而那些未曾解放或尚完全不知道要求解放的妇女，却还不知比他们有几千倍几万倍的多。然而说妇女解放运动已经有相当的成绩了，这是如何可耻而可怜的事啊！

　　谁亦不敢反对妇女解放运动，但我们所希望的是全妇女的解放，是妇女的真正解放，我们反对那些妇女解放运动中间的个人主义者与投机主义者，正如我们反对一切个人主义者投机主义者一样。我们知道妇女是比男子要更多受一层压迫的人，因为遗传的谬误的风习与心理，每个男子都不免有意无意的有些压迫侮辱妇女的地方；我们说一切被压迫者都应当起来，自然妇女的解放运动是比一切都要更合理而急要的事了。不过若是误认妇女解放运动是要求一个更好的卖身的方式，是希望用自己的口才、狡猾与运气，为自己造一个较好的生活，以骄傲其余一切被压迫的妇女，这便是糟糕至极的事了。我们要晓得只有全体的解放，没有个人的解放。不打破现在的家庭，妇女永远是不能免于为家事奴隶的；他们仰赖男子的经济供给，那是为了养育看护，总有一天会完全被束缚住。不打破现在社会的经济制度，妇女永远是不能到独立自由的地位的；私有资本主义已经使许多男子陷于工钱奴隶的地位，甚至于求为工钱奴隶而不可得，他虽然亦可有助于打破家庭，但他如何会有为妇女谋独立自由生活的余地呢？只有打倒私有资本主义，一方面发达产业，使一切家事，无论是洗濯、烹饪、抚育、看护，都变成社会化的事业，使妇女脱离家事奴隶的运命；一方面又保证一切男女都可以有平等的工作生活的权利，使他们不至于陷为工钱奴隶，或甚至于为工钱奴隶而不可得。只有到那时候，才说得上真正的妇女解放运动。所以真正要求解放的妇女，一定不是要造就几个女政客、女学者，或者甚至于造就几个政客、学者的洋太太，他们必须要努力赞成改造社会的运动。

　　我们很感觉中国的社会运动有一种大的困难，便是，虽然说中国有很多的女工、女学生，他们普通的觉悟程度，比男工、男学生还不如；对于不觉悟的男工、男学生，有时还容易使觉悟的男子接近而宣传他们；对于不觉悟的女工、女学生，却找不着几多觉悟的女子去做这种宣传的工作，而觉悟的男子又困于宗法社会遗留下来的男女界限，不能去接近宣传他们。普通学生的政治运动，女学生常常是很淡漠置之于度外的；劳工的经济争斗，一大部分的女工甚至于还要抱一种不合作的态度。我们知道中国的民族革命，只有新式产业下的无产阶级有领导他的力量；然而在纱厂、丝厂、烟草厂等处，他们厂中以女工人数占多数，这些女工每每是已觉悟而又无法接近宣传的。这是一件如何令人困心衡虑的事呢？我们惟一的希望，便是要有些真能为求自己解放而献身为社会的妇女，来担负这一种工作，我们希望他们为女学生谋一种团结组织，引导女学生参加民族运动；特别是希望他们为女工办平民学校，使女工认清他们经济上与资本家的冲突，使他们知道女工与男工是同一阶级的战斗伴侣。这是只有真正觉悟的妇女才能做的工作，亦只有使妇女运动能引导妇女去做这样的工作，才可以说是有意义。我希望一切谈妇女运动的人注意。

我们很恳切的需要真正的妇女运动家，我们很恳切的需要能引导女学生、女工参加民族运动与改造社会运动的人，只有这可以使全妇女得着解放，而且亦只有这，可以使全人类得着解放。我们为全人类解放而赞助全妇女解放，为全妇女解放而赞助一般妇女的解放运动。

载《中国青年》第 69 期
署名：代英

上海日纱厂罢工中所得的教训
(1925 年 3 月 14 日)

四万余中国工人，以前没有工会的组织，没有罢工的预备，为了反抗日人虐待，竟能一蹶而起，坚持奋斗至于两星期之久，逼到日本资本家不能不开对等的会议，签字允诺工人的条件。这是一个壮烈的战斗啊！我们眼见这种战斗的经过，可以得着下列的教训：

第一，工人若没有联合，不能与资本家对抗，则他们的地位只有一天天的低落，社会上没有人肯注意到他们。上海的生活程度在这几年中间，至少高了三倍，然而工人的工钱不曾增加；不但工钱不曾增加，他们的工作倒反加了三倍了（五年以前，每个工人管六部车，工钱三角八分，现每人管二十部，工钱仍旧。以前棉条车每人每天一部，工钱三角四分，现每人每天三部，工钱三角七分。以前摇纱间开倒车每人二十部，现每人六十部，工钱仍旧）。社会上不少自命为讲人道的仁人君子，谁曾注意了这一件事？中国人受英美帝国主义之唆弄，向来是以仇日著名的，然而在上海日本纱厂监工殴打工人，厂中借故扣除拖欠工资，严格限定工人吃饭与入厕的时间等等，这种加于中国四万余工人的虐待，甚至于连"以仇日为业"的人亦会不加过问。然则工人的痛苦，除了工人自己起来奋斗，可以有甚么方法呢？我亦知道有不少热诚而愿帮助工人的青年，究竟只有使工人自己联合自己奋斗，是最有效力的帮助他们的法子。一切的人民应当都使他们联合起来，他们自然会为自己的利益而奋斗。若不是他们自己起来，有时甚至于我们不能知道他们的痛苦，还说甚么为他们而奋斗呢？

第二，产业工人确实是革命的主要力量，只有他能做民族革命的主要军队。产业工人之所以最革命，并不是因为他们特别知道要求革命的原故，只是因为他们聚集而利害一致，故易于相互煽动。长辛店设立劳动学校，是铁路工人运动之开始；然而不到一年便引起全京汉路的大罢工。上海最近的工人运动，更不过只是半年的事，居然便引起四万余人大罢工。我因此想：产业工人简直是一个火药库啊！资本阶级制成了这样的火药库，安放在可以致他自己的死命的地方；只须点一根火柴进去，便会轰然的爆烈起来。这样的革命势力，是如何值得注意呢？盲目的人轻看这种无产阶级，不知客观的事实，都证明只有无产阶级能有这种伟大的革命的力量。中国有一百六十万产业无产阶级（据《中国工人》第二期中夏君估计），他们掌管海陆交通运输、市政及各种重要工业。他们的联合，是中国打倒帝国主义与军阀的唯一可靠的力量。我不是说智识阶级、农人、游民、兵匪等人便不能革命，但这种人比较散漫而富于机会主义色彩（不勇敢而易于妥协），若不是有产业无产阶级做他们的中心与领导人，他们永远是徘徊摇动，不能很勇敢的、很坚决的走上革命的道路。所以真正热心革命的青年，必要多注意产业工人运动，把全国的铁路、矿山、工厂及其他市政、运输工人一齐都联络起来，这才可以保证革命之进展与成功。

第三，资产阶级与一切反革命的小资产阶级，他们只想利用人民，谈甚么全民利益的鬼话；但对于真正有关系工人、农民利益的事情，他们是很顾忌而不肯帮助的。这一次罢工中间，固然还得着一部分人的同情，中国纱业资本家因利用日纱厂的停工以渔取利益，甚至亦暗中有相助之意；然而一谈到实际援助工人，却大家踟躇不前，生怕惹了煽动罢工的嫌疑。此次工人宣布日本纱厂的弊端，只有是非心的人都应当可以有一个判别；然而这些平日向来装个伪善面孔的"士大夫"，偏能够把这一切是非都置之不论不议，漠然坐视这四万余工人坚苦支持，绝不为之援助。只消日本资本家说，这是赤化，这是有人鼓动，那便无论日本资本家待工人是如何的狠毒无人心，大家亦不敢有愤恨而出来赞助工人。这种人平日尽管谈爱国，谈国家主义，谈全民政治，甚至于谈工人利益，一到了这个关头，他们竟可以一声不响，或甚至于象《时事新报》，所谓"工团联合会"，所谓"国民党护党党员会"，与日本资本家索性一鼻孔出气，亦想把过激、赤化等名目来摧残这种工人运动。我们的民族革命，主要是为的占国民大多数的工人、农民的利益，他们所谓"全民"，却可以把这大多数的工人、农民的利益抛之脑后。他们完全是要欺骗工人、农民，一天看见工人、农民自己起来争求利益，便把他们的马脚露出来了！中国要靠他们革命，简直是笑话。

第四，罢工是给与工人的一种革命的功课。他们可以看出资本家之本何理论，帝国主义之用外交军备压制殖民地工人，各帝国主义间为压迫殖民地工人之互相勾结，殖民地之官吏之完全为帝国主义所利用。然而虽然这样，只要工人比较有组织，便可以使罢工不易于失败；只要罢工不完全失败，便可以长工人的自信心，而加强他们的团结。这一次纱厂工人与资本家的契约，本不能说是甚么胜利，然而便是这种结果，已唤起了上海许多工人的阶级意识。最有味的，在上工后数日，有一日厂之童工在粗纱间忽然约齐罢工了，他们打毁了一些玻璃什物，待到巡捕来时，他们都坐在地上一声不响，再三询问才说出要求照契约发还储蓄金的意思，厂中只得屈服允可。这不是谁能教唆的。这些童工已经从大罢工中间学得了许多实际经验与方法，他们自然会运用。最近听说日本纱厂三万八千人的工会已经成立了，若是他们再加一番宣传训练的功夫，一定可以成为更有力的战斗军队，而且一定还可以引起别方面产业工人，与他们一样的，团结组织起来。

载《中国青年》第 70 期

署名：但一

孙中山先生逝世与中国[*]
(1925 年 3 月 14 日)

孙中山先生死了，对于他的批评，有的说他好，有的说他不好；但是我们要注意没有人说中山先生的革命是不对的，没有人说中国的内乱是由中山先生的革命造成的。人人都承认中山先生的事业，是引中国四万万人向较好地方走的，没有人说他是引大家向坏地方走的。

现在尽我们的能力来看中山先生是怎样的一个人。归纳起来，可以分八项来讲：

（一）始终为民族独立奋斗　中山先生自中法战后，看到帝国主义侵略中国，满清无力抵抗帝国主义，于是发生革命思想；到中日战后更觉得非即刻起来革命不可。他这种思想，是由帝国主义者进迫而发生的。以前人家不注意民族革命的必要，到庚子以后，才有些人知道中国要革命，跟着中山先生向革命路上走去。辛亥革命军把满清推翻，建立中华民国；那时大家忘记帝国主义者还在那里进攻。中山先生却说，我们还受制于外国帝国主义者，我们必须要中华民族独立，和外国民族一律平等。中山先生和英美是早已不相容的。他在陈炯明叛乱前二三年就想和德俄联合，使被压迫民族团结起来，和英美帝国主义者相抵拒，所以英美帮助着陈炯明来攻打中山先生。我们全国的海关权操在外人的手里，在民国八九年时，有人做收回海关权运动，可是他们不过几个人讲讲，他们的方略不过向外国帝国主义者请求发些慈悲心而送还海关主权；中山先生却不然，他不去请求，他要毅然收回海关；虽是帝国主义者派了许多兵舰到广州威吓，中山先生竟宣言倘开战时，虽败亦荣，这才使全国人对于关税主权之收回大起注意。去年沙面中国工人为反抗外人苛例，全体罢工，英领事要广东政府干涉，假使是别处的官吏，早已

---

　　* 该文是恽代英 1925 年 3 月 14 日在上海大学的演讲，由高尔柏记录。

奉命唯谨出而干涉了。这次上海纱厂罢工，日人到中国官厅里去一说，马上中国官厅出来捉工人、枪击工人，他们忘了自己是中国的官吏。可是广东政府不然，广东政府回答他们说："罢工是普通的事情，没有要我们去干涉的必要；而且沙面租界是在你们管理之下的，要是要我们去干涉，那沙面就先要取消租界。"帝国主义者恨极了，又想运动广州商团来打倒中山先生。当时汇丰银行买办陈廉伯做商团团长，他私地向外国订购枪械，被广州政府发觉，英领事却在风潮中通告广州政府说，你们要打商团，我们便要炮轰广州城，然而中山先生不怕，反向他们的政府提出抗议。中山先生到北京时，路过上海、日本、天津，一路宣传反对帝国主义；在上海时他对新闻记者说："我们不用守条约，因为此种不平等条约，是我们中国人的卖身契。"他明知在租界上是要受他们压迫的，但他不怕；他知道帝国主义者的压迫和干涉，将使宣传更有效力。

（二）注重人民生计问题　中山先生特别注意人民生计问题，以为人民生计问题解决了，国家便可有救，革命不过为人民解决生计问题而已。中山先生常常帮助工人运动。以前国民党的工人运动每每是失败的，这只是方法不好，他们每每找几个领袖工人，不肯切实谋一般工人的幸福。所以一般工人亦不了解中山先生是为他们自己的生活而奋斗的，致使革命不能成功。中山先生不但是为国牺牲，他是为我们自己而革命，为了要使我们不受外人的压迫，以求得较好的生活而革命，为了要改良工人、农人们的生活而革命。惟可惜未成功而死了！现在，我们要努力，使国民党继续为改良国民的生活而革命，使国民党继续为改良工人、农人的生活而革命。

（三）有建设中国计划　中山先生《建国方略》第二部，是伟大的建设中国的计划。一般人以为中山先生只会破坏，不知中山先生却是中国伟大的建设家。还有一般人说革命就是破坏，中山先生则告诉我们说，我们是要建设，破坏便是为的建设，我们的革命便是建设中华民国，所以中山先生发表了建设中国计划。中山先生始终认为要建设新国家而革命，革命并非单为破坏现状。

（四）主张造党治国　中山先生始终认中国非有政党不可，他主张以党治国。人民是一盘散沙，要把这散沙似的人民团结起来，共谋政治的改革，非有政党不可。无论什么地方，少数人团结成为一党，他们便可以操纵全体，就是坏的主张，也能使多数散漫的人无法得胜。中国北洋系有党，交通系有党，安福系有党，……①沈恩孚等也有党，所以他们便都多少有些操纵国事的力量；然而这些都是私党，是害中国的党。要是好人不组织政党，中国将永远在私党之手，永远不能得到政治优良、民族独立的地位。中山先生知道要政治清明，民族独立，不能不先组织一个坚固的好人的政党，以打倒这班私党。所以他很早就有兴中会的组织，而且他屡次把他所组织的政党内容改组——由兴中会而中华革命党而中国国民党。一般人说中国不要政党，或者说国民党怎么坏怎么腐败；他们不知道没有政党，中国便永远在一般狐群狗党手里；至于国民党分子还不十分纯粹，这是因为勇敢有毅力的纯洁分子不加入的缘故。我们要革命成功，必须先要有好的政党，要纯洁的分子入党。

（五）努力于宣传工作　中山先生觉得宣传是革命的最重要工作，他随处演讲，编著书籍，希望中国国民个个人懂得他的革命目的。他说，我们在满清时代，一个兵也没有，革命居然成功；现在有了上万的兵，而一个陈炯明却打不了，这是宣传功夫下得太少了。我们要努力宣传，使人民知道革命是为我们自己，我们现在的生活不好，革命是改善我们的生活；那末，不但自己的兵士能为主义而战，至死不变；便是别人的兵，亦可变为我们的，以供我们指挥。有些人以为军事运动很重要，果然，这是必要的；但我们更宜注重宣传，有了宣传，有时用不到打仗呢！这次东江之战，有个陈炯明的军官说："他们的兵在战斗时到我们队前讲演；于是我们的兵不战而退……"这很可见宣传的功效了。我们应当学着中山先生的宣传精神，使全体国民了解中山先生的革命主张。

（六）主张革命政府独裁　革命政府独裁好似太专制了，人民的自由权也被剥削了，但在事实上非此不可。现在俄国的革命政府就是独裁的。在辛亥年中山先生主张革命后不可放任反动派自由行动，一般不懂革命方略的人反对他，去年中山先生的打倒商团，更有些人痛恨他。其实辛亥年与反革命派妥协，造成十四年反动之政局，去年中山先生对反革命派不加以压迫，那便中山先生只好离去广州，这不都是很显然的事么？旧势力是不容易一刻就消灭的，不把他切实打倒，他们便会死灰复燃，以破坏革命政府。所以中山先生对于这种种旧势力都要去打灭它，认为非革命政府独裁不可，革命政府是为人民而取独裁制，这有甚么疑

---

① 略有删节。

虑呢。反革命者既是要反抗破坏革命政府，革命政府下的权利，自然没得他们的份；为了全体人民的利益，革命政府不能不这样待遇他们。

（七）联合国内外革命势力　中山先生觉得要革命成功，一定要有有力量的革命团体，所以他一方联合中国共产党的革命势力，一方更联合苏俄的革命势力，以谋打倒帝国主义，因此，有许多人以为中山先生赤化了。但我们要问：帝国主义者已联合进攻弱小民族，我们革命的势力怎样不可以联合？我们要反抗压迫我们的仇敌，对于同是要反抗这仇敌的人当然要联合。国民党既要打倒帝国主义，中国共产党与苏俄等革命势力亦是要打倒帝国主义，我们怕什么而不竭力相互联合呢？要是革命势力不联合起来，反革命者很容易打倒我们，我们的革命工作将永不能完成。所以我们不要再受离间者的间言了，我们要联合起来，继续中山先生的事业。

（八）富于不妥协的革命精神　中山先生在一生中无论谁骂他谁恨他，他是不怕的，他是不管的。他受了四十年的唾骂，受了四十年的反对，但他一切不问的向前进行。黄兴是他很好的同志，但为要改组一个有纪律的党，宁与他分裂亦所不顾。去年亦为改组党的原故，开除了好几个反对此举的老党员。于此，可见中山先生的不妥协的精神了。

中山先生是中国的伟大的革命导师，他的逝世当然于中国革命势力有极大的损失。不但中国，就在全世界也受极大影响。当他生存时，他攻击国际帝国主义，于世界革命有裨益，全世界弱小民族都蒙其利，所以他死了，世界革命也将受帝国主义者更重的压迫。

在今天，我们要团结坚固呀！危险是一天天要来的，许多人在那里想法子破坏国民党，想借此破坏中国的民族革命。我们要知道国民党是我们的，是我们人民的。已加入国民党的，要团结着；没有加入的，亦要一念中山先生为我们四十年的奋斗，即刻决定加入国民党以谋竟革命的全功。民族革命的导师去了，我们怎能再如散沙般过去呢？中山先生说："革命尚未成功，同志仍须努力。"现在中山先生的事业，已成为我们的责任了。

中山先生逝世以后，国民党员必须要拥护中央执行委员会。现在虽有许多怪话，说什么推某某为总理；然而我们知道国民党内最高是总理，次是中央执行委员会，现在总理逝世了，当然要拥护中央执行委员会。国民党员要团结起来，团结于第一次大会宣言之下，团结于中央执行委员会之下。有血性毅力的青年国民党员！若能这样团结起来，中山先生之死，决不至损及国民党的前途！

对于国民党的压迫是一定要来的。然而法国未尝不压迫！这无害于大革命的成功；俄国更为世界上最压迫的国家，革命也成功了。"愈是压迫，愈可使那些谋升官发财的假革命党走开"，愈可使真革命的党员团结起来。所以压迫是不足怕的，他将使革命快些成功！而且他们的压迫是不久长的，帝国主义与军阀的地位，一年一变，或是几月一变，今天当权的不几天后就要下台，他们都是常常摇动的。我们怕他们甚么呢？他们多一次摇动，我们的革命势力将更进步一些！

能永久团结的只有"主义"；自然，"权利"也能联合，但权利关系一变，那种联合便解散了。没有主义的党，不知道中国有多少呢？然而这种党，总是不久便归于消灭。要是中国国民党也不联合在大会宣言之下、中央执行委员会之下，不到几月便亦会归于消灭的。中国国民党在民国很多很多政党之中，只有它能继续存在，这全是由于它有一定的主义的原故。所以，我们要认清主义；在这主义之下，竭力去革命，这才可称为能守中山先生的遗训，而继续他的事业的革命青年。

载《中国青年》第 71 期

与李琯卿君论新国家主义
（1925 年 4 月 4 日）

中国有无产阶级专政的可能性么？

为什么在国民革命运动中主张阶级争斗？

读来函及所寄《四明日报》副刊各文，我相信你的见解比"醒狮"诸君要进步。你承认社会主义、世界主义，说明你所谓新国家主义是准备演化准备变迁的。你赞成各国无产阶级的世界革命，主张不妨我们在国民革命运动中，同时进行世界革命，千方百计和各强国的无产阶级相联合，以谋打倒帝国主义。你说："帝国主义国家的资产阶级确是全世界人民的公敌，凡是受他压迫吃他苦楚的都应结成联合战线。各强国无产阶级固应联成一线，弱小民族是全个民族都受帝国主义压迫的苦痛，所以应该全个民族加入战线。"你亦明白承认苏俄现在曾经以全国力量暗助各国无产阶级，以达到世界革命之目的。这些进步的意见，决非"醒狮"诸君眼光不出中国"士大夫"范围的所可及；他们对于无产阶级的问题，若非很客气的存而不论，便亦许学那些"反共产大同盟"的先生们的态度，暗骂有你这种思想的人是亲俄卖国。你说"醒狮"所提倡的有时未免带"旧国家主义"色彩，与你所谓"新国家主义"不同，这句话我亦相信。

然而我究竟相信你所谓"新国家主义"，仍旧与"醒狮"诸君的"旧国家主义"不免有同样的错误。

第一点，我很奇怪的，便是你们同那些无知的"反共产大同盟"诸先生一样，总要假定中国在今天有甚么人主张"即刻"要实现无产阶级专政，因而根据你们自己的假定，唠唠叨叨的反驳了一大篇理由。其实这不是大笑话吗？我们在无论甚么地方都说明今日当前最要的事务，只有国民革命；我们常常用各种方法引导全国各阶级从事于国民革命，而且尽力于改进与扩大国民党的工作；我们正是因为如你所说的：要从列强势力压迫之下，谋"全个中国"的解放，不论贫富都应当联合起来，以打倒列强压迫的意思。假令因为世界革命的结果，帝国主义不待我们打倒而自己崩坏下来，国外无产阶级势力澎涨，因而使我们的无产阶级得着援助，能压倒我们的新兴资产阶级；这样，中国并不是绝对不可以不经过国民革命一阶段，而实现无产阶级专政。不过假令帝国主义自己并未崩坏，中国并未脱离帝国主义的压迫，不先打倒帝国主义而欲实现无产阶级专政，这只有不知人事的人才会有这种想法。中国机器工人与全国人口之比，较俄国少几倍，这并不能断定中国不能实现无产阶级专政。俄国机器工人与全国人口之比，不较英美少二三十倍吗？俄国既可以比英美先成就无产阶级革命，却断言中国一定不能成就这种革命，这是如何无理由的事。我们所以主张今日最要的事是国民革命，并不是说中国在无论如何情形之下均无无产阶级专政之可能；我们只是因为不能坐待世界革命，坐待帝国主义的自己崩坏，所以要先努力于打倒帝国主义的工作。打倒帝国主义的工作，无产阶级单独的力量是还不够的，而且各阶级为自己的利益亦可以参加这种运动；所以我们为无产阶级的利益，亦希望为谋"全个中国"的解放，不论贫富都联合起来。

一个真正注重无产阶级利益的人，不应因为国民革命而否认中国有无产阶级专政之可能，更不应因为国民革命而反对阶级争斗。你说：中国机器尚未发达，劳资两阶级对峙的形势尚未形成，从极富与极贫中间还有许多中产阶级，中国的贫人和富人尚未到你死我活的地位；为抵抗帝国主义，中国应该全个民族加入战线，不必自相携贰，生把贫富分成两橛，减少战斗的力量，甚至抵消战斗的力量。你这些话，完全是代表资产阶级利益的意见（虽然是不自觉的）。我们丝毫不让步的反对国家主义，正因为一切国家主义者都是要拿国家的观念来压倒阶级的观念；他们都是想用"全个民族"的好听名词，欺骗无产阶级，一方要无产阶级受资产阶级之利用，帮着反对妨害他们发展的外国资本主义，一方又想使无产阶级眼光注意到对外，因而自甘忍受本国资产阶级的压迫，而不努力于谋自己阶级利益的争斗。我们为打倒帝国主义，固然要联合各阶级的革命势力，但我们并不因此便放松无产阶级自身的利益；而且我们相信革命的实力究竟在更多的无产阶级之参加，我们为要使更多的无产阶级之参加，尤其要注重无产阶级自己利益的争斗。你说"生之欲望"决定人类的行为，这是不错的。无产阶级必须为"生之欲望"才能踊跃参加革命；换一句话说，便是无产阶级必须为自己的利益（解除自

己的经济压迫）而参加革命。既然如此，我们要无产阶级牺牲了眼前很
明显的自己的利益，不进行阶级争斗，而希望他们热心于为那抽象的
"国家"，这不与那些唯心派的空想家一样荒唐吗？无论唯心派怎样嘴
硬，两千年的历史，许多读书明理的"士大夫"的实例，都证明经济
（便等于你说的生之欲望）是决定人类行为的最重要的原因（注意，我
们并未说他是唯一的原因），所以我们便是为国民革命，亦必须由经济
争斗以引导一般人到政治争斗上面，对于无产阶级尤须由阶级争斗以引
导之到民族解放运动。

再就你所谓"生之欲望"来观察中国各阶级对于革命的态度：大商
买办阶级的"生之欲望"，在倚赖外国资本主义而享其余沥，所以他对
于打倒外国资本主义的国民革命，一定是反革命的。粤海关事件各地银
行公会通电劝阻孙中山动用关款，广州商团事件陈廉伯企图打倒广州政
府，这都是显明的事例。幼稚工业资本家与地主"生之欲望"，在与外
国资本主义及其走狗（军阀与买办阶级）相勾结，以共同剥削中国的农
工平民。摇动不定的小资产阶级（智识阶级在内）的"生之欲望"，在
不犯革命的危险，而能在外国资本主义及其走狗之下，觅取比较安定的
职业生活。你虽证明了因法律失效、军阀捣乱、外人横行等原因，全国
各阶级都有参加国民革命的必要；然而在一般除了危险的国民革命以
外，还有比较容易满足他们的"生之欲望"的人们，究竟是不肯参加国
民革命的。我们便就国民革命说，对于那些另有他法满足"生之欲望"
的各阶级，究竟是希望不多的；我们最注意是顺着无产阶级的"生之欲
望"努力参加他们的阶级争斗，以博得广大的无产阶级群众对于国民革
命的同情。我们相信只有无产阶级革命势力强大，有时还可以减少那些
上层阶级怕革命危险的心理，使他们比较易于参加国民革命；但是我们
因为认定了革命的主力是无产阶级，便令为代表无产阶级利益的阶级争
斗，象曾琦所说的失了部分士商阶级的同情，我们亦决不懊悔。为甚么
我们要牺牲革命主力的无产阶级的利益，去博取那些反革命或怕革命危
险的士商阶级的同情呢？

中国有一百万以上的产业工人，他们都是在中外公私资本家的压迫
之下，他们的报酬待遇还不如欧美工人。这样的情形，如何说劳资两阶
级对峙的形势尚未形成，工人与资本家并未到你死我活的地位呢？你生
怕中国有了阶级争斗，要减少或抵消战斗的力量，其实没在阶级争斗，
有些上层阶级始终并不曾用他们的战斗力，他们甚至为自己的利益，反

助外国资本主义为虐，对本国无产阶级倒戈相向呢？即如你举宁波海员受欧美海员排斥，令人站在宁波东门街把他们身受苦楚普告宁波人，并且希望宁波商家能够自办商船，免得他们再在外国商船吃苦，你以这为阶级本位说不如国家本位说合乎实际之证据；然而我请问你，宁波商人若非有力自办商船而且自办商船可以得利，他曾因为你们国家主义者所谓一个"同胞"的受苦楚，便发生自办商船的事么？上海日本纱厂四万余工人的挣扎，曾不能动中国资产阶级乃至"醒狮"诸君之一念，他们本来便怕革命，更不肯为无产阶级的利益而发生同仇敌忾的心理，他们本没有战斗力，如何会因阶级争斗而减少或抵消甚么战斗力呢？我们要引导无产阶级为自己的利益同一切压迫他们的人争斗（争斗的对象，还有一部分是在中国设厂的外国资产阶级），用这来号召无产阶级，用这来得着一般无产阶级的同情，使他们都来参加我们的革命运动，用这来随时打倒资产阶级一部分的压迫，以求无产阶级革命势力之发展。一个真正热心国民革命的人，为甚么一定要无产阶级屈服于不革命的上层阶级压迫之下，使他们不了解革命的真意义，而且使他们革命的势力不能自由发展呢？

论到国民革命成功以后的事，我虽不疑你是有意代表资产阶级，发表这样天花乱坠的空想，来欺骗无产阶级；然而我终不能不好笑你这种唯心的乌托邦式的幻梦。你说：国民革命成功以后，脑满肠肥的中国式的资本家，决不象眼明手快狠心辣腕的西方式的资本家一样，他们决不能结成联合战线，形成一个阶级；你以为那时我们主张产业国营、征收遗产税，他们必无力反抗。你真太看轻了中国的资产阶级了！你要知道假定照你所说的在世界革命的机缘未熟时，中国先成就了国民革命，那时国外资本主义的祸根并未铲除，那些眼明手快狠心辣腕的西方式的资本家为保全自己的利益，自然会利用中国的资本家做工具，以压迫中国无产阶级的彻底的打倒帝国主义运动。假定照你所说，我们在革命以前及以后，都应尽量防止阶级争斗，那便无产阶级只有在人家愚弄欺骗之中，他们自己阶级的力量不得发展；在外国资本家与中国资本家互相勾结以压迫他们的时候，他们必无法反抗。至于说到这些脑满肠肥的中国式的资本家呢，他们在国民革命成功以后，并不见得便不觊觎政权，在外国资本家来勾结他们的时候，尤未必不心花撩乱。你只消看前一两年美国舒尔曼等吊中国买办阶级的膀子，便居然会发生商人政府之说；去年英国帝国主义利用买办陈廉伯等，便居然发生广州商团谋叛之事；可

知这些脑满肠肥之辈并不见得便不象今日军阀官僚一样的可怕。我们相
信倘若世界革命成功，根本铲除了这些眼明手快狠心辣腕的西方式的资
本家，那时这些脑满肠肥之辈或真无所凭借而不能逞其恶毒；要是不
然，纵然这些脑满肠肥之辈本不过是一般行尸走肉，眼明手快狠心辣腕
的西方式的资本家亦会唆使他们结成联合战线，以为妨害中国革命发展
的一种阶级力量。你说什么产业国营，征收遗产税，亦许你真个有这种
"节制资本"的好意思；不过若是那时无产阶级并不曾强大起来，并不
能为你作有力的后盾，以防遏资产阶级的反动，那便我相信资产阶级的
反动是一定要来的，无论你有什么良法美意，终只有屈服于资产阶级的
反动之下。每个相信"节制资本"的人，而反对阶级争斗恐怖无产阶级
势力的强大，那不是存心欺骗无产阶级，便一定他是昧于事理的空
想家。

　　你说中国的无产阶级既曾努力于国民革命，至少可以争得普通选举
权，这更是笑话。你以为世界上的革命，曾经有不靠无产阶级的努力，
专门由资产阶级、知识阶级（便是"醒狮"诸君所谓士商阶级）的努力
做成功的么？便是著名的资产阶级性的法国大革命，实际仍是靠的无产
阶级的参加，不过那时无产阶级自身没有阶级的觉悟，完全受了资产阶
级的利用，所以自己并不因为革命的成功而得着一点甚么。倘若照你们
的意思，在今天亦不要唤起无产阶级的阶级觉悟，不要他们有阶级争斗
的事情，教他们只是闭着眼睛跟着所谓"士商阶级"走；这样，他们在
革命以后，必然没有一点实力为自己利益而奋斗。无产阶级若没有一点
实力为自己利益而奋斗，资产阶级为甚么一定要给普通选举权给他们？
资产阶级不好意思不这样做吗？他们已经做了无数量的不好意思的事，
一直到今天，那个主张德谟克拉西的胡适之先生都还有脸皮提出以解说
文字为选举标准的意见，轻轻的想剥夺至少百分之十的人民的选举权。
你敢担保国民革命成功以后，纵然无产阶级中无为自己利益奋斗的实
力，胡适之先生以及还有许多不如他的"士商阶级"，都会进步到不好
意思不给无产阶级以普通选举权吗？

　　更有味的，你说中国智识阶级向来对贫者弱者表同情，不作兴恭维
富人，却只有攻击富人，你甚至于说这是中国的文化关系、民族性关
系，这真叫我为中国的智识阶级惭愧。我总不明白你们国家主义者所谓
中国文化与民族性的特点究竟是些甚么东西，原来你认承中国智识阶级
有这样优美的品性，便假定这是中国的文化关系与民族性关系！不过我

问你，几千年来的文人词客，在皇帝脚下做奴才，在达官门前做清客，专门靠为富贵人家做寿序、墓志铭"打秋风"过日子的，这都不是"中国"的智识阶级么？或者他们虽然是"中国"的智识阶级，然而他们这种肉麻的行为，却不是"中国"的文化关系与民族性关系么？康有为、梁启超、张东荪、江亢虎、张謇、胡适、黄炎培、郭秉文，都是中国智识阶级的模型，我不知他们看了你所谓"向来对贫者弱者表同情，不作兴恭维富人，却只有攻击富人"数语，是不是会愧死！你说现在国内思想界无不以社会主义为归宿，这有甚么可以自豪的地方？两千年中国读书人无不以仁义道德为归宿，结果无改于他们的卑鄙龌龊的行为；现在段祺瑞、吴佩孚、卢永祥、唐继尧，无不以废督裁兵为归宿，结果无改于他们的割据扰乱的事实。这般智识阶级纵然把社会主义当"南无阿弥陀佛"一样每天念一千遍，若他们不愿见阶级争斗，不愿见无产阶级这势力的强大，他们在任何时间都可以变做资产阶级的走狗，甚至于有机会的时候，还会直接变做外国资本主义的走狗呢！你说中国智识阶级未曾受资产阶级的豢养，这更不成问题。只要中国资产阶级长大起来，他们自然要豢养智识阶级，智识阶级自然亦要受他们的豢养。中国的智识阶级向来是奉承统治阶级，而且是曲学阿世以为统治阶级作爪牙的。远之则秦散千金而天下之士斗，近之则陈炯明的一千一百元买得张东荪发许多丧心病狂的论调，你还怕这般"有奶便是娘"的先生们，因为甚么文化关系民族性关系，而不受资产阶级的豢养么？你说为智识阶级本身，无宁赞成产业国营，因为这个"国"天然是智识阶级发展才能的地方；你这说话，站在智识阶级方面看自然是不错的，而且亦许"醒狮"诸君同你都正在作这个迷梦，心想拿智识阶级来同时驾御资产阶级与无产阶级，以谋实现"天下之事舍我其谁"的野心呢！（"醒狮"诸君的主张虽比你更反动，我料想总还在这种迷梦之中，总还不至于"已经"死心塌地专为资产阶级效劳役罢！）不过智识阶级是没有经济地位的，他若不是站在无产阶级方面，使无产阶级势力强大，他决不能有力量抵抗资产阶级的反动。智识阶级亦许能撑握政权，然而这决不是智识阶级自身的力量，一定是因为他们能忠心为资产阶级作工具，所以资产阶级给以经济上的助力。那种梦想"天下之事舍我其谁"的先生，亦许做了资产阶级的工具而至死不悟呢！

你的文中间还有许多应当批评的地方，但因为篇幅限制，而且最重要的几点已经在此篇中讨论过了，所以不再一一缕述。总而言之，我并不相信凡今日言国家主义的都是有意为资产阶级作走狗，来欺骗蹂躏无产阶级；不过我相信国家主义在客观上所生的结果，一定是于无产阶级大不利的，而且他妨害国民革命势力的发展，他使我们无法抵抗国民革命以后资产阶级的反动。我愿你将我所说的仔细考虑一番，毅然取下你的国家主义的招牌，象你从前毅然取下你的改良主义的招牌一样；我亦是希望醒狮派中进步的分子仔细考虑我所说的话，毅然取下国家主义的招牌，与我们一同努力于有阶级性世界性的国民革命运动。我们只要不是被自己的小资产阶级性所障蔽，决不会说劳苦无产阶级群众的利益比少数资产阶级的利益还不值得注意。我们今天应当决定志向，假定无产阶级与资产阶级发生冲突时，是帮助无产阶级呢？还是帮助资产阶级呢？我以为不但为将来的社会革命，我们应站在无产阶级方面。我们相信为了国民革命而防止阶级争斗，是一种有百害而无一利的事情。祝你打破你的迷梦与空想，不摇动的站在我们的方面！

载《中国青年》第 73 期

署名：代英

评醒狮派
（1925 年 4 月 25 日）

我对于醒狮派诸君，前后有三种不同的感想：

在余家菊、李璜二君《国家主义的教育》初次出版的时候，我只感觉他们有"唯心"的弊病；他们说到要拔救中国民族，不从打倒中国的经济压迫上着手，专门说些提倡教育、中国文化与中国历史，这都是二三十年来经许多人鼓吹而没有功效的话。在那时候，我是尊重他们谋中国独立的意见的，但是我只可惜他们因为偏于"唯心"，所以找不着合当而有效力的途径。

自从《醒狮周报》出版以后，我又加了一种不赞成他们的理由：便是他们的"士大夫救国论"。他们是把士商阶级看得很重要，而很忽略农工平民的力量。他们反对黄炎培、郭秉文，亦与我们一样，但我们是要引起民众的觉悟，使民众自己组织起来；他们的意思，却只是说这一派士大夫是太糟了，须得另外换一批好的士大夫来——或者便是换他们自己。士大夫之不能救国，是有他们的客观原因的，他们的生活并不十分痛苦，而且时时有机会"出卖"救国事业以自求荣利，所以他们在没有为自己利益而奋斗的民众站在背后，结果总不能担任革命的责任。二三十年来，康有为，梁启超，章行严，黄炎培，胡适之辈，皆曾为一时士大夫救国者之领袖，然一一都堕落，成为过去之人物。所以我虽不疑醒狮派诸君今日已是彼等一流，然而我对于他们不注意下层阶级群众，但欲继续彼等之覆辙，把自身供试验，终于不敢放心。

不过我那时还以为救中国民族，他们纵与我们不能一致，并非便不能同力合作。我们假定他们是代表资产阶级的，然而中国革命既有各阶级合作的必要，则使他们能努力革命，至少亦是我们在向帝国主义作战时的伴侣，所以我以为我们在理论上互相争辩是可以的，但不应因此便以为不能合作了。

　　然而到近来从他们的言论，令我怀疑我自己这种意见。他们名为讲国家主义，其实对于帝国主义的罪恶，军阀政府与帝国主义相勾结的实况，似乎还没有多少精力顾到；他们最大的努力，处处看出只是一个反对共产主义。我们本不希望一般小资产阶级的人，都能信仰共产主义，不过我们相信共产主义只是帝国主义或资本阶级的仇人，总还不至于受那些名为反抗强权、讲求民生政策的醒狮派这样深恶痛绝。我们不必问苏俄是否强权，共产党是否卖国派；今日有眼睛的人都看见苏俄是最以平等待中国的国家，共产党人最坚苦奋勇在帝国主义军阀压迫之下过他们的革命生活。我们便令承认醒狮派的国家主义是对的，请问今日不努力攻击现在侵略中国的帝国主义及卖国军阀，却专来无理取闹的设想出苏俄怎样侵略中国，共产党怎样卖国的话，攻击苏俄与共产党，究竟有何道理？我们愿意与一切革命的党派合作，但我们希望他们革命，不愿看见他们把革命的事业放下，反转只顾和比较革命的人为难，象那些帝国主义、军阀的走狗一样。中国的共产党人被一般帝国主义、军阀的走狗们诬赖造谣是已经很多的；不过稍知事理的人，只要看一看他们的牺牲奋勇的精神，他们的刻苦努力，为中国农工群众的利益而奋斗，亦应知道自己愧勉。他们在现在统治阶级之下，决不能到法庭去与那般走狗们起诉，要求恢复名誉，他们的出版物，亦且受段祺瑞以及上海工部局的严重防止传播，决不如《醒狮周报》在被帝国主义、军阀压迫之下的中国之能通行无阻，便在这一点，醒狮派诸君亦当反躬自省，不好随着流俗悠悠之口，被识者所耻笑！我勉励醒狮诸君节省些有用的时间精力，多向帝国主义、军阀下攻击，让我们看看你们革命的真面目；倘若只是象今日，因为不高兴那比较革命的共产党，却把革命正当的工作放轻，专门帮着无聊的流氓，来做这种反共产运动；诸君纵在本心并不欲帮助帝国主义与军阀，客观上却正合他们的需要——这怕便是《醒狮周报》之所以能不被邮局查禁的原故罢？《现代评论》都被查禁了，《醒狮周报》要象今天这样下去，我想还有一天被段祺瑞所嘉许而助其推销呢！

载《中国青年》第76期
署名：代英

答《醒狮周报》三十二期的质难
(1925 年 7 月 18 日)

十分对不住读者与《醒狮周报》诸君，这篇文搁置了这样久的日子，到现在才发表出来。现在正中国多事之秋，虽好象不是我们从容辩难之时，但革命的行动，必须有革命的理论去引导，现在醒狮诸君正在那里诬指这次运动是国家主义的运动呢，我们却不可不在理论上面矫正他们的误解。

《醒狮周报》三十二期，舜生、李璜、愚公、余家菊君等，对于我们纷纷设许多反诘。这些反诘，自然有许多误会之处，而且有时不顾我们已经解释了的话，只就很肤浅的几个观念，胡子头发一把抓的发出一些问题；不过我为大家能更明了我们的主张，与我们所以必须反对醒狮派国家主义的理由，亦很愿意就他们的反诘来加一番解释。我的解释，可分为下列四项：

一、民族解放运动决不是甚么"国家主义"

舜生君引萧楚女君在重庆作文，"承认在目前的世界，仍然应有国家和政府存在，仍然应当在一种相当的国家主义上从事于救国运动"；又引我为少年中国学会起草纲领，有"提倡民族性的教育，以培养爱国家保种族的精神"等语；他因此认定我们没有反对国家主义的道理。谈论一个问题，果真这样容易么？我亦赞成目前应有国家政府存在，而且仍旧愿意全民族自爱自保，但却绝对的反对他们的所谓国家主义。为甚么呢？我们心目中的国家，是为抵御国际资本主义的压迫而存在的；我们心目中的政府，是为保障无产阶级平民的利益而存在的；我们要全民族自爱自保，是为要使全民族从帝国主义政治经济压迫之下解放出来；要求全民族解放，我们自然更要注意力求那些最受压迫而占人口最大多数的农工阶级的解放。我们反对拿一国的历史文化的偏见，去提倡那种空洞与实际生活无关的爱国精神，更反对想拿这种爱国的空话欺骗无产阶级，妨害无产阶级解放的争斗。我们这种主张，亦许萧楚女君要说是"一种相当的国家主义"，但问醒狮派诸君，你们敢于承认这是国家主义么？我相信我们与你们不同，是因为你们是为的一个抽象的"中国"，你们因为要为光荣的"中国"而奋斗，所以顾不了农工平民的冻馁；我们是为的一般"中国人"的实际生活，我们要求全民族解放，自然没有反转让人民中大多数工人、农民受资产阶级的压迫而不求解放的道理。国家主义者总想拿国家观念来压倒阶级观念，《醒狮》自出版以来，处处表现这种见解，这与我们为中国人实际生活而奋斗，自然凿枘不能相容。李璜君说两年前在欧洲提倡"神圣联合"，想联合全国有志青年，先打倒军阀官僚，再谈甚么别的主义，被有些同志骂他们是绅士想利用群众，他至今忿忿不平。照李璜君等的意思，一定要大家联合起来打倒军阀官僚以后，再谈别的主义；在未打倒军阀官僚以前，李璜君等一定不愿有人使工人、农民知道为自己的利益而组织起来，不愿意他们有阶级争斗的事，发展了他们自身的力量，既然如此，将来打倒军阀官僚，工人、农民自然无力为自己创造一个合宜的政制，而只有受绅士们的统治，这不是绅士想利用群众是甚么呢？李璜君说，我们一面说民族独立，全中国的解放，一面又说就是自卫的国家主义亦不应该有，这是莫明其妙的事情；愚公说，岂有爱国而不讲国家主义者耶？其实他们不自己反省一下，他们所谓自卫的国家主义，总含有反对阶级争斗的意思在内，我们主张民族独立，全中国的解放，与他们那样主张反对阶级争斗的国家主义如何能混为一谈呢？

李璜君不了解我们既鼓吹阶级争斗，既认定资产阶级怕革命而没有战斗力，为甚么又要主张各阶级联合的国民革命，加入资产阶级的国民党。我很奇怪李璜君何以认国民党为"资产阶级的"呢？我们相信国民党至少包含有各阶级分子，我们加入国民党，主张各阶级联合的国民革命，本刊七十三期已经说过，是因为无产阶级单独的力量，还不够去打倒帝国主义的原故。我在七十三期，说到中国各阶级对于革命运动的关系，曾经说幼稚的工业资本家与地主，要与外国资本主义及其走狗相勾结，以共同剥削中国的农、工、平民；小资产阶级要在不犯革命的危险，而能在外国资本主义之下，觅取比较安定的职业生活；我用这证明中国的革命是不能希望他们太多的。但是自然不是说他们中间便绝对没有要革命的分子。他们在无产阶级革命势力强大时，都可以减少怕革命危险的心理，而参加国民革命（七十三期已说过这话，可惜李璜君不曾注意）。而且工业资本家与地主固然可以要求与帝国主义及其走狗相勾结，以共同剥削农、工、平民，但在他们勾结不上帝国主义及其走狗的时候，他们会要革命；在他们可以打倒帝国主义及其走狗，而谋单独剥削农、工、平民的时候，他们亦会要求革命。小资产阶级固然可以要求不犯革命之危险而觅取比较安定的生活，但在他们的生活已经象今日之陷于贫乏摇动，非革命不能觅取比较安定的生活时，他们亦会要求革命。我们所以要与各阶级合作，乃因为各阶级中可以有革命分子的原故，但我们虽然与各阶级合作，究竟不能不防他们的畏怯妥协的心理；对于他们畏怯妥协的地方，究竟不能不加以攻击；对于这种易于畏怯妥协的各阶级，究竟不能把革命的主要责任放在他们的身上。这果然是甚么矛盾不好懂的道理么？我们很热诚的与各阶级中革命的分子相联合，与国民党中革命的左派共同努力国民革命运动，但我们相信只要是一个真正要求革命的人，一定不至于反对我们为革命而注意发展下层阶级势力。至于那些反革命的上层阶级与国民党右派，我们为甚么不应当骂？他们既然不肯同我们一路进行革命，而且专谋在内部妨害无产阶级的发展，这种人为甚么亦要与他们联合敷衍呢？我说上层阶级没有战斗力，便是指的这般人；我说不应牺牲无产阶级利益，去博那些反革命或怕革命危险的士商阶级的同情，亦是指的这般人；我们不应与这般人合作，这是很明显的事。但我们并不曾一笔抹煞上层阶级中间可以有参加革命运动的人，我们为甚么为了这便不应加入国民党，便不应主张联合各阶级的国民革命呢？

我奉劝醒狮派诸君，倘若没有理由与我们辩论，尽可以从此闭口不谈国家主义，不要胡缠歪扯，甚至于专凭你们的主观胡乱为我们造些主张。请问舜生君，你在甚么地方看见我们主张以阶级观念，消灭国家观念的呢？请问愚公，谁曾主张在今天打破国界，谁曾主张国民革命仅限于共产党所领率的工人革命呢？李璜君要讲综合法，我劝你们，先要加一番分析功夫才好。反对国家主义果然便是不爱国家、不保种族么？与世界革命势力联合果然硬是打破国界么？与反革命或怕革命危险的上层阶级争斗，果然便是否认一切上层阶级的革命性么？认无产阶级是革命的主要力量便是主张国民革命只限于共产党所领率的工人革命么？"矛盾！""百思不得其解！"象你们这样胡缠歪扯，如何会不感觉矛盾，而且便"千思""万思",如何又会"得其解"呢?

二、谁能担保革命者不"出卖"救国事业

舜生君没有法子反驳我所说的士大夫时时有机会出卖救国事业,他于是说,现在利用"农工阶级为攘夺政权的武器的士大夫",将来亦要有许多变化;而现在为金佛郎案"奔走而后分肥的",即有我所引为打倒帝国主义的同志;他要我担保我的同志永远"不卖"。舜生君错了!我能担保谁不"出卖"救国事业呢?果真有些士大夫是"利用"农工阶级攘夺政权,农工阶级自己并不觉悟而无组织,以至于受人利用,自然没有人能担保这些士大夫究竟将来要做些甚么事情。至于金佛郎案,报传邹鲁、李石曾等都奔走其间,甚至于说汪精卫、吴稚晖、于右任等均与闻其事,倘若不是"帝国主义走狗"所造的谣言,自然人人都可以公开的攻击他们。我告诉舜生君,谁亦不能担保他的同志"不卖",而且不能担保他自己"不卖";然则怎样呢?只有把党的纪律严整起来,把下层阶级宣传组织起来,使他们知道革命的真正意义,使他们能够为自己的利益监督领袖的行动,打倒一切"出卖"救国事业的机会主义家。我们说发展无产阶级的势力,我们所以特别着重下层的宣传与下层的组织工作,提倡下层阶级为自己的利益而奋斗,便是为这个原故。自然你们可以说我及我的一部分同志亦只是小资产阶级分子,不过我们却做梦不敢自命为"士大夫",更不敢自命靠"士大夫救国";我们的言论及行动,都可以证明我们注意下层阶级的运动,我们要下层阶级自觉的联合起来,以防止其受人利用,而且要他们能监督一切上层阶级分子。譬如要问我亦会有时"出卖"救国事业么?我决不昧着良心嘴硬,我每到没有监督裁制力的地方,便总有些自己把握不住,所以我为要保证自己"不卖",亦只有努力求党的纪律加严,下层阶级监督力量的发展。舜生君想想罢!在没有监督裁制力的地方,舜生君便那样把握得住么?舜生君要想做一个"不卖"的人,还是丢了那个迷信士商阶级的空想,来与我们注意下层阶级发展他们的监督力量罢!

三、联俄便是倚赖外力么?

舜生君说我们联俄便是倚赖外力,便是与张作霖、吴佩孚等勾结外

力作国内私斗一样的事情，这种笼统不问是非黑白的思想，真令人诧叹！倘若舜生君眼看国民党左派在广东的努力，学生军的精神与行动，竟是与军阀土匪一般，我相信舜生君把他们的联俄比做军阀勾结外力，亦是无足怪的。倘若舜生君还稍稍认得清楚国民党左派与学生军的奋斗，究竟有甚么与张作霖、吴佩孚不同的地方，我便不了解舜生君何以说得出这样的话？舜生君等的意思，有些人以为有苏俄人员参加我们的革命运动，总是不对的事情，请问舜生君，你知道美国独立之时，亦曾有法兰西、意大利的人从中参助么？欧战的时候，英国的军队甚至于开到法国境内作战，倘若照舜生君的意思，法国便是倚赖外力解决国是么。现在的问题，应当先问帝国主义及他们所勾结的军阀是不是应当打倒，再问是不是中国已经有许多投身要打倒帝国主义与军阀的革命党人，倘若我们自己有了革命的决心与力量，为甚么我们定要不许别国的同志援助？舜生君深知军阀都受有帝国主义的暗助，但舜生君以为中国一部分革命的分子只应当用他自己的力量，去与国内以及国外压迫我们的人奋斗，别国的同志若是对于我们有甚么援助，是应当无条件拒绝的。舜生君究竟是否希望打倒帝国主义与军阀？何以自己既只自居于"提倡"国家主义，对于政治经济的改造，丝毫说不出办法，却对于人家主张联合国际革命势力，以进行革命，却这样一笔抹煞，甚至于将广东有几个俄国军官观战或帮助教练，便指为与张宗昌编俄白党为军队是一样的事情？俄国倘若为了帮助广州革命，要求广州方面给他什么交换的利益，在广州要求租界、领事裁判权乃至于划定势力范围，那便醒狮派诸君的愤慨，还有可说，现在俄国同志只有为中国革命努力，却从未闻他有一点需求要索，醒狮派诸君却帮着帝国主义、军阀来咀〔诅〕咒我们的联俄主张，这真只有国家主义者有这种希奇的见解。舜生君说，若因我们联俄，万一再有各派外国势力立于各个军阀之后从而指挥之，使内乱愈延长而范围愈扩大，到那时不但资产阶级无以自存，即农工阶级又何能幸免？谢谢舜生君！居然亦关念到农工阶级！农工阶级何必要"到那时"才不能"幸免"，现在又何曾能够"幸免"呢？一天不设法把帝国主义与军阀根本打倒，便令有一百个舜生君"提倡"国家主义，他们永远仍旧不能"幸免"的！我们现在的努力，是要注重人民的组织宣传，使他们起来担负打倒一切军阀、帝国主义的责任，但是我们决不拒绝外国同志对于我们革命运动的援助。若舜生君分辨不出援助与倚赖的不同，舜生君若看得国民党左派宣传革命，学生军打倒林虎、陈炯明，只是为俄国作走狗，东江农民要求"幸免"来帮助学生军，亦是为俄国作走狗，那便真令我惊讶人的见解是这样悬绝不同了。

四、答余家菊君的五个问题

余君问共产党人信仰共产主义，广东党军之勇猛直前，以及我个人之努力宣传，刻苦自励，这都是出于物质的动机，为经济势力所支配么？我不知余君所谓物质与经济势力是指的甚么？倘若象一般无识的人指以为这都是由于莫斯科的洋钱使然呢，自然这些问题是无法解释的。莫斯科的洋钱总没有伦敦、纽约多，而且真正努力革命的人是洋钱所不能买的。照我的解释，共产党人之信仰共产主义，以及广东党军之猛勇直前，一则是由于这些分子多半是破败下来的小资产阶级与农民、工人，他们的摇动而苦痛的生活，使他们易于接受世界无产阶级革命的影响，于是或委身于共产主义运动，或自甘为打倒帝国主义的国民革命效死，这如何会不是物质与经济势力的影响呢？即以我自己而论，我的比较刻苦，一大半是因为贫穷、有失业的恐怖使然，我现在的比较努力于革命事业，更是受了许多次职业界摇动而不安定的暗示，所以才决心投身到这中间。我记得前三年中夏同志再三劝我丢了教育界的生活，与他们尽力于革命运动，我为教育生活比较宽裕而安定的原故，始终犹豫不决，后来又经一年备尝生活不安定的痛苦，才感觉此种鸡肋生活无足冀恋，而渐坚定我的志向。请余君看罢！这不仍旧是物质与经济势力的影响么？余君问我轻视教育，何以又作宣传运动（我到处宣传国民革命则有之，余君谓我到处宣传共产主义，不知何所见而云然，岂余君并国民革命与共产主义亦不能分清楚吗？）；余君不知道我所轻视的，乃与宣传革命无关系的所谓教育事业；轻视这种教育与注重宣传运动，是绝对不可以并行而不悖的事么？至于余君问何以共产党人有党化一切文化机关的雄心，而不专用金钱去收买民众，就我所知，共产党人注重宣传是有的，领导学生与民众，使他们为自己的利益，反对一切党化文化机关的人（例如黄炎培、胡敦复等）是有的；共产党人决没有党化一切文化机关，与一般教育界流氓抢这种饭碗的心理。共产党人多半是一般穷光蛋，而且是洋奴资本化的社会所摒弃的，他们既没有象谣传所云的取之不尽用之不竭的莫斯科的金钱，如何能专用金钱去买民众？但他们相信中国的革命是一般民众所需要的，只要有机会到任何群众中去宣传，自然可以引起他们自觉心。或者国民党右派有党化教育的心理（变相的升官发财的心理），但这种党化教育，不但无益于革命，结果反转妨害了革命，他们根本没有革命的信心，不知道宣传的力量，所以有这种堕落的行为。然而我却奇怪，余君等是相信教育救国的，余君等当不至于有党化一切文化机关的堕落心理罢！

载《中国青年》第 82 期

署名：代英

革命势力与反革命势力
（1925 年 7 月 23 日）

甚么是革命的势力，甚么是反革命的势力，在五卅运动中间，都显然呈露出来到每一个有眼睛的人的面前了。

反革命的人总不愿意听见强力反抗的话头，他们希望帝国主义者自动的让步，希望一个帝国主义者帮助我们打倒另一个帝国主义者，希望军阀帮助我们打倒帝国主义。他们不信任人民自己会有打倒帝国主义的能力，而且他们为自己的利益厌憎恐怖人民自己组织团体的进步，常根本要破坏人民自己的组织团结，与人民信赖自己组织团结力量的观念。在上述的标准之下，我们可以看见有五种人：第一是大商买办阶级，他们忽略代表上海大多数市民的工商学联合会所提出的十七条要求，自己与北京特派员勾结，摆出垄断此次交涉的面孔，而他们的交涉又充分的表示出来他们上层阶级的妥协自私的态度；第二是一般"高等华人"，如梁启超、丁文江、胡适、余日章之类，他们根本不懂民众的组织与其自救自决之觉悟的重要，他们不懂开会游行的真正意思，他们把自己看做命定的奴隶一般，以为除了要求帝国主义者发慈悲讲公道，组织一个他们理想中的公平无私的中外调查委员会，没有方法解决这个案子；第三是那些希望缩小范围专对英日或专门对英的学者名流，他们虽然比较进步，然而他们亦是不肯相信民众自己的力量，希望不靠民众自己的力量而靠那一个强大的邻国出来说公道话帮助我们，所以他们急于要把美法丢开，甚至于要把日本丢开，他们常常喊着要开市以维持罢工，要使日人工厂工人上工以维持英厂工人罢工，然而他们这种敷衍妥协的心理，恰足以灭杀民众革命的精神，便宜了美、法、日本，美、法、日本既不因感吾人之好意而助我抗英，维持罢工或仅仅维持日厂工人上工，亦究竟是丝毫没有把握的事情；第四是那些信赖政府、军阀或者是仍旧信赖法律解决的庸俗论者，他们反对罢课罢工，主张应当静候政府解决，或者自由法律手续谋正当解决，有时他们主张谓罢市罢工为消极不能持久的抵抗，不如请张作霖、孙传芳派兵来收回租界，或要求他们对英宣战，这是有些准官僚的绅士、教职员、律师或法政学生等常有的见解，他们虽然明知这都是一些不通的死路，但他不相信除了这些"求神拜佛"式的方法，有甚么更有把握能打倒帝国主义的法子；第五是那些反对甚至于破坏工人、学生组织的资本家、教职员，例如穆藕初、闻兰亭帮助日纱厂资本家教唆其不承认工会有代表工人权利，曹慕管、贾丰臻怕学生势力扩大不受教职员无理的箝制约束，以及近来在各处散布总工会、学生会的谣言，利用工贼或流氓作种种破坏总工会言论与行动，想引起大家的疑惑非议，以便于引军阀出面压迫，而根本破坏爱国运动的一般人，他们都是根本妨害国民革命势力之进步的。

所以大商人、资本家、名流、学者、律师、教职员，一切在社会上所谓比较有地位或者自以为有地位的人，常常是反革命的。我并不是说在上述各种人中间便不可以有纯洁努力的革命分子，但这总是少数，而这种少数的分子仍是不免于深中"缩小范围"等说之毒的。

甚么是革命的势力呢？第一是工人，他们是因为困苦无所挂念的，所以比较有决心；他们的聚居而占经济上重要地位，便使他们加增战斗的勇气。第二是学生，他们虽然没有经济上的地位，而且比较浪漫软弱不能持久，然而因为他们的社会地位比较高，由知识而唤起的同情心比较丰富，他们比较容易感动而感情比较热烈。第三是小商人，他们虽然在生活上与资本主义帝国主义不能无多少关系，但他们因为既未曾自己经营工厂，与工人的组织不发生利害的冲突，对于帝国主义又没有买办阶级相倚为命之关系，而且买办阶级包办一切的态度是他们所不甘愿的，所以他们比较富于爱国心，而在爱国运动中容易与工人、学生相结合。第四是农人，他们虽然没有工人的团结与自信力，但他们在生活上之要求革命与可以无系念的从事于革命，与工人没有两样。第五是兵士，他们本只是经济上落伍的农民，平日虽似为反动势力作爪牙，但在全国一致的空气中间，他们每易于倒戈为全国人民利益而奋斗。工人、学生、小商人、农民、兵士，他们都是在社会上比较没有地位的，但他们常是革命的力量。自然在他们中间亦一定有反革命分子的；然这种反革命分子若不是自己有意去为那些所谓有地位者作走狗爪牙，一定是受了所谓有地位者的欺骗蒙蔽而不自觉悟。

革命的青年，认清楚谁是你的革命的伴侣，谁是你的革命的仇敌罢！不要丢了你的革命的伴侣，却只是等候那些反革命的"士商阶级"出来领导革命！

载《中国青年》第 83 期

署名：但一

怎样做一个宣传家？
（1925 年 7 月 25 日）

　　我们不靠用手枪炸弹，打死一个阿猫阿狗，以改造世界；我们不靠象买彩票一样的送几个人到军队中间去，以便逐渐变成督军、师旅长的所谓实力派，以改造世界；我们不靠练几队精兵去打天下，学吴佩孚的武力统一，以改造世界。我们怎样改造世界呢？我们靠宣传的工作；靠一张嘴、一枝笔，宣传那些应当要求改造世界的人起来学我们一同改造世界。我们要宣传到使勇敢的人起来帮着我们宣传，我们要宣传到使怯弱的人都了解而赞助我们的主张，我们要宣传到一切被压迫的人们都联合起来，大多数向来为统治阶级作爪牙效奔走的人们都对于统治阶级倒戈相向，于是统治阶级便土崩瓦解的倒下来了！

　　怎样做一个宣传家呢？

　　第一，你要有一个坚强的信念——要相信只要你能说明理由，解释疑惑，群众一定能够接受你的宣传。为甚么你能这样相信呢？因为你要改造世界，不是你爱捣乱，亦不是你放弃要提出这些高远不必要的理想；你们因为群众受压迫痛苦太利害了，所以为群众求解放而作此种主张。为甚么自己亲受压迫痛苦的群众反会不赞成你的主张呢？他们所以不赞成，总不出两个原因，一是因为他们不明白自己的地位，一是因为他们不明白你主张的真象。这是很难怪他们的。统治阶级为要保障他自己的地位，设种种方法障蔽群众，使他们看不清自己的地位，更看不清自己地位的堕落与统治阶级之关系，他又为要使群众隔离你，对于你的主张，造出种种曲解的谣言，或消极破坏目为不可能的空论。这只要你能去同群众接近，把真的东西赤裸裸的指给他们看，他们自然易于恍悟。有时你不耐烦这样做，你看见这些被欺骗的群众说了几句不入耳的扫兴话，便以为这些人是天生的蠢牛，不愿意再去接近宣传，这却正中了统治阶级要使他们隔离你的诡计了。

第二，你要去宣传，须对于所要宣传的理论，自己先有充分的明了，而且对于一切反对理由要都能够答辩。倘若你自己都有些闹不清楚的地方，你怎样好去宣传人家呢？你在宣传的时候，不要避掉那些反对的理由，要自己提了出来，把那些反对理由自己充分的叙述出来，而且亦很诚恳的欢迎人家提出这种反对理由，然后加以指摘驳正，这最能使人加增注意力，而且为他们把疑团打破，最易使宣传生功效。你要避去人家怀疑的地方不加解释，任便你在别方面说得如何的天花乱坠，人家总要为了这一点疑团不肯接受你的话，所以你的宣传便收不了功效了。

第三，你对人家宣传的时候，要表示出来你自己很有把握的态度，但不可骄傲夸大，惹起被宣传人的反感。你既担负了宣传的责任，不要怯惧，无论你说得好与不好，胆子放大些，脸面放厚些，要表示从容不迫的样子。但你必须要谦和，对于被宣传人要有充分的好感，不要有一丝一毫藐视被宣传人，或自己刚愎武断的态度。你要象是一个来为他们的利益，告诉他们真的消息的人，你不是为你自己出风头，标榜你自己的学问见解，你只是很诚恳的将你所知道的告诉他们，而且答复他们的疑问，那便他们自然心悦诚服了。你宣传得有不合宜的地方，在工作中你可以自己研究改进，不要在宣传的时候预先胆怯；丑媳妇想要见公婆，只要大着胆子去，在去的时间想些最好的应付的方法，反比那样张皇狼狈要少闹许多笑话。

第四，你要注意在说话的时候，每一句清楚，每一个字清楚；不要说得太快，不要在一句话要说完的时候，把尾音吞在肚子里去了。你说话要注意少用任何听众不容易找的名词，不要因为要表示你的学问，引用许多"主观"、"客观"、"积极"、"消极"等要人思索推敲的话；须知道听的人若要去思索推敲这些名词，便要少听你的几句话，他便不能把你的话上下文接了下去，便感觉无味了。你要极力避去一切专门名词，用极普通易懂的话传述你的意思。在应注意的一句或几个字，你要特别着力的引起大家注意；但不要乱着力，亦不要一开口便太着力了，使以后在要引人注意的地方没有法子引人注意。

第五，你要知道被宣传人的生活，从他的生活中找你说话的材料，找那些可以证明你所说理由的例子，而且利用他生活中常要听见的土话或其他流行的术语说明你的意思。人都希望听些新奇的道理，最不喜欢人云亦云的话；然而这个新奇的道理，若不用眼前的语句与例证来解释，却不能使他声入心通，不能使他听了全身爽快，丝毫不怀疑的相信你。

第六，不要问是不是有人反对你，或者是不是有人不怀好意的提出了反对你的理由，你仍旧要很和平的然而很有把握的从他们所疑惑反对的地方加以解释。若是疑惑反对你的人所说的话有一部分理由，你应当先把那一部分理由摘出来表示你的同意，若是还有些他自己没有说到的可以使他的话更有力的理由，你应当一并站在他的地位为他补充了出来；然后再很从容的指正他的错误的地方。我们用不着狡辞强辩或一切诡诈的方术，我们只要自己有一番研究，尽可应付一切反对的理论。反对的理论所以会为人所相信，或者在群众中间有时亦能迷惑群众的，总有他的若干理由；不要一笔抹煞，令说的人与群众都疑惑这只是你的偏见，你尽管把他的理由完全提出来，然后就他的破绽或他的前提的错误，加一番批驳。在群众还不曾相信你的时候，你的态度要和平一些，把你的理由很委婉然而很有力的说出来，滑稽的指出反对理由的错误；待到群众相信你的时候，你要完全打倒反对的理由，应当指出这种反对理由的错误，是无意的、有时甚至是有意的帮助统治阶级欺骗群众的，对于那些显然的邪说，应当要求大家排斥拒绝他。在答复反对理由的时候，自然有时能用和平的态度，连反对者都可以使他接受你的宣传是最好的；但若遇见那种有意帮统治阶级说话，或遇见顽固偏见的人，在群众相信之后，还要严厉的驳斥他，这不是为要侮辱他，是因为要群众的观念更确定而清楚的原故。

载《中国青年》第 84 期

署名：代英

读《孙文主义之哲学的基础》
（1925 年 8 月 8 日）

　　此书系戴季陶先生所著，他自信这是相从孙先生十余年的成绩，他以为在今日国民党员中同时有老衰病和幼稚病两种，"共信不立，互信不生，和衷共济之实不举，革命势力之统一无望。"所以他大发宏愿，著了这本小书，想统一国民党员的思想。

　　在这书中我相信戴先生注重建设人民的权力，尤其注重建设在政治上、经济地位上立于被压迫地位的农工阶级的权力；说明不为三万万七千万最困苦的人民的生活，便没有救国的意义，便没有革命的意义。有智识能力不为大多数受苦的人民效力，就完全与过去二千年一切堕落了的儒者丝豪没有两样，这种侧重农工阶级利益与权力的态度，是很值得钦佩的。但谈到中国固有文化问题与发展阶级势力问题，我却疑惑戴先生引申孙先生的学说，未免有过当之处。

　　孙先生有时亦讲到中国固有文化，这是不错的；但若因此便说不相信中国固有文化的价值，便没有民族的自信力，便不能创造文化，那便中国人只好束手待毙，没有存在于世界的权利，甚至于说便在全世界社会革命成功之后，中国民族亦只有化为真正的弱小民族，以至于灭亡，这些话未免太过火而不近情理了。戴先生痛心于一般人认中国的文化都是反科学的而加以排斥，他说，象这样下去，在思想上革命与反革命的区别，几乎变成中国的与非中国的区别，如果中国的一切真是毫无价值，中国文化在世界文化史上毫无存在的意义，还要做甚么革命呢？我觉得戴先生的思想很奇怪！为甚么不象戴先生一样赞美中国文化，便是认中国"一切"是毫无价值，中国文化在世界文化史上"毫无"存在的意义呢？为什么那样便一定会没有民族的自信力，不能创造文化呢？固然我们要排斥"反科学的"中国文化，这亦犹如要排斥"反科学的"别国文化一样，我们认"中国的一切"亦不过与任何国的"一切"一样的有价值，中国文化在世界文化"史"上，亦犹如犹太文化、埃及文化一样，当然有存在的意义，但这与民族革命的自信力没有什么必要的关系。

革命的能力，发源于主义的信仰与群众的党的组织，若说必须先承认自己文化的价值才配谈革命，请问非洲里孚人中间并不曾产生出尧、舜、禹、汤、文、武、周公、孔子等圣人，亦有革命的可能否呢？我们不应拿一国的文化来决定他的命运，这样才不至于因赞羡人家的文化而自甘屈服（如一般美国化的留学生），亦不至于因鄙夷人家的文化而公然自认有任意蹂躏宰割的权利（如一般人对蒙、藏、苗的观念），更用不着因不愿屈服于人家而虚骄恃气将自己的文化高举起来。而且戴先生所谓中国的文化，如知仁的知，博爱力行的仁，行仁不怕的勇，择善固执贯彻始终的诚，如戴先生所说，不过是中国少数圣哲的伦理思想，这种思想既不是全中国人所共有的，亦不是中国人所独有的。我们决不说马克思的学说是德国的文化，列宁的学说是俄国的文化，然而戴先生却要咬定二千年来无人理会的所谓"正统"思想是中国的文化，我真不懂这有什么意思。

戴先生以为阶级斗争的思想有纠正的必要，以为我们要促起全国国民的觉悟，不是促起一个阶级的觉悟，我颇觉他不能自圆其说。戴先生说，中国现在并不是对资本主义宣战，只是把一个刚受孕的资本主义堕了胎罢了，堕胎何曾是容易的事呢？中国虽不能有很清楚的两阶级对立，然而一则外国资本家移殖资本于中国境内，财政资本有汇丰、花旗等银行，工业资本有内外棉纱厂、英美烟公司等工厂，津、汉、青、沪的工钱奴隶已数十万人，对此等资本主义不应宣战吗？再则中国资本家资力虽然薄弱，然心不在小，将来决不能很爽快的屈服于国民党节制资本的政策之下，对这种人不应当"预备"宣战吗？戴先生以为资产阶级反对三民主义，真正站在利害敌对地位的不过百分之一，最没良心和知识的占百分之九十九，其实站在利害敌对地位和没良心知识有何分别。即欧美资产阶级之反动，其酷待劳工又何尝不可说是没良心？其违背进化潮流何尝不可说是没知识？不过他们站在与劳工利害敌对的地位，使他们不易有良心有知识耳。戴先生知道要解决民生问题必定要人民自身来解决，才是切实，才是正确。但戴先生却又要阻止阶级势力的扩大，要各阶级的人抛弃他的阶级性，似乎无产阶级的势力与阶级性的发展亦是不好的。戴先生要治者阶级"为"被治者阶级的利益来革命，要支配阶级的人抛弃他自己特殊的阶级地位，这若不是一个空想，自然是没有人反对的事情；但戴先生亦承认要农工阶级起来为自己的利益而革命，那便可知无产阶级不应抛弃他自己的阶级性；而阻止无产阶级势力之扩大，绝对不是相信民生主义的人所应有的态度了。戴先生又以为只有生活优裕的人才能得着革命的智识与觉悟，去"为"不觉悟的人革命。其实，倘若靠生活优裕的人去"为"人家革命，十余年的经验已证明是靠不住的了。孙先生说要多数不知不觉的人实行革命，其实这些人决不是完全不知不觉，乃因受了革命的宣传从生活上得着觉悟；这种从生活上得着觉悟的人比那些从知识上得着觉悟的人要勇敢坚决得多。若真是愚民政策，想靠少数治者阶级的"士大夫"，来包办革命的事，而有意无意中似乎反对农工阶级势力的扩大与他们的阶级性的发展，这与戴先生自己所说要靠人民自身来解决才是切实正确之说根本矛盾，亦决不是孙先生的意思。

载《中国青年》第 87 期

署名：代英

民族革命中的共产党
（1925 年 8 月 22 日）

人们对于一种秘密的革命党，每每不免发生许多猜疑与误会，何况有帝国主义者散布的毁议？何况有帝国主义的走狗编造的谣言？何况有浅见而狭隘的人帮助他们，发出许多似是而非的言论，以紊淆大家的耳目呢？不过我们脑筋更冷静清醒些，我相信这般猜疑与误会，没有甚么不容易清楚明白的事情。

在这几年中间，中国共产党的努力，已经令全中国有知识的人都承认他们的勇敢与劳瘁了。但还有许多比较流行的怀疑之点，我可以列述解答如下：

（一）有人说，无论共产党怎样努力，中国现在总是不能够实行共产主义的。然而谁看见共产党在"现在"要实行共产主义？在"现在"，共产党又有甚么神奇的法子，能在这种大部分仍陷于封建的农业社会中间，来实行共产主义呢？苏俄在今天亦只能采用"向共产主义"的新经济政策，中国共产党在"现在"，甚至于连新经济政策都还不敢希望一定能够实现，他们只希望先实现联合各阶级的打倒帝国主义运动，——将时局向前推进一步，然后再以无产阶级的实力谋实现无产阶级的政权，以渐进于共产主义。只有老顽固到"将来"亦不要实现共产主义，只有大空想家在"现在"便居然要实现共产主义。

（二）有人说，共产党将来要主张无产阶级专政，是于"民治主义"有妨害的。然而一个真诚坦白的分子，为甚么要怕"将来"有无产阶级专政的一天呢？我假定你们提倡发达民权与保障民生等口号，都是真心为全民的利益说话的；你们敢断言在所谓全民之中，将来不会有阶级利益的冲突，使无产阶级必须靠自己的实力才能争夺自己的利益么？只要有大的或小的资产阶级，只要这些资产阶级有人不能真心接受你们的"民治主义"，他们的所谓发达民权，决不许农民、工人与缙绅之士有一样的选举或被选举权，以破坏了他们的体统；他们的所谓保障民生，决不许有人去节制他们的资本，或是平均他们的地权，以侵犯了他们的自由权利。所以这种"民治主义"，结果至多能给予农民、工人以投票权，使他们好为缙绅之士"抬轿子"、凑票数；或是给予农民、工人些微的恩惠，使他们能享受资产阶级在革命中所得利益万分之一的余沥，如是而已。谁应当禁止不满意于这种"民治主义"的人要求无产阶级专政，以无产阶级的实力根本压倒资产阶级的这种反民治的行为呢？我再退一万步，假定真有把握能在那时不至于有资产阶级反民治的行为发生，假定你们真能发达民权、保障民生至少象你们口中所说的那样好，那便无产阶级都会心满意足，不感觉有自己专政的必要，纵然共产党一天到黑喊叫无产阶级专政，亦没有甚么关系。只有甚么人怕共产党主张无产阶级专政呢？只有在革命以前本无真心为全民利益说话的人，与革命以后甘愿纵容甚至帮助资产阶级反民治行动的人。

（三）有人说，共产党在今天主张阶级争斗，有妨害于各阶级联合的民族革命。各阶级都是为自己的利益而联合起来以从事革命，只须他们认识为自己的利益非联合起来从事革命不可，为甚么怕他们因为阶级争斗而不肯联合起来呢？任何时的阶级争斗，都是为的工人反抗剥削的资本家，或是为的农民反抗剥削的地主；为甚么因为要联合起来从事革命，便应当宽纵这种资本家或地主，便应当使农民、工人牺牲他们的反抗的正当权利呢？阶级之间的有争斗，是从古已然的，只要一天还有资本家、地主剥削工人、农民的事，这种争斗亦是无法避免的。只有为这种资本家、地主做走狗的人应当反对这种争斗。你们只知反对这种争斗，为甚么不肯负责纠正这种剥削工人、农民的地主、资本家？对于你们自己无法纠正的地主、资本家，怎样不能说出一个对付他们的切实办法呢？

（四）有人说，共产党既是有自己的主张，不应当都加到国民党里面，用国民党的名义作各种活动；倘若一定要用国民党的名义活动，这便证明共产党的不光明磊落，或是共产党的运动不适合于中国的需要，所以不好把他们的名义拿出来。说这种话的人，一定是连国民党的三民主义亦不了解，或者根本不懂革命党是甚么东西，否则至少亦是挟有客气偏见，所以才说出这种可笑的话来。共产党因为见到要渐进于共产主义，必须先联合各阶级打倒帝国主义，为打倒帝国主义而加入以民族主义为号召的国民党，这是他们自己的主张，亦便是国民党的主张，为甚么他们不可以用国民党的名义作各种活动呢？不错，共产党现在只希望国民党能忠于为民族主义奋斗，对于民权主义、民生主义，不一定希望国民党能够切实做得到；然这只是因为共产党相信非有无产阶级的实力，压倒资产阶级，不能保证农民、工人政治经济上的安全，他们并不要根本反对民权主义、民生主义，国民党若真有把握不要无产阶级的实力而能全实现三民主义，尽可以努力做出来给共产党看，用不着反对共产党这种更进一步为农民、工人利益而奋斗的主张，便是在国民党内部亦没有理由不许有抱着共产党这种信念的党员。至于共产党的光明磊落、在于他的服从党的纪律，尽其全力钻到农民、工人乃至一般青年群众的深处，以扩大革命的宣传与组织；他们是帝国主义、军阀、绅士们所嫉恶的，他们是统治阶级舆论所污蔑的，他们决不能一天只顾到大庭广众中间拍拍胸膛，说明他们自己是共产党，好让侦探警察来拘捕，以博取这个光明磊落的美名。凡是比较秘密的革命党都是如此的，例如辛亥以前的同盟会员决不能到处公开的活动，亦决不能说他既是不能公开的活动，便一定是不合于中国的需要。有人说，共产党员今天是借国民党的屋躲雨，自然共产党是在风雨中间过日子的，便在国民党的屋下面，并不敢稍存苟且偷安的心理，不天天预备去同风雨奋斗。我便很奇怪国民党要做一个真正的革命党，为甚么可以不到风雨中间去奋斗？为甚么会有躲雨的屋？一般国民党员倘若不愿意将这个屋借给共产党躲雨，请问国民党员躲在屋里做甚么？我们很希望统治阶级有一天要恐怖国民党象今天恐怖共产党一样，我们很希望国民党员都能够很勇敢的到风雨中过真正的革命生活，那时候国民党决没有屋子供人家躲雨，便自然知道革命党是甚么东西，革命党能够光明磊落到甚么地步了。

（五）有人说，共产党员既加入国民党，不应当在国民党中为共产党吸收党员，更不应在国民党中有挑拨的事情。这更是奇怪了！共产党在国民党中吸收党员，犹如他们在任何地方吸收党员一样；假令共产党的理论与主张，敌不过国民党，为甚么国民党员会被他们吸收去？假令共产党的理论与主张，确实比国民党要好些，有甚么力量能够禁止共产党在国民党中吸收党员呢？一般军阀、绅董与腐败教育家，生怕国民党到他们地方的中间去活动吸收党员，这种恐怖只令我们看成笑话。然而国民党员对于共产党，亦居然会有这一样的恐怖，这不更是一场大笑话吗？至于说到挑拨，请问指的甚么事体？倘若指的共产党人有些攻击国民党右派与夫督促国民党中派，请问右派是否应该攻击，中派是否需要督促，经过这种攻击与督促之后，国民党究竟得着甚么坏处或好处？国民党包含许多敷衍妥协的原素，这是十余年他所以不能完成民族革命之使命的原因。为甚么不应当对于这种敷衍妥协的原素痛痛快快的加以打击，使国民党全部的精神都振刷起来？为甚么要打击这些原素，还要负挑拨的罪名呢？从前国民党被宋教仁等污损了，被糊涂的右派———一般政客官僚———败坏了，所谓好的（？）老党员只知道消极，只知道袖手悲叹，甚至只知道置之不闻不问，以醇酒妇人消磨自己的日子；等到人家把这些黑幕揭开了，国民党群众的判断力比较进步了，这些人又钻出头来一面承认宋教仁等右派确实是不好，然而一面又说人家是挑拨，想在这中间游移取巧，以取自己的地位。为甚么不应当"挑拨"呢？我们还应当挑拨国民党员起来反对那种卖淫妇样的杨庶堪，我们还应当继续挑拨国民党员起来反对在广东妨害军政统一、财政统一的各军阀，我们还应当继续挑拨国民党员常时纠正中派领袖怯懦游移的态度！是真诚要求革命的人，应当嫌恶这种挑拨么？

载《中国青年》第 89 期

署名：F. M.

国民党与阶级争斗
（1925 年 8 月 25 日）

国家主义者亦敢赞成国民党对于阶级争斗的态度么？

向来在国民党中讨论阶级争斗，是容易引起误会，而且很难得十分恰如其分的。现在好了！这一次浙江国民党省党部全体会议对于这个问题有一个议决案，规定浙江党员宣传工作上对于阶级斗争应取之态度，上海国民党执行部认其议决为完全正确，并望所属党部切实负责将此义晓示各党员，俾宣传及行动有所遵循，我们从这里可以使天下人都了然于国民党对于阶级争斗的真正态度了。

浙江省党部指出国民党中一切错误的倾向，是十分确实的。他说："右倾的倾向，即一触阶级争斗而避之若浼，并阶级二字而不敢纳诸见闻，甚至深恶痛绝；左倾之错误，即在专力于阶级争斗，而忽略国民革命联合战线之工作。"这一方指出隐讳阶级冲突的事实，妄欲逃避阶级争斗的错误；一方亦抉破不顾及无产阶级之实力，妄欲以无产阶级单独担负国民革命工作的空想。一个人真正懂得这种道理，对于国民党中为甚么可以容纳共产党（因为并不反对阶级争斗），共产党人为甚么一定要加入国民党（因为并不能专从事于阶级争斗），自然不至于发生任何疑问。

原文又说："吾党惟尽最善之努力，唤醒各阶级成员之觉悟，以革命的方法，实现三民主义之国家组织，以防止争斗之害，消弭阶级之别，而非欲奖励阶级争斗。"国民党为各阶级有革命觉悟之分子组成，其责任便在唤醒而且指导各阶级成员，为三民主义而奋斗；既是国民党为三民主义而奋斗，所以一切妨害民族革命的急进的空想是应当防止的，同时一切妨害农工势力发展的妥协的俗论亦是应当反对的。有人要说，既说要防止争斗，消弭阶级，而非奖励阶级争斗，这不是妥协的态度么？我敢说这决不是妥协。要证明我的话，最好看浙江省党部议决的四条宣传标准。

我现在将这四条标准列述而加以解释如下：

第一条的要旨，在说明国民党对于为帝国主义基础之个人主义的资本主义，须从政治上经济上努力防止其势力之膨胀，这便是防止争斗、消弭阶级之最初条件。这一条将国民党之反对个人资本主义，说得再明显没有了；一切还不肯反对个人资本主义，甚至于还要帮助他发展的，决不是忠实的国民党员。这一条并说明所谓防止争斗、消弭阶级，最要是防止个人资本主义的发展，所以国民党应当用一切可能的方法防止个人资本主义的发展，因为这是国民党最重要的责任；这一件事若无功效，个人资本主义仍旧会发展起来，那便争斗无法防止，阶级无法消弭，三民主义都只好徒托空谈了。怎样去防止个人资本主义的发展呢？浙江省党部的方法，是要对资本家与地主，诱发其仁爱的性能，使接受三民主义，这自然是很好的。不过我可以加一句，假定资本家、地主的仁爱性能竟诱发不起来，他们竟不接受三民主义，或虽名为接受三民主义而不肯切实照三民主义的精义做事呢；国民党自然应当用农民、工人以及各阶级表同情于农人、工人之分子的力量去遏制他们，甚至于打倒他们，褫夺他们的政权。对于这，你亦可以说是阶级争斗，或是无产阶级夺取政权，但国民党若非这样做便不能防止个人资本主义发展的时候，忠实的党员决不应畏怯不前；因为国民党所以要这样做，并不是要奖励阶级争斗，但非如此便不能达到防止争斗、消弭阶级的目的。

第二条的主旨是在说明对国际帝国主义已完全发展之国家，应促其国民之阶级觉悟，使与被压迫民族联合作战。这是对于世界革命运动之相互关系确有所见的话。我在这里亦应当补充一句，便是既然在帝国主义国家直接受其本国资本家之害的，应当对于其本国资本家励行阶级争斗，自然在我们被帝国主义压迫蹂躏的中国，直接受国内、外国资本家之害的，亦应当对于外国资本家励行阶级争斗。现在国内、外国资本家所经营的事业很多，煤矿有抚顺、本溪湖、开滦、福中等处（民国九年外资及中外合资之矿产，煤占全额百分之四十六），铁矿有本溪湖、鞍山站等处，纱业有内外棉、日华、怡和等厂（民国十一年英日厂锭数占全额百分之五十八），面粉有满洲、青岛等处，此外外厂或中外合资的尚多，其由中国资本家出面办理而有外人股款或借款的更不胜数。国民党是认定要对于已完全发展之帝国主义作战的，所以决不应当防止中国无产阶级对于此等外国资本家的阶级争斗，并且应当毫不畏怯的去促成此等无产阶级的阶级觉悟，而且毫无疑惑的应当奖励此等阶级争斗。

第三条的主旨，说国民党员是要负责使农人、工人结成有组织有训练之团体，以促进地主、资本家的觉悟，完成三民主义之革命工作。这是极正确的指导。但假如地主、资本家阻碍此等组织与训练呢？国民党应当诱发地主、资本家仁爱的性能。假令地主、资本家的仁爱性能无从诱发呢？自然这种事是可以有的；孔子遇着了齐景公、卫灵公，亦将他无可如何（而且实际在孔子周游列国时，所遇的君相，无非是一般昏蛋，所以孔子都无从诱发其仁爱的性能），国民党自然亦不能有十分把握，可以诱发每个地主、资本家的仁爱性能。但国民党决不能等候地主、资本家的仁爱性能被诱发以后，再去组织训练农人、工人；国民党在此时应当预备与阻碍农人、工人以组织训练的地主、资本家相奋斗，遇必要时，为发展农人、工人之组织与训练，便遏制乃至于打倒这种反动的地主、资本家，亦是没有不可以的。这种遏制或打倒地主资本家的行为，乃为防止争斗、消弭阶级所必需的，这决不可以说是奖励阶级争斗。

第四条是说，在已发现阶级争斗时，国民党员应即刻站在农人、工人方面，并且纠正地主、资本家，使他们不对农人、工人取争斗之态度与手段，这是每个国民党员应当记得的。我们若是要得着农人、工人的同情，使他们都站在国民党旗帜之下来进行革命的工作，那便不但不应当对于已发现之阶级争斗，借口"农人工人胡闹"，或者说"有共产党在中间煽动"，而每一种反对厌恶的心理；对于这种阶级争斗，我们应当毫无疑惑的立刻去做农人、工人的友军，尽力解除地主、资本家的武装，使他们不取争斗的态度与手段。

有人要说，照我上面所说的，国民党不真要赤化了么？我敢断言是不会有这事的，浙江省党部不已经明白指出国民党的色彩是青白两色，不已经明说要造成全国之青白化么？我上面所说的，是每个革命党自然应当那样做的，要那样做，才配得上说是一个三民主义的党员。若是不去防止个人资本主义的发展，不去鼓励国内、外国工厂的无产阶级励行阶级争斗，若是不去负责发展农人、工人的组织训练，若是在已发现之阶级争斗中不敢站在农人、工人上面，便是一个反革命分子，应当在国民党中撵出去。国民党对于地主、资本家要诱发其仁爱的性能，但决不能只顾去诱发他们仁爱的性能，把上述即刻要做的事都停着去等候这种诱发性能的功效；更决不能于这种诱发性能的工作不能生效的时候，便束手无策，不去防止个人资本主义的发展，或不去负责发展农人、工人的组织训练。所以到那时候，若不肯用农人、工人以及各阶级表同情于农人、工人之分子的力量，去遏制这种不觉悟的地主、资本家，甚至于打倒他们，褫夺他们的政权，便是一个虚伪怯懦的假革命党员，国民党亦不应当存留这种分子。国民党要这样做，自然是不免于使一切反动势力畏惧而嫉忌的，他们自然要为国民党造出许多谣言，纵然国民党员自己说一万声我是青白化，他们亦是要胡乱加以赤化头衔的；但若因为怕赤化两个字，便想借浙江省党部青白化之名，与所谓防止争斗、消弭阶级、诱发地主资本家仁爱的性能、并非奖励阶级争斗等语，以掩饰自己怯弱妥协的丑态，这决不是浙江省党部之所期望的，更不是上海执行部所期望的。一个忠实的国民党，一定要预备着恒久不倦的与各种反动的（或者说是不觉悟的）势力相战斗，因为怕赤化的嫌疑，便要借种种说法来回避战斗，根本便不配做一个国民党员。

我重新说，倘若有人不知联合各阶级以从事国民革命，而只知专力于阶级争斗，这是左派的幼稚病，无论你是属于甚么主义甚么党，这种态度都是根本错误的。但是，"教学者如扶醉人，扶得东来西又倒。"倘若因此使怯弱妥协的人可以借一种话来回避战斗，这更是一个严重值得注意的危险。浙江省党部的训令只是明确说国民党对于阶级争斗应取的态度，这个训令要更使国民党一般右派分子无法隐讳他们怯弱妥协的罪恶，决不容反被他们利用了拿去做隐讳他们罪恶，反对一切阶级争斗的工具。

载《中国青年》第 90 期

署名：代英

五卅运动与阶级争斗

——答重良

（1925 年 11 月 28 日）

重良：

你若仔细观察五卅以来各阶级的态度，当不至有这些疑问①。五卅运动若认为是全民族的解放运动，我们应当说资产阶级的捐款是对国家的义务，而不是对工人的恩惠，他们纵然出了钱，没有理由禁止工人向他们提出改良自身生活的要求。然而就事实说呢！他们出钱便已经太不能令人满意了！他们怕牺牲所以第一步不肯坚持罢市，第二步又不许华厂工人有停工的爱国表示，第三步更千方百计逼日厂工人上工，以减少工人救济费用。全国资产阶级不能救济二十万爱国的工人，甚至于不能救济数万英厂工人，还有甚么脸面要求工人对他们停止阶级斗争呢？对于阶级斗争我们只应问工人的要求是否正当，工人决没有因为爱国，因为希望资产阶级靠不住的救济费，而舍弃要求改良生活的正当权利之理，有人心的人亦决不肯帮资产阶级拿爱国的大帽子使工人饿死不敢开腔，我想这是公理人道所关，不仅系一党一派之主张而已。至于你虑得罪资产阶级，将来资产阶级不捐助罢工者，你不知这次资产阶级所以比较尚肯捐助，本只是为他们自身利益的缘故，若罢工于资产阶级有利，你便得罪了他们，他们亦要捐助，否则纵不得罪他们亦无人肯捐助。五卅运动起时，正上海商人苦于印刷附律、码头捐等案而无力反抗，所以六月一日他们利用时机宣告罢市，然而罢市时各种表示，只提印刷附律、码头捐等案，决不提日人凶杀顾正红一语，他们想借工人罢工以要挟外人，争取会审公堂与工部局加增华董，他们帮助罢工，何曾有一点为国家之诚意，不过完全为他们自己的利益打算盘而已。五卅运动中，上海总商会曾因修改条件大受民众叱责；照你的想法，他们一定不肯帮助罢工了，然而他们为要达到他们自己的目的，仍旧降尊与工人、学生相周旋。及十一国商会协商略有成议了，总工会的局面亦一天天危险了，于是有流氓捣毁、官厅封闭，商界中人袖手旁观，正遂他们借刀杀人之私意。资产阶级做事，只问于自己利益有何关系，他一方挟无产阶级以与帝国主义争自己的利益，一方挟帝国主义以制无产阶级使不敢摇动自己的权利；此在无产阶级善于应付则可以合作而不牺牲自己的利益；苟不善应付，纵拚命牺牲自己利益，在资产阶级得达到他们自己的利益之时，仍旧不会与无产阶级合作以反抗帝国主义的。

代英

载《中国青年》第 103 期

孙中山主义与戴季陶主义[*]
（1925 年 12 月 27 日）

这个题目是不容易讲的，现在不过就我自信的意见，分别中山主义与戴季陶主义的异同，供大家作一研究的参考材料罢了！

一、中山主义是甚么？

中山主义重要的当然是三民主义，然而不仅是三民主义。现在所说的是从孙先生一生的言行中，归纳出几点，拿这几点代表中山主义，比仅说三民主义似乎还赅括些。孙先生一生的思想行为有两句话可以赅括的：

（一）绝对平等的思想　孙中山先生的确是希望世界上绝对平等的，我可以拿绝对平等的思想来解说三民主义。什么是三民主义？（A）民族主义，简单的说是要使中国民族与世界各民族平等，不受别的民族的压迫。但是在孙先生的民族主义里，亦没有要中国民族将来压迫别人的意思。虽然孙先生曾在留声机片里说什么"千邦进贡，万国来朝"的话，以及在《民族主义》中有些以汉族为主的思想，可是要汉族驾凌别的民族，压迫别的民族的思想是没有的。《民族主义》中曾经提到"这回我们国民党在广州开大会，蒙古派得有代表来，是看我们南方政府对外的主张，是否仍旧用帝国主义。他们代表到了之后，看见我们大会中所定的政纲，是扶持弱小民族，毫无帝国主义的意思，他们很赞成，主张大家联络起来……"（见《民族主义》第二讲三三页），这很明显的可见孙先生是不主张以帝国主义待国内的弱小民族的。在第一次代表大会的宣言上更明显的说："国民党敢郑重

＊　该文是恽代英 1925 年 12 月 27 日在上海大学的演讲，由秦邦宪记录。

宣言，承认中国以内各民族之自决权，于反对帝国主义及军阀的革命获得胜利以后，与组织自由统一的（各民族自由联合的）中华民国。"孙先生绝对不是说，对外则应该平等，对内就不要平等，是要完全平等的！（B）民权主义，是要使人民在政治上平等，甚么人在政治上都平等。政治是全体人民的，是不许资产阶级垄断私有的。孙先生的民权主义要采取直接民权，他要人民可以有直接选举、创罢官制与复决等权，要政治不被资产阶级一阶级拿去，要人人平等。（C）民生主义，是要使人民在经济上平等。他要平均地权，节制资本，不使地主、资本家自由的发展，以至于做到消灭阶级，成功一个共产主义社会。这个社会里没有资本家，没有地主，没有经济上地位高的人，也没有给别人剥削的人。三民主义完全是要平等。平等也就是孙先生所谓王道，孙先生曾说，俄国所行的王道公理，帝国主义者所行的是霸道。所谓王道公理是要平等，要没有一个民族压迫别个民族，要没有一个人在政治上在经济上压迫别一个人。在《民权主义》演讲里，孙先生曾大发挥平等的理论，充分表现反对任何人压迫任何人的思想。

（二）革命的精神　孙先生的革命精神是很容易的看出。（A）他勇于为主义而造党，不顾一切。孙先生要一个党——一个为他的主义而奋斗的党来救中国。但是孙先生造一个党是十分费力的，没有人能够了解他。他的党始终没有造好，他的主义被人漠视，他外面受种种的压迫，种种的谣言，种种的危险，党内又散漫而没有团结，虽说有几十万党员，但是不信主义，不守纪律，真正的主义者还只有他自己一个人。然而他无论怎样，还是设法要达到他的理想，实行他的理想。所以他勇于淘汰不明主义的党员。民国二年改组中华国民党，在前去两年又把党改组了两次，都是因为他的党员不明了他的主义的原故。他很勇敢的当面骂那些不明了主义的党员。有一次演说，骂他的党员为升官发财而跟他的，不是为要实行主义而跟的。他又在许多反动军阀包围之中，办黄埔军官学校，他在校演说："你们是革命的军人，和别的军队是不同的。"这时候他丝毫不怕刘震寰、杨希闵等听了要叛变。去年改组的时候，他决定要老党员接受宣言重新登记，他把一切老党员反对的意见置之不问。这样的勇敢是难得的。但可惜因党内旧同志不免妥协，所以改来改去终没有把党改好。他亦是勇于和反对党义的黑暗势力奋斗的。他排满、反袁等都是这种精神的表现。排满一事大家知道是孙中山先生做首领。反袁呢，孙先生在宋教仁被刺时就首先主张的。孙先生对于妨害实现他的主义的人是要打的。不过从另一方面说呢，孙先生确是仁慈。一个人肯改悔，他总可以宽容他。但是妨碍主义，他就要打，不怕任何危险的。再则他亦勇于联合符合于党义的友邦和友军。如苏俄和共产党，现在都有些人怕，在一两年前更是大家所怕的，但孙先生见到要中国革命非与他们联合不可，便主张要他们联合。他明知这样下去要受帝国主义者的压迫，他明知要给别人造谣言。但是他不管这些！孙先生在陈炯明打他以前就想联俄的。那时便派廖仲恺先生出国进行中、俄、德联盟。他只要以为应当做的便做，他不怕联俄容纳共产党，反而还说他的民生主义就是共产主义。这统是表现他的革命精神，不是别人所能及到的。（B）反对与违反主义者妥协。孙先生是不赞成和反动势力妥协的，他反对袁世凯，反对一切军阀官僚；虽然别人说他和陆荣廷、杨希闵以及段祺瑞、张作霖等有时有些妥协意味，不过他的意思实在是想利用机会，扩张人民势力。如去年他北上提倡国民会议去和军阀奋斗一样，他并没有与军阀妥协的意思。我们尽管听见什么孙、段、张三个联合等话，但是段、张决不要孙到北京当执政！便是因为他到军阀队伍中去是为要用人民的力量去和军阀奋斗。所以军阀决不放心与他一同做事。不过可惜以前人民太不觉悟，不知拥护着他以与军阀抗斗，只让他一个人孤军深入，所以不免失败了。但这两层，（A）为主义而造党不顾一切的奋斗，（B）反对与违反主义者妥协，都是孙先生革命精神的表现。

孙先生的主义，可包括在"绝对的平等的思想"与"革命的精神"之中。但有平等的思想一定要有革命的精神，不然那平等的思想会变成功空想。孙先生是要用革命的手段去达到三民主义的。虽然他是仁慈大量，同时他又很富于革命精神，并且他勇于为主义而奋斗。

二、中山主义的背景

孙先生何以有这样的主义呢？孙先生的为人，思想是很高尚的（平等思想是孔子及释氏的最高思想），感情是很浓厚的（他确乎很爱人，时常喜写"博爱"、"天下为公"等句子）。但是孙先生不仅仅如此，若仅是思想高尚、感情浓厚，那他更变成了孔子或者释迦，变了一个教主，而不是一个革命领袖了。他同时是富于革命的进取的态度的人。他是用主义用各种方法为人类奋斗，他的方法是由于他自己时时刻刻接受世界上最新的潮流而制定的。我们可以说他的学识是世界上最进步的学识的集合。他是革命的，进取的，他是不怕一切困难，不丝毫犹豫疑虑，他用革命手段来达到他的理想的。他用各种最进步的方法来实现他的平等的理想。这些方法无论是普通的人所不懂或害怕的，他都是一样可以采用。因此我们看孙先生应从两方面看：一是他的革命进取的精神，一是他的仁爱平等的思想。只从一方面看，是不会能了解孙先生真正的人格与思想的。

孙先生生于封建社会的中国，所以他实在是有些封建社会的思想。他不忘东方道德，他叫人注意东方道德，他讲王道、讲公理，这都是东方人的思想。孙先生在封建社会学说教义之中，把其中最好的部分便是仁爱、平等的理想接收了，我们说孙先生恭维东方文化，这是不错的。不过我们要知道孙先生绝对不是和那些腐儒一样。他是要将封建社会中仁爱、平等的空谈，用近代的各种方法实现出来。孙先生东方思想是有的，但不仅是东方思想。他在三十岁左右，便受到欧美资产阶级革命与社会主义运动的影响。当他到欧美的时候，正是欧美资产阶级革命发展的时候，同时也是社会主义运动发生的时候。所以孙先生赞成资产阶级的民主革命，同时他反对资产阶级的垄断把持政权。他接受了直接民权、平均地权、节制资本的学说。在那时，确是很进步的了。孙先生在晚年又接受了无产阶级世界革命，便是列宁主义的影响，相信世界革命势力的联合，工人和小农的联合，被压迫民族和无产阶级的联合。所以主张联俄及容纳共产党。孙先生一生都能在各种环境里，接受各种进步的思想。所以他有封建社会的资产阶级的与无产阶级的各种思想。他主张用欧美民主革命及无产阶级革命的方法来实现他的中国的（自然并不是只有中国才有的）仁爱平等的理想。孙先生的思想不完全同于马克思或列宁，因为他有他的复杂背景。所以他的思想是不能完全合于根据马克思列宁学说的共产党的。不过他虽不说无产阶级革命，他却是要消灭阶级。他要世界上没有资本家压迫工人，没有地主压迫农民，换句话说，他仍旧是要达到共产主义的社会。我们说孙先生要实现共产主义社会，有许多人——尤其是不信共产主义的人，一定很怀疑的，但这只由于他们不懂共产主义到底是什么。共产主义就是要消灭阶级，所以孙先生说："民生主义就是共产主义。"孙先生的学说虽然不能纯粹的同于无产阶级革命的学说，但是一样要达到无产阶级革命的目的。不过孙先生对于资产阶级不一定认他是革命的仇敌，孙先生以为只要他不妨碍三民主义的实现，就不是仇人。这点是和马克思主义者似乎不同的。马克思主义者从经济的观点上认定资本家、地主一定是剥削工农，所以他一定反对消灭阶级的各种企图，因而肯定他一定是工人的仇敌。然而这与孙先生的话是不冲突的么？孙先生以为在不妨碍三民主义实现之时，他不是仇敌，在妨碍时才是仇敌。马克思主义者说他一定妨害消灭阶级的企图，那便是说他一定要妨害三民主义实现的。若使马克思主义者的话证明是对的，那么孙先生也会当资产阶级是仇人。这中间有甚么冲突可言呢？

孙先生到临死时，他的学说大概是这样，假设孙先生不死或者迟五年十年以后才死，他的学说是不是还有重要进步的地方，我们不敢断言；但是总有若干变动的余地，这是可以断言的。他是时时接受各种进步思想的。他这种自强不息的精神，是不会便止于现在所成就的。但是就以孙先生现在的学说而论，我们仍可以说是引导各阶级联合进行革命运动的很合宜的工作。现在我们不问资产阶级是否一定要反动的，我们应该联合他们反抗帝国主义者及军阀，所以资产阶级只要在不压迫农工的时候，在国民革命的运动上总是友军。这一点，共产党也是看得很清楚的。有人说共产党不要联络资产阶级来实行国民革命，然而过去的事实证明最努力联合资产阶级的，还是共产党。不过共产党是认定了资产阶级是反动的，国民党则在平日不把他们看做仇人，只要在反对或妨碍三民主义实现的时候方才当他们是仇人；所以国民党比较容易号召他们。孙先生的学说一面是便于去联络各阶级以实行国民革命的；一面又因为不许资产阶级妨害三民主义的实现，所以又是不妨碍被压迫阶级的解放。（这里国家主义就万万不能和三民主义相比拟，因为他们要把农工解放事业完全听之于资产阶级自由处置的。）列宁和孙先生可以并称：因为列宁以为工农应该联合，而且以为无产阶级应该联合被压迫民族；孙先生以为中国要打倒帝国主义，而且要人民在政治上经济上一切平等，所以要联络世界无产阶级。这两个要求互相联合的思想，就是促进革命成功。若世界上各国都有列宁和孙先生，世界革命就很容易成功了。中山主义不是无产阶级革命的学说，但是他一方面联合世界无产阶级来革命，一方面若是在中国国内必须有一个无产阶级革命，他依旧不妨碍无产阶级的革命。

我并不说孙先生是一个神圣，一个菩萨。他一生也有吃亏的地方，所以他几十年革命不能成功。他吃亏的地方便是因为他太好了，太仁慈。他实在是大量、仁慈，无论什么人他都容易相信，所以有许多人把他当招牌用，去图谋自己的利益，而他自己上了人家的当。譬如他本来是反对临时约法的（主张军政、训政），后来被人利用着去闹了几年护法，便是一例。再则，他以前不很注意宣传，也是失败原因之一。他完全是一个东方伟人的模型。不过这些小事不足为他的大毛病，他仍旧不失是一个革命领袖，因为他勇于改革，见到应做的，马上便做，见到应改的，马上便改。因为他能用革命手段改正他自己的错误，他要用革命手段达到他自己的理想，所以他不失为一个革命领袖。

三、戴季陶主义

要说戴季陶主义，亦须说到他的生活情形。他是一个爱读书而且读书很多的人，他无论什么书都读过一点，同时他是富于情感的。但是他缺少革命进取的精神，他胆小懦弱，有了一点纠纷麻烦，他便跑回湖州去。他很容易受刺激，他一时热心，过一下便灰了心，在他热心的时候，听得几句冷言冷语，他又灰心跑回去了。他在《国民革命与中国国民党》里，把右派的糊涂说得很明白，但是他没有和左派奋斗的决心，把右派赶出去。他说在民国二三年他就想叫国民党起来提倡白话文，若国民党听了他的话，那里有陈独秀、胡适之出风头的机会？但是他却不能在民国三年的时候象胡适之、陈独秀努力的一样促他的主张实现。我们恭维他一点，可以说他是一个道理很明白的人，然而因为胆子小了，有时感情作用太强，所以便有些道理也有不能很明白的时候。他对孙先生很佩服的，而且他很想做孙先生学说的传布者，可是他有许多地方因为胆子小了，所以便不能彻底明了孙先生的主义。中山主义有两面：（一）是平等的思想；（二）是革命的精神。戴季陶先生因为革命的精神差一些，所以连平等的思想也不能看得完全正确了。他的坏处，他的受人反对完全在此。丢了革命的精神，平等的思想，就是空想；所以我们不能不反对他。戴先生的学说，本来大半是本于孙先生的，不过有四点可以说是他独创：

第一点是限制党员以最高原则。所谓最高原则，就不许别人再比孙先生进一步。他的意思：退一步固然不可，进一步也是不能够。这种办法，把孙先生的书看成了宗教经典；就是孙先生活着他自己也不会这样呆滞限定自己不许前进。假若孙先生书上所没有的话就不能做，这不是从前定孔子为一尊一样的么？我们亦可以说最高原则是承认的，但是所谓最高原则只能指孙先生的平等思想、革命精神，不能很具体的列举出来。孙先生没有叫人划定了一个地方不许再前进。而且我们因为孙中山先生的话是救中国的，我们要救中国，所以信孙先生主义，我们不是信宗教。所以象戴先生这样要限制党员以最高原则的办法是不好的，这是违反孙先生的进取精神。

第二点是专发挥仁慈感化之说。孙先生虽有时也说几句仁爱的话，但是不象戴先生那样专门发挥仁爱感化之说。他这样的做，是抛了革命精神而把孙先生弄成菩萨一样。人家问戴先生："若地主资本家不受感化，不讲仁爱，则怎样呢？"他便被人家问倒。因为他不预备用革命手段打倒那个压迫人的阶级，所以若是有一阶级压迫别一阶级，他就没有办法了。国民党若只知发挥仁爱感化的话而反对罢工及农民的减租暴动，将失却农工的同情。这是与革命的意义完全悖谬的。

第三点是借人口问题为侵略主义的基础。他以为世界上经济问题解决了，还不能算安稳，因为人口问题没有解决。因而他说马克思不对，只有孙先生的主义可以解决人口问题。但是孙先生虽说了许多人口发展不发展的话，没有一句提到人口问题的方法。戴季陶却说帝国主义的发达，是由于人口问题不能解决，而不是由于经济问题不能解决。他这种理论，就太可笑了。帝国主义侵略弱小民族很少是为的人口问题，试看外国人在中国的很少，然而他们要陷中国于次殖民地；这不明明可以知道帝国主义的侵略是由于经济问题而不是由于人口问题么？他既认帝国主义的产生一半是由于人口问题，而他所谓解决人口问题的办法，却是要使中国人的血统普及世界，这不是解决人口问题，只是要中国将来强盛之时借这句蕃殖人口的话而变成帝国主义。他只说怎样发达中国的人口，他没有说怎样解决人口问题，使中国不成功一个帝国主义。这明明是给中国将来侵略压迫其他民族的一个借口。这借人口问题而为帝国主义的起点是违反民族平等道理的，所以亦就是不仁的。

第四点是不愿与中国及世界的共产党及苏俄联合。他虽然因为政策的关系不敢明目张胆的反对联俄，但是他对于中外的共产党都是有些怕的。在他的《国民革命与中国国民党》一书上，实在看不出是为什么要怕共产党的理由。他一面说共产党是高尚勇敢的，一面又说共产党弄坏了国民党，挑拨党里的恶感。试问商团事件及刘杨事件是不是共产党挑出来的呢？广州那一件事是共产党弄坏或挑拨出来的呢？就令他书上所举的例，有二三个例是真实的，国民党内共产党有少数人做了不对的事；是不是非共产党便没有这一类的事情呢？孙先生曾说，个人的不好，不好便说这共产党的不好的，我们应该看在革命运动中应该不应该联合共产党，不能说共产党中某一个人不好就不去联合他。他以为共产党员在国民党中使国民党内部常常的闹；假如去年共产党不在国民党内，冯自由、马素及同志俱乐部的人物都在党里，这样好不好呢？假令今天共产派退了出去，邹鲁和汪精卫先生是不是便不大闹了呢？共产党出去了，国民党太平了，但是若因为太平又还了从前的原形，那都是大失了孙先生改组国民党的本意了。右派糊涂，戴先生早便应当将他们闹出去，自己不闹，要等到共产党员来闹，已经很不应该了；现在反怪共产党员闹得不好，难道一定要叫汪精卫、戴季陶诸先生和冯自由、邹鲁等反革命党永远和和气气过几十年才好么？全国的青年希望国民党成功一个革命的党，广州成功革命的中心，但国民党自己怕改良，说右派糊涂自己亦不去打，别人去打了，倒说打的人应该出去，有这样的道理么？共产党加入了，每一件事他们都上前，结果国民党信用大大的进步，然而国民党的人偏要将一切好事归给共产党，反因为这样不愿与共产党合作。这是违反孙先生政策的，而且亦是不勇。

这四点都是戴先生所独创的，他何以会有这样四点呢？完全因为他的胆小，怕奋斗，心里虽明白，而怕去干，因之他常在消极的方面说话。而且总要避免革命。为了这样，他这四点所以差不多完全是反革命的。

四、戴季陶主义的必然结果

戴季陶主义的结果，第一是使中山主义改良化宗教化。他常说平等、王道、公理及消灭阶级，然而没有革命精神，这一切都是徒托空言，永远不会成功的。孔子感化别人，到现在二三千年，还没有成效；戴先生怕革命，把孙先生比做孔子，所以亦便把孙先生平等思想化为空想，同孔子的学说一样了。而且戴先生学说的弊病还会使中山主义完全被反动派利用。反动派有时可以引用他几句话来抵制革命的人。现在所谓戴季陶派，讲反共产以及一切反革命的话，都欺骗人家说是根据戴先生的意思，他们亦说几句好的话，然这不过是一种敷衍手段而已。反动派这样利用他，他也没有勇气出来否认，因此他只有两条路：（一）是因感情作用投入反动派；（二）是不问不闻的躲回湖州去。现在的事实就是这样的。他先为了呕气不管合法与否和他们（反动派）去开西山会议，后来一看事情不对就跑回湖州去了。但他对北京一切的事情，终究不敢表示意见。他的话一定还有很多时间给反动派所利用，而妨碍革命！

现在我们可以做一结论：

没有平等思想的，不配称中山主义的信徒；所以一切资本主义者国家主义者走开！

没有革命精神的，不配称中山主义的信徒；所以一切戴季陶主义者走开！

载《中山主义》周刊第 2 期

真正三民主义
（1925 年）

我们站在总理一边呢？

还是站在违叛总理的人们一边呢？

国民党自从改组以来，经过了几次的分化，现在似乎又到了一个分化的时期了。

每一次分化的时期，总有许多人自称为"真正的国民党员"，他们提出"反共产"一个空洞的口号，排斥一切与他们意见不同的同志。然而这些"真正的国民党员"现在做甚么去了呢？被段祺瑞收买了（如彭养光、冯自由等），甚至于被齐燮元收买了（如凌钺），与广东国民政府完全站在反对地位了（如杨希闵、刘震寰、邹鲁等）！这种"真正的国民党员"，与陈炯明、洪兆麟等之"真正的国民党员"有甚么两样？

现在又有一句口号，是说他们是"真正三民主义的信徒"；他们说这句话，便表示要请那些在他们认为不是"真正三民主义的信徒"的人（共产党，或者是与他们意见不相合的国民党员）滚出去的意思。当真他们配得上"真正三民主义的信徒"吗？哼！我敢说他们中间许多人连一民主义亦还配不上，自己不研究"真正的"三民主义，而且怕人家宣传"真正的"三民主义，却偏要诬蔑总理的三民主义，拿来做他们排斥异己的武器，若此辈同志得逞，总理真要死不瞑目啊！

甚么人才配得上称为真正三民主义的信徒呢？一定要无论如何艰难危险敢与帝国主义相奋斗（民族主义）；同时，一定要打倒军阀为全体人民争回政权，不许政权落于资产阶级少数人之手（民权主义）；同时，一定要有很切实有效的方法，实行"节制"资本，"平均"地权，不许在中国有资本家地主压迫工人农民的事（民生主义）。现在，谈到打倒帝国主义、打倒军阀的工作，这些自命为"真正三民主义"的党员已经不免惭愧了。谈到"节制"资本，"平均"地权，他们怕说出这八个字来了，教资本家、地主不高兴，于是总要随便的混过去，再不然，亦决不肯切实想点办法，来谋如何实现这个主张，对于眼前中国已经有了的资本家地主压迫工人农民的事，闭着眼睛置之不问不议之列。这种人配得上称为真正三民主义的信徒吗？他们只是有意作践三民主义，有意作践我们的总理与我们的国民党罢了！

他们很巧妙的诬赖一切与他们意见不同的人都是共产党人，他们说这些人都不是纯粹的国民党人，国民党人不应当超出三民主义以外，不应当不专心一意的做国民革命的工作，在中国今天便打算怎样实现共产主义。这是一些甚么话呢？他们一定要每个国民党员象他们一样。究竟他们亦知道我们的总理与他们相差好远呢？他们究竟懂不懂三民主义？究竟要不要为三民主义的实现而奋斗？如何说出这些根本与总理的主张矛盾冲突的话来？

甚么人才配得上称为纯粹的国民党人呢？一定要真正能相信革命的三民主义，一定要不是口是心非的党员，而且亦一定不是甚么二民主义、一民主义的党员。甚么主义超出了三民主义以外呢？共产主义么？他们不曾听见总理说过民生主义就是共产主义，三民主义可以包括共产主义么？为甚么国民党员便一定只许专心一意的做国民革命的工作？所谓国民革命是指的打倒帝国主义军阀，是指的破坏一方面，这不过是三民主义的一部分罢了！国民党人的责任，是要用国民革命的手段，来实现三民主义——便是要国内一切民族平等自由，贫苦农工都得一律享受政权，而且用国家的权力使资本家、地主不得发生，以引导中国到共产主义的路上去。不能相信象这样做的人，如何配得上称为真正三民主义的信徒？如何配得上称为一个国民党员？中国今天自然不能实行共产主义，为甚么今天便不应当"打算"使中国将来如何以实现共产主义呢？总理明明说了民生主义就是共产主义，总理提倡节制资本、平均地权，无非是要引中国进于共产主义的社会，为甚么说在今天不专心一意的做国民革命的工作，打算怎样实现共产主义，便是超出了三民主义范围以外，便不是纯粹的国民党员呢？我们总理的主张，亦超出了三民主义范围以外了么？我们总理亦不是纯粹的国民党员么？

他们还有一句巧话，便是他们自称为正统派。甚么叫正统派呢？甚么人比我们总理还要正统些呢？甚么人比跟着总理数十年的廖仲恺、汪精卫、胡汉民诸先生还要正统些呢？（报载胡先生密函劝北京老党员私自组织，此函定系捏造，胡先生去粤，以部下有刺廖嫌疑，且与许崇智先生部下之冲突为最大原因,与汪先生、蒋先生并无芥蒂也。)总理的书犹在,汪先生指斥这种所谓"正统派"不遗余力,廖先生甚至被这种"真正国民党员"所刺死,胡先生在党部亦素为这般"真正国民党员"所唧恨。究竟从甚么地方来的一个"正统派",是一个真正的甚么国民党员呢?

不错!每个国民党员要做一个真正的三民主义的信徒,一定为实现完完全全的三民主义而奋斗,决不应怕说民生主义,决不应怕说国民革命是为要做到国内民族平等自由,穷苦农工享受政权,资本家、地主不得发生;决不应怕说节制资本、平均地权是为要中国成一个共产主义的社会。倘若不能这样,那便只能证明他们不是三民主义的信徒,他们违叛了总理,违叛了国民党,象陈炯明、杨希闵、刘震寰违叛了总理,违叛了国民党一样。

同志们!总理所以改组国民党的原因,便是要党员切实遵行三民主义——公道、切实而能救中国的三民主义,要不肯遵行三民主义的人站开。但许多人既不遵行三民主义,偏偏又要糟蹋这一块三民主义的招牌,与一般真正要遵行三民主义的党员捣乱,活活把总理气死。现在!又来了!他们自己又要自称为真正三民主义的信徒,来与真正要遵行三民主义的党员捣乱了!同志们!我们站在总理一边呢?还是站在违叛总理的人们一边呢?

载孙文主义研究社编《三民主义之研究》

上海明明书局 1927 年 1 月出版

署名:代英

在国民党第二次
全国代表大会上的演说
（1926 年 1 月 19 日）

今天是第二次全国代表大会闭幕的日子，我本无话可讲，因为所有的好话，都给各位同志说完了。但是由今天的情形回想到第一次的全国代表大会时候，我想不但我们同志承认，而且凡中国国民也都承认，我们的第一次全国代表大会，是在中国革命历史上有永远纪念价值的一个大会。因为现在中国国民党的发达，已比前不同了，全国革命的运动，比前进步得多了，这都是第一次全国代表大会的成绩，都是因为第一次大会以后同志们受总理的指导，决定了种种方策而能够努力工作的成绩。现在在这里的同志，应该想到要这回第二次大会象第一次大会一样的有价值，一样的在中国革命史上有永远纪念的价值。

要想使第二次大会在中国革命历史上有纪念的价值，我们就要怎么样呢？要说的话很多，现在单说两件事：

（一）第二次大会以后，我们的党要变成一个更有力量的党。我们的中央执行委员会要变成一个更有力量的中央执行委员会。我们的全国代表大会也要变成一个更有力量的全国代表大会。第一次大会虽然是好，但仍有许多缺点。最易见的还是缺乏森严的纪律。两年以来党中发现不少明白违背党的纪律的分子，中央执行委员会毫无办法去制裁他们。这就表明我们第一届的中央执行委员会实在太没有力量，表明我们第一次的全国代表大会也太没有力量。大家都知道我们议决了很多的议案，不是要说空话，是要实行的。怎么样才能够实行呢？就要靠大家同志回到各地以后，把这种议案，告诉给一切党员知道，训练他们，使他们每人都能够为这种决议案去奋斗。现在本党的内面、外面，都有许多人想妨害我们的决议案，我们同志应当加倍努力，要使第二次大会以后，本党比以往的两年更有力量，把应该做的事情，一一实现出来，不许甚么人能妨害我们。已往的我们不谈了，因为虽不很好也不很坏。我们只是要本党以后更好。因为中国革命是很需要一个更有力量的党，很需要一个真实能够有严整的纪律、而能实践各种决议案为民众利益奋斗的革命党。

（二）第二次大会以后，我们同志要更加认清楚本党的主义。两年以来最妨害本党的进展的就是什么主义之争。比方有些人常说那班人是共产党员，那班人是纯粹国民党员。这种分门别户的办法是一点好处都没有的，只有使党员之间生出很大的隔阂。有那些存心破坏的人，说什么我们只要三民主义，我们要反共产。但究竟三民主义是什么东西，他们那里懂得。很简单的说，讲三民主义的国民党，一定是反对帝国主义，一定是反对军阀，一定是要为平民——尤其是大多数的农工的利益奋斗，必如此乃可以言国民党，不如此者决不配称做国民党。也有许多人见我说这话，又说我这是宣传共产主义了。不错，共产主义者或者亦要宣传这种道理，但我要反问三民主义者就要反对这种道理吗？

在这几天开会之时，最高兴的就是我们的党，不特不因孙先生的死而涣散，反转而更加团结；不特不因帝国主义者和军阀的反对而分散，反转更有精神更有力量。从此以后，我们一定会见着本党一天一天的更加进步，三民主义也一天一天的更加明白，为一切被压迫的人们所了解所信仰。最可怜也可笑的，是许多现在或者已经脱党的人，他们不知自己的主义是什么，天天说这个是共产党那个是共产党。稍有一点意见和他不同，他马上就要说你共产党。一般老同志，常常说国民党如此下去，快就要亡党了，党给人家夺去了，如西山会议这班人，就是此种思想之代表。他们对于这回第二次大会的心理，就是说："在广东开会的党员通通都是赤化的。国民党在这一回一定给共产党拿去了。"但我问问各位同志，你们都是已经赤化了么？究竟党有给共产党拿去了没有？实实在在的说，本党虽创立十多年，一直到现在才真实能为三民主义而奋斗，才真实是实行三民主义的革命党。他们说亡党，不错。冯自由、谢持、邹鲁的党确实是已经亡了！至于孙总理的党，不但未亡，而且到现在为全国人民所了解所信仰。什么是孙总理之党，就是信仰而且实行三民主义的党。这个党是没有亡的。亡了冯自由之党，这有甚么可惜呢？我们正在剧烈反对冯自由、谢持、邹鲁的党。我们要每个同志都能够明了要真正为总理的主义来奋斗，那才是真正的国民党。至于有相信冯自由、谢持、邹鲁的主义的人，我们请他走开，我们希望第二次大会以后再没有这等人。各位请看，冯自由跑了，广东便好了，我们要冯自由这等人做甚么呢？他们不是真正忠心于总理、忠心于三民主义、忠心于本党的。今天上午我们把这些人开除了许多，亦只是为这个原因。那末，或者在第三次大会时亦许要把我开除掉。如果我到那时是反对打倒帝国主义、反对打倒军阀、反对为被压迫的农工奋斗的，我承认我是应当被开除的。不过这一次我在上海是已给他们（西山会议派）开除过了的，他们这种伪中央执行委员会的开除，我却不能承认。因为他们完全没有开除我的理由，只说我是共产派。但姑无论我是不是共产派，我要请问共产派是违背了民族主义或民权主义或民生主义吗？如果没有违背三民主义，便是一个共产派亦没有被开除的理由。我相信我始终是站在总理的三民主义这一边的（不过绝对不是站在冯自由的甚么主义一边）。如果各位同志发现我真正有违背三民主义的行为，当然可以马上开除我象开除冯自由等一样。

那末我当真是永远忠心于本党的事吗？也不一定。如果本党丢了三民主义，我便要反叛起来，这是没有什么客气的。我的入党是因为想做官吗？想认识某要人吗？我完全是因为国民党能反对帝国主义、军阀，为被压迫农工利益而奋斗所以来的。如果国民党会有一天和帝国主义妥协，和军阀勾结，和大多数的农工反对，这是冯自由的国民党，已经不是总理的国民党了；到那时，我一定起来反对，和现在反对上海的伪中央执行委员会一样。

总而言之，各位同志不要管我是不是共产派，只要问我是不是实行三民主义。如果有违背三民主义去做反革命的事情，便马上可以拿去枪毙。如果没有，便不能开除。我的理由在这里说得很明白了，如果你说我是共产派，我这个共产派便是这样主张的。

载《中国国民党第二次全国代表大会会议记录》
中国国民党中央执行委员会 1926 年 4 月印行
署名：恽代英

耶稣、孔子与革命青年

——在岭南大学演说辞

（1926 年 5 月 22 日）

今天承岭南大学欢迎之便，使我与岭南大学各位教员先生与各位同学有一个谈话的机会，这是很荣幸的事情。我对于岭南大学虽然以前并不知道学校中间一切详细情形，但是我可以说我实在很久便有了一个很好的映象。我并不知道史坚如烈士便是岭南大学的学生，我脑筋中有一个岭南大学是从五卅运动时候起。亦许有人疑惑岭南大学是与其他教会学校一样有帝国主义关系的，但我却很注意岭南大学，我相信在这个学校的教员和学生中间，一定有很多反帝国主义的同志。因为在五卅运动中，就我所知道的，在这个学校不但有一个教员、一个同学为反抗帝国主义在沙基牺牲了性命，并且有许多外国教员先生为了与我们打抱不平，在香港受了英国帝国主义者的许多恶劣待遇，这表明岭南大学与其他教会学校绝对不同。不但一般中国的教员和学生与其他教会学校的中国教员和学生不同，便是外国教员先生亦是与其他教会学校不同的。在中国中部北方一般教会学校中做事的人，怕我们如怕蛇蝎一样，他们要用种种手段妨害我们，使我们进不了他们的学校，永远没有和他们学校中的同学相互谈话的机会。但岭南大学因为与他们绝对不同，所以不但不怕我们，并且欢迎我们，给我们这样一个宣传的机会。我今天能在这样一个表同情于反帝国主义的岭南大学讲话，自然是再高兴没有的事情了。

人们彼此没有见过面谈过话，彼此之间常常不免有一些隔阂或误解。譬如我来到岭南大学的时候，我未曾听见岭南大学教职员先生们为我解释学校内部情形，我终有许多不懂的地方，我总怀疑岭南大学仍旧不免有许多普通教会学校的弊病。但自从我听见他们为我们解释的话，我便更明白你们学校的真正情形了。我们亦是常常被人误解的人，譬如人家知道我是反对基督教的，他们便以为我是如何不尊敬耶稣，不尊敬基督教徒与他们所办的教育慈善事业。其实这许多是误会。我并没有这个意思。我今天难得有这样一个机会，不妨把我的真正态度说与诸位听听，以免除大家的误会，并且可以提出我的意见，请诸位加一个批评。

我的意见，决不轻看耶稣的为人，我相信耶稣是古犹太的一个"圣人"，象孔子是我们中国的一个"圣人"一样，而且我相信耶稣实在有许多超过孔子的地方。至于教会中人，我确亲眼看见有些好人，而且我要承认我自己实在受了教会中好人的若干影响。教会所办教育慈善事业，我相信有很多都出于外国先生们个人的好意思。

为甚么说耶稣是超过于孔子的圣人呢？我对于孔子的道德学问，向来便很佩服他，我相信他真是满心仁慈，要想救世界人类的圣人。他生在春秋的时候，看见各国诸侯不讲道理压制人民，各国之间又常时发生战争，伤害许多性命，扰乱得全世界都不安宁。他因为学了一些古圣先王的道理，知道天下之乱都由于为人君的不存仁心、不行仁政之所致；于是他便奔走列国，向那些人君宣传，今天见齐景公，明天见卫灵公，一个地方没有将席坐暖，便又爬起来跑到别一个地方，可怜他一直跑到胡子头发白的时候，除了每到一个地方混得几餐饮食，临行时混得几个盘费以外，都没有甚么结果。于是他老人家又跑了回来，删诗订礼，还希望在他未死以前，做几部好书，以便后之人君或有能采取其学说以行仁政于天下的。象孔子这样诚恳勤劳，为人类做事的人，我们如何能够不推尊他为圣人呢？不过孔子有一种很大的缺点，便是他看见这些不仁之君，不知道到人民中间去宣传组织人民，只知道去找那些人君，须知那些人君没有民众的势力在背后监督督促，专想靠讲甚么道理以劝化他们，是不会有甚么功效的。孔子不懂得这个道理，所以一生只是钻烟囱。不过他老人家精神很好，刚刚从一个烟囱里钻了出来，又钻进别个烟囱里面去，周游列国，钻遍了列国的烟囱，到了七十岁左右跑回鲁国仍旧删订了许多书，要后世他的门徒继续他的钻烟囱的事业。这一方是他的愚笨可怜的地方，然而亦是他的精神不可及的地方。到了后世他的门徒，便更糟糕了。他的门徒读了他所删订的书，却比他聪明狡猾，知道象他那样钻烟囱，是划算不来的事情；同时他的门徒多半亦没有他的名望资格，可以随便到各国谒访人君，因此他们学了孔子的书，完全不去钻烟囱，只知道拿那书中的话做文章，考秀才、举人，为他们进身之阶，同时又拿这去说与农夫、工人听，表示他们的博学多闻，于是帮助一般君主压迫这些农夫、工人，这些农夫、工人还认为这是孔圣人的道理，不敢反对他们。所以孔子还只是钻烟囱，他的门徒却成为一般人君的走狗了。

耶稣的仁慈想救世界人类，与孔子没有甚么两样。但他却不象孔子那样钻烟囱。孔子对于压迫人民的人只知讲劝化，所以他总是跑去见那些国君，常时与他们讲话；耶稣则不然，他并不跑去见甚么人君，他有些象我们现在的革命党一样，好接近宣传民众。他对于压迫人的人，不只是用劝化的方法，他并且骂他们。照《圣经》所说，他到神庙中间去的时候，看见有些商人在庙中做生意，他便骂他们，将他们摆的摊子丢到庙门外面去了。在《圣经》中又常常看见他骂那些犹太的祭司与收税吏，这都是直接压迫犹太人民的人。在这些地方，可以看得出来耶稣很有些革命精神。他这种勇敢的行为，所以使他后来遭杀身之祸。然而这便是孔子所万万不能及他的地方了。不过耶稣亦是与孔子一样，他们讲了许多道理，两三千年收了许多门徒，但是他们通通没有能够救世界。耶稣仍旧与孔子一般，不能够救世界，为甚么我说耶稣是超过孔子的"圣人"呢？这中间有两个原因。一个原因便是因为耶稣自身仍旧有一种缺点，他虽能够骂那些压迫人的人，然而那些压迫人的人是不会因为怕他骂便改悔过来的，你越是骂他们，他们越是恨你，想谋害你。我们对付这些压迫人的人，只有一个法子，便是将一切被压迫的人团结起来，来打倒他们。换一句话说，要对付这些压迫人的人，孔子的"劝"的法子是不中用的，耶稣的"骂"的法子亦是不中用的，对于这种人只有用我们革命党"打"的法子。我们革命党天天喊打倒帝国主义、打倒军阀，我们天天干打倒这些东西的工作，我们与孔子、耶稣不同的地方，便是不靠"劝"，亦不靠"骂"，对于这些反动的势力直接了当的"打"倒他。孔子、耶稣虽然都是"圣人"，但是"圣人"的法子是都失败了的，所以这便是他们都不如革命者的地方。还有一个原因，便是耶稣的门徒亦与孔子的门徒犯一样的弊病。他们看见耶稣爱骂人以后遭了杀身之祸，所以他们便不肯随便骂人了。他们学了耶稣的道理，既不去劝化那些压迫人的人，亦不敢骂那些压迫人的人，他们亦学孔子的门徒一样，只知拿这些道理去对一般农夫、工人讲，去愚弄恐骇这些可怜的人。譬如现在基督教徒对于帝国主义、军阀乃至一般土豪劣绅，谁能有耶稣那样勇敢的精神，当大众骂他们呢？岂但不敢骂他们，并且无论甚么事情还要请萧耀南、孙传芳等贼酋提倡捐助，以为荣耀。耶稣的道理，遇着这种门徒，自然亦便糟糕了。

我见到基督教徒中虽然确实有若干好人，然而这些好人对于中国做不出甚么切实的事情。教会里正在布道祈祷的时间，帝国主义与军阀同时在拘捕杀戮，或者在压迫苛待中国平民。这些教会中的好人，既不能劝止帝国主义、军阀的残暴行为，他们又怕得罪帝国主义、军阀，不敢提倡而且不愿赞助中国平民反抗帝国主义、军阀的革命行动。他们明明看见中国平民被帝国主义、军阀踏在脚下，但他们老守着和平忍让的教训，向践踏在帝国主义、军阀脚下的中国平民宣传和平忍让的道理。这样子下去，中国平民倘若完全相信了他们的宣传，不要永远被帝国主义、军阀践踏一世，没有出头的日子了么？我为不忍见我们中国同胞这样被人践踏，所以反对基督教。但是我要申明，我并不是说基督教徒中间没有许多好人，不过这些好人因为相信了基督教，自己不革命，而且亦劝人家不要闹革命的事情，天天教人家礼拜祷告，引诱许多人脱离了打倒帝国主义、打倒军阀的革命战线。这是我觉得可惜，亦是我所以不得不反对基督教的原故。

外国先生在中国办学校，有的人要说这是帝国主义的文化侵略，这些办学校的人是帝国主义的走狗。我所以主张取缔外人设立学校的理由很简单。只是因为外国先生是爱他们本国的，他们为中国人办学校，一方固要为我们中国人谋幸福，然而一方亦决不愿他们所教育的中国学生反对他们的本国。所以英国人办的学校，一定鼓吹中英亲善；美国人办的学校，一定鼓吹中美亲善。这决不是外国先生主观上对于我们有甚么恶意，故意欺骗我们；而且他们所鼓吹的国际亲善，亦不能说是不应当的道理。为甚么中国民众与英国民众或美国民众，不应当亲善呢？不过有一层，我们要注意的：便是我们对于英国民众、美国民众虽绝对应当讲亲善，然而对于英国、美国的帝国主义者的政府，他们在政治、经济上加于我们的压迫，我们却必须要毫不迟疑的打倒他。外国先生劝我们中英亲善，中美亲善，是很对的。不过可惜在他们劝我们讲亲善的时候，他们本国的帝国主义的政府者同时却正在侵略压迫我们。这些外国先生因为爱国，不愿反对自己国里的人，所以亦不反对自己国里的帝国主义者的政府；并且他们亦知道若反对了自己国里的帝国主义者的政府，不但似乎非爱国之道，并且恐将来自己回不了本国去，至少以后再不容易在本国那般大人先生们面前募捐盖造学校、教会。因为这些外国先生爱国，因为他们还想有回国的一天，因为他们还想募捐盖造学校、教会，于是他们不但要我们对他们的民众亲善，而且要我们对他们的帝国主义者的政府亲善，而且不愿我们对他们的帝国主义者的政府不亲善。他们在中国办了学校，在学校内对于学生，只讲他们的帝国主义者的政府对于我们怎样"好"，把他们的帝国主义者的政府如何黑暗、惨酷压迫我们的行为隐瞒到一字不提。若是学生在别的地方知道了他们的帝国主义者的罪恶，要起来反抗，他们还要帮着他们的帝国主义者的政府来压迫我们的学生，或是开除，或是解散学校。我以为在我们中国办学校的外国先生虽然根本并不是坏人，然而我们中国青年多一个人进英国人所办的学校，便少了一个人反对英国帝国主义，多一个人进美国人所办的学校，便少了一个人反对美国帝国主义。外国人办的学校越发达，便会使反对帝国主义的人越少，便会使我们中国人的民族精神，越受损失。有人说外国先生在他们外国捐来了许多钱，盖造了许多洋房子，亦有许多难得之处。这些话自然是很对的。不过这些钱从外国送到中国来的越多，我们中国民族精神消磨了的亦便越多，帝国主义的捐款，好比是购买我们中国民族精神的代价。我并不是说在中国办学校的外国先生都不是好人，无论他的本意是怎样的好，这种学校对于中国青年的民族精神总是有绝大妨害的。

今天很难得有一个机会，在岭南大学发表了我这一篇意见。我对于岭南大学，只是还有几个希望：第一个希望，便是还要在学校内提高反帝国主义的精神。办理岭南大学的虽然亦有几位美国先生，我就沙基惨案时的事实看来，我相信这几位美国先生一定是我们反帝国主义的同志。至于中国先生与全体同学，自然更是反帝国主义的同志，无待言了。我愿意勉励岭南大学中国外国先生与一般同学的便是，我们应当有更高的反帝国主义的热度。我们不但要预备反对英国帝国主义，或反对日本帝国主义，而且亦应当预备反对美国帝国主义，我们相信美国的人民确实是我们的好朋友，犹如日本的人民是我们的好朋友一样；但是美国的帝国主义者用政治、军事、经济等方面各种手段压迫我们，亦正与英国帝国主义、日本帝国主义没有甚么两样。岭南大学一定要与别的外国人所办的学校不同。无论甚么帝国主义者，一定都要反对我们。虽然受了美国先生的教育，然而对于美国帝国主义者仍旧必须加以极严厉的反对，这并不是对不住美国先生，只有能够这样，方可以证明美国先生来办学校，完全是为我们中国人，并不是为要欺骗软化中国人，使大家不反对美国帝国主义的。而且我还要说，不但受美国先生教育的同学应当反对美国帝国主义，我并且诚心诚意欢迎美国先生们，下一个勇敢的决心，把耶稣痛恶恶人的精神拿出来，与我们一块来反对美国帝国主义。只有这样才可以令我们中国人放心，知道外国先生来办学校，亦有些人并不一定是帮助他们本国的帝国主义者的。

还有一层，便是希望岭南大学能够把圣经、礼拜等功课完全取消了，不要拿这些神话迷信扰乱我们青年的脑筋，虚耗我们青年的光阴精神。我们今天在帝国主义、军阀压迫之下，需要努力宣传组织民众，进行革命运动。一天叫他们去听那些把两条鱼，五个面包散给几千人的传说，而且要他们闭着眼睛祷告上帝，这有什么用处呢？基督教徒祷告了两千多年，不看见将世界祷告好了；反祷告出这多帝国主义、军阀出来。今天还要我们青年祷告，再祷告三年五年，帝国主义、军阀就不压迫我们，老虎就不吃人了么？对于老虎只有"打"之一法，祷告上帝，上帝哪有甚么别的办法呢？我们做反对基督教的宣传之时，有些基督教徒就说，信教自由，不能干涉的。不错，我们并不干涉人家的信教自由。但是既然说信教自由，为甚么在学校里要强迫人家研究《圣经》、祷告礼拜呢？我们中国今天的青年，要去革命，要学习革命的知识技术，要学习革命的生活，所以我很痛心有许多与外国先生有关系的学校，强迫许多不愿意的青年，要他们做那些他们自己根本不相信的事情。所以这一个问题，我亦希望岭南大学的先生们想一想。

话说得太长了！总结起来，我只有一个意思。我们很感谢岭南大学今天的欢迎会，我们希望岭南大学的中国外国先生与一般同学，要永远做我们的反帝国主义的好朋友！

载《中国青年》第 120 期
署名：代英

反对帝国主义的文化侵略
（1926 年 6 月 30 日）

一、何谓文化侵略

我们说的文化侵略是指的帝国主义者一种软化驯服弱小民族的文化政策。

帝国主义者施行这种文化政策的方法，是（一）设立教会，宣传宗教；（二）设立教会学校推行宗教教育；（三）招收留学生，使受帝国主义的教育；（四）办理中西文报纸、通信社、传播谣言，或曲解事实的新闻；（五）设讲演所或露天学校使听众受他们的宣传。

这种文化政策的内容包含下列四件事情：

（一）宣传上帝耶稣天堂地狱的迷信，使弱小民族不注意眼前所受切身的痛苦，而希冀修身行道，以求将来的幸福于虚无缥渺之中。

（二）鼓吹帝国主义国家之文明，而掩藏他们实际上社会各罪恶，使弱小民族眩耀迷惑于其说，甘自暴弃，而承认帝国主义国家为文物上邦。

（三）宣传片面的和平博爱的学说，对于帝国主义压迫蹂躏弱小民族的罪恶，则不能而且不敢加以指摘反对。因此，他们的所谓和平博爱，实际只是帮助帝国主义者，使弱小民族不反抗他们的压迫蹂躏而已。

（四）鼓吹帝国主义者对弱小民族之德意，对帝国主义者在压迫蹂躏弱小民族的事，则一语不提，却择一二件表面上比较似于弱小民族有利之事，大为宣传，使弱小民族发生感激之心，以自甘为永不反叛的臣民。

二、帝国主义何故必要实行文化侵略

帝国主义是因为资本主义发展，资产阶级为了自已经济的利益必须向国外寻觅殖民地，以推广商品销路，采买原料，移植资本，故帝国主义对于弱小民族最重要的是施行经济侵略。帝国主义要达到他们的经济侵略的目的，是不容易的。弱小民族多畏憎与外人发生各种关系，而且弱小民族中工人、农民更多为实际生计问题所逼迫，自然要起来抗拒这种帝国主义的经济侵略，帝国主义者于是不能不以武力压迫弱小民族，而是不能不以各种政治上的势力（条约、法令……），束缚统制弱小民族。武力压迫是很残酷的，政治势力的束缚统制是很不自然的。这种强横霸道的对付弱小民族，永远不能使弱小民族忘记反抗复仇的心理。只有文化侵略可以有软化驯服弱小民族的妙用，使弱小民族以受大国"怀""柔"之统治为莫大的光荣，帝国主义者，因此乃能巩固他对弱小民族的统治地位。

三、中国所受文化侵略的影响

中国自鸦片战役以后，帝国主义者以武力与政治势力逐渐推行其经济侵略，如开辟通商口岸，限制海关税则，发达入口商业，攫取路矿权利之类；他们一方面这样做，一方面便同时进行他们的文化侵略的阴谋。现在帝国主义者在中国文化方面的影响很值得我们注意！尤其是我们看见英美帝国主义文化侵略之成效，可以使我们了解反对文化侵略是刻不容缓的事情。

现在传教外人在全中国约八千人，遍布于各省会都市县城。他们在各地设立教会，用种种方法招收教徒，全国耶稣教会领圣餐的三十余万人，选员六十余万人，天主教徒约二百万人。

全国各都市有基督教青年会四十处以上，会员约八千人。

教会设立大小学校共二千余所，共有学生约十万人。

以上再加各国利用庚子赔款津贴收买的留学生，及服役于外人商店、工厂、学校，及外人掌理之海关、邮局下的中国人，总共当有四百万人以上，皆受帝国主义直接间接之所豢养与蒙蔽，每不知或不敢反抗帝国主义。故此四百万以上之中国人，无异为帝国主义者的文化政策所收买，而失掉了他们的民族精神，文化侵略之结果真是可怕啊！

我们试看他们这种文化侵略的成效：

大英帝国主义是侵略中国的急先锋，他在中国政治经济上攫取的利益，比任何帝国主义者为多。然而因为有了一般教士与留学生为他们歌颂文明宣扬德泽，居然使中国人怀德畏威，不但不以鸦片战争英法联军之失败为耻辱，关税主权之丧失、租界领事裁判权之设立为愧恨，且公然承认大英帝国是文明先进之友邦。

美国帝国主义在近年来勾结英国挟制日本，谋在中国发展其势力。此等野心，乃顺于他本国产业发达所有的自然趋势，稍知世事者自当了然。就巴黎和会、华盛顿会议两次为自己利益牺牲中国利益以迁就日本与近年事事与英朋比压制中国观之，可知美帝国主义与其他帝国主义无异致，乃亦以有教大与留美学生如胡适之博士，与其他教育界、学术界名人为之说辞，至今尚有人认为中国唯一之友邦。

因为英美文化侵略的这种成效已经引起各帝国主义者对中国文化事业的热心，他们正尽力扩大教会事业，并利用退还庚子赔款为文化侵略之经费，但是中国民族的精神根本消灭民族运动①；所以我们必须反对他，比反对经济、政治与武力的侵略更加倍努力才好！

四、反对文化侵略运动应注意之点

我们反对文化侵略是反对帝国主义软化驯服中国民众的文化政策。我们并不是说反对欧美的文化，我们并不是否认欧美文化之优点，而且承认中国有亟须接受欧美物质文明之必要，我们所谓反对文化侵略，决不是盲目的赞美中国的固有文明，如保存国粹论与东方文化论者之所为。我们认定欧美文化是工业资本主义社会的文化，中国文化是农业封建社会的文化，欧美文化是比中国文化为进步的，这是因为欧美的经济状况是比中国的经济状况为进步的原故。但这正是说，中国经济文化因为比较落后，所以为欧美帝国主义者所宰割蹂躏，中国民族必须力求经济文化的进步，以谋完成自己之解放；决不是说，中国经济文化既然比较落后，便应当甘心屈服于欧美帝国主义者的宰割蹂躏，亦不是说中国一定要保守这种比较落后的经济文化，不求经济文化的进步。——这种

---

① 此处疑有误。原意应为：要根本消灭中国民族的精神与民族运动。

奴性或保守性的见解是我们所必须反对的。

我们反对文化侵略，是反对帝国主义软化驯服中国民众的阴谋，我们并不是说反对那些在帝国主义软化驯服手段之下的中国民众，如一般教徒、教会学校学生、留学生等。我们相信这些人中间，除了极少数完全受帝国主义者的收买豢养的人以外，多半是受他们欺骗而不自知觉的，中间不少真诚爱国的人，不过因为他们所受反动教育的欺蔽，所以有时不知反抗帝国主义，且或误会以为反抗帝国主义即是侮辱了他们自己；我们应极力使他们知道中国民族的衰弱，军阀的扰乱，与人民生活的日益堕落贫困，他们与一般中国民众是一样受损失的。在民族解放运动中间，他们应当认清少数被帝国主义者收买豢养的无耻，决心站在反对文化侵略的一方面。我们决不希望他们站在帝国主义者的一方面，固定的与民族解放运动作仇雠。我们最希望他们在帝国主义文化侵略的巢穴里打出来，与外面反对文化侵略的人相呼应，只有他们能起来反对文化侵略，才能掘倒文化侵略的根基，给帝国主义的文化侵略政策一个致命的打击。

我们虽然反对宗教，认为宗教是科学的世界中间绝对不能存在的东西，但我们今天并不要将基督教的地位一概抹杀。若是基督教可以不与帝国主义发生关系，我们亦未尝不可看他与佛道、回教同等，用不着特别的排斥他。所以我们在反文化侵略运动中，对于有基督教信仰的人，自然最好是劝他脱教，如不能脱教，亦可劝他努力谋教会的自立。我们对于教会的自立运动，与其说是反对，毋宁说是提倡赞助，因站在反帝国主义观点上，能使中国基督教徒脱离帝国主义的影响，亦是我们很大的成功。我们是不将反对宗教迷信，与反对帝国主义的文化侵略视为一谈的。如佛、道、回教没有帝国主义的关系，我们决不以反对帝国主义的态度反对他。我们恳切希望基督教至少进步到佛、道、回教的地步，不要自安于为帝国主义的一种工具。

我们反对文化侵略，决不因此有藐视任何文化侵略政策欺骗迷惑的人的心理，我们决不谩骂教士、教会学生与一般留学生。我们要谨防帝国主义者挑拨离间，使我们不能亲近这些教士、教会学生与一般留学生；帝国主义者常常要利用我们一处态度一处言语之失当，而指我们是以教士、教会学生与留学生全部为敌人，他们因此更好鼓惑玩弄这般人，使永不加入反对文化侵略的团体。我们要特别亲近，而且专重他们，使他们了解我们，不但是为中国民族的利益，而是为他们自身的利益，反对文化侵略的。我们相信在他们了解我们以后，一定不肯上帝国主义挑拨离间的当，他们多数人一定要站在我们的一方面，不会站在帝国主义一方面的。我们对他们宣传的时候，应当原谅他们以前在帝国主义包围之中，所以他们的知识思想当然要视一般人比较落后，我们决不因他们的比较落后而鄙笑歧视他们，我们正因为这样认定他们是帝国主义文化侵略之下的牺牲品，他们是我们的不幸的兄弟，是我们所应当特别注意帮助的人。

五、我们的口号！

一切反抗文化侵略政策的同志们联合起来！
基督教会与教会学校应当即刻脱离帝国主义的关系！
反对帝国主义者在中国经营的任何文化事业！
基督教徒、教会学生们起来，共同参加反文化侵略运动！

载《广东青年》半月刊第 4 期
署名：恽代英

国民革命与阶级斗争*
（1926 年 8 月 25 日）

在讲国民革命与阶级斗争这个题之前，我们先要知道现在一般人对于国民革命是有两种的解释：一说国民革命是全民革命；一说国民革命是各阶级联合的革命。这两种解释，表面上看起来是没有什么分别，不过我们要知道说话人的意思并不是如此。他们有些人以为既然是全民革命，就不应该分出阶级来，所以国民革命是四万万同胞起来革命，没有阶级的。却是另一方面有些人则说阶级仍然是有的，只是各阶级联合起来革命就是了。实际上究竟有没有阶级？我们是不可以笼统的说一说就算了事，现在不妨详细讨论一下：

阶级的存在是一件事实。我们不能不承认国民革命；仍然不能不承认阶级的存在。谁敢说中国人当中个个都是一样平等，没有压迫的人和被压迫的人？所以阶级是有的。虽然中国的资产阶级和无产阶级的界限没有似外国那样明显，但到处仍然有资本家，有工人，有地主，有贫农，无论尔怎样不承认有阶级，而事实仍然是如此。有人说中国没有资本家，但是"先施"、"大新"、"永安"……这些大公司是不是中国资本家开的？至于中国有"工人"那更不用说了。不能因为中国资本家少便说没有资本家。中国的资本家仍然会压迫工人的，或者压迫得要更加厉害。阶级在事实上明明是有，不能说他没有。总括说起来中国的确是有阶级，阶级的存在是一种事实。如果我们已承认有阶级——地主、贫农、资本家、工人，那末阶级间不免就要发生冲突，因为他们的利害是冲突的——地主要多收一点租，农民是想减少一点租，资本家想增加工作时间、减低工资，工人则想增加工资、减少工作时间，这种冲突是没有法子避免的。若是没有压迫者和被压迫者，争斗是不会发生的，否则

---

* 该文是恽代英 1926 年在广东的演讲，由林焕源记录。

尔要使他们不发生斗争也是不可能的。有人说阶级争斗是人们提倡起来的，以为是马克思发明出来的，实则阶级斗争是几千年来的事实，马克思不过将他说明罢了。过去的事实，压迫者对于被压迫者起来反抗，便说他们是造反、没良心，而不知道这便是有了阶级之后，自然发生这没法消除的阶级争斗。

阶级斗争在某一时期是不甚厉害，大概被压迫阶级愈觉悟，愈有组织，则斗争愈剧烈。现在世界上的工人、农人渐觉悟到自身的利益，渐次组织了，阶级斗争遂一天剧烈一天了。今姑以学生为喻，学生平日受了教职员的压迫，不一定知道反抗，因为有了觉悟和学生会组织之后，便起来说，那个教员不好，那个是饭桶……来做择师运动了。国民革命是要各阶级能够觉悟，为自身利益团结组织起来。——不要只是空洞的说"保种爱国"，因为只有为自身利益奋斗，最能使人勇敢而不妥协。

有些人（如国家主义者）说，国民革命是爱国保种，但我们就不是这样说。我们说国民革命是要各阶级为自身的利益团结组织起来奋斗。他们是说为国家，我们是说为民众自己。我们是反对他们那种空洞不着实的说话。若说为民众自己的利益，便比较容易唤起一般人。不然，现在许许多多有知识的人，叫他去救国尚且靠不住，其他更不用说了。可是我们说为民众自身利益，人们便要说我们不要国家。实则我们何尝不要国家，不过"爱国家"这句话实在太空洞了，不如说为民众自己，为解放四万万人，比较容易使人勇敢去奋斗——我们告诉各阶级的人，为自身的利益，都要起来反抗帝国主义，国民革命一定要靠民众自己组织团结的力量，才可以压倒一切反动势力，不是靠少数英雄、侠士或义军可能成功的。

我们一方面要使民众觉悟为自身的利益去奋斗，一方面要使民众组织团结起来。我们知道少数人是不能完成革命的。以孙中山先生的伟大，经过四十年的奋斗尚不能使国民革命成功，他积四十年之经验，最后对我们说要"唤起民众"，这就是说革命并不是少数人可能完成的。所以国民革命一定要各阶级民众觉悟，各阶级有组织，他们都来参加革命，才做得好。以前革命运动之所以失败，就是还没有得到民众的帮助。我们的责任是宣传民众，组织民众。但民众有了觉悟，有了组织，阶级观念遂明显起来了，这是没有法子的。

中国的国民革命，如是不要工人、农人有觉悟有组织，要使革命成功，我们知道事实上是不可能的，要说明这一点，我们不能不认清楚国民革命当中，各阶级所处的地位如何。

军阀买办阶级通常是反革命的，有时因与帝国主义者利害冲突，或为民众势力所鼓荡，亦可相当的赞助革命，但他们常易因利害关系欺卖民众。如"五卅"惨案张作霖、孙传芳、上海买办阶级也能相当的赞助革命运动，但叫他去和帝国主义奋斗，是不可能的，是靠不住的。倘使帝国主义者给了一点恩惠给他，他马上便可以反革命的。中国的革命若靠他们来干，人人都知道是不可能。

工业资产阶级与国货商人，为自己利益是爱国的，他们是热心收回海关、抵制外国经济侵略的，但因为人少而资本又每与军阀、帝国主义有关系，故每懦弱而妥协，国民革命他们是可以暗中帮助，而不敢明露面目以触怒帝国主义、军阀。

高等知识分子（学者、教职员），在知识与感情方面都应该爱国的，但他们完全倚赖帝国主义及其走狗以为生活，实际上多是反革命或摇动不定的。所以嘴里虽然整天说爱国，叫他实际上做起来，是不可能的。因此他们多是空口谈革命的国家主义者，说要多读一点书之后才来救国。他们自己不出来革命，看见人们出来领导革命又要喝起醋来。他们看见工农阶级出来领导，便说他们没有知识——而自己不出来干。他们一方面怕得罪革命的群众，一方面又怕得罪反革命的人们，这是高等知识分子之通病。

小商人受各种的压迫，他们是可以革命的，但生活比较安定而无组织，易于受大商人的欺骗，以至妥协，甚或受反革命派的利用。若是我们能够宣传使他们觉悟，把他们组织起来，仍然可以革命的。

学生是勇敢而喜做事，但浪漫而多个人欲望，尤其是领袖分子易与权势勾结，谋个人利益。因此学生每不容易团结，很难使团体组织得好，他的好处就只是勇敢而肯做事。

手工人、农民是贫困受压迫，可以毫无顾忌，以从事于革命的，但最困难的就是散漫、不容易组织起来。

产业工人贫困比手工人、农民更甚，他们除了一双劳动的手以外，什么都没有，且日常感受压迫，他们因产业发达集中城市，俨然成为有纪律的军队。手工人或农民感受压迫痛苦是断续的，一时的，产业工人则无时不感痛苦、不受压迫，所以我们说产业工人是最革命的势力当中最有力量的，这是事实。我们革命若丢开有力量的工人、农人，而只知去宣传没力量的群众，革命是不会成功的，因此，在国民革命进程中要特别注意宣传和组织工人、农人，虽然学生、商人仍然要宣传组织，但工人、农人有了觉悟，有了组织之后，便要发生阶级斗争。有些团体是不赞成阶级斗争的，若他们不去做便已，若要去宣传组织工人、农人，则阶级斗争中自然发生出来了。

最后我们来讨论，应否反对阶级斗争？

第一，如要反对阶级斗争，便先要否认压迫阶级的存在，不然，被压迫者与压迫者的斗争，我们是应该赞助被压迫者的。尤其是我们国民党党员，不应该反对阶级斗争，因为我们国民党党员是要打不平的，若是反对阶级斗争，便反是帮压迫的人去压迫他人了。所以现在一般不赞成阶级斗争，实际便是帮助压迫者对被压迫者斗争。

第二，被压迫者越能阶级斗争，越易养成国民革命的觉悟与力量，而且能防上层阶级的妥协性。阶级斗争越厉害，国民革命的空气越浓厚。有人说，我们说阶级斗争是帝国主义之利，这是错的，帝国主义者见农工阶级跑上革命战线来是很害怕的，所以阶级斗争并不是破坏国民革命，实所以促成国民革命。我们实在没有理由去反对的。

第三，我们同时要注意国民革命非农工阶级单独所能负担，必须联合各阶级去干。因为目前中国产业工人不多，而农人又很涣散，没有知识，若不联合其他阶级革命是不容易成功的。一方面说要阶级争斗，一方面说要联合各阶级，如此岂不是矛盾吗？我们可以说完全不会的。因为各阶级为着其本身利益，仍然要联合起来对付敌人——一方面尽管讲阶级斗争，一方面仍不能不联合起来，若因为要各阶级联合，便不许人阶级斗争，这是错的。

第四，应该注意在国民革命尚未成功之前，农工阶级是不能得到完全解放的。农工阶级必须注意离间破坏。资产阶级是压迫人的，当然在消灭之列，戴季陶先生亦主张消灭阶级，但现在时候还没有到。我们若就提出"打倒资本家"的口号来，那末很容易中反动派离间破坏之计，所以工农阶级对于这点要特别注意。

总即上面的意思，简单说起来，国民革命是各阶级联合的革命。但阶级还是存在，仍然有阶级斗争。阶级斗争愈剧烈，则国民革命愈易成功。但其间有些限制，就是在国民革命进程中，农工阶级还不好提出"打倒资本家"的口号来，虽然是阶级斗争，一方面仍要不妨害各阶级的联合战线，这样国民革命才能成功。

国家主义是什么?[*]

——答张梓湘

(1926 年 9 月 7 日)

梓湘:

你的"国家主义是什么"的疑问,是大多数青年的疑问,国家主义的团体,在各地有继续的生长,国家主义的宣传亦有其相当的势力,他们的旗帜是全民革命,但是没有看见过他们参加何种革命运动,他们说对三民主义深表同情,但又拒绝加入国民党,又反对孙总理根据其三民主义所手定的联俄联共政策,他们极力提倡外抗强权,内除国贼,但他们的宣传都集中于"抗"和"除"那最努力于打倒帝国主义和打倒军阀的〈和〉共产党,这到底是甚么一回事,是国家主义者的神经错乱吗?是他们有特别高明的见解吗?你的疑问是很实际的。

如果要明了国家主义是什么及其为什么矛盾,你必须要了解国家主义的发生起源。国家主义是欧战以后,无产阶级革命潮流高涨所激起的一种极反动的想想,这种思想是一部分小资产阶级被大战的损害,逼得他们发狂了,然他们当时只看见无产阶级的罢工,暴动的"横行"认为这是他们痛苦的原因,并且他们以为无产阶级一旦得势,必"共"他们之"产",必更陷他们于贫困,于是他们集其仇恨与恐惧于无产阶级身上,甘为帝国主义大资产阶级的工具作反共反俄争斗的最凶猛的后备军。

如果孙中山先生说他的三民主义是救国主义,那么我们也可以说国家主义是仇视无产阶级,企图征服无产阶级的主义。他在意大利的表现为法西斯主义,在德国的组织是极右翼的国民党,各国都有这种组织,不过有强弱的程度不同。中国的国家主义也是乘中国工人在国民革命中渐取得领导地位而兴起的。而且他们的领袖是法国的留学生,法国在战后是反动的巢穴,曾琦等留学法国接受法国帝国主义的反俄反共的宣传,当然到了饱和的程度,回国来目睹时艰,叹无产阶级势力之猖獗,

---

[*] 该文是恽代英、萧楚女给读者张梓湘的回信。作者署名为记者。

甚至"占领"国民党，甚至把曾琦的同志冯自由，马素等通统都驱逐出党，自然曾琦等仇恨共产党的程度与共产党在民众势力的增长的程度为正比例。

曾琦等的反动可以说比吴佩孚还要过之，平常人以为国家主义是爱国的，其实不然，国家主义没有一次爱国的行动，只知扰乱救国的革命的群众的后方，高呼赤化，共产。吴佩孚在曹锟时代尚力主签订中俄协定，但中俄协定在曾琦的眼中不值一文。国家主义的反动可以说比由买办阶级蜕化出来的中国大资产阶级还要利害。今年春间，英帝国主义常勾引大资产阶级如虞洽卿等出来反赤，但虞洽卿等终不受利用，终未说过一次反赤的话。但是国家主义讨伐赤化，是永古千秋的事业从未间断过的。买办阶级靠代表依赖帝国主义以剥削中国手民，在他们脑筋中没有中国的观念，中国的亡不亡，与他们无关，反正他可以一样做帝国主义的买办，为洋人销售货物采办原料。国家主义者虽然满口爱国，但在实际上反会卖国，你不看见曾琦最近做文暗示帝国主义联合干涉北伐吗？你如能了解这一点，你就会懂得为什么俄国的社会革命党和社会党在革命后那样哀求帝国主义对俄干涉，这也是中国国家主义将来的路径。

国家主义的理论是如此，但我们不可忽视，有许多青年极易受他的欺骗，第一，因为这些青年群众比较落后，浸润于旧伦观的思想，自易为他们的简单的口号所利用，第二，因为革命的青年态度不好，或显出傲慢的样子，或信口骂群众为反革命，因此使许多有希望的青年走入反革命的歧途。第二个原因尤为重要，因为意大利法西斯主义的胜利也是无产阶级的革命的先锋没有很好的态度和政策对待农民及小资产阶级的错误。

国家主义的矛盾的言论与行动是他们的反动的真面目与实际行动和迎合民众心理的口头革命名词的矛盾。所以他不惜附和三民主义，以图增高其在青年群众的地位。至于三民主义与国家主义彻头彻尾是两件东西，一是革命的救国的主义，一是反革命的误国主义，这是不待言的。

载《中国青年》133 期

署名：记者

军队中政治工作的方法
（1926 年 9 月 15 日）

　　今天同各位讨论的问题，是"军队中政治工作的方法"。我在未来黄埔以前，只有几年做普通民众运动的经验，并未在军队中做过政治工作。所以我应当承认我是不配讲这一个题目的。不过我自从到黄埔以后，在我四个月的工作中颇得到一些经验，我感觉我们以前军队中政治工作，有许多错误的地方，所以今天我可以提出我个人得来的见解，同各位讨论讨论。我们在军队中做政治工作的目的何在呢？军队中政治工作的目的，便是根据总理的两句话："第一步使武力与人民结合，第二步使武力成为人民之武力。"我们便是要从第一步引军队走到第二步。我们的军队名称是国民革命军，然而实际在今天还不能够得上做人民的军队，不过只是与人民结合武力而已。现在的工作便是要用好的方法，努力使他做成人民的军队。我们应当怎样做呢？

　　各位不论在那一军队做工作的，试回头想一想，一定觉得所在的军队，有许多不满意的地方！军队里有许多毛病实在是不足怪的，姑无论在前方新结合的军队，在两月前还是与国民革命毫无关系的，即就在广东的军队而论，受了革命的训练，还不过一年多的时间，所受训练的程度亦各有不同。便令由本党一手训练的军队，因为士兵都是从旧社会来的，官长也还不免有些是旧式的军官，要想在最短时间训练他们，使我们完全满意，亦仍是不容易。但是这些军队，却都有变成人民的军队的可能，怎样使这种可能变为事实，其责任便全在我们政治工作人员身上。有些政治工作人员，一觉到工作困难，立刻便从军队中跑走了，好象这个军队是无法训练了的，这是错了。我们的军队固然是不能使你满意，假使你把这个军队同别的军队比较一下，也便知道这些军队究竟是比较有希望的，至少有一个希望，便是他们多少让我们做一点政治工作，所以我们无论如何不容易做工作，不该丢掉这些军队。而且我们要明白，如果军队已经训练得很好，很可满意，为什么还要我们做工作呢？就因为有许多不满意，所以方要我们负起责任设法来改善他，使他渐渐达到满意，没有因不满意便跑走的道理。

我们军队中政治工作要注意的，第一点是要确定我们要引导他到那一个地方去。我们的兵士自然大多数是被饥寒已经逼上革命之路的，可是他们旧社会的思想习惯已经沾染得很深，他的满脑子还装着许多反革命的旧观念；我们要根本铲除了这些旧观念，才能使他们站稳革命的立足点，由不自觉的革命以至于自觉的很稳定的努力革命。自然有些同志说我们天天同他们说三民主义，便可以稳定他们的革命观念，但是三民主义不是一个容易懂得的东西，他是与许多旧思想习惯相冲突的，例如我们喊"打倒帝国主义"这一个口号，三岁孩子都懂得的，然而在去年五卅惨案发生时，有许多人都以为打倒帝国主义便是要打洋人，便是我们要把洋人压迫下去，为什么要发生这种错误呢？就因为旧观念太深了的缘故。再则五卅惨案发生时，梁启超、江亢虎发出许多调和的论调，有些人便盲从附和他们，以为说激烈的反抗，是受了共产党所欺骗，这亦是旧观念作怪的结果。讲到民族自决，很多人更是不懂得，有些黄埔学生都要质问我，你为什么主张民族自决，使蒙、藏脱离中国统治呢？其实我倒要问他们，为什么不主张民族自决？本党第一次全国大会宣言不是明明郑重宣言承认中国以内各民族有自决权的么？何以见得民族自决蒙、藏便会脱离中国。苏联不是允许了许许多多他国内的弱小民族自决，而这些民族都愿联合成为一个国家么？民族自决当然是每个党员不应持异议的，然而有些人究竟因为旧的帝国主义的观念，不能完全了解这个道理，显然发出与党义相反的意见。

说到民权主义，亦不见得个个人都容易了解。总理的五权宪法，直接民权都不很易懂。尤其是要问到人民究竟有几多自由权？罢工是否应当绝对自由？这便更可以看出许多人根本不懂党义了。人民应有集会、结社、言论、出版的完全自由权，这是规定在对内政纲中的。工人有罢工的绝对理由，这是写在工人运动决议案中间的，总理颁布的工会条例，亦明白规定工会有宣布罢工权，这并经过邵元冲先生很详细的解释清楚；人家说邵元冲先生是右派，他倒已主张罢工自由，而所谓左派时还弄不清楚，这岂不是奇怪的事么。又如说到反革命者无民权，亦是时常发生问题的，现在反动派时常放些坏空气，做些坏事情使政府时常在摇动之中，然而我们每不能以完全不妥协的精神，去镇压这些反动派，反动的人有时亦借自由为他的保障，甚至说反对中央党部也可以说自由，反对国民政府也可以说自由，这离本党民权主义真不知多少远了。

讲到民生主义更是不容易懂的事。总理说的"民生主义就是共产主义"这句话是很少人理会的。许多人还害怕，有人要引用这句话来详细的讲解，他们说现在是不大好说这样的话的，这要留待革命成功了再讲，如果革命成功了，恐怕亦不要你讲这些话了。本党因为要实行民生主义，所以最重农工运动，而有些人一听到人家说农工运动，便说，他是共产党员，他来宣布共产主义了，难道农工便只是与共产党有关系的么？党的宣言，国民政府的宣言，都明明说注重农工运动，保护农工利益，帮助农工组织，大家却偏偏不懂。国民政府的宣言甚至还说过，土地是用以养人的，不应该占为私有，地主不耕田而收租，这是不当之利，这些话有几人敢为党宣传呢？而且还有许多人根本不相信本党会有这些主张。各位同志你们看看，这不是很可笑的事么？我们天天讲三民主义，却是有一大批三民主义的信徒，思想上根本是与三民主义相反的，这种相反的思想，原本是社会相传下来的旧思想，我们若不能根本改变这些旧思想，是不会能为本党造出真正的基础，不会能使总理的希望——化武力为人民的武力，能够完全实现出来的。

我们必须使一切士兵对于三民主义，有很正确的认识，非此不能保证我们的军队永远站在革命的战线上，为本党的主义奋斗到底。我们平时尽管喊着团结精神、统一意志，但一遇实际问题临头，立刻便会整天闹个不清楚，成为党的重大问题；假使我们的军队，象这样不能站稳革命的立足点，我们的军队虽多有何用处呢？只要他们被外面的反革命空气来浸润，亦许还会不知不觉的跟着反动起来呢！我记得从前我在上海，平时与许多党员都很融洽的，但因未能使他们对于党的认识明了，到西山会议的问题发生了，有些同志便被反动的空气弄糊涂了；我们如果不将党的主义策略，设法使士兵懂得清清楚楚，有了确定的观念，那么这军队跟住我们有几多时候，是没有一定的，他们亦许有时要站在我们的反面去。我们做政治工作的人要认清，使士兵明白的认识主义，打破一切旧的反革命的观念，是最重要的责任。我现在已经搜集了许多党纲宣言及国民政府的宣言中的材料，及许多国民党领袖说过关于各种问题的话，预备印刷出来，给大家看看，省得同样一句话从跨党的或左倾分子出口，就被人家说是共产党的理论。我相信这样的理论实在是国民党应当有的理论，而且相信每个国民党员必须切实接受这些理论。我们政治工作人员无论在如何困难的环境中，必须要丝毫不妥协的将这种理论传达到士兵方面去。不过我在这里郑重的申明，我绝对不是要各位同志在军队内部故意去闹什么右派左派的纠纷，或使士兵与官长发出许多不必要的冲突，闹到一塌糊涂。我们一定要保持军队的统一，不破坏现有的军队，然而又要有方法将党的真正主张，很正确的灌输到军队里去。

所以我们第二便要注意的，要用怎样的方法把现在的军队，引导到我们所要他去的地方去。普通做政治工作的，一定会觉得要引导军队到我所说的真正三民主义的地方去，这是很不容易的，因为从前大家讲三民主义，并不象我所论的这样认真，已经在军队中做不很好，现在要这样认真宣传三民主义，一定要加几倍困难麻烦了。然而三民主义是不是救国主义呢？他既是针对中国的病而发的救国主义，除了极少数的反动分子，为甚么会有许多人不赞成，为甚么会使我们的政治工作感觉这样的困难呢？一定是我们的工作做得不好，所以惹起了许多不明的反动派，这是要反躬自省，不能怪任何人的。我们必须要怎样做才好呢？就我经验觉得要切实的做到以下四点。

第一，不要夸大了政治工作的地位。政治工作占着军队中的什么地位呢？有的以为是唯一重要的，如果军队中只要注重政治工作，不必要问甚么教练、风纪，那不是将军队变成了法政学校么？军队里还有其他很多要紧的事，如何能说政治工作是站着唯一的重要地位？我们的党因为军官不喜有政治工作，曾特别提倡政治工作的重要，而一般做政治工作的人，因为好看重自己的工作，于是格外将政治工作说得重要，但这是很不好的，自然政治工作是重要，但是绝对不是唯一的重要。我们不应该看重自己的工作，如果人人都只看自己的工作，那便你以政治工作为重要，军官以军纪风纪为重要，自然在工作上便会发生困难了。我们一定承认军队中所有的工作，各有其相当的重要地位，一定要尊重人家的工作，方不至令人发生反感。再则政治工作要与其他的工作有很好的连系，方能使人了解，这般政治工作人员是帮助他们的，不是害他们的，政治工作做好了，其他的工作都可以得些好处，这样才可以使人家亦看重政治工作，至少他们亦不会有意与政治工作人员为难的，能这样做才是党与政府所以要在军队中做政治工作的意思。

第二，要认清军队的官长是怎样的人。普通的错误观念，常以为官长不看重政治工作，便说他们是反革命的；而且因为这些官长的言论行动表现出许多反动的思想，国家主义思想，研究系的思想，甚至吴佩孚式的思想，更证明他们一定是反革命无疑的。其实心里存着这个观念，做工作更困难了。我们试研究一下，为什么一般官长会有这种的言论行动呢？他们一天只知做政治工作，没有看书听讲，他们是不懂得革命的理论的。他们有时以为自己的旧学问怎么好，以前有什么特别的研究，但是他对于革命的主义、策略，却完全是门外汉，于是他们不负责的高谈阔论起来了；他们要说什么邪说横行啊！或是说青年的人胡闹啊！！这在他不过是发发牢骚，那里便可说他是反革命。譬如乡里老八股先生说两句"夷狄之有君，不如诸夏之无也"。这可以捉来办复辟之罪么？对于他这种人只要我们对症下药，慢慢的宣传，亦未尝不可以接受政治宣传的。有些军官说：我以前带兵亦有许多年，从来没有听到什么叫党代表、政治指导员这些名目，这只是他们不懂，决不能说他是反革命。你只看他们到东江战役，革命军靠政治工作之力以少胜多之后，他们对于政治工作，便不敢象从前那样轻视，便知道他们并不是顽固不能觉悟的。以前做政治工作的人实在做得不好，他们自以为懂得政治，无论在什么地方，把傲慢的态度摆起来，而且过分的藐视军官，使军官一见他们，亦便讨厌他们，因而亦就不愿他们去做政治工作，这是不能证明军官不要政治工作的，不过只能证明军官不要有你这种态度的人去做政治工作罢了。我们可以断言：军官有意反革命的实在很少，就使有几个曾经在陈炯明那边做过事，或不久又跑到那个反革命军队中去了，这也不见得是有意反革命，不过他们所学的是军事知识，所以总要求有一个军队中的位置罢了！他们若在革命的军队中，亦只是在这里要求一个军队中的位置，你若说他们个个是革命的，自然亦不免过誉，但若说他们是反革命亦是没有道理的。我们切不可轻易的说这个反革命，那个反革命，因为这样使人家怕得无法，他们怎样还要你在他们的军队中做工作？我们若能不伤害他们的位置，使他们不至于恐慌起来，他们亦不会怎样有意干涉你的政治宣传、农工运动，使自己得罪本党与国民政府的。任你讲主义也好，讲策略也好，你总不要使他怀疑，使他害怕；你便自然知道，纵然官长表面上似乎思想同我格格不相入，他们亦不会怎样妨害我们的政治工作的。

第三，要谨慎应付环境。军队中作政治工作，自然一定会有许多困难的，最要紧的是要我们会应付任何环境。我说应付环境，有时亦许是要牺牲一部分工作来与军官谋相当的妥协，我们在工作上有时是免不了要妥协的，不过总要千方百计将党的正确主张传达到兵士方面去。譬如说，官长只许我们每星期讲一点钟亦不要紧的，我们若无法争得增加钟点，便是一点钟亦可以，我们只要力求这一点钟讲演的材料很好，只要能充分利用这一点钟，一定可以得着很大的效果。张作霖、孙传芳的军队，能容我们去宣传一点钟么？无论什么地方，不会没有机会做工作的，只怕我们不去找机会，或是不满意这个机会便不去做。其实便令有很满意的地方，军长、师长很欢迎我们去做工作，我们还是要小心谨慎，不好有点大意的。你如果不留意，跑去乱说，团长、营长马上就要不高兴起来，这个时候你若还不能认清环境，还是只知仗着军长、师长的帮助，一味孤行己意，那便一定会惹起团、营长都要求撤换你，在这个时候，军长、师长便想帮助你亦会没有法子的！所以我们无论在顺境或逆境中间，都要能小心谨慎应付一切，才可以扫除工作之障碍，如果不能小心谨慎、善于应付，无论遇着顺境逆境都是会做不好的。我这所说的并不是要教大家遇事顺从军官的意思，一味避免冲突、敷敷衍衍的去做，我只是说不必要的冲突要避免的。我们做一切事，总先要估量我们的力量如何，自己没有力量便令应该做的事情，都不可随便去做，象现在一般人完全不问自己力量，爱管闲事，随口批评人家，反对人家，这是很不对的。

第四，宣传不可太着实际。宣传的材料同士兵的生活固然不可不接近，然而太接近了亦不好的。这一点亦许是我一个人的经验是如此，还要请大家研究是对或不对。我们平常做农工运动，宣传越合实际越好，不过我以为工作的方法与材料，应当是随时随地随工作的性质而不同的，军队中的宣传方法与材料，切不可拿来与农工运动相提并论。譬如农工运动可以尽力提倡为本身利益奋斗，便会因此促进了阶级争斗，亦只是地主、资本家稍有不利，于革命是有利的。然而军队的宣传，如果亦这样提倡为本身利益而争斗，那么兵士便要同军官争斗，不是要将全军队弄糟了吗？有些人以为他那里军官不好，让他做下去，有妨碍于革命工作，所以他以为士兵与这种军官发生冲突，正是好的现象。其实他所谓不好的军官未必当真是不好，假令他那里军官是不好，但是好的军官又从何处找呢？彻底的不要他所谓不好的军官，而又找不着比他们更好的军官，然则国民革命军交给谁指挥呢？日前有人对我说，军队的军官怎样坏，军队怎样不好，非解散不可；我亦不与他辩论，只是将其他的军队的情形与他讨论，一个一个的问他，这样的军队要不要解散？他说得渐渐不能说了。当真照他的意见，所有革命军都要解散了。他这样的意见，香港政府是第一个赞成的。我们在军队中做工作，是在于设法使军队进步，不是在破坏军队，这一点一定是要彻底明了的。有些工作人员看见士兵不满意军官，他便故意向士兵讨好，指斥军官每月有饷多少，他们与士兵是怎样不平等；我们本人高兴与兵士一样同甘苦是很好的，拿这来干涉别人家，并且来挑拨人家对士兵的感情，这是很危险的。做政治工作的人员要负这种责任，军队发生纠纷时你要设法去解决，要使军队的精神团结得更坚固，决不可以不负责任的去煽动兵士，宣传太着实际是免不了有煽动之危险的。不过有人要问宣传要不十分切合实际，怎样能引士兵上革命之路呢？这不是绝对没有法子的，士兵的前身是工农，革命成功，士兵仍要归工归农的，所以将工农的穷苦情况说给他们听，将如何改良农工生活的策略解释清楚，这一定能增加士兵的觉悟程度与革命精神，坚定士兵对于革命的信仰。而且这样做可以使士兵完全站在农工方面，认清为农工利益奋斗便是为自己的利益奋斗，这比专教他们在军队中争自己的利益，要好得多。我们要认清这是我们主要的任务，将精神集中在这里。如果军队中没有发饷，怎样办法呢？要你解释不发饷的原因，由于政府财政支绌，政府财政支绌，由于反动势力未除，所以军费太大；又因为帝国主义的剥削，使人民负担租税力薄弱，这样不但可以使士兵不至完全灰心失望，且可使士兵更加明白的认识其敌人。此外我们的工作，要士兵得到革命的基本知识，亦是很要紧的。例如，革命是怎样一回事呢？中国现在的情形怎样？世界现在的情形怎样？何谓帝国主义？何以会发生帝国主义？怎样才可以打倒帝国主义？这都是士兵必须要知道的，我们要士兵有革命的迫切需要。但必须他们懂得革命的全部分的利益，才可以不使他们不因一部分的利益，而忘记了全部革命的需要，自然我们是不应帮助军官哄骗士兵的，亦不可使士兵随便反对官长，为革命的利益服从官长，同时设法改进自己的军队。

明白了上面这四点，便能谦恭接人，使军官了解我们，这样便可以进行一切工作也不会有很大障碍了。我们真能这样做，不但可以使士兵接受我们的宣传，并且可以使官长渐渐的高兴研究，亦接受我们的宣传。我们不会有甚么重大困难的。我上面所说的话，都是由个人经验得来，自然不一定都是对的。我只是要提出来，请大家讨论讨论。

九，一五。
载《政治工作演讲集》第 1 集
国民革命军总司令部政治部印行
署名：恽代英

政治学概论
（1926 年 9 月）

编辑大意

　　此系初次试验之作。作者明知自己的研究与学识是不够做这一件事的；只因现有各种政治学书籍，非理论太过陈腐，即与本党政治学说丝毫不生关系，殊不合于本党同志研究政治之用，故于授课之时，冒险为此试验。自然，错误是不可免的，缺点亦一定很多的；但是，只要能够在授课之时，使学者可以得着许多近代的政治知识，了解本党对于各种政治问题的主张，而且供给一个幼稚的草稿以便有专门研究的人改削补正，这总不是无益的事。

　　此书之内容分五讲，其目次如下：

第一讲　政治　国家

第二讲　国体　中央集权与地方分权

第三讲　政体　人民参政的方式

第四讲　人民的权利

第五讲　党

第一讲　政治　国家

研 究 问 题

一、政治在有阶级时代，与在无阶级时代，其意义相同否？

二、本党所谓全民政治，与美国、瑞士所谓全民政治有何不同？

三、本党所谓全民革命与国家主义者所谓全民革命相同否？

四、为甚么我们并不主张今天废弃国家，而又要反对国家主义？

五、本党对于无政府大同主张取何种态度？

六、何以我们要反对无政府主义者？

七、卢梭以国家起于"民约"论，于理合当否？

八、甚么是国家三大原素？何以证明缺一原素即不能称为国家？

九、何谓殖民地？何以说中国是半殖民地，或次殖民地？

十、本党要创造怎样的国家与政治？其最终目的为何？

政治学是什么？自有历史（有阶级制度）以来，政治总是统治阶级（压迫阶级）之治术（治理被压迫阶级之术）。封建政治，是封建阶级（君主、贵族）统治其他阶级之术；资本主义政治，是资产阶级统治其他阶级之术；无产阶级专政的政治，是无产阶级统治其他阶级之术。到没有阶级的时代（自由社会），政治则成为全民治理自己事务之术——所谓全民政治。在这时候的政治，实际上仅等于现在经济事业（公司、工厂等）委员会中之事务。是以治事为目的，不是以治人（镇压反对派势力）为目的的。

目前中国的政治，乃帝国主义者与其走狗互相勾结，以统治中国被压迫各阶级之术（公使团、北京政府、军阀、买办阶级之治术）。革命政府之政治，是此等被压迫各阶级（全民）起来抵抗帝国主义，打倒与镇压一切反革命势力之术。

国家是什么？国家是统治阶级的工具——国家机关，都是适合于用来压迫被统治阶级的。在原始时代，没有阶级，便没有国家。中世纪的封建诸侯、军队，便是封建阶级压迫人民的工具；近世纪的三权鼎立与军队、警察，是资产阶级压迫平民的工具。俄国的苏维埃、红军，是无产阶级压迫资产阶级和反革命派的工具。

目前中国的国家，是帝国主义者与其走狗宰制国内被压迫各阶级的工具，他们用不平等条约、法令，以及各种不平等的制度来束缚中国人民。本党要建设的三民主义的国家，是要唤起此等被压迫各阶级，联合起来抵抗帝国主义，铲除反动势力，以完全实现三民主义。

国家是否永存的东西？国家在有阶级时代是必要的。到没有阶级的时候，所谓大同世界，政治机关既以治事为主，而国际间又有各种处理事务的组织，这种划分疆域统治人民的国家，当然便没有存在的必要。总理在民族主义第三讲说："要讲世界主义，要到民族能够独立自由以后。"这便明说国家在今日是必要的，在阶级消灭以后，可以不要国家。列宁说："到自由社会实现以后，没有阶级，没有压迫，即没有国家；

然在此种社会没有实现以前，被压迫阶级要求解放，只有夺取国家的政权。"这亦是与总理的意见大致相同的。如在现在而主张无国家无政府，处在被压迫阶级的地位，则有安于受统治阶级的压迫而不知反抗之弊病；处在统治阶级的地位，则有放任反动派的叛乱而不知防制的弊病。这是空想的无政府主义者所为，不是真正革命的人所应主张的。革命的人要与各种反革命势力奋斗到底，只有完全打倒消灭了反革命势力，然后才可以实现无政府大同的主张。

国家的起源。国家不是固有的（以前游牧社会无国家），也非民众缔约结成的（历史上无此事实），更不是法律创造的，尤其不是神意的。国家是应于经济进化、阶级发生后，统治阶级的需要产生的。

普通所谓国家三大要素——土地、人民、主权，此三大要素必须同时存在（在一国内之土地与各族人民，完整的受统治）。

现在中国怎样？租界、租借地、领事裁判权、内河航行权、关税权，以及公使团之威权，都证明中国是个主权不完整的国家，所以说是半殖民地。因中国在国际帝国主义无怜惜地宰割之下，其地位比专做一国的殖民地还不如，故总理又称之为次殖民地。

第二讲　国体　中央集权与地方分权

研 究 问 题

一、为甚么有些国家是单一国，有些是联邦国？

二、中国是纯粹的单一国否？

三、联省自治是否可以避免军阀间竞谋扩张地盘之害？

四、中国不允国内弱小民族自决，于汉族与各弱小民族有何利害？

五、是否因弱小民族自决可以使中国分裂？

六、本党何以反对各省间组织联邦，而赞成各民族间组织联邦？

七、中央集权之利弊如何？

八、本党是否主张在一定时期，有中央集权的必要？但本党何以能避免集权之弊病？

九、何谓均权主义？本党实行均权主义后与现状有何分别？

十、何以证明本党之政治定可代表各民族各地方民众的实际利益？

单一国　是全国成为整个的一个国家，中央政府有完全统治地方（行政区域）的权力。这种国家常由一种族或一部分人以武力侵略屈服他人的结果（总理所谓国家是由于霸道人为力结合而成的）。

联邦国　是在国内包含许多小的国家（邦），他们虽同意于受中央政府某种约束，然而同时有联邦政府，仍保留若干独立自决性的。这种国家常由他组成的各邦感觉共同需要而协约组织的。如德意志联邦为发展工商业之共同需要而组成，美利坚联邦为抵抗母国（英）压迫之共同需要而组成，苏维埃联邦为抵抗帝国主义与反动白党之共同需要而组成。

中国是单一国或联邦国　是单一国；然而除了内地十八省与东三省汉人均占优势，其为单一国不成问题外，新疆虽改行省五十年，与甘肃西方均回人最多；三特别区（热河、察哈尔、绥远）亦系内蒙地方，蒙人仍在一半以上；青海、川边、西藏、外蒙，则蒙藏种族所居，以前与内蒙古等地皆分旗部定期进贡，仅等藩邦，不能与内地各省相提并论。

中国应为单一国或联邦国　联邦论者（章士钊倡导最力，即所谓联省自治说）以为中国地域辽阔，中央不能顾及全国需要，宜分省为邦，使得自治。且现已成割据之局，欲以武力统一，徒滋祸乱，不如迳改联邦，各息争心，竞图内治。此等学说，本党绝对反对。因分省为邦，便不受中央节制，同时省仍不能顾及各县需要，所谓上不在天，下不在田，徒为军阀增割据之口实。军阀割据，不知唤起民众以革命求统一，反为造割据之理由，以求苟安，结果军阀既多对峙存在，猜忌争竞之事仍不能免，徒滋祸乱而已。在内地十八省与东三省民众，绝无分国互相歧视之思想；所谓联省自治，完全为曲学阿世之说。

同时国家主义论者借大一统之说反对民族自决，以为满、蒙、回、藏、苗等族当同化于汉族，蒙藏等地均当夷为郡县，使受内地同等之统治。此等学说仍系旧日帝国主义之思想，本党亦绝对反对。中国内弱小民族受汉族或他族以前帝国主义的统治，被愚弄与离间，或经济势力的压迫，故有迷惑于宗教，有内部树立门户，自相戕杀，有因经济落后，以致处处居于不利之地位。故为弱小民族本身利益起见，有主张自决之必要。且现今蒙、藏本不驯服，回、苗亦仅羁縻一时，欲化其疆土成为内地郡县，事实上亦决不可能。军阀争雄长于中原，亦无人顾念此等穷荒之地。此种帝国主义之空想，徒示各民族以不诚，与帝国主义者以挑拨机会，使彼等对我猜忌疑惑，有损无益。苏俄在革命后，内忧外患纷至沓来，从前俄皇以武力鞭笞之弱小民族，渐生离心之倾向。惟苏俄本列宁提携弱小民族之主义，毅然许各民族自决，建独立之苏维埃共和国，各民族建国以后，反感于苏俄之诚意，与自身之需要，四年之间，遂以组联邦国统一全俄。此正合我国情，而可以为我之师法。

故本党主张在各民族之间，因语言、文字、经济、文化之不同，认为有允许各民族自决，然后组织各民族自由联合的国家之必要。但反对在汉族已经成为单一国之地域，顺军阀之意旨，强割国土，使成联省自治。

中央集权制　欲求统一全国政治上之指挥，使全国有整齐一致之进步，故有人以为应主张中央集权说。且在外患内忧交迫之时，欲集全国之力以资应付，更非有"强有力之政府"统一事权不可。

地方分权说　欲能顺应各地方之需要，发达人民自治的精神，故有人以为应主张地方分权说。若将权力集中于中央，减少人民练习实际政治之机会，易养成官僚腐败或专制之政治。

中国应采用集权制或分权制　中国在专制时代，有时完全用集权制，但自清末各省军政权渐重，民国以来军阀兴起，地方权更重，中央渐成虚名。本党之主张，在军政时期，完全应用集权制，集权于党治之政府，以扫荡一切反动势力。在训政时期仍应用党政府之集权训练地方（县、村）自治，以养成人民运用政权之能力。在宪政时期，则用均权制，即非集权亦非分权，但视事务之性质，应属中央则归中央，应属地方则归地方。但本党在均权时代，地方权力比现在要大得多。各地方税收至少须以一半以上归地方使用，地方土地税收，地价增益，水力矿产之利，山林川泽之息及其他公共收入，亦归地方使用。则地方事业一定比现在加倍发展。

第三讲　政体　人民参政的方式

研 究 问 题

一、何谓迪克推多与德谟克拉西？

二、立宪政体与专制政体有何异同之点？

三、为甚么苏俄亦不能实行全民政治？

四、何以证明中国非民众觉悟起来，决不能有良好的政治？

五、君主政治、贤人政治或立宪政治，在中国有实现之可能否？

六、国会制与直接民权制有何不同？与苏维埃制有何不同？

七、是否只有共产主义国家可以实行苏维埃制度？

八、何谓创制权、复决权、罢免权？

九、本党所主张之国民会议如何组织？何故容纳资产阶级或军阀军队之代表？

十、国民会议既开之后，可称为国民革命成功否？

十一、国民大会如何产生，与国会有何不同？

十二、总理主张设立五院，其名义如何？立法院即是国会否？

政体之分类　就已有之政体可分为两大类，一为专制政体，即迪克推多制，统治者超然立于法律之上，有万能权力以统驭其属下；一为立宪政体，即德谟克拉西制，国家有宪法，称为全国人民所共守，统治者亦不能自外于法律之范围。

专制政体之下，又可别为三种。（一）为君主专制，即个人独裁政治，君主视国家为私产，在国内有无上威权。（二）为寡头专制，即少数独裁政治，少数人视国家为私产，共同宰割全国人民。（三）为贵族专制，即封建阶级独裁政治，诸侯卿大夫视国家为私产，刑罚效力只能及于庶人。

立宪政体之下，亦可别为三种。（一）为君主立宪，即君主国而有国会宪法，实际乃封建阶级、资产阶级妥协，以共同统治其他阶级之方法。君主立宪国有封建阶级势力较强者如日本，有资产阶级势力较强者如英国。（二）为民主立宪，即无君主而有国会宪法之国家，实际乃资产阶级独裁政治，其国会宪法乃资产阶级统治其他阶级之工具。（三）为苏维埃立宪，即无君主国会，而有由工农团体等代表所组织之苏维埃大会之国家，实际乃无产阶级独裁政治，其苏维埃宪法，乃无产阶级统治其他阶级之工具。

故可知立宪亦犹如专制，在有阶级时代，政治总是一阶级压迫别阶级之方法，决无全民政治可言。

中国应当采用何种政体　有人说，中国仍旧应行君主专制，他们以为十余年之纷争扰乱，皆以全国未能定于一尊之故。这种人只看了十余年来伪共和政体之缺点，却忘了二千余年君主专制之成绩。在君主专制国家，君主孤悬于上，自己既易专恣纵欲，耳目又易为奸佞所壅蔽，尧舜之世不过学者托古拟臆之辞，凡书籍所载，则尽系昏庸贪暴之君主，满清之倾覆即足证君主专制制度之破产。居今日而追慕君主专制之世，徒见其思想落后而已。且在此军阀割据之时，欲求纳此多数军阀于君主专制范围之下，亦为事实上不可能的事，袁世凯之倾覆，复辟之失败，与其说是人民势力，不如说是军阀不愿使天下定于一尊之结果。由此可知非打倒军阀，亦无实现君主专制之可能。然果能打倒军阀，天下亦无此痴人尚坚持要君主专制了。

有人说，中国需要贤人政治，或说需要先组织好人政府，人民非得善良政府，则一切改进计画均无从进行。然而所谓贤人或好人若脱离了民众，仍易受人壅蔽，为意气支使，做出种种坏事。如民国以来，黎元洪、段祺瑞、吴佩孚，非各无一日之长，然卒之祸国殃民，即是其例。若果以好人孤悬于上，不受人壅蔽利用，则又易因无群众拥护而被人打倒。且贤人或好人有何公认之标准？北方反动派可以熊希龄、梁启超……①等为好人，然而在我们则认为一般土豪劣绅，或帝国主义军阀之工具；我们可以汪、蒋诸革命领袖为好人，然而反动派则认为系赤化捣乱之徒。所谓好人标准不同如此，好人政府论不过是一篇废话而已。

有人说，中国需要民主立宪，宜实行宪法，扩张民权。然而在外国所谓宪法民权，皆由资产阶级打倒了封建阶级，或无产阶级打倒了资产阶级，然后以他们自己的实力规定宪法，并保障其实行。中国人若无打倒帝国主义军阀的实力，虽有宪法亦等于具文，有何方法禁人利用或破坏宪法？若说借宪法一纸空文，即可纳反动势力于轨物之中，徒见其空想而已。

本党的主张，最后的目的是全民政治，即是说不是一阶级压迫别阶级的政治。但这是宪政时代阶级消灭以后的事。在革命时期，主张党治，即是以党的力量施行军政（压迫反革命势力）训政（训练人民政治能力），必须这样做才能达到宪政时期。党治不是开明专制或贤人政治，因一则其目的在达到民治，并非永久想要一个人或少数人包办下去；一则党治虽由少数人领导着进行一切，然此少数领袖决非孤悬于上，任意进行，他们乃本于一定之主义策略，而有多数同志在下面与之共同努力拥护监督之。故可无专制或贤人政治之弊。

人民参政的方式　就已有人民参政之方式可分为三种。一为国会制，即划分地方为选区，于一定的时期每选区由有选举权之公民临时集合投票，选举议员，选举以后一切议政均由议员代表，人民退处无权地位（代议制）。二为直接民权制，古代部落甚小时，一切公共的事均由全体讨论通过，此是原始的直接民权。近代的直接民权制，如瑞士及美

---

① 略有删节。

国数省所实行，则系于国会以外，人民若有不满意于国会或议员者，得以一定人数之提议，召集公民投票，或不信任议员而撤回之（罢免），或不同意于国会之决议案而重复表决之（复决），或提出国会所不肯通过之议案而直接议决公布之（创制）。故直接民权所以救国会制之弊，即人民于选举权外，尚有创制、复决、罢免权是。三为苏维埃制，即不用地方选区为选举单位，而用生产者的职业团体为选举单位，他们随时可选举或撤回代表，或命令代表提案，或请求复议，故亦有直接民权之妙用。

中国人民参政应当采用何种方式　国会制是最不良而为本党所反对的，他是由乌合之众临时选举，选举时只有绅士政客之姓名易因为众所周知而获被选，若加以贿买运动，尤易使他们被选，被选以后可以无恶不作，而无人可以监督裁制之。民国十余年国会之丑史，久为人所唾弃，即知此制之弊害。直接民权制为本党所主张，因人民不应只有选举权，必须兼有罢免、创制、复决诸权。苏维埃制总理曾于民权主义中说及，但以所得材料不多，故未评论。（苏维埃制与共产主义不可混为一谈，犹政府用委员制不可便认为赤化。）但就所主张国民会议组织法，可知本党是主张以职业团体为选举单位的。

本党所主张的两种民权制度　本党所主张的民权制度，一是革命时代的国民会议，即由农会、工会、商会、学生会、教育会、大学、政党、现代实业团体、军队之代表所组成（预备会议代表系派出，国民会议代表系选举）。此九种人民团体，皆系职业团体代表。或疑此中有许多资产阶级的代表，而且在预备会议中允许合作革命的军队派代表，已恐有投机分子混入，国民会议更不论其为革命或反革命的军队，皆得选举代表，殊为不妥之事。不知此正总理联合各阶级革命协力之苦心。资产阶级虽每有右倾之病，但与其拒绝使不参与民众之联合，逼其走入反革命之路，不如使加入国民会议，用下层民众势力引其左倾。合作革命的军队允其派代表，所以示天下以大公，然彼等代表占民众代表中甚少数，可受训练而不易左右会场，故无取拒绝之；至将来各军由兵士选举代表，虽反革命军队，兵士群众并非反革命分子，当然有选举权，且借此可使兵士为自身利害与民众合作。总之，国民会议开幕以后，左派自然必须努力奋斗，方可防止右倾之弊；然总理原来主张，则适合时代之可能性，无可疑议的地方。

一是革命成功以后宪政时代之国民大会。国民大会是一国最高机关，由各自治之县选举代表组织之。国民大会并非如国会以立法或监察为职责，国民大会以下，有政府之立法、司法、行政、考试、监察五院，均以考试取有能力人任之。立法院性质如法律编订委员会，可自草定法律，通过法律，但彼所不肯通过或通过未得当之法律，国民大会于必要时可实行创制权、复决权。监察院有弹劾官吏（连立法院官吏在内）权，但彼所不弹劾，国民大会于必要时可实行罢免权。国民大会之选举，纯粹按地方区域选举；但系如国会议员选举法呢，还是由各县议会选派代表呢？又各县总理主张采行直接民权，然县中议会议员还是如现在县议会按地方区域选举呢？还是由各职业团体选举呢？总理未曾说明。不过依近代政治学理，与总理所主张国民会议选举法观之，各县选举应以职业团体为选举单位，国民大会应由各县议会举代表组织之，断无用现在国会或县议会选举法之理。

第四讲　人民的权利

研 究 问 题

一、国权论者与民权论者之主张如何不同？

二、主张国民革命者是否应承认阶级之存在？

三、本党为何反对一切压迫，而又否认"一切压迫皆是罪恶"？

四、何谓"平头的平等"？何谓"立足点平等"？本党主张何种平等学说？何故？

五、一般资产阶级国家，对人民选举有何种限制？本党主张有何种限制？

六、为甚么无财产无学业程度之人亦应有选举权、被选举权？

七、本党是否主张人民皆可做官？

八、本党主张人民如何行使直接民权？

九、国家对于人民之生存与工作权利应如何保障？

十、工人煽动同盟罢工何以不是犯罪？是否只有社会主义国家承认工人有罢工的自由权？

国权论与民权论　政治学家有以为对国家为人生最上之义务，国家有其独立之人格，为国家利益虽牺牲大多数人民之利益亦为应当之事。此为国权论。欧战前德日学者多主张之，至今国家主义者犹承袭其说。惟民权论者则以为不然。民权论者注重民众实际利益，否认在大多数人民利益以外，尚有所谓国家利益可言。民国以来，本党主张民权论，进步党主张国权论，实际所谓国权论只是帮助袁世凯与北洋军阀建设强有力的政府，压迫剥削民众的实际利益而已。本党注重代表被压迫民众实际利益而奋斗，本党的国民革命，即是被压迫各阶级联合的革命，国家主义者则欲借"全民"革命之名词，否认阶级之存在，这便是民权论与国权论最大不同之点。

本党民权主义之特点　本党民权主义与普通所说有不同之三点：（一）各资本主义国家所谓民权，每为资产阶级所专有，借以为压迫平民之工具。本党则主张由党治做到全民政治，民权为一切民众所共有非少数人所得私有。（二）"天职人权"论者以为人权由于天赋，故人人应平等自由，一切压迫皆是罪恶。本党则反对此迷信，不合现在中国革命需要之学说。以为民权乃大多数民众为自己兴利除害之工具，若与大多数民众为仇敌之反革命者，绝对须剥夺其民权。（三）普通主张民权平等，每希望一切人的生活与所受社会之待遇须平等（平头的平等），但在此社会系不可能的；勉强做到，亦多流弊。本党所主张民权平等，则只主张人民在受教育与工作等机会上平等（立足点平等）。换言之，即主张一切人在政治经济上其出发平等，至其造诣则不强其平等。因现在世界上最不平者，即在出发点不平等，故或贤智而地位低微，造就上用力多而成功尚不如庸愚，或径以贫寒之故无造就自己的机会。故本党必须为此种平等之理想奋斗。

人民政治上的权利　可分两种述之，一为参政权，一为自由权。

人民参政权，本党主张于间接民权（选举）以外，尚须有直接民权（罢免创制复决）。关于选举方面，一切选举被选举均须取普通选举制，废除任何人为的限制。现在资产阶级国家，每规定须有一定额财产或纳税（中国县自治法须有动产或不动产五百元以上，或年纳直接税二元以上，始有选举权，有照此一倍之财产或纳税额的始有被选举权）。一定学业程度（中国县自治法须高等小学毕业始有选举权，中学以上毕业始有被选举权）。又须限于男子（县自治法即是一例），且非现役兵士或学生或小学教师，始有此项权利。此等剥夺穷苦失业之人，与女子与某种职业中人之选举权、被选举权，为毫无理由之事。本党主张须废除一切此等限制，除未成年之人与有神经病者以外；一切男女均有同等选举权、被选举权。惟此地须注意者，人民虽均有选举权利，此并非谓人民皆可做官，一切官吏（连立法院官吏在内）均须考试，然后任用。因人民须有任用罢免指导监督官吏之权，然官吏必须有能，然后不至偾事。权与能必须分别明白。关于罢免、创制、复决等民权，在自治之县人民可直接行之，在全国可由国民大会代表行之。

自由权　本党主张人民在集会、结社、言论、出版、居住、信仰等方面，均有完全的自由权，除反革命者外不受一切限制。集会、结社、言论、出版皆训练人民过政治生活之最良方法，因有演说、传单、辩论、报纸等，然后能引起一般人民注意，而了解政治问题。信仰自由以无干涉之必要故。惟如基督教未脱离帝国主义之关系，我们当站在反帝国主义观点上反对之。

人民经济上的权利　可分三种述之，一为生存权，一为工作权，一为罢工权。

生存权是说老幼残废的人，要有公共赡养的机关，疾病的人，要有公共疗治的场所，失业或工资太少的人，要有公共补助的办法。工作权是说国家要负责使每人有工作，国家负介绍工作之责任。这都是国家对于人民应有的义务。现在中国竭国家财力以事奉帝国主义者与军阀，对于失业或被压迫工人漠置不问，任其自生自死，老弱残疾则付之于社会慈善机关，国家不负责任。这种国家既不与人民利益发生关系，徒为统治阶级压迫之工具，凡失业或慈善机关所不能赡养之人作有越轨之事，即以法律绳之，故为被压迫者计，打倒改造这种国家实为必要。

罢工在此以劳力当商品买卖之时代，其意义等于工人不肯出卖劳力，犹如商店有时不肯卖商品于客人一样。即先进资本主义国家亦多公认罢工非犯法之事。或疑工人煽动同盟罢工，影响国民生活甚大，不应放任其自由；然国家一天未能禁制资本家压迫工人，工人非同盟罢工，即无制胜资本家而图自己生存之道，在此情形之下，欲禁制工人罢工——剥夺工人反抗资本家之唯一工具，则是有意无意中帮助资本家，决非本党主张平等者所应有之主张。

第五讲　党

研究问题

一、为甚么中国人相信不党之说？此说果正确无弊否？

二、革命党人若能勇敢实行，而不注意研究政法，可称为良好的革命党人否？

三、本党是革命党，还是政党？

四、何故同盟会老同志在破坏工作以后，将政权交给反动派？

五、何谓"以党治国"？

六、在党治政府之下，党员有何权利义务？

七、总理的主义比孔子的学说价值如何？

八、何以说仅仅讲"孙文主义"，或知道遵守纪律，还是不够的？

九、党的主义要如何才有能号召群众一致动作的力量？

十、何谓政纲？何谓政策？

不党说之批评　中国人承袭孔子"君子群而不党"之旧说，每以为成群结党，非正人所应为。实际"不党"之说，乃封建君主借以自便，因只有民众完全如一盘散沙，他们才可以一人或少数人宰制鞭笞之。中国如汉、明党人，均一时贤俊，但以政治上恶势力锄除之惟恐不力，故国家亦日趋危亡；乃封建阶级巧为说辞，认此辈党人负亡国之责任，以证明其不党之义。这真是荒谬之极的理论了。再就事实观察之，中国人虽主张君子群而不党，遂能因此禁止小人结党吗？小人结党而君子不党，果为国家社会之幸事吗？今日在朝如直系、奉系、安福系、研究系、交通系、外交系，在野如江苏省教育会系、教会系、某大系、某高系、某学社系，无一非党，他们无一不具有相当之势力，能把持操纵中央或地方之政治。但他们却均无可以公开告人的政治主张，只以争权夺利排斥异己为能事。在他们之下，不党之君子决无力与之抗拒，其结果非同化即归于消极。故君子不党，则使此辈小人永久鸱张，政治永无清明之望。现在中国亟需有显明政治主张之人结为大党以与此辈小人之党奋斗。非此不能集合革命之势力，以建造新中国。

政党与革命党　有人分党有政党与革命党两种。实则此系误解。政党有不革命者，如民国元年之国民党、进步党，或英之保守党、自由党、工党，美之民主党、共和党，皆系代表一部分大资产阶级或小资产阶级之利益，欲以国会投票多少争取政权。然未有革命党应不为政党者。革命党乃系为一种政治主张而奋斗，他们要破坏一切妨害此政治主张之实现的障碍物，要自己负依照此政治主张建设国家的责任。故如本党乃至印度、埃及、土耳其之国民党，与各国之共产党，莫不有其显明完密的政纲。如革命党而不为政党，革命党党员不要求受相当的政治训练，他们自以为只做破坏的事，而不须负建设的责任，那便必会与我们同盟会一般革命老同志一样，他们破坏有相当成功以后，将建设的责任交给反动派渠魁袁世凯之手。没有政治训练的革命党员，不但自己不能负建设的责任，亦不会能懂得拥护真正建设的主张。辛亥以后，总理主张每遭同志否认，即其明例。故革命党必须是政党。不然，则革命党之所谓革命，简直是无意义的捣乱了。

以党治国 总理因为要使党员了解自己对于建设之责任，故特标"以党治国"之义。但我们须知所谓"以党治国"乃谓党员均须了解主义，拥护合于主义的政治主张，反对违背主义的政治主张，党须有充分力量操握政治之主权，而且使一切政治设施均能符合党义。

所谓"以党治国"，决不是凡在党治之下，一定要党员才许做官，或尽先用党员做官。这便成了为自己分地位权利的党了。俄国共产党执政后，除政府大权由党人掌握以外，其余职务多由非党员充任。即军队长官，亦每任用非党员，乃至白党中人，而以党员为党代表监督之。党员任官吏，薪金有最高限度，非党员则可高至四五百元以上。党员犯罪，除依普通官吏犯罪惩罚以外，尚须另加党的惩罚。如此，故党员均洁己急公，无投机腐化之弊。如党治之下，对党员事事优待，则党员成了一种特殊阶级，仿佛如古帝王从龙之士了。（关于此义总理赴桂林时亦曾讲过。）

党的两种要素——主义与纪律。

党的主义不是一个空洞的学说，他是根据被压迫群众生活上的痛苦与要求而形成的。

所以他能有号召广大群众的力量。有人比总理的主义如孔子的学说，实则孔子的学说不过得着三千门徒，而总理则有数十万党员，如何可以相比？总理的主义所以能得着这多群众，即以总理的主义系代表许多人利益的原故。若不顾许多人的实际利益，专门空洞的讲甚么"孙文主义"，自命为"孙文主义的信徒"，这不是推崇总理的主义，是使主义的真面目反不为群众所认识的。

主义的解释，必需是绝对统一一致的。主义的伟大作用即在他能根据群众本身的需要，而提出具体的主张以号召群众，共趋赴于同一之鹄的。若有人对于主义发生特殊的主张，即能纷歧党员的趋向，分裂党的群众。党员应详细研究党的宣言、训令、决议案，不要将自己党的主张，妄疑为他党的主张；不要因畏惧党的主张太激烈不合流俗，便在背地坚持自己怯儒固闭的意见。这样，主义才能统一群众的耳目，发生大的力量。

一定要有表现主义精神的政治纲领，与如何实现主义的政策。不然，则主义成为空谈，无法得人相信而实现出来的。

一定要有严整的纪律，能部勒数万或数十万党员，在党的命令之下一致活动。一若无纪律，不能使党员一致服从党，则党虽大而力弱，不能担负革命使命的。党员要守纪律，最注意是在不愿守纪律时能守纪律。如平居无事则高谈纪律，偶有于己不合之处则破坏纪律不顾，如此，则纪律之效完全没有了。

据中国国民党中央军事政治学校政治部出版单行本排印
署名：恽代英编

世界革命与中国革命（讲演大纲）
（1926 年）

一、革命的意义

革命是大多数被压迫民众打倒压迫者的奋斗。

革命是大多数被压迫民众自然应有的要求，不待煽动唆使亦会发生的。

革命是被压迫民众不能用寻常手段解放自己时所取的非常手段，所以是不能以法律习惯评判他的。

革命是大多数民众所热诚赞助，故此任何依恃武力者为易于成功，且非任何依恃武力者所能抵御。

革命不易成功之原因：

一由压迫阶级用种种方法欺骗恐吓民众，以妨害民众之革命化。

二由革命的民众不能了解解放自己的正当鹄的。

三由革命的民众不能了解世界、中国客观情形，运用正当的革命策略。

四由革命的势力不能统一集中。

所以我们应当注意：

引导民众，使觉悟为自身利益赞成而且参加革命。

使革命的民众接受能正确指导革命运动的理论（主义）。

使革命的民众遵循能正确指导革命运动的策略。

使革命的民众集中统一于能正确指导革命运动的党。

二、中国的革命运动

压迫中国民众的最大势力：

（一）帝国主义

甲，经济上的压迫

A. 外国加华货入口税，影响华货销路，因而影响中国人民生计，如烟台因美增税发网工人失业者数万；大连因日复征进口税，八十三家油房歇业者四十家。

B. 外国物产竞争，抵制华货，影响中国人民生计。如华茶受印、锡、日本茶之竞争，出口由三万万磅（光绪十二年）减到一万万五千磅（民国六年）；华丝受日、意之竞争，贸易额由占全世界之半减至百分之二七·七（民国五年）。

以上犹系国际贸易倾轧之常事，不过中国积弱，更可肆意倾轧耳。

C. 外国货物利用关税协定制，自由输入，破坏中国固有产业。民国十三年入口超过出口二万四千万两（米谷、麦粉一万余万两，棉布一万四千余万两，糖七千余万两，煤油五千余万两，皆夺我工农固有生路）。

D. 外国银行利用条约保障，吸收中国军阀官僚存款，把持中国海关税款，因有雄厚之流通资本，操纵中国市面金融。汇丰银行以一千五百万元之资金，有一万四千余万元之放款。前年汉口汇丰银行不肯通融放出现银，以救中秋节银根之紧，商店挤倒七八家。

E. 利用中国人之愚昧贫乏急需款项，缔定条约或合同，预付若干款项，以低于成本之价收买产品。前年山东、直隶种棉之农民，曾与日资本家因此引起许多纠纷，又汉冶萍公司因按条约须以十余年前之价额付铁砂于日本，此项价额不能抵工资成本，故赔累不堪，永无翻身之日子。

F. 攘取中国航行权（轮船在中国境内载货，外轮较华轮多三倍余，民国十三年英轮载货较多二千六百万吨，日轮较多五百万吨）、筑路权（铁路在外人管理下的六千余里，其余国有铁路无一不与外资有关）、开矿权（煤矿用新法开采的，外资或中外合资之矿较中国自办之矿产额多一倍以上）、开工厂权（在华之英、日纱厂机锭，较多于华厂二十余万锭），肆意夺占渔取中国经济利益，役使中国劳动者如牛马奴隶。

乙，财政上的压迫

A. 用武力勒索赔款，与勾结军阀私借外债，使中国对于国外负十八万万元之债务，每年须以全国收入一半以上（二万余万两）为偿债之用。

B. 借口保障债务，把持海关税款，即偿债以后之关余，中国亦无自由支配之权。

C. 限制中国铁路运费，剥夺中国加增关税、一切洋货厘税之自由权。

丙，政治上的压迫

A. 各帝国主义之代表组成公使团，联合压迫中国，俨然为中国太上政府。

B. 占据中国海军港。

C. 在中国划分势力范围。

D. 设立租界，租借地使成为外人行政区域。

E. 军舰横行内河，在京、津一带驻军队。

F. 外人不服从中国法律裁判，反干涉关于华人之裁判事件。

G. 中国官吏军警须特别保护外人。

丁，社会上的压迫

A. 强迫保护传教，基督教俨然成中国惟一势力。

B. 设报纸通信社，颠倒是非黑白。

C. 愚弄收买教会学生与留学生，使忽略帝国主义之侵略，反为之歌颂功德。

（二）军阀

甲，经济上的压迫

A. 自由派款加税，不顾人民负担力量。

B. 铸造低质货币，滥发纸币，使物价腾贵，生活程度提高。

C. 疏忽并妨碍一切经济政策，使人民颠倒于贫乏灾祸之中。

D. 召募许多饥军，饷需不足，则放任使劫掠人民。

E. 造成内战，断绝交通，扰乱社会生活。

乙，财政上的压迫

A. 因谋私饱或扩张军队，侵蚀教育、实业经费乃至其他经费。

B. 把持财政，使中国财政无统一整理之希望。

丙，政治上的压迫

A. 倚赖帝国主义之借款售械，及其他之好意以生存。故与之保障利权，破坏反帝国主义运动。

B. 因循私或受贿，派遣贪官污吏到处刮削人民。

C. 勾结地方土豪劣绅，摧残一切拥护工农利益的运动。

D. 任意生杀予夺，人民冤屈无可控诉。

丁，社会上的压逼

A. 收买教育舆论，为之隐讳罪恶，鼓吹功德。

B. 提倡佛教、同善社、洗心社等事业，有时施行小惠欺骗愚弄一般民众。

（三）买办阶级（指一般直接与外国资本有关系的大商人、银行家、工厂主）

A. 他们的地位等于是帝国主义的经手人，所以反对一切反帝国主义运动。

B. 他们与总税务司英人相勾结，借整理内政之名，朋分海关税款。

C. 他们利用北京军阀急需财款，得进为财政总长，退为银行经理。惟视自己利之所在，操纵公债，扰乱民生。

D. 垄断商会，冒称商界全体，进而与军阀勾结助其压逼人民。

E. 因循怯懦，自高身价，且只知自己的利益，在每个爱国运动中，总不与多数人民合作，或中途卖掉多数人民，以见好于军阀、帝国主义。

F. 为自己利益，反对农工组织，更反对一切改良农工生活之运动。

（四）土豪劣绅（指一般压逼人民的富绅与智识分子）

A. 不问贫农生活情形，只知苛责完租纳税。

B. 高利贷款，以盘剥贫农。

C. 侵吞地方公益款项，不作正当之用。

D. 向人民等筹款办理民团，结果只用以保护自己及少数亲友。

E. 滥用团局权力，鱼肉人民。

F. 与军阀官僚狼狈为奸，助其作恶，于中取利。

G. 提倡陈腐学说与迷信，以愚弄民众。

H. 反对一切乡村改良运动。

三、我们的革命势力

仇敌的势力

军事方面　帝国主义军阀有海陆军、航空军，买办阶级有商团，土豪劣绅有民团。

政治方面　帝国主义压逼弱小民族的协商联盟与不平等条约，军阀有压迫人民的法令、警察、牢狱，买办阶级有商会、银行公会，土豪劣绅有团局、县议会、自治机关。

经济方面　帝国主义与买办阶级有资产、商货与债权，军阀有任意征税、造币权，土豪劣绅有自由派捐、支配公款权。

文化方面　他们都有提倡有利于他们的思想言论，而禁制有害于他们的思想言论之权力。他们相互间常有利害冲突，故有时相互教唆、放任被压迫者的革命行动，但若被压迫者损害及他们一致利害，或因他们相互间利害得着暂时调协时，他们又每互相勾结，共同压迫一般民众。

国内各阶级的革命性

一、军阀官僚与绅商阶级　通常是反革命的，然有时因压迫者对彼骄慢横暴，亦可相当的赞成革命，但彼等怯懦不敢上前，且易因自己利害关系与压迫者妥协卖掉民众。

二、工业资本家与国货商人　为自己利益赞成收回海关主权，取缔外国工厂，但反对工农运动，且因与外资、军阀买办阶级有密切关系，颇有妥协反动性。

三、俸给生活者　生计多直接间接倚赖帝国主义、军阀、买办阶级、土豪劣绅，故对革命每摇动、怯弱或径走入反革命之一途，惟其中多数生计穷窘不安的人，善加宣传易于倾向革命。

四、小商人　为解除自己压迫应赞助革命，惟因思想多落后，而散漫无组织，常受买办阶级反动宣传，随之反对工农运动及一切革命运动。

五、学生　青年活泼勇敢，不能忍受压迫，故易趋向革命，但浪漫而摇动，且因多系地主子弟，又有智识阶级自大性，一部分人每易受政客之引诱、土豪劣绅之反动宣传，不赞成工农运动。

六、农民苦力与手工人　人数极多（占全人口十分之八），生活极苦，故稍加宣传即易加入革命战线，惟多散漫，不易成为集中统一的革命势力。

七、产业工人　人数虽少（占全人口二百分之一），因生活苦而所受压迫直接易见，故易加入革命战线；同时因群众集中，易于宣传煽动、约束节制，且所居生产地位重要，故成为统一而主要的革命力量。

我们的势力根基在工农身上，产业工人尤为重要，但小商人、学生、俸给生活者之一部分，亦当使觉悟其自己的经济地位，加以革命的下层组织，使成为革命的军队。此外各势力亦当设法尽量利用，以扩大我们的力量。

仇敌的势力甚大，产业工人决不能独力奋斗，工农联合亦还不够，故我们须要随时防止各阶级中妥协反动倾向，然决不可抛弃各阶级合作之政策，同时尚须联合世界革命势力。

世界革命势力

一、殖民地革命运动　这是帝国主义向外侵略压迫殖民地民众之反动，帝国主义国家商货资本之销纳、原料之供给全靠殖民地，殖民地一失，即使帝国主义与其附带之势力根本动摇。

二、苏俄　无产阶级执政压迫资产阶级之国家，与一般资产阶级执政国家根本不能相容；苏俄之存在与发展，使全世界反帝国主义运动扩大，而逐渐集中为帝国主义与其附带势力之致命打击。

三、各帝国主义国家之共产党　各国共产党乃系各国被压迫的无产阶级争夺资产阶级政权之工具，他们反对本国的资产阶级，努力消灭本国的帝国主义。

我们应当联合世界革命势力，共同打倒帝国主义，同时，并需打倒国内军阀、买办阶级、土豪劣绅，使一切被压迫的中国民众都解放出来。

我们的责任

唤起民众——三万万九千五百万被压迫的民众联合起来，反抗压迫阶级五百万人。

联合世界上以平等待我之民族共同奋斗——十二万万五千万被压迫的人类联合起来，反抗压迫阶级二万万五千万人。

中国被压迫的农民民众

农民　约三万万人，种田不到三十亩的占百分之六十四（不到十亩的占百分之三十六）。因资本不足，灾歉频仍，每亩收入减少（民国三年平均每亩产米三石六斗，民国九年只产一石六斗），租税加重（田赋制本惟贫农负担最重，近又借口漕粮改征银元，及加设各种附加税，加增贫农负担不少，厘金杂税亦间接加于贫农），生活程度提高（上海平民生活去年比前年高一半），贫农不但无使子弟受教育之希望，且多困于穷窘，或重利盘剥，弃田不耕（民国六年全国荒地九万余万亩），流为兵匪或都市工人。

工人　约一千余万，新式产业工人约二百万左右。工资少，工作时间长，待遇恶劣。且因产业受外资与军阀战争压迫，或直接在外人管理之下，寻觅工作者又众多，资本家得借以要箝制工人。

小商人　土货贸易完全衰败。除少数奢侈业外，余均因人民购买力薄弱，无发展之希望。且因兵匪之扰乱，大商人之操纵，与生活程度之提高，每惴惴于不能自保。

学生　因家庭经济地位堕落或动摇，与教育经费困窘，各地加征学费，每至不能完成学业。即完成学业以后，亦因百业衰败，谋业者充斥，党派排挤之风盛行，不易得相当之职业。

官吏、教员、兵士及其他俸给生活者　除少数幸运或能勾结帝国主义、军阀、买办阶级、土豪劣绅的人以外，多饷薪微薄，不能与生活程度相适应，而又每有折扣拖欠之事，尚有许多必要之应酬，同时又因百业衰败，排挤之风盛行，每不易保此等位置。

中国被压迫民众之革命行为

义和团是反帝国主义的农民暴动；惟迷信神权，只知以排外为号召，致为满清反动王公所利用。

辛亥革命是打倒反帝国主义障碍的，惟只说排满立宪，不知号召废除不平等条约，向帝国主义进攻，反与旧势力妥协，使袁世凯得以勾结帝国主义，造成军阀战争之局。

护国护法等役，亦是打倒反帝国主义障碍的，惟以只说国体与法统，不从人民受压迫最剧之点说起，故无民众拥护，终于无成功。

现在所需要的革命的主义

一、打倒帝国主义，解放全中国被压迫民族，建立独立自由的中华民国——这便是民族主义。

二、打倒军阀与他的走狗官僚政客，建设人民的政府，使全体民众（除了反革命派以外）都有政权——这便是民权主义。

三、打倒买办阶级与土豪劣绅，拥护农民、工人利益，使中国永不发生压迫工农的大地主、资本家。

　　三民主义是互相关连的，所以民族主义不是国家主义，民权主义不是普通的立宪说，民生主义不是普通的发达实业说。

据国民革命军第一军第三师政治部出版单行本排印

署名：恽代英

组织群众与煽动群众 *
（1926 年）

　　今天讲的是要说明我们应怎样唤起大的群众，到了有大的群众运动已经起来之时，我们应又怎样的去继续维持他的进行。

　　要讲这个题目，我们先要认清群众运动的重要，群众是我们革命的基础，革命运动的成败，完全要看群众运动的基础如何。我们说某某人为伟大的领袖，就是说他是能够领导群众的领袖；比如我们说，总理是伟大的领袖，便是说他的主义能够领导几十万的群众，一切的民众都跟他所指示的道路前进。若是一个人没有群众，决不配称为领袖，为什么呢？第一，没有群众，我们便造不起很浓厚的革命空气，比方在五卅以后，全国都市的地方，甚至于穷乡僻壤，都充满了反帝国主义的空气，没有一个人敢反对打倒帝国主义的口号。若是没有五卅运动反帝国主义的空气，决不会能够这样普遍的。在群众革命空气不高的地方，就是有武力，兵士也不会有勇气为一种主张作战的。兵士虽然受过政治训练，若是他们的周围没有很浓厚的革命空气，他们是不能提起勇气的。第二，没有群众，我们便不能胜过敌人的一切压迫，只有合群众的力量去应付，方才是有把握的事。现在一般反动分子，不但用武力来压迫我们，并且会用舆论来压迫我们，如他们所鼓吹的反赤论调。然而我们有了群众，这种压迫也是没有用的，因为群众自然可以看得清楚我们是真正为群众的利益奋斗的，自然可以有真正的舆论压倒他们。但是我们若没有群众，这种舆论的压迫便十分可怕，他们的反宣传，可以动摇我们的基础，使我们自己的人发生出怀疑或分裂等现象，到那时便令我们有武力，亦会自己崩溃下来的。我们懂得这两层道理，便懂得群众运动必须特别视为重要，有武装实力的人，亦不容有一点忽视群众运动，不

---

　　* 该文是恽代英在国民革命军总政治部特别训练班的演讲，由策明、叶平记录。

然，便一定要失败的。

群众运动不是随便可以号召起来的，比较有价值的群众运动，更不是我们凭空可以希望产生出来的。要想号召群众运动，必须五个先决条件：

a. 群众须有普遍要求，因为一定要群众中各方面的人有了普遍的要求，才能造成极伟大的群众运动。若为了一个人或一部分人之利益和要求，便不能得着别人或别一部分的人热烈的同情，所以便不能造成很大的群众运动。五卅运动之发生，因为一方是利用上海工人、商人、学生共同感觉上海公共租界工部局的压迫，一方亦利用中国多数的人都感觉受帝国主义压迫，所以才有这次极伟大的反帝国主义的民族革命运动。

b. 须有相当的宣传工夫，要造成群众普遍的要求，相当的宣传工夫是不可少的。比方五卅运动所以能起来而且能轰动全国，便是因为全国已经有了两三年反帝国主义的宣传，尤其是在上海，因为新书报购买之容易，与国民党和工会的宣传，已经深入学生、工人群众中间，所以受革命运动的影响更大，五卅运动，便从上海发生起来。

c. 须使党的组织比较能深入群众，具体的说，便是要我们党的区分部在各工厂各学校中都有组织。当一个运动发生的时候，各处（或者大多数处所）都有我们同志去活动，这样，一方可以使群众运动受党的统一的指挥，以免步伐凌乱，一方可以使党的意志借各机关中党的组织的努力，使每个党员在群众中间实现出来。如五四运动的结果不好，便是由于彼时没有党的组织去指导群众运动的原故。

d. 须党的纪律比较的好，若没有好的纪律，就不能使每个党员都服从党的命令去指挥群众运动。所以党的纪律要严，要使党员都能依照党的意思到群众中间去活动，才能实现党在群众运动中的功用。

e. 须党员有相当的训练。群众运动起来的时候，在敌人与群众自身都是时时刻刻会发生出各种麻烦问题，须要善于应付的。党员必须是一个有战斗力的人员，而且必须有相当的战斗经验，便是说必须有实际工作的经验；若是不然，一定不能应付得合当的。

以上五个先决条件，前两件就是说，要群众有共同的要求和相当的宣传，这是很重要的。没有这两个条件，决唤不起任何群众运动。但是后三件也很重要，没有后三件，要想使群众运动能得着有价值的发展，亦是不可能的。

现在再说我们怎样去煽动群众,譬如去年五卅运动以前五月二十七、二十八等日,上海是无声无浪,空气沉寂得很的。我们怎样能引起群众都起来参加反帝国主义运动呢? 我们要煽动群众,必须注意下列四个条件:

1. 要了解并利用群众的普遍急切之要求　群众没有普遍与急切的要求,是不能煽动群众的。五卅运动的起来,便是因为上海工人罢工,日本资本家不许别人帮助工人,想强硬的将工潮压迫下去! 学生帮助了工人,被巡捕房拘捕起来,亦没有方法交涉解决;同时商人也因帝国主义的工部局决定六月二日通过印刷附律、增加码头捐、筑路、交易所注册等案,感觉帝国主义对于他们肆无忌惮的压迫与剥削,所以上海的工人、学生、商人那时候有个普遍急切的要求,便是怎样免除帝国主义的淫威。他们都要反对外国势力的压迫。在五月三十日左右,工人的罢工快要失败了,商人亦眼看见六月二日即刻便要来了,学生被捕的日益加多,亦束手毫无办法。这时候有人能够了解了群众普遍急切的要求,便能够唤起一个在中国民族革命运动史上最有光荣的反帝国主义的民族革命运动。再说俄国在一九一七年十月革命时,农民土地的问题没有解决,同时与德国战争,使一般人民妻离子散,死于战场者很多,刚刚又遇见全国饥荒,许多人没有面包吃,俄国的革命党即提出了土地、和平、面包的口号,因为他们看出这是全俄民众普遍急切的要求,所以亦获得了大多数民众的参加,俄国革命也便迅速的成功了。

2. 要有简单明了的口号　辛亥革命的口号是排满,俄国革命的口号是土地、和平、面包,这都是很简单明了的。我们说打倒帝国主义,这个口号是用以教育群众的,是平常宣传的,因为这是最正确告诉大家革命的对象;但是若到了要煽动群众时,我们有时还需要提出更能唤得起群众即刻有所行动的口号,便是说更简单明了、使民众易于了解接受的口号。如五卅运动时,我们的口号是"上海是中国人的上海,中国人不能受外国人的压制"。这都是上海各界民众心里的话,所以大得着各界的同情。我们的深挚的意思,要用极浅显的意思表明出来,才易得着人民的同情。

3. 要有紧急出人意外的行动　我们要煽动群众,要做事很迅速,能迅速到出人意料之外最好,因为这样,既免得统治阶级知道了而加以防备,亦可以免得反动派从中破坏捣乱,同时顺群众热血高涨之时,激动他们,亦免得他们经过许久时间,反转犹豫不定起来,或甚至因恐惧而退缩，以减少了群众运动的力量，或至根本消灭了下去。如五卅运动是在二十八日决定，二十九一天便有许多人到各学校演讲，以鼓荡各校学生，到三十日趁一股热血高涨无论何人压迫不下去的时候，便将大家引出来了，这是何等紧急的行动。而且五卅之时，学生出来都到租界上演讲，这是八十年以来所没有的。这种行动，引起中外人都觉得非常奇怪，租界上的市民更感受了一种莫明其妙的刺激，所以这次运动便很容易扩大起来了。再北京之首都革命，开会的目的与地点时间是在开会前三小时才在各校用大字揭示出来的，这亦是紧急出人意外的行动，他很引起群众好奇的注意。凡一种群众运动，行动越迅速越可以使群众热烈的前进，越能接二连三继续不断的提高空气，鼓动群众，便越容易扩大这个运动。

我们说：中国人是五分钟的热心，其实不但中国人是五分钟的热心，人类都只有五分钟热心的。我们只要能善用这五分钟的热心，让他们这一刹那的热心去摧坚陷锐，亦便可以使无坚不摧，无锐不陷了。

4. 要有党的一致动员　在我们已经决定要唤起一个大的群众运动时，党要下一个一致动员令，要能够使全体党员都活动起来，都到群众中去活动，去领导群众依照党的意思去宣传鼓吹，把各方的人，将他们都引出来。如五卅运动时，上海各学校的党员很少，但出来演讲的学生很多，便因为那时党员能在学校里面活动，能在学校里面造出很浓厚的革命空气，所以能使每个学生都趋向而且勇于参加这一次运动。这是党员能够一致活动的好处。革命本不专靠党员，一定要靠各种群众，但必须能命令党员于紧急时间一致的到群众中间去，领导群众，以实现党的计划。

其次我们再说组织群众应注意的地方，我们的意思便是说，在群众已经起来之时，我们应如何组织之，使在我们领导之下继续去奋斗。要组织群众，有下列几点要注意的地方：

1. 党团的组织是很重要的　党团必须有各方面都负责的同志，能获得各方面的消息，到党团中报告，这样使党的负责人并各方面同志均能知道了各方面的消息，才可以根据这种材料，决定而且解释党的策略，使同志到各方面依此策略去努力。学生会中要有学生会的党团，工会中要有工会的党团，还应当有联合各方面的党团，做党对各方面搜集材料、指导进行的总机关，所以党团是很重要的。没有党团，党不能容易给合当的指导于党员，而且党不能了解各方面客观的情形，党所决定的政策亦一定是空想，不合实际需要的。

2. 要同各派分子共同合作去奋斗　我们有了党团，并不是要包办群众运动。一个伟大的群众运动，是任何党派所不能而且亦不应当包办的，我们一定要同各种各色的人合作。各种各色的群众的智识是不一致的，他们的经济地位也各不相同，如果我们只顾自己的意思去包办，别的群众就会离开我们。我们可以说他们的思想比较落后，是比较富于妥协性的，但若我们就不理他们，不与他们设法合作，以引进他们，不久他们就会被反革命的势力勾引去了。自然与各种各色群众合作不是一件很容易的事，他们思想上、生活上，都是常常彼此冲突的，但我们总要想方法把他们拉拢，把各种工作分配得很妥当，只要他不破坏革命的前途，就是比较反动分子亦要给一点工作使他做。有些反动分子根本便没有群众理会他们的，我们亦自然可以不管他。不过我们总要能了解各派的种种情节，那一派在群众中是比较重要的，那一派是较次一点儿，我们要看得清清楚楚，更使各派分子都各得其所，才不至于惹出一些无味的麻烦来。有一般爱出风头的人，是必须审慎处置的，最好是在事先不要随便予以很重要的位置，使他尝了出风头的味道，越发增长了要出风头的欲望。我们要把一个人安放到什么地方，最好是斟酌各方情形，总以能不引起反感，而同时又能使他不致害了团体的事。若对一个人的位置安放错了，到他反动的时候，那就很要费力了。我这所说并不是我们有甚么阴谋的手段，这都是为了革命的工作是必须这样做的。而且即是诡计，我们对待这些人也是好心，我们能安置他们得好，他们幸而不致闹到反动地位，我们亦没有什么对不起他们的地方。

3. 要利用机会公开的训练群众　我们在群众大会里不要争论什么小的事情，一切小的事情，都要预先由委员会讨论清楚，到大会中能迅速解决最好。我们要利用大会的机会来训练群众，在大会里多做有意义的报告。如五卅运动中有许多教会学生都出来了，这是我们宣传打倒帝国主义的好机会，我们应当随时将各方面搜集得来的帝国主义的罪恶阴谋，在开会时根据事实作有系统的报告，这比任何不相干的问题是容易得着群众欢迎的。在此时亦便可借此给教会学生一种好的训练。大会中的报告，时间不要太久，要简单有条理，使群众易于明晰。

根据这种报告，提出各种意见，群众自然不期然而然的接受我们的宣传了。我们对他们说，帝国主义怎样，军阀怎样，所以我们应该怎样，若有人反对我们的话，我们应该态度和蔼的详详细细去解释，结果只望他们又给了我们一个宣传的机会，使群众更能了解我们的理由。我们的态度既和蔼，当然人家不能反对。万一还有捣乱分子从中捣乱，那末不待你骂，群众自然就会骂他了。

我们不但要注意利用学生会、工会向各校各厂代表宣传，并且要学生会发告学生的传单，利用工会发告工人的传单，要学生会派人到各校去，对学生群众作报告，要工会派人到工会中去，对工人群众作报告。我们同志现在亦知道利用学生会、工会作我们的宣传，不过我们的传单宣传品，每易陷空泛、似乎无的放矢之弊。我们要使传单宣传品发到群众中间去。学生会、工会不但注意对一般国民发传单宣传品，特别要注意在学生、工人群众中发传单宣传品，用这去训练一般学生、工人群众。

4. 注意扑灭反动派破坏的阴谋 反动派有两种，一种是帝国主义的走狗（如五卅时出的人），一种是妥协派（如国家主义者、孤军社）。反动派他们常常宣传说，学生会被某一派某一地的学生包办了，工会被那一派操纵了。他们制造并分布谣言，这是他们常常破坏我们的手段，如果学生会做错了两件事，他们就更可以大大的宣传起来，使一般群众或不知其用意，或亦因自己认了学生会的错误，亦便随声附和。结果中了他们的计，学生会内部受他的影响，便会发生各种纠纷了。反革命派总是日日设法来分裂革命势力的联合，他们吹毛求疵，以事攻击。他们若找到了我们一点错处，他们便宣传得十倍百倍的大。如我们交朋友不慎，自己有点浪漫，对于事情有点不认真，他们便会大吹大擂以作攻击的材料，使你减少在群众中之信仰；此时有些自命不偏不党的好人，每每也要出来说你几句空话，于是群众对于你的信仰更加动摇了。所以我们应该注意自己的党和个人，不要把甚么话给人家说，亦不要随便跟着人家说革命团体或个人的坏话，要使反动派无所施其技俩，那便我们不致中人破坏的奸计了。

5. 我们要随时注意联络群众左倾分子，要拉拢一切右倾分子，不要使他离开了我们。这样，他们就可以在群众中帮我们解释宣传，使一般人明了我们的态度，大家都比较左倾些。有些同志自己犯了过于左倾的幼稚毛病，对于比较左倾的分子，轻易为他们小小缺点，用不好的态度或冷淡的态度对付他们，使他们因而亦不愿帮助我们，甚至于有时还要反对我们，这是很重大的损失。我们要训练我们自己不要太左了，左得离开了群众。脱离了群众，就不是革命党员，并且所做的是反革命的事情，何况是脱离了左派的群众呢？我们应当不要弄出这种错误，失掉了一切可以得着的许多帮助，而且反转在工作上生出来了许多障碍。以上所说是我关于煽动群众与组织群众的意见，诸位不久要到群众中去的，能够参考对我所说的意见和方法去努力，而且能从工作中去找求经验，一定还会发现其他更好的方法，都是不消说的。

据国民革命军总司令部政治部出版单行本排印

国民革命与农民
（1926 年）

世界上生活最辛苦的是那一种人？是有钱的人吗？是收租的人吗？是做官吏做绅士的人吗？不是的？最辛苦的当然是我们满脚牛屎的耕田人，我们耕田人暑天要在火一般的太阳底下做工，冬天要在刀一般利的北风底下做工，不论是风是雨，不论是霜是雪，我们耕田人是不能够在家里偷闲的。还有遇着大旱或者遇着蝗虫水潦，我们耕田的更不知要担多少忧，捱多少苦。

我们这般的辛苦，若果得到衣食充足，安居乐业，赡养父母，养育儿女，没有缺憾，那也不算甚么。但是事实上，我们的辛苦最甚，我们的贫困、我们的痛苦也最厉害。反过来说，那些毫不出力，在家里安坐的土豪、劣绅、大地主，却很安闲逸乐的用不着一点忧虑和辛苦，"农夫心里如汤煮，公子皇孙把扇摇"，这真是世界上最不平等的事情啊！我们耕田人的痛苦要一一数出来，恐怕也数之不尽，但是以下几件大概是最普遍的，全中国的耕田人都同一样的痛苦罢。

第一，土匪、军队、民团的骚扰。土匪固然是耕田人最大的祸害，但是军队和民团（土豪劣绅所指挥的民团）也一样的时常劫掠农村、勒索农民。最近河南省杞县、睢县一带给寇英杰的军队，焚毁农村七八十处，杀死农民六七千人；山东、直隶、河南等省的农民因为土匪和军队的蹂躏，整千整万的组织红枪会、黑枪会等团体起来反抗。结果无数的农村被毁了，无数的农民被杀了，土匪、军队、民团的骚扰农民真是全国一样的。

第二，内战。民国以来，国内大小战争，不知几十次，最著名的如奉直两次大战、苏浙大战，最近则奉直两军开联合进攻国民军之战，叶开鑫扰乱湖南之战，每次战争的结果都归我们耕田人受最大的损害，战线内的村庄田园固然是烧毁净尽了，战时的军费，也是从农民身上敲取的。这次张作霖发出的军用票和吴佩孚在湖北发出的"金库券"、"官票"强迫人民使用,那一件不是敲榨农民血汗来做军费的勾当。

第三,苛抽暴敛。贪官污吏土豪劣绅,向农民剥削的手段便是苛抽暴敛。陕西、河南、直隶、山东、湖北、湖南等省的钱粮,有些抽到民国十七年、十八年,最甚的抽到民国二十年了,其余苛细杂捐,如室梁捐、人头税、水利捐、自治捐、户籍捐、积谷捐、教育捐、警察捐、杂捐、牛捐、沙田捐、田亩捐等,虽不是各省都有,但是这样的苛细杂捐每省总有一二十种,不过名称有别罢了。这样的捐抽弄到许多农民卖妻鬻子,典屋田宅,穷无所归。还有许多地方禁止农民耕种粮食,勒令栽种鸦片,军阀和贪官污吏则乘机勒抽鸦片税,因此粮食出产减少,食物价格腾贵,结果做定的土豪劣绅荷包是胀满了,但是农民已经欲生不能欲死不得。

第四,土豪劣绅和大地主的剥削。我们上面说过,我们耕田人是最辛苦劳碌的,土豪劣绅和大地主是安闲不过的,但是他们为甚能够安闲享福呢,完全因为他们将我们耕田人的身上剥削得来的,他们剥削的手段是很多的,他们的高利借债,他们的大斗入小斗出,加重租额等等,都是他们很好的剥削手段。

第五,水旱天灾。水旱或发蝗虫等等天灾,虽说是出于自然,不关人事,但因为政治不好,一些防备和补救的方法都没有,所以农民的损失特别利害。去年湖南、湖北、江苏等省的旱灾,和江苏的蝗害,许多农民因此饿死,甚至有吃"观音坭〔土〕"的,这是何等悲惨的事情呢。这五种痛苦大概是现在全中国耕田的农民同样的痛苦罢,许多耕田人因为受不起这样的痛苦,以至于饿死。不甘饿死的,便变为军队,变为土匪,或者卖身给外国人做奴隶了。说起来耕田人的痛苦,真是要比其他各种人民更为利害。

我们的痛苦是这样,究竟我们的痛苦是从哪里来的?我们是不是听天由命坐以待毙?我们有没有救济的方法呢?有的,我们对于这些苦痛是有方法可以救济的,不过我们先要明白这些痛苦是从哪里来的?

我们种种的痛苦是从哪里来的?是我们的敌人给我们的;我们的敌人是谁?我们的敌人有两种:一种是外国人,一种是本国人。外国人从前用战舰、大炮和种种奸计和中国订下许多不平等的条约,把中国许多地方占住了,许多铁路、矿山甚而至于关税也给他握住了,因此中国的商业和货物的价格都受他支配了。并且他们时常利用我们国内的军阀官僚、买办阶级来压迫我们的农人、工人、商人。供给枪械子弹、军费与军阀和土匪，使中国内部时时扰乱，他们却从中得到好多利益。这样的外国人我们叫他做帝国主义，这样的中国人我们叫他做帝国主义的走狗、帝国主义的工具。除了这种人之外，还有许多土豪劣绅、贪官污吏、大地主鱼肉我们，压迫我们，这一种人我们呼他做反革命派。我们种种的痛苦便是这三种人给与的。假使没有帝国主义，则我们国内不再有这样的不太平了，一切的事业都可以发达了。假使没有帝国主义的走狗和反革命派，则一切土匪、军队、民团的搔扰都可免除了，一切苛税杂捐，一切敲剥都可以免除了。所以我们要解除我们的痛苦，保持我们应得的利益，我们便不能不打倒帝国主义和帝国主义的走狗及一切反革命派，军阀、官僚、贪官、污吏、土豪、劣绅、大地主、买办阶级。这便是本党所提倡的国民革命。国民革命便是遵守本党孙总理中山先生的三民主义唤起全国民众，大家起来打倒帝国主义及其走狗。国民革命成功，我们最辛苦的耕田人便同时得到解放，得到应有的利益。三民主义，第一是民族主义，民族主义是使我们中华民族得到自由独立，不受外国人的压迫；第二是民权主义，是使全国的人民大家享有自治的权力，不受军阀、官僚、土豪、劣绅的压迫；第三是民生主义，是使一切的人民都得到平等的地位去谋生活。所以我们想得到幸福，得到自由，我们必定要遵守三民主义，打倒帝国主义及其走狗与一切反革命派，换一句话说，便是要参加国民革命。本党总理孙中山先生在他临终时的遗嘱上头说："余致力国民革命凡四十年，其目的在求中国之自由平等。"为甚么中国不能自由平等呢？岂不是因为外有帝国主义的压迫，内有帝国主义的走狗及一切反革命势力作怪吗。我们还有一层要明白的：国民革命的目的，既然是求中国的自由平等，那便是为全国大多数的人民求幸福，为全国大多数人民的利益而革命，断不是为少数或一部分的人民而革命的，因为帝国主义及其走狗与一切反革命派不是压逼一部分人，大多数的人民都受他压迫受他剥削的。这便是说，国民革命的目的是为大多数人民的利益而奋斗的，若果为少数人的利益那便不成为国民革命了。国民革命既为最大多数人民谋利益，试问中国现在最大多数的人民是哪一种呢？是商人吗？是学生吗？是绅士吗？不是的，最大多数的人民是农工群众。我国人口一百人之中农工约占八十人以上，农人比工人更要多些，便是说全国人口总数四万万，其中有三万万二千余万是农工群众，其余八千万是各种人民。这三万万二千余万之中若把农工分开来说，工人大约占二三百万，其余三万万一千余万都是农民，所以现在全国最大多数的人民便是农民。因为农工群众是占全国人口最大多数，所以国民革命特别注重农工群众的利益，若果忘却了农工群众便不成其为国民革命了。所以本党以扶助农工为最主要的政策，本党第二次全国代表大会并且议决："党之政策，首须着眼于农民本身之利益，政府之行动，亦须根据于农民利益而谋其解放。"所以我们简直可以说，国民革命便是农民革命，农民得到了解放才算国民革命成功。

国民革命既然和我们耕田的农民有这样密切的关系，要怎样才能够参加革命使革命成功呢？是不是希望少数的英雄替我出力呢？是不是希望少数的革命同志替我奋斗呢？不是的，断不能这样希望。我们要国民革命成功，便要靠我们自己的力量，靠我们自己去奋斗。我们耕田人在全国有这样最大多数的人民，为甚么一点力量都没有，任由帝国主义、军阀、土豪、劣绅、大地主、贪官污吏的压迫敲榨呢？是不是因为我们的命运不好，是不是因为我们的风水不佳？不是的，断不是的，风水命运正是压迫阶级欺愚我们的话。我们之所以受压迫敲榨，完全因为我们不能团结，没有组织。所以我们虽有三万万二千余万的人数，还是和一盘散沙一样，一点势力都没有，任由帝国主义、军阀、土豪劣绅及一切反革命派的压迫敲榨，不能够反抗。若果我们是有团结，我们何至一点势力都没有呢？山东、河南、直隶的红枪会，是被压迫的农民组织的，他们的势力是何等伟大；河南的红枪会曾经打败过国民第二军，可见农民不是没有力量，只是不能团结，便没有力量了。现在我们要参加国民革命，解除我们的痛苦。我们第一步要团结起来，组织农民团体，先由每村的农民结合成小团体，再集合各村的团体成为一乡的大团体，更集合各乡的团体，成为一县的团体，以至一省的团体，农民有了团体，便有势力，团体愈大势力亦愈大，可以说话了，可以要求我们的利益了，不至随便给贪官污吏、土豪劣绅及一切反革命派的摧残压迫了。第二步，我们有了团体，不可没有指导我们去活动的主义和党，我们若果没有指导、没有主义，虽有团结也很难成功的，各省红枪会的失败，便是这个原因。中国国民党和孙中山先生的三民主义便是指导我们去活动，指导我们去革命的党和主义。所以我们应该听国民党的指导，和信仰三民主义。第三步，我们结合团体去要求我们的利益，参加国民革命，帝国主义、军阀、官僚、土豪、劣绅、大地主、买办阶级以及一切反革命派一定是反对的，一定会利用军警民团和种种势力压迫我们摧残我们，使我们不能够团结，因为我们团结起来他们便不能再敲榨我们压迫我们了，这时候我们有甚么办法呢？一方面要团结我们的团体，一方面不能不靠革命军的帮助，革命军是信仰三民主义的，是有训练有纪律的，是为民众的利益保护农民的。这两年来，革命军在广东战败了陈炯明、邓本殷两个勾结帝国主义摧残农民的军阀，肃清了省内一切反革命势力，协助各级人民反抗香港帝国主义，统一两广，保护农工团体。广东全省的农民因为有革命军的保护，各级农民协会成立了四千余处，有团体的农民共六十余万。所以我们现在要结合团体，反抗帝国主义、军阀、土豪、劣绅以及一切反革命势力，我们必定要欢迎这样的革命军，我们有了团体，有了国民党做我们的指导，有了革命军做我们的援助，我们的敌人，才可以有打倒的希望。广东省的农民因为处在国民党和国民政府之下，有国民党的指导和革命军的援助，所以他们能够组织农会，编练农军，去反抗压迫他们的土豪、劣绅、大地主及贪官污吏，剿灭蹂躏他们的土匪散兵，取销各种苛抽杂捐。海丰、普宁、广宁等处的农民奋斗的成绩是大家知得到的，他们并且能够协助政府，协助工人，去剿灭刘杨，肃清反动势力，封锁香港，在国民革命上头建立了不少的功绩。假使全国的农民都能够和广东的农民一样团结起来，一样的拥护中国国民党和国民政府以及国民革命军，那还怕没有势力吗？那还怕帝国主义、军阀以及一切反革命派不能够打倒吗？那还怕国民革命不成功吗？国民革命成功了，我耕田的农民也完全达到解放，得到自由幸福了。

现在国民革命军由湖南省出兵北伐了，北伐目的便是援助被压迫的农民阶级，去打倒我们共同的敌人帝国主义、军阀、贪官污吏、土豪、劣绅、大地主、买办阶级以及一切反革命派，统一全中国，实现孙中山先生的三民主义，完成国民革命，为最大多数的农工阶级谋利益。所以革命军北伐的责任和目的是完全为农工群众的利益的。这样的军队是保护农民的，是农民的好朋友，他们不拉伕，不勒借军饷，不强卖强买，不掳掠，不奸淫，他们在广东东江及南路打仗的时候已经表现出来了，这样的军队，我们耕田的农民，是不是应该援助，应该拥护呢？我们要解除痛苦，我们不能坐着等待的，我们要自己起来奋斗。现在是我们奋斗的机会到了。我们应该赶快组织我们的团体，容纳国民党的指导，拥护国民党和国民政府，援助国民革命北伐军。我们高呼：

1. 全国的农民团结起来！
2. 打倒帝国主义、军阀、贪官污吏、土豪、劣绅以及一切反革命派！

    3. 拥护国民党！

    4. 拥护三民主义！

    5. 拥护国民政府！

    6. 拥护国民革命北伐军！

    7. 国民革命成功万岁！

    8. 全国农民解放万岁！

据国民革命军总司令部政治部出版单行本排印

署名：恽代英

中国民族革命运动史[*]
（1926 年）

第一讲　由反清复明运动至鸦片战争

　　现在所讲的是八十年来中国民族革命运动的历史。中国民族革命运动，并不是由今日起，也不是由孙中山先生倡导革命之日起，自从有帝国主义侵略中国，跟着即有民族革命运动。若再说远些，满洲入关以后，已有了民族革命运动；不过我们现在所注意的，却只是八十余年来的民族革命运动罢了。我们现在所说的，即是几十年来民族革命运动的事实，且说明民族革命运动的进化。现在的民族革命运动，和从前不同；从前的民族革命运动，是封建社会的革命运动；现在的民族革命运动，是与世界上无产阶级及弱小民族，联合起来，以与帝国主义抗战的革命运动。从前的民族革命运动因为没有合当的策略，没有合当的方法，所以不能成功；现在呢，却渐渐改进了。所以现在的民族革命运动，实在是有成功的希望的。

　　中国向来以天朝自称，对于邻近民族都指为夷狄之邦，是要年年进贡，岁岁来朝的；这种自尊自大，已成为根深蒂固的心理。我们自诩为有许多圣人，如孔夫子呵，孟夫子呵，都是了不得的人物；因此，我们时时以文化之邦自居！我们心目中，只有中国是人，那些"东胡"、"西夷"、"南蛮"、"北狄"是不能称为人的。试看"蛮"字从"虫"，"狄"字从"犬"，这便是我们不认他们为人的例子。

　　中国人虽把自己看得很高，然而究竟文弱了，敌不住"北狄"，从前被辽金之在北方扰乱，后来又被满清征服了。满洲人入关，以华夏自

---

　　* 该文是恽代英于 1926 年在广州的演讲。

称的"中国人"垂手屈服了二百余年，这种屈服自然不是中国人所愿意的。而且满人入关后，又强汉人辫发，汉人因反抗为满人所杀的不少，这更是中国人所不能忘的耻痛。所以中国人虽无能力反抗，仍时时骂满人为夷狄，排斥之心，无时不蓄于怀；当时虽不能公开组织排满机关，而秘密的团体却不少，如洪门会呵，白莲教呵，他们都是以反清复明为口号的。

满洲之入主中原，固然为多数汉人反对，而尤以读书能懂得中国固有文化的人为甚，可是后来满洲出了一位很聪明的皇帝——康熙皇帝，他以为读书人反对满洲，他们容易号召民众：这是很危险的，因此，便想出种种法子来笼络那些读书人。他用什么法子呢，即是"开科取士"！既开了科举，又特别办"博学鸿辞科"，对考取的人可给他们以大官，饵他们以爵禄；那些读书人当初亦有不少"不屑就"的，后来因利诱威迫，渐渐也驯服称臣了！但是仍不免有些人不为所动，而时发排满的言论。可是后来又有几个很利害的皇帝继起，如雍正、乾隆等，他们非常注意那些读书人所作的诗文，其中若有稍露不平之气，或涉及排满之意，一为其查出，便有斩头之罪！他们这样一方既胁以威，一方又饵以利，所以士气便馁怯了。

大多数的智识分子，既多为满清所收买，所希冀以排满的，只有下层阶级的民众了！当时许许多多的下层阶级的人民，暗中组织反清的团体，如三合会、洪门会……这些团体，他们不许智识分子加入的。因为他们多认为读书人是靠不住的，所以拒绝他。这些团体自己造出许多奇异的暗号和礼节，苟非局中人，即莫名其妙！读书人对之，亦鄙之为"流氓"；那些"流氓"，他们也不愿和士大夫为伍。当时反清的民族观念，只有那些流氓阶级。不过可惜那时他们绝不知工农应有组织，应为本身利益的奋斗，并且也没有革命的目的、方法和策略。他们只知将明朝的流风遗韵拿来做宣传的材料，将崇祯王怎样惨死，满人入关时怎样残暴，来刺激而引起人反对满清思慕明室的观念！归结言之，他们的目的，不过在反清复明而已；但他们却无复明的办法，因为他们还不认识工农的力量。

清室的皇帝真聪明。他收买了一般"士大夫"、"读书人"，还不够，更想进一步收买一般农民。如康熙做皇帝时，便将人民钱粮减轻，人丁税完全豁免；他数次游江南，考察人民的痛苦，随处慰问，且当时的天下，的确表现出太平的景象；故人民对满清仇视之心，减去了大半。不过，康熙的初年，虽施行了一些仁政，至了中年，即不然了！至雍正时，已比不上康熙；乾隆时也想效法乃祖，可是数次下江南，便骚扰得不堪。后来一代不如一代，把人民压迫得一日甚一日，而人民怨恨之心，也日深一日了！这种人民是很容易引上革命之路的，只可惜那时一些三合会呵，洪门会呵，只知说满清怎样不好，明朝怎样好，所以应该反清复明，而不知是站在民众利益上说话，一般人民听了之后，以为和自己利益并没有多大关系，所以并不起来和他们同一路跑！

到了道光时候，中国变化了，帝国主义的势力西侵了。中国人受西洋势力压迫，即是从这时候起。以前中国人虽也曾与外人交接，可是总看不起外国人。至道光年间，外人至中国经商日多，那时中国人还是以夷狄对之，故时称外人为红毛鬼，外人在中国通商，中国人也时时压迫他们，他们也不敢声张。外人初至广州通商时，只得与行家贸易，不准与华人直接交易。因之行家时时要占便宜，如一件东西本可值十元，行家只给他们七八元，彼如不肯，只得将原货物打回头。这种情形，自然是十分困难的。还有一种予外人以难堪的事情，即是外人不准直接与中国官厅办交涉，有什么公事，要由行家代转，有时行家置之不顾，他们即有冤无法伸。同时外人至中国，只准他们交易，交易完毕，即不准他们居留，不准他们在中国过冬，亦不准他们坐轿。还有一层，即是不准他们和洋姥同行；说男女混在一起，未免不成体统。若果他们不服这些规律，即实行驱逐出境。

后来，外国的产业，渐渐发展起来；尤其是英国资本主义已极发达，出产物品增多，想在东方找市汤，而中国却紧紧闭关不纳，这是英人最感困难的。英人时时设法解决这困难，他派公使与满清政府办交涉，当时中国人并不知什么是外交，只以为英国来进贡罢了！便拿进贡旗子插在英国船上，到了北京以后，见不着皇帝；见了，又须行拜跪礼。英人虽不愿意，实在也没有办法。有一次，有一英使来粤和粤督办交涉；粤督称有什么事，可给行商转来，若不遵照此种手续，便完全置之不理。即此可见那时中国华人看不起外人的一斑了！所以英人虽欲将中国的门户打开，而中国则紧紧将门关闭起来，英人到了无奈何的时候，便用起武力来了！因此，便发生了鸦片的战争。

鸦片战争是因为中国焚烧英国烟土发生的，可是其实是英人想要打开中国门户的法子！当时英国由印度输入烟土，年多一年，中国人便觉得这为害不浅，不久派了一位很利害的总督来粤实行禁烟了，这总督是谁？即是林则徐，他下令严禁烟土入口，已经运来之烟土，全数均令交出，以后再有运土之事，一经查出，船要没收，人即斩决。林则徐搜了英人所运来共值六百万两的烟土，付之一炬，英人不服，便下令要驱逐出境！后来因双方争持的结果，便发生了鸦片战争。

第二讲 鸦片战争及其影响

前一次我们已讲及鸦片战争，现在且说鸦片战争后的事情。鸦片战争就表面上看起来，即是英国要卖鸦片给中国，而中国人不许，所以激起战争。但实际上却不然；因为英国鸦片商人，固想和我们一战，英国国会议员却不一定都赞成开战，他们虽经了许久三天三夜的会议，若不是有些资本家要想借此以武力解决通商的困难，还是未必会能通过和中国宣战的。鸦片战事完全是英国要在中国施行其经济侵略的政策的原故。

当鸦片战争未发生之前，英国会开议了三日夜，议决时，赞成与中国宣战的，只比较多九票，英国即决意出兵了。从此看来，鸦片之役，并不是全英国人民要对中国宣战，所以并不是全英国人即是中国的仇人，即英国议员亦几乎半数不是我们的敌人；与我们为敌者只英国的资本家，及代表资产阶级的国会议员而已。

英兵开到中国时，当然中国是敌不住的；可是他在广州，却不能得手，因为当时林则徐防守得甚坚固。在浙江、福建、江苏各地，便处处都敌不住了！于是许多地方，便被英兵占领了！

中国虽败于英，然轻视外人之心，还不稍变，并且更加气愤，始终不愿与英讲和；英人当时表示愿交还所占之地，只要求几个通商口岸，得与中国通商！中国还是不肯，后来英兵占了南京，且进迫天津，中国才恐慌起来，迫不得已而与英国讲和，于是与英人订下南京条约。这是中国与外国所订不平等条约的第一次。条约内说明，英所占地，悉归还中国，只要求割香港；当时香港不过一荒岛，为有些渔船停泊之地，谁亦料不到他人手中竟成了英国帝国主义侵略中国的中心地。此外，他又要求五口通商，即是要求将上海、宁波、福州、厦门、广州五商埠，给他们自由通商；这些地方，都是在扬子江以南沿海地方。此外，他还要规定海关抽税须有一定限制，即值百抽五的办法。这些条约，起初看不出有何损害中国的地方，然而这即英国帝国主义侵略中国的第一步。这些侵略即经济侵略。原来英国所以和中国开仗，即由英国资本家想把洋货销流于中国，他们所以要求五口通商，即是欲在这些通商口岸，自由销流他们的货物；不如从前处处都受制于中国人。他们所以要规定海关税则，即希冀他们的货物可在中国免抽重税，这样便使货价廉而易畅销；他们的用意，他们为资本家的利益计，可谓周至无比了！

我们知道，自从南京条约订定之后，英国资本家得到许多利益；从前只可在广州通商，现在可自由到上海、宁波各地了！从前外人在中国通商，须经过行家，不能直接和中国人交易，现在可自由做买卖了！从前外国输入货物，每值百元，要抽四十元以上，现在海关税则定了，值百只能抽五了！至于香港从前虽是一个荒岛，而此地距广州甚近，所以一落入英人之手，他便致意经营，该地适当交通要冲，船只来往，均停泊于此，货物销流，最为利便；于是广州的出入口货，皆渐受香港操纵，所以香港在经济实有控制广州之权，成为八十年来英人侵略中国之中心。

至于我们吃南京条约的亏，不但割香港或五口通商。我们因开放五口通商，于是外国货物自由畅销于国内，这么一来，中国的一般农工民众的生计，便大受影响了！洋货在中国畅流无阻，把中国固有之土货，抵制下去，所以中国的手工业者、贫农，生活上便日日受压迫，而一天一天趋于贫穷！卒之工人失业日众，农民贫穷无可谋生，于是便去当兵当匪，而中国情形更糟了！

南京条约使中国吃大亏，起初中国人是看不到的。可是自从条约定了之后，许多中国人都起来反对，尤其是广东人。他们虽然不知什么是不平等条约对于农工生活的影响，可是因为他们惯看不起洋人的缘故，总不满意中国人要和那些夷狄之邦的"红毛鬼"缔结条约；所以不管他三七二十一，总要起来反抗。这种反抗英人的团体便是平英团。

平英团在当时有许多人加入，他们常常在外段打英人，或驱逐英人，那时粤督也很顽固，见粤人抵抗或压迫英人，暗中欢喜！英人在上海开了租界，也想在广州开租界，因粤人反对，久之不能实行。英人又想进广州城经商（照南京条约规定，英人可以自由进城的），然也因恐惧粤人而不果。当时粤督虽不敢明白拒绝英人进城，也不敢切实许可他们，曾对他们说："可过二年方进城。"二年过了之后，英人拟实行进城了，粤人又群起反对，且召集了许多附近乡团来城示威；英人至此，又不得不退让！即此看来，可见广东民气之盛，及英人恐惧粤人的程度如何了！

照我们现在观察，平英团这种反对英国的办法好不好呢？实在不见得大好！因为他们反对英国，其立脚点并不是为中国人民的利益，尤其不是为中国农工群众的利益！他们为的是素来轻看洋人，不愿意英人在中国横行，他们为的是"顾体面"！他们不知反对英国帝国主义，只知普遍的反对英人；并且他们于反英之外，凡是号称"番鬼"的各国人民，都在反对、抵制之列。至于他们所用的方法，亦不足取。他们并不知道要团结全国民众起来与英反抗，尤其不知道要联合世界上弱小民族，共同奋斗，以打倒帝国主义，只知以乌合之众抵制压迫英人。那时英帝国主义者因适有印度叛乱，所以亦不能顾及中国，于是平英团继续闹了十六年，待到英人把印度的叛乱平定以后，便起来对付中国了！其时刚值洪杨事起，英人以时机已到，便想法侵略中国；他利用中国人民烧毁英法人房屋，于是英人趁惹起英法国对华的恶感，引起了英法联军进攻中国的事！

当平英团进行时，广东总督为叶名琛。他这老头儿素来顽固，见了粤人抗英，很高兴；以为以前林则徐之用兵还抵御不过英人，现在他却不费一兵一卒却生生把英人压迫下去了。他与英人办外交，还是看不起英人，英人有什么来往公事，只奸滑随便批了一二个字便交还他们。他老头儿因为是这样顽固，所以闹了一件大笑话，即当英兵进攻广东时，他毫不在意，不肯备战，表示得很镇定，他只知求神降乩，称神对他说，英兵不敢进来的，不久便要自行退却的，可不必忧虑。后来英兵把广州攻入，将他提获，便解去印度，将他当陈列品给人家看。这便是中国堂哉皇哉的大官僚！

此后，英国便要求在广州开租界了！不过他们始终是害怕广东人的。他们不敢在广州区域里开租界，乃选择沙面的地方作租界，原来沙面不过是珠江里边一些沙滩，英人就将这些沙滩填筑起来，填筑后，便与沙基间凿了一条沟渠，沟上架二条桥；这条沟和这二条桥，是有用意的。即是预备了有什么事件发生时，他们可将这二条桥拆毁，以免广东人至租界去袭打他们！这也可见英人恐惧广东人的程度了！沙面开租界后，几十年来，中国人与他们都相安无事，可是到了六十年后，却有事起来了！孙中山先生所号召的反对英国帝国主义的运动，引起了前年的沙面罢工，去年的沙基事件，沙面的铁闸，从去年关闭至现在！假使我们罢工不解决，恐怕沙面的铁闸，永无开放之期！我希望候我们把沙面收回后，才来把这铁闸打开！

以下我们可说到太平天国运动了。太平天国运动并不是为的反对帝国主义，只是为的"排满"的运动。不过假使没有帝国主义者鸦片战争的影响，亦许不至于发生此种运动的。此事前后闹了十五年，实是中国很伟大的民族革命运动。他的发轫地点为广西，广西、广东参加的人不知其数。为什么的发生这事件要在两广？这因为帝国主义之侵入，两广适当其冲，鸦片战争后，洋货在中国南方自由输入，首先是两广人民受其压迫，穷苦得不堪，所以奋起从事革命！此外还有一个原因：中国人之反对满清，二百年来，几无时或息，然终以满清势强，很难成功，及鸦片战争后，满清为外人屈服，人民看破了满清，觉得他已毫无力量，所以乘机起来想打倒他！

太平天国运动的领袖为洪秀全，他信耶教，自办上帝会。他最先看破满清为英所败，已毫无能力，便想把他推倒。据说他有一天，忽然晕倒了，醒后，恍然大悟，说他自己是上帝儿子。上帝有二个儿子，一个为耶稣，一个即他自己。他受命于上帝来打倒满洲。这些话，本来是骗不过人的，可是当时一般被压迫太甚而希图乘机反抗的民众，竟相信他的话了！

洪秀全的兵打出湖南、湖北以后，全国的什么大刀会呵，三合会呵，都起来响应他。他们都是以反清复明为口号的。后来他打到南京，便建起国都来，开国号为太平天国，自称为天王。

后来，太平天国终归失败，为满洲所压服了！他们为什么失败呢？我们可研究一下：有些人说，他们的兵太坏，到处骚扰人民，劫掠人民，许多人一听见"长发鬼"便怕。可是这些并不是真话，因为他们有些军队，军纪是很好的。如石达开、李秀成的军队，军纪非常好，有些乡下佬亲眼看见的，至今还是称赞不止！他们失败的真正原因有三，可略举如下：

（一）帝国主义帮助满清　帝国主义者起初看见洪秀全打到南京时，很高兴的，以为他是一个基督教徒，一定很容易说话。那时香港总督便跑到南京，想与洪秀全交涉。那知道洪秀全却不理他，还是以天朝自居，以为外人只应来进贡，没有什么交涉可讲。英人见洪秀全不能拉拢，便跑去帮助满清来讨伐洪秀全了。当时外人帮满清练兵打洪秀全，称为常胜军，太平天国运动之败亡，受常胜军之打击不少。

（二）无一定主义　太平天国运动无一定主义，不知为农工群众谋利益，他们只知以上帝的儿子等话，自欺欺人。所以农工群众究竟不认识太平天国与自身之关系，不知道起来拥护太平天国。再则他们领袖结合，不是主义的结合，只是感情的结合。起初他们几个领袖，感情是好不过的，以为"有祸共当，有福共享"，好象桃园结义一样。因此，洪秀全既自称为天王，便封他的伙伴为东王、南王、西王、北王等。可是感情是靠不住的，没有主义的人，一有误会，便找不到感情这个东西了！后来北王杀了东王，内部闹个不休！满清乘机进攻，遂打破了南京城。

（三）智识分子不为己用　反革命的智识分子，如曾国藩、左宗棠等，却帮助满清来打太平天国，太平天国运动之败亡，此也为一重要原因。曾国藩那些智识分子，时时以忠君爱国自许的，然而他们却上了满清的当了！他们所忠的君是满洲的君，所爱的国也是满洲的国！他们所以为满洲效力，一半也是洪秀全的错。洪秀全太看不起读书人了，不知道拉拢读书人，所以读书人便自然相率归满清。而为满清出死力来抵抗太平天国！由此，我们可得一个教训，革命的进程当中，虽不可完全信赖智识分子，亦万不可抛弃智识分子，不使他们都去为敌人效力，这是很要紧的！

太平运动终归失败了！其失败的最大原因，即是上述三项；此外，还有琐碎的原因，便可以不必说了。

第三讲　由太平天国运动至康梁变法

今天是讲太平天国运动以后的事情，太平天国亡后，满清势力又强大起来，继续讨平了河南、山东、安徽等省的捻子，与陕西、甘肃、新疆的回人，在这种声势之下，许多民众不敢再起来做排满运动；因之，中国民族革命运动的潮流，便低落下来了！但是，当时帝国主义压迫满清，却是一天天厉害！光绪二年，日本把琉球并吞了；光绪十一年，法国也慢慢地把安南占领了！中国民众既不敢反抗满清，自然更不敢反抗帝国主义；因为满清虽厉害，帝国主义更要比满清厉害。

这时却有一人起来要排满，这人即是孙中山先生！当光绪十一年时，孙中山年二十岁，即立心要革命，可是当时并没有人响应他，附和他，反群起而反对他。只有几个朋友，肯跟着他一齐去干。那时中国人还有一种想法，如李鸿章等，他们亦觉得中国还是如此干下去，一定要招灭亡之患的！不过他们觉得外国所以称强，是因为有军舰和枪炮，中国想与外国抵抗，只须从事制造炮舰，所以当时便兴办了南洋与北洋海军！以为这样即是可以救亡了！至于外国一切政治，什么民主，什么立宪，都是胡说乱道，无一及得上中国的！究竟这些人的意思对不对呢？当然是不对！因为是不对，所以就有人起来打他们的嘴巴，教训教训他们了！打他们的嘴巴的是谁？即是日本。

在甲午年，中国和日本发生了争高丽的战争！高丽原来是中国的藩属。从前中国对于属国是很放任的，并不是象现在帝国主义对待殖民地一样，日本见了中国这样便生了觊觎朝鲜之心。中国后来渐渐不放心起来了，便派了袁世凯带兵到朝鲜驻守，暗中防御日本；经过了几次交涉，日本也借故出兵朝鲜；因之，中日互相冲突一天天厉害，甲午之战便发生了！

当时中国既有军舰，枪炮也多属新式，自以为堪与日本一战，可是中国的军队精神太不中用了，有许多还未正式开仗，便"弃甲曳兵"向后转跑了！打起仗来的时候，便发现军器亦不如人家，这么一打，便一败涂地，陆海军俱一蹶不振了！日本便于是平平安安地把朝鲜抢去！同时，还进而把旅顺、大连及满洲南方继续占领。中国只好低首下心，派代表去议和，先前是派了二人去当代表，向日本请和，日本人不肯睬，说此二人无代表之资格！且答称中国如欲议和，非李鸿章做代表不可！于是李鸿章只得亲自出马。李鸿章到时，日本给他种种留难，既要赔偿兵费，又要割让天津，种种要求，闹得李鸿章毫无办法！后来有一日本人想暗杀李鸿章，将李鸿章打伤了；日本害怕外国人要起来干涉，才好好地与中国议和，结果，中国割让台湾与澎湖群岛，及辽东半岛于日本。后来，俄、德、法起来干涉，日本只得将辽东半岛交还中国。

为什么俄、德、法要起来干涉中日之事呢？那时俄国并不是现在的俄国，他并不是要为中国打抱不平，他自己便是一个最厉害的帝国主义的国家。他因为欲在东方找海口的缘故，久已垂涎南满洲；此次见了日本把满洲南部占领了，心中老实不大爽快。此意为李鸿章所侦悉了，他便拉拢俄国出来说话；俄国因自己利害关系，也不客气地答应出来干涉！他自己恐怕能力不够，再去拉拢法国出来；德国因要促成俄、法向远东发展之局，以免除德国在欧洲对于俄、法之恐怖，也不待人邀请而出来与俄、法一致干涉了。听说此时李鸿章还与俄订了密约，其内容乃割辽东于俄的。日本看见了俄、德、法都起来干涉，不能不将辽东半岛归还中国！辽东半岛归还了，俄国又想将旅顺、大连拿到他自己手中去，而苦无方法进行；这事给德国知道了，便出来向俄国献议，德国承认自己可先占胶州湾，俄国便好起来援例占旅顺、大连。于是德国便出兵强占胶州湾，要中国将胶州湾租借与他九十九年，俄国果真按例出兵强占了旅顺、大连，英国也起来占据威海卫，都定租借期为九十九年；法国起来占领广州湾，定租借期为九十九年，英国见法国占了广州湾，又借口保卫香港，要求租借九龙。中国推诿不过，一一都应允给他们了！那时只有意大利起来要求租借三门湾，因为国家太微小，被中国拒绝了！

中国在此时，不但租借了许多海口给外国，即铁路矿山，也随时送给外国人不少。中国在此时差不多要灭亡了！当时最可恶的，尤其是德国，他常常故意的说：黄种人是最厉害不过的，试看：日本一个蕞尔小国，今竟称雄东亚！中国地大物博，现在不过一时衰弱，好比睡狮一样，将来他一醒觉，是了不得的。不若乘他睡着了的时候，结果了他！德国这些话，是想鼓吹列强把中国瓜分了的！这时期可谓是中国的千钧一发，危险不过的时期了！可是为什么中国能免了瓜分之患呢？这并不是中国自己有什么力量，能防御他们，使他们不敢瓜分，只是因为第一：中国这样好的地方，实在太难瓜分！第二：英国在中国已有了相当地位，所占权利独优，如瓜分后，山东要归德国，云南要归法国，那时英国在山东、云南等地的权利，反不如在中国手下好自由发展！所以英国却就不主张瓜分中国。第三：当时美国正从事经营南美洲，不能顾及中国，且在中国毫无位置，毫无势力，他更不主张将中国瓜分，妨害他将来在中国的发展。有此数因，中国便偷偷地免掉了那个最危险的瓜分之祸了！

于是美国根据利益均需，"势力均等"的原则，提出"开放门户"的口号来。所谓开放门户，即是要中国把大门大大的打开，任强盗般的帝国主义者——列强，到里边来"随心所欲"的"予取予求"是了！开放门户的原则，被列强承认了，中国在这样局势之下，虽不至于瓜分，然而全国的权利，都成为国际帝国主义者自由攫取的对象了！

中国处在这样可怜的状况之下，许多人便是要想出救亡的方法来了。造舰，练兵，是不够的，因而着想到政治上一定要有一番改变，以前只管夸称华夏的政治如何，现在亦渐渐觉得夷狄之邦的政治，实在有些是中国比不上的了。可是要想改变政治，不是一件容易的事情。中国又是最迷信古代，崇拜祖先的，礼法制度，是世世相传下来的，谁敢想改变他，便是谁要毁坏圣贤祖宗的法度，这是一个很厉害的罪名。若是想将中国成法改变，去学洋鬼子的什么"民主"什么"立宪"，这更是所谓"用夷变夏"，一切遵守古训的人所绝对反对的。所以那时虽有许多人知道中国的政治非改变一下不可，然而终无人敢提出"变法"两个字出来！

在这个情况之下，有康有为出来了！他引据经典说明，以为孔子便是一个主张变法的人，孔子所谓尧舜文武之道，并不是从前真有个尧舜文武，做过什么事情，不过是孔子自己有些什么主张，便假托尧舜文武，使人家好相信他说的罢了。康有为此说一出，许多人欢喜得了不得，因为照他所说，孔子便是一个主张变法的人，中国人最相信孔子，那便变法的主张，亦可以不怕人家反对！光绪皇帝听见有康有为这个人，也高兴得很，他自己素为慈禧太后与一般旧臣所挟持，这时立刻召见康及其门徒，共谋变法。想自己树立一派势力，与那般旧臣及其背后的慈禧太后宣战。康有为与光绪，君臣相得，真是如鱼水交欢；光绪对康言听计从，康也竭忠尽智的去筹谋变法。他们很努力的一心一意想将中国改变过来。于是废科举，废八股，办学堂，一切应兴应革的事，无不着手去做！但不久的时候，反动便来了，光绪皇帝因信任康有为之故，对那些老官僚的言论或意见，终是不理。于是那些旧官僚恨康有为到极点！总要想方法推倒他。那时不但那班老官僚不满意，还有些老秀才，或学八股的童生们，亦每每有怨言，以为皇帝实在太不行了！件件事都要学洋人，又办一些洋学堂，连祖宗传下来的八股都废了；然而那时新派却趾高气扬，得意得很，仗着光绪皇帝与康有为的声势，藐视侮辱旧派，无所不至，这种情形，正和国民党改组时，旧党员与新党员所表现出来的情形一样！许许多多反对变法的人，怎样办呢？他们只有一条路，便是到太后那里去说话！太后是一个没有知识的老太婆，被那些老官僚包围之后，便时常嘱光绪不要过于听从康某，把祖宗法则都毁弃了，光绪听了太后的话，明知这是老官僚想阻碍变法，因与康有为商议，要设法防止太后与这些老官僚接近，他们商定去请袁世凯来监守住太后，不许他人到他那里去。岂料袁世凯一方面虽答应了，一方面却将此情形告知接近太后的人，太后愤极！立刻下令逮捕康有为，康闻耗逃走了！康既遁，太后再乘机执政，把光绪皇帝幽禁于瀛台，假称他有神经病，不能治事。这便是所谓戊戌政变。

甲午战事起后，孙中山先生便已决意革命。他先想在广东起事，惟因运械失慎，为满清所发觉，孙中山先生潜逃国外，得免于难！此为孙中山先生革命第一次失败！那时，许多老顽固的人，视革命为洪水猛兽，称中山先生为叛徒，为寇贼；号称新派的，又以为满清当可以变法有为，也反对革命运动！迨变法失败以后，反对革命的人，才渐渐觉悟，对于革命，不象以前那样害怕，甚至有些倾向革命了！所以不久，中国便发生了二个伟大的民族革命运动，一是反帝国主义的义和团，一是反抗满清的同盟会。义和团与同盟会的事情，容后再说。

第四讲　义和团与八国联军

我前次讲到光绪与康梁等之变法运动，现在讲义和团的运动和辛丑条约。原来义和团是民团一种秘密组织，是要反抗满清、恢复明朝的，所以在当时为一种犯法的团体，但后来忽然一变性质为扶清灭洋了。为什么义和团会变过来扶清灭洋呢。因为中国受外国帝国主义之压迫剥削，使一般农民见得满清固然可恶，但帝国主义更加可恶，所以他们不反对满清，只反对外人，当时受外人压迫最厉害的为山东。

光绪二十四年，山东胶州湾为德国占据了。德国是当时帝国主义中最厉害的国家，他武装强占胶州湾，又武装强迫中国答应他修筑胶济铁路，在铁路三十里内的矿产归他开采，德国自得了这些权利以后，即进行修筑铁路，他硬要强买人家田地、坟墓，无论尔愿意也要，不愿意也要，而且由他自定价格，物主划算得来否，他们亦一概不管。这些办法都是中国人民所最反对的，有田者不愿意卖与德人，即愿卖又得不到相当的价钱，祖宗的坟墓更是不容随便搬移的，而德人强要人家搬移。曾有一次，山东人群集包围德人，但卒因德人向中国政府交涉，中国政府派兵弹压，终只有屈服解散。又德人为要开矿，在沿铁路三十里内，试采矿苗，随便在这里山上挖一挖，在那里山上挖一挖，中国人是最重风水的，以为山里龙脉被他破坏，不但一人一家受影响，而且是与一地方人都有影响的，因此更加讨厌德人。还有德人包庇土匪强盗。山东土匪都在胶州湾及沿铁路藏匿，晚上出来抢劫，抢完了便跑进胶州湾去，中国官厅不敢去胶州湾捉他，因此山东人更加恨德人。犹如广东人之恨香港一样，香港也是窝藏包庇中国土匪强盗的。同时不但山东人恨外国人，即所有外国人侵占中国之海军港，如威海卫、大连湾、旅顺、广州湾各地附近中国人，亦同样受外人压迫，同样恨外国人。不过山东人为更甚。那时外人还盛倡瓜分中国的论调，争着夺取中国各种权利，更加使中国人害怕而亟思反抗。不过此时虽人人都要反抗，但都怕外国人枪炮厉害，所以终不致发动起来。

光绪皇帝变法失败以后，中国人排外的精神更增长了。本来光绪皇帝变法，便是很想反抗帝国主义的，不过有般糊涂人，不懂他的意思，反说他跟洋人跑，令他们想中举人、秀才的机会都没有了。现在他们看见学洋人的皇帝倒了，劝光绪皇帝学洋人的康有为等也杀的杀了，跑的跑了，那般秀才、举人、绅士都兴高彩烈，他们以为那个头脑顽固的皇太后，一定可以去打洋人了，但他们自己终怕洋人枪炮利害，不敢动。

很多人都想打击帝国主义，但都害怕他们枪炮的利害，于是义和团出来说：不要紧，现在不怕了，洋人命运已衰了，尔看皇帝助洋人，新人物康有为等助洋人，现在不是通通倒了吗？我们是不怕枪炮的，我们大家都去练神拳，神拳练得好，枪炮打不入的。于是他们到处去试给人家看，他们把刀在肚腹上砍，当真砍不伤，大家都信以为真，以为现在有不怕枪炮的法子，所以大家都跟着他去打洋人了。

当真他们可以不怕枪炮么？在八国联军进攻的时候，义和团被打死的不知多少，他们是学过练气的，用刀口硬砍肚皮，是可以不伤的，但假如用刀在肚皮上一拖，便糟了。何况犀利的洋枪洋炮，那有打不伤之理。此理现在我们甚是明白，但以前的人因为要打洋人却不能了解。

从此以后，北方各地人民，都跟着山东人起来组织义和团，他们见洋人即杀，见洋人房屋教堂即烧，而且铁路、电线、电话都一律毁坏，凡信基督教谓之二毛子（洋人为毛子），与洋人一样待遇，一样屠杀。不许人家讲洋话，亦不许买洋货，因为他们要反对洋人到底，一切洋东西都不用，连洋枪也不要。他们用土枪土炮来抵抗外人的洋枪洋炮，一般顽固脑筋的人们，很崇拜义和团，他们请大师兄、二师兄到家里，设香案，象拜菩萨样子来叩头敬礼，一般腐败官僚大臣，暗中亦与义和团勾结，于是义和团的势力蔓延到直隶北京来了。

其时皇太后当权，他的头脑是很陈旧顽固的，他很恨洋人压迫，恨新人物学洋人，他虽没明白表示帮助的，但暗中是帮助的，山东、直隶、北京各地，义和团势力之蔓延，他是不干涉的。以后义和团包围北京公使馆，将德国公使、日本公使馆书记官杀了，皇太后仍是不管。有些老臣走去劝皇太后禁止攻杀外国人，皇太后反斥责之，谓义和团是义民，不应禁止，于是北京弄得乱七八糟了。

其时杀的外人着实不少，尤以山西、直隶为最多，虽无确切统计，恐怕有二百人左右。但在南方各省则没有义和团的运动。因为南方有李鸿章、张之洞等禁止义和团组织。北方各省闹得非常利害了，于是英、日、意、奥、德、法、俄、美八国因利害关系，联军向中国进攻。初时义和团也很利害，联军不能急切得着胜利，但到底他们不能敌过洋枪洋炮，北京遂被攻破了，皇帝和皇太后都跑了，一跑跑到陕西西安。

在这次义和团的运动当中，义和团能有反抗外人压迫的精神是很好的，可惜他们不懂世界的情形，不知联合世界被压迫民族，如印度、安南、非洲等殖民地一致起来反抗帝国主义，同时又不知组织工农群众，训练革命军队，用良好的军械，来反帝国主义，只知用些骗人的迷信假话来号召一般愚民，这是他失败的原因。

义和团当时的反帝国主义运动，并不知什么是帝国主义。他们割电线，挖铁路，以为这些都是洋人带来中国害人的东西，是祸害中国的东西。实在这些东西本身并不坏，坏的是帝国主义利用其来侵略，我们现在要反抗帝国主义，就要废除不平等条约，用自己的力量发展实业，以物质文明去抵制人家的物质文明，那才是打倒帝国主义的正当方法。

义和团却想完全不用这些东西，把社会拉向后退，开倒车，这是不对的。再则他们乱杀洋人也是不对的，他们受洋人压迫太甚，而生出此种排外运动；不过，我们应该分别清楚，压迫中国人的，并不是一切外国人，而是外国的资本家，打倒帝国主义是打倒外国资本家，而不是打倒一切外国人。而且为打倒外国资本家，外国无产阶级还是我们的好友呢！但义和团不明此理，所以帝国主义者可以欺骗外人，说义和团野蛮，要杀尽外国人，一切外国人反通通联合起来向我们进攻了。现在我们只打外国资本家，外国工人、农人，就不会给资本家欺骗来打我们，他们工人且会与我们合作来打倒彼此共同的敌人，这是我们应该认识的。

八国联军入京以后，抢掠宝藏东西，焚烧房屋，真是奸淫掳掠，无所不为。他们这样闹，他们自己就闹出争端来了，因此迫得他们不得不退兵，不得不和中国议和。这议和条约签字的日子，就是辛丑年九月七日，叫做辛丑条约。我国至今，每年定九月七日为国耻日去纪念他。这次条约，中国人吃的亏很大。条约内容：一、凡与义和团有关系的不论王亲大臣皆严办。二、派亲王到德国谢罪。三、赔偿兵费四〔万〕五千万两，分三十九年归还，计利息五万〔万〕三千万两，利息比本银还要多，合计起来有九万〔万〕八千万两银子，以海关税为担保。这个担子，至今还在我们肩子上，还要二十多年才能把这笔债还清。这笔债是很没道理的，外国人不是时常屠杀中国人，并没有赔偿，前年日本大地震时，日本人仇杀中国人二百余人，只赔偿几万元了结。即使当时义和团杀死几百外国人，都是因为外国压迫中国人所得的结果，即退一步，要赔偿，也决不应赔偿到九万〔万〕八千万两之多。这完全是帝国主义用武力压迫榨取我们中国的借口而已。如果国民革命成功，我们一定否认归还这无理的赔款。

还有，条约里面规定，所有发生教案之地方，以后停止文武考试五年，以为惩戒。各地人民有反抗外国的组织和行动者斩头，地方官吏如查禁不力，该地方有反抗外国人事情发生的，长官革职，一生不准叙用。由皇帝将条约布告各府县两年。因为这样的政治压迫，所以辛丑年后，中国人无敢反抗外国人的，中国民族精神从此被压迫下去了。直至辛亥革命，人民尚不知道反抗帝国主义！

中国民族运动自经此次大打击后，不但大家不敢反对帝国主义，而且一般士大夫，甘心媚外，做帝国主义者之走狗，还在那里骂义和团为拳匪，不敢得罪帝国主义者，不敢反对满清，这种糊涂头脑，影响革命甚大，使中国人更加吃亏。义和团是一种民族革命运动的，他们的革命精神是值得我们钦佩的，辛丑条约的国耻，我们每年亦不可忘记。但我们同时不可忘记义和团运动的缺点，我们要用我们现在正当的民族革命方法，不可再走上义和团错误的路上。

第五讲　辛亥革命运动

今晚是讲八国联军以后的事实。中国自经八国联军之后，人人都以为中国要有一个大变革才好，当时孙中山先生乘八国联军之际，在广东惠州起事，谋推翻满清，同时汉口亦有保皇党康有为辈，起而谋逐皇太后，拥护光绪出来，但结果都失败了。我们在中央公园可以看见史坚如先生的纪念碑，他就是于庚子惠州起事时，在广州谋刺总督事败而死的。

在甲午以前，一般人对于中山先生干的革命，都不表同情，而且视革命为可厌恶的事情，至庚子之后，才觉悟中山先生的举动是不错，满清是不行，非打倒不可，从中山先生谈革命者于是日多，那时汪精卫先生、廖仲恺先生及一般留日学生皆跟从中山先生革命。不过当时革命潮流还不十分高涨，到日俄战争以后，中国革命潮流更高涨起来。

日俄战争的原因很远，在甲午中日战争以后，日本向中国夺得辽东半岛，俄人意有不甘，约法德出面干涉，迫日本将已吞下咽的一块肉——辽东半岛抢夺出来，不过几年他自己又把旅顺、大连占去，因此日本非常疾恨俄人。当时的俄国不比现在农工政府的俄国，那时是帝政时代，时常是想侵略人家，他在庚子年，并以参加八国联军名义，出兵满洲，事后不惟不肯撤兵，还想进一步占据朝鲜。此时朝鲜已属日本势力范围，所以此时日人非打他不可，否则连朝鲜都要入了俄人之手了。至战争开始，俄人着着失败，其所以失败之原因，因为俄虽是大国，政治腐败，而日本国虽小，国人皆曾受资本主义忠君爱国的教育，全国一致勇敢，故俄非日本之敌。日本因此次胜利，一跃而为头等国，但自然除了资本家得到利益以外，一般工农是无所得的。却是中国民众的心理，因此次日俄战争，受了很大的影响，皆以为黄种人未始不可以战胜白种人，心中非常高兴。以前中国人好自高大，自鸦片战争以后，与外人战，每战辄败，因之渐次降落其自大之心，而反以外人为不可敌了。今见日本自立宪后，即可以胜俄，以为中国若立宪，亦何尝不可以战胜白人，因此心理，遂反感满清之可恶，以为中国以前之所以每次失败，皆由于满清不争气，因之渐渐倾向排满，而走上革命的道上。此时革命党有三派：一派为中山先生的兴中会。第二派为湖南黄兴、宋教仁之华兴会。第三派为江浙蔡元培、章太炎之光复会。中山先生一派，少数是智识阶级分子，多数是三合会、哥老会分子及华侨，该会的宗旨，初亦不甚明确，口号只是排满复汉，后至庚子起事失败，中山先生出游欧美，受各国社会主义的影响以后，知道革命不特要排满清，而且于满清打倒以后，须建立民国，及解决农工阶级的争斗，因是而成立了他的三民主义。黄兴等的主张与中山先生不同，他们只知排满复汉，没有所谓农工政策，当时从之者多数是学生，在湖南曾与学生组织机关，图谋起事，失败而逃亡日本，及至日本，留学生从之者亦众，较信仰中山先生者为尤多。章太炎一派更大不然了，他们是读书人，读了古书太多，援古方今，所以不满意受满清异族的统治，他们没有民生民权的主张，只不过有故国遗民之痛，因恶满清，在上海办报痛骂之，后为清吏缉捕，亦逃亡日本。此时因赞成革命的人日众，中山先生到欧洲时，有许多留学生找他，先生与之产生一种组织，但是留学生并不欢喜加入兴中会，与更名为同盟会，及后至日本，宋教仁等以革命势力须统一，乃拉拢三派，共改组为同盟会。宗旨是排除满清，建立民国，及主张土地国有，但他们有一条主张是要要求各国帮助中国革命，这无异要帝国主义来打帝国主义，却未免是笑话。

自同盟会成立后，中国民族革命运动日益发展，中国留日学生，除甘肃未派人外，其余各省均有人加入此会，入会的人或回国宣传，在各省组织支部，是年会员增至万人，以前中山先生自以为革命成功，乃身后事，至是始知革命目前可以成功了。那时同盟会由汪精卫先生等办理《民报》，很能影响一般民众，同盟会会员也的确能够切实而勇敢去做工作，如行刺满清官吏，安徽发生刺杀抚台一次，广东发生刺杀将军二次，而汪精卫先生亦于其时行刺摄政王，那时满清官吏心目中最怕的，就是革命党。例如辛亥年广东将军孚琦被刺后，满人莫敢继任，唯凤山自告奋勇，愿以身承之，结果不二日又被革命党找到，及后黄花岗七十二烈士，围攻督署，手持炸弹，血肉相搏，因此满清官吏益知革命党之不怕死，闻而胆寒，所以武昌起义，瑞澂一闻革命党枪声，即逃之夭夭，不费力而武汉克复，未始不是这种先声夺人的结果。革命党得武昌后，各省亦次第入革命党之手。武昌起事，讲起来很可笑，当时革命党因为事泄，不得不起来闹一下，其实全无准备，殊不知因此而吓走瑞澂，其余各省亦是一样，其时南部各省差不多全入革命党手，即北方亦有数省入革命党之手者。

满清末年，反革命党如保皇党梁启超等，他们曾办一《新民丛报》，与汪精卫先生所办之《民报》相辩驳，谓革命要召瓜分，平均地权，会引起穷人把中国弄得糟糕，他主张由满清自行采用立宪制，有许多所谓老成持重的学者，很相信此说，故其势力亦不小。于是彼时有所谓立宪派，专向满清要求立宪，但满清表面上虽允立宪，其实是不赞成的，因为行了立宪，他就不能再压迫和剥削人民，所以到辛亥那年，立宪派亦觉得满清不行，而有些表同情于革命了。

可是那时革命势力虽然浩大，而其中实有许多毛病，不特同盟会的宗旨，一方主张土地国有，而一方又要求帝国主义帮助革命的事实，是矛盾可笑的，而且三派中分子亦非常复杂。在中山先生一派，虽有三民主义的精神，但其能明了三民主义者亦属少数。至黄兴一派，可说仅有二民主义，而章太炎一派更说不上，至多说他有半民主义罢了！三派虽然牵合了，主张未能一致。当时同盟会会员，是很勇敢的，但亦有一毛病，没有严密的组织，不开会讨论政策，没有训练和研究主义，又不注重宣传，一般党员，视汪精卫先生办的《民报》，为弄文墨的机关，以为是革命所不需要之物。他们的心目中只知要干，要打倒满清，所以对于主义反不屑于研究，因此不能明了自己革命的目的与意义，因此亦很难靠得住的。

革命军起，满清没有办法，乃召袁世凯督师反攻，袁氏当时有精练之兵六师，革命党以势力不敌，欲拉拢袁氏，给与大总统位，以为如此则革命可以算为成功了。其时适中山先生归自海外，许多革命党员以为中山先生对于革命有大功，应作总统，因扬言他必带有充裕的金钱回来，以耸动众听。后来人家见先生便问带了多少钱，先生只说"带了革命的精神回来"。众大失望。然卒因有一般人还是拥护先生的，乃举之为总统，但有些党员对之却不大信仰。

那时革命党的最大弱点，就是党员不相信自己的力量，即如武昌起义时，革命党无人敢上台，乃找黎元洪出来，黎氏本非革命党，当时一闻枪声，黎氏已避于私邸，后闻革命党来找他，复匿于床下，革命党乃由床下拉他出来当个领袖。即各省亦是这样，所有都督皆请旧时满清官吏或立宪派人去做，那时党员的心理，以为革命党只堪做破坏的工作，不能做建设的工作，连孙中山先生他们都没有信仰，先生虽有许多建国计划，他们以为这都是理想！当时党员皆欲以总统奉袁氏，与他讲和，独先生反对之，先生主张革命要彻底，要打倒反革命派及土豪劣绅，一般党员视为太胡闹了！以为先生欲争此总统位。黄兴曾说："如不让步，粮饷再难维持下去，我亦不负责了。"先生看见四围空气不佳，乃舍总统而让与袁氏。

同盟会会员，不单这一回不相信中山先生，还有许多不相信的事。当中山先生让出总统后，他知这是革命党的失策，乃主张会员从此不要做官，还是都到群众中去宣传，但一般会员又以为民国由我们创造，断难一切皆牺牲，他们又舍不得丢了做官的机会。当时先生谓袁氏不可靠，会员亦多以为然，但一方面犹想靠袁氏以升官发财，不肯决然反对袁氏。及后袁氏把宋教仁刺死，把所有革命党的督军撤换，或以兵力逐去，革命成功不及二年，又完全失败于袁氏之手。结果革命党以前的势力，只为袁氏争得一个天下。

革命党在民国元年二年，不特外面的失败，即内部亦弄得一塌糊涂。当革命成功，章太炎即跳出同盟会，把中山先生大骂而特骂，至今犹不改常态，他现在骂广东是赤化，有人说他是疯子，其实他并不是今天才是疯子，一向他便是这样一个混蛋的东西。此外革命党内部，有一部分是拥护黎元洪的，有一部分是为袁氏所收买的，而且当时宋教仁，把同盟会公开，又改为国民党，收入了许多坏的分子——贪官污吏，至使内部非常腐败，所以至民国二年，为袁氏给了一个打击，即刻就打得粉碎。

民国一二年，国民党不独内部弄得糟糕，而且宋教仁因想把国民党扩大，以收罗一般人，乃修改原来党义，将土地国有一项删去。以前民生主义的意思，还有写在白纸上的，现在连白纸上都没有写了。另一方面袁氏收买一般反革命派及立宪派，造谣说国民党的坏处，向民众宣传，帝国主义亦乘这时机，借款与袁氏，共二万〔万〕五千万元，以为练兵费，所以袁氏把兵练好，把国民党打碎了，而一般人民亦不为国民党惜，反以袁氏举动为合，这就是因为国民党不做宣传工作的报应。

由今晚所讲革命党过去的事实，我们可以得到许多教训，第一，革命虽是难事，但能努力去做必易成功。第二，革命欲达到成功，必要有好的政党去夺取政权，肃清一切反革命派，若如同盟会会员一样，自己不相信自己的力量，始终要被反革命派打倒的。第三，革命成功以后，还应特别注意组织民众，向民众宣传；否则失败了，一般老百姓不但不为革命党惜，反要说反革命的好处。

现在北伐军已打到武汉了，大家莫不闻而雀跃，但是以前武汉何尝不是革命党的，后来卒归于反革命派之手，所以已得的武汉会被敌人拿去的缘故，就是因为当时革命不彻底，不能将反革命派打倒，不能唤起民众和组织民众，来与反革命派奋斗到底的缘故。我们要使革命成功，一定要打倒帝国主义和反革命派，非谓得到了武汉或北京，革命就算成功，要是不如此，就会蹈辛亥的故辙了。

第六讲　五四运动前后的国民党

今天说的是在民国二年，国民党被袁世凯打倒后之中国革命运动。当时国民党，分成二派！一为孙中山派，一为黄兴派。中山先生看见国民党自民国元年至二年间，做了许多错误的事情，决意丢了国民党，另组严密的中华革命党以代之，入党者须打手印立誓，服从孙先生，重新整饬纪律，继续辛亥革命的精神。黄兴则认为国民党没有做错事，反对孙先生组织中华革命党的举动，批评他立誓打手印，是野蛮时代的举动，并谓要党员声明服从孙先生，是孙先生欲做领袖的观念太重；黄兴以为现在国民党既然被袁氏推倒，国内外又很少得着同情，不若暂行停止革命，让袁氏做十年，十年以后，袁氏要做不好，才再起来革命。黄兴这一派，是以为无须什么纪律领袖的，孙先生则主张非有严密的纪律服从领袖去继续革命不可！这二派后来有甚么结果呢？黄兴这一派因为不讲纪律，而且主张俟十年后才革命，已经失却了革命的精神，所以到袁氏推倒国民党以后，有宽处国民党，凡愿悔过者，准免治罪的通令，遂有许多党员投降过袁氏方面去，虽做过什么都督的都投降到袁氏幕下去了！孙中山这一派虽然比较的好，但亦有很大的毛病，就是只讲纪律，不讲主义，结果连纪律亦是靠不住的。当时孙先生以为说起主义，许多人不懂，因为彼时未就农工生活说起，只说了些抽象的道理，所以大家总不易了然；孙先生因以为不如叫大家盲目的服从，我叫你怎样做就怎样做，较为简单妥当，不知照这个办法，一般党员，当面虽说服从孙先生，却没有人懂得孙先生的真意思，背后就没有人肯照着孙先生的真意做事。那时又因为没有注意农工运动，培植民众的革命势力，只图利用土匪，运动军队去打倒袁氏，不知利用土匪军队，是不中用的，光复时借军队土匪的力量来打倒满族，还有种族的关系，可以鼓舞一般人的精神，此次袁氏亦系汉人，土匪军队便不知道何必要打倒他？所以亦很少肯出力来打倒袁世凯的；自然有些土匪是可以运动到手的，然这不过是金钱的作用，他们对于打倒袁氏的根本意义，始终还不明了，若是袁氏方面有金钱，他们亦可以再转到袁氏方面去。那时还有些不忠实的不革命的党员去欺骗孙先生，对孙先生说："我服从先生，那处有几多土匪军队，要拨几多款子，就可以起事革命。"孙先生有时信了他，就把钱交给他去运动，他跑出外方去开旅馆，吃西餐，宴宾客，委任出许多空头的团长、营长，到后来随便在某地方开几响枪，诈作谋事失败的证据，便回来向孙先生报告，"起事失败了！"孙先生是认为革命总免不了有失败的事的，所以从来不十分追究他们，因此孙先生不知受了他们几多次的欺骗了。而且因为那时只知利用土匪军队，不注意农工运动，一直到袁氏称帝之时，孙先生这一派，并不能有相当的实力去打倒他。袁世凯之倒，虽然国民党亦有一部分力量，然而多半还是袁氏部下各小军阀，及进步系起来拆他的台，所以倒袁之役，国民党并未立于重要的地位。袁氏被打倒以后，中国不但未能建立起民众政治的根基，反惹了一种大祸。怎样呢！那时国民党和进步党的人，要打倒袁氏，没有农工的势力，因而只有吃亏的事，利用军阀的势力以倒袁，因此倒袁之后，军阀之势力日张，政治上反为军阀所利用，变成了割据的局面，不一年发生了张勋复辟的事，复辟以后军阀的势力更是变本加厉了。

在民国六七年间，国民党因反对段祺瑞，利用南方陆荣廷、唐继尧的力量，在广东开非常国会，不料陆氏赶走龙济光之后，得着两广的地盘，不愿与孙先生合作，设法反对孙先生，使孙先生不由得不跑走了！后来陈炯明，领粤军回粤，国民党人因陈系同志，又利用此时机，又拥戴孙先生回粤为大总统。孙先生主张北伐，陈氏甚不愿意，结果闹到炮击孙先生。等到杨希闵、刘震寰赶走了陈炯明之后，国民党人又拥孙先生回粤为大元帅，然刘杨仍是与孙先生貌合神离，只是要利用孙先生一个名义，以便于他们的割据罢了！计自民国元年至十三年，国民党可说是一个很混沌的状态之下，孙先生所说的三民主义，没有人去研究宣传，人民自然更不会了解相信。反对的人讥笑国民党开烟赌抽捐，是三民主义，苛税杂捐，是三民主义，兵匪骚扰，是三民主义，最好的人亦只是说孙先生的人格是好的，但三民主义是不行的，国民党是不可加入的，十三年来的国民党，其情形便是如此。

在这十三年间，国民党内容虽然腐败，然革命运动，仍有相当的进步，如民国八年之五四运动，是近年来革命运动的第一幕，值得我们注意。当欧洲大战时，列强不暇顾及东方，日本乘机于民国四年，提出二十一条件，强迫中国承认，扩张其在中国的优越势力。这一件事，不但中国人甚引为耻痛，即英美诸国在旁，亦看得眼红过不去，他们暗中帮助中国反对日本，民国八年大战告终，遂促成了五四的大运动。这次五四运动与国民党无关系，当时的领导者为北大教授陈独秀、胡适之二人。陈独秀在彼时，尚未组织共产党，不过他眼光锐敏，主张激烈，胡适之是美国留学生，受美国反日的影响不少，他两人在北京努力鼓吹，到五月四日，遂发生了北大学生二三千人巡行示威，殴打章宗祥，焚毁曹汝霖住宅的事。各省爱国学生，纷纷罢课响应，不久便成功了全国的普遍运动。英美教会办的学校学生参加尤形踊跃，英美教师，亦极力鼓励学生，奖为爱国男儿，中国将来的希望；但是到现在反帝国主义运动，英美教师就不赞成，不许教会学生参加了，因为帝国主义的国家，英美就是坐头几把交椅的哩！这回的五四运动，关系中国民众运动重大得很，五四的巡行示威，是中国空前未有的群众运动，后来全国学生罢课，汉口、上海、广州各处学生罢课，商民罢市，上海并有工人罢工，全国人心汹汹，北京当局吓慌了，才罢免曹、章、陆的官职，这是人民向统治阶级第一回的战胜，人民遂觉出人民自己的力量了。陈独秀、胡适之二人，又主张将文言改为白话，反对旧礼教旧风俗，把古书加以严格的批评，故五四运动，不独使民气日张，人民思想也日益发达起来了，于是白话诗文，渐渐流行了，男女的社交亦公开了，思想文化上发生了大的变动，一班老学究，虽然拚命反对，然而各地青年，都很热烈的接受陈胡二氏的主张。他们自五四运动以后，反抗的精神，格外发达，他们藐视政府，所以亦藐视一切旧社会的势力，文化运动成功了一个最伟大的运动。不过这运动，其中尚有三层缺点：第一，是这次运动没有政党在中间指导，当时参加的，都是一般乌合之众，无团体系统的组织，国民党既与之无固定的关系，共产党尚未产生出来，胡适之后来创议，设立学生联合会，想借此指挥：然学生联合会，究竟与政党不同，学生联合会中间，若没有政党指挥，想靠学生联合会去指挥学生群众，究竟是不可能的事。因此到了民国九年，学生就散漫不堪了，群众运动的潮流，亦低落下去了！第二，是学生固然爱国，但欲求学生群众，成为有纪律，有组织，能坚持耐久的团体，是很难做到的。学生年纪轻，多浪漫性，而且大家都爱出风头，不肯服从纪律，那时不晓得组织农工群众，努力作农工运动，把一切事业，都建筑在这种学生群众身上，故在民国八年的一番热烈运动，不一年就烟消云散了。第三，是参加五四运动的人们，没有认清敌人，认定的对象太小，他们不说打倒段琪瑞，只说打倒段氏之走狗曹、章、陆，更不知说打倒日本帝国主义，等到打倒了曹、章、陆，大家以为目的就算达到了，所以再闹亦闹不起来了！

照上所说看来，五四运动本身已有此缺点，所以民国九年，便低落下去了。那时社会上就发生二种现象，一种是主张要读书的——胡适之便是一个显例。他就五四的经验，以为专事开会巡行来救国，是不行的；他不明白五四运动的失败，是上述三个缺点的结果，他以为是由于中国文化程度太低了，所以主张非提高文化程度，提倡努力研究学术不可！五四以后，胡适之身价渐高，他自然为避免得罪政府，亦是以专心读书为好，他自己因此便去研究古书，整顿古书，一天天将他自己葬埋到书里头去，不想革命了，他并且影响了许多学生跟着他走去，所以五四运动，忽一变而为读书运动！这种风气，弄得许多人离开了革命战线。另一种是不相信胡氏的读书主义的，但是他同时也不赞成开会巡行的法子，以为要救国须先改良社会，所以这般人便去办书店，设工场，设学校，组织工读互助团，实行半工半读的计划。他们以为倘全国的人都能如此，将一件一件的好事做起来，中国便会达到好的地位，不知道这只是一些空想不可能的，中国在帝国主义压迫之下，不论办一件什么事情，是逃不脱各种压迫，国家先不能救，却想先改良社会如何是可能的事。他们曾经用了千余元的款子，成立了一所〈的〉工读互助团，召集青年，每人每日做四小时的工，其余时间便去读书，这种无工作经验的青年四小时的工作，还不及工人二小时所做的工作，因此逐日亏本，不久即关门失败了。

　　五四运动以后，发生了以上二种现象，那时一般领袖，好象摸黑路一样，他们摸不着正当的路径，亦是无足怪的。到了民国十年以后，俄国革命成功，全俄统一了，俄国革命思潮逐渐输入中国，陈独秀先生，首先接受了这种思潮，开始宣传，组织共产党，并领导青年努力做工人运动。陈独秀先生，所以能够这样，不但是因为他的聪明勇敢，亦因为五四运动，及其以后之各种失败，叫他认为中国的革命运动有必须新辟一个途径之必要。工人运动兴起便收着颇大的效果，如京汉铁路工人之罢工，继续兴起，武汉津沪的工人，均跃跃欲动，后来虽不幸引起了"二七"的惨案事件，然而工人运动的重要，已为人人所公认的事了。自从"二七"失败之后，陈独秀先生等，觉得单做工人运动，实在还是不够，必须兼做农民运动，并联合各阶级，努力于国民革命，去打倒帝国主义和军阀，所以他们希望国民党改良，希望国民党能与共产党共同工作，常在《向导》周报发表劝告国民党的话。这时孙先生和廖仲恺、汪精卫诸先生都是很恳切想完成中国的革命，然而正没有好的路走，从前不是受陆荣廷的压迫，就是受陈炯明的压迫，到现在杨希闵、刘震寰等的压迫，仍旧与陆陈没有什么两样，所以当时对于《向导》的提议亦很注意，后来又得着鲍罗廷来粤与孙先生谈话，更明白俄国革命情形，孙先生决意把国民党改组，仿俄国共产党的组织，改从前只注意军事政治运动，忽略民众宣传组织的缺点。但是自从改组之后，一般老党员大不满意，极力阻止孙先生的进行，孙先生意志不稍为之游移，并决定容纳共产党分子加入国民党，使其帮助努力改组的工作，开除了妨碍改组的冯自由，将从前在党中居重要地位的右派分子居正、谢持置之无足轻重的地位；后来左派领袖，更承继孙先生之志，打倒杨希闵、刘震寰，开除林森、邹鲁一般右派，老党员不敢到广州，诬广州为已经赤化，然而中国革命运动，因此得了很大的进步，农工的组织，亦日益发达了起来，国民党右派分子想造谣中伤国民党和共产党的感情，甚至谓国民党被共产党拿过去了！自十三年改组到于今，为此闹了许多的纠纷，大家也已明白了，我可以预言，一定还有许多这一类的纠纷的，这是国民党要完成改组，不可避免的困难。我说的中国民族运动史到此结束。我希望各位注意，就是我们要懂得，中国革命运动成功，须注意这七八十年的经验。在这七八十年革命运动之经过，许多领袖摸黑路得着了许多好的教训，由于我们走了许多走不通的道路，所以到今日我们很勇敢，很有眼光的革命领袖，为我们找出一条很光明的大路来。大家不要有一点怀疑，要奋勇地一直依照我们领袖所指示的革命的策略，去应付一切的问题，革命自然可以成功的；若仍如右派或其他反动派之执迷不悟，到如今还谈七八十年前的话，还要走从前走不通的道路，革命是一定不会成功的，请各位不要怀疑罢，经验已经告诉我们了！

第七讲　五卅运动

五卅运动，是中国一个很伟大的运动。这个运动的发生，不是一朝一夕的事情，有几种很复杂的原因：

第一件，是日本纱厂的风潮。去年（十四年）一月时，日本的内外棉纱厂大罢工，这个纱厂是一个很大的日本资本事业，在上海、青岛，日本内部，都有他的工厂。他在中国原来只开了一个工厂，因为欧战发生，欧洲棉纱不能运到中国，一面中国工厂发了财，一面日本内外棉纱厂亦由一个工厂，发达到十一个工厂了，在上海一隅，便有八厂之多。日本资本家利用中国工人的穷苦，在平时增加工作时间，减少工资，并且常常痛打辱骂，一般工人久已感觉得压迫太厉害；前年（十三年）九月，有人在内外棉纱厂附近做工人运动，工人更加觉悟。日本资本家晓得这个情形，就另外养了许多男孩子和女孩子，叫做"养成工"，预备将来学习成功的时候，就可以开除成年工人，以养成工来补充。此时工人稍有组织，要反对这种办法，所以去年一月，工人与资本家冲突，曾大大的罢工一次。这次罢工，有一个多月的时间，因为当时的棉纱价值很高，生意又异常发达，资本家以为罢工是极不合算的，所以就让步，相当的答覆工人要求，承认工会组织，解决了罢工。自从内外棉纱厂罢工胜利后，许多工厂都相继罢工，工人气焰高起来了。日本资本家很不利于这种情形，到去年四月纱市清淡之时，便极力想法破坏以前的条约，随意开除工人，苛待工人，引起工人的愤怒。这时，如照做工人运动有经验的主张，是不可以罢工的。因为以前资本家的让步，固然工人能一致的坚持，尤其是为了棉纱价值高涨，资本家急于要生产棉纱的缘故，现在棉纱市场不佳，罢工是不易胜利的；但一般工人以压迫太厉害了，又以为前次罢工胜利，希望这回可得同样结果，所以他们都要罢工。罢工的时候，日本资本家用手枪打死了工人领袖顾正红，于是群情更加愤激，参与罢工的有四万人，社会上的声援也很热烈，惟日本资本家态度强硬，把工厂关闭，延至一个月的时期，工人因生活关系，不能坚持下去，想找人调停让步，调停的结果，日本资本家不但不允贴偿罢工期内工资，并不承认组织工会，而且运动中国官厅与各国领事施压迫手段，要工人无条件屈服。顾正红的棺材，停在美国人所买的地皮上，美领事压迫迁移。许多工人领袖，看见这种紧张情形，决定开一追悼顾正红大会，以为示威；这个大会，日本纱厂工人全体参加，合学生与各界同情者，人数将近六万人。日本资本家运动了中国官厅派兵压迫，但兵到时，会已开始。他运动英领事帮忙，不许持小旗子在租界上成群结队的赴追悼会；于是上海大学学生拿旗子在租界上，预备到小沙渡参与追悼会，被巡捕房捉了许多人；文治大学学生为工人募捐，也被捕去了许多人。这时已是五月二十日前后，工人五六万，无捐款救济，生活很难维持，学生被捕，亦无法营救，上海的空气，非常沉寂。中国纱厂资本家虽愿意帮助工人，然并非有什么爱国思想，不过希望日本纱厂罢工，中国纱厂的生意便可以发达，可以赚钱；但又怕日本纱厂知道，不敢用钱来实地援助，只是空口说白话的鼓励工人。这样下去，万难维持生活的工人，简直不能不因被压迫而屈服了！

第二件事是工部局三条提案。上海的租界，一是公共租界，一是法租界，租界上所有政权，均操在外人之手，中国人在租界上，就等于一个亡国奴。工部局是上海租界的行政机关，管理租界上一切事务；纳税人会是上海租界的立法机关，工部局如有提案，须经该会通过。工部局即时有三个提案，要想纳税人会通过。这三个提案，是：

（一）印刷附律。外人因为中国民众反帝国主义运动很热烈，想要禁止各种宣传，所以限定一切印刷品，均须经过工部局的审查，才准付印。所谓印刷品，包括了报章、书籍、杂志、传单、广告等等，甚至油印品都包括在内，如果不经工部局审定，便要罚款。他用这个方法来箝制中国人的言论自由，手段非常厉害。

（二）增加码头捐。码头捐这个东西，是中国人纳给外国人的捐款，现在工部局以为太少，应增加若干，加重商人的负担。

（三）交易所注册。交易所无论外国人办也好，中国人办也好，本来都应纳费到中国政府来注册立案。现在外国交易所，不但不在中国政府注册，工部局反要规定中国交易所到外国工部局去注册。

这三个案子，于商人大不利。比方印刷附律规定了，不独我们宣传上有很大的妨碍，就是商务印书馆出一本书，纵然印刷好了，如受其干涉，就不能发行，这是多么麻烦呢？至增加码头捐与交易所注册更不必说是无理的苛索。所以工部局在前年提出这三案的时候，上海商人便反对得很剧烈。当时纳税人会的到会人数不足，没有通过。去年四月间，工部局又提出来，商人在报上大登广告，极端反对，纳税人会亦有许多人不到会，案子仍未成立。到了五月底，工部局又坚决的要在六月二日开会通过，所以亦引起了许多商人的反抗。

这两件事，可说是五卅运动的动机，在五月二十以后，有人提出只有一个暴动，才可以给凶横的帝国主义一个大的打击。那时全国的民气很高涨，山西一省，有一万多学生包围阎锡山的运动，各地农民蜂起，全国都表现不安的样子。上海虽在表面上是很沉寂的，而大部分感情上均甚激烈。由五月底至六月初的中间，是一个顶好暴动的时候，因为那时上海工人，正已走到没有路走了。上海的商人为了要在六月二日以前，给工部局一个示威，都希望发生一个暴动。学生联合会决定了要各校学生到租界上去游行演讲。租界上是不许游行演讲的，最初大家都以为学生一定不敢冒险到租界上来演讲，有些人相信至多只有三百人可以出来，要做一个大运动，是很难的。其实这种见解错了。二十九日有些学生偕同工人到各学校里去宣传，想去激动学生群众。当时有许多学校是不容易进去的，幸而有好多学校都有国民党的区分部，介绍宣传的学生工人到校内演讲。做了一天的工作，于是三十日出来的学生有了三千多个，与大家事前所揣测的，多了十倍。我们不要把革命看得大难，只要我们努力，就可以使革命成功。

除了上述表面的原因外，五卅运动有他的根本的原因。其根本的原因，大概有四个：

第一，五卅运动，不仅为日本纱厂风潮与工部局提案而发生，帝国主义者八十多年来的压迫，实为其根本原因之一。我们知道不平等条约，是束缚中国人，剥削中国人的工具，为什么日本资本家能够杀中国工人呢？因为日本人能够在中国开纱厂，因为有马关条约给日本人以这种权利。为甚么工部局能够压迫商人呢？因为上海租界上的政权，完全操在外国人手里，中国人的事，中国人不能说话，中国商人想到这里，便不能不感觉十分痛苦。八十多年来的压迫，积至五卅这一天，遂爆发起来。

第二，革命宣传渐普及，亦是一种根本原因。最近几年，各种宣传的出版物很多，到处都有编印分卖的。这种出版物，虽然很多很平常，很幼稚，但宣传的功效，是很大的。这里这样说，要实行国民革命，求中国人民自由平等，那里那样说，要打倒帝国主义，打倒军阀，自然许多人脑子里，都受了影响。国民党改组以后，对于宣传工作，亦特别注意，前年上半年，汪精卫、胡汉民诸先生在上海许多学校里演讲，宣传打倒帝国主义，废除不平等条约，实行国民革命的主义，学生很受感动。在群众大会中，对一般反动的宣传，……①，能给他们一个详细的批驳，更有更大的影响。五卅运动所以从上海起来，而影响到各乡村和各城市的民众，尤其是青年，引起此伟大的运动，这不是偶然的事情。

第三，民众组织的发展，亦是五卅运动起来的一个根本原因。在最近几年内，民众渐渐起来组织了！工人的工会，学生的学生会，都有全国统一的组织，农人的农民协会，商人的商会，亦各有组织。假使没有学生的联合会，就不能号召民众，五卅运动就无从发生，所以民众的组织，关系也非常重要。

第四，革命党的发展，更是五卅运动的一个最大的原动力。五卅运动主动活动的差不多完全是革命党的同志，这些人在工作上，因为有了党，可以彼此协调帮助。以前国民党的组织很散漫，所以一个党的内部，各做各的，没有几个人肯一致动作。自国民党改组以后，虽不能算顶好，然组织上，纪律上，均比较的很有进步。因此，所以五卅运动能够发生。但可惜革命党的发展程度，还很有限，所以五卅运动的结果，亦只能做到这一步。

到五月三十日这一天，原定计划，要各校学生到租界上来讲演。但只说到租界上讲演，租界地面很大，没有指出集中的地方，所以虽然出来了三千多人，都是散漫的；又因定于午后一时为出发的时期，而传话

_____

① 略有删节。

的人有些错误，使一些人在上午九时便出来，没有守一定的时间，这都是没有经验，所以弄出许多缺点。先出来的人，在茶馆里空等了半天。此时，国民党的内部，有人还觉得害怕，他以为这是触犯法律的，不敢拿他们的党部为指挥机关，所以上海学生会便成了指挥机关了。午后出来的学生很多，有些聚集在最热闹的地方，如先施公司等处，扬旗高呼讲演，起初外人也不大干涉，后来闹得太利害了，外人觉得这样下去，八十多年的威信，都要扫地以尽了，遂决意要压迫这些学生。刚刚因为学生觉得不集中起来，不能威吓外人，逐渐集中于大马路一带的时候，巡捕捉了许多学生去了，一般学生说要捉大家都去，于是都跟着巡捕走；一般商店伙友见了，亦鼓噪起来，大家都闹到老闸巡捕房去了。许多人这样环集在巡捕房门口，巡捕房只有两个办法，一是将被捉学生一并放出，一是开枪轰击这些人；如果将捉了的人又放出来，帝国主义决不会这样示弱的。所以巡捕房看见环集的人太多，就开起枪来，打死打伤了许多人，这样一来，真是一不干，二不休，明天必再来，须有更大的示威才好。但有些人怀疑，学生是不是还肯出来呢？学生联合会以为让帝国主义者打死许多人，就这样了事，是最羞辱不过的，于是决定计划，要上海所有的学生，在明天都出来，并在通告中特别声明，要群众集中在大马路宣传，如果帝国主义来干涉，就由大马路往二马路退让，但总不要解散，而且一定要仍旧回到大马路讲演；同时派许多人到商店里去宣传。五月三十日的晚间，各马路商界联合会开会，并请学生代表报告情形，学生代表的报告是非常激烈的，商人亦决定帮助学生，但怎样帮助，还没有办法。各马路商界联合会是一般小商人的组织，小商人比大商人的革命性——反帝国主义性要强些，但虽有反帝国主义之心，却是很害怕的；他们以为罢市的事，一定要经过总商会的通过下命令，他们希望工人先罢工，然后他们再行罢市。到了第二天，落了些小雨，学生出来的还是很多，大家集合在大马路，但究竟有些胆怯，很少人敢讲演，他们有些到商店里去宣传，店员要罢市，店主还是狐疑不决，总说要等总商会的命令。到了下午四时，学生群至总商会，要总商会命令罢市，当时谣言很多，不是说这里巡捕又捉了人，便是说那里帝国主义者又枪杀了人，群众愤激得发狂起来，总商会亦不得不答应罢市。这时国民党党部亦打了一个电报到各省，说上海发生惨案后，已经是学生大罢课，工人大罢工，商人大罢市。三十一晚，总商会的罢市通告发出来了。六月一日，上海的空气最紧张，一个警察对车夫说："你不要拖外国人哪，如果拖了外国人我就要罚你。"法租界有一外国人从黄包车里跳出来，预备上电车，因为给车夫力钱太少，车夫追索，一个中国巡捕又对车夫说：将那外国人推下来，他们是什么东西！保卫队表示亦很热烈，公共租界中国巡捕都要罢岗反抗。各地工会、学生会都组织了起来。那时印了五六十万张传单分别告工人、兵士、警察，于是全上海人都哄动起来了，这时可见宣传的效力是很大的。那一天，上海的民众几乎暴动了起来，经学生会劝止，学生会在那时很有权威。有些学校原来是反动学生所把持，反对学生联合会的，自五卅的事件发生，学生群众都要求共同联合打倒帝国主义，自动的起来反对这些反动领袖。反动领袖说，这个事情，是国民党包办的，是共产党的阴谋，不要上他们的当，群众一点不相信，反骂他们是有意捣乱。上海国民党内部，纪律不甚严密，有些党员不肯服从党的指挥，他们因为自己想在学生联合会当会长，做主任或科长，主张要改组学生联合会，好给他们有出头的机会。学生会中真正能工作的人是很少的，学生会要派人到学校里去宣传，学生会内部，就没人办事，学生会各方面稍为顾到了，工会又感觉没人办事了。另一方面则右倾的分子，非常捣乱，他们除了说国民党包办，共产党有阴谋以外，另外还有孤军社的人，在六月一日，发了一种传单，是一篇《告国人》的文章，印刷得很多，满街粘贴；他们的意思，是主张什么"不合作"，劝民众不要乱闹，要学印度那位甘地的办法，讲经济绝交，不买外货，不坐外国轮船等……。还有江亢虎主张就事论事，不要说打倒帝国主义，废除不平等条约，只就巡捕房打死人这回事，与之交涉，要缩小范围，才能得到结果。又有陈霆锐说，这事不消乱闹，把范围弄大了，一定要依法律解决，向法庭起诉，才有结果。一般学生虽然受了一点革命的宣传，现在听了这般糊涂的论调，也觉得以前提的口号太高，恐怕不能做到，没有结果；他们至少也主张不要说打倒一切帝国主义，只好专对英日，不要得罪了美德及其他各国。有些国民党员不但自己不能宣传人家，纠正这些错误思想，他们反被人家宣传了，跟着人家乱讲。这时革命的宣传力甚少，反动的宣传很利害，党已不能有灵敏的指挥，党员又不能完全守纪律，这种工作的困难与缺点，发生了许多不好的结果。幸而此时有些国民党员与反动分子究竟联合不起来。他们感觉党团会议之必要，成立了党团的组织。国民党员在学生会中虽没有很强有力的领袖，但有了党团的作用还可以领导许多学生，拉拢中立分子，与反动势力奋斗。工会方面有三十余万工人罢工，但要到工人群众去宣传，则感觉缺少人才，且没有工人运动的经验，国民党员亦不常听见政治报告，因之就不明了各方情形，不晓得怎样决定他们的工作方法，他们去演讲，亦不能动人听闻。后来外面商量好了，对帝国主义提出十七条要求，如收回会审官厅，赔偿罢工工人损失，不许外人越界筑路等等，这已得工会学生会，各马路商界联合会之赞成，但总商会不表赞成，只允站在从中调停的地位。那时学生、工人、小商人是一致的，组织了工商学联合会，只有总商会不肯与他们合作。六月一日、二日、三日这几天，帝国主义者常有击杀中国人的事发生，一般人非常愤激。孙传芳亦打一个电报，大意要学生努力，他愿以武力为后盾；张学良也打一个电报，并汇洋两千元捐与学生会。过几天，张学良亲自带兵来了，租界上本是不许中国军队通过的，张作霖的兵却都通过了租界，一般学生很高兴，以为收回租界是有希望的事了！其实张学良一方对学生表示好意，一方却正和英国办交涉，以图妥协。有一次，学生会派代表见张学良，他很客气的说："你们是爱国的。我当学生时也很热烈的参加爱国运动，不过现在地位不同了，不能象你们一样了！"学生代表听了张学良的话，喜欢得了不得，我告诉他们说，张学良的话是不错的，他现在地位不同了，他现在到底站在什么地位呢？是站在帝国主义走狗的地位，所以他不但不能帮助学生爱国，而且有一天还要压迫学生爱国运动的。他们觉得我这些话太过分了，但是没有好久，张学良的鬼面孔便揭穿了，学生会再派代表去见他，他就说："不要乱闹，我自有办法了！"这时候，岳维峻、段祺瑞、冯玉祥，通同打电报，汇捐款；但除了冯玉祥真有点民族思想以外，其余都是假的，有作用的。那时奉系压迫他们正是十分厉害，所以他们要提高对外空气，使奉系不致还在此压迫他们，决不是真正有什么爱国的意思。所以段祺瑞派了一个人到上海来调查，民众很想请他出来讲几句话，他不但不敢出来，反住在租界内，以英国巡捕守卫。那时总商会既不赞成原来的十七条，他们以为太高，恐怕做不到，而且怕伤了外国人的感情，于是自己修改做十三条，好象对外人表示减价的样子，其实原提十七条，固然做不到，你就减低一点，又能够做得到吗？学生方面也发生了不好的表现，因为学生家中的父母，非常害怕他们子弟在外面遇了危险，就纷纷来信，假说父亲母亲病重垂危，要他们赶快回去，六一、六二、六三，这几天，学生是很勇猛的，到了以后，有些亦害怕起来，于是趁此就跑回去了。在五卅运动中，帝国主义者想了一个方法，出一种《诚言》报，造许多谣言，欺骗中国人，但没有什么效果。然而到了三个礼拜以后，商人罢市既久，发生了一个开市的问题，以为长久罢市还是自己的损失，所以提出缩短战线的口号来，并且说罢工要款项来接济，才能维持，不如商人开市，收一部分利润来援助工人；这般论调，自然容易鼓动一般生性比较妥协的人。那时罢市的只是限于公共租界，本来法租界与中国界的商人，都有决定罢市的，但一些不明白的人，乃至学生会代表，以为不要得罪法国或中国官厅，劝他们不要罢市，不知法租界与中国界能罢市，尚可引起法国及中国官厅与英国的交涉，他们自动要罢市，何必反去劝止呢？我们是主张继续罢市的，以为开市并非缩短战线，而是减少我们的势力，解散一部分我们的队伍。但事实上已有大部分商人要开市，想再延长几天，亦是事实上不可能的事，结果遂宣布开市。但开市有两个条件，一是禁止买卖英货，一是接济罢工工人，要商人登报表明，但后来虽学生查货甚严，商人因而不买卖英货，至接济罢工工人一句话，则完全是空谈。开市以后，又发生开工的问题，有一般人主张专力对英，所以说罢工要有范围，于是他们硬要日本工厂工人复工；等到日厂工人复工了，英国工厂工人亦动摇起来，也慢慢地开了工了。学校里的学生，已有一部分回家，许多教职员也劝学生回家，在他们脑子里，以为让他们在上海闹坏学风，是不好的，所以特别准假，或提前放假，于是结果，剩了少数学生会的代表，他们只可代表自己，不能代表群众了。这样一来，各项运动，既没有学生参加，商人又被煽惑退后，仅仅剩下许多工人在那里孤军奋斗！可是，工人生活困难，各方捐款不能接济，买办阶级与军阀勾结起来压迫他们；一般反动学者，也极力宣传不利于他们的论调，应付他们是很困难的。到后来五卅运动，只剩下一件事，就是与英国经济绝交。一般学生检查仇货很勇敢，很热心，但是亦有些毛病，有些人是乱七八糟的，比方扣留水果，他们自己拿来吃了；不能久贮的货物，他们任其腐败；有些货物亦不管是否确系英货，随意扣留，并且学生会无专人办事，商人有事要来接头，感觉非常麻烦，自然很不高兴。有些学生会的职员，喜欢坐汽车，吃西餐，尤其是爱与女学生讲交际，更引起一般无聊腐败的人的评议，加之学生内部，又常常发生问题，如查账、争位置等，以后学生会力量亦成有限了，张学良既与英国妥协了，便解散了上海总工会，开始向民众进攻。原来醒狮社、孤军社、民铎社等组织一个《公理日报》，内有国民党员参加，后来主持该报之权，归到国民党员手中，曾琦等便宁告退，为拆台之计。又有些共产党员组织了《热血日报》，有些国民党员组织了《民族报》，但因帝国主义军阀压迫日甚，都继续停了版。在全国说，开始大家都热烈的做救国运动，到后来，都渐渐的沉寂下去了！五卅运动所得的结果，有好的坏的两方面，先说好的方面可以指出两点：

（一）使反帝国主义的潮流高涨。五卅以前，中国还有好多人不知道为什么要反对帝国主义，就是一般有智识的学生，也不十分明白反帝国主义的意义，因为帝国主义压迫中国人已有八十多年，中国人受压迫惯了。而且庚子之役，对于反抗帝国主义的人，又曾经加了无情的惩戒，所以中国人对帝国主义不独不敢反对，还要说"人必自侮而后人侮之，国必自伐而后人伐之"的话，以为自己安心忍受帝国主义压迫之解嘲语。就是革命党，也是一样的懦弱心理，同盟会党纲第六条，还要说要求列强帮助中国革命这样不通的话；辛亥时亦最注意保护外国人，尊重外国人条约，简直同段琪瑞的外崇国信差不多！自国民党改组后，才提出反帝国主义的口号来，经过一番宣传，少数人才知道应该反对帝国主义。但经过五卅运动以后，反帝国主义的空气，就普及于全国，大多数人都知道了。不过呢，仍然还有不少误解的地方，有些人不知帝国主义为何物，见了外国人就要反对，又如国家主义派不肯说反对帝国主义，要外抗强权，这都是不对的。但总而言之，今天再有人说要保护外国人和尊重外国条约甚么，都知道他是反动派了。

（二）使民众的力量增大。五卅以前的工人、学生、商人等，大部分都没有组织起来；五卅运动后，各地工人、学生很多都组织起来了，商人亦渐知引他们的组织来参加反抗帝国主义，且有工学联合组织，这种民众的力量影响政治方面的运动，使军阀内部分化。那时，国民军通电对英宣战，便想站在民众方面得着民众的赞助。反奉战争发生，直系孙传芳痛骂张作霖压迫民众与摧残爱国运动，亦是表面的接近民众，利用民众去打击张作霖，若是没有民众力量，他们不会这样做的。后来国民军同情反奉，郭松龄发生倒戈的事情，亦是民众力量暗示的结果，可惜郭松龄为帝国主义所败，民众的革命潮流亦渐渐低落，现在国民军也失败了！国民军失败的原因，固然由于帝国主义之联合进攻，而国民军内部不肯显然站在民众一方面，亦其实主因；比方冯玉祥不肯表明态度，二军与民众，反有恶感，当然是他们失败的结果。但五卅运动后，民众已在政治上成功了一部分的力量了。

再说坏的方面亦有一点，便是过早的促成了阶级之分化。阶级分化，是五卅运动一个最大的影响。那时学生回家了，商人软化了，只留下工人孤军奋斗，孤军社、醒狮社、民铎社讲的和平理想，与江亢虎主张的缩小范围，丁文江的主张唱低调，戴季陶主张的单独对英，影响很大。学生本来多是专于读书，不肯参加实际运动，即参加各种运动，亦是爱出风头的。他们每每因嫉妒反对作工作的革命党员的原故，跑到孤军社等一般人那边去，大商人、工人、学生、小商人各为其利益，惹起了感情的冲突，帝国主义和反动派又乘机破坏革命势力的联合，共产派和国民党左派分子也许不免有些左倾幼稚的地方，于是各阶级的分化很利害，结果，资产阶级有好些都离开了工人，附和帝国主义或买办阶级所唱的反赤论调，造成了一个反动的潮流，直至北伐胜利，这种反动潮流始被民众革命潮流所压倒。最后我们要说，五卅运动所得的教训，我们可以分三点讲。

（一）革命不要看得太容易，也不要看得太难了，五卅运动是全国数百万人共同联合起来的一件大运动，在普通的人一定以为是一件顶难的事情，但是有了相当的宣传和组织，并得到了相当的机会，实际是很容易号召起来的。但是因为五卅以前，革命的宣传和组织，都还不见得很好，所以亦只能够唤起一个这样大的运动，并且只能做到这一步田地；如果将来能够有更进步的组织和宣传，一定收效可以更大的！国民党那时在上海学生、工人中，有区分部的组织，但上海八十几个学校，仅有二十几个学校有区分部，这可以表现组织力的薄弱；党内的宣传品，刺激性亦太少，并且只散布了一二十万份三民主义，在四万万人中，共产党对于宣传虽比较努力，亦还不能达到深入农工学生群众的目的。这可以表现宣传力的薄弱。然而这样的组织宣传的力量，居然唤起了两百万人的五卅运动，虽不久为反动势力压迫而消沉下去了，这亦很可以使我们今后注意对于宣传和组织的工作，更要加上一番特别的努力才好。

（二）在革命运动中，群众容易发生左右派的空想，这种空想，于革命运动的影响甚大，若非很好的宣传工作，随时打破这种空想，每每使到这种运动走入错误的道路，以至于失败。在五卅运动中，发生左右派的空想甚多，大略可举五项：

A. 和平解决说。如果能够和平解决，固然很好的，但上海杀了人，汉口、广州等处都杀了人，帝国主义者从来不与中国人讲点公理，你尽管说和平解决，谁替你来和平解决呢？

B. 法律解决说。法律是帝国主义和军阀拿来压人民的工具，比方租界上的法律，就不准去游行演讲，五卅在租界上游行演讲，便是犯法的，要靠法律解决，帝国主义者先便要办我们犯法的罢了。

C. 外交手段解决说。北京派来的外交官，住在租界上，不肯出来，这已可见中国的外交程度。靠这种人办外交，能够解决什么事呢？调查的结果，没有在上海公布，后来法国调查员才拿调查结果公布出来，是说英国人不对，英国不肯承认，他们是这样不讲公理，还讲什么外交呢？

D. 联络帝国主义打倒司法解决帝国主义说。这个主张，就是要联络日、美、法、意等国，专一对付英国，但是五卅的时候，美国占据了上海大学，意大利在上海亦故意杀人，他们与英国帝国主义有什么分别？我们反对一切帝国主义，反可以使其他帝国主义站开，不敢与英帝国主义发生关系，专说反对英国主义，则美日等国反可以大胆的压迫中国，所以他们反转帮助英国来压迫中国了。

E. 经济绝交说。这是孤军社和国家主义派的主张，就是要不买英货，不要工人替英厂做工，在经济上，完全与英国脱离关系。自然经济绝交并非全无用，但这种作用总是暂时的而非永久的，因为关税问题不解决，中国工业不发达，当真经济绝交，不但是工人总在工厂中做工，不能维持生活，而且事实上中国已然需要许多工业品，经济绝交，迟早总是维持不住的。所以从前与日本经济绝交，完全没有结果，现在专想靠经济绝交来对付英国帝国主义，这是何等靠不住呢？

再说左的空想，也有三项：

A. 暗杀外人说。他们以为外国人杀了我国的人，我们也便可以杀外国人；他们说，我们天天开会游行讲演，是没有办法的，只有用手枪炸弹去杀工部局的外国人最好。我们虽不绝对反对暗杀，但暗杀只可为两军对垒交战时一种手段，如果没有预备交战，仅仅想暗杀一二个外国人，不但是没有什么作用，而且还会发生不好的影响；因为一般商人，最怕杀了外国人，恐怕象这样便会惹出大祸，学生亦有许多不赞成这样办的，倘若当真杀了外国人，五卅运动更失败的快了！有些人因为朝鲜出了一个暗杀的烈士安重根，每每引为美谈，其实安重根虽然暗杀了日本的伊藤博文，但是朝鲜还是亡国，可想见没有组织的民众，专靠暗杀手段，是不会成功什么事情的。

B. 练学生军说。他们以为要学生军是预备与外国宣战，学生军是不是能够打仗是一个问题。要说练军队打仗，中国的兵很多，为什么不可以打仗？还要练学生军呢？若是养兵不能打仗，又有什么把握可以说学生军便可以打仗呢？而且既说练学生军便是将学生关起门来训练，使许多能够做民众中宣传工作的人都关到学校里去，那么，外面的民众，反转来一点也不懂得反帝国主义的意义了！

C. 对英宣战说。这种主张的人，以为我们对英国帝国主义宁可玉碎，不可瓦全，所以他们要与英国背城借一。对英宣战，如果只是为一种空气的作用，自然是可以的，若真是梦想要与英国宣战，到底叫谁去战呢？假令我们要冯玉祥去战，张作霖会在后面打冯玉祥，又怎样办呢？

以上各派的空想，都是妨碍革命，叫人家认不清正当的工作是什么的，我们的真正的工作，在于宣传民众，组织民众，不注意这一点，无论是右倾或左倾，都是不好的。

（三）各阶级革命性，在五卅运动中，完全的表现出来。那时张学良在上海与英国勾结，加民众以压迫的手段；总商会修正工商学联合会提出条件，要居于调停的地位，这可见军阀与买办阶级是反革命的。不过张学良等以前他打过电报并汇了捐款，总商会也提出了自己的十三条来装饰面子，所以虽然他们是反革命的，只要有革命民众监督，亦是不敢绝对反对"反帝国主义运动"的。小商人比较能革命，但他们没有组织力，如革命潮流低落时，小商人就跑到大商人一边去了。学生在平时是很散漫而且要闹意见的，到了革命空气浓厚的时候，就一致起来，不管什么国民党"包办"亦好，什么共产党阴谋亦好，他们总是拥护学生会，纵然有少数反革命领袖造谣，也不会有用的；但是，学生终究喜出风头，他们这种热度也不能长久维持，是一个很大的缺点。他们若没有好的组织，尤其是若没有党来领导他们，便很容易弄糟，工人是比较学生好些的，我不是说工人道德和知识比学生好，只是工人的生活困苦，所以他们自然要起来革命，虽然亦有少数工人，和学生犯同样的毛病，但大多数工人都是诚实的，直率的，很守纪律。在五卅运动中，开始有许多学生，到后来各种游行运动，满目所见的都是工人，可见工人在革命中的力量。有人说要知识阶级领导工人革命，这亦许是对的，但是，甚么时候知识分子才出来领导工人革命呢？坐在屋里怕危险，怕困难，而且象梁启超、张季直、《申报》主笔、《时事新报》主笔，这些学者，他们做的文章，总是说学生工人胡闹，他们这些人也会来领导工人革命么！外国人很高兴中国有这些学者，谓他们是高等华人，我们也尽可让他们去当高等华人，因为普通人都不好象他们一样，若是都象他们一样，中国真要灭种亡国了！中国的革命运动，一定要特别注重工人、农人、学生、小商人，但是亦要尽力与大商人、大学者结成联合战线；就是说，我们一方面要认清楚那种力量是靠得住的，那种力量是靠不住的，一方面要拉拢靠不住的力量，尽力使他们帮助革命，不要妨碍破坏革命。

上述的经验，在以后比五卅更大的运动中，是很可以作工作上的参考资料的。五卅惨案至今日尚未解决，恐怕是不能解决的，帝国主义者很想以七万五千元来解决此案，我们不肯承认的，为甚么不肯承认呢？我们要留着五卅这个纪念，靠着每年的五卅纪念，使全国民众一致的觉悟起来，才能争得我们的最后的胜利。那时候，不平等条约可以废除，租界可以收回，中国人可以得到自由平等的地位，这比七万五千元，强得多了！我们的同志，要准备第二个更大的五卅运动的工作，一直做到中国全民族解放，所以我们大家要一致努力！

据广州国光书店 1927 年 3 月初版单行本排印

署名：恽代英

思想界"反赤"运动之过去、现在与未来
（1927 年 1 月 1 日）

这一年，中国思想界，真是如在狂风暴雨之中；人们不站在"赤化"一方面，便几乎不得不站在"反赤"一方面，彼此相互的厮斗着。

我们是不象那些绅士学者们，会相信世界上有所谓"独立思想"这一个东西。我们相信思想都是客观环境反映而成的。去年五卅运动最热烈的时候，已经有上海工部局希图靠《诚言》制造一点"反赤"的思想；但是那时"赤"的潮流正在高涨，所以他们的计谋完全失败了。因为五卅时代"赤"的潮流高涨，产生了上海伟大的工人组织，广州伟大的罢工运动，与中国各地小资产阶级民族精神的苏醒；因此，我们巩固了广州的国民政府，提高了共产党、国民党左派的政治地位，使他们在民众中间增加了支配的力量。这使中国的资产阶级、国民党右派、研究系、国家主义者恐怖而且忌妒，他们于是给帝国主义一个卷土重来的机会，大家合吹合唱起来，将《诚言》式的"反赤"运动变成最时髦的东西。"反赤"运动的成功，造成了北方的恐怖时局；已经将要失败的张作霖、吴佩孚，变成了帝国主义在中国所雇用的屠户。国民革命军接受了北方被压迫民众的要求，从广州打到湖北、江西，农民、工人、学生都起来用他们自己的力量与国民革命军合作，使一切反动敌人势力都崩溃了下来。在这时，我们看见"反赤"的壁垒已经大大的动摇，他们已经受了民众势力及一般尚能与民众合作的势力的影响，"反赤"的宣传品又渐渐回复到去年《诚言》的老地位去了。

这一年思想界的"反赤运动"，最初是紧接着去年下半年一天天加紧起来的。去年下半年在五卅以后，黄色（改良派）的戴季陶主义便得着了一部分憎恶"赤"的潮流者的同情；奉系与帝国主义勾结反动，压倒了上海总工会，与天津、青岛反抗日本资本家的工潮，"外抗强权内除国贼"的醒狮派，亦特别气旺了，这时候，甚至于并从五四以来的新

文化运动都反对的章士钊的《甲寅》周刊，亦印行出来。反奉军起，代表最黑暗势力的奉系固然受了打击，然而南方新兴的直系势力，本来与英国帝国主义是一个旧相好，所以始终不肯站在民众的一方面；后来并且因为帝国主义的利益，渐次与奉系妥协，将反奉的战事结束了，转移成为"反赤"的战争，有"赤化"嫌疑的国民军变成了他们共同的标的。在这些时候中间，国民党右派有所谓"西山会议"之举行，结果造成了北京、上海等地左右派的大破裂，反动空气得着了膨胀的机会；在北京为了陈启修一篇讨论中俄关系的文字，引起了所谓"仇友赤白"的大争论，为了"反赤"的原故，老将梁启超将他极下流的面孔都拿了出来，同时在上海亦有章太炎在国民大学的流氓式的讲演与〔之〕相辉映。到了日本帝国主义出兵南满打倒郭松龄的时候，全国反对日本帝国主义这种强盗的行为，"反赤"的人暗暗将"反对日本出兵"的口号，硬要生拉活扯的改为"反对日俄出兵"，并且撷拾了他们自己一派人所造的谣言，说鲍罗廷如何操纵挟制国民党领袖，冯玉祥如何与苏俄私结在蒙古修筑铁路的条约，以为他们反对苏俄的最强有力的理由（?）。

政局到今年春季，是一天天更悲观的；因此"反赤"的思想亦便一天天发扬起来。因为中东路俄员不肯为张作霖运兵，张作霖逮捕了局长、站长，苏俄忍让了事，这一点居然被"反赤"大家拿来作宣传"仇俄"的很好的论据。继则以一个不负责任的"月拉"向《晨报》投稿所说喻森得神经病之经过，与所谓旅俄华侨代表王会卿、彭昭贤的报告，说苏俄如何逮捕爱国华侨金石声、桂丹华等十八人（桂之被捕，彭说在莫斯科，王说在海参崴，已经可谓妙极的了），在北京居然发起了一个反俄援侨大会。到了经过三月十八段祺瑞大屠杀以后，京沪"反赤"大家异口同声的说，"群众的领袖哪里去了?"这一方面表示出他们很可惜这般领袖没有被杀，一方面亦想借此切实离间群众与领袖间的关系，他们痴心妄想以为这可以使一般革命青年，从"赤"的路上走到他们的"黑"的路上去。广州三月二十的事变，喜杀了国民党右派，他们居然打电报嘉奖蒋介石，议论纷纷的大家要襟被到广东做官去；但是，他们的气运亦不甚佳，遇着了一个还不愿意离开民众势力的蒋介石，他们碰了一鼻子灰，只好缩回头来说一声"晦气"。但是大概的说起来，这时候总算是"反赤"运动的鼎盛时代了! 英国国家银行寄来了六十万镑的"反赤"宣传费（《字林西报》说的），旅华外人所组织的专以"抵制过激主义"的自由保障会，引起了中国许多反赤的团体与出版物；张作霖、张宗昌、孙传芳、吴佩孚、魏邦平、陈炯明、章太炎、冯自由、林森、居正、曾琦、李璜等一干人，都站到"反赤"的一方面，不但共产党或国民党左派是他们不共戴天的仇人，便是那时候的冯玉祥、唐生智、贾德耀、虞洽卿等，凡稍有对帝国主义军阀表示不驯服的人，都是他们这一干人所共同嫉恨的。在国民军退出南口，而广东政局又表现不安宁的时候，帝国主义者高兴极了，"反赤"的军阀亦高兴极了，思想界的"反赤"运动亦便发达极了。便是自命为自由主义的人，亦只敢发表不满意于"赤"的意见，不然便不敢发表意见。

在这种时候究竟还是因为民众有一部分力量，国民党领袖知道只有与民众合作，可以保持而且发展他们的事业，所以无论在广东的政局如何动摇不定，终于顺应民众的要求，北伐军出来了。北方军阀的胜利，不但并没有能消灭了国民军；他们内部的纠纷冲突，反加增了他们自己间的困难；而他们的黑暗的统治，使民众又可以细细领略所谓"反赤"的意义。在这种情形之下，"反赤"已经渐渐不大好说了！从事实上证明，"赤"的表现处处总要比"反赤"的好些。湖南、湖北、江西的农民，都很热诚的帮助"赤"军，北伐的前敌将士，奋勇不顾身的杀得一般"反赤"的军阀鬼哭神号，吴佩孚的关圣帝君保佑他平平安安地退到郑州，孙传芳亦从九江一个败仗走到天津去。长江以南几乎完全成了"赤"的天下了；而西北冯玉祥在屡败之余，亦正式宣布了与帝国主义为敌，将他的国民军"赤"到与广东一样的程度。这时候，帝国主义都恐慌起来了，"反赤"运动亦不觉黯然失色，便是《论蒋介石北伐不能成功之六大原因》的曾琦，虽然到现在不肯认错，然而亦不过如吴佩孚到现在不肯承认打了一个败仗一样，只不过供给人家一点笑话材料罢了！

在最近有三件比较可喜的事情，是可以提出来谈一谈的。

第一，是胡适之思想的变化。胡适之自从出国经过苏俄到欧洲去，有五封已经公开了的信给他的朋友，表明他多少是有些进步了。他确信苏俄是在做一个空前的伟大政治新试验，他指出许多学者们对于"赤"的问题武断态度的不好，他并且讥笑徐志摩所提出用学理事实等等怀疑苏俄试验之不能成功或不经济的不成理由。这是给那些象徐志摩等一般思想落后的人的当头一棒。自然，胡适之是一个教授，他虽亦可以到"赤"的地方走走，他还要预备在"反赤"军阀势力范围内生活而且享乐的；若不是"赤"的势力已经达到可以保障他一切的安全，他的"独立思想（？）"至多只能为"赤"说这多的公道话，而且还不能不加上"乌托邦"、"慕索里尼的冒险精神"、"反赤化"等等字眼，以表示自己之并非赤化。但是我们看，前三封信在北京《晨报》发表的时候，徐志摩的按语千方百计要想抵消他这些意见在思想界的影响；后两封信最近在《文学周报》上发表，西谛的按语却表示比胡适之更进步，文学家亦受革命热潮的鼓舞，渐次对于一般参加"赤"的运动的人们，表现出他们的同情与钦佩了。

第二，是张君劢态度的改变。武汉被革命军攻下以后，为孙传芳奔走的研究系张君劢，忽然到武汉去考察了三天，回上海后发表了《武汉见闻》，并且广为印售。《武汉见闻》中所述，表示他对于党军之"倾倒"，他甚至于说："吾人空有救国之志，隐忍偷安不能攘臂而兴，乃令吾政敌之国民党独为其难，吾人于其今日之胜利，惟有同声欢呼……"，虽然他在后面表示了若干不满意国民党以党治国的主张，然而这样的态度，总算是研究系对国民党自从辛亥革命以后少有的了。张君劢的这种宣传，对于"反赤"的同志又是一种倒戈的行为，更使民众容易了解"赤"与"反赤"的真象。为甚么张君劢要这样做呢？在我看来，这并不只是一个虚伪的礼貌，亦不是要借此表示他们的意见与地位。这完全是研究系看见"赤"的势力一天天太大了，所以要想"赤"的方面给他们一个机会，使能在"反赤"失败以后还可以投到"赤"的主人下面来。研究系向来是以贡献意见请求人家给与机会为他获得政权条件的。他们现在已经感觉"北洋正统"的"反赤"诸帅渐渐到了穷途末路，所以修《武汉见闻》做一个归顺国民党（当然他们又决不肯接受国民党的主义，所以一定要希望国民党特别宽容他们）的降表。研究系十余年的昏梦都打醒了，这亦可见"反赤"思想界真要式微极了。

第三，是国家主义青年觉悟的表示。据《醒狮周报》自己说，现在中国各地"风起云涌"的国家主义团体总算共有二十七个，另外"未及调查者尚不知凡几"，这已经"调查"的二十七个团体中间，只有少年中国自强会说明了"会员已越过七十余人"，其余人数大概都有点不便于说出来。据"国家主义的叛徒"宋继武君说，他们所发起的所谓"风起云涌之国家主义团体"起舞社（便是上述的第七个团体），会员自成立时开一个会后，早已烟消云散，连那个木戳子今都不知去向，举此以例其余，他们的人数亦不难想象得了。可是更不幸的，那"越过七十余人"的少年中国自强会偏偏又自行解散了！他们觉悟了"中国在国际方面，已经不由自主的转入了世界革命的漩涡，在国内方面，已经到了反革命派和革命派开始决战的时候"。他们感觉了国家主义"不无为帝国主义前身的先例"，而且不易为下层被压迫民众所接受，"对于他们失了号召的能力"，所以他们"认为这是革命前途的障碍"。从国家主义觉悟过来的彭十严君说，他以前完全是"误于自己的成见，误于片面的宣传，误于不深切去研究"。他与其他脱离国家主义关系的人一样，对于联俄、联合共产党两方面，都表现其认识的清楚。"反赤"的宣传已经渐次不能蔽惑青年了。

以上三件事，很可以看出思想界变化的倾向。自然我们更用不着说洪水派与一大部分文学周报派，文学家的革命化，现代评论及独立青年派国家主义者的同情革命的倾向，处处都是表示"赤"的胜利。"反赤"运动在今天已经是走到很不幸的路上来了。

但"反赤"运动并不曾完全消灭，这是显然的。张作霖还正在努力于他们的最后的反赤壁垒，建设北方军事政治的中心力量；吴佩孚、孙传芳亦还在极力扎挣，希冀能够保持住他们的最后的命运。在另一方面亦是一样的情形。永远不睁开眼睛看看世界的醒狮派，还正在那里用各种方法败坏国民政府的信用，离间破坏共产党与国民党的关系；反赤大同盟、国民党的西山会议派，虽已经不象从前那样起劲，然有时还是要弹一弹旧调子，表示世界上还有他们这般东西。他们的地位现在同帝国主义一样可怜，但是他们只有永远这样顽强的做上去，本来他们的知识思想，根本就不能适合于这个世界。在滑稽的意义上，我实在要说，曾琦与吴佩孚是有同等可以佩服的价值（让我着实恭维他几句，好让他拿去转载在《醒狮周报》上装门面），他最有与众不同的"眼光"，他永远在他自己的想象中间是一个象孙中山一样的首领，虽然在人家看来，不过是江亢虎、康白情之流；我有一点相信，他要象满清末年的保皇党一样，一直送我们到革命成功的那一天，而且在那一天以后，他还会是一个象康有为一般的不三不四的"国宝"。是的，这种人是值得我们尊重的。在封建社会还未完全消灭净尽的遗址上面，产生出吴佩孚、曾琦这样一类绝对不随时代进步的人，自然是我们的山川灵气所钟；不过侵略我们的外国人更高兴他们，因为他们不但是远东的古董，而且对于帝国主义所恳切需要的"反赤"运动，还都是最努力能够始终"忠贞如一"的人。

然则"反赤"运动便这样一天天走向他们的坟墓中间去了么？这句

话太说早了！中国民众一天不得着完全彻底的解放，"反赤"运动总还是会有他们的主顾。我们亦预备着，纵然国民革命有了相当的成功，若是被中国资产阶级得着了领导权，"反赤"这个口号，还是可以成为屠杀无产阶级战士的理由的。不过这还是比较远的事情。我们只要努力保持国民党左派所承认的无产阶级领导革命的局面，保持国民革命运动的左倾，拥护国民党左派使防止一切右倾的倾向，我们还无需为太远的事情担忧。我们最不能不注意的，倒还是眼前的事情。我们知道，虽然在所谓"赤"的营垒中间，两三年普泛的革命宣传，造成了热烈的革命空气，党的权威，联俄联共的原则，拥护农工利益的政策，差不多已经成功了，毫无疑议的，便是极反动的人亦不能不相当承认的事情；但是，在几千年封建社会所培养出来的个人的英雄主义的思想，与那些专为代表地主阶级利益的道理与成见，决不会因此两三年的宣传便根本扫除干净。尤其是有权力的人，在人家谗谄包围之中，他们脑筋中残留的这种观念，亦许被人家因以为利的煽动，以致在有意无意中做出为"反赤派"拊掌称快的事来。此外，再加以在北伐军发展中间，为军事政治的便利，不能不容纳的许多比较富于投机性的政客武人，他们的色彩本来离"赤"还远得很，谁亦知道如何引进或处置他们是"赤"的前途的唯一重大问题。帝国主义现在还感觉有这一个希望，西山会议派与醒狮派现在亦感觉有这一个希望。

只有"赤"的是好的。只看这一回"赤"的北伐军差不多受中外一致的称颂，尤其是"赤"的军队中政治工作，更为所有一切的人（当然醒狮派与反赤大同盟的人在外）所倾倒，便知道我们要求要有一个"赤"的世界，比那些要求要一个"黄"的"黑"的世界是一万倍的有理由。但是，谁能给我们一个"赤"的世界呢？不是专靠仅仅站在帮助我们地位的第三国际与苏俄，不是专靠仅仅站在领导我们地位的革命领袖，我们一定要民众起来，用自己的觉悟与组织的力量，与革命运动中一切摇动右倾的倾向奋斗，贯彻"赤"的主张。只有民众起来，才能巩固"赤"的胜利，使"反赤派"永远没有扬眉吐气的日子。亲爱的青年，我们要为这努力！

倘若"反赤派"的先生们要问我，你说了这么多的"赤"啊"赤"啊！究竟你所谓"赤"是指的甚么呢？是指无产阶级专政么？是指国民革命成功么？这我可难于答复你们。我只有回头问你们一句，你们的"反赤"，反的是甚么"赤"呢？妈虎虎的罢！横竖你们那个工业革命以前的脑筋，永远是闹不清爽的。

载《中国青年》第 148 期

署名：代英

什么是机会主义？
（1927 年 1 月 22 日）

在革命潮流高涨的时候，因为民众普遍而急激的革命化，一定有很多人都愿意加入革命党里面来。在这时，革命党没有理由将许多革命的民众关在党的外面，应当打开大门，欢迎革命的民众入党。但是，有些忠实的革命党员便会踟蹰的说，这样滥收党员，不怕有机会主义者跟着亦混进来了么？

这种忧虑实在是有理由的。在革命运动风头顺利的时候，革命党必须谨防自身的腐化，忠实的革命党员必须随时提防党内发生机会主义的分子。这是关系革命党前途运命很重大的。

不过我尚不以为普通所谓机会主义为可忧虑。普通所谓机会主义一说是指有些人进革命党不是为来革命，而是为来谋一个升官发财机会的；一说是指有些人看见革命运动风头顺利，幻想以为革命运动从此可以不费力的成功，不预备过艰苦奋斗日子的。这两种人自然是革命党所不能容受的分子，但是这两种人的危险是人人易知易见，所以对于稍为慎重的革命党还不至于发生重大的弊害。

最可以在革命党中发生重大弊害的，是另一种机会主义；即是说，不注意民众基础的工作，希冀在民众自身的团结与奋斗以外，靠机运或某一个或某一部分人完成革命的心理。在革命潮流高涨的时候，不但每每有具这一种心理的人混进革命党里面来，便是原来的老党员，亦每易不知不觉的发生这种心理。这是于革命前途非常危险的。

在极反动的政治局面之下，有革命要求的人，知道他们在任何方面得不着一点帮助，国内外统治阶级是压迫他们的，一般软弱游移的社会上有地位的分子是容易欺骗危害他们的。要想革命成功，只有死心塌地去走到最下层最受压迫的工人、农民中间，很慎重的宣传他们，组织他们，只有他们是推动革命运动的力量。

但是到了革命潮流高涨的时候，情形便不同了。一部分革命势力甚至于已经占据了"在朝"的地位，从前压迫我们的统治阶级都摇动起来了，他们都有伸过手来与我们谋妥协的倾向，稍为接近权力的革命党员都可以用他们个人或朋友的力量多多少少的影响到政治上面去。于是无穷的幻想便都涌现出来了。

有人说，最好是要求国民政府，即刻实行一切革命的政纲，将全中国痛苦的工人、农民都解放了出来。

有人说，现在应当督促国民党中央党部，要他用党的权威，立刻扫荡在国民党势力下各地余剩的反动势力，将他们的三民主义的真精神发扬出来。

有人说，我们须使现在的国民革命的领袖认清他们自己的地位与责任，须使他们能够很稳定的站在革命的立脚点上，而且能够和衷共济以努力为民众的利益奋斗到底。

有人说，还是革命军队的工作重要。我们已经用军队的力量打倒了几省的军阀，我们还要继续用他的力量，打倒这几省的其他反动势力，而且要继续用他的力量，将全国统一在革命势力之下。

有人说，能够在革命政府之下，占据一个政治上的地位，或是与政治上有地位的人好生敷衍交结起来，有时可以利用政治势力，铲除农工的仇敌，实现农工的要求，这亦是很有意义的。

有人说，各种上层阶级分子，如地主、资本家、绅士、学者，乃至于军阀、官僚、帝国主义，现在都应当分别看待。不要得罪了他们，他们有时亦是可以帮助我们的。

自然这些幻想并不是没有一点理由的。国民政府，国民党中央党部，与现在的革命领袖，越能够左倾，便越于革命的前途有很大的便利。革命的军队与政治，越能够注意于努力为革命工作，便越可以给民众许多帮助。对付各种上层阶级分子，越能够老练而善于应付，越能够减少民众势力发展的障碍困难。

但是只希望国民政府、国民党中央党部与一般革命领袖，只注意革命的军队与政治上的工作，只敷衍交结各种上层阶级分子，这可以希望完成革命的工作吗？

若不是有伟大普遍的农工组织与力量，若不是农工群众有很明确的觉悟与坚实的团结，怎样能保证国民政府、国民党中央党部与一般革命领袖左倾？怎样能帮助他们与右的倾向奋斗？而且在万一的时候，怎样

能对于他们的右倾行为加以民众的制裁？除此以外，怎样能影响革命的
军队与政治势力，使他们不能不努力为革命工作？怎样使他们的力量能
够很有把握的打倒反动势力？除此以外，又怎样使各种上层阶级分子能
够不有时象从前一样悍然不顾一切的反动，使他们不至于在革命潮流稍
为低落的时候，中途卖掉革命的民众？

机会主义使一般青年不注意民众的基础工作，忘了只有民众自己要
求解放的力量是革命运动的根本力量。因此，在革命潮流高涨的时候，
人人的眼睛都向上面瞧着，他们都想供献一部分精力给上面的机关或个
人，希望上面的机关或个人好生用他的职权为农工谋解放。他们再不注
意下面的农工，以为将精力消耗在农工运动中是迂阔的，费力多而成功
少的，他们不要"基础"，痴心妄想在空中砌筑楼阁。这种人纵然没有
为自己升官发财或不预备艰苦奋斗的心理，然而他们对于革命前途的危
险是更值得我们注意的。

革命潮流的高涨，确实可给我们工作上许多便利，使我们作民众的
基础工作，比从前少许多困难。但是机会主义者在此时，每每将民众的
基础工作反轻轻的丢掉了。所以我们必须反对机会主义，象反对一切革
命的仇敌一样。

载《中国青年》第 151 期
署名：F. M.

民主主义与封建势力之斗争
（1927 年 3 月 11 日）

国民革命之目的，在打倒帝国主义军阀，解放全中国被压迫民众。

谁能担负这重使命呢？

必须有完全能站在民主主义的立脚点上面，以扫除封建社会残余势力自任的革命党，才能担负这重使命。

帝国主义所以能压迫全中国人民，他不但是专靠他的军队或经济势力，他还要靠代表残余封建势力的军阀，与依附军阀的官僚土豪劣绅，为他保障不平等条约的威权，而且帮助他在都市乡村中间剥削压迫人民，张作霖的权利欲望，吴佩孚的英雄思想，乃至于城里某老爷、乡间某大爷的名分阶级观念，都可以使他们入帝国主义的彀中，成为帝国主义宰割中国的工具。没有完全抛弃这种欲望、这种思想、这种观念的人，他们自己便只是张作霖、吴佩孚、某老爷、某大爷之流，决不够上担负国民革命的使命，他们既有这种欲望、这种思想、这种观念，那便一定不会能看清世界革命的局势，尊重农工民众的利益与势力，所以亦便不会能有担负国民革命的力量。

中国国民党已经有四十余年革命的历史了，他有伟大的领袖，有壮烈能牺牲的党员，然而他在最近数年以前，只是被一般借革命为名以渔取私利的军阀政客所玩弄，不能对中国的国民革命运动，确实效力，这是什么原因呢？还只是因为在那些时候，国民党内还包含许多封建社会的原素。党员对于各种封建势力亦没有反对的意志，所以他们在四十余年中，虽然常时是各种暴动与军事运动的领导者，然而他们的活动，始终未能摇动封建社会的基础，那便是说始终未能摇动帝国主义、军阀在社会上之基础。这样，所以他们的努力，终于是徒劳无功。

从民国十三年因为受了世界无产阶级革命运动与国内劳动阶级势力兴起的影响，引起了国民党的改组，这一次的改组，对于中国革命运动最重大的意义，便是国民党已经接受了近代科学的洗礼，渐次脱离了封建的色彩，所以他能够打破国界与阶级的成见，将联合世界革命势力与拥护农工的组织与利益，看做比一切都重要，这是非常勇敢的行为。国家的我见，与阶级的偏执，决不是普通的人所能打破的，但是孙中山先生与那些明达勇敢的领袖，为了革命的利益，毅然决然的这样做了。国民党这样的改组，使他们获得了国际的与国内的广大农工的帮助，从反革命势力层层包围的广州弹丸之地，逐渐发展到潮梅、琼崖、广西、湖南，乃至长江一带与西北各省，浸假而成唯一能代表中国的伟大的势力，这显然是民主主义的胜利，因为国民党能够注意站在为民众谋利的一方面，靠民众自己的势力推进中国的革命运动，所以他获得了一种从未曾有的力量。

但是国民党改组以后，在党内惹起的麻烦亦是不少的，冯自由的离叛，商团的事变，江伟藩、马素的反动，杨希闵、刘震寰的商团变乱，西山会议派的运动，三月二十事件的突发，一直到最近一般昏庸腐朽分子在党内捣乱行为，这些层出不穷的不良现象，常使爱国民党的人扼腕太息，以为这是国民党前途无望的证据。然而我可以说这是错误的，国民党从很浓厚的封建社会影响之下渐次脱化出来，虽然，一方因为近代世界无产阶级革命势力的震撼，使许多人走上了民主主义的道路，然而一方因为几千年封建社会的势力，久已支配了一般思想上多少落后的分子，他们或早或迟总不免要怀疑到一切反封建势力的各种行动。甚么亲俄卖国啊！甚么共产党吞并啊！甚么工农过激啊！无非是那些由封建社会传统下来的国家阶级的成见在中间作祟，从冯自由到张静江，都是这种成见的牺牲品，凡不能与时代并进的人便落伍下去了，国民党在改组以后，还曾陆续发生这种落伍的分子，固然是不幸的事，然而这种事实，一定是无法避免的，国民党有了这种分子，决不足以证明国民党前途之无望，除非在国民党内没有能为民主主义挺起身子来与这种分子奋斗的人，才可证明国民党前途之无望。我们看咧！在以前许多反动事变中，广州左派每能屹然与〔之〕搏斗；三月二十以后，虽为革命的利益左派都愿意退让一步，然而左派的阵线始终未曾动摇崩溃。此次为反对昏庸腐朽分子，竟然能张起恢复党权的大旗来，这正是告诉我们国民党自改组以后，永远是向民主主义的路上走的，一切要利用封建势力来抵抗这种倾向的人，一定都会失败。这正是告诉我们国民党的前途是富有很大的希望的，改组的初意，正在一步步的完全实现出来，国民党正在一天天变成为民主主义的党。国民党因为能够这样，所以我们可以相信，他当然可以有力量担负中国国民革命使命。

现在每个国民党员是应当站在民主主义一方面来，参加最近的反封建势力的斗争。个人英雄的观念，一定要打碎他，同乡同学的团结，一定要消灭他，人人都要站在党的方面，人人都要站在世界革命运动的一条线上，为农工的利益而争斗，这才可以完成国民革命的使命。不要怕眼面前有了多少纠纷，这种纠纷正是要使民主主义大踏进一步，要使封建思想再受一次重大的打击。亦许现在的昏庸腐朽分子的活动，是代表封建势力的最后挣扎罢！我们要一致拥护这一次恢复党权运动的中心：国民党中央执行委员会，将封建社会残余的势力与这些昏庸腐朽分子一齐扫除干净。

载《群众》周刊第 11、12 期合刊

署名：F. M.

卖国交易中资产阶级与豪绅买办阶级的斗争
（1928 年 12 月 25 日）

从前孙中山梦想着中国旧时"千邦进贡，万国来朝"的盛况，这自然只是一种破落户的子弟，贪恋着过去光荣的一种无聊感想。却不料他死后没有几年，在他的国民党招牌底下建立的南京政府，居然天天在嚷着与德国、美国、法国、英国、比国、意国、葡国、挪威国、丹麦国修订条约，看那些绿眼黄髯的各国公使、领事你来我往，虽然不能比做来朝进贡，却亦总算他们开国时代的一场热闹。

我们要知道，一场热闹正是资产阶级所谓外交，这是资产阶级目前第一件大事情。倘若资产阶级没有这一场热闹，不能在这一场热闹的场合中使他们的"友邦"都能够交易而退，各得其所，那便他们是没有方法维持他们国民党政府的地位的。

资产阶级用什么方法招徕这一般"友邦"客人，使他们大家都满意呢？

第一是卑辞厚礼的请求谅解，例如济案以后，派两次人到济南，派两次人到东京，欢迎矢田，欢迎床次，尽可能的礼貌，受所有的屈辱，总可以不厌不倦的讲求所谓中日亲善之道。

第二是抱定吃亏主义，例如宁案人家无故炮轰南京，却承认以由我们道歉赔偿了事；济案更加是人家无故屠杀军民，占据领土，却亦已经表示可以尊重人家已得权利，而且亦承认我们自己要负相当的责任。

第三是在平等的美名之下给与人家新的特权，例如条约规定两国相互征收关税，不得较高于本国或任何他国所纳关税、内地税或任何税款，实际人家税率已高，中国人并得不着好处，而人家在中国却得着完纳最低税率的权利。又如条约规定两国人民可以相互在他国领土内享有居住、营商及土地权，实际中国自己对外商业很少，更少人有钱到外国买土地，而人家在中国却借此可以自由进行经济侵略，廉价购买大批土地。

资产阶级有了上述的外交策略，自然无怪于一般绿眼黄髯的帝国主义者都愿意与他来往了！

不过这样子热闹一场以后，中国将得着如何的结果呢？

姑且不说我们的话，还是引用国民党重要人们所说的话，大概总不至于太苛刻罢！

胡汉民说，新订关税条约，使"中国势将受对手国的监视，中国实业将永无发展之望。其不平等与现行条约只五十步百步之差，徒骛关税自主之美名而欺骗国民"。

孙科说，中比、中意条约允许内地杂居经商享有土地权，将来日本援例"要求在东三省内地杂居购买地皮，倘根据原则上不能抵抗日本此种要求，则东三省问题更不易解决，而日人在三省更属根深蒂固莫可摇撼，而实行其移民政策，则三省政权恐将移入日人之手"。

张静江说，"如果照中比、中意两通商条约之规定，中国土地将被外人买尽。"

胡汉民、孙科、张静江等都是南京政府的重要角色，他们现在都出来说这样的话，亦可见资产阶级的外交，办得太不成样子了。

但是，胡汉民、孙科、张静江等又会比资产阶级的代表蒋介石、王正廷等比较爱中国的主权么？他们是更落后的豪绅买办阶级的代表，根本不会有爱国的观念。现在，他们说一番话，只不过因为他们与资产阶级之间有多少利害上的冲突而已。

南京政府本来一向便是资产阶级与豪绅买办阶级合伙经营的反革命商店，他们的营业项目是屠杀工农，剥夺人民权利，出卖国家。资产阶级与豪绅买办阶级事实上都不能独立经营这一商店，他们常时是要互相利用以共同维持其政权。但他们之间仍旧有很多的冲突，尤其是资产阶级急于要希望获得帝国主义的谅解，以取得财政经济上的帮助，确定他在政治上"唯我独尊"的地位。因为这样，所以资产阶级很积极的进行他们的所谓外交，他们准备出让一大批国家的利益，以求巩固他们的政权。然而亦因为这样，豪绅买办阶级却不能不看着有点眼红发恼。

自从北伐胜利以后，资产阶级的野心确实是表露得很充分的了！他一面固然仍旧要利用与豪绅买办阶级的合作，来继续镇压工农的暴动，同时却已经放开手来与豪绅买办阶级为难，要在群众中打击豪绅买办阶级，使他们不能不屈服于自己的下面。资产阶级比豪绅买办阶级狡猾得多了！他们做了许多反革命的事情，却始终不肯放下他们的革命假面具，并且对于豪绅买办阶级所做的同样的反革命行为，反大大加以攻击。这样，使豪绅买办阶级久已结怨于他们，现在胡汉民、孙科、张静江居然反过来责备资产阶级的卖国欺骗国民，总算是豪绅买办阶级的第一回反攻罢！

实际无论是陈公博、汪精卫等骂李济琛投降英帝国主义亦好，无论是胡汉民、孙科等骂蒋介石卖国欺骗国民亦好，他们大家都是一伙儿，他们的外交政策都是一样的。

豪绅买办阶级对资产阶级外交的攻击，用意在阻碍资产阶级外交顺利的进行，在暴露资产阶级卖国的罪状，使群众不会看资产阶级比他们好。豪绅买办阶级自然不希望人家会说他们爱国，但是只要消极能破坏资产阶级的外交，亦便可以达到他们自己的目的。

所以亦因为这样，在豪绅买办阶级领导之下，发生了南京十二月十三日的反日游行、捣毁王正廷住宅的示威运动。这一示威运动会发生于蒋介石肘腋之下，当然不会没有政治的背景，只要看在这一运动过后，蒋介石之张皇与豪绅买办阶级方面之沉默，便可知其中之关系了。这一示威运动可以说是蒋介石欢迎床次的一个回答，同时亦正有如蒋介石所说破坏中央信用的作用。豪绅买办阶级虽不会比资产阶级爱国，但目前却利于破坏资产阶级的卖国外交，或者至少使帝国主义者怀疑资产阶级还不够为卖国的对手。

现在，总算可以使我们将资产阶级卖国的罪状看得很清楚，总算可以使我们将南京政府外交的实情看得很清楚。但是，能倚靠豪绅买办阶级便可以打破他们的卖国交易吗？自然不能的！只有工农群众起来，打倒资产阶级、同时亦打倒豪绅买办阶级，根本推翻他们合伙经营的南京政府，才能消灭这些卖国的行为。

载《红旗》第 6 期

署名：代英

闽西苏维埃的过去与将来
（1930 年 3 月 26 日）

　　闽西八十万工农群众从斗争中建立的苏维埃政权，获得朱毛红军长期游击战争经验的帮助与指导，在政治上确实已表现了伟大的成绩。他们驱逐了地主豪绅、国民党军阀，分配了土地，改良了工人生活，他们的政治影响在全福建乃至东江、赣南工农群众中间都普遍的扩大。

　　闽西苏维埃区域实际包括龙岩、永定、上杭、长汀，及平和、武平、古城之一部分，龙岩、永定的县城现都在苏维埃统治之下。闽西苏维埃区域显然是日益发展的，虽然经过敌人几次的会剿围攻，但都不受什么重大的损失，结果反教训了农民，使他们更知道只有拚命扩大斗争才是一条生路。敌人的军队、民团动摇叛变的日益加多，金汉鼎不敢使占上杭、长汀城的部队出城，刘和鼎、张贞都乐于将军队离开闽西。东江、大浦一带的地主豪绅已经气馁，不敢得罪苏维埃来往人员，因为知道苏维埃迟早一定要发展过来的。

　　闽西苏维埃确实表现出来是工农的政府，经常有群众会议与代表会议，有很多工人、贫农以至妇女参加苏维埃代表会与委员会，一切权力都属于苏维埃。在苏维埃政府之下，无田地或少田地的农民都分得了田地，成年吃薯渣的贫农都改吃白米，乡村的水沟、桥梁、道路都大加修理起来，很多地方组织了合作社来抵制商人抬高物价的剥削，并且用很低的利息借款给贫苦农民，疾病可以找得公共的免费的医生与很廉价的药品，工人实行只做工八小时，还要加增工钱，妇女解除了一切社会的与家庭的约束压迫，获得了一切的自由。

　　闽西工农群众靠苏维埃政权训练了自己。在分配土地的时候，他们的领袖主观上只想做到没收地主阶级土地，但百分之九十五以上的贫农却一致坚持要平分土地，自然在这种有广大贫农的地方，只站在很少的中农以至富农利益的观点上反对平分土地，是不正确的。在分土地的时候，群众最初主张按人口平均分配，但经验证明不管老弱残废的人都一样分配土地，结果是使土地荒废，使收租制度秘密复活，使幼年不能避免强迫劳动，他们从这些经验已经懂得有转变到按劳动力分配土地的必要。

关于乡村苏维埃组织，他们亦已经从经验获得许多改进。有些地方，乡村苏维埃最初是合数乡群众选举代表组成，但马上便觉得不便，现在已经有许多改为一乡村组织一个苏维埃（除很小乡村外），人数不多的乡村便用全体群众会议做最高政权机关，不另要代表会议。在初成立苏维埃的地方，每开会多是几个领袖发言，农民只在台下点头或鼓噪，表示赞成与否，而且多半是赞成领袖提出的意见，妇女发言多半不受人重视。但苏维埃成立稍久的地方，情形便与这完全不同。农民渐次能发表意见，他们已经实行撤回不称职的上级苏维埃代表，妇女在苏维埃中间的地位亦日益抬高。

自然不是说闽西苏维埃现在已经没有什么缺点，为苏维埃的巩固与扩大，有几个严重的缺点必须要指示出来，但怎样改正这些缺点已经在闽西唤起了群众的注意，尤其是我们在闽西的党已经认识了自己的责任，决定为改正这些缺点奋斗。

第一个重要缺点是群众的创造力还未能充分发展，苏维埃一切政治设施还表现很多自上而下的精神。例如办理合作社、俱乐部、列宁学校等，都是由县苏维埃乃至各县联席会讨论规定办法，交各乡执行。上级领袖主观上亦要求各乡工作的一致。苏维埃最高执行权力实际还是在委员会。代表会议或群众会议好象还只是一个讨论谘议机关。因为这样，群众虽然都认识苏维埃政权的好处，但仍觉得只是一部分上级领袖、委员替他们做事的好政府，还不能完全认为自己为自己做事的政权机关。闽西的党已经提出两种主张，一是以后除军事财政外，一切政治、经济、文化事业，要尽可能帮助各乡群众自己创造，党的好意见一方面固然要影响上层苏维埃指导工作，另一方面尤其是要发动每个支部到群众中去发展讨论，推动群众在会议中提出意见，使各乡一切设施都可以各出心裁，互相观摩争竞。一是以后要确定代表会议或乡村群众会议是最高政权机关，重要的事必须经过他们充分讨论，而且不但是讨论，要尽量吸引参加会议的人参与各种执行的工作。党不仅是要帮助群众发展自己的意见，而且要帮助群众自己做，这样便可以使苏维埃的群众基础更为巩固。

第二个重要缺点是还不能坚决集中一切力量向外发展，农民很多武装还停留在地方性的赤卫队手中，不能自由集中调度。客观上需要筹集款项、帮助军事与群众工作的扩大发展，亦因为怕农民误会不易执行。因为向外发展还是没有把握，于是他们为要解决经济上出入口商品的困难，常不免对商人带浓厚的妥协倾向。他们不但公布保护商人，并且完全豁免商人捐税的负担（农民还要交付百分之十五的土地税），自然更不会有派款或征税的事。他们对商人自由高抬物价亦没有取缔的办法（除办理合作社外），甚至于有时候还做出要限制店员工人经济斗争的事情。闽西的党现在已决定坚决与一切保守妥协的倾向积极奋斗，要使每个工农群众都认识向外发展是生死存亡的斗争，要集中一切武装与人力、财力，实现向外发展的计划，对商人虽然在事实上现在还不能积极的向他们进攻，但苏维埃一定要确实树立起工农政府的威权，要尽可能的限制他们对工农的剥削，要立刻征收营业税，尤其是要坚决反对一切限制店员工人斗争的机会主义倾向。

闽西苏维埃决不掩讳自己的缺点，自然这亦是绝对没有掩讳的必要。工农群众在阶级的敌人长期统治与欺骗宣传之下，现在还是第一次建立自己的政权，自然不会一件件事都做到尽善尽美的，工农群众现在已经有机会自己试验，自己批评，并且随时改正自己的缺点。只有苏维埃政权是工农群众自己的政权。全中国工农群众都应当起来为苏维埃政权奋斗。

载《红旗》第 87 期

署名：代英

在狱中给党组织的信
(1930 年 5 月)

　　王作林，年三十，从前在武昌电话局做事，本年十月失业，闲住家中半年（家在武昌豹子澥）。此次偕友人林君乘太古轮来沪找事。初与林住法大马路鸿运旅馆，因太贵，搬住东新桥车夫住小客栈（三日到沪），每天所住客栈无定处。六日下午到韬明路惟兴里一〇二号王春（同乡，在铁工厂做事），找不着此号码。出外，遇抄靶子见王穿短衣，带眼镜，有水笔、手表及四十元，意似怀疑。又似欲取去此四十元。正争持间，有人搜得传单一包，遂说是王所带。实则王仅穿二短衣，无处收藏。因带至捕房，外国人遂由毒打，强迫承认。有人从旁怂恿说，可认是别人所交，并出五元，嘱为发散。王为所动，承认是旁人所交。但后来因身边无五元票，所以只得说交者嘱王拿了过街，即自来取。后外人忽拿出收条二纸，钥匙一圈，说是王身上搜出；并说王曾拟销灭收条，更是全无其事。王亦始终不认这是他的东西。外人又加毒打，更逼说地址。说是小客栈，又打。于是只是说鸿运旅馆，但不记得号数。又被强迫，于是胡说是四十号，外人又毒打，逼招共党机关。自然无法说出。遂关看守所。夜间，外人提王坐汽车去找惟兴里一〇二号及鸿运四十号，均无此号码，又遭毒打。次日，提公堂，即有司令部包探，诬王为吴淞共党领袖，要求提解。即解公安局，问过一次，王仍供如前，即解司令部。现已三天未问。王决在问时，要说明巡捕房逼供实情。王此次在捕房被打得面相都改变。此后，未受刑讯。在此无一熟识的人，但同狱颇多关照，有人送与衣被，菜饭也不成问题，外面勿须挂虑，并不要送钱物探望，以免反引起枝节。但外间有了相告之语，望于接信后至迟第三天（后天）十二点（午）与来人约定在龙华客栈交一回信来；如尚无回信，亦须派人来与他另约一时间（来人需要酒钱，可照信内给他）。

　　最好能将三号从武汉进口船名，开一个来；如能为找一地址、职业可查的交来。此信能在提问以前交到，更有用处（手表、水笔、钱都可以不要也）。

照此情形，大约判决不过送苏州。不过如能设法早些出狱，自然更好了。

据中国革命博物馆影印原件排印

狱中诗

浪迹江湖忆旧游，
故人生死各千秋，
已摈忧患寻常事，
留得豪情作楚囚。

载《革命烈士诗抄》
中国青年出版社 1962 年再版

恽代英年谱简编

1895 年　恽代英诞生

8 月 12 日（农历六月二十二日），生于湖北武昌一个书香世家。字子毅，又名蘧轩，曾用名但一、但毅、子怡、F. M. 等。祖籍江苏省武进县（现常州市）石桥恽家村。父亲恽宗培，母亲陈葆云，兄弟四人，排行第二。

1901 年　六岁

初入家塾学习，由专从江苏武进老家请来的一位本家长辈担任塾师。

1905 年　十岁

考入武昌龙正初等小学堂学习。

1907 年　十二岁

考入武昌北路高等小学堂（今武昌农民运动讲习所旧址）学习，该校为张之洞在湖北创办的一所新式学堂，学制四年。由于聪颖好学，且文采出众，常"为师长赞美"，其所作文章亦常被老师整句、整段连圈朱批，有"奇男儿"之称。

1908 年　十三岁

本年末，以甲等第一名的成绩毕业于武昌北路高等小学堂，本有机会被派赴美留学，但因其母念其年幼不舍而未能成行。

1909 年　十四岁

父亲恽宗培谋得老河口盐税局长一职，其母带领代英等兄弟四人亦迁居此地。开始阅读《纲鉴易知录》、《战国策》、《古文观止》、《饮冰室文集》等。崇尚维新志士谭嗣同,常吟诵其狱中遗诗以自勉。跟随其父之友老河口邮政局长罗衡甫学习英文。在母亲影响下,开始记日记,并将日记作为"以是观吾品行"的重要手段,认为日记是"最良的"休养、学习和练习文字的方法。

1911 年　十六岁

辛亥革命爆发。其时开始投稿给《汉口中西报》、《群报》等报刊。

1913 年　十八岁

父亲恽宗培失业,举家迁回武昌。

夏,以优异成绩考进私立武昌中华大学预科,该校由陈宣恺、陈时父子于 1912 年 5 月创办。开始接触安那其主义(即无政府主义),并受其影响。

8 月底,母亲陈葆云去世,时年仅 43 岁。

1914 年　十九岁

10 月 1 日,在《东方杂志》第 11 卷第 4 号上发表《义务论》一文,该文后被南洋出版的《舆论》转载。文章将"今之持论者"分为"义务论"(利他派)和"权利论"(利己派)两端,反对利己主义的权利论,试图以义务论作为改造社会的思想武器。该文的发表,使恽代英大受鼓舞,他在《爱澜阁自序(续)》中认为这是"投稿之一新纪元","最得意之事"。

1915 年　二十岁

春,应邀在武昌共进会作题为《愚蠢的提问》的讲演,该讲演词后来刊登在《学生杂志》第 2 卷第 2 期(1915 年 2 月)英文版上。文章引用大发明家瓦特、牛顿创造发明的事例,说明物理学上许多伟大的发现正是源于一些"愚蠢的提问",这种提问"有助于推动世界进步,提高国家文明水平和促进人类智慧的发展"。

春,与黄负生、梁绍文、冼震等人创办《道枢》杂志(油印),并在该刊发表《怀疑论》一文,批判了哲学上的不可知论,进而分析了认识主体不能正确认识事物的"四蔽"。该文后来被中华大学学报《光华学报》转载，署名天逸。

5月1日，在《光华学报》创刊号上发表《新无神论》一文。针对袁世凯称帝后掀起的复古逆流，该文斗争锋芒直指封建迷信和孔孟之道，运用现代科学成就反驳有神之说，公开宣传无神论思想。

9月，从中华大学预科毕业，转入该校文科中国哲学门学习。此时，陈独秀创办《青年杂志》，恽代英是该刊的热心读者。此后经常与陈独秀等《新青年》编辑通信。

12月10日，在《东方杂志》第12卷第12号上发表《文明与道德》一文，认为"欲研究道德之为进化或退化，不可离文明而单独说之"，两者之关系，"非固定不可移易"，并号召"有志之士，善用其由文明进化所得之智力，群出于善之一途，使道德有进化无退化，以早促黄金世界之实现也"。

下半年，与父亲好友沈云驹先生的二女儿沈葆秀结婚。

1916年　二十一岁

1月7日，在《光华学报》第1年第2期上发表《苗族之文明》一文，这是较早研究苗族历史的文章之一。

8月21日，在《学生杂志》第3卷第8期上发表《自讼语》，鞭策自己，加强修养。

1917年　二十二岁

1月7日在《光华学报》第2年第1期发表《社会性之修养》一文，提出"欲改良社会，以建设社会事业"，必须加强国人之社会性修养，并从多方面论证了如何修养国人之社会性。

3月1日，在《新青年》第3卷第1号发表《物质实在论——哲学问题之研究》一文，集中阐发了"物质必为实在"的唯物主义观点，同时还分析和批判了欧洲近代哲学史上存在的各派"物质"观。

6月20日，作《论信仰》一文，开宗明义指出，"今日已为宗教之末日矣"，并从道德的角度提出以教育代宗教的主张。认为既然正确的信仰能达到宗教功用，又可以避免宗教的危害，那么最好的情形就是用知识来维持正确的信仰。该文刊登在1917年7月《新青年》第3卷第5号上。

7月，因才学出众，被中华大学校长陈时聘请为《光华学报》

主编。

10月15日，在《东方杂志》第14卷第10号上发表《经验与智识》一文，论证了经验与智识两者之间的关系，深入表达了自己的唯物主义观点。恽代英对该文深为自得，"自许为认识论中最有价值之文字"。

10月，与梁绍文、黄负生、冼震等创立互助社，这是当时武汉地区最早的进步社团。该社以"群策群力，自助助人"为宗旨。并议定八条自助戒约：不谈人过失、不失信、不恶待人、不做无益事、不浪费、不轻狂、不染恶嗜好、不骄矜。

12月12日，作《学问与职业一贯论》一文，文章认为，学问与职业不能一贯是中国百业疲敝、学术荒废的根本原因。该文发表于1918年3月《青年进步》第11册。

1918年 二十三岁

2月，其妻沈葆秀因难产而死，时年仅22岁。

6月，作《力行救国论》一文，文章指出"今日欲救国家，惟有力行二字"。"力行者，切实而勇猛之实行是也"。强调救国不在空谈，贵在力行。该文载于1918年11月《青年进步》第17册。

7月，以优异成绩毕业于中华大学，并留校任附中部主任。

1919年 二十四岁

5月，五四运动的消息传到武汉，恽代英亲自写下了《四年五月七日之事》的爱国传单，与林育南等向民众散发。此后，又起草了《武昌学生团宣言书》、《武汉中等以上学生致北京大总统国务院电》、《呜呼青岛》、《武汉中等以上学生放假留言》、《学生实行提倡国货办法大纲》等传单和文件，成为武汉地区五四运动的实际领导人之一。

6月17日，作《武汉学生联合会提出对于全国学生联合会意见书》，该《意见书》后被连载于7月8—12日上海《时事新报》副刊《学灯》和7月15—23日《汉口新闻报》上。

9月9日，在致王光祈信中表示愿做少年中国学会会员。"很喜欢看见《新青年》、《新潮》，因为他们是传播自由、平等、博爱、互助、劳动的福音的"。同时还表示"我信安那其主义已经七年了，我自信懂得安那其的真理，而且曾经细心的研究"。

10月1日，加入少年中国学会。

12月19日，作《共同生活的社会服务》一文，初刊于《端风》年刊第2期"附录"上，后经修改再刊于1920年1月22日《时事新报》副刊《学灯》上。该文由恽代英等12人签名，后成为利群书社成立宣言。

12月24日，作《驳不孝有三无后为大》一文，痛斥孟子所谓"不孝有三无后为大"，"这八个字，总一定是错了。不但是错，而且是荒谬"。该文发表于《端风》年刊第2期"家庭问题号"上。

12月，作《怀疑论》，此文是对1915年5月到1916年3月所作同名文章的进一步阐述。该文发表于1920年4月15日《少年中国》第1卷第10期。

12月下旬，毛泽东率驱张（敬尧）代表团赴京请愿路过武汉，住武昌胡林翼路18号正在筹建中的利群书社内。在此后近半月时间里，毛泽东与恽代英、林育南等朝夕相处，畅谈革命理想，纵论天下大事。

1920年　二十五岁

1月，因与中华大学校长陈时在办学方针及经费问题上产生矛盾，故与余家菊、陈启天等联袂辞职。

2月1日，在武昌筹办的利群书社正式营业。最初成员有恽代英、林育南等。该社带有工读互助的性质，同时也是武汉地区进步青年的联络站和武汉地区传播新思想的重要阵地。书社出售有《共产党宣言》、《共产主义ABC》等著作和《新青年》等刊物。书社还出版有《我们的》内部刊物，该刊于1921年8月停刊。

2月，陈独秀应武汉文华大学校长邀请，来汉参加该校学生毕业典礼并发表演讲。在此期间会晤恽代英，并委托其翻译考茨基的《阶级争斗》一书。

3月，应武汉学商联合会之请，与刘功辅共同起草湖北《平民教育社宣言书》，主张创办平民学校，普及教育。该文后连载于1920年3月29—31日、4月2—3日的《国民新报》上。

3月，赴北京参加少年中国学会活动。

4月4日，与施洋等倡导的湖北教育平民社成立。该社办有7所平民学校，专门招收贫苦工人及其子女。

4月10日，少年中国学会执行部举行会议，会上委托恽代英负责《少年中国学会丛书》的编译工作。

4月18日，在《时事新报》副刊《学灯》上发表《驳杨效春君"非儿童公育"》一文，参与儿童公育问题的讨论。后又发表于1920年8月《解放与改造》第2卷第15期。

4月22日，写了《致少年中国学会同人》以及《致少年中国学会全体同志》两信。前一封信提出了编辑《少年中国学会丛书》的原则；后一封信主张将学会建成一个"健全的、互助的、社会活动"的团体。以上两信都发表在《少年中国》第1卷第11期上。

7月21日，与李大钊、杨贤江、左舜生等7人一同被推选为少年中国学会第二届评议员。

7—9月，在《少年中国》第2卷第1期、第3期上连续发表《怎样创造少年中国？》一文，讨论了创造少年中国的分工与互助，创造少年中国与群众生活的修养、学术的研究、个人生活问题等的相互关系。文中对曾经一度信仰的无政府主义以及工读互助主义产生怀疑和动摇，并宣布自己"很信唯物史观"，开始赞成暴力革命。

9月20日，在《中华教育界》第10卷第3期上发表《编辑中学教科书的先决问题》一文，认为"中学教育，是养成一般中等国民应有的品格、知识、能力的教育"。文章对当时中学教育的目的、体制、课程与教材、教育方法等均提出批评。

10月10日，在《时事新报》副刊《学灯》上发表《革命的价值》一文。认为当下的中国仍然需要一场革命，但若使革命者能左右革命事业，不使之盲目发展，则"第一，须研究群众的心理，能看清懂透他的本质，及利用他的方法。第二，须有能见事、能任事的好信用。第三，须有真诚、纯洁、分工、互助的联合"。

10月10、25日，在《东方杂志》第17卷第19、20号上发表恩格斯的《家庭、私有制和国家的起源》中有关"家庭"的部分译文，并写了《译者志》，首次向国人推荐该书。

秋季，与林育南、林育英等在武昌大堤口创办利群毛巾厂，所有成员均半工半读。利群书社的成员也经常去该厂劳动，并教工人学习文化。

10月，在《互助》第1期上发表《未来之梦》。文章虽然承认"个人主义的新村是错了的"，但仍幻想避免用革命手段推翻剥削阶级的统治。此文的观点后来受到陈独秀的尖锐批评，这对促使恽代英等人的思想转变产生了很大影响。

11 月 15 日，在《少年中国》第 2 卷第 5 期上发表《论社会主义》一文，将社会主义分为个人主义的社会主义、国家主义的社会主义和社会主义的社会主义三类，认为新村主义和阶级革命运动都属于个人主义的社会主义，并提出"世界的未来，不应归于个人主义的无政府主义，乃应归于共存互助的社会主义"。

本月，应安徽省立第四师范学校校长章伯钧之聘请，赴安徽宣城担任该校教务主任兼修身课与英文课教师。

1921 年　二十六岁

1 月，由其所译考茨基的《阶级争斗》一书，由新青年社作为新青年丛书第八种在上海出版。

1 月，利用寒假到芜湖、南京、上海等地旅行。

2 月 15 日，在《少年中国》第 2 卷第 8 期上发表《我的宗教观》一文，用唯物主义观点，批驳了宗教迷信的种种谬说。

4 月 20 日，在《中华教育界》第 10 卷第 10 期上发表《教育改造与社会改造》一文，认为"要改造教育，必须同时改造社会。要改造社会，必须同时改造教育"，这样才能有个"理想圆满的成效"。

6 月 15 日，在《少年中国》第 2 卷第 12 期上发表《致王光祈》一文，信中抒发了因个人理想与现实之间的冲突而导致的苦闷心态以及寻求新出路的强烈愿望。

7 月 1—4 日，在南京参加少年中国学会第二次年会。会议围绕学会的宗旨及主义等问题，展开了激烈的争论。

7 月 16—21 日，和林育南等人在湖北黄冈浚新小学举行会议，宣布成立具有共产主义小组性质的组织——"共存社"。并确立"共存社"的宗旨为："以积极切实的预备，祈求阶级斗争、劳农政治的实现，以达到圆满的人类共存为目的"。该组织的建立，标志着恽代英等青年已经由革命民主主义者转变为马克思主义者。

10 月，应少年中国学会会员王德熙（时为泸州川南师范学校校长）聘请，去四川泸州川南师范学校任教。

本年底，与林育南、林育英、李求实等人先后加入了中国共产党。

1922 年　二十七岁

1 月，利用寒假，组织川南师范学校师生旅行讲演团，历时一个多月，步行考察了川南诸县，沿途发表讲演 20 余次。

4 月底，出任川南师范学校校长一职，并在该校提出"择师运动"、"经济公开"等口号，进行教育改革。

6 月 1 日，在《少年中国》第 3 卷第 11 期上发表《为少年中国学会同人进一解》，明确指出"旧社会的罪恶，全是不良的经济制度所构成。舍改造经济制度，无由改造社会"。

7 月，担任少年中国学会第四届候补评议员，任期为 1922 年 7 月至 1923 年 7 月。

8 月，利用暑假抵上海，为川南师范学校购置图书仪器，并拜访在上海的邓中夏、高君宇等人。

9 月 25 日，在《东方杂志》第 19 卷第 18 号上发表《民治运动》一文，认为要救治中国，只有实施真正的民治运动。

10 月中旬，因在川南师范学校秘密组织马克思主义研究小组，并实施一系列管理改革，遭到军阀和旧势力的嫉恨而被扣押。学生们旋即罢课支援恽代英。后在成都高等师范学校校长吴玉章等知名人士的保释和舆论的支持下被释放。

1923 年　二十八岁

1 月，谢绝川南师范学校校方的挽留，辞职离开泸州，前往成都。

2 月 5 日，在上海《民国日报》副刊《觉悟》和《学生杂志》第 10 卷第 2 号上分别发表《青年与偶像》、《学生的社会活动》两文。

3 月 5 日，在《学生杂志》上发表《知识经验与感情》一文。

3 月，受成都高师校长吴玉章和教务长王右木之聘，到高师授课。参加王右木等所组织的马克思主义研究小组。

5 月 5 日，在成都西南公学主持马克思诞辰纪念会，并发表演说。在《学生杂志》第 10 卷第 5 号上发表《学生与民权运动》、《做人的第一步——比研究正确的人生观还重要些的一个问题》等文。

7 月 15 日，在《先驱》第 23 期上发表《中国社会革命及我们目前的任务——致存统》一文。表示坚决拥护中国共产党与国民党建立联合战线的重大决策，并明确指出在联合战线中"须完全注意于为无产阶级势力树根基"。

8 月 20—25 日，出席在南京召开的中国社会主义青年团第二次代表大会，当选为候补中央执行委员。随后，领导创办团中央机关刊物

《中国青年》，并担任主编。

9月27日，中共上海地委兼区执行委员会决议，在该委员会下设国民运动委员会，恽代英为18名委员之一，负责学生工作。

9月29日，中国社会主义青年团中央二届一中全会正式决定刘仁静、林育南、恽代英、邓中夏等四人组成团中央局。

10月10日，在上海《民国日报》副刊《妇女周报》上发表《妇女解放运动的由来和其影响》一文。

10月14日，出席少年中国学会苏州年会并被选为评议员。大会通过了恽代英起草的《少年中国学会苏州大会宣言》，宣言规定学会的方针为"求中华民族独立；到青年中间去"。

10月20日，《中国青年》第1期出版。恽代英为创刊号写了《〈中国青年〉发刊辞》，同时还发表了《对于有志者的三个要求》、《怎样才是好人?》两文。

11月20日，由恽代英任主编的《新建设》月刊正式出版，该刊为国民党改组期间在上海创办的刊物，共出版8期，1924年8月停刊，社址与《中国青年》同。恽代英在创刊号上发表《论三民主义》、《中国贫困的真原因》、《学生加入政党问题》等多篇文章。

12月1日，在《中国青年》第7期上发表《学术与救国》一文。指出"单靠技术科学来救国，只是不知事情的昏话"，"技术科学是在时局转移以后才有用，他自身不能转移时局"。并因而认为，"要救中国，社会科学比技术科学重要得多"。

12月8日，在《中国青年》第8期上发表《我们为甚么反对基督教?》一文，认为"基督教实在只是外国人软化中国的工具"。

12月29日，在《中国青年》第11期上发表《社会主义与劳工运动》，批判伪社会主义学说，宣传科学社会主义思想。

本年，兼在上海大学任教。

1924年　二十九岁

1月5日，在《前锋》第3期上发表《革命政府与关税问题》，明确指出，"外国的关税是保护自己的产业，以遏制人家的工具；我们的关税，却成了帮助人家经济的侵略，以损害自己的东西。我们不但不能用关税政策抵制外国的经济侵略，我们现有的关税制度，正是国际资本主义征服中国最重要的武器"。

2月2日，在《中国青年》第16期"列宁特号"上发表《列宁与中国的革命》一文，指出"从列宁所说的与列宁所做的都告诉了我们，我们若是有了一个有主义有纪律的党，我们若是用这个党去宣传与组织工人、农人、兵士革命的团结，我们可以成功革命"。

2月9日，在《中国青年》第17期上发表《再论学术与救国》一文，要求人们"打破任何学术都可以救国的谬想"，认为"我们今天第一件事"，是研究社会科学，举行社会的改革，这才是救国之道。

2月15日，在上海《民国日报》副刊《觉悟》上发表《纪念施伯高兄》，以缅怀在"二七"大罢工中牺牲一周年的施洋烈士。

2月16日，在《中国青年》第18期上发表《评国民党政纲》（18、19期连载）一文。诠释了国民党一大通过的政纲，希望改组后的国民党，用勇猛实践的精神，去实现自己的政纲。

2月，在《少年中国》第4卷第9期上发表《读〈国家主义的教育〉》一文。批判了国家主义教育学的观点，阐明了教育与社会根本改造的关系。认为要使中国社会得到彻底改造，不能光靠教育改良，实现经济独立才是根本的解决办法。

3月1日，在《中国青年》第20期上发表《何谓国民革命?》一文。阐述了国民革命的内容、目的、最终理想以及中国革命与世界革命的关系。

3月6日，列席国民党上海执行部第二次执行委员会议。

3月8日，在《中国青年》第21期上发表《造党——答陈宗虞君》，希望青年参加改组后的国民党，"努力来改善国民党，使他真能担负革命的任务才好"。

3月9日，出席国民党上海执行部联合各团体举行的追悼列宁大会，并在该会特刊上发表《列宁与新经济政策》一文。

3月16日，在《中国青年》第22期上发表《矫正对于"打倒军阀"的误解》一文，指出打倒军阀"不是一味的杀这个杀那个所做得到的"，目前"一个有组织有计划的大革命最要紧"，并提出了实现这种革命的三个条件：第一必须有切实可行的改造政治经济的主张。第二必须使上述主张能为多数农工平民所赞助拥护。第三必须有相信上述主张的人，结合为大革命党，以为革命行动的中心。

3月23日，在《中国青年》第23期上发表《怎样研究社会科学》、《湖北黄陂农民生活》等文。前文认为，研究社会科学必须注重研究社会的构造与各种势力的关系、社会进化的原理、各国与中国的财政与社会政策、各国与中国农工商业的发达和衰败的原因及现状等问题，而要使上述的研究能够圆满展开，还"必须有历史与时事的知识，各种社会主义家的理论与进行计画"。后文详细考察了黄陂佃农的生活现状，号召青年进行社会调查，建立农民问题研究会。

3月，出席中国社会主义青年团第二届中央扩大会议。

4月20日，在《新建设》第1卷第5期上发表《中国革命的基本势力》，对中国各阶级力量作了较为详尽的分析，指出农工是革命的基本势力。

4月23日，团中央发出通告，决定重新组织中央执行委员会，并分工如下：刘仁静任秘书、邓中夏任组织部长、恽代英任宣传部长、梁鹏云任农工部长、卜世奇任学生部长。

4月，在松江县各团体举行的列宁追悼会上，作《我们现在应该如何努力?》的演讲，认为要改造社会，不能单靠知识分子，必须引导知识分子与农民结合。提出"我们现在要向田间去，要向农民社会里去，要使一般农民觉醒；农民哪一天觉醒，改造的事业便是哪一天成功"。该文经记录整理后发表于5月7日的上海《民国日报》副刊《觉悟》上。

5月5日，与毛泽东、邓中夏、向警予、沈泽民等200余人出席国民党上海执行部在孙中山寓所举行的孙中山就任非常大总统三周年纪念会。同日，在《学生杂志》第11卷第5期上发表《学生政治运动与入党问题的讨论——答华少峰、若兰两君》一文。解答了青年们对加入政党的疑虑，鼓励青年加入革命政党。

5月24日，在《中国青年》第32期上发表《预备暑期的乡村运动——"到民间去"》，号召青年们利用暑期"到民间去"，宣传、引导广大农民，以壮大中国革命的基本势力。

6月10日，在上海同文书院中华学生部发表演说《中国民族独立问题》，指出要民族独立，一要"打倒国内军阀"，二要"解除帝国主义的侵掠"。该演说词刊登在6月29、30日上海《民国日报》副刊《觉悟》上。

6月14日，在《中国青年》第35期上发表《中国革命与世界革命》一文。对中国革命与世界革命的关系做了辩证的思考。

6月15日，以国民党上海执行部宣传部代表身份出席国民党宁波市党部成立大会，并发表演讲。

6月28日，在《中国青年》第37期上发表《农村运动》一文。号召青年人到乡村去，结交农民、教育农民，最重要的是研究农民，使其成为农村革命的主力军，并认为，这是中国革命最重要而且必要的预备。

7月7—8日，出席在南京召开的少年中国学会第五届年会。会上，同杨贤江等人一道，与学会内的国家主义派进行了激烈的辩论，学会的分裂已无可避免。

7月12日，在《中国青年》第39期上发表《关于政治运动的八问题》，就中国革命的若干问题回答了读者来信。

7月19日，在《中国青年》第41期上发表《国民党中的共产党问题》，批评了国民党右派对共产党的排挤和责难，再次阐明了国共合作的必要性。

8月初，经上海到南昌、安源、长沙、武汉等地巡视团的工作。

8月28、29日，在上海《民国日报》副刊《觉悟》上发表《民治的教育》一文。提出民治的教育应包含两层含义：一是"自主自治的教育"，二是"养成为民众服务的人"。

11月1日，在《中国青年》第51期上发表《国家主义者的误解》，批评国家主义是"资本阶级用以愚弄人民，驱使一般压迫的工人平民，以蹂躏同运命的殖民地弱小民族的口号"。

11月22日，在《中国青年》第54期上发表《怎样进行革命运动》一文。认为"只有打倒外国经济的压迫，才能根本救济中国；只有打倒外国经济的压迫，才可以说是革命"。而要做到这些，必须有一个革命的党做领导，同时不要惧怕外国势力，因为"帝国主义是一戳便穿的纸老虎"。

11月29日，在《中国青年》第55期上发表《为"国民会议"奋斗》，号召民众从今往后，致力于孙中山先生倡导的"国民会议"运动。

12月13日，在《中国青年》第57期上发表《国民党左派与共产党》，驳斥国民党右派的各种反共言论。认为国民党左、右派的分化是不可避免的，"是国民党自身的一种进化，是国民党改组以后大大的吸收了一般革命性的青年分子的自然结果，共产党员的加入，不过促成这种活动而已"。国民党应该"赶快造成有力的左派，以自己扫除党内的右派势力"。

1925 年　三十岁

1 月，参加团中央局会议，与林育南、邓中夏、张秋人、任弼时、张伯简等人筹备召开团的三大。

1 月 26—30 日，出席在上海召开的中国社会主义青年团第三次全国代表大会，为五人主席团成员之一。本次大会通过决议，改中国社会主义青年团为中国共产主义青年团，并选举张太雷、恽代英等 9 人为团中央执行委员。

1 月 30 日，出席共青团三届一中全会，会议决定由张太雷、任弼时、恽代英、贺昌、张秋人等五人组成团中央局。其中张太雷担任总书记兼妇女部主任；任弼时任组织部主任；恽代英任宣传部主任兼学生部主任，并任《中国青年》主编；贺昌任工农部主任，未到职前暂由张伯简代；张秋人任非基督教部主任，兼上海地方团书记。

1 月 31 日，在《中国青年》第 63、64 期合刊上发表《中国共产主义青年团》一文，回顾了共青团成立三年来的历史，着重介绍了团的三大的主要内容。

2 月 7 日，为纪念京汉铁路大罢工和"二七"惨案两周年，在《中国青年》第 66 期上发表《中国劳动阶级斗争第一幕》。指出"'二七'的斗争是失败了；然而除了'二七'以外，谁曾对于军阀的压迫有过这样大而有力的反抗运动呢？"并由此讴歌"伟大的工人阶级啊！你们真是中国革命运动的领导者！"

2 月 21 日，在《中国青年》第 67 期上发表《纠正对于马克思学说的一种误解》。

3 月 7 日，在《中国青年》第 69 期上发表《妇女运动》，批评了以往妇女运动的弊病，认为开展妇女解放运动还需要"真正觉悟的妇女"来参与领导。

3 月 13 日，参加国民党上海执行部与各界人士追悼孙中山先生的活动，任上海治丧事务所文牍员。

3 月 14 日，在上海大学作《孙中山先生逝世与中国》的讲演，高度评价了孙中山先生革命的一生，认为"中山先生是中国的伟大的革命导师，他的逝世当然于中国革命势力有极大的损失"。同时号召全体国民党员团结起来，完成中山先生未竟的事业。该讲演词后发表于 3 月 19 日上海《民国日报》副刊《觉悟》与《中国青年》第 71 期上。

3 月 14 日，在《中国青年》第 70 期上发表《上海日纱厂罢工中所得的教训》，对于上海日纱纺织厂中罢工工人所表现出的高涨的革命热情给予高度评价，认为"产业工人确实是革命的主要力量"，"他们的联合，是中国打倒帝国主义与军阀的唯一可靠的力量"。

3—4 月间，以国民党上海执行部名义先后赴丹阳、镇江、扬州、南京、南通、芜湖等地参加悼念孙中山先生逝世活动，并多次在各地发表演说。

4 月 4 日，在《中国青年》第 73 期上发表《与李瑁卿君论新国家主义》，批评了国家主义者在无产阶级专政、阶级斗争等问题上的立场和态度。指出："国家主义在客观上所生的结果，一定是于无产阶级大不利的，而且他妨害国民革命势力的发展，他使我们无法抵抗国民革命以后资产阶级的反动"。

4 月 25 日，在《中国青年》第 76 期上发表《评醒狮派》，继续批判了国家主义派反苏反共以及反对阶级斗争、宣传超阶级的国家观的立场。

5 月 24 日，出席在上海闸北追悼共产党员顾正红的群众大会，并发表演讲，号召工人团结一致，坚持罢工斗争。

5 月 28 日，参与领导发起五卅反帝爱国运动，提出《扩大反帝运动和组织五卅大示威》的决议，要求把工人的经济斗争发展成为反帝国主义的政治斗争。该决议得到中共中央紧急会议的通过。

5 月 31 日，五卅惨案发生后，以国民党上海执行部名义通电各省，要求支援上海五卅运动。

6 月 13、15 日，分别在《民族日报》上发表《评三种洋奴的论调》、《告愤激的国民》，批判五卅运动中所谓"就事论事"的错误论调和错误倾向，教育群众坚持斗争。

6 月 26 日—7 月 7 日，出席在上海召开的全国学生第七届代表大会，并作演讲。大会通过了由恽代英主持起草的反对帝国主义议决案、援助工农运动议决案、学生军组织问题议决案等。

7 月 18 日，在《中国青年》第 82 期上发表《答〈醒狮周报〉三十二期的质难》，强调民族解放运动决不是什么"国家主义"，反对国家主义者用国家观念来压倒阶级观念、漠视阶级冲突、反对阶级斗争的观点。同时还阐述了联合国民党左派、联合苏联开展国民革命的必要性。

7 月 18 日，出席在南京召开的少年中国学会第六届年会，会上与沈泽民等人一起同左舜生等国家主义派进行坚决斗争。

7 月 19 日，在东南大学大礼堂作关于五卅运动的演讲。

7月23日，在《中国青年》第83期上发表《革命势力与反革命势力》，认为通过各阶级在五卅运动中的态度，可以清楚划分革命势力与反革命势力。

7月25日，在《中国青年》第84期上发表《怎样做一个宣传家？》一文，认为要做一个宣传家不仅要有坚强的信念、谦和的态度，同时对于所要宣传的理论，必须充分明了，对于一切反对理由都能够答辩。

8月8日，在《中国青年》第87期上发表《读〈孙文主义之哲学的基础〉》，集中批判了戴季陶主义。

8月22日，在《中国青年》第89期上发表《民族革命中的共产党》，阐述了共产党在当前民族革命中的基本政治主张，在纠正社会上对共产党种种误解的同时也驳斥了国民党右派对共产党的各种指责。

8月25日，在《中国青年》第90期上发表《悼廖仲恺先生》和《国民党与阶级争斗》两文。前文高度评价了廖仲恺的功绩，对其遇刺表示深切哀悼，提出要"毫无顾惜地扫除一切反革命派"。后文通过阐释国民党浙江省党部通过的，在"宣传工作上对于阶级斗争应取之态度"之训令中的相关内容，提出了国民党对于阶级争斗应有的正确态度。

9月1日，在《向导》周刊第128期上发表《辛丑条约对于中国的影响》，认为除了签订巨额赔款等丧权辱国的条款外，《辛丑条约》最大的恶影响则是"帝国主义者加于中国精神上的打击"。

9月21日，在《中国青年》第96期上发表《"应该怎样开步走"？》，以自己的亲身经历，教育青年根据自身实际情况，团结周围人，"组织小团体，做一些切近的活动，这便是我们开步走的第一步"。

11月2日，出席全国学总、上海学联、各界妇女联合会所发起的反对关税会议的大会，并发表演讲。

11月28日，在《中国青年》第103期上发表《学潮与革命运动》、《五卅运动与阶级争斗——答重良》等文。

12月27日，在《中山主义》周刊第2期上发表《孙中山主义与戴季陶主义》，通过对两者思想的比较，批评戴季陶主义的必然结果一是"使中山主义改良化宗教化"，二是"使中山主义完全被反动派利用"，成为抵制革命的工具。

12月29日，在《中国青年》第106期上发表《怎样可以加入C.Y.——答复一个表示愿意加入C.Y.的国民党员》和《农民中的宣传组织工作》两文。

12月，致函柳亚子，信中揭露戴季陶和西山会议派相互勾结的行为，希望柳亚子能够发表公正之言论，参与反戴季陶的斗争。

本年，作《真正三民主义》一文，登载于孙文主义研究社编《三民主义之研究》一书中，该书1927年1月由上海明明书局出版。

1926年 三十一岁

1月9日，在《中国青年》第109期上发表《秀才造反论》，剖析了"秀才造反"的弊病，表示"我们反对'士大夫救国论'，相信只有无产阶级能够领导各阶级从事国民革命"。

1月19日，在国民党第二次全国代表大会闭幕日发表演说，强烈谴责西山会议派和国民党右派，并严正声明，对于自己被西山会议派的伪中央执委会除名的做法，不予承认。

2月17日，在广州国民党中央执委会举行的欢迎省港罢工工友代表大会上发表演说，阐述了"我们为什么反对帝国主义"的理由。该演讲词后发表在《工人之路》第236～238期上。

2月20日，在《黄埔潮》第35期上发表《党纪与军法》，强调党纪与军法对于革命胜利的重要性。

4月，在黄埔军校发表《革命之障碍》的演说，分析了孙中山致力国民革命四十年，未能成功的原因。认为革命者必须在主观上改正自身缺点、统一思想、团结一致、努力为民众利益服务，才能在客观上扫除革命障碍。

5月上旬，奉命到黄埔军校担任政治主任教官，同时为加强中共对军校的领导工作，在军校成立了中共特别委员会（即中共党团），恽代英任书记，熊雄、聂荣臻、陈赓、饶来杰等四人为委员。

5月22日，在《中国青年》第120期上发表《耶稣、孔子与革命青年——在岭南大学演说辞》，揭露帝国主义文化侵略的罪行，号召青年坚持斗争，反对妥协。

5月末，在中国国民党政治讲习班作《五卅运动》的长篇演讲，该演讲词后由中国国民党政治讲习班印行出版。

6月30日，在《广东青年》第4期上发表《反对帝国主义的文化侵略》，阐述了帝国主义文化侵略的内涵、原因及其对中国的影响，并提出了反对文化侵略的方针政策及其口号。

8月22日，在《人民周刊》上发表《廖仲恺与黄埔军校》，高度评价了廖仲恺致力于国共合作、创办军校以及支持农工运动方面的功绩。号召黄埔学生继承廖先生的遗志，完成他未竟的事业。

8 月 25 日，在《革命生活》第 17 期上发表演讲词《国民革命与阶级斗争》，认为"国民革命是各阶级联合的革命"，在国民革命中阶级斗争依然存在。阶级斗争愈剧烈，则国民革命愈易成功。

9 月 15 日，作《军队中政治工作的方法》，刊于国民革命军总司令部政治部印行的《政治工作演讲集》第 1 集。文章指出，在军队中做政治工作的目的，"便是根据总理的两句话：'第一步使武力与人民结合，第二步使武力成为人民之武力'"。为此，军队中政治工作要注意两点：第一是确定我们要把军队引到什么地方去，第二是要用怎样的方法将军队引导到我们所要他去的地方。

9 月，国民党中央军事政治学校政治部印行恽代英所编政治讲义数种，其中包括《本党重要宣言训令之研究》、《国民革命》、《政治学概论》、《中国国民党与劳动运动》以及《中国国民党与农民运动》等。

10 月 1 日，在《少年先锋》第 1 卷第 4 期上发表《怎样做一个共产党员？》

本年，所编《国民革命与农民》、《组织群众与煽动群众》、《世界革命与中国革命（讲演大纲）》、《中国民族革命运动史》等分别由国民革命军总司令部政治部、第一军第三师政治部等单位印行。

1927 年　三十二岁

1 月 3 日，抵达武汉，根据中共的指示，负责筹建中央军事政治学校武汉分校政治科的工作。

1 月 22 日，在《中国青年》第 151 期上发表《什么是机会主义？》一文，分析了机会主义的类型和危害，指出"我们必须反对机会主义，象反对一切革命的仇敌一样"。

2 月，在《"二七"四周年纪念特刊》上发表《"二七"与中国国民革命运动》一文，认为纪念"二七"大罢工，就是"要说明'二七'在中国革命运动历史上的地位，证明中国的无产阶级领导国民革命的力量"。

3 月 11 日，在湖北省委机关刊物《群众》周刊第 11、12 期合刊上发表《民主主义与封建势力之斗争》，指出国民党只有完全站在民主主义的立场上，以扫除封建残余势力为己任，才能担负起领导国民革命的使命。

3月19日，在国民革命军总司令部政治部农民问题讨论会举行的欢迎湖北农民代表会上发表演讲，指出："农工是革命的主要力量"，号召农民"组织起来，解放自己"。该演讲词以《在欢迎湖北农民代表会上的演讲》为题，发表在1927年3月19日汉口《民国日报》上。

4月27日—5月9日，出席在武汉召开的中国共产党第五次全国代表大会，当选为中央委员。

5月10日，出席中国共产主义青年团第四次全国代表大会，并发表演说。

5月18日，为应付夏斗寅叛变后的危机局面，将武汉中央军校学生和中央农民运动讲习所学员改编为中央独立师，并任该师党代表，配合叶挺部参加讨夏战斗。

5月22日，在为收复鄂南重镇咸宁而召开的祝捷大会上发表演说，高度赞扬讨伐夏斗寅的国民革命军官兵纪律严密，英勇善战。

7月3日，出席武汉三镇学生代表在武昌首义公园举行的揭露帝国主义侵略中国的罪行及反对蒋介石叛变革命的大会，并发表讲演。会议通电讨蒋。

7月23—30日，"七一五"政变后，离武汉抵达九江，根据党中央的命令，组成以周恩来为书记，恽代英、李立三、彭湃等为委员的中共前敌委员会。前委决定于7月30日举行南昌起义。

7月30日晨，在前委会议上和周恩来等一起经过斗争，最后否决了以中央代表身份赴南昌的张国焘反对起义的错误意见，决定8月1日凌晨起义。

8月1日，南昌起义爆发。当天成立中国国民党革命委员会，与宋庆龄、邓演达等人一同被选为革命委员会主席团成员，又任宣传委员会代主席。

8月2日，出席南昌五万军民举行的庆祝起义胜利暨革命委员会宣誓就职典礼大会，并在会上发表演说。

8月3—7日，随同起义军撤离南昌，向广东进发。

9月末，南昌起义部队在广东潮汕地区遭到失败。

10月初，抵达香港，其间当选广东省委常委，并任宣传部长，主编省委机关刊物《红旗》半周刊。

11月14日，在《红旗》上发表《纪念孙中山先生》。

11月17日，中共中央做出举行广州起义的决定。同日，在《红旗》上发表《冬防》一文，号召举行暴动。

12月11日凌晨，和张太雷、叶挺、叶剑英等接见广州起义的主力——教导团全体官兵，并作演讲。随后举行广州起义。

12月12日，起义军宣告成立广州苏维埃政府，苏兆征任主席（未到职，由张太雷代理），恽代英任秘书长。

12月13日，在优势敌军的进攻下，广州起义失败。后转移至香港，从事艰苦的白区斗争。

1928年　三十三岁

1月，在《红旗》杂志上发表《广州暴动与工会》，总结了广州起义的经验教训。

2、3月间，周恩来到香港后，实事求是地总结了广州起义失败的经验教训，恢复了因起义失败而被错误地撤销广东省委常委职务的恽代英等其他同志的工作。

4月13日，中共广东省委第一次扩大会议在香港举行，由李立三任书记、恽代英等9人任常委。

12月4日，前往上海向党中央汇报广东党组织的情况。

12月18、25日，在《红旗》第5、6期上分别发表《关税自主与工农生活问题》、《卖国交易中资产阶级与豪绅买办阶级的斗争》等文章，揭露国民党右派的罪行以及卖国的外交政策。

冬，一度调任中共中央组织部秘书，协助周恩来工作。

1929年　三十四岁

年初，任党中央宣传部秘书，主编党刊《红旗》和负责编写《每日宣传要点》。

1月9日，在《红旗》杂志第8期上发表《谁阻碍中国裁兵——蒋介石》、《卖国殃民的"关税自主"》两文，揭露了蒋介石的裁兵谎言以及国民党宣传关税自主的虚伪性。

2月，在《布尔塞维克》第2卷第4、5期上发表《施存统对于中国革命的理论》，系统批驳了国民党改组派在中国革命理论上的错误观点，指出中国革命只有在无产阶级直接领导下，才能获得成功。

4月13日，在《红旗》第17、18期合刊上发表《国民党第三次全国代表大会的成绩》、《国民党出卖济案》两文。前文揭露了国民党三大通过的一系列决议案的欺骗性。后文则一针见血地指出，国民党之所以出卖济案，是因为"蒋介石为了要发动军阀战争，不得不求助于日本帝国主义，所以不能不这样屈辱地解决济案"。

6月25日，在广州举行的中共六届二中全会上，被增补为中央委员。

7月31日，在《红旗》第35、37期上发表《中东路问题与一般流行的错误意见》。

1930年　三十五岁

春，赴闽西根据地视察。

3月12、26日分别在《红旗》杂志第83、87期上发表《请看闽西农民造反的成绩——福建通信》、《闽西苏维埃的过去和将来》两文，热情歌颂朱德、毛泽东领导的红军和苏维埃政权，认为"只有苏维埃政权是工农群众自己的政权。全中国工农群众都应当起来为苏维埃政权奋斗"。

4月，回到上海，受到李立三的指责，旋即被扣上机会主义的帽子，调离中央工作，先调任沪中区行动委员会书记，不久又调任沪东区行委书记。

5月6日，在上海杨树浦老怡和纱厂（现上海第五毛纺织厂）门口等候工人代表前来联系工作时，不幸被捕。起初，敌人并不知其真实身份。

5月，周恩来从莫斯科回国后，提出不惜一切代价营救恽代英出狱。

1931年　三十六岁

春，被押送到南京国民党"中央军人监狱"。

4月25日，由于顾顺章被捕后叛变，将恽代英已被关押在南京监狱的消息报告国民党，营救工作遂告失败。

4月28日，蒋介石令人到狱中劝降，遭严厉拒绝后亲下手令，立即处决。

4月29日中午，恽代英被敌人杀害，临终前高呼"打倒蒋介石"、"中国共产党万岁"等口号。

中国近代思想家文库

方东树、唐鉴卷	黄爱平、吴杰　编
包世臣卷	刘平、郑大华　主编
林则徐卷	杨国桢　编
姚莹卷	施立业　编
龚自珍卷	樊克政　编
魏源卷	夏剑钦　编
冯桂芬卷	熊月之　编
曾国藩卷	董丛林　编
左宗棠卷	杨东梁　编
洪秀全、洪仁玕卷	夏春涛　编
郭嵩焘卷	熊月之　编
王韬卷	海青　编
张之洞卷	吴剑杰　编
薛福成卷	马忠文、任青　编
经元善卷	朱浒　编
沈家本卷	李欣荣　编
马相伯卷	李天纲　编
王先谦、叶德辉卷	王维江、李骛哲、黄田　编
郑观应卷	任智勇、戴圆　编
马建忠、邵作舟、陈虬卷	薛玉琴、徐子超、陆烨　编
黄遵宪卷	陈铮　编
皮锡瑞卷	吴仰湘　编
廖平卷	蒙默、蒙怀敬　编
严复卷	黄克武　编
夏震武卷	王波　编
陈炽卷	张登德　编
汤寿潜卷	汪林茂　编
辜鸿铭卷	黄兴涛　编

康有为卷	张荣华	编
宋育仁卷	王东杰、陈阳	编
汪康年卷	汪林茂	编
宋恕卷	邱涛	编
夏曾佑卷	杨琥	编
谭嗣同卷	汤仁泽	编
吴稚晖卷	金以林、马思宇	编
孙中山卷	张磊、张苹	编
蔡元培卷	欧阳哲生	编
章太炎卷	姜义华	编
金天翮、吕碧城、秋瑾、何震卷	夏晓虹	编
杨毓麟、陈天华、邹容卷	严昌洪、何广	编
梁启超卷	汤志钧	编
杜亚泉卷	周月峰	编
张尔田、柳诒徵卷	孙文阁、张笑川	编
杨度卷	左玉河	编
王国维卷	彭林	编
黄炎培卷	余子侠	编
胡汉民卷	陈红民、方勇	编
陈撄宁卷	郭武	编
章士钊卷	郭双林	编
宋教仁卷	郭汉民	编
蒋百里、杨杰卷	皮明勇、侯昂妤	编
江亢虎卷	汪佩伟	编
马一浮卷	吴光	编
师复卷	唐仕春	编
刘师培卷	李帆	编
朱执信卷	谷小水	编
高一涵卷	郭双林、高波	编
熊十力卷	郭齐勇	编
任鸿隽卷	樊洪业、潘涛、王勇忠	编
蒋梦麟卷	马勇、黄令坦	编
张东荪卷	左玉河	编

图书在版编目（CIP）数据

中国近代思想家文库.恽代英卷/刘辉编. —北京：中国人民大学出版社，
2014.10
ISBN 978-7-300-20079-8

Ⅰ.①中… Ⅱ.①刘… Ⅲ.①思想史-研究-中国-近代②恽代英（1895～
1931）-思想评论 Ⅳ.①B250.5

中国版本图书馆 CIP 数据核字（2014）第 236802 号

中国近代思想家文库

恽代英卷

刘 辉 编

Yun Daiying Juan

出版发行	中国人民大学出版社	
社　　址	北京中关村大街 31 号	**邮政编码**　100080
电　　话	010 - 62511242（总编室）	010 - 62511770（质管部）
	010 - 82501766（邮购部）	010 - 62514148（门市部）
	010 - 62515195（发行公司）	010 - 62515275（盗版举报）
网　　址	http://www.crup.com.cn	
经　　销	新华书店	
印　　刷	涿州市星河印刷有限公司	
开　　本	720 mm×1000 mm　1/16	**版　　次**　2015 年 1 月第 1 版
印　　张	37　插页 1	**印　　次**　2024 年 7 月第 3 次印刷
字　　数	595 000	**定　　价**　128.00 元